宋武帝传

张金龙 著

人民出版社

目 录

第一章　参平孙恩，崭露头角……………………（1）
　　第一节　出身寒微，早岁无闻………………………（1）
　　第二节　壮年入仕，东征孙恩………………………（4）
　　第三节　孙恩反击，滨海苦战………………………（9）
　　第四节　击退孙恩，战功卓著………………………（18）
　　〔附〕吴兴沈氏与孙恩之乱 …………………………（23）

第二章　桓玄崛起，篡晋立楚……………………（28）
　　第一节　荆楚异变，桓玄坐大………………………（28）
　　第二节　降杀牢之，孙恩投海………………………（33）
　　第三节　桓玄初政，党同伐异………………………（39）
　　第四节　桓玄篡位，晋楚易代………………………（44）

第三章　举义反玄，问鼎建康……………………（52）
　　第一节　裕佐桓脩，朝见桓玄………………………（52）
　　第二节　二刘何孟，密谋反玄………………………（54）
　　第三节　京口广陵，同志举义………………………（61）
　　第四节　刘裕盟主，檄文讨玄………………………（72）
　　第五节　攻占建康，桓玄出逃………………………（77）
　　第六节　控制朝廷，恩威并施………………………（83）
　　第七节　笼络高门，稳定朝局………………………（88）

第四章　剿灭桓玄，匡复晋室……………………（94）
　　第一节　桑落峥嵘，两洲大胜………………………（94）

1

第二节　桓玄被杀,胜败反复 …………………………………（99）
　　第三节　克复江陵,安帝反正 …………………………………（105）
　　第四节　平定荆湘,桓氏覆灭 …………………………………（110）

第五章　出镇京口,重返建康 ……………………………………（115）
　　第一节　荣归故里,京口盘桓 …………………………………（115）
　　第二节　入朝建康,诛除桓遗 …………………………………（118）
　　第三节　加官晋爵,赏诸有功 …………………………………（124）
　　第四节　博弈执政,入朝为相 …………………………………（130）
　　第五节　打击皇室,总理军政 …………………………………（136）

第六章　北伐南燕,占领青齐 ……………………………………（141）
　　第一节　建功立业,欲上层楼 …………………………………（141）
　　第二节　慕容南燕,危机四伏 …………………………………（145）
　　第三节　刘裕北伐,大兵压境 …………………………………（148）
　　第四节　攻克广固,一举灭燕 …………………………………（155）

第七章　卢循进逼,建康孤危 ……………………………………（162）
　　第一节　卢循再反,北寇江州 …………………………………（162）
　　第二节　倍道兼行,刘裕还京 …………………………………（166）
　　第三节　江州陷落,何死刘败 …………………………………（170）
　　第四节　刘裕拒逃,孟昶自尽 …………………………………（174）
　　第五节　严密布防,死守孤城 …………………………………（179）

第八章　剿灭卢循,力挽狂澜 ……………………………………（189）
　　第一节　斗智斗勇,出奇制胜 …………………………………（189）
　　第二节　师老无功,卢循退兵 …………………………………（197）
　　第三节　乘胜追击,激战荆楚 …………………………………（202）
　　第四节　岭南追剿,叛军覆亡 …………………………………（209）
　　〔附〕剿灭五斗米道残余的反抗活动 …………………………（216）

第九章　刘毅诸葛,杀绝除患 ……………………………………（220）
　　第一节　刘毅功高,震主遭忌 …………………………………（220）

第二节　平叛树功,裕威无敌 ………………………………（226）

　　第三节　杀戮除异,灭毅前奏 ………………………………（229）

　　第四节　刘裕亲征,刘毅自缢 ………………………………（236）

　　第五节　诸葛长民,东府拉杀 ………………………………（257）

第十章　巴蜀复归,休之亡命 ……………………………………（262）

　　第一节　谯纵据蜀,首战告败 ………………………………（262）

　　第二节　龄石出征,一举灭蜀 ………………………………（266）

　　第三节　司马休之,兵败逃亡 ………………………………（273）

　　第四节　宗室子遗,了无所容 ………………………………（285）

　　第五节　敬宣被害,非关刘裕 ………………………………（289）

第十一章　再度北伐,浩荡入洛 …………………………………（294）

　　第一节　北伐后秦,良机难遇 ………………………………（294）

　　第二节　京师留守,周密安排 ………………………………（297）

　　第三节　时间路线,将领概略 ………………………………（301）

　　第四节　东路阻河,中路入洛 ………………………………（308）

　　第五节　对垒魏军,争夺河道 ………………………………（316）

　　第六节　裕入洛阳,百年荣光 ………………………………（325）

第十二章　消灭后秦,进占长安 …………………………………（330）

　　第一节　中路西进,潼关争战 ………………………………（330）

　　第二节　西路疑兵,蓝田遇阻 ………………………………（343）

　　第三节　沈约记事,夸饰先祖 ………………………………（347）

　　第四节　关河交争,秦军大败 ………………………………（356）

　　第五节　最终决战,长安易手 ………………………………（361）

　　第六节　姚氏内讧,外敌得逞 ………………………………（368）

　　第七节　建功立业,并世无双 ………………………………（376）

第十三章　凯旋而归,长安失据 …………………………………（382）

　　第一节　审时度势,刘裕凯旋 ………………………………（382）

　　第二节　义真留守,将佐辅弼 ………………………………（388）

第三节　父老失望,关中难保 …………………………（392）
　　第四节　田子狂悖,杀害镇恶 …………………………（397）
　　第五节　关中失守,损兵折将 …………………………（406）
　　第六节　宋国建制,准拟天朝 …………………………（413）

第十四章　建立刘宋,开启南朝 ……………………………（421）
　　第一节　废杀晋帝,篡位建宋 …………………………（421）
　　第二节　封赏功臣,徐傅谢最 …………………………（430）
　　第三节　厉行俭约,巩固统治 …………………………（441）
　　第四节　享年六十,临终顾命 …………………………（452）

第十五章　盖棺论定,史家评说 ……………………………（457）
　　第一节　诛内清外,功格区宇 …………………………（457）
　　第二节　盖世雄才,匹夫盛德 …………………………（461）
　　第三节　天锡神勇,雄略命世 …………………………（465）
　　第四节　闲世英杰,神智不测 …………………………（469）
　　第五节　功著天下,恶在弑逆 …………………………（475）
　　第六节　经武纬文,群才效智 …………………………（482）
　　第七节　初心未伸,顾命有失 …………………………（487）

结束语 …………………………………………………………（494）

附录　宋武帝生平大事年表 ………………………………（515）
后　记 …………………………………………………………（553）

第一章 参平孙恩，崭露头角

孙恩乱浙江，东南震八郡。
刘裕初为将，位卑建奇功。

第一节 出身寒微，早岁无闻

宋武帝刘裕字德舆，小名寄奴，东晋哀帝兴宁元年（363）三月壬寅（十七，4.16）夜生于京口①，原籍徐州彭城郡彭城县绥舆

---

① （梁）沈约撰：《宋书》卷一《武帝纪上》，中华书局1974年版，第一册，第1页。同书卷二七《符瑞志上》："宋武帝居在丹徒，始生之夜，有神光照室。""皇妣既殂，养于舅氏，改为寄奴焉。"（第三册，第783页）史书涉及刘裕年龄的几条记载存在矛盾。《宋书》卷三《武帝纪下》：永初三年（422）五月"癸亥（廿一，6.26），上崩于西殿，时年六十七"。（第一册，第59页）据此，则刘裕生于东晋穆帝永和十二年（356），与卷一《武帝纪上》所载生于兴宁元年有矛盾。（宋）李昉等撰《太平御览》卷一二八《偏霸部十二·宋刘裕》引徐爰《宋书》，载其崩时"年六十"（中华书局1960年版，第一册，第618页）。（唐）李延寿撰《南史》卷一《宋本纪上·武帝纪》记载相同（中华书局1975年版，第一册，第27页）。中华书局点校本《宋书》亦改为"时年六十"，参见卷三《武帝纪下》"校勘记"〔一四〕，第一册，第62页。又，《宋书》卷四七《刘怀肃传》："高祖从母兄也。"义熙"三年（407），卒，时年四十一"。（第五册，第1403、1404页）据此，则其生于晋穆帝升平元年（357）。同上卷附《次弟怀敬传》："初，高祖产而皇妣殂，孝皇帝贫薄，无由得乳人，议欲不举高祖。高祖从母生怀敬，未期，乃断怀敬乳，而自养高祖。"（第1404页）则其与刘裕同岁无疑，可证刘怀肃确为刘裕从兄。按刘裕生年不大可能晚至升平二年以后，此处关于刘怀肃卒年的记载肯定有误，有可能为四十七或五十一。又《宋书》卷四一《后妃·孝穆赵皇后传》："后以

1

里①。曾祖父刘混自彭城迁居晋陵郡丹徒县京口里,官至武原令②。祖父刘靖,东晋东安太守③。父亲刘翘,郡功曹④。母亲赵安宗(343—363),下邳僮人。⑤ 继母萧文寿(343—423),兰陵人。⑥

(接上页)晋穆帝升平四年媵孝皇,晋哀帝兴宁元年四月二日生高祖。其日,后以产疾殂于丹徒官舍,时年二十一。"(第四册,第1280页)据此,则刘裕的确生于兴宁元年,但生日并非三月十七,而是四月二日(5.1),比本纪所载恰好晚了半个月时间。孰是孰非,已难作出明确判断。※按:五月癸亥(廿一,6.26),为农历五月二十一日,公历6月26日。括号中"廿一"为农历日期,"6.26"为公历月日。余同此。

① 《宋书》卷一《武帝纪上》,第一册,第1页。彭城县属徐州彭城郡,见《宋书》卷三五《州郡志一》,第四册,第1047页。
② 《宋书》卷一《武帝纪上》,第一册,第1页。同书卷五一《宗室·营浦侯遵考传》:"曾祖淳,皇曾祖武原令混之弟,官至正员郎。"(第五册,第1480页)据《宋书》卷三五《州郡志一》,武原县属南徐州南彭城郡(侨州侨郡)。(第四册,第1043页)又,《资治通鉴》卷一一一《晋纪三三》安帝隆安三年十二月载刘裕"父翘侨居京口"((宋)司马光编著,(元)胡三省音注,"标点资治通鉴小组"校点:《资治通鉴》,中华书局1956年版,第八册,第3499页),与《宋书》本纪所载有异,未知其所本。
③ 《宋书》卷一《武帝纪上》,第一册,第1页。据《宋书》卷三五《州郡志一》,东安郡属徐州。(第四册,第1050页)
④ 《宋书》卷一《武帝纪上》,第一册,第1页。按沈约《宋书·武帝纪上》未载刘翘之字,《南史》卷一《宋本纪上·武帝纪》载"皇考翘字显宗",当别有所本。考《宋书》卷四〇《百官志下》,郡官属"有功曹史,主选举"。(第四册,第1257页)刘翘所任即此。
⑤ 《宋书》卷四一《后妃·孝穆赵皇后传》:"祖彪字世范,治书侍御史。父裔字彦胄,平原太守。"母孙氏,东莞人。(第四册,第1280页)按下邳为徐州辖郡,"去州水二百,陆一百八十。去京都水一千一百六十,陆八百"。东莞亦为徐州辖郡,"去州陆七百。去京都水二千,陆一千四百"。(《宋书》卷三五《州郡志一》,第四册,第1048、1049页)平原为冀州(南冀州)辖郡。(《宋书》卷三六《州郡志二》,第1099页)
⑥ 《宋书》卷四一《后妃·孝懿萧皇后传》:"祖亮字保祚,侍御史。父卓字子略,洮阳令。"母赵氏。(第四册,第1280、1281页)按兰陵为徐州辖郡,"去州陆二百。去京都水一千六百,陆一千三百"。(《宋书》卷三五《州郡志一》,第四册,第1049页)洮阳为荆州零陵郡辖县。(《晋书》卷一五《地理志下》,第二册,第457页)按《宋书》卷三七《州郡志三》,湘州零陵内史"去州一千四百。去京都水四千八百",辖县有洮阳侯相。(第四册,第1131页)

弟道怜、道规,均为萧氏所生。刘裕的家族门第属于低级士族①,在高门士族当政的东晋晚期,父祖官位对刘裕的成长并无多大助益。

关于刘裕的青少年时代,现存南朝文献几近空白,而北朝史书则有极为简略的记载。《魏书·岛夷刘裕传》:"裕家本寒微,住在京口,恒以卖履为业。意气楚剌,仅识文字,樗蒲倾产,为时贱薄。""裕本寒微,不参士伍。"②《资治通鉴》亦有类似记载:刘裕"生而母死","家贫"。"及长,勇健有大志。仅识文字,以卖履为业,好樗蒲,为乡闾所贱。"③不仅刘裕家境寒微,其亲戚也是贫寒人家。从母兄刘怀肃,"家世贫窭,而躬耕好学"④。妻兄东莞莒人臧焘,"贫约自立","以母老家贫,与弟熹俱弃人事,躬耕自业,约己养亲者十余载"。⑤

关于刘裕的形象、习惯和修养,史书几乎没有明确记载,除了上述"仅识文字,以卖履为业,好樗蒲,为乡闾所贱"的记载,所见

---

① 参见祝总斌《刘裕门第考》,《材不材斋史学丛稿》,中华书局2009年版,第313—326页。
② (北齐)魏收撰:《魏书》卷九七《岛夷刘裕传》,中华书局1974年版,第六册,第2129、2132页。
③ 《资治通鉴》卷一一一《晋纪三三》安帝隆安三年十二月,第八册,第3499页。
④ 《宋书》卷四七《刘怀肃传》,第五册,第1403页。
⑤ 《宋书》卷五五《臧焘传》,第五册,第1543、1544页。又,"傅僧祐,祖父弘仁,高祖外弟也。""子邵,员外散骑侍郎。妻,焘女也,生僧祐。"(《宋书》卷五五《臧焘传附傅僧祐传》,第五册,第1547页)此记载显示,刘裕外弟傅弘仁之子邵,娶裕妻兄臧焘之女为妻,则刘、臧、傅三家构成一个姻亲关系网。傅弘仁仅见于此,详情不明,疑出北地傅氏。《宋书·傅弘之传》:"傅弘之字仲度,北地泥阳人。""弘之高祖晋司徒祗,后封灵州公,不欲封本县,故祗一门还复泥阳。曾祖畅,秘书丞,没胡,生子洪,晋穆帝永和中,胡乱,得还。洪生韶,梁州刺史,散骑常侍。韶生弘之。"(第五册,第1430页)傅弘仁很可能为傅弘之的兄弟,若此则其为西晋北地大族傅氏之后,只是其祖父因生于胡中而南渡较晚,属于晚渡北人。在刘裕年轻之时,傅弘之家与刘裕家的地位大体相当而略高一点。

者还有:"身长七尺六寸,风骨奇特";①"清简寡欲,严整有法度";"床头有土鄣,壁上挂葛灯笼、麻绳拂"。②沈约云:"高祖虽累叶江南,楚言未变,雅道风流,无闻焉尔。"③其弟"道怜素无才能,言音甚楚,举止施为,多诸鄙拙"④。按"雅道风流,无闻焉尔",与"举止施为,多诸鄙拙",实可画上等号。根据这些记载可以断定,家境贫寒的刘裕不曾有过正规的文化知识的学习,也不具备高门士族("前代名家")子弟"雅道风流"("雅韵")的气质。正因如此,侨姓高门中流行的"洛下正音"对刘裕兄弟而言是完全陌生的,其口音乃是纯粹的江淮土话。

第二节 壮年入仕,东征孙恩

刘裕年近不惑才有机会进入仕途,"初为冠军孙无终司马"⑤。东晋孝武帝"太元(376—396)初,谢玄北镇广陵",晋陵孙无终与彭城刘牢之等"以骁猛应选",成为北府兵建立之初的重要将领。⑥晋安帝元兴二年(403)二月"乙卯(廿二,3.30),桓玄自称大将军。丁巳(廿四,4.1),冀州刺史孙无终为桓玄所害"⑦。《晋书·桓玄

---

① 《宋书》卷一《武帝纪上》,第一册,第1页。按以晋宋尺度推算,七尺六寸约当1.86米。
② 《宋书》卷三《武帝纪下》,第一册,第60页。
③ 《宋书》卷五二"史臣曰",第五册,第1506页。
④ 《宋书》卷五一《宗室·长沙王道怜传》,第五册,第1462页。
⑤ 《宋书》卷一《武帝纪上》,第一册,第1页。
⑥ 《晋书》卷八四《刘牢之传》:"太元初,谢玄北镇广陵,时苻坚方盛,玄多募劲勇,牢之与东海何谦、琅邪诸葛侃、乐安高衡、东平刘轨、西河田洛及晋陵孙无终等以骁猛应选。玄以牢之为参军,领精锐为前锋,百战百胜,号为'北府兵',敌人畏之。"((唐)房玄龄等撰:《晋书》,中华书局1974年版,第七册,第2188页)
⑦ 《晋书》卷一〇《安帝纪》,第一册,第255页。

传》:"玄又害吴兴太守高素、辅国将军竺谦之、谦之从兄高平相朗之、辅国将军刘袭、袭弟彭城内史季武、冠军将军孙无终等,皆牢之之党,北府旧将也。"①刘裕入孙无终冠军将军府担任司马,意味着他加入了东晋战斗力最强的北府兵,跻身北府将领之列。刘裕在军事上崭露头角,是从进入刘牢之前军府之后率部参与平定五斗米道孙恩领导的反政府活动开始的。《宋书·武帝纪上》:"安帝隆安三年(399)十一月,妖贼孙恩作乱于会稽,晋朝卫将军谢琰、前将军刘牢之东讨。牢之请高祖参府军事。"②

孙恩之乱爆发时,东晋司马氏政权已经危机四伏,正处于风雨飘摇之中。《资治通鉴》晋安帝隆安三年十月条云:

---

① 《晋书》卷九九《桓玄传》,第八册,第2591—2592页。
② 《宋书》卷一《武帝纪上》,第一册,第1—2页。又,同书卷一〇〇《自序》:"隆安三年,(孙)恩于会稽作乱,自称征东将军,三吴皆响应。"(第八册,第2445页)《晋书》卷一〇《安帝纪》:隆安三年"十一月甲寅(初二,12.15),妖贼孙恩陷会稽,内史王凝之死之,吴国内史桓谦、临海太守新蔡王崇、义兴太守魏隐并委官而遁,吴兴太守谢邈、永嘉太守司马逸皆遇害。遣卫将军谢琰、辅国将军刘牢之逆击,走之"。(第一册,第252页)按十一月甲寅为孙恩攻陷会稽的时间,其被谢琰和刘牢之击走是在十二月以后的事。同书卷一〇〇《孙恩传》:"世奉五斗米道",其叔父孙泰"师事钱唐杜子恭",后任辅国将军、新安太守,参与讨王恭之役,"与(司马)元显交厚",为司马道子所诛。孙泰死后,"恩逃于海","聚合亡命得百余人,志欲复仇"。"及元显纵暴吴会,百姓不安,恩因其骚动,自海攻上虞,杀县令,因袭会稽,害内史王凝之,有众数万。于是会稽谢鍼、吴郡陆环、吴兴丘尪、义兴许允之、临海周胄、永嘉张永及东阳、新安等凡八郡,一时俱起,杀长吏以应之,旬日之中,众数十万。于是吴兴太守谢邈、永嘉太守谢逸、嘉兴公顾胤、南康公谢明慧、黄门郎谢冲、张琨、中书郎孔道、太子洗马孔福、乌程令夏侯愔等皆遇害。吴国内史桓谦、义兴太守魏俨、临海太守新蔡王崇等并出奔。于是恩据会稽,自号征东将军,号其党曰'长生人',宣语令诛杀异己,有不同者戮及婴孩,由是死者十七八。畿内诸县处处蜂起,朝廷震惧,内外戒严。遣卫将军谢琰、镇北将军刘牢之讨之,并转斗而前。吴会承平日久,人不习战,又无器械,故所在多被破亡。诸贼皆烧仓廪,焚邑屋,刊木堙井,虏掠财货,相率聚于会稽。"(第八册,第2631—2632页)

自帝即位以来,内外乖异,石头以南皆为荆、江所据,以西皆豫州所专,京口及江北皆刘牢之及广陵相高雅之所制,朝政所行,惟三吴而已。及孙恩作乱,八郡皆为恩有,畿内诸县,盗贼处处蠭起,恩党亦有潜伏在建康者,人情危惧,常虑窃发。①按孙恩所据八郡即扬州所辖会稽、临海、永嘉、东阳、新安、吴、吴兴、义兴诸郡②,位于东南沿海地域,是东晋王朝最重要的经济区。三吴人口众多,经济发达,乃"天下之根本","自晋之南迁也,建业拥大江而制其外,三吴其腹里也"。③ 刘裕为孙无终司马时,史书未载其任何事迹,任职时间应该很短,大概就在隆安三年十一月之前不久才进入孙无终冠军府,而当时他已经三十七岁了。按"晋、宋之制,参军不署曹者无定员"④。据《宋书·百官志下》所载官品,第七品包括"诸军长史司马六百石者、诸府参军"⑤,则刘裕所任孙无终冠军府司马、刘牢之前军府参军即属于这一序列。刘裕所任冠军司马、前军参军虽然地位不高,但也不会是一入仕途就可马上担任,想来此前他已有若干年的仕宦经历,最大可能是在军中担任更为低级的武职。亦不排除其先为士卒,后升迁为军官的可能。不管怎样,在参与平定孙恩之乱的战斗前,刘裕并无任何事迹可以言说。

刘牢之在加入谢玄北府兵后,曾率军抵抗北方胡族入侵,尤其

---

① 《资治通鉴》卷一一一《晋纪三三》,第八册,第 3498—3499 页。
② 参见《晋书》卷一〇〇《孙恩传》,第八册,第 2632 页;《资治通鉴》卷一一一《晋纪三三》安帝隆安三年十月,"八郡皆为恩有"下胡三省注,第八册,第 3499 页。
③ (清)王夫之著,舒士彦点校:《读通鉴论》卷一四《(晋)安帝》,中华书局 1998 年版,中册,第 394 页。
④ 《资治通鉴》卷一一一《晋纪三三》安帝隆安三年十二月,"刘牢之击孙恩,引裕参军事"下胡三省注,第八册,第 3500 页。
⑤ 《宋书》卷四〇《百官志下》,第四册,第 1264 页。

是在淝水之战中建立了不朽功勋。后来他又介入朝廷政治纷争,先是作为王恭府司马协助其消灭王国宝,既而"背恭归朝廷",王恭死后"遂代恭为都督兖青冀幽并徐扬州晋陵军事"。"时杨佺期、桓玄将兵逼京师,上表理王恭,求诛牢之。牢之率北府之众驰赴京师,次于新亭。玄等受诏退兵,牢之还镇京口。"①隆安三年十二月,刘牢之东征。《宋书·武帝纪上》:

> 至吴,而贼缘道屯结,牢之命高祖(刘裕)与数十人觇贼远近。会遇贼至,众数千人,高祖便进与战。所将人多死,而战意方厉,手奋长刀,所杀伤甚众。牢之子敬宣疑高祖淹久,恐为贼所困,乃轻骑寻之,既而众骑并至,贼乃奔退。斩获千余人,推锋而进,平山阴,恩遁还入海。②

这是见于记载的刘裕参加的第一次战斗。其时刘裕受刘牢之派遣,率领数十人的侦察小分队与孙恩叛军交火。最初的战斗似乎并不顺利,在刘敬宣率骑增援后才出现转机,最后取得了歼敌千余人进而平定山阴县的胜利。

这次战斗的胜利主要应归功于刘牢之长子刘敬宣,史称其具有杰出的军事才能,"智略不及父,而技艺过之。孙恩之乱,随父征讨,所向有功"③。刘敬宣时为司马元显后将军府谘议参军、宁朔将军。隆安"三年,孙恩为乱,东土骚扰,牢之自表东讨,军次虎疁。贼皆死战,敬宣请以骑傍南山趣其后,吴贼畏马,又惧首尾受敌,遂大败。进平会稽"④。由此可见,平定山阴县的真正指挥者是宁朔将军刘敬宣,而不是地位更低尚无军号的刘裕。《晋书·

---

① 《晋书》卷八四《刘牢之传》,第七册,第2189、2190页。
② 《宋书》卷一《武帝纪上》,第一册,第2页。
③ 《晋书》卷八四《刘牢之传附子敬宣传》,第七册,第2192页。
④ 《宋书》卷四七《刘敬宣传》,第五册,第1410页。

地理志下》扬州会稽郡下本注:"秦置。统县十,户三万。"首县山阴,其下本注:"会稽山在南,上有禹冢。"①可见山阴县乃因其地在会稽山之北而得名。山阴为会稽郡府所在地,是东南沿海的一个政治经济中心。同书《五行志上》:"太和(366—371)中,郄愔为会稽太守。六月大旱,灾,火烧数千家,延及山阴仓米数百万斛,炎烟蔽天,不可扑灭。"②山阴仓贮米达数百万斛之多,亦可见其地位之十分重要。

关于平定山阴之役,《晋书·刘牢之传》有具体记载:

> 及孙恩攻陷会稽,牢之遣将桓宝率师救三吴,复遣子敬宣为宝后继。比至曲阿,吴郡内史桓谦已弃郡走,牢之乃率众东讨,拜表辄行。至吴,与卫将军谢琰击贼,屡胜,杀伤甚众,径临浙江。进拜前将军、都督吴郡诸军事。时谢琰屯乌程,遣司马高素助牢之。牢之率众军济浙江,恩惧,逃于海。③

此记载显示,刘牢之在东讨至吴时尚未拜前将军④,而上引《宋书·武帝纪上》却记载其东讨前的官职为前将军。有两种可能:宋纪所载刘牢之将军号有误,但史实可信,即刘裕在刘牢之东讨前夕即被召入其军府任职;晋传所载史实可信,刘裕是在刘牢之进临浙江拜前将军后始入其府为参军的。《宋书·檀祇传》:"少为孙无终辅国参军,随无终东征孙恩,屡有战功。"⑤据此推测,刘裕很可能是先隶孙无终东征,到达浙江后半道被刘牢之召入其军府,则《晋书·刘牢之传》所载相关史实更为可信。桓宝时为广武将军,

---

① 《晋书》卷一五《地理志下》,第二册,第461页。
② 《晋书》卷二七《五行志上》,第三册,第806页。
③ 《晋书》卷八四《刘牢之传》,第七册,第2190页。
④ 《晋书》卷七九《谢琰传》:"孙恩作乱,加督吴兴、义兴二郡军事,讨恩。……又诏琰与辅国将军刘牢之俱讨孙恩。"(第七册,第2078页)
⑤ 《宋书》卷四七《檀祇传》,第五册,第1416页。

此役后驻守山阴,协助担任都督五郡军事的会稽内史谢琰镇守山阴。① 《晋书》本传对刘敬宣东征时所任官职并无记载,《宋书》本传载其为司马元显后军谘议参军、宁朔将军。《宋书·刘怀肃传》载其"初为刘敬宣宁朔府司马,东征孙恩,有战功"②,可与《宋书·刘敬宣传》的记载相印证。

根据以上相关记载可知,刘裕虽然参与了平定山阴之役的战斗,对战斗的胜利有一定贡献,但他只是率领数十人的侦察小分队与叛军交火,并不是决定战斗结果的主要人物。"斩获千余人"应该是山阴之役中刘牢之部(也可能包括谢琰部和孙无终部)的全部战绩,将之记在刘裕名下显然并不恰当。《晋书·孙恩传》载孙恩乱起,"畿内诸县处处蜂起,朝廷震惧,内外戒严。遣卫将军谢琰、镇北将军刘牢之讨之,并转斗而前"。孙恩"知牢之已济江","乃虏男女二十余万口,一时逃入海。惧官军之蹑,乃缘道多弃宝物子女,时东土殷实,莫不粲丽盈目,牢之等遽于收敛,故恩复得逃海"。③ 看来孙恩叛军并未与谢琰、刘牢之所率政府军做过多正面冲突,双方只有若干小规模战事发生,刘裕所参加的应该只是其中一次战斗,最后因孙恩作出主动放弃抵抗的战术撤退而结束了本轮战斗。

第三节　孙恩反击,滨海苦战

孙恩从会稽撤至海上后,当地又发生了其同党发动的叛乱。

---

① 参见《晋书》卷七九《谢琰传》,第七册,第2078页。
② 《宋书》卷四七《刘怀肃传》,第五册,第1403页。
③ 《晋书》卷一〇〇《孙恩传》,第八册,第2633页。

陈郡阳夏人谢方明,为谢安之弟谢铁之孙。其父谢冲曾任中书侍郎,"家在会稽,谢病归","为孙恩所杀"。"方明随伯父吴兴太守邈在郡,孙恩寇会稽,东土诸郡皆响应,吴兴民胡桀、郜骠破东迁县,方明劝邈避之,不从,贼至被害,方明逃窜遂免。"由此可见,孙恩之乱中谢邈、谢冲兄弟先后为叛军所杀。胡桀、郜骠之乱的发生与谢氏姻亲冯嗣之关系密切,史载"邈舅子长乐冯嗣之及北方学士冯翊仇玄达,俱往吴兴投邈,并舍之郡学,礼待甚简。二人并忿愠,遂与恩通谋。恩尝为嗣之等从者,夜入郡,见邈众,遁,不悟。本欲于吴兴起兵,事趣不果,乃迁于会稽。及郜等攻郡,嗣之、玄达并豫其谋。刘牢之、谢琰等讨恩,恩走入海,嗣之等不得同去,方更聚合。方明结邈门生义故得百余人,掩讨嗣之等,悉禽而手刃之"。在这次事变中陈郡谢氏遭受了沉重打击,"方明合门遇祸,资产无遗"。① 按:长乐冯氏在东晋南朝时期几乎无闻于史,然从其与侨姓大族陈郡谢氏有姻亲关系来看,似乎不应该这样。可能的情形是,谢邈并非嫡出,其父谢铁与冯氏的婚姻未必属于明媒正娶。正因如此,以大族子弟自居的谢邈对投奔他的这位没有官位的表兄弟冯嗣之及其同伴北方学士冯翊仇玄达,并没有给予足够的礼遇,二人因之对谢邈相当不满。然而令其不曾料到的是,冯嗣之及仇玄达与孙恩原本熟识,且孙恩原本打算在吴兴郡起兵,于是利用这层关系夜入吴兴郡治,当看到谢邈所领人数众多,遂将起兵地点转到会稽郡。可以这样说,即便谢邈对冯嗣之和仇玄达礼待有加,也改变不了孙恩起兵的打算,孙恩反而会以此为契机在吴兴郡渗透其组织和势力,吴兴郡很可能就会成为叛乱的策源地。若此,则吴兴郡将遭到更为严重的蹂躏,而以谢邈的持守推断,他同

---

① 《宋书》卷五三《谢方明传》,第五册,第1522页。

样难免一死。不仅如此,吴兴郡距京师建康较近,叛乱对东晋政权的威胁也就更大。当然从镇压的角度而言,也比叛军把会稽作为叛乱的首发地更为便捷,叛军失利后也就不大容易逃至海上暂避风头。

陈郡谢氏遭受的打击还不止于此,"顷之,孙恩重没会稽,谢琰见害"①。《晋书·谢琰传》:"恩逃于海岛,朝廷忧之,以琰为会稽内史、都督五郡军事,本官并如故。琰既以资望镇越土,议者谓无复东顾之虞。及至郡,无绥抚之能,而不为武备。""恩后果复寇浃口,入余姚,破上虞,进及邢浦,去山阴北三十五里。"②孙恩此次自海上侵扰余姚、上虞等地并杀害会稽内史谢琰,是在隆安四年(400)五月③,距其上次战败逃亡海上还不到半年时间。谢琰亲征,被其帐下都督张猛杀害,前锋将领广武将军桓宝亦战死。谢琰为谢安次子,是当时东晋统治集团中颇负盛名的人物,早在淝水之战中就已建功立业,之后出任会稽内史,后入朝为尚书右仆射、太子詹事、散骑常侍,又为护军将军,会稽王道子府司马,并为都督前锋军事讨平王恭。谢琰此次由徐州刺史转任会稽内史,是其第二次到会稽任职。应该说,谢琰镇守东部诸郡是合适的人事安排,所谓"谢琰以资望镇会稽"是也。然而在淝水之战和平定王恭之役中建立过显赫战功的谢琰,此时却"不能绥怀,又不为武备"④,最

---

① 《宋书》卷五三《谢方明传》,第五册,第1522页。
② 《晋书》卷七九《谢琰传》,第七册,第2078页。
③ 参见《宋书》卷一《武帝纪上》,第一册,第2页;卷二五《天文志三》,第三册,第728页。
④ 《资治通鉴》卷一一一《晋纪三三》安帝隆安四年五月:"谢琰以资望镇会稽,不能绥怀,又不为武备。"胡三省注:"'资'谓门地成资,'望'谓时望。"(第八册,第3510页)

终因自负轻敌而致被杀身亡。① 如此恶果,当然是东晋朝廷决策者始料未及的。对于躲过上一次战祸,并且平息了孙恩同党冯嗣之等骚乱的谢方明,自是孙恩的眼中钉,必欲除之而后快。"恩购求方明甚急。方明于上虞载母、妹奔东阳,由黄蘖峤出鄱阳,附载还都,寄居国子学。流离险厄,屯苦备经。"②孙恩悬赏捉拿谢方明,但谢方明最终得以成功脱逃。

谢琰被杀,"朝廷大震,遣冠军将军桓不才、辅国将军孙无终、宁朔将军高雅之击之,恩复还于海。于是复遣(刘)牢之东屯会稽,吴国内史袁山松筑扈(沪)渎垒,缘海备恩"③。桓不才曾任江夏相,淝水之战后与朱序经略河洛。④ 高雅之为刘牢之女婿⑤,曾任广陵相,协助刘牢之控制京口及江北地域⑥。袁山松"少有才名,博学有文章,著《后汉书》百篇"⑦。同年"十一月,高雅之与孙恩战于余姚,雅之败,走山阴,死者什七八。诏以刘牢之都督会稽

---

① 《太平御览》卷三二三《兵部五四·败》引《晋中兴书》:"谢琰为会稽内史,督五部事。隆安四年,孙恩攻上虞,进及刑浦。上党太守张虔硕战败于刑浦,人情震惧,群贼锐进,咸以宜持重严备,且列水军于南湖,又应分军设伏以待之。琰不听。外白贼至,时尚未食。琰曰:'要先灭此寇而后食耳。'跨马而出。广武将军桓宝为前锋,果敢能战。杀贼甚多,而塘路连狭,鱼贯不聚,贼于舰中傍射,前后断绝。琰至千秋亭,与二子肇、峻俱被害,宝亦死之。"(第二册,第1486页)又可参见《晋书》卷七九《谢琰传》,第七册,第2078—2079页。
② 《宋书》卷五三《谢方明传》,第五册,第1522—1523页。
③ 《晋书》卷一〇〇《孙恩传》,第八册,第2633页。
④ 参见《晋书》卷八一《朱序传》,第七册,第2134页;《宋书》卷三一《五行志二》,第三册,第910页。
⑤ 参见《晋书》卷八四《王恭传》,第七册,第2186页;《资治通鉴》卷一一〇《晋纪三二》安帝隆安二年九月条,第八册,第3478页。
⑥ 参见《资治通鉴》卷一一一《晋纪三三》安帝隆安三年十月条,第八册,第3498—3499页。
⑦ 《晋书》卷八三《袁瓌传附曾孙山松传》,第七册,第2169页。

等五郡,帅众击恩,恩走入海"①。

《宋书·武帝纪上》:"(刘)牢之屯上虞,使高祖戍句章城。句章城既卑小,战士不盈数百人,高祖常被坚执锐,为士卒先,每战辄摧锋陷阵,贼乃退还浃口。"隆安"五年春,孙恩频攻句章,高祖屡摧破之,恩复走入海"。②按:句章为会稽郡属县③。徐爰《宋书》曰:"晋末妖贼孙恩作乱,前将军刘牢之东讨。牢之请高祖参军事。牢之命高祖觇贼远近。将勇士数十人,会遇贼至,仍迎击之。贼众数千,高祖所将人多死,而战意方酣,奋长刀,所杀伤甚众。牢之子敬宣疑高祖淹久,恐为贼所杀,乃轻骑赴之。既而众骑并至,贼遂大崩。"④所载即是此次刘裕戍守句章城被困以及在刘敬宣增援下得以解围的战斗情况。《宋书·刘敬宣传》载其"进平会稽"后"加临淮太守,迁后军从事中郎"。隆安"五年,孙恩又入浃口,高祖戍句章,贼频攻不能拔,敬宣请往为援,贼恩于是退远入海。是时,四方云扰,朝廷微弱,敬宣每虑艰难未已。高祖既累破妖贼,功名日盛,故敬宣深相凭结,情好甚隆"。⑤ 在刘敬宣增援之前,刘裕虽然坚守句章城而未被攻克,但却无法使叛军停止进攻,更不可能将叛军赶跑。而当刘敬宣增援后,才使孙恩不得不"退远入海"。此证当时刘敬宣的实力远强于刘裕,所谓"累破妖贼,功名

---

① 《资治通鉴》卷一一一《晋纪三三》安帝隆安四年十一月条,第八册,第3514页。《晋书》卷一〇《安帝纪》:隆安四年"冬十一月,宁朔将军高雅之及孙恩战于余姚,王师败绩"。(第一册,第253页)《宋书》卷二五《天文志三》:隆安四年"十月,妖贼大破高雅之于余姚,死者十七八"。(第三册,第728页)按高雅之败于孙恩的时间,史书记载不完全一致,似应在隆安四年十月比较合理。
② 《宋书》卷一《武帝纪上》,第一册,第2页。
③ 参见《宋书》卷三五《州郡志一》,第四册,第1030—1031页。
④ 《太平御览》卷一二八《偏霸部十二·宋刘裕》,第一册,第617页。
⑤ 《宋书》卷四七《刘敬宣传》,第五册,第1410页。

日盛","深相凭结,情好甚隆"云云,显然是史家为塑造刘裕早期历史形象所做的改窜。事实或许正好相反,应该是刘裕主动对他这位府主的长子、又至少两次在危急关头率兵增援而使其脱困的青年将军"深相凭结,情好甚隆"。此时刘裕所统兵力"不盈数百",似乎还不到两百人,所谓"兵力甚弱""众寡不敌",即是真实写照。可以想见刘裕当时仍然是刘牢之手下的一员下层军官,史书虽然记载了他勇谋兼备的英雄事迹,但事实上更多的是被动挨打和孤注一掷。

《宋书·武帝纪上》又云:隆安五年"三月,恩北出海盐,高祖追而翼之,筑城于海盐故治。贼日来攻城,城内兵力甚弱,高祖乃选敢死之士数百人,咸脱甲胄,执短兵,并鼓噪而出,贼震惧夺气,因其惧而奔之,并弃甲散走,斩其大帅姚盛。虽连战克胜,然众寡不敌,高祖独深虑之"。刘裕以计诱贼,"率众大上。高祖乘其懈怠,奋击,大破之。恩知城不可下,乃进向沪渎。高祖复弃城追之"。① 虽然此处所载刘裕率领其部下数百人勇猛杀敌,打得敌人溃不成军,但从"众寡不敌,高祖独深虑之"可以看出,此次战斗异常艰苦,无疑仍是叛军占有优势,而刘裕实处于被动挨打的境地。事实的确如此,当孙恩叛军放弃对句章城的进攻,转攻袁山松驻守的沪渎城时,刘裕在鲍嗣之(海盐令鲍陋之子)所率一千吴兵的援助下追击叛军,结果却是鲍嗣之部"为贼所没",而刘裕"所领死伤且尽",狼狈而归。

关于当时战斗的情形,即便是对刘裕早年经历做了粉饰和美化,《宋书》本纪中仍有这样的记载:

  海盐令鲍陋遣子嗣之以吴兵一千请为前驱,高祖曰:"贼

---

① 《宋书》卷一《武帝纪上》,第一册,第2页。

兵甚精，吴人不习战，若前驱失利，必败我军。可在后为声援。"不从。是夜，高祖多设伏兵，兼置旗鼓，然一处不过数人。明日，贼率众万余迎战。前驱既交，诸伏皆出，举旗鸣鼓。贼谓四面有军，乃退。嗣之追奔，为贼所没。高祖且战且退，贼盛，所领死伤且尽。高祖虑不免，至向伏兵处，乃止，令左右脱取死人衣。贼谓当走反停，疑犹有伏。高祖因呼更战，气色甚猛，贼众以为然，乃引军去。高祖徐归，然后散兵稍集。①

很显然，这是一次由于轻敌冒进而导致的重大惨败，史书将失败的原因归结于鲍嗣之不采纳刘裕提出的作战方略。然而事实未必如此。从战斗经过来看，刘裕乃是按自己的战术指挥战斗的，在战斗之初"多设伏兵，兼置旗鼓"，的确取得了成功。但很快叛军便回过神来，几乎全歼政府军。刘裕率部在战斗中惨败后，所剩无几的残兵败将只得四散逃命，抱头鼠窜。幸运的是，刘裕却得以大难不死，继续承担其历史使命。刘裕年近不惑方有机会领兵征战，急于建功立业以求闻达，不顾敌我力量极度悬殊的现实，轻敌冒进，结果导致全军覆没。

关于刘裕率部与叛军的艰苦战斗，《宋书·虞丘进传》的记载可资参证："隆安中，从高祖征孙恩，戍句章城，被围数十日，无日不战，身被数创。"②虞丘进比刘裕年长一岁，已是四十岁的年纪，可他只是小将刘裕身边的一位普通士兵。同书《蒯恩传》："高祖征孙恩，县差为征民，充乙士，使伐马刍。恩常负大束，兼倍余人，每舍刍于地，叹曰：'大丈夫弯弓三石，奈何充马士！'高祖闻之，即给器仗，恩大喜。自征妖贼，常为先登，多斩首级。既习战阵，胆力

---

① 《宋书》卷一《武帝纪上》，第一册，第2—3页。
② 《宋书》卷四九《虞丘进传》，第五册，第1440页。

过人,诚心忠谨,未尝有过失,甚见爱信。于娄县战,箭中左目。"①出身孤贫的刘钟当时只有二十四岁,随刘裕征讨孙恩,"不辞艰剧,专心尽力,甚见爱信"②。跟随刘裕征讨孙恩的这些兵士,来源多途。东海剡人虞丘进,"少时随谢玄讨苻坚有功,封关内侯",年纪较大,有过参战经历并因之而获得封赏,似为低级军官,但在相关记载中却看不到这一点。兰陵承人蒯恩,则是本县以兵役差发,年龄较小,当为首次参军征战。到彦之"少以寒苦自立,武帝讨孙恩,以乡里乐从"③,则其出身贫寒,年龄也不大,看来是刘裕本人招兵买马而来,当兵参战应该是为生计所逼。到彦之为"彭城武原人","家在广陵",与祖籍彭城县绥舆里、家在晋陵郡丹徒县京口里的刘裕,勉强可算作"乡里"。

如上所述,刘裕在句章对叛军的牵制以完败结局,其后孙恩转而进攻具有重要战略地位的沪渎城。《宋书·天文志三》:隆安"五年(401)二月,孙恩攻句章,高祖拒之。五月,吴郡内史袁山松出战,为所杀,死者数千人"④。《武帝纪上》:"五月,孙恩破沪渎,杀吴国内史袁山松,死者四千人。"⑤《晋书·袁瓌传附曾孙山松传》:"为吴郡太守。孙恩作乱,山松守沪渎,城陷被害。"⑥宋文帝元嘉二十二年(445),扬州刺史始兴王濬上言有云:"州民姚峤比通便宜,以为二吴、晋陵、义兴四郡,同注太湖,而松江沪渎壅噎不

---

① 《宋书》卷四九《蒯恩传》,第五册,第1436页。
② 《宋书》卷四九《刘钟传》,第五册,第1438页。
③ (宋)郑樵撰:《通志》卷一三三《列传四六·宋·到彦之》,《景印文渊阁四库全书》史部一三六"别史类",台湾商务印书馆1986年版,第三七八册,第91页。
④ 《宋书》卷二五《天文志三》,第三册,第728页。
⑤ 《宋书》卷一《武帝纪上》,第一册,第3页。
⑥ 《晋书》卷八三《袁瓌传附曾孙山松传》,第七册,第2169页。

利,故处处涌溢,浸渍成灾。欲从武康纻溪开漕谷湖,直出海口,一百余里,穿渠洽必无阂滞。"① 胡三省云:

> 沪渎,今在平江府吴县东。陆龟蒙《叙矢鱼之具》云:"列竹于海澨曰沪。"是渎以此得名。《吴都记》:"松江东泻海,名曰扈渎。"《舆地志》曰:"扈,业者滨海捕鱼之名。插竹列于海中,以绳编之,向岸张两翼,潮上即没,潮落即出,鱼随海潮,碍竹不得去,名曰扈渎。"范成大《吴郡志》曰:"列竹于海澨曰沪,吴之沪渎是也。"自沪渎泝松江至吴郡将门,将门今讹为匠门。②

在这次东征中,东晋政府军虽然也曾取得过个别战斗的胜利,但总的来看还是以被动挨打为主,说节节败退亦不为过。很重要的一点是,孙恩以五斗米道相号召,有广泛的群众基础,赢得了东部郡县官民的热烈拥护和全力支持。史载"孙恩寇会稽,东土诸郡皆响应"③;会稽等八郡"一时俱起,杀长吏以应之,旬日之中,众数十万"④,不少郡县似乎是全民参与。相较而言,东晋政府军则是虎狼之师,是人民的大敌。史载"于时东伐诸帅,御军无律,士卒暴掠,甚为百姓所苦"⑤;"时孙恩屡出会稽,诸将东讨者相续,刘牢之、高素之放纵其下,虏暴纵横"⑥。《资治通鉴》晋安帝隆安三年十二月条云:"东土遭乱,企望官军之至,既而牢之等纵军士暴掠,

---

① 《宋书》卷九九《二凶·刘濬传》,第八册,第2435页。
② 《资治通鉴》卷一一一《晋纪三三》安帝隆安四年十一月条注,第八册,第3514页。
③ 《宋书》卷五三《谢方明传》,第五册,第1522页。
④ 《晋书》卷一〇〇《孙恩传》,第八册,第2632页。
⑤ 《宋书》卷一《武帝纪上》,第一册,第2页。
⑥ 《宋书》卷一〇〇《自序》,第八册,第2453页。

士民失望,郡县城中无复人迹,月余乃稍有还者。"①刘裕收拾残部,于袁山松被杀当月在娄县"破贼"②,应该是与小股叛军之间的交战。规模虽小,但对提振刘裕阵营的士气却发挥了巨大作用。

第四节 击退孙恩,战功卓著

借助沪渎之役的胜利势头,孙恩率军向着更大的目标前进。隆安五年(401)"六月,恩乘胜浮海,奄至丹徒,战士十余万。刘牢之犹屯山阴,京邑震动"③。时"朝廷骇惧,陈兵以待之"④。《晋书·安帝纪》:

> 六月甲戌(初一,6.27),孙恩至丹徒。乙亥(初二,6.28),内外戒严,百官入居于省。冠军将军高素、右卫将军张崇之守石头,辅国将军刘袭栅断淮口,丹杨尹司马恢之戍南岸,冠军将军桓谦、辅国将军司马允之、游击将军毛邃备白石,左卫将军王嘏、领军将军孔安国屯中皇堂。征豫州刺史、谯王尚之卫京师。⑤

在孙恩自松江沪渎率十余万大军沿江西上向京师方向挺进之时,

---

① 《资治通鉴》卷一一一《晋纪三三》,第八册,第3500页。
② 《宋书》卷一《武帝纪上》,第一册,第3页。同书卷四九《虞丘进传》:"至余姚呵浦,破贼张骠,追至海盐故治及娄县。于蒲涛口与孙恩水战,又被重创。"(第五册,第1440页)据同书卷三五《州郡志一》:余姚属会稽;海盐及娄县均属吴郡;蒲涛口在广陵界,后分立海陵郡,下辖蒲涛县。(第四册,第1030—1031,1031—1032,1055页)
③ 《宋书》卷一《武帝纪上》,第一册,第3页。按《太平御览》卷一二八《偏霸部十二·宋刘裕》引徐爰《宋书》曰:"恩乘风浮海,奄至丹徒,师众数万。"(第一册,第617页)此作"乘风浮海""师众数万"似更符合实际。
④ 《晋书》卷一〇〇《孙恩传》,第八册,第2633页。
⑤ 《晋书》卷一〇《安帝纪》,第一册,第254页。

东晋政府军平叛主帅刘牢之仍在会稽山阴县驻扎。由于原本驻扎京口的刘牢之东讨而来不及回防,京师守备吃紧,形势十分严峻。当此危急关头,在娄县阻击叛军获胜的刘裕发扬不屈不挠的战斗精神,乘势追击,"倍道兼行,与贼俱至"①。

刘裕的行动并非自发,而是遵照统帅刘牢之的调遣进行的。"恩浮海奄至京口,战士十万,楼船千余。牢之在山阴,使刘裕自海盐赴难,牢之率大众而还。"②当时的形势是,"裕兵不满千人"③,"众力既寡,加以步远疲劳,而丹徒守军莫有斗志。恩率众数万,鼓噪登蒜山,居民皆荷担而立"④。刘裕不顾长途行军的劳顿,"率所领奔击,大破之,投巇赴水死者甚众。恩以彭排自载,仅得还船"⑤。这样,孙恩攻占京口的计划受阻,遂转而向建康进攻。孙恩"虽被摧破,犹恃其众力,径向京师。楼船高大,值风不得进,旬乃至白石"⑥。此时,"刘牢之已还,朝廷有备"⑦,"恩至新州(洲),不敢进而退,北寇广陵,陷之,乃浮海而北"⑧。《宋书·天

---

① 《宋书》卷一《武帝纪上》,第一册,第3页。
② 《晋书》卷八四《刘牢之传》,第七册,第2190页。
③ 《晋书》卷八四《刘牢之传》,第七册,第2190页。
④ 《宋书》卷一《武帝纪上》,第一册,第3页。"荷担而立",《资治通鉴》卷一一二《晋纪三四》安帝隆安五年六月(第八册,第3524页)所载同,《太平御览》卷一二八《偏霸部十二·刘刘裕》引徐爰《宋书》作"荷担而走"(第一册,第617页),虽一字之异,但文义大变。《资治通鉴》卷一二五《宋纪七》元嘉二十七年十二月魏主拓跋焘"南寇至瓜步","建康震惧,民皆荷担而立"。胡三省云:"荷担而立,急则进走。"(第九册,第3959页)则"荷担而立"是准备逃难,但尚未行动,不过由于人数众多,也会从气势上给来犯者以震慑。而"荷担而走"则是慑于来犯者的威力,已然形成逃难之势,只能助长来犯者的威风。
⑤ 《宋书》卷一《武帝纪上》,第一册,第3页。
⑥ 《宋书》卷一《武帝纪上》,第一册,第3页。
⑦ 《宋书》卷一《武帝纪上》,第一册,第3页。
⑧ 《晋书》卷一〇〇《孙恩传》,第八册,第2633页。

文志三》:隆安五年"六月,孙恩至京口,高祖击破之。恩军蒲洲,于是内外戒严,营阵屯守,栅断淮口。恩遣别将攻广陵,杀三千余人"①。《晋书·安帝纪》:隆安五年六月,"宁朔将军高雅之击孙恩于广陵之郁洲,为贼所执"②。由此可见,孙恩北上郁洲,先是击败东晋宁朔将军高雅之部,而后才被刘裕所败。刘裕自京师追击孙恩的时间,据记载是在隆安五年八月。

值得注意的是,刘裕被任命为建武将军、下邳太守,"领水军"与刘牢之长子敬宣一同追击孙恩,"并军蹑之于郁洲,累战,恩复大败,由是渐衰弱,复沿海还南"③。此次北上追击孙恩,刘裕的身份发生了很大变化,他已由刘牢之部下的一员下层军官而升任郡太守(尽管实际不会到任真正执掌地方行政),并且生平第一次被授予将军号。毫无疑问,这是刘裕政治生涯的一个重要转折点,实现这一转折的主要原因就在于他在近两年平叛战争中出生入死的表现,特别是在京口成功阻击孙恩,为刘牢之率领大军进行回防赢得了宝贵的时间,要不然,则有可能出现京师失守、政权易手的可怕后果。在刘裕和刘敬宣的穷追猛打下,孙恩大军未能在郁洲站稳脚跟即撤军南下。长途跋涉导致其军队战斗力大降,给刘裕追击获胜提供了良机。"十一月,高祖追恩于沪渎,及海盐,又破之。三战并大获,俘馘以万数。恩自是饥馑疾疫,死者太半,自浃口奔临海。"④此时,刘裕已成为征讨孙恩叛军的主将,为其进一步壮大实力提供了可能。

---

① 《宋书》卷二五《天文志三》,第三册,第728页。
② 《晋书》卷一〇《安帝纪》,第一册,第254页。
③ 《宋书》卷一《武帝纪上》,第一册,第3页;《晋书》卷一〇〇《孙恩传》,第八册,第2633—2634页。
④ 《宋书》卷一《武帝纪上》,第一册,第3页。同书卷一〇〇《自序》载,"时生业已尽,老弱甚多,东土饥荒,易子而食"云云。(第八册,第2453页)

刘裕在征讨孙恩之役中经历了多次战斗,可从跟随他的亲信虞丘进的事迹中约略窥见。《宋书·虞丘进传》记载其在艰难的句章城围困战后的战斗经历如下:

> 至余姚呵浦,破贼张骠,追至海盐故治及娄县。于蒲涛口与孙恩水战,又被重创。追恩至郁洲,又至石鹿头,还海盐大柱,频战有功。元兴元年,又从高祖东征临海,于石步固与卢循相守二十余日。二年,又从高祖至东阳,破徐道覆。其年,又至临松穴破贼,追至永嘉千江,又至安固,累战皆有功。①

由此可见,刘裕在数年征讨孙恩、卢循叛军的过程中转战于东南沿海,经历了一系列艰苦卓绝的战斗,极大地丰富了军事经验,锻炼了战斗意志,培养了亲信队伍,从而奠定了他后来走向成功的重要基础。

尚需一提的是,刘裕在征讨孙恩、卢循叛军的过程中还曾受伤。他在担任桓脩军府参军谋划举义时,"托以金创疾动,不堪步从,乃与(何)无忌同船共还,建兴复之计"②。胡三省云:"矢刃所伤为金创。"③徐爰《宋书》载刘裕"尝游下邳,遇一沙门于逆旅舍"。"患手创积年未疗,沙门因出怀中黄散一裹,留之。""以散治疮,一傅而愈。余散宝录之,被金疮,辄用有验。"④史又载"宁州尝献虎魄(琥珀)枕,光色甚丽。时将北征,以虎魄治金创,上大悦,

---

① 《宋书》卷四九《虞丘进传》,第五册,第1440页。
② 《宋书》卷一《武帝纪上》,第一册,第5页。
③ 《资治通鉴》卷九五《晋纪一七》成帝咸和九年六月,成主雄"身素多金创"下注,第七册,第2996页。
④ (唐)欧阳询撰,汪绍楹校:《艺文类聚》卷一三《帝王部三·宋武帝》,上海古籍出版社1965年版,上册,第255页。参见《宋书》卷二七《符瑞志上》,第三册,第784页;《太平御览》卷一二八《偏霸部十二·宋刘裕》,第一册,第617页。

命捣碎分付诸将"①。刘裕受伤是在其东征孙恩"戍句章城"被困、刘敬宣援兵解围的那次战斗中,徐爰《宋书》云:"高祖为流矢所伤通中,信宿而愈。自后屡被重伤,皆弗以为患。"②看来刘裕还不止一次身受重伤,此言"信宿而愈""弗以为患",是为了表明其君人之象、天命所归,当然是骗人的鬼话。

事实是,刘裕身上有的创伤并未痊愈,与其终生为伴,且时有发作,其死亡即与此关系密切。梁元帝《金楼子·兴王篇》:"帝素有热疾,并患金创,末年尤剧,坐卧常须冷物,而未能得。后人献石床,帝见喜之,寝其上即觉,极以为佳。乃叹曰:'木床犹用功不少,况乃镂石。'即还其人,亦令毁之。"③由此可见,刘裕早年东征孙恩、卢循时所受创伤一直未能痊愈,所患"热疾"应该就是伤口感染所引起的发烧,大概随着免疫力的强弱而波动,进入老年后体质下降,所带来的痛苦愈加严重。正因刘裕本人即是金疮患者,对其所引起的痛苦有切身感受,颇有同病相怜之心,故在北伐前将宁州所献美丽的琥珀枕"分付诸将"。此举同时也能够起到激励诸将奋勇杀敌的作用,可谓一举两得。当然普通士卒之伤痛似不在其考虑之中,在当时的医疗条件下,他们若受伤恐怕只有听天由命了。

---

① 《宋书》卷三《武帝纪下》,第一册,第60页。
② 《太平御览》卷一二八《偏霸部十二·宋刘裕》,第一册,第617页。
③ (梁)孝元帝撰:《金楼子》卷一《兴王篇一》,《景印文渊阁四库全书》子部一五四"杂家类",台湾商务印书馆1986年版,第八四八册,第802页。按"喜之",许逸民《金楼子校笺》作"善之"(中华书局2011年版,上册,第197页)。《南史》卷一《宋本纪上·武帝纪》及《建康实录》卷一一《宋上·高祖武皇帝》((唐)许嵩撰,张忱石点校:《建康实录》,中华书局1986年版,上册,第390页)、《册府元龟》卷一九八《闰位部·节俭》、卷二一五《闰位部·却贡献》((宋)王钦若等编:《册府元龟》,中华书局1960年版,第三册,第2222、2425页)并载此,文字微异。

〔附〕吴兴沈氏与孙恩之乱

吴兴大族沈警家族"家世富殖,财产累千金","为东南豪士"。作为道教世家,其全家参与了孙恩之乱。沈约《宋书·自序》载其事云:

> 初,钱唐人杜子恭通灵有道术,东土豪家及京邑贵望,并事之为弟子,执在三之敬。(沈)警累世事道,亦敬事子恭。子恭死,门徒孙泰、泰弟子恩传其业,警复事之。隆安三年(399),恩于会稽作乱,自称征东将军,三吴皆响应。(警子)穆夫时在会稽,恩以为前部参军、振武将军、余姚令。其年十二月二十八日,恩为刘牢之所破,辅国将军高素于山阴回踵埭执穆夫及伪吴郡太守陆瓌之、吴兴太守丘尪,并见害,函首送京邑,事见《隆安故事》。先是,宗人沈预素无士行,为警所疾,至是警闻穆夫预乱,逃藏将免矣,预以告官,警及穆夫、弟仲夫、任夫、预夫、佩夫并遇害,唯穆夫子渊子、云子、田子、林子、虔子获全。①

警祖沈延为桓温安西参军、颍川太守,父贺为桓冲南中郎参军。沈警曾任郡主簿、后将军谢安府参军,"前将军、青兖二州刺史王恭镇京口,与警有旧好,复引为参军"。②

沈氏政治地位虽然不算太高,但亦非仅仅拥有财富的地方土豪,其在当地的政治社会影响力应该不可小觑。沈林子"年十三,遇家祸,时虽逃窜,而哀号昼夜不绝声"。"一门既陷妖党,兄弟并

---

① 《宋书》卷一〇〇《自序》,第八册,第2445—2446页。
② 《宋书》卷一〇〇《自序》,第八册,第2445页。

应从诛,逃伏草泽,常虑及祸。而沈预家甚强富,志相陷灭。林子与诸兄昼藏夜出,即货所居宅,营墓葬父祖诸叔,凡六丧,俭而有礼。时生业已尽,老弱甚多,东土饥荒,易子而食,外迫国网,内畏强仇,沈伏山草,无所投厝。时孙恩屡出会稽,诸将东讨者相续,刘牢之、高素之放纵其下,虏暴纵横,独高祖军政严明,无所侵犯。林子乃自归曰:'妖贼扰乱,仆一门悉被驱逼,父祖诸叔,同罹祸难,犹复偷生天壤者,正以仇雠未复,亲老漂寄耳。今日见将军伐恶旌善,是有道之师,谨率老弱,归罪请命。'因流涕哽咽,三军为之感动。高祖甚奇之,谓曰:'君既是国家罪人,强仇又在乡里,唯当见随还京,可得无恙。'乃载以别船,遂尽室移京口,高祖分宅给焉。"①

面对如狼似虎的东晋政府军,像沈林子"父祖诸叔"一样战败被杀者当不计其数,而像沈林子兄弟一样四散逃亡者亦不在少数。沈林子兄弟得以归降刘裕,一方面显示刘裕与刘牢之、高素等北府军高级将领的暴虐行径有别,如沈林子所言乃是"伐恶旌善,是有道之师";另一方面则是由于他们正当青少年,对刘裕以后的事业而言有着可资利用的价值;更大的可能则是,沈林子兄弟之所以出降,还是因为得到了可以免死的信息,推测朝廷在当时曾颁布赦令。沈林子兄弟"尽室移京口,高祖分宅给焉"的记载,似乎透露出当时他们的身份是刘裕的户下奴客。十余年后,义熙八年(412)刘裕西征消灭刘毅,于十一月己卯在江陵下书,最后言"凡所质录贼家余口,亦悉原放"②。沈林子兄弟的身份盖与此"质录贼家余口"相当,若非"原放"则应为奴婢或贱民。

---

① 《宋书》卷一〇〇《自序》,第八册,第2452—2453页。
② 《宋书》卷二《武帝纪中》,第一册,第29页。

不管怎样,刘裕从死亡的边缘拯救了沈林子兄弟并使之作为其依附民而得以生存下去,他们自然感恩不尽,在以后刘裕创建帝业的过程中效力卖命,也就再理所应当不过了。在沈林子"从高祖克京城,进平都邑"之后,"林子与兄田子还东报仇。五月夏节日至,(沈)预正大集会,子弟盈堂,林子兄弟挺身直入,斩预首,男女无长幼悉屠之,以预首祭父、祖墓"。① 应该说,沈预向官军告密而使其族人沈警一家罹祸,是支持东晋政府的行为,理应受到保护,而此时沈田子、林子兄弟得以返回家乡为父、祖报仇,无疑是得到刘裕认可的,至少刘裕未加制止,这表明刘裕的政治立场已然与东晋政府分道扬镳。沈林子报仇后即留在乡里,没有马上回到京口或建康,然亦未见其因功受赏,可能的情形是,刘裕在事前向其许愿,事成之后即免其奴客或贱民身份并可回乡报仇。

其后,沈林子"仍为本郡所命,刘毅又板为冠军参军,并不就"。"及高祖为扬州,辟为从事","固辞,不得已,然后就职,领建熙令,封资中县五等侯,时年二十一"。② 晋安帝隆安三年(399)二月刘裕等"举义兵","刘裕为扬州刺史"是在晋安帝义熙四年(408)正月③,相距十年之久。在这段时间里,沈氏兄弟回乡杀戮了沈预全家后重新成为乡里豪强,恢复了往日的社会地位。不过沈约对其先世事迹的记载存在不少夸张、失实和错谬之处,仅就沈林子年龄而论,即可窥其一斑。若其参加京口举义时十八岁,则其生于 379 年;若其被辟为扬州从事时为二十一岁,则其生于 388 年;而《宋书·自序》载其"永初三年,薨,时年四十六",则其生于

---

① 《宋书》卷一〇〇《自序》,第八册,第 2453 页。
② 《宋书》卷一〇〇《自序》,第八册,第 2453 页。
③ 参见《晋书》卷一〇《安帝纪》,第一册,第 260 页。

377年。虽然沈约生活于一百年之后,但他能够详尽地记载包括沈林子在内的先世事迹,也就不至于连沈林子的年龄也弄不清楚。对沈林子年龄如此混乱的记载,令人不得不怀疑沈约是有意为之,意在向读者极力传递夸大和加工过的先世光辉业绩的同时,不经意间却要回避其先世不光彩的历史,然而仅仅沈林子年龄的混乱记载便露出了马脚。因此在引用《宋书·自序》相关记载时应多加留神,必须进行甄别和取舍。

《宋书·州郡志一》扬州"南彭城太守"条:"蕃令,义旗初,免军户立遂诚县,武帝永初元年(420),改从旧名。薛令,义旗初,免军户为建熙县,永初元年,改从旧名。"①按南彭城为侨郡,隶南徐州,本为东晋初年以过江之徐州彭城郡流民所设②,刘裕家族即是其一。集中于南彭城蕃县和薛县的"军户",很可能就是晋安帝隆安年间降服的孙恩叛军成员,沈林子兄弟最初的身份若非刘裕的户下奴客,便是隶属于薛县的军户。刘裕北讨自广陵北上彭城的孙恩叛军时,被任命为彭城太守,不排除即为此南彭城太守之可能性,若此则蕃县和薛县的"军户"就曾在刘裕治下。刘裕举义时以"免军户"为号召,带领其参与反玄举义,事成之后便兑现承诺,"免军户"而分别改设遂诚、建熙二县。或许正是基于这种情况,免除军户后成为自由民的沈林子兄弟才能够回到吴兴郡的故乡为父、祖报仇。

半个世纪后宋文帝太子刘劭弑父篡位,下诏"自永初元年以前,相国府入斋、传教、给使,免军户,属南彭城薛县"③。由此可

---

① 《宋书》卷三五《州郡志一》,第四册,第1043页。
② 参见《宋书》卷三五《州郡志》,第四册,第1038页;《晋书》卷一五《地理志下》,第三册,第453页。
③ 《宋书》卷九九《元凶传》,第八册,第2428页。

见,刘裕篡位之前在其相国府服役的"入斋、传教、给使"即属"军户"之列。沈林子兄弟当年的角色当与此类似,更像是其中的"入斋"。《宋书·黄回传》:"黄回,竟陵郡军人也。出身充郡府杂役,稍至传教。臧质为郡,转斋帅。及去职,将回自随。质为雍州,回复为斋帅。质讨元凶,回随从有功,免军户。"① 按"传教"为"军户"于此可得实证。"杂役",《南史·黄回传》作"杂使"②,"充郡府杂役(使)"即属"给使"。"斋帅"则为统领"入斋"之军吏。黄回在其"军户"身份下经历了给使→传教→入斋(斋帅)的身份转换,给使、传教、入斋(斋帅)为军户所充吏役的不同等级。

> 天师道首曰孙恩,会稽起义反朝廷。
> 数十万众欲逆天,东南八郡多响应。
> 内史谢琰竟身死,孙恩气势衰复兴。
> 北府名将刘牢之,受命东征欲平定。
> 刘裕方入牢之府,小队人马建奇功。
> 京口阻击挽狂澜,头角崭露立威名。

---

① 《宋书》卷八三《黄回传》,第七册,第2122页。按同书卷三七《州郡志三》雍州"建昌太守"条:"孝建元年(454),刺史朱脩之免军户为永兴、安宁二县,立建昌郡,又立永宁为昌国郡,并寄治襄阳。"第四册,第1142页。
② 《南史》卷四〇《黄回传》,第四册,第1032页。

第二章　桓玄崛起，篡晋立楚

桓氏控荆楚，扬威数十载。
争胜入建康，桓玄称楚帝。

第一节　荆楚异变，桓玄坐大

也就在此时，东晋朝廷局势发生了巨变，专制朝政的宗室司马元显与控制上流军政的高门大族代表人物桓玄之间的矛盾激化并最终以兵戎相见。"元兴元年（402）正月，骠骑将军司马元显西伐荆州刺史桓玄，玄亦率荆楚大众下讨元显。"[1]这是东晋历史上高门士族与司马氏皇室之间最后一个回合的较量，也是荆扬之争的终场。这次较量是历史巨变的前夜，开启了东晋灭亡的大门，为南朝走上历史前台提供了契机。

东晋孝武帝宁康元年（373）"秋七月己亥（十四，8.18），使持节、侍中、都督中外诸军事、丞相、录尚书、大司马、扬州牧、平北将军、徐兖二州刺史、南郡公桓温薨"[2]。桓温（312—373）曾长期控制上流军政大权，专威近三十载，是东晋中叶最为显赫的

---

[1] （梁）沈约撰：《宋书》卷一《武帝纪上》，中华书局1974年版，第一册，第3页。
[2] （唐）房玄龄等撰：《晋书》卷九《孝武帝纪》，中华书局1974年版，第一册，第225页。

军政人物。① 桓温临终之际,以时年五岁的幼子(第六子)桓玄(368—404)为嗣②,"袭爵南郡公"。孝武帝后期桓玄始出仕,历任太子洗马、义兴太守,后"弃官归国"。史称"玄在荆州豪纵,士庶惮之,甚于州牧",时"荆州刺史殷仲堪甚敬惮之"。晋安帝隆安初,优游荆楚的桓玄被任命为广州军政长官,"玄受命不行"。③ 同年即隆安二年(398)七月,"兖州刺史王恭、豫州刺史庾楷、荆州刺史殷仲堪、广州刺史桓玄、南蛮校尉杨佺期等举兵反"。这是王恭与庾楷第二次反叛逼宫,前一年"夏四月甲戌(初七,5.19),兖州刺史王恭、豫州刺史庾楷举兵,以讨尚书左仆射王国宝、建威将军

---

① 晋穆帝永和元年(345)八月"庚辰(庚戌:十三,9.25),以辅国将军、徐州刺史桓温为安西将军、持节、都督荆司雍益梁宁六州诸军事、领护南蛮校尉、荆州刺史";二年"十一月辛未(十一,12.10),安西将军桓温帅征虏将军周抚、辅国将军谯王无忌、建武将军袁乔伐蜀,拜表辄行";"三年春三月乙卯(乙酉:廿六,2.22),桓温攻成都,克之。丁亥(廿八,2.24),李势降,益州平"。(《晋书》卷八《穆帝纪》,第一册,第192、193页)桓温的政治地位就此确定。《晋书》卷九八《桓温传》:"进位太尉,固让不拜。时殷浩至洛阳修复园陵,经涉数年,屡战屡败,器械都尽。温复进督司州,因朝野之怨,乃奏废浩,自此内外大权一归温矣。"(第八册,第2571页)按:桓温为太尉是在永和八年(352)七月(《穆帝纪》,第一册,第198页)。孝武帝宁康元年(373)"秋七月己亥(十四,8.18),使持节、侍中、都督中外诸军事、丞相、录尚书、大司马、扬州牧、平北将军、徐兖二州刺史、南郡公桓温薨"。(卷九《孝武帝纪》,第一册,第225页)近三十年间,桓温一直都是东晋政坛上权势最大的政治人物。又可参见《晋书·桓温传》,第八册,第2568—2580页。
② 《晋书》卷九九《桓玄传》:"年七岁,温服终",元兴三年被杀,"时年三十六"。(第八册,第2585、2601页)据此可知,桓玄生于东晋海西公太和三年(368)。
③ 《晋书》卷九九《桓玄传》,第八册,第2587页。关于桓玄在荆州之"豪纵",《晋书》卷八五《刘毅传附兄迈传》有具体例证:"为殷仲堪中兵参军。桓玄之在江陵,甚豪横,士庶畏之,过于仲堪。玄曾于仲堪厅事前戏马,以稍拟仲堪。迈时在坐,谓玄曰:'马稍有余,精理不足。'玄自以才雄冠世,而心知外物不许之。仲堪为之失色。玄出,仲堪谓迈曰:'卿乃狂人也!玄夜遣杀卿,我岂能相救!'迈以正辞折仲堪,而不以为悔。仲堪使迈下都以避之。玄果令追之,迈仅而免祸。"(第七册,第2211页)

王绪为名。甲申(十七,5.29),杀国宝及绪以悦于恭,恭乃罢兵"。① 而此次有殷仲堪、桓玄、杨佺期的加入②,王恭与庾楷的起兵对东晋朝廷形成了更大的压力。史载"仲堪素无戎略,军旅之事,一委佺期兄弟,以兵五千人为前锋,与桓玄相次而下"③。"八月,江州刺史王愉奔于临川。"④时"仲堪给玄五千人,与杨佺期俱为前锋",桓玄遣偏将军追获王愉。⑤ 桓玄与杨佺期兵临石头,"时朝廷无备,内外崩骇"⑥,既而"大败王师于白石"⑦。八月"辛卯(廿六,10.3)⑧,加太傅、会稽王道子黄钺。遣征虏将军会稽王世子元显、前将军王珣、右将军谢琰讨桓玄等"。九月"己亥(初四,10.11),破庾楷于牛渚。丙午(十一,10.18),会稽王道子屯中堂,元显守石头。己酉(十四,10.21),前将军王珣守北郊,右将军谢琰

---

① 《晋书》卷一〇《安帝纪》,第一册,第250页。
② 《晋书》卷八四《殷仲堪传》:"国宝之役,仲堪既纳(桓)玄之诱,乃外结雍州刺史郗恢,内要从兄南蛮校尉觊(顗)、南郡相江绩等。恢、觊(顗)、绩并不同之,乃以杨佺期代绩,觊(顗)自逊位。"(第七册,第2197、2198页)按:所记史事实为隆安二年七月殷仲堪响应王恭、庾楷举兵时事,而"国宝之役"是指隆安元年四月王恭、庾楷的举兵,殷仲堪并未参与。同书卷八三《江逌传附绩传》:为南郡相,"会荆州刺史殷仲堪举兵以应王恭,仲堪要绩与南蛮校尉殷顗同行,并不从"。"仲堪惮其坚正,以杨佺期代之。"(第七册,第2176页)同卷《殷顗传》:时任南蛮校尉,殷仲堪为其从弟,极力劝阻仲堪响应王恭举兵反对朝廷的行为。同书卷八四《杨佺期传》:"荆州刺史殷仲堪引为司马,代江绩为南郡相。"(第七册,第2200页)综以上记载,可知南蛮校尉本为殷顗,由于南郡相江绩和南蛮校尉殷顗极力反对殷仲堪举兵,仲堪遂以其府司马取代二人担任南郡相、南蛮校尉。
③ 《晋书》卷八四《杨佺期传》,第七册,第2200页。
④ 《晋书》卷一〇《安帝纪》,第一册,第250页。
⑤ 《晋书》卷九九《桓玄传》,第八册,第2587页。
⑥ 《晋书》卷七四《桓彝传附孙脩传》,第六册,第1955页。
⑦ 《晋书》卷一〇《安帝纪》,第一册,第250页。
⑧ 《晋书》卷一〇《安帝纪》此处"九月辛卯"(第一册,第251页),按:本年九月无辛卯,从上下文干支推断,应为八月辛卯无疑。

备宣阳门。辅国将军刘牢之次新亭,使子敬宣击败恭,恭奔曲阿长塘湖,湖尉收送京师,斩之。于是遣太常殷茂喻仲堪及玄,玄等走于寻阳。"十月"壬午(十八,11.23),仲堪等盟于寻阳,推桓玄为盟主"。①

这次上流方镇联合反对东晋朝廷的军事行动最终没能取得成功,可谓功败垂成。桓玄虽然率部撤退至寻阳,但却成了最大赢家,王恭战死,庾楷归降,殷仲堪、杨佺期也向他表示忠心,"既而诏以玄为江州"②。桓玄当时所任官职,史书无明确记载,其为江州刺史、都督江州军事可以无疑,但其所督军事区当不限于江州,还应包括若干州郡。《晋书·桓玄传》载"隆安中,诏加玄都督荆州四郡"③,具体哪四个郡并不明确。无论如何,仅仅两三个月的时间,桓玄便由优游荆楚无实际职任的高门士族子弟一跃成为控制上流军政大权的军事强人,真可谓瞬间暴强。此时,殷仲堪、杨佺期虽然以桓玄为盟主,但他们仍然控制着荆州的主要军政权力,而荆州本是桓氏家族的老巢,桓玄的封国也在荆州,未能完全拥有荆州,也就谈不上对上流地区的真正控制,要问鼎朝政更加不大可能。

桓玄与殷仲堪、杨佺期兵退寻阳,"朝廷严兵相距,内外骚然"④。"时朝廷新平恭、楷,且不测西方人心,仲堪等拥众数万,充斥郊畿,内外忧逼。"桓玄从兄桓脩进计于会稽王道子,谓"若许佺期以重利,无不倒戈于仲堪者"。道子"乃以玄为江州,佺期为雍

---

① 《晋书》卷一〇《安帝纪》,第一册,第251页。
② 《晋书》卷九九《桓玄传》,第八册,第2588页。
③ 《晋书》卷九九《桓玄传》,第八册,第2588页。
④ 《晋书》卷六四《简文三王·会稽王道子传附世子元显传》,第六册,第1737页。

州,黜仲堪为广州,以桓脩为荆州,遣仲堪叔父太常茂宣诏回军"。① 桓脩的建议意在离间殷仲堪与杨佺期,使其从弟桓玄坐收渔人之利,为桓氏家族再次控制上流军政大权创造机会。不出所料,其结果是导致仲堪等人"互相疑阻","仲堪与佺期以子弟交质,遂于寻阳结盟,玄为盟主,临坛歃血,并不受诏,申理王恭,求诛刘牢之、谯王尚之等"。② 三人虽然表面上达成了和解,一致主张对抗朝廷,但内心却是各怀鬼胎,都在盘算着如何壮大自身的力量。

在桓玄要求下,其兄桓伟被任命为辅国将军、南蛮校尉③,这等于是在殷仲堪治下插入了一枚楔子。时杨佺期取代郗恢而为都督梁雍秦三州诸军事、雍州刺史,"俄而朝廷复仲堪本职,乃各还镇"。杨佺期到任后,"抚将士,恤百姓,缮修城池,简练甲卒,甚得人情",欲与殷仲堪共讨桓玄,为仲堪所阻止。④ 晋安帝隆安三年"十二月,桓玄袭江陵,荆州刺史殷仲堪、南蛮校尉杨佺期并遇害"⑤。按杨佺期虽曾任南蛮校尉,但死前已是雍州刺史,此处所记不确。《晋书·桓玄传》:"后荆州大水,仲堪振恤饥者,仓廪空竭。玄乘其虚而伐之,先遣军袭巴陵。"进而袭击江陵,打败殷仲

---

① 《晋书》卷八四《殷仲堪传》,第七册,第2198页。
② 《晋书》卷八四《殷仲堪传》,第七册,第2199页。同书卷七四《桓彝传附孙脩传》:"脩进说曰:'殷、桓之下,专恃王恭,恭既破灭,莫不失色。今若优诏用玄,玄必内喜,则能制仲堪、佺期,使并顺命。'朝廷纳之。以脩为龙骧将军、荆州刺史、假节,权领左卫文武之镇。又令刘牢之以千人送之。转仲堪为广州。脩未及发,而玄等盟于寻阳,求诛牢之。尚之并诉仲堪无罪,独被降黜。于是诏复仲堪荆州。御史中丞江绩奏脩承受杨佺期之言,交通信命,宣传不尽,以为身计,疑误朝算,请收付廷尉。特诏免官。"(第六册,第1955页)
③ 《晋书》卷九九《桓玄传》,第八册,第2588页。
④ 《晋书》卷八四《杨佺期传》,第七册,第2200—2201页。
⑤ 《晋书》卷一〇《安帝纪》,第一册,第252页。

堪与杨佺期,二人均被杀。①

桓玄乘人之虚,师出无道,虽然一时获胜,但以如此卑劣手法行事,终究不会有好下场。桓玄占领荆、雍后,"乃表求领江、荆二州。诏以玄都督荆司雍秦梁益宁七州、后将军、荆州刺史、假节,以桓脩为江州刺史。玄上疏固争江州,于是进督八州及杨(扬)豫八郡,复领江州刺史。玄又辄以伟为冠军将军、雍州刺史"②。至此,上流军政大权已完全为桓玄及桓氏家族所控制,然而这并非桓玄的终极目的。晋安帝是一位严重的智障者③,无丝毫行为能力,东晋朝政完全掌握在司马道子和司马元显手中,且父子二人之间争权夺利,矛盾重重,桓玄看中了以武力夺取东晋政权的这一大好机会。"玄于是树用腹心,兵马日盛,屡上疏求讨孙恩,诏辄不许。"④很显然,其欲"讨孙恩"只是一个冠冕堂皇的借口,真实目的则是率军进驻京师,以军权为后盾掌控建康朝政。

第二节 降杀牢之,孙恩投海

元兴元年(402)正月,东晋朝廷"以后将军元显为骠骑大将军、征讨大都督,镇北将军刘牢之为元显前锋,前将军谯王尚之为

---

① 《晋书》卷九九《桓玄传》,第八册,第2589页。参见同书卷八四《殷仲堪传》《杨佺期传》,第七册,第2199、2201页。

② 《晋书》卷九九《桓玄传》,第八册,第2589页。

③ 《晋书》卷一〇《安帝纪》:"帝不惠,自少及长,口不能言,虽寒暑之变,无以辩也。凡所动止,皆非己出。"(第一册,第267页)《太平御览》卷一〇〇《皇王部二五·(晋)恭皇帝》引《续晋阳秋》:"初,安皇帝不慧,起居动止不自己。帝每侍左右,消息凉温,饥饱之中,而恭谨备焉。"((宋)李昉等撰,中华书局1960年版,第一册,第479页)

④ 《晋书》卷九九《桓玄传》,第八册,第2589页。

后部,以讨桓玄"①。桓玄很快便得到了司马元显即将发兵征讨自己的信息②,于是主动迎战,率军自荆州东下向京师进发③。二月丙午(初七,3.26),司马元显率军离开京师西上征讨桓玄。④《晋书·刘牢之传》:"朝廷将讨桓玄,以牢之为前锋都督、征西将军、领江州事。元显遣使以讨玄事谘牢之。牢之以玄少有雄名,杖全楚之众,惧不能制,又虑平玄之后功盖天下,必不为元显所容,深怀疑贰,不得已率北府文武屯洌洲。"⑤看来北府主帅刘牢之对于率军西征桓玄颇不情愿,而担任征讨大都督的司马元显则"日夜昏酣"⑥,并且当时东晋朝廷所能调动的兵力又非常有限⑦,这样的军队怎能够打胜仗呢?"丁卯(廿八,4.16),桓玄败王师于姑孰,谯王尚之、齐王柔之并死之。"⑧而刘"牢之自谓握强兵,才能算略足以经纶江表,时谯王尚之已败,人情转沮,乃颇纳穆(殷穆)说,遣使与玄交通。其甥何无忌与刘裕固谏之,并不从。俄令敬宣降玄"⑨。

---

① 《晋书》卷一〇《安帝纪》,第一册,第254页。
② 《晋书》卷九九《桓玄传》:"元兴初,元显称诏伐玄,玄从兄石生时为太傅长史,密书报玄。"(第八册,第2590页)同书卷七四《桓彝传附孙石生传》:为骠骑、太傅长史,"会稽世子元显将伐桓玄,石生驰书报玄,玄甚德之"。(第六册,第1947页)
③ 《宋书》卷二五《天文志三》:"元兴元年正月,桓玄东下。"(第三册,第728页)《晋书》卷九九《桓玄传》:桓玄"乃留其兄伟守江陵,抗表率众,下至寻阳,移檄京邑,罪状元显"。(第八册,第2590页)
④ 参见《晋书》卷一〇《安帝纪》,第一册,第254页。
⑤ 《晋书》卷八四《刘牢之传》,第七册,第2190页。
⑥ 《宋书》卷四七《刘敬宣传》,第五册,第1410页。
⑦ 前一年抵御杨佺期、桓玄、殷仲堪等对京师的进攻时,"发京邑士庶数万人,据石头以距之"。(《晋书》卷六四《简文三王·会稽王道子传》,第六册,第1737页)加上当时战斗中的消耗,则此时朝廷方面所能调动的兵力可想而知。
⑧ 《晋书》卷一〇《安帝纪》,第一册,第254页。
⑨ 《晋书》卷八四《刘牢之传》,第七册,第2191页。

刘牢之从出征之始就心怀鬼胎,自然不愿为建康朝廷卖命,不过他作出的投降桓玄的选择,事后证明并非明智之举。不仅外甥何无忌和府参军刘裕反对刘牢之的投降之举,而且刘敬宣也对其父欲与桓玄媾和实即放弃抵抗而投降的决定,提出强烈质疑和反对,试图说服牢之放弃这一愚蠢的决定。"桓玄既至溧洲,遣信说牢之,牢之以道子昏暗,元显淫凶,虑平玄之日,乱政方始,假手于玄,诛除执政,然后乘玄之隙,可以得志于天下,将许玄降。"刘敬宣进谏曰:"方今国家乱扰,四海鼎沸,天下之重,在大人与玄。玄藉先父之基,据荆南之势,虽无姬文之德,实为参(叁)分之形。一朝纵之,使陵朝廷,威望既成,则难图也。董卓之变,将生于今。"遂"遣敬宣为任,玄板为其府谘议参军"。① 由此可见,刘牢之刚愎自用,一意孤行,遂以其子刘敬宣为质任,于元兴元年三月己巳(初一,4.18)"叛降于桓玄"②。

尽管胸无大略,但刘牢之毕竟是当时东晋首屈一指的名将,其投降意味着朝廷方面大势已去。刘牢之投降桓玄两天后(辛未),"王师败绩于新亭,骠骑大将军、会稽王世子元显、东海王彦璋、冠军将军毛泰、游击将军毛邃并遇害"③。次日(壬申),"桓玄自为侍中、丞相、录尚书事,以桓谦为尚书仆射,迁太傅、会稽王道子于安城。玄俄又自称太尉、扬州牧,总百揆,以琅邪王德文为太宰"④。就这样,桓玄没有遇到多大阻力,便成功进入建康,控制了东晋王朝的军政大权。《晋书·桓玄传》:

> 玄入京师……又矫诏加己总百揆,侍中、都督中外诸军

---

① 《宋书》卷四七《刘敬宣传》,第五册,第1410—1411页。
② 参见《晋书》卷一〇《安帝纪》,第一册,第255页。
③ 《晋书》卷一〇《安帝纪》,第一册,第255页。
④ 《晋书》卷一〇《安帝纪》,第一册,第255页。

事、丞相、录尚书事、扬州牧,领徐州刺史,又加假黄钺、羽葆鼓吹、班剑二十人,置左右长史、司马、从事中郎四人,甲仗二百人上殿。玄表列太傅道子及元显之恶,徙道子于安成郡,害元显于市。于是玄入居太傅府,害太傅中郎毛泰、泰弟游击将军邃、太傅参军荀逊、前豫州刺史庾楷父子、吏部郎袁遵、谯王尚之等,流尚之弟丹阳尹恢之、广晋伯允之、骠骑长史王诞、太傅主簿毛遁等于交广诸郡,寻追害恢之、允之于道。①

刘牢之虽然投降了桓玄,但却并未赢得真正信任,桓玄甚至亟欲除之而后快。"玄克京邑,杀元显,以牢之为会稽内史。"②《晋书·刘牢之传》:"元显既败,玄以牢之为征东将军、会稽太守,牢之乃叹曰:'始尔,便夺我兵,祸将至矣!'时玄屯相府,敬宣劝牢之袭玄,犹豫不决,移屯班渎,将北奔广陵相高雅之,欲据江北以距玄,集众大议。"参军刘袭对此计划表示强烈反对,"语毕,趋出,佐吏多散走"。③ 刘牢之为平定孙恩之乱的主帅,在他的指挥下基本消除了威胁东晋政权生存的一个心头大患,然而桓玄入京后出于巩固自身权力的需要,不仅没能重用刘牢之,反而剥夺了他的军权,外放为东部沿海刚刚遭受过战祸的会稽太守。

刘牢之预感到大祸临头,内心充满了巨大恐慌,希望刘裕能追随他到广陵起兵反抗桓玄,从而扭转被动局面,创造新的辉煌,然而有着更大政治抱负的刘裕断然拒绝了刘牢之的建议。《宋书·武帝纪上》:

> (刘牢之)惧而告高祖曰:"便夺我兵,祸其至矣。今当北就高雅于广陵举事,卿能从我去乎?"答曰:"将军以劲卒数

---

① 《晋书》卷九九《桓玄传》,第八册,第2590—2591页。
② 《宋书》卷一《武帝纪上》,第一册,第3—4页。
③ 《晋书》卷八四《刘牢之传》,第七册,第2191页。

万,望风降服。彼新得志,威震天下。三军人情,都已去矣,广陵岂可得至邪!裕当反服还京口耳。"牢之叛走,自缢死。①

同书《刘敬宣传》:

> 玄既得志,害元显,废道子,以牢之为征东将军、会稽太守。牢之与敬宣谋共袭玄,期以明旦。值尔日大雾,府门晚开,日旰,敬宣不至,牢之谓所谋已泄,率部曲向白洲,欲奔广陵。而敬宣还京口迎家,牢之寻求不得,谓已为玄所擒,乃自缢死。②

刘敬宣遂北逃,先至关中,既而又到青州依附于南燕慕容德。刘牢之死后,何无忌向刘裕请教前程之计,刘裕建议何无忌先跟随他到京口,再根据形势变化相机行事。时"桓玄从兄脩以抚军镇丹徒,以高祖为中兵参军,军、郡如故"③。刘裕在拒绝原府主刘牢之联合反对桓玄的建议后,转而接受桓玄的领导,出任其从兄桓脩抚军府参军。桓玄逼死刘牢之后收编了北府兵,建康外围重镇京口由其从兄桓脩镇守,表面上看无疑是一次巨大的成功,然而从长远来看,却是遗患无穷。京口"为建康北藩之重"④,京口与建康的安危息息相关,守京口则可保建康无虞,若京口失守则建康有累卵之危。

桓玄从荆州起兵之际,孙"恩复寇临海,临海太守辛景讨破

---

① 《宋书》卷一《武帝纪上》,第一册,第4页。

② 《宋书》卷四七《刘敬宣传》,第五册,第1411页。王夫之云:"向背无恒,而忠孝必薄也。前有吕布,后有刘牢之,勇足以戡乱,而还为乱人。呜呼!岂有数月之间,俄而为元显用,而即叛元显,俄而为桓玄用,而即图桓玄,能不祸于国、凶于家、戮及其身也乎?刘袭曰:'一人三反,何以自立。'"(《读通鉴论》卷一四《(晋)安帝》,中华书局1998年版,中册,第392页)

③ 《宋书》卷一《武帝纪上》,第一册,第4页。桓脩,《太平御览》卷一二八《偏霸部十二·宋刘裕》引徐爰《宋书》作"桓循"。(第一册,第617页)

④ 《资治通鉴》卷一一六《晋纪三八》安帝义熙八年九月:"北徐州刺史刘道怜为兖青二州刺史,镇京口。"胡三省注:"北徐州刺史治彭城。使道怜镇京口,以为建康北藩之重。"((宋)司马光编著,(元)胡三省音注,"标点资治通鉴小组"校点:《资治通鉴》,中华书局1956年版,第八册,第3652页)

之。恩穷蹙,乃赴海自沉,妖党及妓妾谓之水仙,投水从死者百数"①。《宋书·天文志三》:"孙恩在临海,人众饿死散亡,恩亦投水死。"②看来孙恩最终选择投海自尽,主要是因为遭遇严重饥荒而导致部众离散,对于继续其对抗东晋朝廷的事业丧失了信心。孙恩之乱给已经走向末路的东晋政权造成了不小的打击和破坏,史载"自恩初入海,所虏男女之口,其后战死及自溺并流离被传卖者,至恩死时裁数千人存,而恩攻没谢琰、袁山松,陷广陵,前后数十战,亦杀百姓数万人"③。孙恩死后,"余众推恩妹夫卢循为主"④。"卢循自称征房将军,领其余众,略有永嘉、晋安之地。"⑤桓玄最初欲将其招安,以实现东土安宁,遂"以循为永嘉太守"。但事与愿违,"循虽受命,而寇暴不已"。⑥

当年五月,桓玄乃遣刘裕东征,于次年正月"破循于东阳"。"复追破之"于永嘉,"斩其大帅张士道"。又"追讨至于晋安,循浮海南走"。六月,朝廷加刘裕彭城内史。⑦ 到此为止,刘裕的官职为建武将军、下邳太守、彭城内史。下邳太守是刘裕北伐孙恩时所

---

① 《晋书》卷一〇〇《孙恩传》,第八册,第2634页。同书卷一〇《安帝纪》:元兴元年三月,"临海太守辛景击孙恩,斩之"。(第一册,第255页)
② 《宋书》卷二五《天文志三》,第三册,第728页。
③ 《晋书》卷一〇〇《孙恩传》,第八册,第2634页。
④ 《宋书》卷一《武帝纪上》,第一册,第4页。参见《晋书》卷一〇〇《孙恩传》,第八册,第2634页。
⑤ 《宋书》卷二五《天文志三》,第三册,第728页。
⑥ 《宋书》卷一《武帝纪上》,第一册,第4页。
⑦ 《宋书》卷一《武帝纪上》,第一册,第4页。《晋书》卷一〇〇《卢循传》:"元兴二年正月,寇东阳。八月,攻永嘉。刘裕讨循至晋安,循窘急,泛海到番禺,寇广州,逐刺史吴隐之,自摄州事,号平南将军,遣使献贡。"(第八册,第2634页)此与《宋书·武帝纪上》所载时间有出入。据同书卷一〇《安帝纪》:元兴二年"二月辛丑(初八,3.16),建威将军刘裕破徐道覆于东阳"。(第一册,第255页)则与刘裕在东阳交火的是卢循姊夫徐道覆,而非卢循本人。

任之职,事实上他从未到下邳郡担任太守,而刘裕同样也没有到彭城任职,加任彭城内史大概与其祖籍彭城有关。总的来看,当时年届四十的刘裕只能说在统治集团中崭露头角,还是一位地位不高的武将,其职位完全是靠军功而赢得的。

第三节 桓玄初政,党同伐异

孙恩领导的五斗米道徒暴动,为桓玄的事功提供了有利时机。可以说,如果没有孙恩之乱,在荆州经营的桓玄要想入朝推翻司马元显和司马道子,掌控东晋朝政并进而实现篡位,几乎毫无可能。桓玄进入建康对司马元显及其党羽进行屠杀的同时,又对内外军政要职做了安排:

> 以兄伟为安西将军、荆州刺史、领南蛮校尉,从兄谦为左仆射、加中军将军、领选,脩为右将军、徐兖二州刺史,石生为前将军、江州刺史,长史卞范之为建武将军、丹杨(阳)尹,王谧为中书令、领军将军。①

桓伟为桓温第五子,"平厚笃实,居藩为士庶所怀。历使持节、督荆益宁秦梁五州诸军事、安西将军、领南蛮校尉、荆州刺史、西昌侯"②。桓玄之父温为桓彝长子,桓谦之父冲为桓彝幼子。史载桓谦"详正有器望",历任吴国内史、尚书,后为骠骑大将军司马元显谘议参军,转司马。"元兴初,朝廷将伐玄,以桓氏世在陕西,谦父冲有遗惠于荆楚,惧人情向背,乃用谦为持节、都督荆益宁梁四州诸军事、西中郎将、荆州刺史、假节,以安荆楚。玄既

---

① 《晋书》卷九九《桓玄传》,第八册,第2591页。
② 《晋书》卷九八《桓温传》,第八册,第2580页。

用事,以谦为尚书左仆射,领吏部,加中军将军。谦兄弟显列,玄甚倚杖之,而内不能善也。改封谦为宁都侯,拜尚书令,加散骑常侍。迁侍中、卫将军、开府、录尚书事。"①桓脩为桓谦之弟,"尚简文帝女武昌公主,历吏部郎,稍迁左卫将军"。后被任命为荆州刺史、江州刺史,但均未到镇任职,桓玄入朝前为中护军。"玄执政,以脩都督六州、右将军、徐兖二州刺史、假节。寻进抚军将军,加散骑常侍。玄篡,以为抚军大将军,封安成王。刘裕义旗起,斩之。"②桓石生为桓豁(桓冲兄)之子,"隆安中,以司徒左长史迁侍中,历骠骑、太傅长史。会稽世子元显将伐桓玄,石生驰书报玄,玄甚德之。及玄用事,以为前将军、江州刺史。寻卒于官"③。

卞范之,"识悟聪敏,见美于当世。太元中,自丹杨(阳)丞为始安太守。桓玄少与之游,及玄为江州,引为长史,委以心膂之任,潜谋密计,莫不决之。后玄将为篡乱,以范之为丹杨(阳)尹"④。史载"元兴元年,桓玄克京邑,丹阳尹卞范之势倾朝野,欲以女嫁方明,使尚书吏部郎王腾譬说备至,方明终不回"⑤。卞范之可能出于济阴卞氏,其门第远不可与陈郡谢氏同日而语,故即便是他拥有了"势倾朝野"的权势,谢方明仍不买账,不愿屈就与之缔结姻亲。对于谢方明的这种坚持,"桓玄闻而赏之,即除著作佐郎,补司徒王谧主簿"⑥,显示了同样出身侨姓大族的桓玄具有同谢方明一样的价值取向。谢方明的这种坚持,虽然赢得了桓玄的赞赏,但

---

① 《晋书》卷七四《桓彝传附孙谦传》,第六册,第1954页。
② 《晋书》卷七四《桓彝传附孙脩传》,第六册,第1955页。
③ 《晋书》卷七四《桓彝传附孙石生传》,第六册,第1947页。
④ 《晋书》卷九九《桓玄传附卞范之传》,第八册,第2603页。
⑤ 《宋书》卷五三《谢方明传》,第五册,第1523页。
⑥ 《宋书》卷五三《谢方明传》,第五册,第1523页。

毕竟显示他不愿与桓玄集团核心成员走得较近,而这却有利于谢氏后来的保身保家。

王谧(360—407)为东晋开国元勋王导之孙,"少有美誉,与谯国桓胤、太原王绥齐名"。时任侍中,"及桓玄举兵,诏谧衔命诣玄,玄深敬昵焉。拜建威将军、吴国内史,未至郡,玄以为中书令、领军将军、吏部尚书。迁中书监,加散骑常侍,领司徒"。① 桓玄举兵反抗东晋朝廷时,王谧受命到桓玄军府交涉,以便说服桓玄退兵。其结果是,王谧不仅没有完成使命,反而向桓玄表示效忠,亦不排除向其出谋划策的可能,他以卖身求荣换来了桓玄入朝后的荣华富贵。不过,王谧虽任吏部尚书,但并不一定真能履行职责,吏部人事权恐怕还是掌控在桓玄及其从兄桓谦手中。虽然担任最高禁卫长官,但从未染指禁卫军的王谧也不可能实际统领禁卫军。王谧真正能够履行职责的大概只有负责诏令起草的中书令之职。

由上所见,桓玄入朝控制朝廷及扬州军政大权的同时,特别注意对地方军政权力的掌控,将上流荆州和江北徐兖二州的军政大权分别交由其兄桓伟和从兄桓脩,桓玄同样比较注意控制朝廷及京师行政权,由其从兄桓谦执掌尚书省特别是掌控吏部人事权,亲信卞范之担任京尹掌控京师行政权,高门琅邪王氏成员王谧担任中书令负责诏令起草。这样,桓玄及其同族兄弟和故府长吏便控制了东晋王朝的内外要职,组成了以桓玄为核心的最高决策集团。

在作出上述人事任命的同时,桓玄又"大赦,改元为大亨。玄让丞相,自署太尉、领平西将军、豫州刺史。又加衮冕之服,绿

---

① 《晋书》卷六五《王谧传》,第六册,第1758页。

缤绶,增班剑为六十人,剑履上殿,入朝不趋,赞奏不名"①。改元大亨,显示桓玄期盼能够稳固地控制东晋政权,不会有人向其发起挑战,自是题中之义。不久桓玄"出居姑孰","固辞录尚书事,诏许之,而大政皆谘焉,小事则决于桓谦、卞范之"。②按姑孰为豫州治所,桓玄此前领豫州刺史应该就是为即将开始的姑孰之行提供方便。姑孰地处"近畿"③,王敦之乱时就曾"移镇姑孰"④,桓温专权时同样亦曾"移镇姑孰"⑤。史称"桓温下镇姑孰,威势震主,四方修敬"⑥。桓玄虽然入朝控制了朝政,但对是否能够完全掌控局势似乎并无百分百把握,而由其亲信在朝执掌军政事务,他本人则在姑孰进行遥控和观察处置更为稳妥。这样,无论京师还是地方出现变故,应该都有回旋的余地。

孙恩暴动和王恭等的叛乱,严重削弱了东晋朝廷的军事力量。桓玄充分利用这一有利时机,"据全楚之地,驱劲勇之兵"⑦,一举攻入京师,掌控了政局,成为当时东晋最有权势的人物。然而,桓玄的发迹仅仅是在数年间发生的,虽有其父桓温余威的影响,但毕竟是远在三十年前的事,总的来看桓玄只是一个暴发户,其执政基础并不牢固,甚至可以说是相当脆弱。能否继续维持并扩大权力,主要还得依靠他的政治才干和统治能力,尤其是能否

---

① 《晋书》卷九九《桓玄传》,第八册,第2591页。
② 《晋书》卷九九《桓玄传》,第八册,第2591页。
③ 《晋书》卷八一《毛宝传附子穆之传》,第七册,第2125页。
④ 《晋书》卷九八《王敦传》,第八册,第2560页。
⑤ 《晋书》卷九八《桓温传》,第八册,第2575页。参见同书卷九《简文帝纪》,第一册,第221页。
⑥ 《晋书》卷七六《王彪之传》,第七册,第2010页。
⑦ 《晋书》卷九九《桓玄传》"史臣曰",第八册,第2606页。

赢得统治阶层的真心拥护和支持至关重要,当然民心的向背也是不可缺少的。桓玄入朝之初,的确采取了一些缓和矛盾笼络人心的举措并收到了一定的成效,但其在政治上的无能很快便暴露无遗。"及玄初至也,黜凡佞,擢俊贤,君子之道粗备,京师欣然。后乃凌侮朝廷,幽摈宰辅,豪奢纵欲,众务繁兴,于是朝野失望,人不安业。时会稽饥荒,玄令赈贷之。百姓散在江湖采稆,内史王愉悉召之还。请米,米既不多,吏不时给,顿仆道路死者十八九焉。"①

最为要命的是,桓玄为了彻底掌控权力特别是控制军权,无情打击异己,继逼死北府统帅刘牢之后,"玄又害吴兴太守高素、辅国将军竺谦之、谦之从兄高平相朗之、辅国将军刘袭、袭弟彭城内史季武、冠军将军孙无终等,皆牢之之党,北府旧将也。袭兄冀州刺史轨及宁朔将军高雅之、牢之子敬宣并奔慕容德"②。这样,在很长一段时间里为拱卫京师起到关键作用的北府兵遭到彻底瓦解,为桓玄的最终败灭埋下了祸根。从刘牢之的表现来看,若能得到桓玄的充分信任和重用,其为桓玄效命的可能性应该很大。不仅如此,桓玄的贪婪和急于求成也显露出处于没落的高门士族的腐朽无耻:"玄讽朝廷以己平元显功,封豫章公,食安成郡地方二百二十五里,邑七千五百户;平仲堪、佺期功,封桂阳郡公,地方七十五里,邑二千五百户;本封南郡如故。玄以豫章改封息升,桂阳郡公赐兄子濬,降为西道县公。又发诏为桓温讳,有姓名同者一皆改之,赠其母马氏豫章公太夫人。"③

桓"玄本无资力,而好为大言",虚张声势欲北平姚兴(后秦)

---

① 《晋书》卷九九《桓玄传》,第八册,第2591页。
② 《晋书》卷九九《桓玄传》,第八册,第2591—2592页。
③ 《晋书》卷九九《桓玄传》,第八册,第2592页。

而又无任何实际行动,于是"众咸笑之"。① 他的无能和虚伪在统治集团面前显露无遗,史谓玄"自知怨满天下"云云,即表明其在统治阶级中处于孤立无助的境地。对刘牢之及北府将领的态度,暴露了桓玄的猜忌多疑。不仅如此,对于同族兄弟,桓玄也不能做到信任不二。"玄兄伟卒,赠开府、骠骑将军,以桓脩代之。从事中朗曹靖之说玄以桓脩兄弟职居内外,恐权倾天下,玄纳之,乃以南郡相桓石康为西中郎将、荆州刺史。伟服始以公除,玄便作乐。""玄所亲仗唯伟,伟既死,玄乃孤危。"②

第四节　桓玄篡位,晋楚易代

在亲信殷仲文、卞范之等人催促下,桓玄加速篡位行动,《晋书·桓玄传》:

> 于是先改授群司,解琅邪王司徒,迁太宰,加殊礼,以桓谦为侍中、卫将军、开府、录尚书事,王谧散骑常侍、中书监,领司徒,桓胤中书令,加桓脩散骑常侍、抚军大将军。……又矫诏加其相国,总百揆,封南郡、南平、宜都、天门、零陵、营阳、桂阳、衡阳、义阳、建平十郡为楚王,扬州牧,领平西将军、豫州刺史如故,加九锡备物,楚国置丞相已下,一遵旧典。……矫诏赠父温为楚王,南康公主为楚王后。以平西长史刘瑾为尚书,刁逵为中领军,王嘏为太常,殷叔文为左卫,皇甫敷为右卫,凡众官合六十余人,为楚官属。玄解平西、豫州,以平西文武配相国府。③

---

① 《晋书》卷九九《桓玄传》,第八册,第2592页。
② 《晋书》卷九九《桓玄传》,第八册,第2592页。
③ 《晋书》卷九九《桓玄传》,第八册,第2592—2593页。

琅邪王即晋安帝之弟司马德文,桓谦、王谧、桓脩已见前述。桓胤为桓温少弟桓冲长孙,曾任秘书丞、中书郎、秘书监,"玄甚钦爱之,迁中书令"。① 刘瑾详情不明,为桓玄平西府长史,自是其重要亲信无疑。② 刁逵之前为广州刺史③,其父刁彝曾任桓温司马④。此前又可见桓玄司马刁畅⑤,为刁逵兄弟的可能性较大。王嘏为王导曾孙,"尚鄱阳公主,历中领军、尚书"⑥,任太常前为左卫将军⑦。殷叔文为殷仲文之弟,殷仲文为殷颛之弟、殷仲堪从弟,其妻为桓玄之姊。⑧ 皇甫敷本为桓玄手下得力部将。⑨

桓玄图谋篡位的行为马上便招致强烈的反抗:"新野人庾仄闻玄受九锡,乃起义兵,袭冯该于襄阳,走之。仄有众七千,于城南设坛,祭祖宗七庙。南蛮参军庾彬、安西参军杨道护、江安令邓襄子谋为内应。仄本仲堪党,桓伟既死,石康未至,故乘间而发,江陵震动。桓济之子亮起兵于罗县,自号平南将军、湘州刺史,以讨仄为名。南蛮校尉羊僧寿与石康共攻襄阳,仄众散,奔姚兴,彬等皆

---

① 《晋书》卷七四《桓冲传附胤传》,第六册,第1953页。
② 据《宋书》卷一六《礼志三》,晋安帝义熙二年(406)六月时刘瑾为太常,第二册,第454页。
③ 《晋书》卷九九《桓玄传》,第八册,第2590页。
④ 《晋书》卷八六《张轨传附天锡传》,第七册,第2251页。同书卷九《孝武帝纪》:宁康元年(373)九月丙申(十二,10.14),以"吴国内史刁彝为北中郎将、徐兖二州刺史,镇广陵"。二年正月"己酉(廿七,2.25),北中郎将、徐兖二州刺史刁彝卒"。(第一册,第225、225—226页)
⑤ 《晋书》卷九九《桓玄传》,第八册,第2589页。
⑥ 《晋书》卷六五《王导传附子悦传》,第六册,第1755页。
⑦ 《晋书》卷九九《桓玄传》,第八册,第2593页。
⑧ 参见《晋书》卷九九《桓玄传附殷仲文传》,第八册,第264页。仲文为殷颛之弟,又见同书卷八三《殷颛传》,第七册,第2179页。
⑨ 参见《晋书》卷八五《刘毅传》《檀凭之传》,第七册,第2205、2217页;卷九九《桓玄传》,第八册,第2590页;卷一〇《安帝纪》,第一册,第256页。

遇害。长沙相陶延寿以亮乘乱起兵,遣收之。玄徙亮于衡阳,诛其同谋桓奥等。"①傅弘之出身西晋大族北地傅氏,为司徒傅祗之后。"少倜傥有大志,为本州主簿,举秀才,不行。桓玄将篡,新野人庾仄起兵于南阳,袭雍州刺史冯该,该走。弘之时在江陵,与仄兄子彬谋杀荆州刺史桓石康,以荆州刺史应仄。彬从弟宏知其谋,以告石康,石康收彬杀之,系弘之于狱。桓玄以弘之非造谋,又白衣无兵众,原不罪。"②关于桓玄自称楚王和庾仄起义的时间,《晋书·安帝纪》有具体记载:元兴二年(403)"秋八月,玄又自号相国、楚王。九月,南阳太守庾仄起义兵,为玄所败"③。由此可知,庾仄起义时为南阳太守,而南阳为荆州属郡④。殷仲堪被桓玄所杀时为荆州刺史。庾仄起兵既是为已故上司殷仲堪报仇的行动,而从占领襄阳后"于城南设坛,祭祖宗七庙"来看,其所举行的应该就是登基仪式。

同年十一月,桓玄采取了一系列措施完成了篡位的准备事宜。紧接着"百官到姑孰,劝玄僭伪位","玄乃于城南七里立郊,登坛篡位"。⑤桓玄篡位称帝是在元兴二年十二月壬辰(初三,404.1.1),同月"戊戌(初九,1.7),玄入建康宫"。桓玄将年号改为"永始",显然是希望所建立的楚朝能够永远传承下去。桓玄篡位的同时,对于原东晋最高统治者进行了这样的处置:"以南康之平固县封帝为平固王,降何后为零陵县君,琅邪王德文为石阳县公,武陵王遵为彭泽县侯。"⑥何后即穆章何皇后,在后宫中

---

① 《晋书》卷九九《桓玄传》,第八册,第2593页。
② 《宋书》卷四八《傅弘之传》,第五册,第1430页。
③ 《晋书》卷一〇《安帝纪》,第一册,第255页。
④ 参见《宋书》卷三七《州郡志三》,第四册,第1117页。
⑤ 《晋书》卷九九《桓玄传》,第八册,第2594页。
⑥ 《资治通鉴》卷一一三《晋纪三五》安帝元兴二年十二月庚寅条,第八册,第3555页。

辈分最高,原"居永安宫。桓玄篡位,移后入司徒府"。又"降后为零陵县君。与安帝俱西,至巴陵"。① 晋安帝之弟琅邪王德文,是最重要的东晋宗室成员。武陵王遵为晋元帝之孙、简文帝之侄,与晋安帝之父孝武帝为从兄弟②。楚帝桓玄在追尊其父母位号的同时,又对桓氏子弟普遍封王③,确立起桓氏家族的独尊地位。同时,归附的琅邪王氏代表人物王谧被封为武昌公,亲信故佐卞范之被封为临汝公,姊夫殷仲文被封为东兴公,亲信部将冯该被封为鱼复侯。④

如上所述,桓玄控制东晋朝政后,桓谦先为尚书左仆射、领吏部,接着"拜尚书令,加散骑常侍。迁侍中、卫将军、开府、录尚书事"。桓玄篡位后,桓谦以本官领扬州刺史⑤,桓冲长孙胤由中书令迁为吏部尚书⑥。这样,楚朝尚书省及扬州行政事务便由桓谦叔侄所掌控。桓谦之弟桓修为散骑常侍、抚军大将军、都督六州诸军事、徐兖二州刺史⑦,掌控以京口为中心的下流军政大权⑧。上流军政大权先后由桓伟和桓石康掌控。桓玄入朝后其兄桓伟接掌

---

① 《晋书》卷三二《后妃下·穆章何皇后传》,第四册,第978页。
② 参见《晋书》卷八《孝武帝纪》,第一册,第239、236页。
③ 封郡王六:桓玄子升豫章郡王,豁次子石康武陵郡王,冲孙胤宣城郡王,冲次子谦新安郡王,谦弟脩安成郡王,伟子濬义兴郡王;封县公六:叔父云孙放之宁都县王,豁孙稚玉临沅县王,秘子蔚醴陵县王,兄歆临贺县王,祎富阳县王,濬弟邈西昌县王。(《晋书》卷九九《桓玄传》,第八册,第2596页)
④ 参见《晋书》卷九九《桓玄传》,第八册,第2596页。
⑤ 《晋书》卷七四《桓彝附孙谦传》,第六册,第1954页。
⑥ 《晋书》卷七四《桓冲传附胤传》,第六册,第1953页。参见同书卷九九《桓玄传》,第八册,第2596页。
⑦ 《晋书》卷七四《桓彝传附孙脩传》,第六册,第1955页。
⑧ 《晋书》卷七四《桓彝传附孙脩传》,第六册,第1955页。按《宋书》卷一《武帝纪上》载"桓玄从兄脩以抚军镇丹徒"云云(第一册,第4页),丹徒即京口。《晋书》卷六二《祖逖传》:"元帝逆用为徐州刺史,寻征军谘祭酒,居丹徒之京

上流军政大权,为"使持节、督荆益宁秦梁五州诸军事、安西将军、领南蛮校尉、荆州刺史"①。桓伟不久去世。桓豁子石康"累迁荆州刺史"②,应该是接替已故桓伟之职。桓石生本为前将军、江州刺史,"寻卒于官"③。究竟是死于桓玄篡位之前还是之后,难以确定。桓玄篡位后以其姊夫殷仲文为侍中、领左卫将军。④

桓玄亲信卞范之为楚朝侍中、后将军⑤,有可能仍担任丹阳尹之职。王谧由中书令、领军将军、吏部尚书"迁中书监,加散骑常侍,领司徒"⑥。又以原"相国(桓玄)左长史王绥为中书令"⑦。桓豁子石绥,"玄用事,拜黄门郎、左卫将军"⑧。楚朝建立后其职务是否有调整,不得而知。此外,又可见到"右卫将军皇甫敷"和"武

(接上页)口。"(第六册,第1694页)《宋书·武帝纪上》载其曾祖混"始过江,居晋陵郡丹徒县之京口里"。(第一册,第1页)同书卷二七《符瑞志上》,"宋武帝居在丹徒"云云。(第三册,第783页)《资治通鉴》卷八〇《晋纪二》武帝咸宁五年四月,"吴主又遣徐陵督陶濬将七千人"下,胡三省注:"《南徐州记》曰:京口先为徐陵,其地盖丹徒县之西乡京口里也。"(第六册,第2556页)卷八八《晋纪一〇》愍帝建兴元年八月"遂居京口"下,胡三省注:"吴孙权自吴徙丹徒,谓之京城,有京岘山在其东。其城因山为垒,俯临江津,故曰京口。"(第六册,第2801页)《晋书》卷一五《地理志下·徐州》:徐兖二州,"初或居江南,或居江北,或以兖州领徐(徐)。郗鉴都督青兖二州诸军事、兖州刺史,加领徐州刺史,镇广陵。苏峻平后,自广陵还镇京口"。(第二册,第453页)

① 《晋书》卷九八《桓温传》,第八册,第2580页。
② 《晋书》卷七四《桓彝传附孙石康传》,第六册,第1947页。
③ 《晋书》卷七四《桓彝传附孙石生传》,第六册,第1947页。
④ 《晋书》卷九九《桓玄传附殷仲文传》,第八册,第2604页。
⑤ 《晋书》卷九九《桓玄传附卞范之传》:卞范之本为玄江州长史,"委以心膂之任,潜谋密计,莫不决之"。"后玄将为篡乱,以范之为丹阳尹。范之与殷仲文阴撰策命,进范之为征虏将军、散骑常侍。玄僭位,以范之为侍中,班剑二十人,进号后将军,封临汝县公。其禅诏,即范之文也。"(第八册,第2603页)
⑥ 《晋书》卷六五《王谧传》,第六册,第1758页。
⑦ 参见《晋书》卷九九《桓玄传》,第八册,第2596页。
⑧ 《晋书》卷七四《桓彝传附孙石绥传》,第六册,第1947页。

卫将军庾颐之"①,均当为桓玄亲信出身。刁逵兄弟是桓玄亲信集团的重要成员。刁协在东晋初历任尚书左仆射、尚书令,死于王敦之乱。其子彝任至北中郎将、徐兖二州刺史。彝子逵、畅、弘"并历显职":"隆安中,逵为广州刺史,领平越中郎将、假节;畅为始兴相;弘为冀州刺史。""桓玄篡位,以逵为西中郎将、豫州刺史,镇历阳;畅右卫将军;弘抚军桓脩司马。"②

  桓玄所组建的楚朝官僚集团的大貌基本如此,除王谧外全都来自桓氏子弟及桓玄的亲信故佐。王谧虽然担任中书监,但中书令却由桓玄相国府左长史出身的王绥担任,王谧未必能够真正执掌中书省大权。可以说,桓玄楚朝的最高行政权、禁卫军权、京师行政权以及上下流方镇的军政大权,全都由桓氏子弟及桓玄亲信故佐掌控。桓谦为楚朝首席大臣,在官僚集团中居于核心地位。当然,仅仅依靠同族和若干亲信肯定无法治理整个国家,为了笼络人心,桓玄"又普进诸征镇军号各有差"③,希望地方军政长官能够效忠于新的桓楚王朝。《宋书·武帝纪中》:"晋自中兴以来,治纲大弛,权门并兼,强弱相凌,百姓流离,不得保其产业。桓玄颇欲厘改,竟不能行。"④由此可见,桓玄专权及篡位后本来是想要有一番作为的。篡位之初在确立桓氏家族尊崇地位的同时,桓玄还对各级官吏和下层民众普遍施恩,试图用小恩小惠赢得民心,以便巩固新生的楚朝政权。"是月,玄临听讼观阅囚徒,罪无轻重,多被原放。有干舆乞者,时或恤之。其好行小惠如此。"⑤桓玄还实施了

---

① 《晋书》卷九九《桓玄传》,第八册,第2598页。
② 《晋书》卷六九《刁协传》及附传,第六册,第1845页。
③ 《晋书》卷九九《桓玄传》,第八册,第2596页。
④ 《宋书》卷二《武帝纪中》,第一册,第27页。
⑤ 《晋书》卷九九《桓玄传》,第八册,第2596页。

几项制度改革,"改尚书都官郎为贼曹,又增置五校、三将及强弩、积射、武卫官"①。很显然,这些措置意在加强治安和禁卫军权,表明桓玄在篡位后对自身安保的关注和担忧。

然而好景不长,桓玄的昏庸和无能便暴露无遗。桓玄及其亲信的骄奢淫逸极为严重:"玄自篡盗之后,骄奢荒侈,游猎无度,以夜继昼。""性贪鄙,好奇异,尤爱宝物,珠玉不离于手。人士有法书好画及佳园宅者,悉欲归己,犹难逼夺之,皆蒱博而取。遣臣佐四出,掘果移竹,不远数千里,百姓佳果美竹无复遗余。"②"玄既奢侈无度,(卞)范之亦盛营馆第。自以佐命元勋,深怀矜伐,以富贵骄人,子弟傲慢,众咸畏嫉之。"③殷仲文"以佐命亲贵,厚自封崇,舆马器服,穷极绮丽,后房伎妾数十,丝竹不绝音。性贪吝,多纳货贿,家累千金,常若不足"④。刁逵"兄弟子侄并不拘名行,以货殖为务,有田万顷,奴婢数千人,余资称是"。"刁氏素殷富,奴客纵横,固吝山泽,为'京口之蠹'。"后刘裕灭刁氏,"裕散其资蓄,令百姓称力而取之,弥日不尽。时天下饥弊,编户赖之以济焉"。⑤

桓玄及其亲信集团的骄奢淫逸肯定会造成社会危害,但不至于立竿见影,而其不当的施政举措所导致的恶果则会比较快地显现出来。《晋书·桓玄传》:"议复肉刑,断钱货,回复改异,造革纷纭,志无一定,条制森然,动害政理。""信悦谄誉,逆忤说言,或夺其所憎与其所爱。""赐天下爵二级,孝悌力田人三级,鳏寡孤独不能自存者谷人五斛。其赏赐之制,徒设空文,无其实也。""性又急

---

① 《晋书》卷九九《桓玄传》,第八册,第 2596 页。
② 《晋书》卷九九《桓玄传》,第八册,第 2597、2594 页。
③ 《晋书》卷九九《桓玄传附卞范之传》,第八册,第 2603 页。
④ 《晋书》卷九九《桓玄传附殷仲文传》,第八册,第 2604 页。
⑤ 《晋书》卷六九《刁协传》附传,第六册,第 1845、1846 页。

暴,呼召严速,直官咸系马省前,禁内欢杂,无复朝廷之体。于是百姓疲苦,朝野劳悴,怨怒思乱者十室八九焉。"①

  桓温东晋威权最,灭蜀北伐功盖世。
  掌控荆楚数十载,声威赫赫无人敌。
  桓玄仗势声气壮,荆扬之争凯旋奏。
  入主建康称楚帝,司马皇业被颠覆。
  士族高门正途穷,日薄西山回光反。
  东晋国运未尽头,王庾桓谢待刘禅。

---

① 《晋书》卷九九《桓玄传》,第八册,第2594、2595、2597页。

第三章 举义反玄,问鼎建康

桓玄席未安,京口广陵反。
义军不足千,雷霆入建康。

第一节 裕佐桓脩,朝见桓玄

孙恩死后,"余众推恩妹夫卢循为主",桓玄则"以循为永嘉太守",试图通过招安以稳定东南沿海地区。然而事与愿违,"循虽受命,而寇暴不已"。元兴元年(402)五月,刘裕受命再次东征。卢循自临海转战东阳,刘裕于次年正月"破循于东阳。循奔永嘉,复追破之,斩其大帅张士道。追讨至于晋安,循浮海南走"。同年六月,桓玄控制的东晋朝廷加刘裕彭城内史。[①] 桓玄专政之前刘裕已是建武将军、下邳太守,此次加彭城内史虽说也是对其战功的肯定,但与之前所任下邳太守比较,并未有新的提升,表明刘裕并非桓玄所要特别重用的对象。不过,由于在平定孙恩之乱——尤其是在京口成功抵御了孙恩大军的进攻,以及在其后追讨孙恩北上的战斗中的非凡表现,刘裕还是受到了新兴势力桓玄集团的青睐。桓玄专政时,其从兄桓脩为抚军将军、徐兖二州刺史镇守京

[①] 参见(梁)沈约撰《宋书》卷一《武帝纪上》,中华书局1974年版,第一册,第4页。

口,以刘裕为中兵参军。而刘裕对桓玄似乎比较失望,史载桓玄篡位前刘裕"既志欲图玄",应该反映了当时刘裕对桓玄颇为不满的真实心理。

桓玄篡位后,桓脩自京口入朝,刘裕随行,有机会在建康见到桓玄,这也是两个今后的死对头生平唯一一次面对面相见。关于这次见面的相关情节,徐爰《宋书》曰:

> 桓玄从兄循(脩)以抚军将军镇丹徒,以高祖为中军参军。玄篡帝位,循入朝玄,高祖从至京师。玄既宿惮高祖威名,又悦高祖之风仪姿貌,语司徒王谧曰:"昨见刘裕,卿不得独擅其清!"或说玄曰:"刘裕龙行虎步,瞻视不凡,恐必不为人下,宜早为其所。"玄曰:"我方欲平荡中原,使裕以万人为前驱,关陇不足定也。事定之后,当更议之耳。"①

沈约《宋书·武帝纪上》所载大致略同,但亦有明显差异,如:桓玄谓王谧语"卿不得独擅其清",作"风骨不恒,盖人杰也";又言"每游集,辄引接殷勤,赠赐甚厚";所载桓玄之言"使裕以万人为前驱,关陇不足定也。事定之后,当更议之耳",作"非刘裕莫可付以大事,关陇平定,然后当别议之耳";又载玄乃下诏曰:"刘裕以寡制众,屡摧妖锋。泛海穷追,十殄其八。诸将力战,多被重创。自元帅以下至于将士,并宜论赏,以叙勋烈。"②

关于刘裕面见桓玄的相关记载,应该是刘宋建立前夕御用史家粉饰、美化和神化刘裕早年经历以为其篡位所进行的舆论准备的一个环节。比较而言,沈约《宋书》所载比徐爰《宋书》所载有过之而无不及。据以上记载,刘裕在桓玄君臣眼中俨然人中豪杰,甚

---

① (宋)李昉等撰:《太平御览》卷一二八《偏霸部十二·宋刘裕》,中华书局1960年版,第一册,第617页。
② 参见《宋书》卷一《武帝纪上》,第一册,第4、5页。

至有君人之相,是对桓玄帝位最有威胁的人物。"平荡中原""关陇平定"云云,显示刘裕面见桓玄的情节制造于刘裕第二次北伐占领关河之后,的确是为刘裕篡位而张目。

以刘裕当时的身份,楚帝桓玄绝对不可能亲自接见刘裕并发出如此感叹。两人相见的场合,应该就是在桓玄会见其从兄桓脩以及为其举行的宴会上,不大可能有私下亲自接见刘裕的情况发生。这是刘裕与桓玄唯一的一次见面,此后刘裕并未受到桓玄重用,也没有得到任何赏赐,可见史书中有关桓玄高度重视刘裕的记载并不可信,乃是御用史家为渲染其传奇历史而故意捏造的一个情节。退一步说,即便桓玄的确曾经当着刘裕的面说过称赞和要对之奖赏一类的话,也是不能当真的鬼话,刘裕对此自会有清醒的认识。不久前其府主刘牢之投降桓玄,非但没有受到重用,最终还因受排挤而以自杀了断。前车之鉴就在眼前,刘裕对桓玄当然不会抱有任何幻想。刘裕这次随桓脩到建康朝见桓玄,得以近距离对桓玄进行观察和了解,对桓玄的弱点有了进一步的认识,坚定了他推翻桓玄建立帝业的决心。

第二节 二刘何孟,密谋反玄

《宋书·武帝纪上》:"高祖东征卢循,何无忌随至山阴,劝于会稽举义。高祖以为玄未据极位,且会稽遥远,事济为难,俟其篡逆事著,徐于京口图之,不忧不克。"[1]看来以武力消灭桓玄的动议早在刘裕东征卢循时就已提上日程,表面上其始作俑者为刘牢之外甥何无忌,但其实他只是揣摩刘裕的心理而适时地提出了建议。

---

[1] 《宋书》卷一《武帝纪上》,第一册,第5页。

刘裕对何无忌的建议予以充分肯定,只是认为在会稽举兵难以成功,最合适的举兵地点应该是京口。《宋书·孔靖传》:"孔靖字季恭,会稽山阴人也。""遭母忧。隆安五年,于丧中被起建威将军、山阴令,不就。高祖东征孙恩,屡至会稽,季恭曲意礼接,赡给甚厚。高祖后讨孙恩,时桓玄篡形已著,欲于山阴建义讨之。季恭以为:'山阴去京邑路远,且玄未居极位,不如待其篡逆事彰,衅成恶稔,徐于京口图之,不忧不克。'高祖亦谓为然。"①由此看来,刘裕与何无忌在山阴商议起兵反抗桓玄确有其事,商议地点应该就在山阴大族孔靖(347—422)家中。

刘裕最初似乎与何无忌持相同主张,但在听取了孔靖的意见后认为其说有理,遂放弃在山阴起兵的打算,进而考虑选择适当时机在京口举兵。《武帝纪上》所言"高祖以为"云云,乃是来自孔靖的看法。孔靖对刘裕在精神上的"礼接"和物质上的"赡给",可能与王谧当年资助刘裕一样,更多的是在混乱时局下为了维护自己和家族利益而下的赌注,其高明之处就在于他们都看好刘裕的政治前途。② 孔靖的建议不排除出于真心的可能,但同时也应该是为了避免自己和家族利益受到不利影响,后一种可能性似乎更大。因为当时不仅桓玄篡逆未彰,且刘裕力量亦颇为有限,若毫无把握于山阴起兵,在会稽有巨大产业的山阴孔氏自然难脱干系,必定卷

---

① 《宋书》卷五四《孔靖传》,第五册,第1531页。
② 《太平御览》卷一二八《偏霸部十二·宋刘裕》引《述异记》曰:"宋高祖微时,常游会下,过孔静(靖)宅,正昼卧,有神人衣服非常,谓之曰:'起,天子在门。'既而失之。静(靖)遽出,适与帝遇。延入,结交赠遗。临别,执帝手曰:'卿后必当大贵,愿以身嗣为托。'帝许之。及定京邑,静(靖)自山阴令擢为会稽内史。"(第一册,第618页)此载孔靖与刘裕初次见面的神话当然不可当真,从"过孔静(靖)宅"及孔靖出门"适与帝遇"推断,真实情况应该是,刘裕东征孙恩至山阴时专门拜访当地大族孔氏的家长孔靖。

入战争旋涡之中。孙恩之乱尚未平息,新的战火又要燃起,这恐怕也是孔靖所不愿看到的。

刘裕是京口人,他对京口的地理位置非常熟悉,对近在咫尺的京师建康与京口之间的唇齿相依关系无疑也是颇为清楚的。在京口发起军事行动,一举攻占建康即可占据主动。此外,刘裕还在等待一个更重要的时机,那就是桓玄的篡位,到时举兵便可打出匡复晋室的旗号,赢得政治上的主动。如果在会稽贸然举兵,最多只能是孙恩第二,并且还不具备孙恩那样的地缘优势和广泛的群众基础,结果只能是死路一条。刘裕的过人之处就在于他能够虚心接受有益的建议,从而保持清醒的头脑,对时局走向作出准确判断,也就可以做到不打无把握之仗,不作无谓的牺牲。

关于京口举兵之谋,《宋书·武帝纪上》:"桓脩还京,高祖托以金创疾动,不堪步从,乃与无忌同船共还,建兴复之计。于是与弟道规、沛郡刘毅、平昌孟昶、任城魏咏之、高平檀凭之、琅邪诸葛长民、太原王元德、陇西辛扈兴、东莞童厚之,并同义谋。"①其中刘裕、刘毅、何无忌是最主要的谋划者。徐爰《宋书》:"高祖乃与弟道规、沛郡刘毅、东海何无忌潜谋匡复。"②《晋书·安帝纪》载"建武将军刘裕帅沛国刘毅、东海何无忌等举义兵"云云③。同书《桓玄传》:"于是刘裕、刘毅、何无忌等共谋兴复。"④《刘毅传》:"桓玄篡位,毅与刘裕、何无忌、魏咏之等起义兵,密谋讨玄。"⑤《何无忌传》对密谋的细节有具体记载:

---

① 《宋书》卷一《武帝纪上》,第一册,第5页。
② 《太平御览》卷一二八《偏霸部十二·宋刘裕》,第一册,第617页。
③ (唐)房玄龄等撰:《晋书》卷一〇《安帝纪》,中华书局1974年版,第一册,第256页。
④ 《晋书》卷九九《桓玄传》,第八册,第2597页。
⑤ 《晋书》卷八五《刘毅传》,第七册,第2205页。

初,刘裕尝为刘牢之参军,与无忌素相亲结。至是,因密共图玄。刘毅家在京口,与无忌素善,言及兴复之事,无忌曰:"桓氏强盛,其可图乎?"毅曰:"天下自有强弱,虽强易弱,正患事主难得耳!"无忌曰:"天下草泽之中非无英雄也。"毅曰:"所见唯有刘下邳。"无忌笑而不答,还以告裕,因共要毅,与相推结,遂共举义兵,袭京口。①

同传又载"桓玄闻裕等及无忌之起兵"后对其同党之言曰:"刘裕勇冠三军,当今无敌。刘毅家无儋石之储,樗蒲一掷百万;何无忌,刘牢之之甥,酷似其舅。共举大事,何谓无成!"②从桓玄之言也可清楚地看出,刘裕与刘毅、何无忌乃是这次反玄事件的主导人物。刘毅时为青州刺史桓弘(桓脩之弟)中兵参军。与刘裕一样,刘毅也是原籍彭城,家居京口。③ 当其时,刘毅"遭母忧,还京口"④,二刘密谋当在其时。

孟昶是刘裕重要的同盟者,其人史书无传⑤,但其事迹通过散见记载可得其仿佛。《资治通鉴》晋安帝元兴三年正月条云:

平昌孟昶为青州主簿,桓弘使昶至建康,玄见而悦之,谓刘迈曰:"素士中得一尚书郎,卿与其州里,宁相识否?"迈素与昶不善,对曰:"臣在京口,不闻昶有异能,唯闻父子纷纷更相赠诗耳。"玄笑而止。昶闻而恨之。既还京口,裕谓昶曰:

---

① 《晋书》卷八五《何无忌传》,第七册,第2214页。
② 《晋书》卷八五《何无忌传》,第七册,第2214—2215页。
③ 参见《晋书》卷八五《刘毅传》,第七册,第2205页。
④ 《太平御览》卷一二八《偏霸部十二·宋刘裕》引徐爰《宋书》,第一册,第617页。
⑤ 《宋书》卷一〇〇《自序》:"刘毅、何无忌、魏詠之、檀凭之、孟昶、诸葛长民,志在兴复,情非造宋,今并刊除,归之晋籍。"(第八册,第2467—2468页)在沈约所修《晋书》中当有《孟昶传》,然今本唐修《晋书》中并无孟昶传。

"草间当有英雄起,卿颇闻乎?"昶曰:"今日英雄有谁,正当是卿耳!"①

由此可见,孟昶与刘迈同为京口人,二人相识且关系不睦,从刘迈的话中可知孟昶具有较高的文化水平②,其为桓弘青州主簿也反映了这一点。孟昶为青州主簿,按理应从建康返回广陵,其"还京口"应该是借回家之机与刘裕密谋反玄,显然他与刘裕早就相识且交情不浅。

由于得到孟昶的支持,刘裕坚定了反抗桓玄的决心,很可能就在此时确定了反玄的方案,孟昶回到广陵后鼓动刘毅参与,并与刘道规一起在广陵发动对桓弘的袭击并将其诛杀。孟昶是一个有着政治野心的人,他受桓弘委派到建康朝见桓玄,应该是怀着被桓玄赏识重用的目的,见到桓玄后大概使尽浑身解数表现了一番,博得了桓玄的好感。然而刘迈的进言使其希望化为泡影,故对之怨恨颇深。《晋书·列女·孟昶妻周氏传》:"初,桓玄雅重昶而刘迈毁之,昶知,深自惋失。及刘裕将建义,与昶定谋,昶欲尽散财物以供军粮,其妻非常妇人,可语以大事,乃谓之曰:'刘迈毁我于桓公,便是一生沦陷,决当作贼。卿幸可早尔离绝,脱得富贵,相迎不晚也。'"③毫无疑问,刘迈的谗言对孟昶的伤害是巨大的,阻断了他在桓玄楚朝的进身之路,促使他不得不寻找新的靠山以期实现官运亨通的梦想。刘裕向孟昶的问话具有试探的意味,而孟昶的巧妙回答打消了刘裕的疑问,坚定了他通过暴力手段推翻桓玄的

---

① (宋)司马光编著,(元)胡三省音注,"标点资治通鉴小组"校点:《资治通鉴》卷一一三《晋纪三五》安帝元兴三年正月,中华书局1956年版,第八册,第3558页。
② 刘迈为刘毅之兄,见《晋书》卷八五《刘毅传》,第七册,第2205页。
③ 《晋书》卷九六《列女·孟昶妻周氏传》,第八册,第2518页。

决心。

与刘裕一道举义的其他人员,可考者还有:刘道规为刘裕少弟,"时桓弘镇广陵,以为征虏中兵参军"①。魏"詠之早与刘裕游款,及玄篡位,协赞义谋"②。檀凭之"少有志力","初为会稽王骠骑行参军,转桓脩长流参军,领东莞太守,加宁远将军。与刘裕有州闾之旧,又数同东讨,情好甚密。义旗之建,凭之与刘毅俱以私艰,墨绖而赴"。③ 诸葛长民"有文武干用,然不持行检,无乡曲之誉。桓玄引为参军平西军事,寻以贪刻免。及刘裕建义,与之定谋,为扬武将军"④。王元德(叡)与晋元帝同名,"晋太元末,徙居彭城","元德果劲有计略,宋武帝甚知之,告以义举,使于都下袭玄"。举事前王仲德(懿)谓其兄元德曰:"天下事不可不密,且兵亦不贵迟巧。玄情无远虑,好冒夜出入,今取之正须一夫力耳。"可见举义者在建康的同党打算通过劫杀的方式釜底抽薪,然其"事泄,元德为玄诛,仲德窜走。会义军克建邺,仲德抱元德子方回出候武帝,帝于马上抱方回,与仲德相对号恸"。⑤ 对王元德因协助其举义而牺牲,刘裕所表达的发自内心的悲痛之情,必定令王仲德十分感动,继续为刘裕效命便成为他的不二决心。由于刘迈的告密,王元德、辛扈兴、童厚之被杀,然而刘迈本人却也未能逃过一死。

刘裕等举兵反抗桓玄的行动,经过了充分的密谋和准备,同时还联络了正在京师建康的辛扈兴、王元德、童厚之、刘迈等官吏作为内应,表明反对桓玄篡位的行动具有比较广泛的支持基础。辛

---

① 《宋书》卷五一《宗室·临川王道规传》,第五册,第1470页。
② 《晋书》卷八五《魏詠之传》,第七册,第2218页。
③ 《晋书》卷八五《檀凭之传》,第七册,第2217页。
④ 《晋书》卷八五《诸葛长民传》,第七册,第2212页。按"参军平西军事",第一个"军"字当为衍文。
⑤ 《南史》卷二五《王懿传》,第三册,第672页。

扈兴、童厚之史无其传,详情难知。《晋书·桓玄传》:"裕等斩桓脩于京口,斩桓弘于广陵,河内太守辛扈兴、弘农太守王元德、振威将军童厚之、竟陵太守刘迈谋为内应。至期,裕遣周安穆报之,而迈惶遽,遂以告玄。玄震骇,即杀扈兴等,安穆驰去得免。封迈重安侯,一宿又杀之。"①《宋书·武帝纪上》:"时桓脩弟弘为征虏将军、青州刺史,镇广陵。道规为弘中兵参军,昶为州主簿。乃令(刘)毅潜往就昶,聚徒于江北,谋起兵杀弘。(诸葛)长民为豫州刺史刁逵左军府参军,谋据历阳相应。元德、厚之谋于京邑聚众攻玄,并克期齐发。"②《资治通鉴》晋安帝元兴三年正月条:"于是裕、毅、无忌、元德、仲德、昶及裕弟道规、任城魏咏之、高平檀凭之、琅邪诸葛长民、河内太守陇西辛扈兴、振威将军东莞童厚之,相与合谋起兵。道规为桓弘中兵参军,裕使毅就道规及昶于江北,共杀弘,据广陵;长民为刁逵参军,使长民杀逵,据历阳;元德、扈兴、厚之在建康,使之聚众攻玄为内应,刻期齐发。"③

反玄举义前刘裕进行了充分的准备工作,除了在京口联络同义者外,又在京师建康的中下层官员中发展同谋,以便里应外合,同时还在邻近的广陵、历阳做好了一同举事的部署。《宋书·刘康祖传》:"刘康祖,彭城吕人。世居京口。伯父简之,有志干,为高祖所知。高祖将谋兴复,收集才力之士,尝再造简之,值有宾客。简之悟其意,谓弟虔之曰:'刘下邳频再来,必当有意。既不得共语,汝可试往见之。'既至,高祖已克京城,虔之即便投义。简之闻之,杀耕牛,会聚徒众,率以赴高祖。"④透过这一记载,可以大体看

---

① 《晋书》卷九九《桓玄传》,第八册,第2597—2598页。
② 《宋书》卷一《武帝纪上》,第一册,第5页。
③ 《资治通鉴》卷一一三《晋纪三五》安帝元兴三年正月,第八册,第3559页。
④ 《宋书》卷五〇《刘康祖传》,第五册,第1446页。

出刘裕在京口举义前进行准备的情形,以及赞同其政治主张的京口人对其举义的拥护和支持。

此外,史书虽无明确记载,但在征讨孙恩之役中跟随刘裕参与了全部战斗且多次受伤的虞丘进,元兴"三年(404),从平京城,定京邑,除燕国内史。义熙二年(406),除龙骧将军,封龙川县五等侯"。刘裕创建帝业过程中几乎所有重要战事,虞丘进都是率军冲锋陷阵,战功卓著。"元熙二年(420),宋王令书以为高祖第四子义康右将军司马。永初二年(421),迁太子右卫率。"①虞丘进无疑属于刘裕最为信任的心腹,虽然没有明确记载,但可以想见他也应该是京口举义的核心成员。②

第三节 京口广陵,同志举义

关于刘裕等京口举义反抗桓玄事件的发动过程,《宋书·武帝纪上》的记载比较具体:

>（元兴）三年（404）二月己丑朔,乙卯（廿七,3.24）,高祖托以游猎,与无忌等收集义徒。凡同谋何无忌、魏詠之、詠之弟欣之、顺之、檀凭之、凭之从子韶、韶弟祇、隆、与叔、道济、道济从兄范之、高祖弟道怜、刘毅、毅从弟藩、孟昶、昶

---

① 《宋书》卷四九《虞丘进传》,第五册,第1441页。
② 相比而言,到彦之虽然也曾在刘裕部下征讨孙恩,但直到刘裕及其举义集团在京口等地起事后才得到消息。《南史》卷二五《到彦之传》:"义旗将起,彦之家在广陵,临川武烈王道规克桓弘,彦之时近行,闻事捷,驰归。而道规已南,度江仓卒,晚方获济。及至京口,武帝已向建邺。孟昶居守,留之。及见武帝,被责不自陈,昶又不申理,故不加官。"（（唐）李延寿撰:《南史》,中华书局1975年版,第三册,第674页）参见（宋）郑樵撰《通志》卷一三三《列传四六·宋·到彦之》,《景印文渊阁四库全书》史部一三六"别史类",台湾商务印书馆1986年版,第三七八册,第91页。

族弟怀玉、河内向弥、管义之、陈留周安穆、临淮刘蔚、从弟珪之、东莞臧熹、从弟宝符、从子穆生、童茂宗、陈郡周道民、渔阳田演、谯国范清等二十七人,愿从者百余人。丙辰(廿八,3.25),诘旦,城开,无忌服传诏服,称诏居前。义众驰入,齐声大呼,吏士惊散,莫敢动,即斩脩以徇。高祖哭甚恸,厚加殡敛。孟昶劝弘其日出猎。未明开门,出猎人,昶、道规、毅等率壮士五六十人因开门直入。弘方啖粥,即斩之,因收众济江。①

《晋书·何无忌传》载刘裕等"举义兵,袭京口"时,"无忌伪着传诏服,称敕使,城中无敢动者"。②按"传诏"即宣传诏命之官,宋孝武帝初年臧质反叛,西阳太守鲁方平诳质所宠何文敬曰:"传诏宣敕,唯捕元恶一人,余并无所问。"③可见传诏之职责即是宣敕,其得名盖亦因此。《晋书·赵王伦传》:"传诏以驺虞幡敕将士解兵。"④《资治通鉴》晋惠帝永宁元年四月条亦载此,其下胡三省注:"传诏者,使之宣传诏命,因以为官名。"⑤具体而言,"传诏"即《宋书·礼志五》所载"五骑传诏虎贲","五骑虎贲,服锦文衣,鹖尾"。⑥何无忌所服传诏服即是鹖尾锦文衣。以何无忌假冒传诏,必定是举义者事前谋划,未必就是刘裕一个人的决定,可以说这是非常高明的一招,显示了举义者的过人之处。

从上下文所述可以看出,京口及广陵举义的领导层主要是刘裕的同乡,十几年后刘裕北伐关河前的"下书"中有言:"吾倡大义,首

---

① 《宋书》卷一《武帝纪上》,第一册,第5—6页。
② 《晋书》卷八五《何无忌传》,第七册,第2214页。
③ 《宋书》卷七四《臧质传》,第七册,第1920页。
④ 《晋书》卷五九《赵王伦传》,第五册,第1604页。
⑤ 《资治通鉴》卷八四《晋纪六》惠帝永宁元年四月条,第六册,第2659页。
⑥ 《宋书》卷一八《礼志五》,第二册,第517页。

自本州,克复皇祚,遂建勋烈,外夷勃敌,内清奸轨,皆邦人州党竭诚尽力之效也。情若风霜,义贯金石。"①便明白无误地道出了这一点。以刘裕为首的二十八位举义者,加上愿从者百余人,最初参与反抗桓玄斗争的全部人数大概不会超过一百五六十人。不过从事后刘裕的上言得知,两城举义人数为二百七十二人,则愿从者百余人或许仅为京口一城人数。举义者兵分两路同时进入京口和广陵城,刘毅、孟昶和刘道规等率壮士五六十人进入广陵城诛杀青州刺史桓弘,刘裕、何无忌等二十七八人与愿从者约近两百人则进入京口城诛杀徐兖二州刺史桓脩。举义成功后,义熙二年(406)十月刘裕"上言","乞正封赏",谓"同谋起义,始平京口、广陵二城,臣及抚军将军毅等二百七十二人"②。可知刘裕和刘毅在京口、广陵举义时的参与者共有二百七十二人,这应该是最初参与这次事变的准确人数。

因双方力量悬殊,义军在进入京口和广陵城时都采取了欺诈的方式,一举获得成功,深得"兵固诡道,胜在用奇"③的军事精髓。在平定孙恩之乱的战斗中成长起来的刘裕及其同谋者,深知"擒贼先擒王"乃是取得成功的终南捷径,在行动之前经过周密的谋划,制订出最佳行动方案,而在具体实施中又运用诡诈之术化解了不利因素,行动迅疾而果断,没有任何犹豫和拖泥带水。毫无疑问,这是一群注定要完成终结腐朽没落的高门士族控制南方政权的历史使命的勇士们。

任城魏氏有魏詠之三兄弟参与举义,詠之已见上述,欣之于史

---

① 《宋书》卷二《武帝纪中》,第一册,第36页。
② 《宋书》卷一《武帝纪上》,第一册,第13页。
③ 《宋书》卷五〇"史臣曰",第五册,第1456页。按《孙子兵法·计篇》:"兵者,诡道也。"((春秋)孙武撰,(三国)曹操等注,杨丙安校理:《十一家注孙子校理》,中华书局1999年版,第12页)

无考,可能在反抗初期就已战死,顺之后官至琅邪内史①,大概死得也比较早。

高平檀氏共有六人或七人参与这次事变,是参与人数最多的一个家族。关于檀氏家族参与京口举义的人员,上引《宋书·武帝纪上》所载为"檀凭之、凭之从子韶、韶弟祇、隆、与叔、道济、道济从兄范之"。按:檀隆仅见于此,其事迹无闻于史,很可能在举义之初即战死。檀范之在义熙十一年时正在南平太守任上②,其后于史未见。檀道济为檀韶、檀祇之弟③,中华书局点校本此处删"与叔"二字以合乎史实④,窃意"与叔"应为人名,当即檀隆弟、檀道济兄,理由是:(1)《宋书·檀祇传》载"檀祇字恭叔"⑤,其弟名字中带"叔"字符合常理。(2)《晋书·檀凭之传》:"从兄子韶兄弟五人,皆稚弱而孤,凭之抚养若己所生。"⑥看来檀韶兄弟五人后皆长大成人,其中韶、祇、隆、道济四人参与了京口举义,只有一人未曾参与,难以理解。(3)檀道济为檀韶少弟,若以与叔为其兄,符合由兄及弟的排序。当然,这种理解需克服一个矛盾,即《宋书·武帝纪上》载京口举义者"二十七人",若与叔为人名,则为二十八人。事实上,《宋书·武帝纪上》所载京口举义名单是有遗漏的,如刘道规是参与这次举义的重要成员,但却未被列入。若加上

---

① 参见《晋书》卷八五《魏咏之传》,第七册,第2218页。
② 参见《宋书》卷二《武帝纪中》,第一册,第32页;《资治通鉴》卷一一七《晋纪三九》安帝义熙十一年正月,第八册,第3674页。
③ 《宋书》卷四五《檀韶传》:"高祖建义,韶及弟祇、道济等从平京城。"(第五册,第1372页)卷四七《檀祇传》:"左将军韶第二弟也。"(第五册,第1416页)卷四三《檀道济传》:"左将军韶少弟也。"(第五册,第1341页)
④ 《宋书》卷一《武帝纪上》"校勘记"(五):"张熷《读史举正》云:'韶、祇、道济并兄弟,此云"与叔",误。'今据张说删。"(第一册,第23页)
⑤ 《宋书》卷四七《檀祇传》,第五册,第1416页。
⑥ 《晋书》卷八五《檀凭之传》,第七册,第2217页。

刘裕,至少应为三十人,所言"二十七人"并不准确。

史载檀凭之"闺门邕肃,为世所称","初为会稽王骠骑行参军,转桓脩长流参军"①,檀韶"初辟本州从事、西曹主簿"②。史书中未见其祖上任官的记载,表明檀氏到檀凭之入仕时仍为一寒门。不过这一家族在东晋晚期开始受到统治者的关注,檀凭之、檀韶的入仕即是具体表现。檀氏家族"世居京口"③,而刘裕曾祖混自彭城"始过江,居晋陵郡丹徒县之京口里"④,两家很可能早就相识。更为重要的是,刘裕入仕"初为冠军孙无终司马",参与东征孙恩之役⑤,而檀祗亦"少为孙无终辅国参军,随无终东征孙恩,屡有战功"⑥。檀祗后"为王诞龙骧参军"⑦,王诞为王导曾孙,为司马元显所宠,刘裕府主桓脩即为王诞之甥。桓玄占领建康后王诞被流放到岭南⑧,檀祗其后当返回京口故里。檀祗曾为王诞故府僚佐,又与刘裕在孙无终辅国府为同僚,桓脩镇守京口时檀祗很可能即是脩府常客,其与刘裕的关系可以想见。不仅如此,刘、檀两家还有姻亲关系,刘裕弟道怜妻即为檀氏之女。⑨

刘道怜为刘裕中弟,"初为国子学生。谢琰为徐州,命为从事史"⑩。

---

① 《晋书》卷八五《檀凭之传》,第七册,第2217页。
② 《宋书》卷四五《檀韶传》,第五册,第1372页。
③ 《宋书》卷四五《檀韶传》,第五册,第1372页。
④ 《宋书》卷一《武帝纪上》,第一册,第1页。
⑤ 《宋书》卷一《武帝纪上》,第一册,第1—3页。
⑥ 《宋书》卷四五《檀祗传》,第五册,第1416页。
⑦ 《宋书》卷四五《檀祗传》,第五册,第1416页。
⑧ 参见《资治通鉴》卷一一二《晋纪三四》安帝元兴元年正月、三月,第八册,第3533、3540页。又可参见《宋书》卷四六《张邵传》,第五册,第1393页。
⑨ 《南齐书》卷五二《文学·檀超传》:"长沙王道怜妃,超祖姑也。"(第二册,第891页)据《南史》卷七二本传,檀超"祖巍之字弘宗,宋南琅邪太守"(第六册,第1765页)。檀巍之与檀凭之当为弟兄。
⑩ 《宋书》卷五一《宗室·长沙王道怜传》,第五册,第1461页。

《晋书·谢琰传》:"王恭举兵,假琰节,都督前锋军事。恭平,迁卫将军、徐州刺史、假节。孙恩作乱,加督吴兴、义兴二郡军事,讨恩。"①按王恭举兵有两次,第一次是在晋安帝隆安元年四月,第二次是在次年七月,谢琰击孙恩是在隆安三年十一月。② 据此,刘道怜出任谢琰徐州从事史是在隆安元年四月或二年七月,至三年十一月结束,时间并不长。因为是州府僚佐,故在谢琰出征会稽时他并未随行,但亦未在继任者府中任职。"高祖克京城,进平京邑,道怜常留家侍慰太后。"③看来刘道怜在担任谢琰徐州从事史之后又回到京口家中照顾其老母。严格来说,刘道怜并未参与反玄举义的谋划和最初行动,而其弟道规才是真正的参与者。刘道规为刘裕少弟,"少倜傥有大志,高祖奇之,与谋诛桓玄。时桓弘镇广陵,以为征虏中兵参军。高祖克京城,道规亦以其日与刘毅、孟昶共斩弘,收众济江,进平京邑"④。

刘毅是这次举义者中刘裕之外最值得关注的人物之一。史载其为彭城沛人,"曾祖距,广陵相。叔父镇,左光禄大夫"⑤。毫无疑问,刘毅家族门第要高于刘裕家族,应该属于东晋士族门阀之中的中层。刘距担任广陵相时可能就已南迁至广陵,后又徙居京口。⑥"毅少有大志,不修家人产业,仕为州从事,桓弘以为中兵参军

---

① 《晋书》卷七九《谢琰传》,第七册,第2078页。
② 参见《晋书》卷一〇《安帝纪》,第一册,第250、252页。
③ 《宋书》卷五一《宗室·长沙王道怜传》,第五册,第1461页。
④ 《宋书》卷五一《宗室·临川王道规传》,第五册,第1470—1471页。
⑤ 《晋书》卷八五《刘毅传》,第七册,第2205页。
⑥ 刘毅州里史书并无明确记载,《资治通鉴》卷一一三《晋纪三五》安帝元兴三年正月:"平昌孟昶为青州主簿,桓弘使昶至建康,玄见而悦之,谓刘迈曰:'素士中得一尚书郎,卿与其州里,宁相识否?'"胡三省注:"孟昶,平昌人,平昌郡属青州。刘迈,彭城沛人,彭城属徐州。盖二人并侨居京口,故谓之同州里。"(第八册,第3558页)刘迈为刘毅之兄,见《晋书》卷八五《刘毅传》,第七册,第2205页。

属。"①其入仕情况与檀祇颇为类似。《资治通鉴》载"道规为桓弘中兵参军,裕使毅就道规及昶于江北,共杀弘,据广陵"②。如上所述,刘毅其时亦为桓弘中兵参军,应该是刘裕遣其弟道规与刘毅联络,而非由刘毅向道规传达刘裕的指示。《晋书·刘毅传》:"桓玄篡位,毅与刘裕、何无忌、魏詠之等起义兵,密谋讨玄,毅讨徐州刺史桓脩于京口、青州刺史桓弘于广陵。"③据此记载,似乎这次事变的主导者为刘毅而非刘裕,然以刘毅为征虏将军中兵参军的身份应该没有这么大的号召力。另外,刘毅具体参与的是在广陵杀桓弘,而在京口杀桓脩与他无关,相关记载也是为了夸大刘毅在这次事变中的影响力。刘毅从弟刘藩史书无传,考察散见相关记载可知,其在诛灭桓玄和抗击消灭卢循、徐道覆的多次战斗中发挥了重要作用,后在刘裕与刘毅的斗争中被杀。④

如上所述,孟昶为这次事变的主要谋划者之一,昶族弟怀玉是刘裕的重要亲信。《宋书·孟怀玉传》:"平昌安丘人也。""世居京口。高祖东伐孙恩,以怀玉为建武司马。豫义旗,从平京城,进定京邑。"⑤可知早在刘裕担任建武将军时孟怀玉即为其军府司马,

---

① 《晋书》卷八五《刘毅传》,第七册,第2205页。
② 《资治通鉴》卷一一三《晋纪三五》安帝元兴三年正月,第八册,第3559页。
③ 《晋书》卷八五《刘毅传》,第七册,第2205页。
④ 义熙十一年正月刘裕讨司马休之,"休之上表自陈",表中有云:"故卫将军刘毅、右将军刘藩、前将军诸葛长民、尚书仆射谢混、南蛮校尉郗僧施,或盛勋德胤,令望在身,皆社稷辅弼,协赞所寄,无罪无辜,一旦夷灭。猜忍之性,终古所希。"休之府录事参军韩延之报刘裕书中谓,"刘藩死于闾阖之门,诸葛毙于左右之手"云云。(《宋书》卷二《武帝纪中》,第一册,第32、34页)韩延之报刘裕书,又见《晋书》卷三七《司马休之传》(第四册,第1111页),《南史》卷一《宋本纪上·武帝纪》(第一册,第15页),《资治通鉴》卷一一七《晋纪三七》安帝义熙十一年正月(第八册,第3674页)。
⑤ 《宋书》卷四七《孟怀玉传》,第五册,第1407页。

为刘裕最重要的军事助手,推断京口举义的行动方案少不了孟怀玉的出谋划策。值得注意的是,孟氏与檀氏有姻亲关系,《宋书·袁湛传附弟豹传》:"迁御史中丞。鄱阳县侯孟怀玉上母檀氏拜国太夫人,有司奏许。豹以为妇人从夫之爵,怀玉父大司农绰见居列卿,妻不宜从子。"①孟怀玉母檀氏(孟绰妻)来自高平檀氏无疑,为檀凭之姊妹的可能性较大。

向弥即向靖,本与刘裕祖父同名。《宋书·向靖传》:"向靖字奉仁,小字弥,河内山阳人也。名与高祖祖讳同,改称小字。世居京口,与高祖少旧。从平京城,参建武军事。"②向靖与刘裕祖父同名且与裕同龄③,二人都出身贫寒,性节俭④,看来自幼即为好友。

河内管义之生平不详,宋文帝元嘉元年八月戊申(二十,9.28)以"骁骑将军管义之为豫州刺史"⑤,南齐初年尚书令褚渊奏文中有"左丞羊玄保弹豫州刺史管义之谯梁群盗,免义之官"之语⑥。关于管义之的全部记载仅此而已。

---

① 《宋书》卷五二《袁湛传附弟豹传》,第五册,第1500页。
② 《宋书》卷四五《向靖传》,第五册,第1373页。按原无"祖讳"二字,中华书局点校本据《南史》卷一七《向靖传》补,参见《宋书》卷四五"校勘记"(九),第五册,第1387页。
③ 刘裕"晋哀帝兴宁元年(363)岁次癸亥三月壬寅夜生"(《宋书》卷一《武帝纪上》,第一册,第1页),向弥宋武帝永初"二年(421),卒官,时年五十九"(《宋书》卷四五《向靖传》,第五册,第1374页)。
④ 《宋书》卷一《武帝纪上》:"家贫,有大志,不治廉隅。"(第一册,第1页)卷三《武帝纪下》:"清简寡欲","财帛皆在外府,内无私藏","内外奉禁,莫不节俭"。(第60页)卷四五《向靖传》:"弥治身俭约,不营室宇,无园田商货之业,时人称之。"(第五册,第1374页)
⑤ 《宋书》卷五《文帝纪》,第一册,第73页。
⑥ (梁)萧子显撰:《南齐书》卷三九《陆澄传》,中华书局1972年版,第二册,第683页。

陈留周安穆曾被刘裕派遣到建康与河内太守辛扈兴、弘农太守王元德、振威将军童厚之、竟陵太守刘迈等"谋为内应",在刘迈"惶遽""告玄"前逃回京口①,其后事迹无闻,很可能在举义之初即战死。

东莞臧喜(熹)为刘裕妻弟②。《宋书·臧质传》:"隆安初,兵革屡起,熹乃习骑射,志在立功。尝至溧阳,溧阳令阮崇与熹共猎,值虎突围,猎徒并奔散,熹直前射之,应弦而倒。高祖入京城,熹族子穆斩桓脩。"③

临淮刘蔚与其从弟珪之、东莞臧宝符、臧穆生、童茂宗、陈郡周道民、渔阳田演、谯国范清,其名仅见于此,生平无考,最大可能应该是举义之初即战死疆场。臧宝符、臧穆生当即臧喜同族子弟,穆生应即上引《臧质传》所载"熹族子穆"。刘裕联络将要在建康城进行内应的振威将军东莞童厚之,童茂宗当与其出于同一家族,然而两人的具体关系无从确知。

此外,参与京口举义的还有"愿从者百余人",其中可考者如:会稽永兴人孙处(季高),"少任气。高祖东征孙恩,季高义乐随。高祖平定京邑,以为振武将军"④。虽未明言,但其参与京口之役当无疑问。曾随刘裕东征孙恩而"箭中左目"的兰陵承人蒯恩,

---

① 《晋书》卷九九《桓玄传》,第八册,第2598页。参见《宋书》卷一《武帝纪上》(第一册,第6页),《南史》卷一《宋本纪上·武帝纪》(第一册,第5页),《资治通鉴》卷一一三《晋纪三五》安帝元兴三年正月(第八册,第3561页)。
② 《晋书》卷一〇〇《谯纵传》:"臧喜,裕妻弟也。"(第八册,第2637页)《宋书》卷四一《后妃·武敬臧皇后传》:"东莞人也。"其兄弟名焘、熹,熹即臧喜。(第四册,第1282页)卷七四《臧质传》:"东莞莒人。父熹,字义和,武敬皇后弟也,与兄焘并好经籍。"(第七册,第1909页)
③ 《宋书》卷七四《臧质传》,第七册,第1909页。
④ 《宋书》卷四九《孙处传》,第五册,第1435页。

"从平京城,进定京邑,以宁远将军领幢"①。出身"贫贱"而"少孤"的彭城人刘钟,也是刘裕征伐孙恩时所部战士,后"为刘牢之镇北参军督护",深得刘裕"爱信"。"义旗将建,高祖版钟为郡主簿。明日,从入京城。"②东海郯人虞丘进曾参与淝水之战,随刘裕征孙恩时多次受伤,"频战有功",后征卢循、徐道覆,"累战皆有功"。元兴"三年,从平京城,定京邑,除燕国内史"。③孟怀玉弟龙符,"骁果有胆气,干力绝人。少好游侠,结客于闾里。早为高祖所知,既克京城,以龙符为建武参军。江乘、罗落、覆舟三战,并有功"④。

不应忽略的是,刘裕等反玄举义的成功,有两位杰出女性功不可没。一位是孟昶妻周氏,《晋书·列女传》云:

> 孟昶妻周氏,昶弟颙妻又其从妹也。二家并丰财产。……及刘裕将建义,与昶定谋,昶欲尽散财物以供军粮。其妻非常妇人,可语以大事,乃谓之曰:……昶怆然久之而起。周氏追昶坐,云:"观君举厝,非谋及妇人者,不过欲得财物耳。"……遂倾资产以给之,而托以他用。及事之将举,周氏谓颙妻云:"昨一梦殊不好,门内宜浣濯沐浴以除之,且不宜赤色,我当悉取作七日藏厌。"颙妻信之,所有绛色者悉敛以付焉。乃置帐中,潜自剔绵,以绛与昶,遂得数十人被服赫然,悉周氏所出,而家人不之知也。⑤

孟昶妻周氏不但赞同其夫与刘裕一起推翻桓玄的图谋,同时还倾

---

① 《宋书》卷四九《蒯恩传》,第五册,第1436页。
② 《宋书》卷四九《刘钟传》,第五册,第1438页。
③ 《宋书》卷四九《虞丘进传》,第五册,第1440、1441页。
④ 《宋书》卷四七《孟怀玉传附弟龙符传》,第五册,第1408页。
⑤ 《晋书》卷九六《列女·孟昶妻周氏传》,第八册,第2518页。

其家财支持义军的行动,并且用计谋让其妹交出了部分衣物以供义军,对解决义军的吃穿用度提供了帮助,可谓解燃眉之急。反玄举义发生在二月下旬,正是江南春寒料峭之时,周氏姊妹所提供的财物被服等可谓雪中送炭。

另一位贡献突出的女性是何无忌之母刘氏,《晋书·列女传》又云:

> 何无忌母刘氏,征虏将军建之女也。少有志节。弟牢之为桓玄所害,刘氏每衔之,常思报复。及无忌与刘裕定谋,而刘氏察其举厝有异,喜而不言。会无忌夜于屏风里制檄文,刘氏潜以器覆烛,徐登梯于屏风上窥之,既知,泣而抚之曰:"我不如东海吕母明矣!既孤其诚,常恐寿促,汝能如此,吾仇耻雪矣。"因问其同谋,知事在裕,弥喜,乃说桓玄必败、义师必成之理劝勉之。后果如其言。①

如上所引,两位女性对反玄举义的支持体现在不同的方面,孟妻周氏对义军在物质上予以大力支持,而何母刘氏的支持则是精神上的。刘氏在得知何无忌与刘裕同谋反对桓玄的信息后,不仅没有阻拦,而是极力向其子陈说刘裕必胜之理,以坚定其与刘裕共同举义的信念和决心。于刘氏而言,桓玄有杀弟之仇,她非常希望有人起来推翻桓玄的统治,为其弟刘牢之报仇雪恨。何无忌有着较高的文化素养,作为平定孙恩之乱主帅的北府名将刘牢之的外甥,他的积极参与,能够在发动反玄举义之时增强号召力,可以说是不可或缺的关键性人物。由此来看,刘氏的大力支持对这次行动的顺利展开是多么重要!

---

① 《晋书》卷九六《列女·何无忌母刘氏传》,第八册,第 2518—2519 页。

第四节 刘裕盟主,檄文讨玄

在京口诛杀徐兖二州刺史桓脩、在广陵诛杀青州刺史桓弘后,"众推高祖为盟主,移檄京邑",檄文对隆安以来的变局尤其是桓玄篡晋以后的险恶局势进行了揭露,谓"裕等所以叩心泣血,不遑启处者也"。史又云:

> 辅国将军刘毅、广武将军何无忌、镇北主簿孟昶、兖州主簿魏詠之、宁远将军刘道规、龙骧将军刘藩、振威将军檀凭之等,忠烈断金,精贯白日,荷戈奋袂,志在毕命。益州刺史毛璩,万里齐契,扫定荆楚。江州刺史郭昶之,奉迎主上,宫于寻阳。镇北参军王元德等,并率部曲,保据石头。扬武将军诸葛长民,收集义士,已据历阳。征虏参军庾赜之等,潜相连结,以为内应。同力协规,所在蜂起,即日斩伪徐州刺史安城王脩、青州刺史弘首。①

可见刘裕与刘毅、何无忌、孟昶、魏詠之、刘道规、刘藩、檀凭之等人是这次事变的主要发动者,而王元德(懿)与诸葛长民则分别在石头城和历阳城做好了进攻桓玄的准备。

诸葛长民所在的历阳是豫州治所,时任豫州刺史为刁逵。刁逵为渤海饶安人,高祖恭为"魏齐郡太守",曾祖攸晋"武帝时御史中丞",祖协"永嘉初,为河南尹,未拜,避难渡江"。刁协为晋元帝创业功臣,曾为其丞相左长史,"中兴建,拜尚书左仆射。于时朝廷草创,宪章未立,朝臣无习旧仪者。协久在中朝,谙练旧事,凡所

---

① 《宋书》卷一《武帝纪上》,第一册,第7—8页。按檄文为何无忌所作,参见《晋书》卷九六《列女·何无忌母刘氏传》,第八册,第2519页。

制度,皆禀于协焉,深为当时所称许。太兴初,迁尚书令。在职数年,加金紫光禄大夫,令如故"。刁协是当时地位仅次于琅邪王导的朝廷大臣,"悉力尽心,志在匡救,帝甚信任之",然却"为王氏所疾"。王敦之乱,"上疏罪协,帝使协出督六军","至江乘,为人所杀"。① 父彝任至"北中郎将、徐兖二州刺史、假节,镇广陵"②。刁逵兄弟"并历显职",晋安帝"隆安中,逵为广州刺史、领平越中郎将、假节,畅为始兴相,弘为冀州刺史。兄弟子侄并不拘名行,以货殖为务,有田万顷,奴婢数千人,余资称是"。③

史称"刁氏素殷富,奴客纵横,固吝山泽,为'京口之蠹'"④。而刘裕亦"住在京口,恒以卖履为业"⑤,与刁氏为同乡,但各自地位颇为悬殊。性喜赌博的刘裕曾输于刁逵且为其所凌辱,因之怀恨在心。"桓玄篡位,以逵为西中郎将、豫州刺史,镇历阳,畅右卫将军,弘抚军桓脩司马"。刁氏兄弟遂成为桓玄亲信,是楚朝统治集团的重要成员,当然也是刘裕必欲除之而后快的对象。"刘裕起义,斩桓脩,时畅、弘谋起兵袭裕,裕遣刘毅讨之,畅伏诛;弘亡,不知所在。逵在历阳执刘裕参军诸葛长民,槛车送于桓玄,至当利而玄败,送人共破槛出长民,遂趣历阳。逵弃城而走,为下人所执,斩于石头。子侄无少长皆死,惟小弟骋被宥,为给事中,寻谋反伏诛,刁氏遂灭。""裕散其资蓄,令百姓称力而取之,弥日不尽。时天下饥弊,编户赖之以济焉。"⑥ 由此可见,刘裕在京口举义的同

---

① 《晋书》卷六九《刁协传》,第六册,第1842—1843页。
② 《晋书》卷六九《刁协传附子彝传》,第六册,第1845页。
③ 《晋书》卷六九《刁协传附逵传》,第六册,第1845页。
④ 《晋书》卷六九《刁协传附逵传》,第六册,第1846页。
⑤ (北齐)魏收撰:《魏书》卷九七《岛夷刘裕传》,中华书局1974年版,第六册,第2129页。
⑥ 《晋书》卷六九《刁协传附逵传》,第六册,第1845—1846页。

时,刘毅在广陵、诸葛长民在历阳同时起事,向桓氏及其亲信刁氏控制的兖州、青州和豫州一齐发起攻击。京口和广陵的行动获得成功,而历阳的行动则以失败告终,不过因举义集团迅速占领京师而改变了政局走向,刁氏随即遭到族灭,而其家族的真实历史也几乎被清除出史了。

益州刺史毛璩在晋孝武帝末年为建威将军、益州刺史,"安帝初,进征虏将军。及桓玄篡位,遣使加璩散骑常侍、左将军。璩执留玄使,不受命。玄以桓希为梁州刺史,王异据涪,郭法戍宕渠,师寂戍巴郡,周道子戍白帝以防之。璩传檄远近,列玄罪状,遣巴东太守柳约之、建平太守罗述、征虏司马甄季之击破希等,仍率众次于白帝"①。刘裕等举义者与益州刺史毛璩之间未曾进行过联络,但他们有着共同的政治意志,在檄文中将其视作同盟也就理所当然。江州刺史郭昶之为桓玄死党②,义军檄文中之所以专门提及他,是因为当时晋安帝被桓玄流放软禁在江州首府寻阳,一方面是为了防止激怒郭昶之而使晋安帝遭遇不测,另一方面也是为了点出义军反楚复晋的政治目的。征虏参军庾赜之亦非刘裕同道,在其后桓玄部署反击义军对建康的进攻时,"遣武卫将军庾赜之帅精卒副援诸军"③,则其为桓玄所仰仗的京师禁卫军精锐部队的将领。

檄文又云:"同力协规,所在蜂起,即日斩伪徐州刺史安城王脩、青州刺史弘首。义众既集,文武争先,咸谓不有一统,则事无以辑。裕辞不获已,遂总军要。庶上凭祖宗之灵,下罄义夫之力,剪

---

① 《晋书》卷八一《毛璩传》,第七册,第2126页。
② 参见《晋书》卷九九《桓玄传》,第八册,第2599页。
③ 《资治通鉴》卷一一三《晋纪三五》安帝元兴三年正月,第八册,第3564页。按同卷四月条(第3569页)及《晋书》卷九九《桓玄传》(第八册,第2600页)可见"武卫将军庾稚祖",或即庾赜之。

馘逋逆,荡清京辇。"①由此可见,虽然在事变的准备阶段也是刘裕为主导,但在杀二桓之前并未明确刘裕就是盟主。檄文谓"裕辞不获已,遂总军要"云云,显示了刘裕在诛杀桓脩和桓弘之后所取得的盟主地位。随即建立起义军的指挥机构,"众推刘裕为盟主,总督徐州事,以孟昶为长史,守京口,檀凭之为司马"②。义军的兵力由举义时的二百七十二人迅速扩充约四五倍,"百姓愿从者千余人"③,为下一步的军事行动打下了较好的基础。

刘裕东征孙恩时招降的乱党遗族吴兴沈渊子,"随高祖克京城,封繁畤县五等侯,参镇军、车骑、中军事"。其弟沈林子"从高祖克京城,进平都邑"。沈林子兄弟本应与其父祖叔伯一同被处死,因逃亡得免,后出降刘裕,作为"国家罪人",其最初的身份很可能就是被赏赐给刘裕的户下奴婢或军户。史载林子投降后刘裕"乃载以别船,遂尽室移京口,高祖分宅给焉",似乎也反映了这种情况。④ 招募"彭沛乡人"是兵力扩充的重要途径,刘裕将招募兵士的任务交给其亲信刘钟负责。"彭城人应募者,裕悉使郡主簿

---

① 《宋书》卷一《武帝纪上》,第一册,第8页。
② 《资治通鉴》卷一一三《晋纪三五》安帝元兴三年正月,第八册,第3561页。《宋书》卷一《武帝纪上》载"以孟昶为长史,总摄后事;檀凭之为司马",但未载刘裕"总督徐州事"。(第一册,第8页)卷四五《刘粹传》:"沛郡萧人也。祖恢,持节、监河中军事、征虏将军。粹家在京口,少有志干,初为州从事。高祖克京城,参建武军事。从平京邑,转参镇军事。"(第五册,第1379页)按刘粹为刘毅同族,同上传附《粹族弟损传》:"卫将军毅从父弟也。"(第1385页)卷四七《孟怀玉传附弟龙符传》:"骁果有胆气,干力绝人。少好游侠,结客于闾里。早为高祖所知,既克京城,以龙符为建武参军。江乘、罗落、覆舟三战,并有功。"(第1408页)卷八一《刘秀之传》:"东莞莒人,司徒刘穆之从兄子也。世居京口。""父仲道,高祖克京城,以补建武参军,与孟昶留守。"(第七册,第2073页)
③ 《宋书》卷一《武帝纪上》,第一册,第8页。
④ 《宋书》卷一〇〇《自序》,第八册,第2446、2453页。

刘钟统之。""平昌孟昶为青州主簿,桓弘使昶至建康,玄见而悦之……既还京口,裕谓昶曰:'草间当有英雄起,卿颇闻乎?'昶曰:'今日英雄有谁,正当是卿耳!'"①

《宋书·刘钟传》:"将向京邑,高祖命曰:'预是彭沛乡人赴义者,并可依刘主簿。'于是立为义队,恒在左右,连战皆捷。"②刘裕从母兄彭城人刘怀肃,时为龙骧司马、费令,"闻高祖起义,弃县来奔"③。刘裕妻下邳僮人赵伦之,"武帝起兵,以军功封阆中县五等侯"④,亦为刘裕京口起兵的追随者。这两位刘裕的亲戚自然亦属"彭沛乡人赴义者"之列。此外,对于原桓脩府亲信僚佐,刘裕也尽可能予以接纳和任用。"沛郡沛人"朱龄石"家世将帅",与桓氏渊源深厚,其父"绰为人忠烈,受(桓)冲更生之恩,事冲如父,参冲车骑军事、西阳广平太守。及冲薨,绰欧血死。冲诸子遇龄石如兄弟"。"龄石少好武事,颇轻佻,不治崖检。""初为殿中将军,常追随桓脩兄弟,为脩抚军参军,在京口。高祖克京城,以为建武参军。从至江乘,将战,龄石言于高祖曰:'世受桓氏厚恩,不容以兵刃相向,乞在军后。'高祖义而许之。"⑤刘裕在当时虽然没有明确担任新的官职,但从其府设置长史、司马推断,《资治通鉴》所载"总督徐州事"应该是可信的,也就是说刘裕在诛杀桓脩后接掌了徐州军务。此时刘裕为首的义军仅仅是一支以反对桓玄篡位、复兴东晋王室为目标的反叛

---

① 《资治通鉴》卷一一三《晋纪三五》安帝元兴三年正月,第八册,第3561、3558页。
② 《宋书》卷四九《刘钟传》,第五册,第1438页。《资治通鉴》卷一一三《晋纪三五》安帝元兴三年正月:"彭城人应募者,裕悉使郡主簿刘钟统之。丁巳,裕帅二州之众千七百人,(胡注:二州,兖、徐也。)军于竹里。"(第八册,第3561页)
③ 《宋书》卷四七《刘怀肃传》,第五册,第1403页。
④ 《宋书》卷四六《赵伦之传》,第五册,第1389页。
⑤ 《宋书》卷四八《朱龄石传》,第五册,第1421—1422页。

力量,还没有条件向全国发号施令,为了争取政治上的主动,当务之急是迅速攻占京师建康。

第五节 攻占建康,桓玄出逃

京口和广陵可以说是建康的两翼,桓脩和桓弘被杀,两大军事重镇陷落,即位不久的楚帝桓玄失去了左膀右臂,这对他无疑是致命一击。这次行动之神速,令桓玄极度震惊,未等他回过神来,义军便以迅雷不及掩耳之势杀向建康。兵贵神速,义军在京口和广陵的行动充分体现了这一点,而其对建康的进攻也是如此。① 当然桓玄也很清楚,义军占领京口和广陵后将把建康作为下一步的目标,于是立即作出了防卫京师的作战部署。《晋书·桓玄传》:"裕率义军至竹里,玄移还上宫,百僚步从,召侍官皆入止省中。赦扬、豫、徐、兖、青、冀六州,加桓谦征讨都督、假节,以殷仲文代桓脩,遣顿丘太守吴甫之、右卫将军皇甫敷北距义军。裕等于江乘与战,临阵斩甫之,进至罗落桥,与敷战,复枭其首。"②《宋书·武帝纪上》:"三月戊午朔(初一,3.27),遇吴甫之于江乘。甫之,玄骁将也,其兵甚锐。高祖躬执长刀,大呼以冲之,众皆披靡,即斩甫之。进至罗落桥,皇甫敷率数千人逆战。宁远将军檀凭之与高祖各御一队,凭之战败见杀,其众退散。高祖进战弥厉,前后奋击,应时摧破,即斩敷首。"③桓玄原本打算"屯大众于覆舟山以待"义军,"按兵坚阵,勿与交锋",以挫其锐气,但在桓谦等强烈要求下改变

---

① 义熙四年刘裕与刘穆之语,谓"兵贵神速"云云(《宋书》卷一《武帝纪上》,第一册,第17页),足见此为其制胜法宝。
② 《晋书》卷九九《桓玄传》,第八册,第2598页。
③ 《宋书》卷一《武帝纪上》,第一册,第8页。

战略,派遣吴甫之、皇甫敷率军迎击。①

在广陵诛杀桓弘后,刘毅与何无忌、刘道规即渡江到京口与刘裕会合。《宋书·武帝纪上》:"义军初克京城,脩司马刁弘率文武佐吏来赴,高祖登城谓之曰:'郭江州已奉乘舆反正于寻阳,我等并被密诏,诛除逆党,同会今日。贼玄之首,已当枭于大航矣。诸君非大晋之臣乎,今来欲何为?'弘等信之,收众而退。毅既至,高祖命诛弘。"②按"郭江州"乃江州刺史郭昶之,晋安帝此前被桓玄流放到寻阳,正在郭昶之手下。刘裕以奉晋安帝密诏"诛除逆党"为借口,哄骗桓脩司马刁弘及其所率脩府文武佐吏后退,暂时化解了危机,刘毅到达京口后诛杀刁弘,消除了义军下一步行动的障碍。

在进攻建康时,义军分为若干分队,刘裕、刘毅、檀凭之等首领即是分别领队突进的。檀凭之在罗落桥与皇甫敷部的交战中战死,"及桓玄将皇甫敷之至罗落桥也,凭之与裕各领一队而战,军败,为敷军所害"③。作为高平檀氏的家长,檀凭之率六七位家族成员参与义举,其在举义集团中地位特殊,颇受刘裕器重,在举义前就以之为建武将军,而建武将军正是当时刘裕所任将军号④。刘裕以檀凭之为建武将军,意在表明二人地位相当,可以平起

---

① 参见《资治通鉴》卷一一三《晋纪三五》安帝元兴三年正月,第八册,第3561—3562页。
② 《宋书》卷一《武帝纪上》,第一册,第6页。
③ 《晋书》卷八五《檀凭之传》,第七册,第2217页。
④ 刘裕建武府僚佐可考者有:檀韶,"从平京城,行参高祖建武将军事"(《宋书》卷四五《檀韶传》,第五册,第1372页)向弥,"从平京城,参建武军事"(同卷《向靖传》,第1373页)。檀祗,"从高祖克京城,参建武军事"(卷四七《檀祗传》,第1416页)。檀道济,"从入京城,参高祖建武军事"(卷四三《檀道济传》,第五册,第1341页)。

平坐。

江乘、罗落桥两战,使战争态势发生了根本转变。桓玄一方面调兵遣将作最后的抵抗,一方面又加紧进行撤离京师的准备。《宋书·武帝纪上》:

> 玄闻敷等并没,愈惧。使桓谦屯东陵口,卞范之屯覆舟山西,众合二万。己未(初二,3.28)旦,义军食毕,弃其余粮,进至覆舟山东,使丐士张旗帜于山上,以为疑兵。玄又遣武骑将军庾祎之,配以精卒利器,助谦等。高祖躬先士卒以奔之,将士皆殊死战,无不一当百,呼声动天地。时东北风急,因命纵火,烟焰张天,鼓噪之音震京邑。谦等诸军,一时土崩。玄始虽遣军置阵,而走意已决,别使领军将军殷仲文具舟于石头,仍将子侄浮江南走。①

《晋书·桓玄传》:

> 玄愈忿惧,使桓谦、何澹之屯东陵,卞范之屯覆舟山西,众合二万,以距义军。裕至蒋山,使羸弱贯油帔登山,分张旗帜,数道并前。玄侦候还云:"裕军四塞,不知多少。"玄益忧惶,遣武卫将军庾颐之配以精卒,副援诸军。于时东北风急,义军放火,烟尘张天,鼓噪之音震骇京邑。刘裕执钺麾而进,谦等诸军一时奔溃。玄率亲信数千人声言赴战,遂将其子升、兄子濬出南掖门,西至石头,使殷仲文具船,相与南奔。②

按:宋纪所载"武骑将军庾祎之",当即晋传所载"武卫将军庾颐之"。时无武骑将军之号,盖即武卫将军之误。《资治通鉴》载"武卫将军庾赜之"③,《宋书·武帝纪上》又见"征虏参军庾赜之",似

---

① 《宋书》卷一《武帝纪上》,第一册,第8—9页。
② 《晋书》卷九九《桓玄传》,第八册,第2598页。
③ 《资治通鉴》卷一一三《晋纪三五》安帝元兴三年正月,第八册,第3564页。

与"庾颐之"为同一人。

《宋书·刘钟传》对发生在蒋山(钟山)的战斗情景亦有记载:"明日,桓谦屯于东陵,卞范之屯覆舟山西,高祖疑贼有伏兵,顾视左右,正见钟,谓之曰:'此山下当有伏兵,卿可率部下稍往扑之。'钟应声驰进,果有伏兵数百,一时奔走。"①《晋书·刘毅传》载进攻建康战事,有云:"谦等士卒多北府人,素慑伏裕,莫敢出斗。裕与毅等分为数队,进突谦阵,皆殊死战,无不一当百。"②刘裕原本是在北府将刘牢之幕府任职,并在平定孙恩之乱中立下显赫战功,故桓谦部下的北府余众对其杰出的军事才能十分了解,面对刘裕率众猛烈进攻,桓谦部众的战斗意志崩溃,战斗力丧失殆尽。而反玄义军则是孤注一掷,他们没有退路,只有决一死战,才能找到生路,故而发挥出超常的战斗力,正所谓置之死地而后生。

在义军向京师挺进途中,除了檀凭之战死外,如前所述列名举义者中的周安穆、刘蔚、刘珪之、臧宝符、臧穆生、童茂宗、周道民、田演、范清等人事迹无闻于史,很可能也是在进攻建康的战斗中牺牲的。义军虽然付出了不小的代价,但突破了桓玄军队设置的数重防线,取得了决定性的胜利。由于未能在蒋山阻挡住义军的进攻,为避免发生不测,桓玄遂弃守建康,率领亲信乘船西上,欲返回其荆楚老巢,而后再谋出路。

这次力量悬殊的军事行动,以迅雷不及掩耳之势敲响了桓楚政权的丧钟。刘宋文学家颜延之形容其"不假十室之资,不籍百乘之赋,首义驰风,一鼓静乱"③。元兴三年(404)三月初二,桓玄

---

① 《宋书》卷四九《刘钟传》,第五册,第1438页。
② 《晋书》卷八五《刘毅传》,第七册,第2205页。
③ (唐)欧阳询撰,汪绍楹校:《艺文类聚》卷一三《帝王部三·宋武帝》引宋颜延之《武帝谥议》,上海古籍出版社1965年版,上册,第258页。

逃离建康,刘裕率部顺利进入京师。①《晋书·安帝纪》:"庚申(初三,3.29),刘裕置留台,具百官。壬戌(初五,3.31),桓玄司徒王谧推刘裕行镇军将军、徐州刺史、都督扬徐兖豫青冀幽并八州诸军事、假节。"②不过刘裕并未入宫,而是将其指挥中心安扎在石头城。《宋书·武帝纪上》:

> 庚申,高祖镇石头城,立留台官,焚桓温神主于宣阳门外,造晋新主,立于太庙。遣诸将帅追玄,尚书王嘏率百官奉迎乘舆。司徒王谧与众议,推高祖领扬州,固辞。乃以谧为录尚书事,领扬州刺史。于是推高祖为使持节、都督扬徐兖豫青冀幽并八州诸军事、领军将军、徐州刺史。③

刘裕所任将军号,徐爰《宋书》作"镇军将军"④,魏收《魏书·岛夷·刘裕传》、许嵩《建康实录·宋·高祖武皇帝》均同此⑤。《资治通鉴》晋安帝元兴三年三月条所载刘裕被推任官职⑥,唯不及将军号,余与两《宋书》所记同,司马光大概是考虑到两种记载之歧异而未作决断。《南史·宋本纪上·武帝纪》记载刘裕的官职是"镇军将军、都督八州诸军事、徐州刺史、领军将军"⑦。刘裕任镇

---

① 《晋书》卷二八《五行志中》:"安帝隆安中,百姓忽作《懊侬》之歌,其曲曰:'草生可揽结,女儿可揽撷。'寻而桓玄篡位,义旗以三月二日扫定京都,诛之。玄之宫女及逆党之家子女妓妾悉为军赏,东及瓯越,北流淮泗,皆人有所获。故言时则草可结,事则女可撷也。"(第三册,第848页)按此属牵强附会自无疑义,刘裕率义军占领建康是在元兴三年三月二日,并非隆安年间。
② 《晋书》卷一〇《安帝纪》,第一册,第256页。
③ 《宋书》卷一《武帝纪上》,第一册,第9页。
④ 《太平御览》卷一二八《偏霸部十二·宋刘裕》,第一册,第617页。
⑤ 《魏书》卷九七《岛夷刘裕传》,第六册,第2130页;(唐)许嵩撰,张忱石点校:《建康实录》卷一一《宋上·高祖武皇帝》,中华书局1986年版,上册,第365页。
⑥ 《资治通鉴》卷一一三《晋纪三五》安帝元兴三年三月,第八册,第3565页。
⑦ 《南史》卷一《宋本纪上·武帝纪》,第一册,第7页。

军将军是确定无疑的①,沈约《宋书·武帝纪上》不载是其疏漏。

然刘裕任领军将军以控制建康宿卫大权,也是合乎当时政治形势的,李延寿《南史》既载镇军将军,又载领军将军,显然更为全面。《南史·宋本纪上·武帝纪》下文接着记:

> 初,晋陵人韦叟善相术,桓脩令相帝当得州不,叟曰:"当得边州刺史。"退而私于帝曰:"君相贵不可言。"帝笑曰:"若中,当相用为司马。"至是,叟诣帝曰:"成王不负桐叶之信,公亦应不忘'司马'之言。今不敢希镇军司马,愿得领军佐。"于是用焉。②

按:韦叟其人于史有征,《晋书·檀凭之传》载,"裕将义举也,尝与何无忌、魏詠之同会凭之所。会善相者晋陵韦叟见凭之"云云③。韦叟见刘裕事以及后来被任命为领军佐,虽不见于沈约《宋书》及其他史书,但李延寿必有所本,绝不可能凭空杜撰,其真实性毋庸置疑。同年四月刘裕遣军追击桓玄,"桑落之战,胡藩所乘舰为官军所烧,藩全铠入水,潜行三十许步,乃得登岸。时江陵路已绝,乃还豫章。刘裕素闻藩为人忠直,引参领军军事"④。胡藩本为桓玄

---

① 刘裕镇军府僚佐可考者有:谢绚,"高祖镇军长史"(《宋书》卷四四《谢晦传》,第五册,第1347页)。檀韶,"都邑既平,为镇军参军,加宁远将军、东海太守"(同书卷四五《檀韶传》,第1372页)。向弥,"进平京邑,板参镇军军事,加宁远将军"(同卷《向靖传》,第1373页)。檀祗,"京邑既平,参镇军军事,加振武将军"(卷四七《檀祗传》,第五册,第1416页)。到彦之,"义熙元年,补镇军行参军"(《南史》卷二五《到彦之传》,第三册,第614页)。
② 《南史》卷一《宋本纪上·武帝纪》,第一册,第7页。
③ 《晋书》卷八五《檀凭之传》,第七册,第2217页。
④ 《资治通鉴》卷一一三《晋纪三五》安帝元兴三年四月,第八册,第3569页。《宋书》卷五〇《胡藩传》:"桑落之战,藩舰被烧,全铠入水潜行三十许步,方得登岸。义军既迫,不复得西,乃还家。高祖素闻藩直言于殷氏,又以玄尽节,召为员外散骑侍郎,参镇军军事。"(第五册,第1444页)《南史》卷一七《胡藩传》略载其事,亦作"参镇军军事"。(第二册,第487页)关于胡藩自桑落战败后回到建康之事,《资治通鉴》的记载与《宋书·胡藩传》不尽相同,司马光所据可能

亲信,篡位前任至参太尉、将军、相国军事,曾力劝桓玄战败出奔,在桓玄自建康出逃时"奔散相失。追及玄于芜湖"。① 据此可以确定,刘裕在当时既担任镇军将军,同时又是领军将军。②

第六节　控制朝廷,恩威并施

刘裕率领举义者虽然将桓玄赶出了建康,但由于兵力有限,还不具备完全掌控全局的条件,加之出身低微,缺少一呼百应的号召力。在当时只有以恢复晋室为旗号,尽快扶持晋安帝上位,才能争取统治阶级的全面支持,进而不断壮大实力。凭借赶走桓玄的强劲气势,刘裕迅即采取措施整顿朝纲,给朝臣以下马威,令朝臣明白保障既得利益的办法只有一条,就是支持刘裕对政局的主导。史载其时"百司纵弛","高祖以身范物,先以威禁内外,百官皆肃然奉职,二三日间,风俗顿改"。③ 进入建康后刘裕的施政方略,是

（接上页）还有其他文献,而对于参领军军事没有提出异议,表明其所见沈约《宋书》的记载亦当如是。

① 《宋书》卷五〇《胡藩传》,第五册,第1444页。参见《南史》卷一七《胡藩传》,第二册,第486页;《资治通鉴》卷一一三《晋纪三五》安帝元兴三年四月,第八册,第3564页。

② 《宋书》卷一《武帝纪上》"校勘记"〔一一〕引孙虨《宋书考论》云:"领军与都督刺史异职,《晋书》及《宋本纪》同卷后进侍中诏皆作'镇军将军',则都督刺史加号也。当从之。然高祖时盖兼领军,《南史》书领军在徐州刺史下。"(第一册,第24页)按当时桓玄已逃出建康,刘裕进驻石头城后采取了一系列恢复东晋政权的举措,刘裕在当时担任禁卫长官领军将军不但可能,而且也符合情理。刘宋末年,平定桂阳王休范反抗后萧道成"迁散骑常侍、中领军、都督南兖兖徐兖青冀五州军事、镇军将军、南兖州刺史"(《南齐书》卷一《高帝纪上》,第一册,第9页)。又,陈显达于齐武帝永明十年以中领军与镇军将军迭任(《南齐书》卷二六《陈显达传》,第二册,第490页)。这两个事例也可佐证,刘裕同时担任镇军将军与领军将军是完全可能的。

③ 《宋书》卷一《武帝纪上》,第一册,第9页。

在其军府主簿刘穆之协助下制定和实施的。《宋书·刘穆之传》："时晋纲宽弛,威禁不行,盛族豪右,负势陵纵,小民穷蹙,自立无所。重以司马元显政令违舛,桓玄科条繁密。穆之斟酌时宜,随方矫正,不盈旬日,风俗顿改。"①具体而言,在诛灭异己势力的同时,尽可能笼络权贵的支持,是刘裕理政的一个基本方针。

一方面,对于桓氏亲故或曾经欺凌过他的大族成员,刘裕毫不留情地予以坚决打击,甚至从肉体上加以消灭。《宋书·武帝纪上》:"尚书左仆射王愉、愉子荆州刺史绥等,江左冠族。绥少有重名,以高祖起自布衣,甚相凌忽。绥,桓氏甥,亦有自疑之志。高祖悉诛之。"②按王愉出身大族太原王氏,东晋名臣王坦之之子、王国宝之兄。"玄篡位,以为尚书仆射。刘裕义旗建,加前将军。愉既桓氏婿,父子宠贵,又尝轻侮刘裕,心不自安,潜结司州刺史温详,谋作乱,事泄,被诛,子孙十余人皆伏法。"③愉子绥,"少有美称,厚自矜迈","薄行矜峭而尚人"。"桓玄之为太尉,绥以桓氏甥甚见宠待,为太尉右长史。及玄篡,迁中书令。刘裕建义,以为冠军将军。""俄拜荆州刺史、假节。坐父愉之谋,与弟纳并被诛。"④王愉为桓玄姊(妹)夫,王绥为桓玄外甥,父子及其家族成员被刘裕所杀,这是最主要的原因。当然他们如果不以大族身份自矜,能够向刘裕"俯首称臣",保住性命也并非没有可能。

所谓王愉父子与温详"谋作乱",完全是刘裕为了剪除异己而制造的借口,其实根本就是子虚乌有,下引王谌之言即是明证。

---

① 《宋书》卷四二《刘穆之传》,第五册,第1304页。
② 《宋书》卷一《武帝纪上》,第一册,第9—10页。《晋书》卷一〇《安帝纪》:元兴三年三月"辛酉(初四,3.30),刘裕诛尚书左仆射王愉、愉子荆州刺史绥、司州刺史温详"。(第一册,第256页)
③ 《晋书》卷七五《王湛传附愉传》,第七册,第1970页。
④ 《晋书》卷七五《王湛传附绥传》,第七册,第1973—1974页。

"四月,奉武陵王遵为大将军,承制。大赦天下,唯桓玄一祖后不在赦例。"①以武陵王遵名义发布的政令,所体现的自然也是刘裕的政治意志。由此可见,刘裕在派兵追剿桓玄的同时,还通过发布大赦令以缓和局势,拉拢原支持桓玄或承认楚朝的统治阶级成员改弦易辙,投入到他的旗下,但对于与桓玄同一祖父的后代则不予赦免。曾任职桓玄楚朝者,若能够幡然改悔,刘裕大多会既往不咎,让其继续留在官僚集团中。《宋书·张邵传》:"桓玄篡位,父敞先为尚书,以答事微谬,降为廷尉卿。及武帝讨玄,邵白敞表献诚款,帝大说,命署其门曰:'有犯张廷尉者,以军法论。'后以敞为吴郡太守。"②张敞虽然因故被桓玄降职,但他毕竟是楚朝高级官吏,若非其子张邵献计建议向刘裕"表献诚款",恐怕只有死路一条,也就断无可能出现吴郡张氏在南朝时期维持显赫家世的局面。

另一方面,曾经看好刘裕并对刘裕给予礼遇的高门士族成员,刘裕亦会报以殊礼。与刘裕同名的谢裕(景仁,370—416),出身东晋一流高门陈郡谢氏,为名臣谢安第二弟(兄)谢据之孙③,曾任桓玄太尉行参军、大将军参军事、楚台黄门侍郎,"及篡位,领骁骑将军"。"景仁博闻强识,善叙前言往行,玄每与之言,不倦也。玄出行,殷仲文、卞范之之徒皆骑马散从,而使景仁陪辇。"④谢裕作为担任朝廷要职的桓玄亲信,却对出身较低且官位不高的刘裕给予了充分的礼遇。《宋书·谢景仁传》:

---

① 《宋书》卷一《武帝纪上》,第一册,第10页。
② 《宋书》卷四六《张邵传》,第五册,第1393页。
③ 《宋书》卷五二《谢景仁传》:"谢景仁,陈郡阳夏人,卫将军晦从叔父也。""祖据,太傅安第二弟。"(第五册,第1493页)然据《南史》卷一九《谢晦传》,谢据为谢衷第二子,谢安为第三子。若此,则《宋书·谢景仁传》所载"第二弟"当为第二兄之误。
④ 《宋书》卷五二《谢景仁传》,第五册,第1493页。

　　　　高祖为桓脩抚军中兵参军,尝诣景仁谘事,景仁与语悦之,因留高祖共食。食未办,而景仁为玄所召。玄性促急,俄顷之间,骑诏续至。高祖屡求去,景仁不许,曰:"主上见待,要应有方。我欲与客共食,岂当不得待。"竟安坐饱食,然后应召。高祖甚感之,常谓景仁是太傅安孙。及平京邑,入镇石头,景仁与百僚同见高祖,高祖目之曰:"此名公孙也。"谓景仁曰:"承制府须记室参军,今当相屈。"以为大将军武陵王遵记室参军,仍为从事中郎。迁司徒左长史。出为高祖镇军司马,领晋陵太守。复为车骑司马。①

按谢安外孙、谢玄女婿袁湛时任"桓脩抚军长史"②,抚军参军刘裕"诣景仁谘事"或出自袁湛之命。

　　在复杂局势中善于自处,能够审时度势,不以门第和官位凌人,这是谢裕的高明之处。他对刘裕的这次异乎寻常的款待,赢得了刘裕对他的充分信任,在刘裕入主建康后继续受到重用,成为刘裕亲信集团重要成员。谢裕在刘裕入主建康第一时间便"与百僚同见",显示其作为陈郡谢氏家族有代表性的成员,对刘裕举义行动的坚决拥护。作为拯救东晋政权的功臣,谢安是东晋一朝影响力可与王导齐名的伟大人物,在东晋后期政坛上有着无人可以替代的崇高地位。谢裕出席百僚晋见刘裕的举动,自然会令刘裕颇感欣慰。对于高门士族,刘裕的一贯态度是,支持和拥戴他的领导权者都会受到信任和重用,而凡是站在对立面争权夺利者则毫不留情地予以坚决打击,乃至最终从肉体上加以消灭。

　　此外,刘裕东征时与孔靖(347—422)建立了密切关系。"孔

---

① 《宋书》卷五二《谢景仁传》,第五册,第1493—1494页。
② 参见《宋书》卷五二《袁湛传》,第五册,第1497页。据本传,谢安为袁湛从外祖。

靖字季恭,会稽山阴人也。名与高祖祖讳同,故称字。"会稽孔氏是吴会大族中具有代表性的家族,与东晋政权有明确的政治联系,而孔靖则是孔氏家族的代表人物。尽管如此,他却能够审时度势,看好比自己年轻近二十岁的刘裕的政治前途并予以诚心支持。"高祖东征孙恩,屡至会稽,季恭曲意礼接,赡给甚厚。高祖后讨孙恩,时桓玄篡形已著,欲于山阴建义讨之。季恭以为:'山阴去京邑路远,且玄未居极位,不如待其篡逆事彰,衅成恶稔,徐于京口图之,不忧不克。'高祖亦谓为然。"刘裕当然也对之投桃报李,在入主建康后即以孔靖取代桓玄所授征东将军、会稽内史虞啸父,"及帝(刘裕)定桓玄,以季恭为内史,使赍封板拜授"。孔靖不负刘裕厚望,迅速稳定了会稽局势。"季恭到任,务存治实,敕止浮华,翦罚游惰,由是寇盗衰止,境内肃清。"[①]后又以其担任吴兴太守,再任会稽内史,对稳定刘裕主政以来的吴会局势作出了重要贡献。在刘裕创建帝业的过程中,与其同名的谢裕、张裕都得到重用,而孔靖受到刘裕信任,与其祖父同名应该也是一个因素。从刘裕与孔靖的关系可以看出,刘裕东征时对参与孙恩之乱的吴会大族进行镇压的同时,又非常注意笼络当地有影响的认同东晋政权的大族人物,这可以说是以后刘裕统治的一个重要基础。

从桓脩和桓玄对刘裕的任用也可以看出,当时高门士族欲借助新崛起的中下层武将以维持其政治地位和既得利益,应该是当时东晋高门士族的共识。博识"前言往行"的谢裕必定对历史的经验教训有深刻的认识,对于时局的判断也会有着异乎常人的敏感,通过与刘裕这位在近年平定孙恩之乱中崛起的英雄豪杰的交谈,对其才干和前途肯定也有非同一般的感受。两人同名也许还

---

① 《宋书》卷五四《孔靖传》,第五册,第 1531、1532 页。

是他们结交互赏的一个因缘。刘裕进入建康后以宗室武陵王遵为大将军承制,而以谢裕为从事中郎、记室参军,成为大将军府最重要的僚属之一,以承制名义发布的刘裕政令应该就出自谢裕之手。陈郡阳夏袁氏与陈郡谢氏有姻亲关系,袁湛曾任桓玄"太尉参军事",后由黄门侍郎"出补桓脩抚军长史",其时刘裕即在其手下任职。"义旗建,高祖以为镇军谘议参军。"①湛弟豹,"好学博闻,多览典籍",由著作佐郎出任"卫军桓谦记室参军"。"大将军武陵王遵承制,复为记室参军。其年,丹阳尹孟昶以为建威司马。"②谢裕当与袁豹同时担任武陵王遵记室参军,也可能是在袁豹转任孟昶建威府司马后由谢裕接任。

第七节 笼络高门,稳定朝局

为了实现对江南政局的全面控制,除了对桓玄家族成员进行坚决镇压外,刘裕还尽可能设法笼络以高门士族为代表的旧贵族官僚阶层的支持,只要他们不曾和刘裕有过节,又能尊重刘裕已经取得的权威,认可其对朝局的掌控,都会在新政权中得到相应的官职。而像谢裕这样在刘裕发迹前就给予礼遇者自然更会受到重用,成为统治集团的核心成员。《宋书·武帝纪上》:

> 初,高祖家贫,尝负刁逵社钱三万,经时无以还。逵执录甚严,王谧造逵见之,密以钱代还,由是得释。高祖名微位薄,盛流皆不与相知,唯谧交焉。桓玄将篡,谧手解安帝玺绂,为玄佐命功臣。及义旗建,众并谓谧宜诛,唯高祖保持之。刘毅

---

① 《宋书》卷五二《袁湛传》,第五册,第1497页。
② 《宋书》卷五二《袁湛传附弟豹传》,第五册,第1498页。

尝因朝会,问谧玺绂所在,谧益惧。及王愉父子诛,谧从弟谌谓谧曰:"王驹无罪,而义旗诛之,此是剪除胜己,以绝民望。兄既桓氏党附,名位如此,欲求免,得乎?"驹,愉小字也。谧惧,奔于曲阿。高祖笺白大将军,深相保谧,迎还复位。①

在刘裕家贫位微时,出身东晋最显赫门第琅邪王氏的王谧不但没有凌忽他,反而私下替他偿还了债务,使他摆脱了困境。② 更与其

---

① 《宋书》卷一《武帝纪上》,第一册,第10页。
② 《南史》卷一《宋本纪上·武帝纪》:"帝素贫,时人莫能知,唯琅邪王谧独深敬焉。帝尝负刁逵社钱三万,经时无以还,被逵执,谧密以己钱代偿,由是得释。"(第一册,第1—2页)《资治通鉴》卷一一三《晋纪三五》安帝元兴三年三月亦载刘裕与刁逵的债务纠纷,但所记事项不同,其文曰:"初,裕名微位薄,轻狡无行,盛流皆不与相知,惟王谧独奇贵之,谓裕曰:'卿当为一代英雄。'裕尝与刁逵樗蒲,不时输直,逵缚之马柳。谧见之,责逵而释之,代之还直。由是裕深憾逵而德谧。"(第八册,第3566页)《魏书》卷三八《刁雍传》:"曾祖协,从司马睿渡江,居于京口,位至尚书令。父畅,司马德宗右卫将军。初,畅兄逵以刘裕轻狡薄行,负社钱三万,违时不还,执而征焉。及裕诛桓玄,以嫌故先诛刁氏。"(第三册,第865页)卷九七《岛夷刘裕传》:"裕家本寒微,住在京口,恒以卖履为业。意气楚剌,仅识文字,樗蒲倾产,为时贱薄。尝负骠骑谘议刁逵社钱三万,经时不还。逵以其无行,录而征责,骠骑长史王谧以钱代还,事方得了。落魄不修廉隅。"(第六册,第2129页)按《魏书》关于刘裕与刁逵债务纠纷的记载,其史源应该来自逃亡北魏的刁逵从子刁雍之口,具有很高的可信度。社钱具有社区公共经费的性质。宋哲宗元祐四年(1089)十一月庚午,"诏泾原路弓箭手以家业分三等,集社钱买马,每月一次。上等出钱二百文,中等一百五十文足,下等一百文足,准备死损添填。从本路帅刘昌祚所请也。"((宋)李焘撰,上海师范大学古籍整理研究所、华东师范大学古籍整理研究所点校:《续资治通鉴长编》卷四三五,中华书局2004年版,第二九册,第10477页)清光绪十八年秋江苏镇江知府王仁堪"仿社仓法创社钱,按区分储,为修沟洫、广义塾之用"。(赵尔巽等撰:《清史稿》卷四七九《循吏四·王仁堪传》,中华书局1977年版,第四三册,第13094—13095页)《歧路灯》第二十四回末记逢若之语,其中有云:"我既输了你现钱七千文,你该摊八十三串。这宗钱,是张大哥拿的曲来街春盛号南顶朝山社的社钱,加十利息,要的最紧。贤弟你才成人儿,才学世路上闯,休要叫朋友们把咱看低了,就一五一十清白了他。"((清)李绿园著,栾星校注:《歧路灯》,中州书画社1980年版,上册,第148页)刘裕所负刁逵社钱与此最为近似。

他大族人物不同的是,王谧还与出身低微的刘裕主动交往并给予礼遇①,这怎能不让刘裕感动万分呢！南朝时期琅邪王氏得以延续其在东晋一样的显赫地位,王谧早年对刘裕的接济和礼遇功不可没。王愉父子的轻薄凌人和王谧的持重厚道形成了鲜明对比,给两个王氏家族带来了完全不同的命运。

对于东晋高门士族阶层,刘裕采取了迥然不同的态度。作为敌对者的谯国桓氏,自是刘裕坚决打击的对象;作为高门之首的琅邪王氏自东晋开国以来兴盛不衰近百年,当然是刘裕极欲拉拢利用的对象;陈郡谢氏因在淝水之战中的杰出表现而成为东晋后期最具政治影响力的家族,刘裕自然非常希望得到谢氏的大力支持。此外,太原王氏已在前此因介入政治斗争太深而遭到沉重打击,没落不堪,同样在东晋前期曾显赫一时的颍川庾氏也已衰落,均非刘裕所特别看重。庾冰曾孙庾登之,"初为晋会稽王道子太傅参军。义旗初,又为高祖镇军参军。以预讨桓玄功,封曲江县五等男。参大司马琅邪王军事,豫州别驾从事史,大司马主簿,司徒左西曹属。登之虽不涉学,善于世事,王弘、谢晦、江夷之徒,皆相知友。转太

---

① 《晋书》卷六五《王导传附孙谧传》:"初,刘裕为布衣,众未之识也,惟谧独奇贵之,尝谓裕曰:'卿当为一代英雄。'"(第六册,第1758页)《宋书》卷二七《符瑞志上》记载王谧与刘裕结交事云:"宋武帝居在丹徒……少时诞节嗜酒,自京都还息于逆旅,逆旅姬曰:'室内有酒,自入取之。'帝入室饮于瓮侧,醉卧地。时司徒王谧有门生居在丹徒,还家亦至此逆旅。逆旅姬曰:'刘郎在室内,可入共饮酒。'此门生入室,惊出,谓姬曰:'室内那得此异物?'姬遽大之,见帝已觉矣。姬密问向何所见,门生曰:'见有一物,五采如蛟龙,非刘郎。'门生还以白谧,谧戒使勿言,而与结厚。"(第三册,第783—784页)这则荒诞不经的故事,是神话刘裕生平以为其篡位称帝制造舆论的一个环节,之所以选择王谧,乃是因其为刘裕发迹之前家族门第和政治地位最显赫的门阀士族人物。刘裕虽然天命有归,但也需要高门加持,才能够相得益彰。此故事自属编造无疑,但刘裕和王谧早就相识且关系融洽,应该并非虚言。

尉主簿"①。王弘、谢晦、江夷之徒与庾登之"相知友",显然与其出身高门没有多少关系。看来此时的颍川庾氏,既不能与琅邪王氏和陈郡谢氏同日而语,也难以与济阳江氏相比肩。与"少以强济自立""不涉学"的庾登之相比,江夷身上体现出更多的高门子弟的特征,史称"夷少自藻厉,为后进之美"。江夷初为桓楚豫章王文学,"义旗建,高祖板为镇军行参军。寻参大司马琅邪王军事","复补主簿。豫讨桓玄功,封南郡州陵县五等侯"②。可以说庾登之与江夷的最初经历几乎相同,然而在论功行赏时却分别封曲江县五等男、南郡州陵县五等侯,差距不小,并且自此以后两人的差距逐渐拉大。江夷后任刘裕"太尉谘议参军、领录事,迁长史,入为侍中,大司马",跟随刘裕北伐后秦,"拜洛阳园陵"。③ 同样是在平定京师前就已投靠刘裕的庾登之,"善于世事"表明其有较高的行政能力,然而在诸高门中刘裕并没有对其给予特别关注。这种状况在他以后的仕宦经历中也没有得到改观,如刘宋初年"谢晦为抚军将军、荆州刺史,请为长史、南郡太守",而江夷早在十余年前就在刘道规征西大将军府中担任相同的官职了。史载"登之与晦俱曹氏婿,名位本同,一旦为之佐,意甚不惬"④。不惬归不惬,但他还是放下架子到谢晦府屈就。没落的高门士族已没有太多家族资本可依恃,也就不得不屈从于眼前现实的处境而谋自存之道。

"光禄勋卞承之、左卫将军褚粲、游击将军司马秀役使官人,为御史中丞王祯之所纠察,谢笺言辞怨愤。承之造司宜藏。高祖与大将军笺,白:'粲等备位大臣,所怀必尽。执宪不允,自应据理

---

① 《宋书》卷五三《庾登之传》,第五册,第1515页。
② 《宋书》卷五三《江夷传》,第五册,第1525页。
③ 《宋书》卷五三《江夷传》,第五册,第1525页。
④ 《宋书》卷五三《庾登之传》,第五册,第1515—1516页。

陈诉,而横兴怨忿,归咎有司。宜加裁当,以清风轨.'并免官。"①由此可见,虽然武陵王遵名义上是当时建康朝廷的最高统治者,但是朝政的决策权却完全掌控于刘裕之手,对于朝廷官吏一般的违法乱纪行为,刘裕尽可能予以优容,仅以免官处罚而不加治罪。史谓"桓玄虽以雄豪见推,而一朝便有极位,晋氏四方牧守及在朝大臣,尽心伏事,臣主之分定矣。高祖位微于朝,众无一旅,奋臂草莱之中,倡大义以复皇祚。由是王谧等诸人时失民望,莫不愧而惮焉"②。刘裕之所以不与曾经忠于桓玄的贵族官僚阶层彻底决裂,是因为当时以高门士族为核心的官贵阶层还有着强大的政治能量,要想实现掌控江南政权的政治抱负,还必须得到他们的支持和拥戴。

与一流高门士族出身的桓玄所具有的深厚的家族和门第优势相比,低级士族出身的刘裕以军功起家,仅仅依靠一批同自己出身和经历相若的亲信一起举义推翻桓玄,所恃者唯有其军事才能、政治谋略和非凡胆识。刘裕原本只是一无名小卒,凭借近几年来平定孙恩之乱中的战功而升迁为中层将吏,而后又举义反玄并在一两个月内突然变成了主宰江南政局的关键人物,几乎没有丝毫的政治基础可言。控制朝政需要武力作后盾,军权无疑是起决定性的因素,但却不是唯一的因素,这一点刘裕及其举义同志在事变的谋划阶段就已有明确的共识,以匡复晋室为号召即显示出他们在政治上的高明之处。刘裕入京控制朝政,尊宗室近亲武陵王遵承制,并以东晋政权的名义发布战时政令,使东晋国家机器重新运作起来,在追击逃亡的桓玄及其亲信的同时,采

---

① 《宋书》卷一《武帝纪上》,第一册,第10页。
② 《宋书》卷一《武帝纪上》,第一册,第9页。

取措施使政治社会秩序逐步恢复到常态。当然,要使"唯桓玄一祖后不在赦例"的政令变为现实,当务之急是加紧追击逃亡的桓玄及其追随者,也只有这样,才能保住既得的胜利果实,断绝桓玄复辟之路。

    楚帝桓玄席未暖,刘裕定策谋匡复。
    裕在京口佐桓脩,结交同道图义举。
    刘毅诸葛又何孟,广陵历阳同京口。
    复于京师有内应,事泄未得呈其谋。
    京口广陵齐举事,众少势猛如神助。
    桓玄仓皇弃建康,义军大步入石头。

第四章　剿灭桓玄，匡复晋室

桓玄仓皇走，义军穷追逐。
毙命枚回洲，晋室得兴复。

第一节　桑落峥嵘，两洲大胜

桓玄从建康撤离，沿江路西上，其后刘裕进驻建康，以石头城为中心指挥追剿桓玄的军事行动。刘裕通过以武陵王遵承制的名义发布命令，派遣刘毅等部将乘胜追击，不给桓玄及其追随者以任何喘息的机会，企图一举将其歼灭。《宋书·武帝纪上》："玄经寻阳，江州刺史郭昶之备乘舆法物资之。玄收略得二千余人，挟天子走江陵。冠军将军刘毅、辅国将军何无忌、振武将军刘道规率诸军追讨。"①《晋书·刘毅传》："玄既西走，裕以毅为冠军将军、青州刺史，与何无忌、刘道规蹑玄。玄逼帝及琅邪王西上，毅与道规及下邳太守孟怀玉等追及玄，战于峥嵘洲。毅乘风纵火，尽锐争先，玄众大溃，烧辎重夜走。"②

两书所载峥嵘洲之战及其后对寻阳的争夺，大同而小异。

---

① （梁）沈约撰：《宋书》卷一《武帝纪上》，中华书局1974年版，第一册，第9页。
② （唐）房玄龄等撰：《晋书》卷八五《刘毅传》，中华书局1974年版，第七册，第2206页。又可参见（宋）李昉等撰《太平御览》卷三二三《兵部五四·败》引《晋中兴书》，中华书局1960年版，第二册，第1486页。

《水经注·江水三》:"江水左得广武口,江浦也。江之右岸有李姥浦……北对峥嵘洲,冠军将军刘毅破桓玄于此洲。"①《元和郡县图志·江南道三·鄂州·江夏县》:"江水,西南自蒲圻县界流入。又北对峥嵘洲,刘毅破桓玄于此。"②刘毅所任青州刺史,原本是由被其所杀的府主桓弘所任之职,可以说是当时义军阵营仅次于刘裕的要职,此举显示了刘裕对刘毅此前在广陵诛杀桓弘以及进攻京师的战绩的充分肯定,也是为了鼓励其在追击桓玄的战斗中发挥更大的作用。当然还有一种可能,就是举义者在占领京师后论功行赏时,因刘毅在广陵举义之功而得到了仅次于刘裕的官职,一定程度上体现了整个举义集团的意志。刘裕虽然发挥了主要作用,但未必完全由其一人来决定。

何无忌、刘道规率军追击桓玄途中,首先在桑落洲与桓玄部将郭铨等所率军队发生战斗。《晋书·桓玄传》:"玄至江陵,石康纳之,张幔屋于城南,署置百官,以卞范之为尚书仆射,其余职多用轻资。于是大修舟师,曾未三旬,众且二万,楼船器械甚盛。""玄遣

---

① (北魏)郦道元著,陈桥驿校证:《水经注校证》卷三五《江水》,中华书局2007年版,第806页。
② (唐)李吉甫撰,贺次君点校:《元和郡县图志》卷二七《江南道三·鄂州·江夏县》,中华书局1983年版,下册,第644页。按《大清一统志》卷二五八《武昌府·山川》"峥嵘洲"条本注:"在武昌县西六十里,分属黄州府黄冈县。一名得胜洲。"((清)和珅等撰:《大清一统志》,《景印文渊阁四库全书》史部二三八"地理类",台湾商务印书馆1986年版,第四八〇册,第34页)此说当本自《读史方舆纪要》卷七六《湖广二·武昌府·武昌县》"峥嵘洲"条本注:"县西北六十里江中。……今洲半属黄州,亦名得胜洲。"((清)顾祖禹撰,贺次君、施和金点校:《读史方舆纪要》,中华书局2005年版,第七册,第3530页)杨守敬不同意此说,认为"峥嵘洲乃今黄冈县西北九十里之木鹅洲"。((后魏)郦道元注,杨守敬、熊会贞疏,段熙仲点校,陈桥驿复校:《水经注疏》卷三五《江水三》,江苏古籍出版社1989年版,下册,第2904页)然亦无确凿证据以证此说。

游击将军何澹之、武卫将军庾稚祖、江夏太守桓道恭就郭铨以数千人守湓口。""何无忌、刘道规等破郭铨、何澹之、郭昶之于桑落洲,进师寻阳。"①《何无忌传》:"及玄败走,武陵王遵承制以无忌为辅国将军、琅邪内史,以会稽王道子所部精兵悉配之,南追桓玄,与振武将军刘道规俱受冠军将军刘毅节度。玄留其龙骧将军何澹之、前将军郭铨、江州刺史郭昶之守湓口。无忌等次桑落洲,澹之等率军来战。""道规乘胜径进,无忌又鼓噪赴之,澹之遂溃。"②《宋书·宗室·临川王道规传》:"玄败走,晋大将军武陵王遵承制以道规为振武将军、义昌太守。与刘毅、何无忌追玄,玄西走江陵,留郭铨、何澹之等固守盆口,义军既至,贼列舰距之。""因纵兵,贼众奔败,即克盆口,进平寻阳。"③按《太平寰宇记·淮南道三·舒州·宿松县》:"桑落洲,在县西南一百九十四里。江水始自鄂陵分派为九,于此合流,谓之九江口。……按此洲与江州浔阳县分中流为界。"④《资治通鉴》晋安帝元兴三年四月"何无忌刘道规至桑落洲"下,胡三省注:"桑落洲在湓城东北大江中。杜佑曰:桑落洲在江州都昌县,汉之彭泽县也。"⑤《山堂肆考·地理》"流桑"条:"安庆府宿松县南九江口有桑落洲。昔江水泛涨,流一桑树于此,洲因名。晋刘毅与卢循战于桑落洲,即此。又按洲在大江中,江北

---

① 《晋书》卷九九《桓玄传》,第八册,第2599—2600页。
② 《晋书》卷八五《何无忌传》,第七册,第2215页。
③ 《宋书》卷五一《宗室·临川王道规传》,第五册,第1471页。据《宋书》卷四七《刘怀肃传》记载,刘裕从母兄刘怀肃时为振武将军刘道规府司马,参与了在桑落洲打败何澹之、郭铨等的战斗。(第五册,第1403页)
④ (宋)乐史撰,王文楚等点校:《太平寰宇记》卷一二五《淮南道三·舒州·宿松县》,中华书局2007年版,第六册,第2482页。
⑤ (宋)司马光编著,(元)胡三省音注,"标点资治通鉴小组"校点:《资治通鉴》卷一一三《晋纪三五》安帝元兴三年四月,中华书局1956年版,第八册,第3569页。

则安庆府宿松县,相距百余里,江南则江州湖口县也。"①

发生于元兴三年(404)四月下旬的桑落洲之战②,争战双方都企图用计谋诱敌上当以取胜。何"澹之空设羽仪旗帜于一舫,而别在它船",目的是以"澹之常所乘舫旌旗甚盛"为诈诱敌深入。而何无忌则将计就计,明知敌方主帅何澹之不在其舫,仍然在"众寡不敌,战无全胜"的情况下强攻其舫,并在"禽此舫"后"鼓噪"呼喊:"已斩何澹之!"结果"贼中惊扰,无忌之众亦谓为然",从而大灭敌人威风,大涨义军士气,趁势进攻,取得了决定性胜利。③ 桑落洲之战获胜后,何无忌"进据寻阳,遣使奉送宗庙主祐及武康公主、琅邪王妃还京都"④,同时刘裕加任都督江州诸军事⑤,意味着中流江州之军政大权已归入刘裕阵营的囊中。这是刘裕控制的建康政权赢得政治主动权所迈出的巨大一步。

如上所述,元兴三年三月桓玄逃离建康,刘裕入镇石头城,随即派遣刘毅等率军追击桓玄。四月,"桓玄兄子歆聚众向历阳,高祖命辅国将军诸葛长民击走之"⑥。可见刘裕阵营在沿江追击桓玄的同时,桓玄余部向京师附近的重镇豫州治所历阳发起反攻,试图牵制和打乱刘裕阵营追讨桓玄的步伐。"魏詠之破桓歆于历

---

① (明)彭大翼撰,(明)张幼学增定:《山堂肆考》卷二二《地理》,《景印文渊阁四库全书》子部二八〇"类书类",台湾商务印书馆1986年版,第九七四册,第364页。
② 《晋书》卷一〇《安帝纪》:元兴三年(404)四月"庚戌(廿三,5.18),辅国将军何无忌、振武将军刘道规及桓玄将庾稚、何澹之战于湓口,大破之"。(第一册,第256页)
③ 参见《宋书》卷五一《宗室·临川王道规传》,第五册,第1471页;《晋书》卷八五《何无忌传》,第七册,第2215页。
④ 《晋书》卷八五《何无忌传》,第七册,第2215页。
⑤ 《宋书》卷一《武帝纪上》,第一册,第10页。
⑥ 《宋书》卷一《武帝纪上》,第一册,第10页。

阳,诸葛长民又败歆于芍陂,歆单马渡淮。"①按《水经注·肥水》:"肥水出九江成德县广阳乡西,北过其县西,入芍陂。""陂周百二十许里,在寿春县南八十里,言楚相孙叔敖所造。"②其时镇守历阳的是建威将军、豫州刺史魏詠之,"桓歆寇历阳,詠之率众击走之"③。诸葛长民时为辅国将军、宣城内史,"于时桓歆聚众向历阳,长民击走之,又与刘敬宣破歆于芍陂"④。刘敬宣时为辅国将军、晋陵太守,"与诸葛长民破桓歆于芍陂"⑤。刘钟时为镇军参军督护,"桓歆寇历阳,遣钟助豫州刺史魏詠之讨之,歆即奔迸"⑥。参与征讨桓歆之役者还有刘毅从弟刘藩及宁远将军、淮陵太守孟龙符,参镇军军事、宁远将军向靖(弥)。⑦刘藩不知时任何职,诸葛长民、刘敬宣与孟龙符为豫州下辖郡之长官,刘钟、向靖则是来自刘裕镇军将军府的僚佐。在魏詠之等将领的全力抵抗下,桓歆争夺豫州控制权的斗争以失败而告终。此后,桓氏势力再也不曾染指豫州。

与江州相邻的荆州乃上流重镇,为桓氏家族根基之地,自桓温以来桓氏经营荆楚数十年,桓玄试图借助荆楚故地以期实现东山再起。"玄既还荆郢,大聚兵众,召水军,造楼船、器械,率众二万,挟天子发江陵,浮江东下,与冠军将军刘毅等相遇于峥嵘洲。"⑧尽

---

① 《晋书》卷九九《桓玄传》,第八册,第 2600 页。
② 《水经注校证》卷三二《肥水》,第 749 页。
③ 《晋书》卷八五《魏詠之传》,第七册,第 2218 页。
④ 《晋书》卷八五《诸葛长民传》,第七册,第 2212 页。
⑤ 《晋书》卷八四《刘牢之传附子敬宣传》,第七册,第 2192 页。
⑥ 《宋书》卷四九《刘钟传》,第五册,第 1438 页。
⑦ 参见《宋书》卷四七《孟怀玉传附弟龙符传》、卷四五《向靖传》,第五册,第 1408、1373 页。
⑧ 《宋书》卷一《武帝纪上》,第一册,第 10 页。《晋书》卷九九《桓玄传》:"玄率舟舰二百发江陵,使苻宏、羊僧寿为前锋。"(第八册,第 2600 页)则每舰平均百人。

管取得了桑落洲之战的胜利并乘胜占领寻阳,但由于桓玄二万水军东下,双方力量对比悬殊的局面并未改观。桑落洲之战获胜并占领寻阳后,刘毅与何无忌、刘道规等率军继续西进,与桓玄大军相遇于峥嵘洲。"毅率道规及下邳太守孟怀玉与玄战于峥嵘洲。于时义军数千,玄兵甚盛,而玄惧有败衄,常漾轻舸于舫侧,故其众莫有斗心。义军乘风纵火,尽锐争先,玄众大溃,烧辎重夜遁,郭铨归降。"①"道规等兵不满万人,而玄战士数万,众并惮之,欲退还寻阳。道规曰:'不可! ……'因麾众而进,毅等从之,大破玄军。"峥嵘洲之战前的状况是"彼众我寡,强弱异势",刘道规认为完全有把握获胜,他说:"今若畏懦不进,必为所乘,虽至寻阳,岂能自固。玄虽窃名雄豪,内实恇怯,加已经奔败,众无固心。决机两陈,将雄者克。昔光武昆阳之战,曹操官渡之师,皆以少制多,共所闻也。今虽才谢古人,岂可先为之弱。"②面对数倍之敌,"众并惮之,欲退还寻阳",刘道规却不以为然,指出桓玄阵营的劣势所在,以历史上以少胜多的典型战例昆阳之战和官渡之战为例,说明当时应按兵法"决机两陈,将雄者克",勇往直前,就一定能够取得胜利。

第二节　桓玄被杀,胜败反复

桑落洲和峥嵘洲两次以少胜多的战役,是何无忌和刘道规两位将领杰出军事才能的充分体现,有力地打击了桓玄阵营的军事力量,使义军的实力迅速壮大,为最终消灭桓玄残余势力奠定了坚实的基础。义军稳定地占领并控制了中流重镇寻阳,进一步获得

---

① 《晋书》卷九九《桓玄传》,第八册,第2600页。
② 《宋书》卷五一《宗室·临川王道规传》,第五册,第1471页。

了政治上和军事上的主动权。峥嵘洲之战发生于元兴三年五月①,战后桓玄阵营分裂,"玄弃众,复挟天子还复江陵。玄党殷仲文奉晋二皇后还京师"②。桓玄东下时,"玄留永安皇后及皇后于巴陵"。峥嵘洲之败,"殷仲文时在玄舰,求出别船收集散军,因叛玄,奉二后奔于夏口"③,"遂还建康"④。殷仲文为桓玄死党,"玄为刘裕所败,随玄西走","至巴陵,因奉二后投义军,而为镇军长史,转尚书"⑤。"永安皇后"即晋穆帝皇后何法倪,当时已经六十六岁⑥,是东晋皇室中最年长的成员。"皇后"即晋安帝皇后王神爱(王献之女),时年二十一岁⑦。元兴三年"秋七月戊申(廿三,9.13),永安皇后何氏崩"⑧,是在她返回建康后不久,足见这次被劫持对这位入宫近半个世纪的老年皇后的身心造成了极大伤害。不管怎样,两位皇后回到建康宫中,进一步提升了建康政权的法统地位,使得刘裕在控制朝政时更加名正言顺。正因如此,殷仲文"奉二后投义军",刘裕不计前嫌,任命其为镇军长史,作为自己军府上佐,可以说给足了面子。

峥嵘洲之战,桓玄投入了所能纠集到的几乎全部兵力,结果却是大败而逃。这对桓玄来说等于致命一击,其灭亡的命运已难挽回,对反玄义军而言,则意味着吃了一颗定心丸。当然,桓玄及其支

---

① 《晋书》卷一〇《安帝纪》:元兴三年"五月癸酉(十七,6.10),冠军将军刘毅及桓玄战于峥嵘洲,又破之"。(第一册,第256页)
② 《宋书》卷一《武帝纪上》,第一册,第10页。
③ 《晋书》卷九九《桓玄传》,第八册,第2600页。
④ 《资治通鉴》卷一一三《晋纪三五》安帝元兴三年四月,第八册,第3571页。
⑤ 《晋书》卷九九《桓玄传附殷仲文传》,第八册,第2604页。
⑥ 参见《晋书》卷三二《后妃下·穆章何皇后传》,第四册,第978页。
⑦ 参见《晋书》卷三二《后妃下·安僖王皇后传》,第四册,第983页。
⑧ 《晋书》卷一〇《安帝纪》,第一册,第257页。

持者并不甘心就此灭亡,仍然在作最后的挣扎。其时,"玄故将刘统、冯稚等聚党四百人,袭破寻阳城,毅遣建威将军刘怀肃讨平之"①。史载"京邑平定,振武将军道规追桓玄,以怀肃为司马"②。五月己卯(廿三,6.16),桓玄带着晋安帝再次来到江陵城。③《晋书·桓玄传》:"玄入江陵城,冯该劝使更下战,玄不从,欲出汉川,投梁州刺史桓希,而人情乖阻,制令不行。玄乘马出城,至门,左右于暗中斫之,不中,前后相杀交横,玄仅得至船。""时益州刺史毛璩使其从孙祐之、参军费恬送弟璠丧葬江陵,有众二百,璩弟子脩之为玄屯骑校尉,诱玄以入蜀,玄从之。达枚回洲,恬与祐之迎击玄,矢下如雨。玄嬖人丁仙期、万盖等以身蔽玄,并中数十箭而死。玄被箭,其子升辄拔去之。"益州督护冯迁"斩之,时年三十六。又斩石康及濬等五级,庾颐之战死"。④ 桓玄子豫章王桓昇被俘,"送至江陵市斩之"⑤。桓玄亲信死党卞范之,"随玄西走,玄又以范之为尚书仆射。玄为刘毅等所败,左右分散,唯范之在侧。玄平,斩于江陵"⑥。《晋书·安帝纪》:元兴三年五月"壬午(廿六,6.19),督护冯迁斩桓玄于貊盘洲,乘舆反正于江陵"⑦。按貊盘洲即枚回洲。

---

① 《晋书》卷九九《桓玄传》,第八册,第2600页。《太平御览》卷三二三《兵部五四·败》引《晋中兴书》亦载之,并谓"其党自相斩以降"。(第二册,第1486页)
② 《宋书》卷四七《刘怀肃传》,第五册,第1403页。
③ 《晋书》卷一〇《安帝纪》,第一册,第256页。
④ 《晋书》卷九九《桓玄传》,第八册,第2600—2601页。又可参见《太平御览》卷三二三《兵部五四·败》引《晋中兴书》,第二册,第1486页。《晋书》卷四八《毛脩之传》:"桓玄克荆州,仍为玄佐,历后军、太尉、相国参军。解音律,能骑射,玄甚遇之。及篡位,以为屯骑校尉。随玄西奔,玄败于峥嵘洲,复还江陵,人情离散,议欲西奔汉川,脩之诱令入蜀,冯迁斩玄于枚回洲,脩之力也。"(第五册,第1426—1427页)
⑤ 《晋书》卷九九《桓玄传》,第八册,第2601页。
⑥ 《晋书》卷九九《桓玄传附卞范之传》,第八册,第2603—2604页。
⑦ 《晋书》卷一〇《安帝纪》,第一册,第257页。

桓玄于四月庚寅（初三，4.28）挟持晋安帝到达江陵，接着又与之一起东下至峥嵘洲，战败后又第二次来到江陵。桓玄自江陵西上亡命，自顾不暇，再无能力挟持晋安帝同行，"于是荆州别驾王康产奉帝入南郡府舍，太守王腾之率文武营卫"①。据《安帝纪》，时当元兴三年五月"辛巳（廿五，6.18）"②。可见桓玄在败退江陵后的第三天便仓惶出发，继续西上亡命，其狼狈之状可想而知。甲申（廿八，6.21），下诏"大赦，凡诸畏逼事屈逆命者，一无所问"③。在桓玄被诛后迅速稳定局势，使原本支持桓玄的力量回到刘裕为主导的东晋政权之下，有助于下一步平定桓氏残余势力的军事行动顺利进行。

此外还需提及的是，同年五月"戊寅（廿二，6.15），奉神主入于太庙"④。太庙供奉着晋朝历代先君，是司马氏皇统的象征之所，当初桓玄篡位后将居永安宫的穆皇后移入司徒府，"路经太庙，后停舆恸哭，哀感路人"，此举惹恼了桓玄，"乃降后为零陵县君"⑤。桓玄在前一年九月篡位，"冬十一月壬午（廿三，12.22），玄迁帝于永安宫。癸未（廿四，12.23），移太庙神主于琅邪国"⑥。后"殷仲文奉后还京都"，"后时以远还，欲奉拜陵庙。有司以寇难未平，奏停"⑦。刘裕不让穆皇后"奉拜陵庙"，既有"寇难未平"的理由，更害怕朝臣拥戴这位皇室尊者摄政，打破当前的武陵王遵承制而由刘裕实际掌控朝政的体制。《晋书·安帝纪》在五月癸酉、己卯、辛巳、壬午、甲申之后记云："戊寅，奉神主入于太庙。"己卯、辛巳、壬午、甲申

---

① 《晋书》卷九九《桓玄传》，第八册，第 2601 页。
② 《晋书》卷一〇《安帝纪》，第一册，第 256—257 页。
③ 《晋书》卷一〇《安帝纪》，第一册，第 257 页。
④ 《晋书》卷一〇《安帝纪》，第一册，第 257 页。
⑤ 《晋书》卷三二《后妃下·穆章何皇后传》，第四册，第 978 页。
⑥ 《晋书》卷一〇《安帝纪》，第一册，第 256 页。
⑦ 《晋书》卷三二《后妃下·穆章何皇后传》，第四册，第 978 页。

依次为廿三、廿五、廿六、廿八日,而戊寅为廿二日,时间顺序存在矛盾。中华书局点校本《晋书》发现了这一矛盾,认为"此日次失序"①。《资治通鉴》晋安帝元兴三年五月条纪事日次顺序②,与今本《晋书·安帝纪》相同,表明北宋司马光所见相关记载亦与今本无异。刘裕决定"奉神主入于太庙",乃是其匡复晋室行动的重要一环,联系当时的局势,应该是在得到桓玄被杀、安帝脱离桓玄阵营之后的举动,而不应该是在此之前。据此,窃以为《晋书·安帝纪》所载事项顺序无误,而"奉神主入于太庙"发生的时间"戊寅"有误。

桓玄被杀,标志着反玄举义取得了决定性胜利,但并不意味着刘裕及其统治集团马上就能够完全控制全国局面,以桓氏家族成员为首的忠于桓玄的残余势力并不甘心束手就擒的命运,还在作最后的挣扎。在桓玄被杀后仅仅过了才十天,便出现了一次严重危机,晋安帝再次落入敌手。"闰月己丑(初三,6.26),桓玄故将扬武将军桓振陷江陵,刘毅、何无忌退守寻阳,帝复蒙尘于贼营。"③这种局面的出现,与义军在峥嵘洲之战大败桓玄后出现的轻敌懈怠心理有很大关系,当桓玄被杀后更会认为万事大吉,可以高枕无忧了。桑落洲之战前,桓玄"又遣辅国将军桓振往义阳聚众。至弋阳,为龙骧将军胡藩所破,振单骑走还"④。《宋书·武帝纪上》:"初,玄败于峥嵘洲,义军以为大事已定,追蹑不速。玄死几一旬,众军犹不至。玄从子振逃于华容之涌中,招聚逆党数千人,晨袭江陵城,居民竞出赴之,腾之、康产皆被杀。桓谦先匿于沮川,亦聚众以应。振为玄举哀,立丧廷。谦率众官奉玺绶于安帝。

---

① 《晋书》卷一〇《安帝纪》"校勘记"〔二〇〕,第一册,第273页。
② 《资治通鉴》卷一一三《晋纪三五》安帝元兴三年五月,第八册,第3572页。
③ 《晋书》卷一〇《安帝纪》,第一册,第257页。
④ 《晋书》卷九九《桓玄传》,第八册,第2600页。

无忌、道规既至江陵,与桓振战于灵溪。玄党冯该又设伏于杨林,义军奔败,退还寻阳。"①《晋书·桓玄传》:"何无忌等攻桓谦于马头,桓蔚于龙洲,皆破之。义军乘胜竞进,振、该等距战于灵溪,道规等败绩,死没者千余人。义军退次寻阳,更缮舟甲。"②

  灵溪大败,义军主帅刘毅应该承担主要责任。《晋书·刘毅传》:"及玄死,桓振、桓谦复聚众距毅于灵溪。玄将冯该以兵会于振,毅进击,为振所败,退次寻阳,坐免官,寻原之。"③刘毅是一员猛将,可以说是反玄阵营仅次于刘裕的杰出将领,刘裕坐镇建康无法出外征战的情况下,必须让刘毅发挥作用,故而仅仅以"免官"作为暂时的惩戒措施,而不能让他长时间不在其政。虽说当时刘毅是义军前线总指挥,但在与桓振交战时,刘毅正当留守巴陵,并未亲自参加,而是派遣何无忌与刘道规率兵挺进。《宋书·宗室·临川王道规传》:"义军遇风不进,桓谦、桓振复据江陵,毅留巴陵。道规与无忌俱进攻桓谧于马头、桓蔚于宠洲,皆破之。无忌欲乘胜直造江陵,道规曰:'兵法屈申有时,不可苟进。诸桓世居西楚,群小皆为竭力,振勇冠三军,难与争胜。且可顿兵养锐,徐以计策縻之,不忧不克也。'无忌不从,果为振所败,乃退还寻阳。"④此处记载义军之所以进军迟缓是因为遭遇大风之故,与上引《武帝纪上》所载懈怠轻敌有异,大概两个因素都是存在的。在进攻江陵前,义军还相继占领了桓谧据守的马头和桓蔚据守的宠洲,取得了局部战绩。《水经注·江水二》:江陵"县北有洲号曰枚回洲,

---

① 《宋书》卷一《武帝纪上》,第一册,第11页。
② 《晋书》卷九九《桓玄传》,第八册,第2602页。
③ 《晋书》卷八五《刘毅传》,第七册,第2206页。
④ 《宋书》卷五一《宗室·临川王道规传》,第五册,第1471—1472页。又可参见《晋书》卷八五《何无忌传》,第七册,第2215页。

江水自此两分而为南、北江也。北江有故乡洲","下有龙洲,洲东有宠洲"。① 盛弘之《荆州记》曰:"南江上有龙洲,下有宠洲。"②胡三省云:"宠洲近乐乡。杨正衡《晋书音义》曰:'宠,力董翻。'"③由此推测,龙洲和宠洲实指同一洲之不同区域。

灵溪之败是峥嵘洲之战后义军遭到的第二次挫败,上一次桓玄故将刘统、冯稚等攻陷江州首府寻阳城,因其人数不多,很快又被义军占领,而此次荆州首府江陵城的失守,晋安帝又被桓玄余部掳掠而去,何无忌与刘道规在灵溪杨林的战斗中大败而退,不能不说是反玄阵营遭遇的一次重大挫折。尽管江陵城仍被桓玄残部占据,晋安帝也在他们手中,但是总体来看,当时以刘裕为首的建康朝廷已经控制了东晋大半江山,在政治上和军事上均占据主动权,清剿桓玄残部并将其彻底消灭只是时间问题而已,绝无让其翻盘的任何可能性。

第三节　克复江陵,安帝反正

何无忌与刘道规败退寻阳后,"缮治舟甲"④,为下一阶段的进攻作积极准备。与此同时,义军在多地与桓玄残余势力展开争夺,还有一些地区的地方长官也加入其中。是年"六月,益州刺史毛璩讨伪梁州刺史桓希,斩之"⑤。"江夏相张畅之、高平太守刘怀肃

---

① 《水经注校证》卷三四《江水二》,第796页。
② 《太平御览》卷六九《地部三四·洲》,第一册,第327页。
③ 《资治通鉴》卷一三四《宋纪一六》顺帝昇明二年正月"元琰奔宠洲"下注,第九册,第4214页。
④ 《宋书》卷五一《宗室·临川王道规传》,第五册,第1472页。
⑤ 《晋书》卷一〇《安帝纪》,第一册,第257页。同卷卷九九《桓玄传》:"毛璩自领梁州,遣将攻汉中,杀桓希。"(第八册,第2602页)

攻何澹之于西塞矶,破之。"①刘"道规进讨武昌,破伪太守王旻。魏咏之、刘藩破桓石绥于白茅"②。"桓亮自号江州刺史,侵豫章,江州刺史刘敬宣讨走之。"③刘敬宣于元兴三年由辅国将军、晋陵太守迁为建威将军、江州刺史,"敬宣既至江州,课集军粮,搜召舟乘,军戎要用,常有储拟。故西征诸军虽失利退据,因之每即振复"④。可以说江州在当时既是征讨桓玄及其残余势力的前沿阵地,同时也是后方基地,刘敬宣在江州进行的军备征集,为西征荆州的各路义军提供了有力的后勤保障,对义军的胜利起到了十分关键的作用。进行了一段时间的修整后,刘毅与何无忌、刘道规率军自寻阳出发,再次展开对江陵的进攻。其时,"伪镇东将军冯该等守夏口,扬武将军孟山图据鲁城,辅国将军桓山客守偃月垒"⑤。"众合万人,连舰二岸,水陆相援。毅督众军进讨,未至夏口,遇风飘没千余人。毅与刘怀肃、索邈等攻鲁城,道规攻偃月垒,何无忌与檀祗列舰于中流,以防越逸。毅躬贯甲胄,陵城半日而二垒俱溃,生擒山客,而冯该遁走。毅进平巴陵。"⑥在这场战斗中,"义军腾赴,叫声动山谷"⑦,可谓气势如虹。占领夏口三城和巴陵后,

---

① 《晋书》卷九九《桓玄传》,第八册,第 2602 页。平定颍川太守刘统后,刘怀肃被任命为高平太守,义军于杨林战败后败退寻阳,"怀肃与江夏相张畅之攻澹之于西塞,破之"。(《宋书》卷四七《刘怀肃传》,第五册,第 1403 页)
② 《晋书》卷九九《桓玄传》,第八册,第 2602 页。
③ 《晋书》卷九九《桓玄传》,第八册,第 2602 页。
④ 《宋书》卷四七《刘敬宣传》,第五册,第 1412 页。
⑤ 《晋书》卷九九《桓玄传》,第八册,第 2602 页。
⑥ 《晋书》卷八五《刘毅传》,第七册,第 2206 页。又可参见同书卷八五《何无忌传》,卷九九《桓玄传》,第七、八册,第 2215、2602 页;《宋书》卷五一《宗室·临川王道规传》(第五册,第 1472 页),卷四七《刘怀肃传》(第 1403 页)。檀道济以参征西军事的身份参与了平定鲁山(鲁城)之役,参见《宋书》卷四三《檀道济传》,第五册,第 1341 页。
⑦ 《晋书》卷九九《桓玄传》,第八册,第 2602 页。

"以毅为使持节、兖州刺史,将军如故"①。形势开始变得对义军更加有利,桓谦、桓振遣使请求割让荆、江二州并送还晋安帝,但遭到刘裕阵营的拒绝。②

这次胜利无疑是征讨桓玄余部的战争进程中的重大进展,但当时义军还没有占据绝对优势,而桓氏雍州所辖南阳太守鲁宗之的起兵反抗,打破了这种平衡局面。"义熙元年(405)正月,南阳太守鲁宗之起义兵袭襄阳,破伪雍州刺史桓蔚。"③桓蔚从襄阳逃往江陵。稳定益梁形势后,益州刺史毛璩也向荆州派出了增援部队以协助义军的进攻。夏口、襄阳与江陵为上流三重镇,相距较近,互为掎角。夏口、襄阳失守,江陵即失去屏障,被攻陷已毫无悬念。鲁宗之攻占襄阳当在正月初,是月"己丑(初七,2.21),刘毅次于马头。桓振以帝屯于江津。辛卯(初九,2.23),宗之破振将温楷于柞溪,进次纪南,为振所败"④。《晋书·桓振传》:

> 振营于江津。南阳太守鲁宗之自襄阳破振将温楷于柞溪,进屯纪南。振闻楷败,留其将冯该守营,自率众与宗之大战。振勇冠三军,众莫能御,宗之败绩。振追奔,遇宗之单骑于道,弗之识也,乃问宗之所在。绐曰:"已前走矣。"宗之于是自后而退。寻而刘毅等破冯该,平江陵。振闻该败,众溃而走。⑤

---

① 《晋书》卷八五《刘毅传》,第七册,第2206页。
② 参见《晋书》卷八五《何无忌传》,第七册,第2215页;《宋书》卷五一《宗室·临川王道规传》,第五册,第1472页。
③ 《晋书》卷九九《桓玄传》,第八册,第2602页。
④ 《晋书》卷一〇《安帝纪》,第一册,第257页。
⑤ 《晋书》卷七四《桓振传》,第六册,第1945页。

桓振率军出江陵城抵御鲁宗之,"使桓谦留守"①,江陵城防因之削弱。"时蜀军据灵溪,毅率无忌、道规等破冯该军,推锋而前,即平江陵。振见火起,知城已陷,乃与谦等北走。"②"毅执玄党卞范之、羊僧寿、夏侯崇之、桓道恭等,皆斩之。"③既而"刘怀肃追斩冯该于石城"④。《宋书·刘怀肃传》载其平石城事云:"怀肃与江夏相张畅之攻澹之于西塞,破之。伪镇东将军冯该戍夏口东岸,孟山图据鲁山城,桓仙客守偃月垒,皆连壁相望。怀肃与道规攻之。躬擐甲胄,陷二城,冯该走石城,生擒仙客。义熙元年正月,振败走,道规遣怀肃平石城,斩冯该及其子山靖。"⑤

至此,桓氏残余势力对于同刘裕阵营抗衡已不抱任何希望,当然他们在东晋境内已无立足之地,为了生存只有选择逃亡异国。《晋书·姚兴载记上》:"时刘裕诛桓玄,迎复安帝,玄卫将军新安王桓谦、临原王桓怡、雍州刺史桓蔚、左卫将军桓谧、中书令桓胤、将军何澹之等奔于兴。"⑥桓振部将温楷亦与诸桓子遗同时逃往后秦。⑦就在桓谦从江陵出逃的同一天,"乘舆反正,帝与琅邪王幸道规舟"⑧。时隔大半年,晋安帝再次回到义军之手。义熙元年正月"戊戌(十六,3.2),大赦,改元,惟桓氏不原;以桓冲忠于王室,

---

① 《宋书》卷五一《宗室·临川王道规传》,第五册,第1472页。
② 《晋书》卷九九《桓玄传》,第八册,第2602页。同书卷八五《刘毅传》:"毅因率无忌、道规等诸军破冯该于豫章口,推锋而进,遂入江陵。振闻城陷,与谦北走。"(第七册,第2206页)
③ 《晋书》卷八五《刘毅传》,第七册,第2206页。
④ 《资治通鉴》卷一一四《晋纪三六》安帝义熙元年正月,第八册,第3579页。
⑤ 《宋书》卷四七《刘怀肃传》,第五册,第1403页。
⑥ 《晋书》卷一一七《姚兴载记上》,第一〇册,第2985页。
⑦ 参见《晋书》卷九九《桓玄传》,第八册,第2602页;《资治通鉴》卷一一四《晋纪三六》安帝义熙元年正月,第八册,第3579页。
⑧ 《晋书》卷一〇《安帝纪》,第一册,第257页。

特有其孙胤。以鲁宗之为雍州刺史,毛璩为征西将军、都督益梁秦凉宁五州诸军事,璩弟瑾为梁秦二州刺史,瑗为宁州刺史"①。对鲁宗之和毛璩兄弟的任命,也反映出这次重大胜利与他们之间的关系,正是鲁宗之对襄阳的进攻和毛璩兄弟率领蜀军大力增援,才使得刘毅能够指挥义军击败桓氏余部主力,并将其残余势力赶出荆、湘二州,晋安帝得以"反正",完成了匡复晋室行动的最后一个环节。

"二月丁巳(初五,3.21),留台备法驾迎帝于江陵,刘毅、刘道规留屯夏口,何无忌奉帝东还。"②桓玄被杀与毛脩之(瑾子)诱其入蜀有直接关系,"晋安帝反正于江陵,除(脩之)骁骑将军,下至京师"③。毛脩之应该是与何无忌一道护送晋安帝返回京师的。《资治通鉴》晋安帝义熙元年三月条云:

> 甲午(十三,4.27),帝至建康。……庚子(十九,5.3),以琅邪王德文为大司马,武陵王遵为太保,刘裕为侍中、车骑将军、都督中外诸军事,徐青二州刺史如故,刘毅为左将军,何无忌为右将军、督豫州扬州五郡军事、豫州刺史,刘道规为辅国将军、督淮北诸军事、并州刺史,魏詠之为征虏将军、吴国内史。④

平定江陵,占领桓玄暨桓氏老巢荆楚之地,这是继桓玄被杀后义军取得的又一重大战果,三位平玄主将刘毅、何无忌、刘道规的官职

---

① 《资治通鉴》卷一一四《晋纪三六》安帝义熙元年正月,第八册,第3579页。《晋书》卷一〇《安帝纪》作"唯玄、振一祖及同党不在原例"(第一册,第258页)。卷九九《桓玄传》:"诏徙桓胤及诸党与于新安诸郡。"(第八册,第2603页)又可参见《宋书》卷五一《宗室·临川王道规传》,第五册,第1472页。
② 《资治通鉴》卷一一四《晋纪三六》安帝义熙元年二月,第八册,第3580页。
③ 《宋书》卷四八《毛脩之传》,第五册,第1427页。
④ 《资治通鉴》卷一一四《晋纪三六》安帝义熙元年三月,第八册,第3581—3582页。

都得到相应提升。完成护送晋安帝返回京师的使命后,"以无忌督豫州扬州淮南庐江安丰历阳堂邑五郡军事、右将军、豫州刺史,加节,甲杖五十人入殿,未之职。迁会稽内史、督江东五郡军事,持节、将军如故,给鼓吹一部"①。刘道规"进号辅国将军、督淮北诸军事、并州刺史,义昌太守如故"②。

第四节 平定荆湘,桓氏覆灭

义军占领江陵并护送晋安帝东下,意味着匡复晋室的使命已经完成。虽然剿灭桓玄及其残余势力的战争已取得了决定性胜利,但并非万事大吉,可以高枕无忧,当时上中流地区的形势仍不十分稳定。史载"时荆州、湘、江、豫犹多桓氏余烬,往往屯结",留镇夏口的刘毅和刘道规继续率军征讨,"随宜剪扑,皆悉平之"。③具体来说,主要仍是桓氏残余势力对荆州和湘州的侵扰,战事集中发生于义熙元年三月和五月。"三月,桓振复袭江陵,荆州刺史司马休之奔于襄阳。建威将军刘怀肃讨振,斩之。"④关于此次战斗,《宋书·刘怀肃传》有具体记载:"三月,桓振复袭江陵,荆州刺史司马休之出奔,怀肃自云杜驰赴,日夜兼行,七日而至。振勒兵三万,旗帜蔽野,跃马横矛,躬自突陈。流矢伤怀肃额,众惧欲奔,怀肃瞋目奋战,士气益壮。于是士卒争先,临阵斩振首。江陵既平,休之反镇。"⑤《晋书·桓振传》亦有记载:"后与(冯)该子宏出自

---

① 《晋书》卷八五《何无忌传》,第七册,第2215页。
② 《宋书》卷五一《宗室·临川王道规传》,第五册,第1472页。
③ 《宋书》卷五一《宗室·临川王道规传》,第五册,第1472页。
④ 《晋书》卷一〇《安帝纪》,第一册,第258页。
⑤ 《宋书》卷四七《刘怀肃传》,第五册,第1403—1404页。

涢城,复袭江陵。荆州刺史司马休之奔襄阳,振自号荆州刺史。建威将军刘怀肃率宁远将军索邈,与振战于沙桥。振兵虽少,左右皆力战,每一合,振辄瞋目奋击,众莫敢当。振时醉,且中流矢,广武将军唐兴临阵斩之。"①按:《宋书》载桓振"勒兵三万,旗帜蔽野",看来其所拥兵力仍比较强大,然《晋书》却载"振兵虽少"云云,显然远不到三万之数。合理的情形是,《宋书》的记载乃是御用史家为了凸显刘裕阵营特别是刘裕宗亲刘怀肃的战绩而有意夸大了敌方兵力。《晋书·刘毅传》:"桓振复与符宏自郧城袭陷江陵,与刘怀肃相持。毅遣部将击振,杀之,并斩伪辅国将军桓珍。毅又攻拔迁陵,斩玄太守刘叔祖于临嶂。"②据此则击杀桓振者并非刘怀肃,而是刘毅所遣将领,此记载应该更符合实际。桓振的失败固然与其"肆意酒色,暴虐无道,多所残害"有关,但主要还是力量对比处于劣势之故。③

当年五月,"桓玄故将桓亮、苻宏、刁预寇湘州,守将击走之"④。对此《晋书·桓玄传》有具体记载:"桓亮自豫章,自号镇南将军、湘州刺史。苻宏寇安成、庐陵,刘敬宣遣将讨之,宏走入湘中。""广武将军唐兴斩振及伪辅国将军桓珍,(刘)毅于临鄀斩伪零陵太守刘叔祖。桓亮、苻宏复出寇湘中,害郡守长吏,檀祗讨宏于湘东,斩之,广武将军郭弥斩亮于益阳。"⑤按:檀祗时为振武将

---

① 《晋书》卷七四《桓振传》,第六册,第1945页。
② 《晋书》卷八五《刘毅传》,第七册,第2206—2207页。
③ 檀道济参与了击杀桓振之役,参见《宋书》卷四三《檀道济传》,第五册,第1341页。
④ 《晋书》卷一〇《安帝纪》,第一册,第258—259页。
⑤ 《晋书》卷九九《桓玄传》,第八册,第2602、2603页。同书卷八五《刘毅传》:"桓振复与苻宏自郧城袭陷江陵,与刘怀肃相持。毅遣部将击振,杀之,并斩伪辅国将军桓珍。毅又攻拔迁陵,斩玄太守刘叔祖于临嶂。"(第七册,第2206—2207页)

军,"征涢、沔亡命桓道儿、张靖、苻嗣等,皆悉平之"。又为龙骧将军,"破桓亮于长沙,苻宏于湘东"。① 此外,"其余拥众假号以十数,(刘毅)皆讨平之"。后"刁预等作乱,屯于湘中,毅遣将分讨,皆灭之"。② 又"伪辅国将军符嗣、马孙、伪龙骧将军金符青、乐志等屯结江夏,(刘)怀肃又讨之,枭乐志等"③。荆楚地区平叛战争的总指挥应该是刘毅,刘怀肃的行动当受制于刘毅,这从次年他以辅国将军、淮南历阳二郡太守"领刘毅抚军司马"也可以看出。"其冬,桓石绥、司马国璠、陈袭于胡桃山聚众为寇,怀肃率步骑讨破之。江淮间群蛮及桓氏余党为乱,自请出讨,既行失旨,毅上表免怀肃官。"④这些情况表明,桓氏经营荆楚地区长达半个世纪左右,在当地有着广泛的影响力,且桓氏子弟众多,刘裕阵营以刘毅为首的将领对桓氏残余势力的扫荡,经过了异常艰苦的战斗,终于取得了对这一地区的控制权。

桓玄被杀后经过约一年时间的争夺,荆、湘二州完全被刘裕阵营所控制,桓玄及其残余势力的武装力量基本上被全部消灭。平定荆、湘二州后,刘毅的将军号也由左将军迁为抚军将军⑤,其地位仅次于刘裕所任镇军将军。由此也可以看出,刘毅在追讨剿灭桓氏残部过程中建立了巨大的功勋。在义熙元年二月晋安帝再次回到义军手里数天之后,"乙未(十三,2.27),诏大处分悉委冠军将军刘毅"⑥,意味着将重大事项的决策权交到刘毅手中。此诏无疑出自刘毅及其亲信,并不反映刘裕的政治意志,因为当时在建康

---

① 《宋书》卷四七《檀祗传》,第五册,第1416页。
② 《晋书》卷八五《刘毅传》,第七册,第2207页。
③ 《宋书》卷四七《刘怀肃传》,第五册,第1404页。
④ 《宋书》卷四七《刘怀肃传》,第五册,第1404页。
⑤ 参见《晋书》卷八五《刘毅传》,第七册,第2207页。
⑥ 《资治通鉴》卷一一四《晋纪三六》安帝义熙元年正月,第八册,第3579页。

坐镇的刘裕应该还未接到义军在江陵的战果,更不可能下达相关诏令。事实上,作为征讨主帅的刘毅在此前就已拥有独断专行的权力,如"刘裕命何无忌受毅节度,无忌以督摄为烦,辄便解统。毅疾无忌专擅,免其琅邪内史,以辅国将军摄军事,无忌遂与毅不平。毅唯自引咎,时论韪之"①。看来何无忌对于受刘毅节度并非心悦诚服,而刘毅所采取的节制措施虽说是在其职权范围之内,但却引发了何无忌的反弹,为后来刘毅与刘裕的矛盾埋下了祸根。

桓振袭江陵,荆州刺史司马休之逃亡,这为刘裕安插亲信控制荆州及上流军政权力提供了机会,于是"以魏詠之为荆州刺史,代司马休之"②。桓玄逃离建康后,魏詠之被任命为建威将军、豫州刺史镇守历阳,击退了桓歆对历阳的进攻。"义熙初,进征虏将军、吴国内史。寻转荆州刺史、持节、都督六州,领南蛮校尉。"③魏詠之任职不久即死于任上,刘裕遂以其弟道规为"使持节、都督荆宁秦梁雍六州司州之河南诸军事、领护南蛮校尉、荆州刺史,将军如故",道规"辞南蛮以授殷叔文"④。这样,刘裕便如愿将上流军政大权交到最可靠的人手中,真可谓天赐良机。虽然"江陵之平也,道规推毅为元功,无忌为次功,自居其末"⑤,但最终获得最重

---

① 《晋书》卷八五《刘毅传》,第七册,第2206页。
② 《资治通鉴》卷一一四《晋纪三六》安帝义熙元年三月,第八册,第3582页。据《魏书》卷三七《司马休之传》,司马懿季弟谯王逊之后,父恬于晋孝武帝时为镇北将军、青兖二州刺史,天兴五年(402)即东晋元兴元年,休之为平西将军、荆州刺史。为桓玄所逼,投奔慕容德(南燕)。"刘裕诛玄后,还建邺,裕复以休之为荆州刺史。休之颇得江汉人心,刘裕疑其有异志。"((北齐)魏收撰:《魏书》,中华书局1974年版,第三册,第853页)司马休之虽为宗室疏属,但在东晋宗室凋零的现实中,也算是重要的宗室成员,刘裕显然不可能让这样的人控制荆州军政大权。
③ 《晋书》卷八五《魏詠之传》,第七册,第2218页。
④ 《宋书》卷五一《宗室·临川王道规传》,第五册,第1472页。
⑤ 《宋书》卷五一《宗室·临川王道规传》,第五册,第1472页。

要权力的实际上却是刘道规。这也正是当时刘裕控制东晋朝政决策的体现。此外,刘裕从母兄刘怀肃被刘道规加为"督江夏九郡,权镇夏口"①,协助道规镇守荆州。

> 义军神速逼建康,桓玄携众出京亡。
> 老巢荆楚人众广,西上转圜图再兴。
> 刘裕京口掌军权,武陵承制王谧相。
> 居中指挥穷追讨,刘何诸部建奇功。
> 桑落峥嵘两洲战,以少胜多大局定。
> 桓玄毙命枚回洲,安帝反正功告成。

---

① 《宋书》卷四七《刘怀肃传》,第五册,第1404页。

第五章　出镇京口,重返建康

安帝反正后,刘裕镇京口。
入朝牧扬州,位极录尚书。

第一节　荣归故里,京口盘桓

义熙元年(405)三月十三日晋安帝回到京师,四月刘裕离开建康出镇京口。① 晋安帝反正后,以"刘裕为侍中、车骑将军、都督中外诸军事,徐青二州刺史如故",而"裕固让不受"。又"加录尚书事,又不受,屡请归藩。诏百官敦劝,帝亲幸其第;裕惶惧,复诣阙陈请,乃听归藩"。② 刘裕"不受"都督中外诸军事、录尚书事等要职的原因,史书并无明确记载。此二职地位极尊,担任者皆位极人臣,刘裕不受其任,首先意在表明他所倡议的反抗桓玄的武装斗争并不是为了谋取一己私利。录尚书事当时正由王谧担任,而王谧是刘裕需要倚重的拥护他的高门大族的代表人物,在前此平定桓玄及其残余势力的斗争中,王谧协助刘裕执掌朝政,对政局的稳

---

① 参见(梁)沈约撰《宋书》卷一《武帝纪上》,中华书局1974年版,第一册,第13页;(唐)房玄龄等撰:《晋书》卷一〇《安帝纪》,中华书局1974年版,第一册,第258页。
② (宋)司马光编著,(元)胡三省音注,"标点资治通鉴小组"校点:《资治通鉴》卷一一四《晋纪三六》安帝义熙元年三月,中华书局1956年版,第八册,第3582页。

定和平玄斗争的胜利发挥了重要的作用。刘裕拒受录尚书事表明他不愿跟王谧争权,意味着他对前此王谧作用和地位的肯定,而在当时刘裕羽翼还不十分丰满,赢得高门士族的支持自然颇为必要。都督中外诸军事自曹魏出现以来即由权臣包揽,担任者几乎都会走向篡位一途,刘裕拒受此职是为了不授人以柄,意在显示他并无篡夺东晋皇位的政治野心。毫无疑问,若过早暴露心机,必然会对其潜心经营的创建帝业的最终目标产生消极影响。

京口是刘裕的故乡,同时也是其举义反玄之地,反玄义军领导层成员大多也是家居京口,是当时重要性仅次于京师建康的一方重镇。京口离建康甚近,镇守京口既可方便控制朝廷政局,也可防止出现批评刘裕专权的社会舆论,还可避免陷入繁杂的朝政事务而不能自拔。刘裕在当时希望塑造的形象是,起兵推翻并消灭桓玄及其政治势力并不是出于自身夺权的目的,而是为了匡复晋室,即通过武装斗争让被推翻的东晋皇统重新复位,乃是急公好义之举。刘裕深知,即便是像桓玄那样拥有雄厚家族背景的高门大族人物,取代虚弱的东晋政权也没能成功,何况像他这种出身寒微的武将要成为新朝皇帝并得到朝野拥戴,在当时显然还不具备条件。若冒险而为,其结果必定会是身败名裂,落得像桓玄一样的悲惨下场。刘裕虽然文化素养有限,但作为一位有丰富作战经验的名将,深谙兵法智谋,他要采取渐进的方式一步一步向目标靠近,而不是急功近利,欲速而不达。这是刘裕的高明之处。刘裕之所以有这样清醒的头脑,与其手下亲信的谋划密不可分。在刘裕的众亲信中,刘穆之是最值得关注的一位。

刘穆之为"东莞莒人","世居京口"。[1] 与刘裕相似,原籍淮

---

[1] 《宋书》卷四二《刘穆之传》,第五册,第1303页。

北,先世迁居京口。史载两人皆为西汉帝室后代①。未见刘穆之父祖为官的记载,表明其很可能出身寒门,门第比刘裕还要低。与刘裕尚武不同,刘穆之"少好书传,博览多通",济阳江敳为建武将军、琅邪内史,知穆之才学,遂以之为府主簿。刘裕占领京口后,经何无忌推荐,刘穆之入刘裕建武府任主簿。史载"初穆之尝梦与高祖俱泛海"云云,知其与刘裕早就熟识。何无忌向刘裕推荐刘穆之时呼其小字"刘道民",亦表明二刘自幼相识。② 刘穆之上任伊始,就为刘裕进攻京师出谋划策。《宋书·刘穆之传》:"从平京邑,高祖始至,诸大处分,皆仓卒立定,并穆之所建也。遂委以腹心之任,动止咨焉。穆之亦竭节尽诚,无所遗隐。"③不仅如此,刘裕入主建康后的举止施为,也都经过刘穆之的谋划和协调。虽然未见明确记载,想必刘裕出镇京口也应该是同刘穆之协商的结果。

孟昶族弟怀玉,亦"世居京口",在刘裕"东伐孙恩"时为其"建武司马"。又"豫义旗,从平京城,进定京邑"。孟怀玉为刘裕最重要的元从亲信之一,"高祖镇京口,以怀玉为镇军参军、下邳太守。义熙三年,出为宁朔将军、西阳太守、新蔡内史"。④ 尽管京口与建康相距不远,但毕竟并非一地,很难做到对朝中状况直接进行监控。为确保万无一失,刘裕出镇京口之后,原本所驻扎的石头城戍

---

① 参见《宋书》卷四二《刘穆之传》,第五册,第1303页。刘裕为"汉高帝弟楚元王交之后"(《宋书》卷一《武帝纪上》,第一册,第1页),刘穆之为"汉齐悼惠王肥后"。据《史记》卷八《高祖纪》((汉)司马迁撰,(宋)裴骃集解,(唐)司马贞索隐,(唐)张守节正义:《史记》,中华书局1982年版,第二册,第393页)、卷五二《齐悼惠王世家》(第六册,第1999页),肥为汉高帝庶长子。《宋书》关于刘裕和刘穆之先世的记载是否有据姑且不论,但至少其说是得到刘裕认可的。
② 参见《宋书》卷四二《刘穆之传》,第五册,第1303页。
③ 《宋书》卷四二《刘穆之传》,第五册,第1304页。
④ 《宋书》卷四七《孟怀玉传》,第五册,第1407页。

即交由其弟刘道怜负责,意味着刘裕间接掌控着建康城的防务。《宋书·宗室·长沙王道怜传》:"高祖镇京口,进道怜号龙骧将军,又领堂邑太守,戍石头。"①由此足见刘裕虑事之周密,这自然与刘穆之的谋划密不可分。京口地位虽然十分重要,但与京师建康相比,仍然只是一方重镇,即便有刘道怜戍守石头城,对朝廷政局的监控还是有一定局限的,刘裕及其亲信刘穆之在等待合适的时机以便再次入主京师。

第二节　入朝建康,诛除桓遗

《晋书·安帝纪》:义熙"三年(407)春二月己酉(初九,3.3),车骑将军刘裕来朝"②。《宋书·武帝纪上》:"三年二月,高祖还京师,将诣廷尉,天子先诏狱官不得受,诣阙陈让,乃见听。旋于丹徒。"③此次刘裕回到建康,大概停留了不长时间便又返回京口。《资治通鉴》晋安帝义熙三年:"二月己酉,刘裕诣建康,固辞新所除官,欲诣廷尉;诏从其所守,裕乃还丹徒。"④看来刘裕此行的目的是为了"固辞新所除官"。事实上,不久前的确有过朝廷向刘裕加官进号的任命,《宋书·武帝纪上》载前一年"十一月,天子重申前令,加高祖侍中,进号车骑将军、开府仪同三司。固让。诏遣百僚敦劝"⑤。然则"固辞新所除官"为何要"欲诣廷尉",颇为费解。《晋书·安帝纪》在"刘裕来朝"后接着记:"诛东阳太守殷仲文、南

---

① 《宋书》卷五一《宗室·长沙王道怜传》,第五册,第1462页。
② 《晋书》卷一〇《安帝纪》,第一册,第259页。
③ 《宋书》卷一《武帝纪上》,第一册,第13—14页。
④ 《资治通鉴》卷一一四《晋纪三六》安帝义熙三年,第八册,第3594页。
⑤ 《宋书》卷一《武帝纪上》,第一册,第13页。

蛮校尉殷叔文、晋陵太守殷道叔、永嘉太守骆球。"①据此记载,则刘裕"欲诣廷尉"(狱官)与殷仲文等被诛有密切关系,而与其"固辞新所除官"无关。② 上载殷仲文等被诛与刘裕入朝并非同一天发生,实则不然。《宋书·武帝纪上》:义熙三年"闰(二)月,府将骆冰谋作乱,将被执,单骑走,追斩之。诛冰父永嘉太守球。球本东阳郡史,孙恩之乱,起义于长山,故见擢用。初桓玄之败,以桓冲忠贞,署其孙胤。至是,冰谋以胤为主,与东阳太守殷仲文潜相连结。乃诛仲文及仲文二弟。凡桓玄余党,至是皆诛夷。"③

《资治通鉴》晋安帝义熙三年二月条又云:

> 殷仲文素有才望,自谓宜当朝政,悒悒不得志。出为东阳太守,尤不乐。何无忌素慕其名,东阳,无忌所统,仲文许便道脩谒,无忌喜,钦迟之。而仲文失志恍惚,遂不过府;无忌以为薄己,大怒。会南燕入寇,无忌言于刘裕曰:"桓胤、殷仲文乃腹心之疾,北虏不足忧也。"闰月,刘裕府将骆冰谋作乱,事觉,裕斩之。因言冰与仲文、桓石松、曹靖之、卞承之、刘延祖潜相连结,谋立桓胤为主,皆族诛之。④

按:殷叔文为殷仲文之弟⑤,据上引《宋书·武帝纪上》"诛仲文及仲文二弟"的记载,推断殷道叔为殷仲文、叔文之弟。《晋书·桓

---

① 《晋书》卷一○《安帝纪》,第一册,第259页。
② 《元经》卷七:"(经)义熙三年春正月、二月,车骑将军刘裕来朝。刘裕杀殷仲文及其弟叔文、道叔并骆球。"((隋)王通撰,(唐)薛收传,(宋)阮逸注:《元经》,《景印文渊阁四库全书》史部六一"编年类",台湾商务印书馆1986年版,第三○三册,第923页)将"刘裕来朝"与诛杀殷仲文及骆球等人相联系,是有见地的。
③ 《宋书》卷一《武帝纪上》,第一册,第14页。
④ 《资治通鉴》卷一一四《晋纪三六》安帝义熙三年二月,第八册,第3595页。
⑤ 参见《晋书》卷九九《桓玄传附殷仲文传》,第八册,第2605页。

玄传》:"(义熙)三年,东阳太守殷仲文与永嘉太守骆球谋反,欲建桓胤为嗣,曹靖之、桓石松、卞承之、刘延祖等潜相交结,刘裕以次收斩之,并诛其家属。"①与桓氏家族有姻亲关系的陈郡殷氏,也是当时高门士族的代表人物,史称"仲文素有名望","仲文善属文,为世所重",颇得谢灵运称誉。虽然殷仲文在随桓玄西逃途中于巴陵"因奉二后投义军",但毕竟他是桓玄的姊夫,曾是桓玄统治集团的核心成员,刘裕不可能对他信任不二。"仲文素有名望,自谓必当朝政,又谢混之徒畴昔所轻者,并皆比肩,常怏怏不得志。忽迁为东阳太守,意弥不平。刘毅爱才好士,深相礼接,临当之郡,游宴弥日。"②显然,对刘毅已有戒心的刘裕对殷、刘二人的交结颇为警惕。何无忌时任右将军、持节、会稽内史、督江东五郡军事③,东阳郡即在其"所统"军事区之内④。在其上任之际,"仲文许当便道修谒,无忌故益钦迟之,令府中命文人殷阐、孔宁子之徒撰义构文,以俟其至"。然而仲文最终却失言"不过府","无忌疑其薄己,大怒,思中伤之",遂向刘裕进言,谓"桓胤、殷仲文乃腹心之疾"云云。"义熙三年,又以仲文与骆球等谋反,及其弟南蛮校尉叔文并伏诛。"⑤桓胤为桓彝曾孙、桓冲之孙,其父桓嗣为桓谦、桓脩之兄。《晋书·姚兴载记上》载"刘裕诛桓玄,迎复安帝"后,桓胤与桓谦等诸桓人物"奔于兴"。⑥ 不过桓胤逃亡后秦的记载仅系孤证,未

---

① 《晋书》卷九九《桓玄传》,第八册,第2603页。
② 《晋书》卷九九《桓玄传附殷仲文传》,第八册,第2605页。
③ 参见《晋书》卷八五《何无忌传》,第七册,第2215页。
④ 参见《资治通鉴》卷一一四《晋纪三六》安帝义熙三年二月条胡三省注,第八册,第3595页。
⑤ 《晋书》卷九九《桓玄传附殷仲文传》,第八册,第2605页。
⑥ 《晋书》卷一一七《姚兴载记上》,第一〇册,第2985页。按同书卷九九《桓玄传》:"后桓谦走入蜀,蜀贼谯纵以谦为荆州刺史,使率兵而下,荆楚之众多应

必可靠(见下)。① 曹靖之曾任桓玄大将军府从事中郎②,桓玄篡位后为楚朝吏部郎③,自属桓玄亲信。桓石松详情不可考,当为桓石虔(桓彝孙、桓豁子)之兄弟或从兄弟④。卞承之曾任楚朝秘书监⑤,当为桓玄腹心卞范之的兄弟,亦为桓玄亲信无疑。刘延祖不可考,推测原本亦为桓玄亲信。

义熙三年二月刘裕到建康"固辞新所除官",只不过是为了来到建康所找的借口而已,其真正目的还是"诣廷尉",督察司法机构并向其下达指示。毫无疑问,作为驻扎京口的刘裕府将骆冰,无论如何也不大可能与远在东阳任太守的殷仲文"潜相连结"。而当时桓胤正亡命后秦,骆冰再怎么愚蠢,也不会在刘裕眼皮底下做出"谋以胤为主"的荒唐之举。合理的解释应该是,刘裕只不过是找到了这样一个替死鬼,因为骆冰之父永嘉太守骆球曾任东阳郡史,在刘裕平定孙恩之乱时投诚而被擢用,骆冰入刘裕军府亦当基于这一层关系。永嘉与东阳为邻,时任东阳太守殷仲文为桓玄姊夫,正是刘裕要除掉的对象。也就是说,刘裕为了除掉殷仲文,捏造骆冰谋反并将其杀害,然后在其授意之下,廷尉寺以之为线索,

---

(接上页)之。谦至枝江,荆州刺史刘道规斩之,梁州刺史傅歆又斩桓石绥,桓氏遂灭。"(第八册,第2603页)据此,则桓谦并未逃往后秦国都长安,而应该是在晋、秦边境地带活动,既而归附谯纵蜀国。

① 按《晋书》卷一一七点校本校勘记〔七〕:"桓胤附《桓彝传》,称:桓玄败后,徙于新安。及东阳太守殷仲文、永嘉太守骆球等谋反,阴欲立胤为玄嗣,事觉伏诛。《桓玄传》末略同。是胤未尝奔秦,此误。"(第一〇册,第2990页)
② 参见《晋书》卷九九《桓玄传》,第八册,第2592页;《资治通鉴》卷一一三《晋纪三五》安帝元兴二年七月,第八册,第3552页。
③ 参见《晋书》卷八五《何无忌传》,第七册,第2214页。
④ 《晋书》卷七四《桓彝传附豁传》,第六册,第1943页。
⑤ 参见《晋书》卷九九《桓玄传》,第八册,第2597页;《资治通鉴》卷一一三《晋纪三五》安帝元兴三年正月,第八册,第3556页。

顺藤摸瓜破解了所谓"桓玄余党"的复辟阴谋。《宋书·五行志四》载义熙三年"骆球父环潜结桓胤、殷仲文等谋作乱"云云①，此与上引《宋书·武帝纪上》所载"骆冰谋作乱"被杀、"诛冰父永嘉太守球"的记载相矛盾。可见关于这次所谓谋反事件的起因存在不止一种传言，也从侧面透露了刘裕阵营为了清除所谓"桓玄余党"而捏造事实的痕迹。《建康实录·晋·安皇帝》：义熙"三年春二月，刘裕入朝。诛东阳太守殷仲文及弟叔文、道叔等三人"。"及府将骆冰谋反，下狱，遂令冰辞引仲文兄弟。刘裕以前党桓玄，因收之，并桓胤、卞承之等同下狱，伏诛。"②这一记载应该说比较接近历史真相。无论如何，刘裕此番入朝的最主要目的就是为了彻底消灭所谓"桓玄余党"。刘裕在就此决定作出指示后便离开建康，相关的处置应该是在他返回京口以后由廷尉寺实施的。

"骆冰谋反"自然也是莫须有之罪，刘裕谋划"骆冰谋反"事件的目的就是为了构陷桓胤以及殷仲文兄弟等原本与桓玄关系密切的人。扬州东阳太守"去京都水一千七百，陆同"；永嘉太守"去京都水二千八百，陆二千六百四十"；新安太守"去京都水一千八百六十，陆一千八百"。③ 东阳郡治与永嘉郡治水路相距一千一百里，陆路相距九百四十里，要进行联络并非易事，在永嘉任职的骆球与在京都任职的骆冰父子之间要进行联络以实施谋反之举无疑更是痴人说梦，绝无任何可能。刘裕将桓胤流放到新安郡，紧邻殷

---

① 《宋书》卷三三《五行志四》，第三册，第956页。又见《晋书》卷二七《五行志上》，第三册，第817页。
② （唐）许嵩撰，张忱石点校：《建康实录》卷一〇《晋下·安皇帝》，中华书局1986年版，上册，第328页。按《晋书》卷七五《王湛传附绥传》载桓"胤以从坐诛"云云（第七册，第1974页），亦可作为桓胤并未逃亡后秦、而是死于这次"谋反"事件的一个旁证。
③ 《宋书》卷三五《州郡志一》，第四册，第1035、1037页。

仲文任职的东阳郡,其目的应该就是为日后消灭二人找到合理借口。晋陵郡与南郡(江陵)相距不远,荆州(南郡太守)"去京都水三千三百八十",郢州竟陵太守"去州水一千四百,去京都水三千四百"。① 东南沿海的东阳、永嘉与长江中游的晋陵、江陵之间路途遥远,进行联络是完全不可能的,不仅府将骆冰在刘裕眼皮底下,南蛮校尉殷叔文也是在裕弟刘道规眼皮底下,进行谋反毫无胜算,无异于以卵击石,只能自取灭亡,此非正常人理可喻。因此,殷仲文等谋反被诛事件,完全是刘裕及其亲信为了清除"腹心之疾"而故意捏造的莫须有之罪,真可谓欲加之罪何患无辞。

《晋书·安帝纪》在记载"刘裕来朝"及"诛东阳太守殷仲文"之后接着记:"己丑,大赦,除酒禁。"②按:义熙三年二月无己丑,当为闰二月己丑(十九,4.12),"大赦,除酒禁"的法令应该是在诛杀殷仲文等之后为了缓和矛盾而采取的措施。上引《宋书·武帝纪上》将此次"谋反"载于义熙三年闰(二)月,显然比《晋书·安帝纪》载于二月更为准确,不过二月刘裕入朝时已就此事的处置做了指示,故将二事同时记载更能看出其间的关系。

值得注意的是,这次事件还将桓胤牵连进来了。如上所述,晋安帝"反正"后于刘毅控制区发布的大赦诏令中规定"惟桓氏不原",同时又"以桓冲忠于王室,特宥其孙胤"。据记载,当时桓胤并未随其叔父桓谦等逃亡后秦,而是在投降后被流放到东南沿海。《晋书·桓玄传》载刘裕阵营平定江陵当日,桓振与"谦等北走",

---

① 《宋书》卷三七《州郡志三》,第四册,第1117、1125页。按同书卷三五《州郡志一》,南徐州刺史下有竟陵太守,为侨郡。(第1040页)殷道叔所任当非南徐州之竟陵太守,而应该是在与其兄南蛮校尉殷叔文任职地江陵相毗邻的郢州竟陵郡。

② 《晋书》卷一〇《安帝纪》,第一册,第259页。

"安帝反正,大赦天下,唯逆党就戮,诏特免桓胤一人"。又讨平"其余拥众假号"者,"诏徙桓胤及诸党与于新安诸郡"。①《桓彝传附胤传》:"玄死,归降。诏曰:'夫善著则祚远,勋彰故事殊。以宣孟之忠,蒙后晋国;子文之德,世嗣获存。故太尉冲,昔藩陕西,忠诚王室。诸子染凶,自贻罪戮。念冲遗勤,用凄于怀。其孙胤宜见矜宥,以奖为善。可特全生命,徙于新安。'及东阳太守殷仲文、永嘉太守骆球等谋反,阴欲立胤为玄嗣,事觉,伏诛。"②

很显然,刘裕此番诛杀桓玄亲姻桓胤及殷仲文兄弟时采取了一石二鸟的策略,既除掉了仍在东晋任职的桓玄旧亲信集团成员,又废除了曾经由刘毅主导发布的特赦桓胤的晋安帝旧诏,以此断绝境内外桓氏残余及其潜在的支持者可能的复辟活动。在诛杀殷叔文后,担任荆州刺史的刘裕之弟刘道规顺理成章地接过了领护南蛮校尉之职,进一步掌控了荆州及其周边地域的军事统御权,使得刘裕对上流方镇的控制有了更大的保障。由此看来,刘裕诛杀桓胤及殷仲文等具有多重目的,并不仅仅在于一石二鸟。拥有巨大靠山和权力的刘道规对荆州的治理收到显著成效,史载其"善于为治,刑政明理,士民莫不畏而爱之"③。

第三节　加官晋爵,赏诸有功

刘裕出镇京口期间,除了谋划肃清所谓桓玄余党的行动外,还

---

① 《晋书》卷九九《桓玄传》,第八册,第2603页。《建康实录》卷一一《宋上·高祖武皇帝》:义熙元年"夏六月,宥桓胤于新安。胤祖冲有功于晋故也"。((唐)许嵩撰,张忱石点校:《建康实录》,中华书局1986年版,上册,第368页)
② 《晋书》卷七四《桓彝传附胤传》,第六册,第1953页。
③ 《宋书》卷五一《宗室·临川王道规传》,第五册,第1472页。

忘不了给自己谋取更大的政治地位和经济利益。义熙"二年三月，督交、广二州"①。如上所述，刘裕在攻占建康之初，于元兴三年三月被推为使持节、都督扬徐兖豫青冀幽并八州诸军事、领军将军、徐州刺史，接着在义军占领寻阳之后又加都督江州诸军事，同年十月又领青州刺史。到义熙元年三月晋安帝在建康复位之时，刘裕担任的官职是使持节、都督扬徐兖豫青冀幽并江九州诸军事、镇军将军、徐青二州刺史，诏"镇军可进位侍中、车骑将军、都督中外诸军事，使持节、徐青二州刺史如故"。此时晋安帝已经复位，匡复晋室的使命已经完成，作为实际上的最高统治者，刘裕一方面要加强其威权，另一方面还要防止社会舆论的攻击，遂采取了新的策略。"高祖固让。加录尚书事，又不受，屡请归藩。天子不许，遣百僚敦劝，又亲幸公第。高祖惶惧，诣阙陈请，天子不能夺。是月，旋镇丹徒。天子重遣大使敦劝，又不受。乃改授都督荆司梁益宁雍凉七州，并前十六州诸军事，本官如故。于是受命解青州，加领兖州刺史。"②

通过一再推让，既显示刘裕并不贪恋权位，其匡复晋室完全出于公义而非私心，以赢得更高的社会声望，同时还可以借此观察东晋朝臣对自己的拥护程度（智障晋安帝自可忽略不计），试探他们对其专权的真实态度和底线。不管怎样，到义熙二年四月刘裕的官职为镇军将军、使持节、都督扬徐兖豫青冀幽并江荆司梁益宁雍凉交广十八州诸军事、徐兖二州刺史，其所督之州几乎囊括了东晋境内所有的州，意味着全国各地的军事权力都已由刘裕掌控，以此显示他是当时东晋拥有最广泛权力的军事领导人，亦即最高军事统帅。当然，刘裕不可能具体掌管全国所有地区的军事事务，除了

---

① 《宋书》卷一《武帝纪上》，第一册，第13页。
② 《宋书》卷一《武帝纪上》，第一册，第13页。

其所领徐兖二州外,诸州郡的军事事务仍然由有实力的地方行政长官作为不同军区的都督实际掌管,如荆州刺史刘道规当时即担任都督荆宁秦梁雍六州司州之河南诸军事①,豫州刺史刘毅为都督豫州扬州之淮南历阳庐江安丰堂邑五郡诸军事②,江州刺史何无忌为都督江荆二州江夏随义阳绥安豫州西阳新蔡汝南颍川八郡军事③,青州刺史诸葛长民为都督青扬二州诸军事④。

当然,若仅仅给自己谋取权位显然并非明智之举,因此刘裕也没有忘记给同他一起创业的集团成员争取一定的政治地位和经济利益。义熙二年"冬十月,论匡复之功,封车骑将军刘裕为豫章郡公,抚军将军刘毅南平郡公,右将军何无忌安成郡公,自余封赏各有差"⑤。据下文所引《宋书》记载,当时刘裕所任军号仍为镇军将军,虽然此前就有以刘裕为车骑将军的任命,但他并未接受。刘裕和刘毅、何无忌是在推翻桓玄、匡复晋室的行动中功勋最著的三位领导人,他们所受封爵也就高出同侪之列。三人所封虽然均为郡公,但实际地位有所差别。⑥《建康实录·晋·安皇帝》:义熙十二

---

① 参见《宋书》卷五一《宗室·临川王道规传》,第五册,第1472页。
② 参见《晋书》卷八五《刘毅传》,第七册,第2207页。
③ 参见《晋书》卷八五《何无忌传》,第七册,第2215页。
④ 《晋书》卷八五《诸葛长民传》:义熙初,"进位使持节、督青扬二州诸军事、青州刺史,领晋陵太守,镇丹徒"。(第七册,第2212页)据同书卷二四《职官志》:"及晋受禅,都督诸军为上,监诸军次之,督诸军为下;使持节为上,持节次之,假节为下。"(第三册,第729页)则诸葛长民所任应为都督青扬二州诸军事。
⑤ 《晋书》卷一〇《安帝纪》,第一册,第259页。
⑥ 东晋末年此三郡经济状况不明,从《宋书·州郡志》所载户口数大体可以推知其概况。《宋书》卷三六《州郡志二》:江州豫章太守,"领县十二,户一万六千一百三十九,口一十二万二千五百七十三"。安成太守,"领县七,户六千一百一十六,口五万三百二十三"。(第四册,第1087、1090页)卷三七《州郡志三》:荆州南平内史,"领县四,户一万二千三百九十二,口四万五千七百四十九"。(第四册,第1118页)豫章为江州第一大郡,南平为荆州第三大郡。

年"冬十月,论匡复功,进封刘裕豫章公,邑万户;刘毅南平公,五千户;何无忌安成公、刘道规华容公,追封檀凭之曲江公,各三千户;孟昶临汝公、刘藩安陆公、诸葛长民新淦公、魏詠之江陵公,各二千五百户。余封赏并有差"①。对匡复晋室有功者的封赏,并非东晋朝廷主动所为,而是在刘裕的请求和安排之下实施的。

《宋书·武帝纪上》:

> (义熙二年)十月,高祖上言曰:"昔天祸皇室,巨狡纵篡,臣等义惟旧隶,豫蒙国恩,仰契信顺之符,俯厉人臣之愤,虽社稷之灵,抑亦事由众济。其翼奖忠勤之佐,文武毕力之士,敷执在己之谦,用亏国体之大。辄申摄众军先上,同谋起义,始平京口、广陵二城,臣及抚军将军毅等二百七十二人,并后赴义出都缘道大战,所余一千五百六十六人,又辅国将军长民、故给事中王元德等十人,合一千八百四十八人,乞正封赏。其西征众军,须论集续上。"于是尚书奏封唱义谋主镇军将军裕豫章郡公,食邑万户,赐绢三万匹。其余封赏各有差。镇军府佐吏,降故太傅谢安府一等。②

---

① 《建康实录》卷一〇《晋下·安皇帝》,上册,第327—328页。
② 《宋书》卷一《武帝纪上》,第一册,第13页。关于此次受封的记载比较零星,可考者有:何无忌,"以兴复之功,封安成郡开国公,食邑三千户"。(《晋书》卷八五《何无忌传》,第七册,第2215页)诸葛长民,"封新淦县公,食邑二千五百户。"(同书同卷,第2212页)刘裕弟刘道怜,"以义勋封新兴县五等侯"。(《宋书》卷五一《宗室·长沙王道怜传》,第五册,第1462页)刘道规,"以义勋封华容县公,食邑三千户"。(同上卷《临川王道规传》,第五册,第1472页)檀祗,"封西昌县侯,食邑千户"。(同书卷四七《檀祗传》,1416页)刘穆之,"以平桓玄功,封西华县五等子(?)"。(卷四二《刘穆之传》,第1304页)王弘,"高祖为镇军,召补谘议参军。以功封华容县五等侯"。(同上卷《王弘传》,第1312页)檀道济,"以建义勋,封吴兴县五等侯"。(卷四三《檀道济传》,第1341页)檀韶,"以平桓玄功,封巴丘县侯,食邑五百户"。(卷四五《檀韶传》,第1372页)向靖(弥),"以平京城功,封山阳县五等侯"。(同上卷《向靖传》,第1373页)

消灭桓玄及其支持者,东晋政权得以恢复,作为举义盟主的刘裕发挥的作用自是无人可比,刘裕所任官职、所封爵位高出其他举义同道,也就再正常不过了。然而,诚如刘裕所言,"事由众济",

---

(接上页)赵伦之(刘裕妻弟),"武帝起兵,以军功封闽中县五等侯"。(卷四六《赵伦之传》,第1389页)刘怀肃,"以义功封东兴县侯,食邑千户"。(卷四七《刘怀肃传》,第1404页)孟怀玉传,"豫义旗,从平京城,进定京邑。以功封鄱阳县侯,食邑千户"。(卷四七《孟怀玉传》,第1407页)其弟龙符,"既克京城,以龙符为建武参军",在进攻京师战斗中"并有功","参镇军军事,封平昌县五等子"。(第1408页)孙处,"高祖平定京邑,以为振武将军,封新夷县五等侯"。(卷四九《孙处传》,第1435页)蒯恩,"从平京城,进定京邑,以宁远将军领幢"。又随刘道规西讨有功,"封都乡侯"。(同上卷《蒯恩传》,第1436—1437页)刘钟为刘裕亲信故吏,先版为郡(彭城)主簿,"从入京城",领彭沛乡人义队"向京邑","恒在左右,连战皆捷","转镇军参军督护",又遣助豫州刺史魏詠之讨桓歆于历阳,"除南齐国内史,封安丘县五等侯"。(《刘钟传》,第1438页)虞丘进亦为刘裕亲信故吏,元兴"三年,从平京城,定京邑,除燕国内史。义熙二年,除龙骧将军,封龙川县五等侯"。(《虞丘进传》,第1441页)江夷,本为桓玄豫章王文学,"义旗建,高祖板为镇军行参军,寻参大司马琅邪王军事,转以公事免。顷之,复补主簿。豫讨桓玄功,封南郡州陵县五等侯"。(卷五三《江夷传》,第1525页)袁湛本为桓脩抚军长史,"义旗建,高祖以为镇军谘议参军","以从征功,封晋宁县五等男"。(卷五二《袁湛传》,第1497页)沈田子,"从高祖克京城,进平京邑,参镇军军事,封营道县五等侯"。(卷一〇〇《自序》,第八册,第2447页)对于在剿灭桓玄及其残余势力的战斗中牺牲或在封赏前已"卒于官"者,亦追封爵位。《宋书》卷四六《王懿(仲德)传》:"(兄)元德果敢有智略,武帝甚知之,告以义举,使于都下袭玄。……事泄,元德为玄所诛,仲德奔窜。……追赠元德给事中,封安复县侯。"(第五册,第1391页)《晋书》卷八五《檀凭之传》:义熙初,诏曰:"夫旌善纪功,有国之通典,没而不朽,节义之笃行。故冀州刺史檀凭之,忠烈果毅,亡身为国,既义敦其情,故临危授命。考诸心迹,古人无以远过,近者之赠,意犹恨焉。可加赠散骑常侍,本官如故。既陨身王事,亦宜追论封赏。可封曲阿县公,邑三千户。"(第七册,第2217页)同卷载魏詠之卒于"荆州刺史、持节、都督六州、领南蛮校尉"任上,"其后录其赞义之功,追封江陵县公,食邑二千五百户"。(第七册,第2218页)对于被动参与者似乎并未给予封赏,如原为桓脩抚军参军的朱龄石,"高祖克京城,以为建武参军",后"以为镇军参军,迁武康令,加宁远将军"(《宋书》卷四八《朱龄石传》,第五册,第1422页),但未见封其爵位的记载。

所谓众人拾柴火焰高,这是由追随他的成百上千同道经过浴血奋战才得以实现的。因此,理所应当在战后对他们的功勋加以褒奖,而当时东晋朝廷执政者似乎对此无动于衷,刘裕不得不亲自出马向朝廷上言,要求给包括他自己在内的一千八百四十八人进行封赏,当然作为实际掌控东晋大权的人物,刘裕深知必须对封赏的具体方案作出安排。值得注意的是,"镇军府佐吏,降故太傅谢安府一等"的决定,应该出自朝臣的决议。镇军将军为刘裕所任将军号,谢安为东晋指挥淝水之战的统帅,这一决定意味着对刘裕匡复晋室的行动所给予的总体评价,也就是说在建康朝廷执事大臣看来,刘裕推翻桓玄的功绩略低于谢安指挥淝水之战大败前秦的入侵而挽救东晋政权的功绩。无法判断刘裕对此决定的真实想法,但推测应该不会让刘裕十分满意。

在封赏的次月,"十一月,天子重申前令,加高祖侍中,进号车骑将军、开府仪同三司。固让。诏遣百僚敦劝"①。刘裕在一年半前出镇京口时拒绝了"加录尚书事"的任命,看来此次也没有接受任命。与以往一样,刘裕"固让"加官进号有两种可能,一是为了显示其不贪恋权位,一是为了试探朝廷大臣的底线。此外应该还有一种可能,就是所加之官、所进之号尚未达到其心理预期。当然,刘裕对于长期镇守京口的现状并非甘之如饴,一方面他有着比作权臣更大的政治抱负,另一方面远离建康朝廷而要长久控制朝政也是不太现实的。为了成就大业,在适当时机进入建康是刘裕及其亲信必然的选择。天遂人愿,没过多久时机就到来了。

---

① 《宋书》卷一《武帝纪上》,第一册,第13页。

第四节　博弈执政,入朝为相

义熙三年"十二月,司徒、录尚书、扬州刺史王谧薨"①。王谧时为朝中第一要臣,他在桓玄楚朝任至"中书监,加散骑常侍,领司徒","及裕破桓玄,谧以本官加侍中,领扬州刺史、录尚书事"。②据此,王谧临终前所任官职是侍中、中书监、司徒、录尚书事、扬州刺史,囊括了三省长官和扬州行政长官。也就是说,王谧和刘裕两人分别控制着东晋王朝的最高行政权和最高军事权,但就名分而言,王谧是宰相,而刘裕地位次之。《南史》卷三二《张邵传》:"及王谧为扬州,召邵补主簿。刘毅位居亚相,好士爱才,当世莫不辐凑,唯邵不往。亲故怪而问之,邵曰:'主公命世人杰,何烦多问。'刘穆之言于帝,帝益亲之,转太尉参军,署长流贼曹。"③按"亚相"意即其地位仅次于王谧,在当时只有刘裕可以当之,传文"爱才好士"及张邵"主公命世人杰"云云均属褒扬之词,显然不可能指后来被刘裕灭掉的刘毅。张邵所言"主公"即刘穆之所言之对象"帝",显然只能是刘裕,而绝不可能是刘毅。故传中"刘毅"必为"刘裕"之误。④ 表面上看,刘裕地位虽然低于王谧,但就实际权力

---

① 《宋书》卷一《武帝纪上》,第一册,第14页。参见同书卷二五《天文志三》,第三册,第731页;《晋书》卷一三《天文志下》,第二册,第383页。
② 《晋书》卷六五《王导传附孙谧传》,第六册,第1758—1759页。
③ (唐)李延寿撰:《南史》卷三二《张邵传》,中华书局1975年版,第三册,第823页。
④ 《宋书》卷四六《张邵传》:"王谧为扬州,召邵为主簿。刘毅为亚相,爱才好士,当世莫不辐凑,独劭不往。或问之,邵曰:'主公命世人杰,何烦多问。'刘穆之闻以白帝,益亲之,转太尉参军,署长流贼曹。"(第五册,第1393页)按:《宋书》北宋初已缺此卷,今本乃后人据《南史》及《高氏小史》所补,参见卷后郑穆校语及中华书局点校本"校勘记"〔一〕(第五册,第1400—1401页)。《资治通鉴》卷一一五《晋纪三七》义熙五年正月:"庚戌,以刘毅为卫将军、开府仪同

而言，自然是王谧听命于刘裕。在当时特殊的政局之下，行政权受制于军事权自无疑义。不过，若长期不在京师掌控最高行政权力，则刘裕所掌握的军权很有可能遭到削弱甚至完全丧失，这绝非危言耸听。

对急于再次回到建康的刘裕而言，王谧之死可谓天赐良机，刘裕与其潜在政敌之间为此展开了博弈。《宋书·刘穆之传》：

> 义熙三年，扬州刺史王谧薨，高祖次应入辅，刘毅等不欲高祖入，议以中领军谢混为扬州。或欲令高祖于丹徒领州，以内事付尚书仆射孟昶。遣尚书右丞皮沉以二议谘高祖。沉先见穆之，具说朝议。穆之伪起如厕，即密疏白高祖曰："皮沉始至，其言不可从。"高祖既见沉，且令出外，呼穆之问曰："卿云沉言不可从，其意何也？"穆之曰："昔晋朝失政，非复一日，加以桓玄篡夺，天命已移。公兴复皇祚，勋高万古。既有大功，便有大位。位大勋高，非可持久。公今日形势，岂得居谦自弱，遂为守蕃之将邪？刘、孟诸公，与公俱起布衣，共立大义，本欲匡主成勋，以取富贵耳。事有前后，故一时推功，非为委体心服，宿定臣主之分也。力敌势均，终相吞咀。扬州根本所系，不可假人。前者以授王谧，事出权道，岂是始终大计必宜若此而已哉。今若复以他授，便应受制于人。一失权柄，无

（接上页）三司。毅爱才好士，当世名流莫不辐凑，独扬州主簿吴郡张邵不往。或问之，邵曰：'主公命世人杰，何烦多问！'"胡三省注："刘裕领扬州，故称之为主公。"（第八册，第3611—3612页）司马光显然是注意到此一记载存在的矛盾，王谧为扬州刺史时刘毅在历阳担任豫州刺史，不可能以"亚相"目之，为了调和矛盾，故将史事时间移至刘毅担任卫将军、开府仪同三司之后，然其时王谧已死，担任扬州刺史者已是刘裕。张邵所谓"主公"为刘裕无疑，"何烦多问"的对象是刘裕，"辐凑"的对象当然也是刘裕，与刘毅何干！因此，"位居亚相，好士爱才"者也就非刘裕莫属。

由可得。而公功高勋重,不可直置,疑畏交加,异端互起,将来之危难,可不熟念。今朝议如此,宜相酬答,必云在我,厝辞又难。唯应云'神州治本,宰辅崇要,兴丧所阶,宜加详择。此事既大,非可悬论,便暂入朝,共尽同异'。公至京,彼必不敢越公更授余人明矣。"高祖从其言,由是入辅。①

按:刘穆之时为刘裕府主簿、记室、录事参军,领堂邑太守。《晋书·刘毅传》:"初,毅丁忧在家,及义旗初兴,遂墨绖从事。至是,军役渐宁,上表乞还京口,以终丧礼","不许"。"诏以毅为都督豫州扬州之淮南历阳庐江安丰堂邑五郡诸军事、豫州刺史,持节、将军、常侍如故,本府文武悉令西属。以匡复功,封南平郡开国公,兼都督宣城军事,给鼓吹一部。"②由此可见,在消灭桓玄及其残余势力后刘毅的目标是镇守京口,而其以服丧为由提出的请求却被刘裕否决了,这应该是刘裕在当时离开京师出镇京口的原因之一。

刘毅镇守历阳,而刘裕镇守京口,防范刘毅亦在其中。《晋书·刘毅传》又载:"初,桓玄于南州起斋,悉画盘龙于其上,号为盘龙斋。毅小字盘龙,至是,遂居之。"③看来刘毅有着与桓玄一样的政治抱负,刘裕对此必然会引起警觉。王谧死后关于其所任扬州刺史的继任人选,朝中执事大臣先征询了刘毅的意见,之后才向刘裕汇报。刘毅所掌豫州治所历阳"去京都水一百六十"④,而刘裕所掌南徐州治所京口"去京都水二百四十,陆二百"⑤,两地水陆相差八十里,朝中执事大臣先征询刘毅的意见或许与此有关。但

---

① 《宋书》卷四二《刘穆之传》,第五册,第1304—1305页。
② 《晋书》卷八五《刘毅传》,第七册,第2207页。
③ 《晋书》卷八五《刘毅传》,第七册,第2207页。
④ 参见《宋书》卷三六《州郡志二》,第四册,第1072页。
⑤ 参见《宋书》卷三五《州郡志一》,第四册,第1038页。

更主要的是，晋安帝兄弟是刘毅率军从桓玄残余势力手中解救出来的，刘毅与晋安帝之弟琅邪王德文关系显然更为亲近，他和谢混的关系似乎也非同一般。被刘毅等推荐继任扬州刺史的中领军谢混，也是当时排抑刘裕的关键人物。谢混为谢安之孙、谢琰之子，"少有美誉，善属文"，为晋孝武帝女晋陵公主之婿。"历中书令、中领军、尚书左仆射、领选。以党刘毅诛，国除。"谢混被誉为当时高门"风流"的代表人物。① 联系前述进行封赏时将刘裕军府佐吏的规格降低谢安府一个等级的决定，便可知负责禁卫军权和人事大权的中领军、尚书左仆射谢混（可能仍为中书令）在当时朝政决策中的影响力非同小可。②

《晋书·安帝纪》：义熙四年四月"甲午（？），加吏部尚书孟昶尚书左仆射"③。据此，则义熙三年十二月时孟昶尚未担任尚书仆射，应该是执政大臣拟议的孟昶即将担任的官职。孟昶是刘裕的建义亲信，为京口举义的核心成员，当初进攻京师时"以孟昶为长史，总摄后事"④。当时孟昶应该是以刘裕军府长史之职负责对京口的镇守，并未参与进攻建康的军事行动。其入京的时间难以确定，或在义军占领京师之后，亦有可能在刘裕离开建康时入朝任职，刘裕出镇京口期间孟昶所任官职除吏部尚书外还有丹阳尹⑤。

---

① 《晋书》卷七九《谢安传附混传》，第七册，第2079页。
② 按《建康实录》卷一〇《晋下·安皇帝》载谢混"累迁中书令、左仆射，领选部"（上册，第327页），是其同时担任中书令和尚书左仆射。
③ 《晋书》卷一〇《安帝纪》，第一册，第260页。按：是月无甲午，疑为甲子（初一，5.11）或甲申（廿一，5.31）之讹。《建康实录》卷一〇《晋下·安皇帝》作"丙午"（上册，第329页），然本月亦无丙午。
④ 《宋书》卷一《武帝纪上》，第一册，第8页。
⑤ 《宋书》卷一《武帝纪上》：义熙四年"三月，公抗表北讨，以丹阳尹孟昶监中军留府事"（第一册，第15页）。而据同书卷一六《礼志三》，晋安帝义熙二年六月孟昶已是丹阳尹。（第二册，第454页）

王谧死后,对其所任官职的继任者,朝中大臣的主张并不统一。一种是以一流高门陈郡谢氏的代表人物中领军谢混接任扬州刺史;一种是以刘裕接任扬州刺史,但不回到建康任职,而是仍在京口兼领,而王谧所主管的尚书省事务("内事")则交由尚书仆射孟昶负责。

按孟昶的资历,似乎不大可能让他接任录尚书事,也就是说录尚书事之职不再安排继任者,避免权臣担任录尚书事以控制朝政。不管哪一种主张,其目的都是一致的,就是防止刘裕利用王谧之死这一时机回到京师专制朝政,这应该反映了建康朝廷(当包括皇室、外戚及高门士族)强化皇权、削弱刘裕权力的企图。最值得注意的是,与刘裕一同举义的刘毅和孟昶不是为壮大刘裕的权势出谋划策,相反却站在了刘裕的对立面,成为反对刘裕入朝的代表人物,意味着举义集团内部已经分化,刘裕和刘毅的争权夺利趋于表面化。孟昶是举义集团中最具学识的人物,最初留守京口,继而入朝担任丹阳尹、吏部尚书,执掌京师行政和尚书人事权,数年间必定与皇室和担任朝官的高门士族人物建立了密切关系。刘毅在平定桓玄及其残余势力的斗争中建立了不朽功勋,力量和声望都得到了迅速壮大,大有出刘裕之右的趋势。而刘裕无论从出身还是资历来说原本并不比他们更占优势,正如刘穆之所言,他们与刘裕可谓"力敌势均",对于继续受制于刘裕甚至以后确立君臣关系,不一定心悦诚服。如果将刘裕势头压下去,由他们掌控东晋朝政甚至成为新朝之主也不是没有可能,尤其是刘毅显然有此意向。

当然,作为消灭桓玄匡复晋室的举义"盟主",刘裕在当时的声望和实力还是没有任何人能够挑战的,但这并不是说没有可乘之机,刘毅等人就想抓住任何可能的时机让刘裕作出误判并一步步削弱其权力。幸赖刘穆之及时识破其图谋,建议刘裕立即返回建康,以便接任王谧留下的官缺。王谧死于义熙三年十二月戊子

(廿三,408.2.5)①,次年正月甲辰(初九,2.21)"以琅邪王德文领司徒,车骑将军刘裕为扬州刺史、录尚书事"②。从王谧之死到刘裕入朝任职经过了十六天时间,双方的博弈即是在这一段时间展开的。王谧死后其所任司徒由皇弟司马德文接任,录尚书事、扬州刺史则由刘裕接任。司徒只是荣誉之职,并无多少实际权力,而录尚书事、扬州刺史则是最高行政官职,担任者即可名正言顺地控制朝政。③ 这样,刘裕在掌控军权的同时又将最高行政权据为己有,成为名存实亡的东晋王朝名副其实的最高统治者。

在刘穆之策划下,刘裕此次入朝任职乃是其登上权力之巅的非常关键的成功一步。不论如何,出镇京口期间,虽然朝中最高行政官职由王谧担任,但重大政事的决策权仍由刘裕掌控。对王谧而言刘裕有再造之恩,可以看作是刘裕行政决策的代言人。王谧死后,朝中执政大臣琅邪王德文、武陵王遵和谢混、孔安国等人试图联合举义领导层出身的刘毅、孟昶等人,通过让谢混和孟昶接任王谧原本所掌扬州和尚书省行政大权,以改变刘裕掌控朝政决策的局面。当时琅邪王德文为大司马,武陵王遵为太保,谢混为中书令,孔安国为尚书左仆射,孟昶为吏部尚书④,此诸人特别是吏部尚书孟昶可能对方案的提出发挥了重要作用。然而,刘裕心腹刘穆之及时识破了这一图谋,并引导刘裕迅速回到建康以威慑朝臣,从而将王谧所任最高行政官职录尚书事和扬州刺史揽于刘裕手中,而仅仅将具有象征性的司徒之职让与皇弟司马德文。

---

① 《资治通鉴》卷一一四《宋纪三六》安帝义熙三年十二月,第八册,第3604页。
② 《晋书》卷一〇《安帝纪》,第一册,第260页。
③ 《建康实录》卷一〇《晋下·安皇帝》:义熙"四年春正月甲辰,诏刘裕为扬州刺史,自丹徒入居东府辅政"。(上册,第329页)刘裕入朝任职"辅政"自无疑义,但其所任除扬州刺史外还有录尚书事这一更重要的官职。
④ 参见《晋书》卷一〇《安帝纪》,第一册,第260页。

第五节　打击皇室,总理军政

在肃清桓氏旧部残余的同时,刘裕也没有放过对东晋皇室成员的打击。义熙三年"秋七月戊戌朔(初一,8.19),日有蚀之。汝南王遵之有罪,伏诛"①。时距殷仲文等被诛还未逾半年时间。汝南王遵之为汝南王亮五世孙,"义熙初,梁州刺史刘稚谋反,推遵之为主,事泄,伏诛"②。史载因"殷仲文等谋作乱"及"刘雅谋反","凡所诛灭数十家"。③ 司马遵之所任官职不明,至少可以确定在当时他是宗室中有影响力的人物,此举除了削弱宗室力量外,还可以得到梁州的控制权,也具有一箭双雕之效。《资治通鉴》载晋安帝义熙三年十月,"梁州刺史刘稚反,刘毅遣将讨禽之"④。此与《晋书·安帝纪》所载时间有较大出入,未知孰是。看来处于南北政权交界地带的梁州刺史刘稚确曾有反叛之举,当时梁州属刘道规都督区(都督荆宁秦梁雍六州司州之河南诸军事),而非刘毅的都督区(都督豫州及扬州之淮南历阳庐江安丰宣城诸郡),刘毅遣将越界征讨梁州刺史刘稚似不合情理。《资治通鉴》的这一记载不仅时间与《晋书·安帝纪》有较大出入,事实原委也颇有疑问。从当时的权力架构推测,最具可能的仍然是,汝南王遵之和刘稚的命运应该是由刘裕做出最终决定的。

《晋书·天文志下》:"(义熙)三年十二月,司徒扬州刺史王谧

---

① 《晋书》卷一〇《安帝纪》,第一册,第260页。
② 《晋书》卷五九《汝南王亮传附遵之传》,第五册,第1594页。
③ 《宋书》卷三三《五行志四》,第三册,第956—957页;《晋书》卷二七《五行志上》,第三册,第817页。
④ 《资治通鉴》卷一一四《晋纪三六》安帝义熙二年十月,第八册,第3593页。

薨。四年正月，太保武陵王遵薨。三月，左仆射孔安国卒。自后政在刘裕，人主端拱而已。"①将王谧、武陵王遵和孔安国之死与刘裕获得至高无上的权力联系在一起，这是很有见地的认识。当然，即便不是"政在刘裕"，也会是"人主端拱而已"，因为智障的晋安帝只能作为摆设。刘裕不专权，将会是其他人专权，诸如司马氏宗室、高门士族或刘裕集团中的其他强势人物。如上所述，王谧之死为刘裕入朝担任最高行政长官提供了良机，而武陵王遵和孔安国之死使得刘裕专权更为方便。就在刘裕担任扬州刺史、录尚书事仅仅半个月之后，义熙四年正月"庚申（廿五，3.8），侍中、太保、武陵王遵薨"②。前已述及，武陵王遵（374—408）为晋元帝之孙、简文帝之侄，与晋安帝之父孝武帝为从兄弟③，是当时辈分最高的宗室近亲。在桓玄入朝前武陵王遵为中领军④，是掌握东晋朝廷核心权力的大臣之一。桓玄逃离建康后，"刘裕以武陵王遵摄万机，立行台，总百官"⑤，以承制名义代行刘裕的政令⑥。"安帝反正，更拜太保，加班剑二十人。"武陵王遵"少称聪慧"，也是当时人才凋零的东晋宗室中少有的具有执政才能的人。桓玄没有除掉武陵王遵，又因涛水破船而未能坚持将其送往被贬封地彭城，使得桓玄

---

① 《晋书》卷一三《天文志下》，第二册，第383页。
② 《晋书》卷一〇《安帝纪》，第一册，第260页。
③ 参见《晋书》卷九《孝武帝纪》，第一册，第236页。
④ 参见《晋书》卷六四《元四王·武陵王晞传附忠敬王遵传》，第六册，第1728页。
⑤ 《晋书》卷九九《桓玄传》，第八册，第2599页。
⑥ 《晋书》卷一〇《安帝纪》：元兴三年三月桓玄在抵御刘裕对京师的进攻中大败之后，"辛未（十四，4.9），桓玄逼帝西上。丙戌（廿九，4.24），密诏以幽逼于玄，万机虚旷，令武陵王遵依旧典，承制总百官行事，加侍中，余如故"。（第一册，第256页）卷六四《元四王·武陵王晞传附忠敬王遵传》："会义旗兴，复还国第。朝廷称受密诏，使遵总摄万机，加侍中、大将军，移入东宫，内外毕敬。迁转百官，称制书，又教称令书。"（第六册，第1728页）

挟持晋安帝西上后刘裕还可利用武陵王遵"承制",迅速复辟东晋王朝,组成战时政府,以实现其政治意志。

武陵王遵"承制"使得刘裕反对桓玄的斗争师出有名,成为复辟东晋王朝的"正义"战争,有利于争取统治阶级更为广泛的拥护和支持,对战争的顺利进行和局势的较快稳定发挥了重要作用。然而当晋安帝正式复位后,武陵王遵的历史使命也就结束了。不仅如此,"承制"经历反而成为其沉重的包袱,刘裕不但不会再重用他,而且还要处处防范他。武陵王遵死时年仅三十五岁,相关记载未显示他死于非命,应该是因病而亡。① 不过,其死亡距刘裕入朝担任最高行政长官仅过半个月时间,且在此前发生过朝廷大臣与刘毅勾结欲排抑刘裕的图谋,武陵王遵作为晋安帝复位前的临时君主——"承制",虽然是受制于刘裕的傀儡,但毕竟还是宗室中最具威望的人物,也是原东晋统治集团中最具号召力的人物,故其死亡不排除为刘裕加害的可能性。退一步说,即便是自然死亡,恐怕也是在巨大的精神压力下郁郁而终。无论如何,曾经"承制"摄政的武陵王遵的存在,对刘裕掌控东晋最高权力是一个潜在的不利因素,推断其死于刘裕的阴谋当非空穴来风。武陵王遵兄梁王璯之孙珍之,"桓玄篡位,国人孔朴奉珍之奔于寿阳。桓玄败,珍之归朝廷"。"累迁游击将军、左卫、太常。刘裕伐姚泓,请为谘议参军。裕将弱王室,诬其罪害之。"② 削弱乃至彻底消灭东晋司马氏家族的力量,不仅是为刘裕将来篡位铺平道路,也是为其子孙

---

① 参见《晋书》卷六四《元四王·武陵王晞传附忠敬王遵传》,第六册,第 1728 页。
② 《晋书》卷六四《元四王·梁王璯传附珍之传》,第六册,第 1728 页。同书卷三八《宣五王·梁王肜传附珍之传》:"桓玄篡位,国臣孔璞奉珍之奔于寿阳,义熙初乃归,累迁左卫将军、太常卿。刘裕伐姚泓,请为谘议参军,为裕所害,国除。"(第四册,第 1129 页)

后代着想的万全之策。

义熙四年"夏四月,散骑常侍、尚书左仆射孔安国卒。甲午(初一,6.10),加吏部尚书孟昶尚书左仆射"。① 按:孔安国为会稽山阴人,其父孔愉(268—342)为东晋开国功臣,是东晋初年吴姓大族的代表人物之一,曾任尚书右仆射、左仆射、仆射及护军将军、领军将军等要职②。安国兄汪,"好学有志行,孝武帝时位至侍中"。③ 孔安国"年小诸兄三十余岁","以儒素显"。"孝武帝时甚蒙礼遇,仕历侍中、太常。""再为会稽内史,领军将军。""后历尚书左、右仆射。"④由此可见,在刘裕出镇京口期间,建康朝廷协助录尚书事王谧负责尚书省事务的主要是孔安国(尚书右仆射→左仆射)和孟昶(吏部尚书)。王谧死后刘裕入朝接任录尚书事,孔安国死后孟昶接任尚书左仆射,同时其所任吏部尚书并未被罢免⑤。此时,作为最高行政机构的尚书省完全由举义集团成员所掌控,改变了原来主要由高门士族成员担任尚书省长官的局面。

桓玄败灭晋室复,刘裕避让镇京口。

---

① 《晋书》卷一〇《安帝纪》,第一册,第260页。
② 参见《晋书》卷七八《孔愉传》,第七册,第2052—2053页。
③ 《晋书》卷七八《孔愉传附子汪传》,第七册,第2053页。
④ 《晋书》卷七八《孔愉传附子安国传》,第七册,第2054页。关于孔安国的任职情况,散见于史籍者有:晋孝武帝"太元十三年(388),召孔安国为侍中",当时其官爵为"尚书、安众男"(《晋书》卷二〇《礼志中》,第三册,第645页)。晋安帝隆安四年(400),孝武太皇太后李氏崩,孔安国时任尚书(同上卷,第624页;卷三二《后妃下·孝武文李太后传》,第四册,第982页)。隆安五年六月孙恩进攻丹徒(京口)、京师时孔安国正在担任领军将军。义熙二年(406)十月(十一月)"乙亥(初三,11.29),以左将军孔安国为尚书左仆射"。(卷一〇《安帝纪》,第一册,第259页)
⑤ 《建康实录》卷一〇《晋下·安皇帝》:义熙四年"夏四月丙午,进孟昶尚书左仆射,仍领吏部尚书"。(上册,第329页)

京口乡里举义处,遥控建康得兼顾。
建康朝廷有逆流,权力之巅谋去裕。
琅邪武陵并谢孔,刘毅孟昶共间构。
同乡智士刘穆之,入幕裕府申奇谋。
王谧死后裕入朝,扬州刺史录尚书。

第六章 北伐南燕,占领青齐

北伐慕容燕,青齐地归南。
六朝疆域最,是举开其端。

第一节 建功立业,欲上层楼

义熙三年底王谧死后刘裕入朝,并在次年初担任最高行政长官,从而独揽了东晋王朝的最高军政大权,成为南方政权实际上的最高统治者。虽然刘裕入朝受到原举义同志刘毅和孟昶的阻挠,但刘裕并未立即对他们实施报复,而是继续予以笼络。孟昶于义熙四年四月孔安国死后接任尚书左仆射,义熙五年正月"庚戌(廿一,2.21),以抚军将军刘毅为卫将军、开府仪同三司,加辅国将军何无忌镇南将军"[①]。时任宁朔将军、武陵内史的檀祗,义熙"五年,入为中书侍郎"[②],也应该是在义熙五年正月和刘毅、何无忌加官同时任命的。若刘裕在当时与刘毅和孟昶公开决裂,其独自掌

---

① (唐)房玄龄等撰:《晋书》卷一〇《安帝纪》,中华书局1974年版,第一册,第260页。同书卷八五《何无忌传》:"义熙二年,迁都督江荆二州江夏随义阳绥安豫州西阳新蔡汝南颍川八郡军事、江州刺史,(辅国)将军、持节如故。……增督司州之弘农扬州之松滋,加散骑侍郎,进镇南将军。"(第七册,第2215—2216页)

② (梁)沈约撰:《宋书》卷四七《檀祗传》,中华书局1974年版,第五册,第1416页。

控局面还有一定的难度。义熙"五年(409)春正月辛卯(初二,2.2),大赦"①,显示刘裕当时对内采取的基本方针是缓和矛盾,这是其对待刘毅和孟昶态度的政治基础。还有一点,刘裕认识到要树立绝对的权威仍有不少工作要做,还必须依靠刘毅和孟昶等人的大力支持。

  刘裕在不久前发动的征蜀之役并不顺利,而当时北方地区仍然处在分裂割据局面之中,若通过北伐消灭北方胡族政权,既可消除其对南方政权的边境骚扰,更主要的是,若能趁机实现南北统一,刘裕的威望势必大涨,到时自然无人可与之争衡,则篡位建立新王朝便不会有什么障碍,并且新生的刘氏政权将不再是南方区域政权,而是一个比肩秦汉的强大帝国。《宋书》卷四八"史臣曰":"高祖无周世累仁之基,欲力征以君四海,实须外积武功,以收天下人望。止欲挂旆龙门,折冲冀、赵,跨功桓氏,取高昔人,地未辟于东晋,威独振于江南,然后可以变国情,慊民志,抚归运而膺宝策。"②沈约有关刘裕发动北伐目的之论断颇有见地,在他看来,由于宋武帝刘裕并无深厚的家族基础做后盾,必须通过对外战争积累显赫武功,才能够得到全社会各阶层的认可,从而赢得广泛的支持。当然,最重要的还是要得到以高门士族为主体的统治阶级的支持,在此基础上称帝建国才有可能获得成功。李延寿在沈约的基础上对此做了进一步申论,《南史》卷一六"论曰":"宋武帝崛起布衣,非藉人誉,一旦驱率乌合,奄兴霸绪,功虽有余而德犹未洽。非树奇功于难立,震大威于四海,则不能成配天之业,一异同之心。故须外积武功,以收人望。及金墉请吏,元勋既立,心欲挂

---

① 《晋书》卷一〇《安帝纪》,第一册,第260页。
② 《宋书》,第五册,第1431—1432页。

旆龙门,折冲冀、赵,跨功桓氏,取高昔人。方复观兵崤、渭,陈师天险。及灵威薄震,重关自辟,故知英算所包,先胜而后战也。"①

谢景仁(裕)时为刘裕车骑司马。"义熙五年,高祖以内难既宁,思弘外略,将伐鲜卑。朝议皆谓不可。刘毅时镇姑孰,固止高祖,以为:'苻坚侵境,谢太傅犹不自行。宰相远出,倾动根本。'"②看来刘毅与"朝议"完全一致,可以认为反对刘裕北伐的"朝议"体现了刘毅的政治主张。刘毅以淝水之战时谢安的表现相比附,自然与刘裕的想法背道而驰。一个是被迫抵抗,属于防御作战;一个是主动征伐,属于进攻作战。谢安虽然也拥有很大权力,但并未超出宰相的权力界限,且其从未有谋大位的非分之想。刘裕则不同,虽然名为东晋宰相,但所掌握的权力早已超越臣权的限度,实与君权无二,且其目标就是奔向帝位,北伐南燕也是为此积累资本。刘毅将刘裕与谢安相比附,显然只把他当宰相身份看待,而不是尊崇以"君"道,并且话外之音是谢安比刘裕高人一筹。倒是亲近刘裕的高门士族人物谢景仁的话道出了刘裕的心声,景仁独曰:"公建桓、文之烈,应天人之心。匡复皇祚,芟夷奸逆。虽业高振古,而德刑未孚。宜推亡固存,广树威略。鲜卑密迩疆甸,屡犯边垂,伐罪吊民,于是乎在。平定之后,养锐息徒,然后观兵洛汭,修复园寝。岂有坐长寇虏,纵敌贻患者哉!"对此"高祖纳之"。③通过谢景仁的言辞不难看出,他是把刘裕当帝王来看待的,这与刘毅的说法形成了鲜明的对比。正因如此,在刘裕北伐时便对谢景仁委以重任,令其控制皇弟司马德文。"及北伐,大司马琅邪王,天子母弟,属当储副,高祖深以根本为忧,转景仁为大司马左司马,专总府任,右

---

① (唐)李延寿撰:《南史》,中华书局1975年版,第二册,第470页。
② 《宋书》卷五二《谢景仁传》,第五册,第1494页。
③ 《宋书》卷五二《谢景仁传》,第五册,第1494页。

卫将军,加给事中,又迁吏部尚书。时从兄混为左仆射,依制不得相临,高祖启依仆射王彪之、尚书王劭前例,不解职。"①

无论如何,刘裕虽然于消灭桓氏、兴复晋室建立了不朽功勋,但在当时仍然不具备篡位的条件,而要顺利实现其政治雄心,还必须建立新的功业。当时北方正处于四分五裂的状态下,通过北伐各个击破,是有可能实现统一大计的,这是东晋时期任何一位当政权臣都没有做到的事。若此,则其地位和功业将会超过桓温、谢安等前代名臣,不仅不会再出现"镇军府佐吏,降故太傅谢安府一等"的局面,而且其地位将会高出他所尊敬的太傅谢安而跃升为东晋历史地位最高的人,届时建立刘氏天下将会是水到渠成。

在此前消灭桓玄及其残余势力的战斗中,刘裕作为盟主,头功自应记在他名下。而就具体的战争进程来看,在占领京口、广陵和进攻建康的战斗中,刘裕的功绩位居第一自不待说,但刘毅发挥的作用也很大,可以说仅略次于刘裕。在其后追剿桓玄及桓氏余部的战斗中,刘裕在朝留守,负责总体指挥,但前线的冲锋陷阵则是由刘毅担任总指挥的,所发挥的实际作用应该更大。尽管刘毅一直未能获得和刘裕完全等同的崇高地位,但其战功却是可以和刘裕并驾齐驱的,甚至就其内心而言对刘裕也是不服气的。这一点,刘裕心里十分清楚,而王谧死后关于扬州刺史继任人选的建议更明确地表现出刘毅的这种心理。也就是说,在举义集团内部刘裕还不能达到让全体成员心服口服的地步,其独尊地位也是有可能受到挑战的。刘裕非常需要通过对外战争来证明其更加卓越的军事才能,当然通过战争的胜利可以更进一步壮大其军事实力,使得其掌控的军权具有更坚实的基础。

① 《宋书》卷五二《谢景仁传》,第五册,第1494页。

第二节　慕容南燕，危机四伏

晋安帝隆安二年(398)，鲜卑慕容德在滑台(今河南滑县城关镇)建立政权，两年后于广固"即皇帝位"，"改元为建平"。① 这样，新成立的南燕政权与东晋的东北边境接壤，其后江南地区政争的失败者便把南燕作为逃亡的目的地之一。数年后桓玄篡位时，"冀州刺史刘轨、襄城太守司马休之、征虏将军刘敬宣、广陵相高雅之、江都长张诞并内不自安，皆奔于(慕容)德"②。投奔南燕后，"刘轨为德司空，大被委任"，不愿再回到南方，而刘敬宣则谋划南归之计。晋安帝元兴三年(404)，刘敬宣等"结青州大姓诸崔、封，并要鲜卑大帅免逵，谋灭德，推休之为主，克日垂发"。高雅之"欲要轨"，敬宣谓"不可告"，雅之不从，"遂告轨，轨果不从。谋颇泄，相与杀轨而去。至淮、泗间，会高祖平京口，手书召敬宣"，"即便驰还。既至京师，以敬宣为辅国将军、晋陵太守，袭封武冈县男"。③ 南燕国境虽然不大，但因为实行全民皆兵的体制，拥有"步兵三十七万，车一万七千乘，铁骑五万三千"④，其军事实力不容小觑。尽管如此，南燕仍是北方地区的弱国，其国力无法与占据关陇地区的羌族姚氏后秦政权以及占据河北和塞上的拓拔鲜卑北魏政权相比。

---

① 《晋书》卷一二七《慕容德载记》，第一〇册，第3168页。
② 《晋书》卷一二七《慕容德载记》，第一〇册，第3171页。
③ 《宋书》卷四七《刘敬宣传》，第五册，第1411页。按："崔、封"，本卷及《南史》卷一七并作"省、封"，《册府元龟》卷七五八《总录部·忠一》作"崔"（（宋）王钦若等编：《册府元龟》，中华书局1960年版，第一〇册，第9019页），中华书局点校本据此改"省、封"为"崔、封"。参见《宋书》卷四七"校勘记"〔一二〕，第五册，第1419页；《南史》卷一七"校勘记"〔一〕，第二册，第491页。
④ 《晋书》卷一二七《慕容德载记》，第一〇册，第3172页。

晋安帝义熙元年(405),七十岁的南燕献武帝慕容德驾崩,其兄子慕容超继位,"改元曰太上"。① 慕容超即位后难以完全驾驭局势,统治集团内部矛盾重重,斗争不断。斗争失败者或遭镇压,或投奔北魏、后秦,严重削弱了南燕的统治基础。慕容德无子,出生并在关中羌区长大的兄子慕容超来到广固后即被立为太子,在慕容德死后即位称帝。而与慕容德一同从后燕河北地区逃亡青齐并协助其建立南燕政权的鲜卑王公贵族,对于慕容超的统治并非心悦诚服,伺机密谋造反,慕容超则希望利用统治集团内部矛盾来加强皇权,进一步激化了统治集团之间的对立。最初是镇守兖州的慕容法(征南、都督徐兖扬南兖四州诸军事)"与慕容钟(青州牧,本为都督中外诸军、录尚书事)、段宏(徐州刺史,外戚)等谋反"。慕容超征钟入朝,"钟称疾不赴,于是收其党侍中慕容统、右卫慕容根、散骑常侍段封诛之,车裂仆射封嵩于东门之外"。随之"西中郎将封融奔于魏",不久段宏、慕容法亦投奔北魏,慕容凝、慕容钟并投奔后秦。此外,镇西大将军余郁为封融所杀。之后"百僚杜口,莫敢开言"。"其时,公孙五楼为侍中、尚书、领左卫将军,专总朝政,兄归为冠军、常山公,叔父颓为武卫、兴乐公。五楼宗亲皆夹辅左右,王公内外无不惮之。"慕容超出生于关陇羌人地区并在当地长大,其称帝时母妻还在后秦控制区,为了使她们来到自己身边,慕容超派遣使臣出使并向后秦称藩。②

处在大国夹缝中的南燕,原本就面临着强大的外部压力,统治集团内部的矛盾斗争又严重削弱了其统治基础。意想不到的是,人祸之后天灾接踵而至。《晋书·慕容超载记》义熙三年(407)纪

---

① 《晋书》卷一二七《慕容德载记》,第一〇册,第3172页;卷一二八《慕容超载记》,第一〇册,第3176页。
② 以上参见《晋书》卷一二八《慕容超载记》,第一〇册,第3175—3180页。

事后云:"是岁,广固地震,天齐水涌,井水溢,女水竭,河济冻合,而渑水不冰。"①这次地震看来规模不小,应该是郯庐断裂带山东段一次高震级的地震。同书《五行志下》:"义熙四年正月壬子(十七,2.29)夜,地震有声。十月癸亥(初三,11.6),地震。五年正月戊戌(初九,2.9)夜,寻阳地震,有声如雷。……八年,自正月至四月,南康、庐陵地四震。……十年三月戊寅(十九,4.24),地震。"②从《慕容超载记》的记载来看,广固地震发生于冬季,不排除即为《五行志下》所载义熙四年正月壬子夜地震的可能性。③ 不管怎样,郯庐断裂带在当时正处于地震比较活跃的阶段。

广固地震对南燕统治区的社会生活必定有很大的消极影响,加剧了慕容超的统治危机。为了转移视线,掠夺人口,慕容超发动了侵略东晋东北边地的冒险行动。战前领军韩𧨳认为,"不可结怨南邻,广树仇隙"。但慕容超却一意孤行,"于是遣其将斛谷提、公孙归等率骑寇宿豫,陷之,执阳平太守刘千载、济阴太守徐阮,大掠而去"。"又遣公孙归等率骑三千入寇济南,执太守赵元,略男女千余人而去。"④辅国将军诸葛长民时为"督淮北诸军事,镇山

---

① 《晋书》卷一二八《慕容超载记》,第一〇册,第3180页。
② 《晋书》卷二九《五行志下》,第三册,第897—898页。又见《宋书》卷三四《五行志五》,第三册,第996页。
③ 《资治通鉴》卷一一四《晋纪三六》安帝义熙四年十一月:"南燕汝(女)水竭;河冻皆合,而渑水不冰。"胡三省注:"《水经注》:渑水出营城东,西北流入时水。营城即临淄城。时水通有渑水之名,亦谓之时渑。时水东北入淄水,淄水又东北合浊水,浊水东北流迳广固城西,浊水亦或通名之为渑水。"((宋)司马光编著,(元)胡三省音注,"标点资治通鉴小组"校点:《资治通鉴》,中华书局1956年版,第八册,第3610页)按:南燕"汝(女)水竭"等现象乃是与广固地震相关联而出现的,并非孤立的现象。
④ 《晋书》卷一二八《慕容超载记》,第一〇册,第3180—3181页。同书卷一〇《安帝纪》:义熙五年"二月,慕容超将慕容兴宗寇宿豫,阳平太守刘千载、南阳太守赵元并为贼所执"。(第一册,第261页)按:赵元为济南太守,而非南阳太守。

阳。义熙初,慕容超寇下邳,长民遣部将徐琰击走之"①。刘裕之弟龙骧将军刘道怜,义熙"四年,代诸葛长民为并州刺史、义昌太守"。"时鲜卑侵逼,自彭城以南,民皆保聚,山阳、淮阴诸戍,并不复立。道怜请据彭城,以渐修创,朝议以彭城县远,使镇山阳。进号征虏将军、督淮北军郡事、北东海太守,并州刺史、义昌太守如故。"②按"山阳太守,晋安帝义熙中土断分广陵立","去京都水五百,陆同"。③

第三节 刘裕北伐,大兵压境

南燕的侵扰为刘裕的北伐提供了借口,正可谓适逢其会。《宋书·武帝纪上》:"初,伪燕王鲜卑慕容德僭号于青州,德死,兄子超袭位,前后屡为边患。(义熙)五年二月,大掠淮北,执阳平太守刘千载、济南太守赵元,驱略千余家。三月,公抗表北讨,以丹阳尹孟昶监中军留府事。四月,舟师发京都,溯淮入泗。五月,至下邳,留船舰辎重,步军进琅邪。所过皆筑城留守。鲜卑梁父、莒城二戍并奔走。"④当慕容超得知刘裕即将率领东晋大军北上入侵的消息后,立即引见群臣商议对策,公孙五楼认为:

---

① 《晋书》卷八五《诸葛长民传》,第七册,第2212页。
② 《宋书》卷五一《宗室·长沙王道怜传》,第五册,第1462页。
③ 《宋书》卷三五《州郡志一》"南兖州刺史"条,第四册,第1055页。
④ 《宋书》卷一《武帝纪上》,第一册,第15页。《晋书》卷一〇《安帝纪》:"三月乙亥(己亥:十一,4.11),大雪,平地数尺。车骑将军刘裕帅师伐慕容超。夏六月丙寅(初九,7.7),震于太庙。刘裕大破慕容超于临朐。"(第一册,第261页)按:义熙五年三月无乙亥,据《宋书·武帝纪上》推测,三月当作二月,而"车骑将军刘裕帅师伐慕容超"前漏四月干支。刘裕决定北伐当在三月中下旬,而其率军从建康出发当在四月初。

吴兵轻果,所利在战,初锋勇锐,不可争也。宜据大岘,使不得入,旷日延时,沮其锐气。可徐简精骑二千,循海而南,绝其粮运,别敕段晖率兖州之军,缘山东下。腹背击之,上策也。各命守宰,依险自固,校其资储之外,余悉焚荡,芟除粟苗,使敌无所资。坚壁清野,以待其衅,中策也。纵贼入岘,出城逆战,下策也。

慕容镇亦认为"阻守大岘,策之上也"。慕容超否决了公孙五楼的上、中策而决定以下策迎敌,虽有贺赖卢及慕容镇坚决反对却无济于事,当此危难关头慕容超甚至还"收镇下狱"。①

　　北伐前夕东晋内部也有人认为,刘裕北伐时南燕将会采取"坚守广固,刈粟清野,以绝三军之资"的战略,到时"非唯难以有功,将不能自反"。而刘裕却对北伐成功信心满满,胸有成竹,他说:"我揣之熟矣。鲜卑贪,不及远计,进利克获,退惜粟苗。谓我孤军远入,不能持久,不过进据临朐,退守广固。我一得入岘,则人无退心,驱必死之众,向怀贰之虏,何忧不克?彼不能清野固守,为诸君保之。"②在作出"纵贼入岘,出城逆战"的决定后,慕容超"乃摄莒、梁父二戍,修城隍,简士马,畜锐以待之"。③刘裕的判断可谓神机妙算,慕容超的决策正中其下怀。"刘裕过大岘,燕兵不出。裕举手指天,喜形于色。左右曰:'公未见敌而先喜,何也?'

---

① 《晋书》卷一二八《慕容超载记》,第一〇册,第3181—3182页。
② 《宋书》卷一《武帝纪上》,第一册,第15页。按:《南史》卷一《宋本纪上·武帝纪》载此,文字有较大差异:"初谋是役,议者以为:'贼若严守大岘,军无所资,何能自反?'帝曰:'不然。鲜卑性贪,略不及远,既幸其胜,且爱其谷,必将引我,且亦轻战。师一入岘,吾何患焉!'"(第一册,第9页)《太平御览》卷二九一《兵部二二·料敌下》引《宋书》同此。((宋)李昉等撰:《太平御览》,中华书局1960年版,第二册,第1344页)
③ 《晋书》卷一二八《慕容超载记》,第一〇册,第3182页。

裕曰:'兵已过险,士有必死之志;余粮栖亩,人无匮乏之忧。虏已入吾掌中矣。'"①刘裕率领的北伐军在没有遇到任何抵抗的情况下即越过大岘之险,而其最不希望的坚壁清野却并未出现,燕人没有芟除禾苗,也就为东晋北伐军提供了便利的粮草供应。②料敌如神,未交战即入其彀中,怎能不令刘裕大喜过望!

"六月己巳(十二,7.10),裕至东莞。超先遣公孙五楼、贺赖卢及左将军段晖等将步骑五万屯临朐;闻晋兵入岘,自将步骑四万往就之,使五楼帅骑进据巨蔑水。"③按:巨蔑水距临朐城四十里④。慕容超使公孙五楼"进据巨蔑水",其如意算盘是使晋军在到达时无水可用,从而丧失战斗力,到时也就不得不撤退。"五楼驰骑据之",而"刘裕前驱将军孟龙符已至川源,五楼战败而返"。⑤慕容超阻断北伐大军水源的计划未能实现。慕容超"既闻大军至,留羸老守广固,乃悉出"⑥。刘裕前驱将军孟龙符为京口举义元勋孟

---

① 《资治通鉴》卷一一五《晋纪三七》安帝义熙五年五月,第八册,第3616页。按:此条史源当本自《南史》卷一《宋本纪上·武帝纪》,第一册,第9页。
② 军粮对于北伐是否能够成功具有关键作用,可从五十多年前桓温北伐窥见一斑。《晋书》卷九八《桓温传》:"初,温恃麦熟,取以为军资,而健芟苗清野,军粮不属,收三千余口而还。"(第八册,第2571页)《太平御览》卷三〇九《兵部四〇·战中》引《晋中兴书》曰:"兵帅(氏帅)苻健以五千人守长安小城,时运道艰难,而关中大饥,温率众还。"(第二册,第1421页)桓温北伐军已"进至霸上",长安城就在眼前,然而却因军粮补给无着,不得不抱憾撤军,真可谓功败垂成!又如义熙三年刘敬宣伐蜀,终因相持时间太长而无进展,"食粮尽,军中多疾疫,死者太半,引军还"。战前周祗反对发动西征之役,其所提理由即包括:"益土荒残,野无青草";"千里馈粮,士有饥色"。(《宋书》卷四七《刘敬宣传》,第五册,第1413页)没有充足的军粮供给,就不会有战争的胜利,其重要性可想而知。
③ 《资治通鉴》卷一一五《晋纪三七》安帝义熙五年六月,第八册,第3616页。又可参见《晋书》卷一二八《慕容超载记》,第一〇册,第3182页。
④ 《宋书》卷一《武帝纪上》,第一册,第15页。
⑤ 《晋书》卷一二八《慕容超载记》,第一〇册,第3182页。
⑥ 《宋书》卷一《武帝纪上》,第一册,第15页。

怀玉之弟,在推翻桓玄及剿灭桓氏残余势力的战斗中战功显赫,后"除建威将军、东海太守",与刘裕弟道怜率军北上,成功抵抗北魏军队对彭、沛的侵扰。①"高祖伐广固,以龙符为车骑参军,加龙骧将军、广川太守,统步骑为前锋。军达临朐,与贼争水,龙符单骑冲突,应手破散,即据水源,贼遂退走。龙符乘胜奔逐,后骑不及,贼数千骑围绕攻之,龙符奋稍接战,每一合辄杀数人,众寡不敌,遂见害,时年三十三。"②沈田子为参镇军军事,"义熙五年,高祖北伐鲜卑,田子领偏师,与龙骧将军孟龙符为前锋。慕容超屯临朐以距大军,龙符战没,田子力战破之"③。刘裕亲信刘钟时为车骑长史、兼行参军,"从征广固,孟龙符陷没,钟率左右直入,取其尸而反。除振武将军、中兵参军,代龙符领广川太守"④。孟龙符率领晋军在与公孙五楼所率燕军争夺巨蔑水源的战斗中取得了胜利,但不幸的是他在追击燕军时临阵死亡,成为此次北伐之役战死的第一位高级将领。

由于晋军占据了巨蔑水源,后顾之忧得以解除,在接下来的战斗中便能够一往无前,从而取得辉煌战果。《宋书·武帝纪上》记载其后的战斗云:

众军步进,有车四千两,分车为两翼,方轨徐行,车悉张幔,御者执稍。又以轻骑为游军。军令严肃,行伍齐整。未及临朐数里,贼铁骑万余,前后交至。公命兖州刺史刘藩、弟并

---

① 《宋书》卷四七《孟怀玉传附弟龙符传》,第五册,第1408页。关于刘道怜与孟龙符抗击北魏南侵,又可参见《宋书》卷五一《宗室·长沙王道怜传》,第五册,第1461页;《资治通鉴》卷一一四《晋纪三六》安帝义熙元年六月,第八册,第3585页。
② 《宋书》卷四七《孟怀玉传附弟龙符传》,第五册,第1408页。
③ 《宋书》卷一〇〇《自序》,第八册,第2447页。
④ 《宋书》卷四九《刘钟传》,第五册,第1439页。

州刺史道怜、谘议参军刘敬宣、陶延寿、参军刘怀玉、慎仲道、索邈等,齐力击之。日向昃,公遣谘议参军檀韶直趋临朐。韶率建威将军向弥、参军胡藩驰往,即日陷城,斩其牙旗,悉虏超辎重。超闻临朐已拔,引众走。公亲鼓之,贼乃大奔。超遁还广固。获超马、伪辇、玉玺、豹尾等,送于京师。斩其大将段晖等十余人,其余斩获千计。①

由于公孙五楼在与孟龙符争夺水源的战斗中失利,使得慕容超阻断晋军水源的计划成为泡影,而慕容超未能接受公孙五楼坚壁清野(焚荡多余资储、芟除田野粟苗)的方略,使得盛夏时节到达的晋军可以轻而易举地获得充足的粮草供应,后勤补给无虞,即使长途劳顿,也能够迅速恢复体力,从而发挥强大的战斗力。

刘裕部下将士有不少来自淮北,也有人此前曾在淮北与北方军队交战,对于当地的气候条件颇为适应。夏季也是需要装备最少的时节,对于来自南方的士兵而言,可以说是最舒适的季节。刘裕北伐军占据着天时地利人和,焉有不胜之理! 就将领而言,南燕方面不仅作为统帅的皇帝慕容超没有指挥过什么战斗,军事经验和才能都十分欠缺,而且公孙五楼等将领的实战能力似乎也非常有限;而东晋统帅刘裕的军事才能之卓越自不待言,其部将几乎全都拥有丰富的作战经验,在近年剿灭桓玄及其残余势力的战斗中得到了充分的锻炼。

刘藩为刘毅从弟,自京口、广陵举义以来即是刘裕集团的重要将领②。刘裕中弟道怜自然也是刘裕集团的重要成员,曾率军在淮北抵御北魏南侵,又曾戍守石头城数年,北伐前其官职为征虏将

---

① 《宋书》卷一《武帝纪上》,第一册,第16页。
② 参见《宋书》卷一《武帝纪上》,第一册,第7页;《晋书》卷八五《刘毅传》,第七册,第2207页。

军、督淮北军郡事、北东海太守(并州刺史、义昌太守如故),其镇守地当在山阳①。桓玄篡位之际陶延寿正在担任长沙相②,后遣其辅国府参军何承天"通敬于高祖(刘裕)"③。刘怀玉应该是不久前才投降到刘裕阵营的,《宋书·刘钟传》:"司马叔璠与彭城刘谧、刘怀玉等自蕃城攻邹山,鲁郡太守徐邕失守,钟率军讨平之。"④此事是在不到一年前发生的,同书《天文志三》:义熙四年"七月,司马国璠等攻没邹山,鲁郡太守徐邕破走之"⑤。慎仲道仅见于上引《宋书·武帝纪上》的记载,其具体情况不详。数年前剿灭桓玄残余势力时,宁远将军索邈在建威将军刘怀肃率领下,于江陵沙桥与"自号荆州刺史"的桓振交战⑥。北伐之后任淮陵内史,参与抵抗并剿灭卢循、徐道覆的战斗⑦,义熙九年任至梁州刺史⑧。檀韶为京口举义元勋,时为刘裕中军谘议参军、宁朔将军,"从征广固,率向弥、胡藩等五十人攻临朐城,克之"⑨。向弥即向靖,也

---

① 《晋书》卷一四《地理志上》:"安帝分广陵郡之建陵、临江、如皋、宁海、蒲涛五县置山阳郡,属南兖州。"(第二册,第420页)《宋书》卷三五《州郡志一·南兖州》:"山阳太守,晋安帝义熙中土断分广陵立。……《永初郡国》属徐州。领县四,户二千八百一十四,口二万二千四百六十七。去州水三百,陆同。去京都水五百,陆同。山阳令,射阳县境,地名山阳,与郡俱立。"(第四册,第1055页)
② 《晋书》卷九九《桓玄传》,第八册,第2593页。
③ 《宋书》卷六四《何承天传》,第六册,第1702页。按:本传作"长沙公陶延寿",不确。
④ 《宋书》卷四九《刘钟传》,第五册,第1438页。
⑤ 《宋书》卷二五《天文志三》,第三册,第732页。又见《晋书》卷一三《天文志下》,第二册,第384页。
⑥ 《晋书》卷七四《桓振传》,第六册,第1945页。
⑦ 参见《宋书》卷一《武帝纪上》,第一册,第20页。
⑧ 参见《宋书》卷七八《萧思话传》,第七册,第2013页;卷九八《略阳清水氏杨氏传》,第八册,第2405页;《资治通鉴》卷一一六《晋纪三八》义熙九年十一月,第八册,第3663页。
⑨ 《宋书》卷四五《檀韶传》,第五册,第1372页。

是京口举义元勋,时任建武将军、秦郡太守、北陈留内史。"从征鲜卑,大战于临朐,累月不决。弥与檀韶等分军自间道攻临朐城。弥擐甲先登,即时溃陷,斩其牙旗,贼遂奔走。攻拔广固,弥又先登。"① 豫章南昌人胡藩本为桓玄亲信,参玄后军军事,转参太尉、大将军、相国军事,桓玄被推翻后为员外散骑侍郎、参刘裕镇军军事。"从征鲜卑,贼屯聚临朐",胡藩向刘裕进言:"贼屯军城外,留守必寡,今往取其城,而斩其旗帜,此韩信所以克赵也。"刘裕"乃遣檀韶与藩等潜往,既至,即克其城"。②

值得特别提出的是,曾在南燕流亡的刘敬宣也参与了这次北伐。义熙"五年,高祖伐鲜卑,除中军谘议参军,加冠军将军。从至临朐,慕容超出军距战,敬宣与兖州刺史刘藩等奋击,大破之。龙骧将军孟龙符战没,敬宣并领其众,围广固,屡献规略"。刘敬宣自南燕返国并投靠刘裕,先被任命为辅国将军、晋陵太守,不久迁任建威将军、江州刺史,"敬宣既至江州,课集军粮,搜召舟乘,军戎要用,常有储拟。故西征诸军,虽失利退据,因之每即振复"。又讨破自号江州刺史的桓玄兄子桓亮对豫章及其所遣将符宏对庐陵的寇掠。后"除冠军将军、宣城内史、襄城太守"。③ 刘敬宣对南燕各方面的状况有切身感受,与南燕君臣多有熟识④,刘裕带着他北伐显然有以之顾问参谋之意。此外,刘敬宣虽然在义熙三年假

---

① 《宋书》卷四五《向靖传》,第五册,第1374页。按:本传载其所任将军号为建武将军,与本纪所载建威将军有异,《资治通鉴》卷一一五《晋纪三七》义熙五年六月同宋本纪(第八册,第3617页)。

② 《宋书》卷五〇《胡藩传》,第五册,第1444页。参见《南史》卷一七《胡藩传》,第二册,第487页;《资治通鉴》卷一一五《晋纪三七》义熙五年六月,第八册,第3617页。

③ 参见《宋书》卷四七《刘敬宣传》,第五册,第1414、1412页。

④ 《晋书》卷一二八《慕容超载记》载其被俘后"神色自若,一无所言,惟以母托刘敬宣而已"(第一〇册,第3184页),表明他与刘敬宣颇为熟悉。

节、监征蜀诸军事"率众五千伐蜀"时无功而返,但毕竟与蜀将谯道福等"相持六十余日,大小十余战"①,有不少战斗经验和教训。此次北伐与征蜀有一定相似性,刘敬宣征蜀失败是因为未能迅速突破,长时间的战斗使得"食粮尽,军中多疾疫,死者太半",这种教训亦可供刘裕北伐时吸取。出身琅邪王氏的王诞时为刘裕太尉长史,"尽心归奉,日夜不懈,高祖甚委仗之。北伐广固,领齐郡太守"②。王诞是一位有谋略的人,刘裕带着他北伐显然意在让其出谋划策。

第四节　攻克广固,一举灭燕

《晋书·慕容超载记》:"檀韶率锐卒攻破临朐,超大惧,单骑奔段晖于城南。晖众又战败,裕军人斩晖。超又奔还广固,徙郭内人入保小城,使其尚书郎张纲乞师于姚兴。赦慕容镇,进录尚书、都督中外诸军事。"亡国在即,慕容超"引见群臣",就如何救亡图存征求群臣意见。慕容镇提出,当时后秦"自有内难,恐不暇分兵救人,正当更决一战,以争天命"。"今散卒还者,犹有数万,可悉出金帛、宫女,饵令一战。""不可闭门,坐受围击"。③ 张纲的乞师恐怕只是望梅止渴,完全没有把握,当务之急乃是用金帛和宫女作为诱饵,集合数万散兵游勇决一死战。事实并不乐观,虽有数万散卒,但他们已不愿再为南燕政权卖命,慕容镇之议无疑是绝望之中的孤注一掷,只不过是画饼充饥,显然并非什么高见,万一不成功,则唯有死路一条。司徒慕容惠提出,还是应该向宗主国后秦"乞

---

① 《宋书》卷四七《刘敬宣传》,第五册,第1414页。
② 《宋书》卷五二《王诞传》,第五册,第1492页。
③ 《晋书》卷一二八《慕容超载记》,第一〇册,第3182页。

援,以济时艰",并建议派遣更有地位和影响的官员出使,他推荐汉人尚书令韩范(领军韩諆之兄)作为使臣。慕容惠的建议被慕容超所接受,"于是遣范与王蒲乞师于姚兴"。①

然而,次日东晋北伐军便已抵达南燕京师广固城下,"丙子(十九,7.17),克其大城"。慕容"超退保小城,于是设长围守之,围高三丈,外穿三重堑。停江淮转输,馆谷于齐土。抚纳降附,华戎欢悦,援才授爵,因而任之"。② 此记载表明,北伐军之前的补给来自江淮本土的转输,而在进占南燕部分国土后,刘裕下令停止江淮转输,改以从青齐当地征发,这样有利于更快地做好北伐军的补给,同时还可削弱南燕的经济实力。由此也可以看出,慕容超此前未采取坚壁清野的方略以阻挡刘裕的北伐,无疑是犯了致命的战略错误。广固城坚固险要,易守难攻。《水经注·淄水》:"(广固)城在广县西北四里,四周绝涧,阻水深隍。晋永嘉中,东莱人曹嶷所造也。"③有地利可恃,这或许也是导致慕容超作出错误决策的一个因素。南燕尚书郎张纲"有巧思","乞师于姚兴",无功而返。"纲从长安还,泰山太守申宣执送之,乃升纲于楼车,以示城内,城内莫不失色。于是使纲大治攻具。"④其时,南燕"右仆射张华、中丞封恺并为裕军所获。裕令华、恺与超书,劝令早降。超乃遗裕书,请为藩臣,以大岘为界,并献马千匹,以通和好,裕弗许。江南继兵相寻而至。尚书张俊自长安还,又降于裕"⑤。

---

① 《晋书》卷一二八《慕容超载记》,第一〇册,第3183页。据《资治通鉴》卷一一五《晋纪三七》义熙五年六月,王蒲时任南燕长水校尉。(第八册,第3620页)
② 《宋书》卷一《武帝纪上》,第一册,第16页。
③ (北魏)郦道元著,陈桥驿校证:《水经注校证》卷二六《淄水》,中华书局2007年版,第623页。
④ 《宋书》卷一《武帝纪上》,第一册,第16页。
⑤ 《晋书》卷一二八《慕容超载记》,第一〇册,第3183页。

对于困守广固孤城的南燕君臣而言,形势变得越来越不利,时"河北居民荷戈负粮至者,日以千数"①。很显然,刘裕"馆谷于齐土"的指令得到了当地民众的响应,表明南燕政权的群众基础正在丧失。张俊向刘裕献计:"今燕人所以固守者,外杖韩范,冀得秦援。范既时望,又与姚兴旧昵,若勃勃败后,秦必救燕,宜密信诱范,啖以重利,范来则燕人绝望,自然降矣。"刘裕接受其建议,遂"表范为散骑常侍,遗范书以招之"。韩范"会得裕书,遂降于裕"。② 这样,南燕最有影响的汉人大臣多已投降刘裕,而慕容鲜卑贵族仍在坚持,对他们来说战争的成败不仅关乎南燕政权的存亡,同时也可以说这是慕容鲜卑部族的生存之战。韩范出使长安,后秦国君姚兴最初答应出兵救援南燕,派"姚强率步骑一万,随范就其将姚绍于洛阳,并兵来援"。然而后秦自身正面临着外敌入侵的严峻形势,不可能继续做损己利人之事,"会赫连勃勃大破秦军,兴追强还长安"。至此,后秦救援的希望化为泡影,而韩范又投降刘裕,"裕将范循城,由是人情离骇,无复固志"。③

　　尽管如此,广固小城仍然坚如磐石,从义熙五年六月一直坚守到次年初,时"城中男女患脚弱病者太半"。"张纲为裕造冲车,覆以版屋,蒙之以皮,并设诸奇巧,城上火石弓矢无所施用;又为飞楼、悬梯、木幔之属,遥临城上。超大怒,悬其母而支解之。城中出降者相继。裕四面进攻,杀伤甚众,悦寿遂开门以纳王师。"④《宋先朝故事》曰:"慕容超大将垣遵逾城归顺,高祖使遵等治攻城橦车,筑长围高三丈,外三重堑。"周迁《舆服杂事》曰:"轒辒,今之橦

---

① 《宋书》卷一《武帝纪上》,第一册,第16页。
② 《晋书》卷一二八《慕容超载记》,第一〇册,第3183页。
③ 《晋书》卷一二八《慕容超载记》,第一〇册,第3183页。
④ 《晋书》卷一二八《慕容超载记》,第一〇册,第3184页。

车也。其下四轮，从中权之，至敌城下。"①按《册府元龟·国史部·采撰》："刘通会为北徐州主簿，撰《先朝故事》二十卷。"②《先朝故事》当即《宋先朝故事》，刘通会当为刘道会之讹③，其人不详，应为刘宋时人。据此，则北伐军进攻广固城的橦车是由垣遵等南燕降人所造，未知此与张纲所造冲车是否为同一物。垣遵为略阳桓道人，似为氐族，在后燕任尚书之职，投降后刘裕"以为太尉行参军"，宋文帝时任至员外散骑常侍。④

然而，经过逾半年时间的顽强坚守，后燕京师广固最终还是成了刘裕的囊中之物。《晋书·安帝纪》："义熙六年春二月丁亥（初五，3.25），刘裕攻慕容超，克之，齐地悉平。"⑤《宋书·武帝纪上》：义熙"六年二月丁亥，屠广固。（慕容）超逾城走，征虏贼曹乔胥获之。杀其王公以下，纳口万余，马二千匹，送超京师，斩于建康市"⑥。《资治通鉴》载刘裕攻克广固灭亡南燕之事曰：

（义熙）六年春正月甲寅朔，南燕主超登天门（胡注：天

---

① 《太平御览》卷三三六《兵部六七·攻具上》，第二册，第1544页。
② 《册府元龟》卷五五五《国史部·采撰》，第三册，第6364页。
③ 《隋书》卷三三《经籍志二》："《晋起居注》三百一十七卷，宋北徐州主簿刘道会撰。"（（唐）魏徵、令狐德棻撰：《隋书》，中华书局1973年版，第四册，第965页）《旧唐书》卷四六《经籍志上》："《先朝故事》二十卷，刘道撰。"（（后晋）刘昫等撰：《旧唐书》，中华书局1975年版，第六册，第1999页）
④ 《宋书》卷五〇《垣护之传》，第五册，第1448页。
⑤ 《晋书》卷一〇《安帝纪》，第一册，第261页。
⑥ 《宋书》卷一《武帝纪上》，第一册，第17页。又同书卷五一《宗室·长沙王道怜传》："从高祖征广固，常为军锋。及城陷，慕容超率亲兵突围走，道怜所部获之。（第五册，第1462页）按《太平御览》卷三二六《兵部五七·擒获下》引《三十六国春秋》："丁亥，中军刘裕悉众攻燕。众咸谏曰：'今往亡日，兵家所忌。'裕曰：'我往，彼亡，吉孰大焉。'乃命悉登，遂克之。燕王慕容超走，追获焉。裕责之不降之罪，超神色自若，无余言，唯以母托刘敬宣而已。萧方等曰：'美哉，其言也。以言必己亲，终不忘孝，可谓人之将死，其言也善，信乎！'"（第二册，第1498页）

门,广固内城南门也。)朝群臣于城上。乙卯,超与宠姬魏夫人登城,见晋兵之盛,握手对泣。

(二月)丁亥,刘裕悉众攻城。……悦寿开门纳晋师,超与左右数十骑逾城突围出走,追获之。裕数以不降之罪,超神色自若,一无所言,惟以母托刘敬宣而已。裕忿广固久不下,欲尽坑之,以妻女赏将士。韩范谏曰:"晋室南迁,中原鼎沸,士民无援,强则附之。既为君臣,必须为之尽力。彼皆衣冠旧族,先帝遗民,今王师吊伐,而尽坑之,使安所归乎!窃恐西北之人,无复来苏之望矣。"裕改容谢之,然犹斩王公以下三千人,没入家口万余,夷其城隍,送超诣建康,斩之。①

刘裕残酷屠杀手无寸铁的南燕投降官贵,其暴虐无道,自需受到强烈谴责。司马光谓其"恣行屠戮,以快忿心",属于"虽有智勇而无仁义"者之流。② 不论如何,以青齐地域为国境的南燕领土归入东晋版图,这为后来南朝政权与北魏政权的对抗提供了非常重要的基地,对南朝汉人政权的生存具有至关重要的意义。

※脚弱病是魏晋南北朝时期比较常见的疾病种类。《隋书·经籍志三》:"梁有《徐叔向疗脚弱杂方》八卷,《徐方伯辨脚弱方》一卷。"③《旧唐书·王世充传》:"世充屯兵不散,仓粟日尽,城中人相食。或握土置瓮中,用水淘汰,沙石沉下,取其上浮泥,投以米屑,作饼饵而食之,人皆体肿而脚弱,枕倚于道路。其尚书郎卢君业、郭子高等皆死于沟壑。"④与唐军围困王世充于洛阳城后出现的情况类似,南燕广固城被围多时后出现的脚弱病大流行,其实就

---

① 《资治通鉴》卷一一五《晋纪三七》,第八册,第3625—3627页。
② 《资治通鉴》卷一一五《晋纪三七》,第八册,第3627页。
③ 《隋书》卷三四《经籍志三·子部》,第四册,第1042页。
④ 《旧唐书》卷五四《王世充传》,第七册,第2233页。

是饥寒交迫状况下人们饥不择食和营养不良等所引发的中毒和虚脱症状。《备急千金要方·胆腑方·髓虚实第四》:"天门冬大煎。治男子五劳七伤,八风十二痹,伤中六极。"其"五骨极","则肢节厥逆,黄疸消渴,痈疽妄发,重病浮肿,如水病状"。"骨极则伤肾,伤肾则短气不可久立","甚者多遭风毒,四肢顽痹,手足浮肿,名曰脚弱,一名脚气。医所不治。"①《本草纲目·草之六·毒草类》"茵芋"条:"疗久风湿,走四肢,脚弱。(《别录》)治男子女人软脚毒风,拘急挛痛,一切冷风,筋骨怯弱羸颤。"《菜之二·柔滑类》"菠薐"(菠菜)条:"士良曰:微毒。多食令人脚弱,发腰痛,动冷气。"②《鳞之三·鱼类》"青鱼"条:"主治脚气湿痹。同韭白煮,治脚气脚弱烦闷,益气力。"③众所熟知,若多食菠菜,则会因摄入草酸过量而导致钙流失过多,此类脚弱即由严重缺钙所致。同样,饥饿过度所致营养不良也会使包括钙在内的人体所需各种营养素严重缺乏,导致浮肿脚弱等综合病症。广固围城经历了夏、秋、冬、春四季,特别是围城中后期经过了整个秋季和冬季,严重的营养不良,加上风寒湿痹的侵袭,使得守城官兵和民众多半患上了脚弱病,战斗力尽失,束手就擒也就不足为奇了。

---

① (唐)孙思邈撰,(宋)高保衡、林亿校正:《备急千金要方》卷三八《胆腑方·髓虚实第四》,《景印文渊阁四库全书》子部四一"医家类",台湾商务印书馆1986年版,第七三五册,第 387—388 页。又可参见(宋)董汲《脚气治法总要》卷上,《景印文渊阁四库全书》子部四四"医家类",第七三八册,第 423—424 页。

② (明)李时珍撰:《本草纲目》卷一七《草之六·毒草类》、卷二七《菜之二·柔滑类》,《景印文渊阁四库全书》子部七九"医家类",第七七三册,第 311、550 页。

③ (明)李时珍撰:《本草纲目》卷四四《鳞之三·鱼类》,《景印文渊阁四库全书》子部八〇"医家类",第七七四册,第 284 页。

东晋偏安近百年,北伐壮举不少见。
劳而无功走过场,未见疆域尺土增。
慕容鲜卑有后燕,河北立国称雄强。
一朝亡于拓跋魏,遗逬四散求图存。
渡河青齐号南燕,东晋北边尝寇侵。
刘裕北伐出奇兵,青齐地域归江东。

第七章　卢循进逼,建康孤危

卢循反广州,北寇复东进。

巨舰顺流下,大兵石头临。

第一节　卢循再反,北寇江州

消灭南燕占领青齐地域后,刘裕原本还曾考虑趁热打铁,剑指河洛,进一步扩大战果。然而,就在其占领广固小城之际,传来了孙恩余部卢循率军从广州进军北上的消息,刘裕不得不迅即挥师南下,日夜兼程赶回建康。卢循为孙恩妹夫①,是当年孙恩叛乱的重要领导人。晋安帝隆安四年(400)孙恩进攻京师建康时,卢循于六月"陷广陵,死者三千余人"②,可见其具有较强的军事才能。卢循比孙恩的政治眼光更胜一筹,"恩性酷忍,循每谏止之,人士多赖以济免"。孙恩死后,"余众推循为主"。元兴二年(403)正月和八月,卢循先后进攻东阳和永嘉。"刘裕讨循至晋安,循窘急,泛海到番禺。寇广州,逐刺史吴隐之,自摄州事,号平南将军,遣使献贡。"③

---

① (唐)房玄龄等撰:《晋书》卷一〇〇《卢循传》,中华书局1974年版,第八册,第2634页。
② 《晋书》卷一〇《安帝纪》,第一册,第253页。
③ 《晋书》卷一〇〇《卢循传》,第八册,第2634页。

卢循攻占广州是在其于浙江败退一年余之后,元兴三年"冬十月,卢循寇广州,刺史吴隐之为循所败,执始兴相阮腆之而还"①。关于卢循攻克广州的情况,《晋书·吴隐之传》有较具体的记载:"隆安(397—401)中,以隐之为龙骧将军、广州刺史、假节、领平越中郎将。""及卢循寇南海,隐之率厉将士,固守弥时,长子旷之战没。循攻击百有余日,逾城放火,焚烧三千余家,死者万余人,城遂陷。隐之携家累出,欲奔还都,为循所得。循表朝廷,以隐之党附桓玄,宜加裁戮,诏不许。刘裕与循书,令遣隐之还,久方得反。"②按吴隐之得以返回建康的前提是,卢循接受了东晋朝廷的招安,史载义熙元年三月"卢循浮海破广州,获刺史吴隐之。即以循为广州刺史,以其同党徐道覆为始兴相"③。由此看来,这支五斗米道反叛武装的实力在孙恩自杀后在较短时间内便得到了恢复,足见其在东南沿海地域影响力之大。当时刘裕阵营与桓玄残余势力之间的战斗尚未完全结束,故对卢循侵占广州也就无暇顾及,于是承认其暂时对岭南的控制,"时朝廷新诛桓氏,中外多虞,乃权假循征虏将军、广州刺史、平越中郎将"④。卢循尊奉建康朝廷为中央政府,也就是承认刘裕在江南政权的领导地位⑤,以换取对其在岭南治权的认可。此后五六年间,卢循集团和建康朝廷之间相安无事。

---

① 《晋书》卷一〇《安帝纪》,第一册,第257页。
② 《晋书》卷九〇《良吏·吴隐之传》,第八册,第2341—2342页。
③ (梁)沈约撰:《宋书》卷一《武帝纪上》,中华书局1974年版,第一册,第13页。
④ 《晋书》卷一〇〇《卢循传》,第八册,第2634页。
⑤ 《建康实录》卷一〇《晋下·安皇帝》:义熙元年"夏四月戊辰(十七,5.31),刘裕旋镇京口,帝饯于东堂。壬申(廿一,6.4),以卢循为平越中郎将、广州刺史。循遣使遗刘裕益智粽子,裕答以续命汤"。((唐)许嵩撰,张忱石点校:《建康实录》,中华书局1986年版,第327页)此又见于(宋)李昉等撰《太平御览》卷八五一《饮食部九》"稯"条引《晋书》,中华书局1960年版,第四册,第3804页。

然而，自孙恩打起反晋旗号以来，入主建康朝廷以建立五斗米道徒组成的中央政府，一直都是他们挥之不去的梦想。不仅如此，随着刘裕对江南地区控制力的加强，卢循集团感到其在岭南的"独立王国"不久将会难以为继，为了避免权力被削夺，身家性命遭受威胁，遂决定趁刘裕北伐南燕、京师建康守备虚弱之机，倾巢出动发起快速的军事行动，若能一举拿下建康，即可使局势发生根本扭转。卢循将北上夺取建康作为其既定目标，从而实现继承孙恩遗志，完成推翻建康东晋政权的大业。其选择刘裕北伐之时发动进攻，表明当时在京师有五斗米道信徒作为线人通风报信，不排除就是上文已提及的吴兴沈氏家族成员的可能性。

义熙六年（410）二月，"广州刺史卢循反，寇江州"①。《晋书·卢循传》对此次反叛的前因后果有具体记载：

> 义熙中，刘裕伐慕容超，循所署始兴太守徐道覆，循之姊夫也，使人劝循乘虚而出，循不从。道覆乃至番禺，说循曰："朝廷恒以君为腹心之疾，刘公未有旋日，不乘此机而保一日之安，若平齐之后，刘公自率众至豫章，遣锐师过岭，虽复君之神武，必不能当也。今日之机，万不可失。既克都邑，刘裕虽还，无能为也。君若不同，便当率始兴之众直指寻阳。"循甚不乐此举，无以夺其计，乃从之。初，道覆密欲装舟舰，乃使人伐船材于南康山，伪云将下都货之。后称力少不能得致，即于郡贱卖之，价减数倍，居人贪贱，卖衣物而市之。赣石水急，出船甚难，皆储之。如是者数四，故船版大积，而百姓弗之疑。及道覆举兵，案卖券而取之，无得隐匿者，乃并力装之，旬日而办。遂举众寇南康、庐陵、豫章诸郡，守相皆委任奔走。镇南

---

① 《晋书》卷一〇《安帝纪》，第一册，第261页。

将军何无忌率众距之,兵败被害。①

由此可见,这次反叛的主谋实为卢循姊夫徐道覆,他在此前即进行了充分准备,而卢循是在徐道覆的劝说甚至胁迫下被动举兵。卢循似乎比较安于称霸岭南的现状,而徐道覆却远未满足于仅仅担任一郡太守,他有着更大的目标,若这次军事行动获得成功,便可以入朝坐上宰辅之位,与当下所任官职相比可谓天壤之别。广州始兴郡(国)紧邻江州南康郡(国)②,自始兴沿珠江上源干流东江北(东北)上,转道赣水上源豫章水即可直达南康郡,自南康沿赣水北(东北)上依次可达庐陵、豫章郡。因兵力悬殊且事发突然,叛军所到江州各郡长官毫无招架之力,纷纷弃守逃亡。被叛军杀害的何无忌是刘裕集团最重要成员之一,时任镇南将军、都督江州荆州江夏随义阳绥安豫州西阳新蔡汝南颍川司州弘农扬州松滋十郡军事、江州刺史③。

豫章"去州水六百,陆三百五十"④,与州治寻阳距离甚近。叛军占领豫章之后,沿赣水下游即可迅速到达赣水入长江口之江州治所寻阳。卢循叛军的先头部队即为驻扎始兴的徐道覆所率舟师,史载"卢循遣别帅徐道覆顺流而下,舟舰皆重楼"。当是时,江州刺史何"无忌将率众距之",其长史邓潜之表示反对,他说:"国家之计,在此一举。闻其舟舰大盛,势若上流。""宜决破南塘,守二城以待之,其必不敢舍我远下。蓄力俟其疲老,然后击之。"然

---

① 《晋书》卷一〇〇《卢循传》,第八册,第2634—2635页。
② 时任南康相郭澄之,《晋书》卷八五《诸葛长民传》:其后不久,青州刺史诸葛长民上表曰:"妖贼集船伐木,而南康相郭澄之隐蔽经年,又深相保明,屡欺无忌,罪合斩刑。"(第七册,第2212页)
③ 《晋书》卷八五《何无忌传》,第七册,第2215—2216页。
④ 《宋书》卷三六《州郡志二》,第四册,第1087页。

而,"无忌不从,遂以舟师距之",结果战败被杀。①《晋书·安帝纪》:义熙六年三月"壬申(二十,5.9),镇南将军、江州刺史何无忌及循战于豫章,王师败绩,无忌死之"②。卢循叛军主要来自东南沿海地区,且多年浮江入海,拥有高船大舰,水战经验颇为丰富。何无忌所部江州守军虽然也能进行水战,但毕竟仍以陆上作战为主,无论就人数、素质和装备而言都无法与徐道覆所率叛军相比,加之仓促应战,其惨败也就不足为奇了。何无忌深知,如果叛军突破江州防线,便可顺流而下,不多日即可抵达建康,当时刘裕率领大军北伐未归,数量有限的京师留守部队要应付装备精良的叛军水师,具有极大的风险。若叛军攻占京师,在政治上获得主动,要使局势回转将会十分困难,这应该就是何无忌冒险迎敌的重要原因。

第二节 倍道兼行,刘裕还京

得知卢循、徐道覆发动叛乱的消息后,建康朝廷主事者立即向在北伐前线的刘裕传递讯息促其南下,当时刘裕已经攻克南燕京师广固城,于是未做充分休整便匆匆南下。在进攻南燕的大半年时间里,虽然占据了主动,但刘裕所率北伐军还是有较大损耗,现有部队也有不少伤病者,难以继续作战。南燕初平,为了维持对新占领区域的控制,刘裕回程前必定要将大部分兵力留在淮北,其入京所带兵力自然十分有限。《宋书·武帝纪上》:"公至下邳,以船运辎重,自率精锐步归。至山阳,闻无忌被害,则虑京邑失守,乃卷

---

① 《晋书》卷八五《何无忌传》,第七册,第2216页。
② 《晋书》卷一〇《安帝纪》,第一册,第261页。

甲兼行。与数十人至淮上,问行旅以朝廷消息,人曰:'贼尚未至,刘公若还,便无所忧也。'公大喜,单船过江,迳至京口,众乃大安。"①如上所述,义熙六年二月初五(3.25)北伐军占领广固城,三月二十(5.9)何无忌战败而死,估计刘裕到达下邳也应该就在此前后,在其到达山阳时传来了何无忌的死讯,随即倍道兼行赶赴京师。

从刘裕灭南燕到回程至下邳过了约一个半月时间,这段路途走的是水路(经沂水入泗水口),速度应该较快,其出发时间当在三月初十之后,也就是说在占领广固之后还停留了一个月以上的时间,得知卢循叛乱的时间也应该有一个月左右。这表明刘裕对稳定刚刚平定的原南燕地区形势还是做了比较周密的安排,南方政权在后来能够长期占有这一区域当与此有关。不过也可看出,刘裕最初对卢循叛乱并没有给予足够的重视,叛军进军之神速显然是在其预料之外。之所以如此,很可能是考虑到当时长江流域荆、江、豫诸州军政大权掌握在刘道规、何无忌和刘毅手中,而他们正是刘裕集团的中坚力量。然而形势的发展却远远超出了刘裕的预料,当刘裕到达泗水入淮口的山阳时,便得到了江州刺史何无忌死于叛军之手的消息,这令他十分震惊。在山阳得知何无忌死讯后则感到形势大为不妙,遂加速赶赴京师。刘裕沿水路到达山阳后即兵分两路,他自己率领少量精锐走陆路,而所运辎重(主要应该是从南燕掠夺的战利品)则继续走水路。

刘裕从行旅口中打听消息的情形显示,朝廷主事大臣并未及

---

① 《宋书》卷一《武帝纪上》,第一册,第18页。《太平御览》卷六〇《地部二五·江》引《三十国春秋》曰:"刘裕次山阳,闻何无忌败绩,卷甲兼行,将济江而风急,众咸难之,裕曰:'若有天命,风当自息;如其天不助,舟覆溺何足可怪。'即命登舟,舟移而风止。"(第一册,第289页)

时向他报告局势进展情况。此时刘裕只带着数十位亲信,这既有利于快速行动,同时也表明他对形势很不乐观。一方面担心叛军沿江而下攻占建康,另一方面对朝廷主事大臣在变局之下的动向也是深感担忧,对镇守豫州的刘毅的忠诚度就更没有把握。若刘毅投降叛军,与叛军合围京师,则刘裕及其举义集团的大势已去。因此,必须以最快的速度赶到建康,以便稳定朝廷人心,这应该是当时刘裕最为急切的心理。如果建康不保,北伐消灭南燕的成果亦将化为乌有,等于丢了西瓜捡了芝麻,得不偿失。当然,他将辎重和大队人马留在后边,也可能还有另外的打算,一旦建康失守或者朝局有变,他还有翻盘的机会。"四月癸未(初二,5.20),公至京师,解严息甲。"① 从何无忌之死到刘裕返回建康只有十一天的间隔,这期间刘裕得到何无忌死讯无疑要占去一半以上时间,刘裕从山阳到建康大概也就只用了数天的时间,其急切心理于此可见一斑。

《晋书·安帝纪》:义熙六年"夏四月,青州刺史诸葛长民、兖州刺史刘藩、并州刺史刘道怜乃入卫京师"②。《资治通鉴》作"各将兵入卫建康",胡三省云:"青州、兖州、并州,时皆侨在江、淮间。"③ 这应该是刘裕入京以后所做出的决定。辅国将军、新淦县公诸葛长民时任"使持节、督青扬二州诸军事、青州刺史,领晋陵太守,镇丹徒","及何无忌为徐道覆所害,贼乘胜逼京师,朝廷震骇,长民率众入卫京都"。④ 如上所述,兖州刺史刘藩和并州刺史

---

① 《宋书》卷一《武帝纪上》,第一册,第18页。
② 《晋书》卷一〇《安帝纪》,第一册,第261页。
③ (宋)司马光编著,(元)胡三省音注,"标点资治通鉴小组"校点:《资治通鉴》卷一一五《晋纪三六》安帝义熙六年四月,中华书局1956年版,第八册,第3631页。
④ 《晋书》卷八五《诸葛长民传》,第七册,第2212页。

刘道怜此前率军北伐,刘藩已受刘裕派遣去制止其从兄刘毅主动阻挡卢循叛军的军事行动,所带兵力可能比较有限,从其后来作为主帅征讨并消灭徐道覆推断,应该是及时赶赴京师进行增援的。刘道怜时任使持节、左将军、督淮北军郡事、并州刺史、义昌太守、北东海太守。义熙"七年,解并州,加北徐州刺史,移镇彭城"。① 在整个抗击卢循叛军的军事行动中,并未看到他率军南下增援的具体记载,估计很可能并未入京。当时京师危在旦夕,对刘裕而言能否翻盘完全是个未知数,若令其弟道怜率众南下,万一京师不保,则没有任何退路,可谓满盘皆输。若刘道怜镇守淮北,到时刘裕还有退守青齐的可能,东山再起亦未可知。不管怎样,当时京师建康守备极度空虚,在危急关头只有驻守京口的青州刺史诸葛长民可供调遣并快速增援京师,因此必须从北伐前线抽调兵力才能拱卫京师安全。

卢循于元兴三年十月占据广州后过了一段时间,此前任广州刺史的良吏吴隐之回到京师建康,"寻拜度支尚书、太常","后迁中领军"。"义熙八年,请老致事,优诏许之,授光禄大夫,加金章紫绶,赐钱十万、米三百斛。"②由此可见,刘裕北伐时吴隐之在朝担任中领军,《晋书》本传载其任上的事迹是:"清俭不革,每月初得禄,裁留身粮,其余悉分振亲族,家人绩纺以供朝夕。时有困绝,或并日而食,身恒布衣不完,妻子不沾寸禄。"③毫无疑问,吴隐之手下似乎并不统领禁卫军。刘裕北伐时朝廷禁卫军的精锐部队绝大部分随其北上前线,仅有极少量的兵员留在建康以守卫朝廷。刘裕的考量应该是,一方面投入北伐的兵力越充足,获胜的把握就

---

① 《宋书》卷五一《宗室·长沙王道怜传》,第五册,第1462页。
② 《晋书》卷九〇《良吏·吴隐之传》,第八册,第2342页。
③ 《晋书》卷九〇《良吏·吴隐之传》,第八册,第2342页。

越大;另一方面留在京师的兵力越少,对其威胁也就越小。反之,若其北伐时留在京师的兵力较多,则会留有后患,不排除为朝廷潜在的反对势力所利用,从而对刘裕的执政地位构成威胁。

第三节　江州陷落,何死刘败

江州失守,荆楚地区的形势也是岌岌可危,据荆州刺史刘道规所言,时"人怀危惧,莫有固心"①。卢循自广州越岭北上时,"使道覆向寻阳,自寇湘中诸郡"②。"荆州刺史刘道规遣军逆战,败于长沙。循进至巴陵。"③卢循与徐道覆准备夹击江陵,待拿下江陵之后再顺流而下进攻建康。《宋书·宗室·临川王道规传》:

> 卢循寇逼京邑,道规遣司马王镇之及扬武将军檀道济、广武将军到彦之等赴援朝廷,至寻阳,为贼党苟林所破。循即以林为南蛮校尉,分兵配之,使乘胜伐江陵,扬声云徐道覆已克京邑。而桓谦自长安入蜀,谯纵以谦为荆州刺史,厚加资给,与其大将谯道福俱寇江陵,正与林会。林屯江津,谦军枝江,二寇交逼,分绝都邑之问。荆楚既桓氏义旧,并怀异心。……雍州刺史鲁宗之率众数千自襄阳来赴。或谓宗之未可测,道规乃单马迎之,宗之感悦。……乃使宗之居守,委以腹心,率诸军攻谦。……解南蛮校尉印以授谘议参军刘遵。驰往攻谦,水陆齐进,谦大败,单舸走,欲下就林,追斩之。还至浦口,林又奔散。刘遵率军追林,至巴陵,斩之。④

---

① 《宋书》卷五一《宗室·临川王道规传》,第五册,第1473页。
② 《宋书》卷一《武帝纪上》,第一册,第18页。
③ 《资治通鉴》卷一一五《晋纪三六》安帝义熙六年四月,第八册,第3631页。
④ 《宋书》卷五一《宗室·临川王道规传》,第五册,第1472—1473页。

由此可见,在刘道规的有力抵御下,徐道覆对江陵的进攻受阻。以上记载显示,在卢循、徐道覆占据江州、进攻荆楚的同时,不接受刘裕控制处于独立状态的蜀地军阀谯纵以及流亡后秦和在荆楚亡命隐匿的桓氏残余势力,也都乘机加入到这股反抗刘裕集团控制建康朝廷的洪流之中。除了桓谦在谯纵的支持下对江陵发动进攻外,时"桓歆子道儿逃于江西,出击义阳郡,与卢循相连结,循使蔡猛助之。道规遣参军刘基破道儿于大薄,临陈斩猛"①。据《宋书·天文志三》,刘基讨斩蔡猛是在九月②。又傅弘之为刘道规辅国参军、宁远将军、魏兴太守,"卢循作乱,桓石绥自上洛甲口自号荆州刺史,徽(微)阳令王天恩自号梁州刺史,袭西城。时韶为梁州,遣弘之讨石绥等,并斩之"。③

刘裕集团核心成员何无忌的被杀和江州的陷落,引起了东晋统治阶层的巨大震动。史载"镇南将军何无忌与徐道覆战于豫章,败绩,无忌被害,内外震骇。朝廷欲奉乘舆北走避公,寻知贼定未至,人情小安"④。何无忌战败被杀是在义熙六年三月壬申(二十,5.9),接到这一消息后建康留守大臣作出紧急部署以应对叛军即将对京师的进攻。突破何无忌镇守的江州防线,卢循和徐道覆率领大军沿江顺流而下,若再突破豫州防线即可抵达建康。南平郡开国公刘毅时任卫将军、开府仪同三司、都督豫州扬州之淮南历阳庐江安丰堂邑五郡诸军事、豫州刺史,镇守姑孰。"及何无忌为卢循所败,贼军乘胜而进,朝廷震骇。毅具舟船讨之","遂以舟师

---

① 《宋书》卷五一《宗室·临川王道规传》,第五册,第 1473—1474 页。
② 《宋书》卷二五《天文志三》,第三册,第 732 页。
③ 《宋书》卷四八《傅弘之传》,第五册,第 1430 页。
④ 《宋书》卷一《武帝纪上》,第一册,第 18 页。

二万发姑孰"。①

对于刘毅进军征讨卢循、徐道覆的行动,刘裕并不赞成,他通过刘藩向其从兄刘毅转达书信,认为不可鲁莽行事。大敌当前,刘裕和刘毅都想通过抗击卢循的军事行动获取更多的资本,为各自的政治前程加分。刘裕以曾经成功抵抗孙恩叛军的军功说事,云"吾往与妖贼战,晓其变态",要亲自扑讨并"克平"之。言外之意,刘裕有能力而刘毅无能力抵挡并消灭叛军。接信后刘"毅大怒"并"投书于地"。② 对于"性刚猛,陵傲不逊"的刘毅而言,刘裕的信不仅不能阻止他,反而刺激他下决心应战。甚至不排除刘裕有意为之,以便刘毅能够自投罗网。分析当时形势,刘裕反对刘毅主动迎敌似有两重考虑:若刘毅战败,则势必大长叛军声威,将对京师构成更大威胁;若刘毅获胜,则其力量进一步壮大,气势难以抵挡,顺流入京即可掌控朝廷局势,刘裕以北伐返回的前期有限之兵力将无能力与之抗衡。

江州刺史何无忌被杀后,曾"为何无忌镇南参军"、时任晋安太守的张裕(茂度)等江州属郡长官投降卢循,为之效力。史载"卢循为寇,覆没江州,茂度及建安太守孙蚪之并受其符书,供其调役。循走,俱坐免官"。③ 另外值得关注的是,卢循叛军还与跟随刘裕北伐的原道徒进行了联络。如前所述,信奉五斗米道的吴兴沈氏曾经合族参与了孙恩之乱,遭到镇压后的遗族加入刘裕阵营,沈林子兄弟参与北伐南燕之役。"广固既平,而卢循奄至。初,循之下也,广固未拔,循潜遣使结林子及宗人叔长。林子即密

---

① 《晋书》卷八五《刘毅传》,第七册,第 2207—2208 页。
② 《晋书》卷八五《刘毅传》,第七册,第 2207—2208 页。
③ 《宋书》卷五三《张茂度传》,第五册,第 1509 页。

白高祖,叔长不以闻,反以循旨动林子。叔长素骁果,高祖以超未平,隐之,还至广固,乃诛叔长。"①由此推断,吴会道教领袖卢循及其部众在流落广州重新集结的同时,与散落异地的道徒之间还存在着联系的管道,沈林子应该是在之前返乡报仇并留居乡里期间与之建立联系的,但也不排除其在叛乱遭到镇压后徙居南彭城为军户期间,集中在一起的信徒之间互相联络,并设法与原来的道教领袖之间就已建立了联系。

徐道覆建议卢循放弃对江陵的进攻,以便全力迎击刘毅,"循乃引兵发巴陵,与道覆连旗而下"②。时叛军有"戎卒十万,舳舻千计"③,声势极其浩大。双方大军在桑落洲遭遇,结果是叛军大获全胜:"毅次于桑落洲,与贼战,败绩,弃船,以数百人步走,余众皆为贼所虏,辎重盈积,皆弃之。毅走,经涉蛮、晋,饥困死亡,至者十二三。参军羊邃竭力营护之,仅而获免。"④桑落洲在寻阳附近,数年前刘毅率军追剿桓玄时,"何无忌、刘道规等破郭铨、何澹之、郭昶之于桑落洲",既而"进师寻阳"。⑤ 关于刘毅在桑落洲战败的具体时间,史书相关记载有异。《晋书·安帝纪》:五月"戊子(?),卫将军刘毅及卢循战于桑落洲,王师败绩"⑥。《南史·宋本纪上·

---

① 《宋书》卷一〇〇《自序·沈林子传》,第八册,第2454页。
② 《晋书》卷八五《刘毅传》,第七册,第2208页。
③ 《晋书》卷一〇〇《徐道覆传》,第八册,第2635页。
④ 《晋书》卷八五《刘毅传》,第七册,第2208页。《资治通鉴》卷一一五《晋纪三七》安帝义熙六年五月:"刘毅经涉蛮、晋,仅能自免,从者饥疲,死亡什七八。丙寅(十五,7.2),至建康,待罪。裕慰勉之,使知中外留事。毅乞自贬,诏降为后将军。"按:"蛮、晋"下胡三省注:"西阳上下群蛮所居之地,谓之蛮;其为王民应租税征役者,谓之晋。""知中外留事"下胡注:"知都督中外诸军府留事也。"(第八册,第3634页)
⑤ 《晋书》卷九九《桓玄传》,第八册,第2600页。
⑥ 《晋书》卷一〇《安帝纪》,第一册,第261页。

武帝纪》："五月壬午(?),卢循败毅于桑落洲。"①《资治通鉴》晋安帝义熙六年："五月戊午(初七,6.24),毅与循战于桑落洲,毅兵大败,弃船,以数百人步走,余众皆为循所虏,所弃辎重山积。"②按义熙六年五月干支无戊子、壬午,可以确定今本《晋书》和《南史》本纪的记载均有讹误,则《资治通鉴》作"戊午"为是③。又,朱龄石之弟超石,"果锐,善骑乘",曾任桓谦卫将军(卫军)府行参军,后"参何无忌辅国、右军(右将军)军事。徐道覆破无忌,得超石,以为参军。至石头,超石说其同舟人乘单舸走归高祖,高祖甚喜之,以为徐州主簿"。"迁车骑参军事,尚书都官郎,寻复补中兵参军、宁朔将军、沛郡太守。"

第四节　刘裕拒逃,孟昶自尽

刘毅和何无忌是刘裕集团中影响力仅次于刘裕的重要人物,何无忌战死,刘毅惨败,而刘裕刚刚回京,师老兵弱。时人谢灵运对当时局势的概括是:"卢循负险,肆慝遐岭,殄我江豫,迫我台省,民既摇荡,国将迁鼎。"④面对卢循、徐道覆大军即将压境的险峻局势,建康朝廷的惶恐可想而知。"毅败问至,内外汹扰。于时

---

① (唐)李延寿撰:《南史》卷一《宋本纪上·武帝纪》,中华书局1975年版,第一册,第11页。
② 《资治通鉴》卷一一五《晋纪三六》安帝义熙六年,第八册,第3632页。
③ 《晋书》卷一〇《安帝纪》中华书局点校本"校勘记"〔三〇〕,据《通鉴》记载,认为"作'戊午'者是"。(第一册,第274页)按:戊子、壬午乃形近而讹,推断《晋书》和《南史》本纪原本不误,司马光所见版本即作"戊午"。《宋书》卷一《武帝纪上》仅记"五月"而无具体日期,据《南史》推断,原本亦当有具体日期,后世校者所见者亦误,故删除之。
④ (唐)欧阳询撰,汪绍楹校:《艺文类聚》卷一三《帝王部三·宋武帝》引宋谢灵运《武帝诔》,上海古籍出版社1965年版,上册,第256页。

北师始还,多创痍疾病。京师战士,不盈数千。贼既破江、豫二镇,战士十余万,舟车百里不绝。奔败还者,并声其雄盛。"①时任尚书左仆射的孟昶是刘裕集团在朝中地位仅次于刘裕的官员,在得知刘毅战败的消息后即畏惧自杀②。孟昶做出如此过激的选择,颇难令人理解。《宋书·武帝纪上》:

> 孟昶、诸葛长民惧寇渐逼,欲拥天子过江,公不听,昶固请不止,公曰:"今重镇外倾,强寇内逼,人情危骇,莫有固志。若一旦迁动,便自瓦解土崩,江北亦岂可得至!设令得至,不过延日月耳。今兵士虽少,自足以一战。若其克济,则臣主同休;苟厄运必至,我当以死卫社稷,横尸庙门,遂其由来以身许国之志,不能远窜于草间求活也。我计决矣,卿勿复言!"昶恐其不济,乃为表曰:"臣裕北讨,众并不同,唯臣赞裕行计,致使强贼乘间,社稷危逼,臣之罪也。今谨引分,以谢天下。"封表毕,乃仰药而死。③

《晋书·诸葛长民传》:"及卢循之败刘毅也,循与道覆连旗而下,京都危惧。长民劝刘裕权移天子过江,裕不听。"④由此来看,孟昶和诸葛长民认为以当时京师现有的兵力根本无法抵挡叛军的进攻,建议主动放弃对京师的防守,先带领晋安帝及朝廷官员撤离到江北,而后再作打算。卢"循至蔡洲,贵游之徒,皆议远徙"⑤,可见当时绝大多数朝贵都主张撤离京师以图万全之计,孟昶和诸葛长

---

① 《宋书》卷一《武帝纪上》,第一册,第19页。
② 参见《晋书》卷一〇《安帝纪》,第一册,第261页。又《宋书》卷二五《天文志三》:义熙六年"五月,循等大破豫州刺史刘毅,毅仅以身免。循率众逼京畿。是月,左仆射孟昶惧王威不振,仰药自杀"(第三册,第734页)。
③ 《宋书》卷一《武帝纪上》,第一册,第19页。
④ 《晋书》卷八五《诸葛长民传》,第七册,第2212页。
⑤ 《宋书》卷一〇〇《自序》,第八册,第2454页。

民只是其代表而已。

对于逃亡江北的主张,刘裕坚决反对,而孟昶却依然坚持,并以死抗命。其最主要的理由是,当初刘裕北伐时朝廷大臣几乎全都表示反对,而他却赞成刘裕的行动。换言之,若没有刘裕北伐就不会发生卢循趁机叛乱的事,因此他要以死谢罪。孟昶所惧,不排除有这一方面的因素,不过还有一点值得注意,他虽然是京口举义功臣,又积极支持刘裕的北伐行动,但与刘裕之间是有矛盾的,两年多之前王谧死后他与刘毅等人反对刘裕入京,此次又不赞成刘裕死守京师的计划。主动放弃京师,就意味着建康执政当局在叛军面前不得不承认其弱势,而这种颓势在刘裕发动北伐之前是绝对不会出现的,其结果是刘裕有可能要为此承担责任,甚至被迫交出最高统治权亦未可知。如果再进一步,若在叛军的强大攻势下连划江而治都难以做到,则刘裕不仅丧失权力,甚至还有可能性命难保。然而,如果按照刘裕的坚持,以极其悬殊的兵力抵抗叛军,获胜的把握也是极小的。无论刘裕是否获胜,孟昶都有可能不会有好的下场,还不如自裁了断。当然,也不能完全排除刘裕为了防止孟昶扰乱军心或在关键时刻做出不利于自己的举动,而将其谋害的可能性。①

《宋书·虞丘进传》:"卢循逼京邑,孟昶、诸葛长民等建议奉

---

① 明人朱明镐认为:"孟昶不仰药者,并以烦丁督护矣。卢循、徐道覆曲为武帝作沈田子者也。"(《史纠》卷一"宋书·王镇恶传"条,《景印文渊阁四库全书》史部四四六"史评类",台湾商务印书馆1986年版,第六八八册,第464页)按:"丁督护"即刘裕"府内直督护丁旿"(《宋书》卷一九《乐志》,第二册,第550页),诸葛长民即是刘裕指使"壮士丁旿"埋伏于东府"自后拉而杀之"(《晋书》卷八五《诸葛长民传》,第七册,第2213页)。又可参见《宋书》卷二《武帝纪中》,第一册,第29页)。朱氏言下之意,孟昶之死正中宋武帝下怀,是他所乐观其成的。

天子过江,进廷议不可,面折昶等,高祖甚嘉之。"①虞丘进之所以敢于"面折昶等",既有可能是希旨而为,也有可能是刘裕所授意。虞丘进自隆安年间刘裕东征孙恩时即随其征战,以后一直追随在刘裕身边,从未离开,亦曾与卢循、徐道覆有过交战经历,在战斗中曾多次负伤,虽然不属于刘裕集团最高层成员,但其与刘裕的关系却非常特殊,可以说是亲密无间,信任不二。刘裕另一亲信王懿(仲德)亦对撤离京师的说法予以坚决回击,《宋书·王懿传》:

> 及卢循寇逼,败刘毅于桑落,帝北伐始还,士卒创痍,堪战者可数千人。贼众十万,舳舻百里,奔败而归者,咸称其雄。众议并欲迁都,仲德正色曰:"今天子当阳而治,明公命世作辅,新建大功,威震六合。妖贼豕突,乘我远征,既闻凯入,将自奔散。今自投草间,则同之匹夫,匹夫号令,何以威物?义士英豪,当自求其主尔。此谋若行,请自此辞矣。"帝悦之,以仲德屯越城。②

虞丘进和王懿之言反映的是刘裕的心声,即便不是刘裕所授意,也必定代表了刘裕及其亲信对时局的看法。刘裕抵抗卢循的决定,其最倚重的心腹刘穆之无疑也是积极支持者③,很有可能虞丘进和王懿的言论即是出自刘穆之的谋划。无论如何,刘裕决意要对卢循大军进行抵抗,对于不同意见必须彻底否定,以免阻挠军心。从刘裕后来对刘毅和诸葛长民等狠下死手,也可以看出他对于反对者是决不留情的。

---

① 《宋书》卷四九《虞丘进传》,第五册,第1441页。
② 《宋书》卷四六《王懿传》,第五册,第1391—1392页。
③ 参见《宋书》卷四二《刘穆之传》,第五册,第1305页。

关于孟昶"自杀"的时间,《晋书·安帝纪》系于义熙六年五月戊子刘毅战败于桑落洲之后①。寻阳"去京都水一千四百"②,刘毅战败的消息需要好几天时间才能传到建康,而孟昶自杀也不是一接到战报后即刻做出。《南史·宋本纪上·武帝纪》:五月"丙辰(初五,6.22),昶乃表天子,引罪,仰药而死"③。如上所述,刘毅战败时间为五月戊午(初七,6.24),孟昶显然不可能在此前两天自杀,而最有可能的时间为丙寅(十五,7.2)或戊辰(十七,7.4)。《建康实录·宋·高祖武皇帝》:"丙辰,尚书仆射孟昶以贼内逼,曰:'臣之罪也!'是夜,饮药自杀。"④其下记"裴子野曰",知此记载取自梁裴子野所撰《宋略》。此条之前记"夏四月乙未"事,则丙辰为四月之干支,然本年四月无丙辰,《宋书·武帝纪上》《晋书·安帝纪》《南史·宋本纪上·武帝纪》及《资治通鉴·晋纪三六》均系其事于安帝义熙六年五月,故《建康实录》所载亦当为五月丙辰。也就是说,《南史》和《建康实录》关于孟昶自杀时间的记载完全相同,并且这是所仅见的两条记载,不能轻易否定其可靠性。如上所述,刘毅战败的时间《晋书》《南史》和《资治通鉴》分别记作五月戊子、壬午和戊午,因五月无戊子、壬午,故推断戊午为是。《宋书·天文志三》:"五月丙子(廿五,7.12),循、道覆败抚军将军、豫州刺史刘毅于桑落洲,毅仅以身免。"⑤按《晋书·安帝纪》载义熙五年正月"庚戌,以抚军将军刘毅为卫将军、开府仪同三司"⑥,则此处所记"抚军将军刘毅"不确。《晋书·安帝纪》在记

---

① 《晋书》卷一〇《安帝纪》,第一册,第261页。
② 《宋书》卷三六《州郡志二》,第四册,第1086页。
③ 《南史》卷一《宋本纪上·武帝纪》,第一册,第11页。
④ 《建康实录》卷一一《宋上·高祖武皇帝》,上册,第392页。
⑤ 《宋书》卷二五《天文志三》,第三册,第732页。
⑥ 《晋书》卷一〇《安帝纪》,第一册,第260页。

载刘毅战败后接着记己未(初八,6.25)、乙丑(十四,7.1)、丙寅(十五,7.2)事①,故此处所记"五月丙子"亦当有误。不过,若与孟昶自杀于五月丙辰的记载相联系,则对于刘毅战败于五月丙子、戊子、壬午和戊午的四种不同记载,还可作另外的推断,即《南史·武帝纪》所载"五月壬午"本应作"五月壬子(初一,6.18)",壬午乃形近而讹②。若此,则消息传到建康后孟昶于五月丙辰自杀便合乎情理。最大的可能是,丙子、戊子均由壬子讹变,而戊午则为壬午之讹。

第五节　严密布防,死守孤城

虽然卢循和徐道覆占领寻阳后就已得到刘裕回京的消息,但他们一开始并未当真,或许以为是朝廷散布虚假信息以扰乱视听。应该是派出密探到京师打听消息③,及至击败刘毅后确定刘裕已返回建康的信息属实,卢循和徐道覆就下一步行动计划却产生了分歧。《宋书·武帝纪上》:"初,循至寻阳,闻公已还,不信也。既破毅,乃审凯入之问,并相视失色。循欲退还寻阳,进平江陵,据二

---

① 《晋书》卷一〇《安帝纪》,第一册,第261—262页。
② 《晋书》卷一〇《安帝纪》在记载刘毅战败后接着记己未(初八,6.25)、乙丑(十四,7.1)、丙寅(十五,7.2)事(第一册,第261—262页),若《宋书·天文志三》所记"五月丙子"为五月壬子之误,则可迎刃而解。
③ 《宋书》卷一〇〇《自序》:"义熙五年,(田子)从伐鲜卑,行参镇军军事。……广固既平,而卢循奄至。初,循之下也,广固未拔,循潜遣使结林子及宗人叔长。林子即密白高祖,叔长不以闻,反以循旨动林子。叔长素骁果,高祖以超未平,隐之,还至广固,乃诛叔长。"按:吴兴沈氏本为五斗米道徒,参与孙恩之乱,"一门既陷妖党",沈警及子穆夫、仲夫、任夫、预夫、佩夫并被杀,穆夫子渊子、云子、田子、林子、虔子逃亡得免。(第八册,第2453—2454页)沈约即为林子之孙(唐)姚思廉撰:《梁书》卷一三《沈约传》,中华书局1973年版,第一册,第252页)。

州以抗朝廷。道覆谓宜乘胜径进,固争之。疑议多日,乃见从。"①卢循和徐道覆争执不下,其结果是贻误了最佳战机,为刘裕在京师进行准备和布防提供了难得的时间。孟昶死后,刘裕抵抗叛军的阻力消除,随即开始实施积极的备战措施。《晋起居注》曰:"义熙六年,筑垒起城于祖浦石头城,施鹿角以御卢循。"②按《资治通鉴》唐懿宗咸通十一年二月,"颜庆复始教蜀人筑壅门城,穿堑引水满之,植鹿角,分营铺"。胡三省注:"斩木为鹿角,植之城外,以限冲突,今人谓之排杈者是。"③

《宋书·武帝纪上》又载:

> 于是大开赏募,投身赴义者,一同登京城之科。发居民治石头城,建牙戒严。时议者谓宜分兵守诸津要,公以为:"贼众我寡,若分兵屯,则人测虚实。且一处失利,则沮三军之心。今聚众石头,随宜应赴,既令贼无以测多少,又于众力不分。若徒旅转集,徐更论之耳。"移屯石头,乃栅淮断查浦。既而群贼大至,公策之曰:"贼若于新亭直进,其锋不可当,宜且回避,胜负之事,未可量也。若回泊西岸,此成擒耳。"④

按"京城"即京口城,"登京城之科"是指刘裕当年在京口发动起义征募勇士时进行悬赏的相关规定。也就是说,面对即将到来的卢循叛军的大举进攻,为了誓死捍卫京师建康,刘裕决定像当年京口

---

① 《宋书》卷一《武帝纪上》,第一册,第19页。
② 《太平御览》卷三三七《兵部六八·攻具下》,第一册,第1548页。
③ 《资治通鉴》卷二五二《唐纪六八》懿宗咸通十一年(870)二月,第一七册,第8158页。
④ 《宋书》卷一《武帝纪上》,第一册,第19页。按"回泊西岸"即"回泊蔡洲",参见(唐)杜佑撰、王文锦等点校《通典》卷一五五《兵八·避锐》,中华书局1988年版,第四册,第3968页;《资治通鉴》卷一一五《晋纪三七》安帝义熙六年正月"回泊西岸"下胡注,第八册,第3633页。

举义时那样,孤注一掷,背水一战,开出了同当初举义创业时一样的优厚条件。具体情况未见明确记载,想来是以官爵和金钱美女等为诱饵进行悬赏,征募战士,迅速扩充兵员,以解燃眉之急。刘裕将其指挥中心设在石头城,征发京口居民对石头城进行加固。由于所能调动的兵力十分有限,敌我力量非常悬殊,于是将所有可以支配的兵力全部集结到石头城,集中优势兵力以拒来犯之敌。

刘裕采取这种策略,应该出于这样的考虑:首先,卢循和徐道覆所率叛军的舰船就在石头城外的江面上驻扎,保卫京师的首要任务就是保证石头城不能被叛军攻克。其次,当时京师守军人数相当有限,根本无法调动兵力屯驻到各个要害之地,难以实施"分兵守诸津要"的战略。再次,"众力不分"可使敌人不测京师守军之虚实,难以掌握京师兵力的真实情况,从而避免被敌人各个击破而出现一败涂地的局面。叛军不能充分了解京师守军人数和防卫的真实情况,就会影响其判断和决策,也就不敢贸然行动,其排山倒海般的气势因之会受到影响,从而最大限度地降低其对京师的压力,并且有可能使卢循和徐道覆作出错误的决策。果真出现这种情况,刘裕便可利用敌人的失误及时调整战略战术,最终有可能做到力挽狂澜,起死回生。

考虑到叛军人数超出京师守军许多倍的现状,刘裕一方面将所能调动的兵力大部集中到石头城以便全力对付来犯之敌,同时尽可能避免与叛军发生正面冲突,采取"栅淮断查浦"的战术以使叛军的高大舰船难以顺利从长江口进入秦淮河。"栅淮"之法在六朝时期京师防守之战中是颇为常用的战术,无论之前之后,都不鲜见。《景定建康志》引《宫苑记》云:

> 吴大帝时,自江口沿淮筑堤,谓之横塘,北接栅塘,在今秦淮逕口。吴时夹淮立栅,自石头南上十里至查浦,查浦南上十

里至新亭,新亭南上十里至孙林,孙林南上十里至板桥,板桥南上三十里至烈洲。①

按:"查浦,在大江南岸,直秦淮口。"②刘裕"栅淮断查浦"之法是接受其亲信龙骧将军虞丘进的建议而实施的,史称其"献计伐树,树栅石头"③。上引《晋起居注》所载"施鹿角以御卢循",即是虞丘进"树栅石头"建议的具体实施。在刘裕看来"聚众石头"是当时第一要务,只有守住石头城,就有可能堵住叛军入京之路,并设法将其歼灭。而其前提则是叛军按照刘裕的预计"回泊西岸",这当然是颇为冒险的赌注。如果叛军不到查浦,而是从新亭直接向建康发起进攻,由于京师守军集结石头城而使得其他区域空虚,再从石头城调兵回防,自然无力阻挡十万大军的攻击,故只能是死路一条。如果按照刘裕的设想,叛军以石头城作为首要目标,待其进攻受阻而回流停泊在秦淮西岸时,即可作进一步的调兵遣将,在京师各军事要冲实施布防。

正如刘裕所料,卢循和徐道覆指挥十万水师二千艘战舰直抵京师大门后,并未首先在新亭发起进攻,实施登陆作战,而是把占领石头城作为第一目标,之后沿秦淮河直抵建康宫城。"公(刘裕)于时登石头城以望循军,初见引向新亭,公顾左右失色,既而回泊蔡洲。道覆犹欲上,循禁之。"④这令刘裕大喜过望,随即按照其预定的作战方略应对叛军的进攻。实际上,叛军统帅卢循和徐

---

① (宋)周应合修纂:《景定建康志》卷一九《山川志三·池塘》"横塘"条引,王晓波等点校《宋元珍稀地方志丛刊》甲编(二),四川大学出版社2007年版,第897页。
② 《资治通鉴》卷九四《晋纪一六》成帝咸和三年五月,"侃屯查浦"下胡三省注,第七册,第2957—2958页。
③ 《宋书》卷四九《虞丘进传》,第五册,第1441页。
④ 《宋书》卷一《武帝纪上》,第一册,第20页。

道覆对于进攻建康的行动计划是有分歧的,徐道覆"请于新亭至白石焚舟而上",而"多谋少决,欲以万全之计"的卢循却否决了徐道覆的意见。"道覆以循无断,乃叹曰:'我终为卢公所误,事必无成。使我得为英雄驱驰,天下不足定也!'"①放在卢循眼前的历史机遇就这样转瞬即逝,真可谓机不可失,时不再来。而卢循的决定正中刘裕下怀,于是开始执行其第二步行动计划。

《晋书·安帝纪》:"乙丑(十四,7.1),循至淮口,内外戒严。大司马琅邪王德文都督宫城诸军事,次中皇堂,太尉刘裕次石头,梁王珍之屯南掖门,冠军将军刘敬宣屯北郊,辅国将军孟怀玉屯南岸,建武将军王仲德屯越城,广武将军刘怀默屯建阳门,淮口筑柤浦、药园、廷尉三垒以距之。"②琅邪王德文即晋恭帝,为晋安帝之弟,是当时最亲近的宗室大臣,名义上位居朝臣之首。梁王珍之为晋元帝玄孙,其叔祖武陵王遵曾在晋安帝被桓玄及其残余势力挟持时"承制",珍之当时所任官职应为左卫将军③。刘敬宣此前以中军谘议参军、冠军将军之职随刘裕北伐南燕,亦当随其返回,稍后到达建康。"卢循逼京师,敬宣分领鲜卑虎班突骑,置阵甚整,循等望而畏之。迁使持节、督马头淮西诸军郡(郡军)事、镇蛮护

---

① 《晋书》卷一〇〇《卢循传》,第八册,第 2635 页。按:"英雄",《太平御览》卷二八六《兵部一七·机略五》引《晋书》作"英雄主"(第二册,第 1322 页),似更达意。

② 《晋书》卷一〇《安帝纪》,第一册,第 261—262 页。卢循兵临建康城下的时间,《晋书》卷二七《五行志上》所载同于《安帝纪》,第二册,第 818 页。《宋书》卷二五《天文志三》所载有异:"丁丑(廿六,7.13),循等至蔡洲,遣别将焚京口。"(第三册,第 732 页)按:这一记载可作二解,一是丁丑为卢循大军抵达蔡洲的时间,一为叛军焚烧京口的时间。若为后者,则很有可能;若为前者,则为乙丑之形讹。

③ 《晋书》卷六四《元四王·梁王璙传附孙珍之传》:"累迁游击将军、左卫、太常。刘裕伐姚泓,请为谘议参军。裕将弱王室,诬其罪害之。"(第六册,第 1728 页)

军、淮南安丰二郡太守、梁国内史,将军如故。"①虎班突骑当即身着虎纹图案军装的鲜卑骑兵,如此着装意在显示其如虎般勇猛,也是为了壮大声威恐吓敌军。刘敬宣所领鲜卑虎班突骑乃是前此北伐时所俘南燕精锐部队,应该属于禁卫军之列。

孟怀玉在刘裕北伐南燕时为"辅国将军,领丹阳府兵戍石头"。其所屯南岸即石头城之南岸,处于与叛军主力对峙的前沿地带。"卢循逼京邑,怀玉于石头岸连战有功,为中军谘议参军。"②王懿(仲德)此前随刘裕北伐,作为前锋将领冲锋陷阵,"大小二十余战,每战辄克",亦当与刘敬宣等一起从前线刚刚撤回。卢循逼近京师之际,刘裕"以仲德屯越城"。③ 王懿所屯之越城在宫城西明门之南④,渡江自采石上岸从陆路即可直达越城⑤,逼近建康宫城。石头城在建康之西,越城在建康之南⑥,是沿秦淮河岸守卫京师的两个军事要冲。刘裕下令"修治越城",以便加强越城的抗击能力,防止叛军从采石矶上岸后通过越城攻入建康宫城。

① 《宋书》卷四七《刘敬宣传》,第五册,第1414页。
② 《宋书》卷四七《孟怀玉传》,第五册,第1407页。同书卷一《武帝纪上》记作"辅国将军孟怀玉屯丹阳郡西"。(第一册,第20页)
③ 《宋书》卷四六《王懿传》,第五册,第1391、1392页。
④ 参见《宋书》卷九九《二凶·元凶传》,第八册,第2434页。
⑤ 参见(梁)萧子显撰《南齐书》卷五一《崔慧景传》,中华书局1972年版,第三册,第876页。
⑥ (宋)周应合修纂《景定建康志》卷五《地理图序·辨越台》:"越城者,建康作古之城,句践范蠡之所营也。越台者,越城之故址也。考之史传,无异辞矣。越而楚,楚而秦,秦而汉,汉而吴、晋、宋、齐、梁、陈,攻守于此者,西则石头,南则越城,皆智者之所据。""《郡国志》云:越城在县南六里。《实录》云:越城在淮水南一里半。《祥符图经》云:越城在秣陵县长干里。《宫苑记》云:范蠡筑城在瓦官寺南。《金陵事迹》云:南门外有越台,与天禧寺相对。今府城之南,江宁尉廨之后,军寨之间,台犹存也。"(《宋元珍稀地方志丛刊》甲编(一),第113—114页)

"屯建阳门"的刘怀默①,为刘怀肃、怀慎之弟。怀肃为刘裕从母兄,义熙三年死于刘毅抚军司马、辅国将军、淮南历阳二郡太守任上。②怀慎为振威将军、彭城内史,随刘裕北伐,战功卓著,又"从高祖距卢循于石头,屡战克捷,加辅国将军"。③怀慎庶长子荣祖,"少好骑射","卢循攻逼,时贼乘小舰,入淮拔栅。高祖宣令三军,不得辄射贼,荣祖不胜愤怒,冒禁射之,所中应弦而倒,帝益奇焉"。④其时刘荣祖尚无职位,当随其父在石头城据守。刘裕下令"不得辄射贼",主要是因敌强我弱,避免因部分将士一时冲动做出不合宜的举动而招致叛军的猛攻,以免敌我力量悬殊的秘密为叛军所洞悉。建阳门为建康宫城正东门⑤。刘裕下令在查浦筑垒,是为了保护所树石头淮栅免遭破坏,以减轻叛军对石头城的压力。所筑药园垒在建康东北覆舟山南,即后来的乐游苑区。⑥廷尉垒当即廷尉寺所在地,其地距建康城北广莫门不远,而广莫门正

---

① 《宋书》卷四五《刘怀慎传附怀默传》,第五册,第 1377 页。同书卷一《武帝纪上》记作"广武将军刘怀默屯建阳门外"。(第一册,第 20 页)
② 参见《宋书》卷四七《刘怀肃传》,第五册,第 1404 页。
③ 《宋书》卷四五《刘怀慎传》,第五册,第 1375 页。
④ 《宋书》卷四五《刘怀慎传附荣祖传》,第五册,第 1376 页。
⑤ 参见《建康实录》卷七《晋中·显宗成皇帝》本注引《地舆志》,上册,第 180 页;《景定建康志》卷二〇《城阙志一·门阙》,《宋元珍稀地方志丛刊》甲编(二),第 950 页。
⑥ 《景定建康志》卷二〇《城阙志一·古城郭》"药园垒"条:"晋义熙中,卢循反刘裕,筑此垒以拒之。在北郊之西。宋元嘉二十一年七月,甘露降乐游苑。《舆地志》云:上元县东北八里,晋时为药圃。卢循反,筑药园垒,即此处也。"(《宋元珍稀地方志丛刊》甲编(二),第 948 页)卷二一《城阙志二·古宫殿》"林光殿"条:"在县东北十里潮沟村覆舟山前,晋为药园。"(同上,第 974 页)卷二二《城阙志三·园苑》"古乐游苑"条:"案《寰宇记》:其地在覆舟山南。《舆地志》云:在晋为药圃。义熙中,卢循反,刘裕筑药园垒以拒循,即此处也。宋元嘉中,以其地为北苑,更造楼观于覆舟山后,改曰乐游苑。"(第 1061 页)

北即与乐游苑南门相对。① 药园和廷尉两垒均在覆舟山南,刘裕派兵在此筑垒加强防守,主要是为了防备叛军翻越覆舟山通过药园逼近宫城。从刘裕所采取的一系列举措来看,虽然京师兵力有限,但在叛军舰船抵达淮口之际,刘裕迅速下令在京师各重要据点进行布防,主要是在秦淮河沿岸构筑防卫,以防叛军越过秦淮河攻入宫城,显示其事先就已制订出周密的防卫计划。

如上所述,在叛军逼近京师之际,徐道覆主张焚烧舰船从新亭和白石上岸实施陆路攻击。《资治通鉴》宋明帝泰始元年九月,"帝因自白下济江至瓜步"下胡三省注:"晋、宋都建康,新亭、白下皆江津要地,新亭在西,白下在东。白下盖今之龙湾也。"②按白下即白石,《景定建康志·城阙志一·古城郭》"白下城"条:"按《图经》及《寰宇记》引《舆地志》云:本江乘之白石垒也。"③白石在建康城西北方,新亭在建康城西南方。两地相对来看,白石在东北,新亭在西南,皆为滨江津要。徐道覆之所以提议焚烧舰船,就是要置之死地而后生,断绝将士畏缩后退的侥幸心理,以必死的决心发挥最大能量而夺取胜利。这种战术在历史上也是经常使用并且往

---

① 《宋书》卷三四《五行志五》:"宋文帝元嘉三年,司徒徐羡之大儿乔之行欲入广莫门。牛径将入廷尉寺,左右禁推不能禁。"(第三册,第988页)卷四三《傅亮传》:"屯骑校尉郭泓收付廷尉,伏诛。""初至广莫门,上遣中书舍人以诏书示亮"。(第五册,第1338页)广莫门距宫城北堂不远(参见《宋书》卷六三《王昙首传》,第六册,第1679页),从城外白下即可直达(参见《宋书》卷七四《臧质传》,第七册,第1914页;卷六八《武二王·南郡王义宣传附子恢传》,第六册,第1807页)。《景定建康志》卷二〇《城阙志一·门阙》"古广莫门"条:"都城北面次西门也。北直乐游苑南门。其地在今城东北。"(《宋元珍稀地方志丛刊》甲编(二),第957页)

② 《资治通鉴》卷一三〇《宋纪一二》明帝泰始元年九月,第九册,第4080—4081页。

③ 《景定建康志》卷二〇《城阙志一·古城郭》,《宋元珍稀地方志丛刊》甲编(二),第944页。

往收效甚佳。就在叛军抵达之际,刘"裕登石头城望循军,初见引向新亭,顾左右失色;既而回泊蔡洲,乃悦"①。若果真按照徐道覆的计划执行,则十万叛军上岸发起强攻,面对十倍以上的兵力,京师守军无论如何也是难以抵挡的,其被全歼的命运自是不可避免,到时刘裕的下场注定会是步桓玄后尘而只有溃灭一途。然而卢循却作出了错误的决定,叛军并未在新亭实施登陆行动,而是将战舰停泊在蔡洲,以便全力突破石头城防线,这恰恰是刘裕设想的有可能力挽狂澜的最好途径,可谓正中其下怀。

"蔡洲在石头西岸"②,是长江入秦淮河口附近的一个沙洲。《景定建康志·山川志三·洲浦》"蔡洲"条:"今名蔡家沙。在城西南一十二里,周回五十五里。"③今南京市西长江上的江心洲(梅子洲)似与古代蔡洲地望相当,但形状大小未必完全相同。蔡洲与石头城隔岸相望,两地距离甚近。东晋初年王敦之乱时,"敦在石头,欲禁私伐蔡洲荻"④。梁末侯景之乱时,陈霸先"次蔡洲","侯景登石头城,望官军之盛"⑤。陈后主祯明二年(588)"夏四月戊申(初十,5.10),有群鼠无数,自蔡洲岸入石头,渡淮至于青塘两岸,数日自死,随流出江"⑥。蔡洲是进攻石头城的重要据点,苏峻叛乱逼迁晋成帝于石头城,"征西大将军陶侃、平南将军温峤、护

---

① 《资治通鉴》卷一一五《晋纪三七》安帝义熙六年五月,第八册,第3634页。
② 《资治通鉴》卷一一五《晋纪三七》安帝义熙六年五月胡三省注,第八册,第3634页。同书卷一一〇《晋纪三二》安帝隆安二年九月,"佺期、玄见之失色,回军蔡洲"下胡三省注:"蔡洲,在今建康府上元县西二十五里。"(第八册,第3479页)
③ 《景定建康志》卷一九《山川志三·洲浦》,《宋元珍稀地方志丛刊》甲编(二),第924页。
④ 《晋书》卷七五《王湛传附峤传》,第七册,第1974页。
⑤ 《南史》卷九《陈本纪上·武帝纪》,第一册,第260页。
⑥ 《南史》卷一〇《陈本纪下·后主纪》,第一册,第305页。

军将军庾亮、平北将军魏该舟军四万,次于蔡洲"①。卢循叛军二千艘舰船泊于蔡洲后,与石头城守军隔秦淮河相望,可谓近在咫尺,虎视眈眈。

  刘裕伐燕大兵出,内政空虚机可乘。
  卢循广州举兵反,水军逾岭赣入江。
  江州刺史何无忌,寻阳御敌死于阵。
  豫州刘毅欲阻击,全军覆没仅保身。
  刘裕倍道兼行还,排除万难保建康。
  叛军巨舰临石头,强弱悬殊困孤城。

---

① 《晋书》卷七《成帝纪》,第一册,第173页。同书卷六七《温峤传》:"峻时杀侃子瞻,由是侃激励,遂率所统与峤、亮同赴京师,戎卒六万,旌旗七百余里,钲鼓之声震于百里,直指石头,次于蔡洲。侃屯查浦,峤屯沙门浦。"(第六册,第1793页)

第八章 剿灭卢循,力挽狂澜

建康如累卵,奇谋御强寇。

制胜挽狂澜,清剿无所留。

第一节 斗智斗勇,出奇制胜

长期围困,陷入僵局,难免出现被动局面,必须很快有所突破。叛军到达蔡洲后,主要目标自然是突破以石头城为主的京师防线,占领政治中心建康宫城。[①] 为了实现这一目标,卢循虽然将主要战舰停泊在蔡洲,在对查浦实施主力攻击的同时,也在其他区域对京师据点发起进攻。由于敌我兵力悬殊,为了防止叛军识破京师守备空虚的秘密,惯使诈术的刘裕故伎重演,"使宁朔将军索邈领鲜卑具装虎班突骑千余匹,皆被练五色,自淮北至于新亭。贼并聚观,咸畏惮之"[②]。在剿灭桓玄残余势力的战斗中,宁远将军索邈曾隶建威将军刘怀肃部下,"与(桓)振战于沙桥"[③]。在北伐南燕攻克临朐的战斗中,索邈与刘藩、刘道怜、刘敬宣等"齐力击之"[④]。

---

① 从石头城沿秦淮河入宫是进入建康最便捷的途径,如宋末桂阳王休范叛乱时,萧道成"遣(陈)显达率司空参军高敬祖自查浦渡淮,缘石头北道入承明门,屯东堂"((梁)萧子显撰:《南齐书》卷二六《陈显达传》,中华书局1972年版,第二册,第488页)。限于当时双方在京师激战的局面,陈显达只能沿石头北道入宫,事实上无论从石头北道还是南道都可以直达建康宫城。

② (梁)沈约撰:《宋书》卷一《武帝纪上》,中华书局1974年版,第一册,第20页。

③ (唐)房玄龄等撰:《晋书》卷七四《桓振传》,中华书局1974年版,第六册,第1945页。

④ 《宋书》卷一《武帝纪上》,第一册,第16页。

189

《宋书·自序》:"义熙五年,(沈林子)从伐鲜卑,行参镇军军事。大军于临朐交战,贼遣虎班突骑驰军后,林子率精勇东西奋击,皆大破之。慕容超退守广固,复与刘敬宣攻其西隅。"①刘敬宣与索邈在北伐时均参加了临朐之战,其所领鲜卑虎班突骑即是此役之中所俘虏的后燕精锐部队。② 刘裕通过这种壮大声势的战术迷惑和恐吓叛军,扰乱其军心,从而阻止、延缓其对京师的进攻,赢得时

---

① 《宋书》卷一〇〇《自序》,第八册,第2453—2454页。
② 《太平御览》卷三四八《兵部七九·弩》引蔡邕《幽州刺史议》曰:"幽州突骑,冀州强弩,为天下精兵。国家瞻核,四方有事,未尝不取办于二州。"((宋)李昉等撰,中华书局1960年版,第二册,第1605页)东汉时期幽州正是慕容鲜卑的主要活动地域,蔡邕所言"幽州突骑"主要当由鲜卑构成。两汉之际幽州突骑就已名闻天下。《后汉书》卷一八《吴汉传》载吴汉说太守彭宠曰:"渔阳、上谷突骑,天下所闻也。君何不合二郡精锐,附刘公击邯郸,此一时之功也。"((宋)范晔撰,(唐)李贤注:《后汉书》,中华书局1965年版,第三册,第675页)卷二二《马武传》载世祖(光武帝刘秀)"拔邯郸"后谓武曰:"吾得渔阳、上谷突骑,欲令将军将之,何如?"(第三册,第784页)渔阳、上谷突骑即幽州突骑。《太平御览》卷四四二《人事部八三·知人上》引《东观汉记》,载光武帝"破邯郸"后谓邓禹曰:"欲北发幽州突骑,诸将谁可使者?"(第二册,第2034页)又见《太平御览》卷六三一《治道部一二·荐举中》,第三册,第2827页)蜀汉太子家令谯周在上疏谏太子时,亦提及两汉之际利用渔阳、上谷突骑的历史,参见《三国志》卷四二《蜀书·谯周传》。((晋)陈寿撰,(宋)裴松之注:《三国志》,中华书局1959年版,第四册,第1028页)幽州突骑主要由渔阳、上谷一带的胡人构成,其中也包括邻近地域的辽西乌丸。上引《后汉书·吴汉传》之下文可见"幽州兵""十郡突骑""突骑五千""乌桓突骑三千余人"等记载(第676、678、679页)。同书卷七三《刘虞传》载"发幽州乌桓三千突骑",《公孙瓒传》载"以瓒督乌桓突骑"云云(第2353、2358页)。《三国志》卷八《魏书·公孙瓒传》:"迁为涿令。光和中,凉州贼起,发幽州突骑三千人,假瓒都督行事。传使将之,军到蓟中,渔阳张纯诱辽西乌丸丘力居等叛,劫略蓟中,自号将军,略吏民攻右北平、辽西属国诸城,所至残破。"(第一册,第239页)西晋禁卫军中有幽州突骑,《晋书》卷二五《舆服志》所载"中朝大驾卤簿",领、护军下"骑十队,队各五十匹","羽林骑督、幽州突骑督分领之"。(第三册,第760页)北魏后期曾从六镇胡人中征发突骑,《魏书》卷二一上《献文六王上·广陵王羽传》:"高祖将南讨,遣羽持节安抚六镇,发其突骑,夷人宁悦。"((北齐)魏收撰,中华书局1974年版,第二册,第546页)

间以争取更有利的时机抗击叛军。其实,叛军也使用诈术以虚假信息给政府军添乱,诱使其作出错误判断,以便利用其战术失误而找到攻克京师的突破口。卢循"遣十余舰来拔石头栅,公命神弩射之,发辄摧陷,循乃止,不复攻栅,设伏兵于南岸,使羸老悉乘舟舰向白石。公忧其从白石步上,乃率刘毅、诸葛长民北出拒之"①。

以有限的兵力戍守石头城,新亭和白石两大要冲的防守极其虚弱,刘裕原本就已十分担心,当卢循"伪扬声当悉众于白石步上"②的消息传来后,便误以为卢循在进攻石头受阻后将矛头转向白石,随即做出了加强白石防务的战术调整。白石垒(今南京市金川门外幕府山南麓)筑于东晋初年抗击苏峻之乱时,史称"白石峻极险固,可容数千人"③,苏峻即是在白石败于陶侃、温峤、庾亮等将领的阻击后走向覆灭的④。数年前桓玄也是在占领白石而后攻入建康城的⑤。如上所引,在防备卢循叛军进攻京师时刘毅与诸葛长民"屯于北陵,以备石头"。《宋书·州郡志一》:南徐州南彭城郡北凌令,"《晋太康地志》属下邳。本名凌,而广陵郡旧有凌县,晋武帝太康二年,以下邳之凌县非旧土而同名,改为北凌"⑥。不过,此北陵并非诸葛长民与刘毅所屯之地,二将所屯之北陵应该为东晋皇陵区。《景定建康志·风土志二·古陵》:晋康帝、简文帝、孝武帝、安帝、恭帝五陵"并在钟山之阳",晋元帝、明帝、成帝、

---

① 《宋书》卷一《武帝纪上》,第一册,第20页。
② 《宋书》卷一〇〇《自序》,第八册,第2454页。
③ 《晋书》卷六六《陶侃传》,第六册,第1775页。
④ 参见《晋书》卷七《成帝纪》,第一册,第173页;《晋书》卷六六《陶侃传》,第六册,第1775页;卷六七《温峤传》,第六册,第1793页;卷七三《庾亮传》,第六册,第1919页;卷七八《王坦传》,第七册,第2056页;卷一〇〇《苏峻传》,第八册,第2630页。
⑤ 《晋书》卷一〇《安帝纪》,第一册,第250页。
⑥ 《宋书》卷三五《州郡志一》,第四册,第1044页。

哀帝四陵"并在鸡笼山之阳",晋穆帝陵"在幕府山"。① 时当晋安帝在位,恭帝仍为大臣。在建康城东的钟山陵区可以排除,而鸡笼山陵区与幕府山陵区相比较,后者更为靠北,应该即是北陵。鸡笼山之阳紧邻建康宫城,在此建立陵区颇不合理,窃疑鸡笼山陵区本不存在,元、明、成、哀诸帝陵墓应该也在幕府山之阳的北陵区。诸葛长民与刘毅所屯北陵当即幕府山陵区,此与刘裕"率刘毅、诸葛长民北出拒之"的情形亦相吻合。刘裕率刘毅和诸葛长民出屯白石,是为了防备叛军从白石垒附近上岸向宫城发起进攻。②

由于石头城守军主力被抽调北戍白石,加之刘裕和刘毅、诸葛长民等将帅离开,极大地削弱了石头城的防卫能力,这为叛军的登陆提供了大好机会。刘裕离开石头城时,"留参军徐赤特戍南岸,命坚守勿动"③。徐赤特曾任余杭令④,很可能是在刘裕东征孙恩时所结识。沈约在《宋书·自序》中记载其祖父沈林子在此前以"行参镇军军事"的身份参与北伐之役,战功卓著,接着又在卢循进攻京师时"领别军于石头,屡战摧寇",而后当刘裕"大军初起白石,留林子与徐赤特断拒查浦"。对于叛军将从陆路进攻白石的消息,沈林子认为"此言妖诈,未必有实,宜深为之防",而刘裕则曰:"石头城险,且淮栅甚固,留卿在后,足以守之。"徐赤特将刘裕"坚守勿动"的命令置诸脑后,在叛军进攻时全力还击,"便鼓噪而出,贼伏兵齐发,赤特军果败,弃军奔北岸"。沈林子此前就已劝

---

① (宋)周应合修纂:《景定建康志》卷四三《风土志二·古陵》,王晓波等点校《宋元珍稀地方志丛刊》甲编(三),四川大学出版社2007年版,第1782页。
② 刘裕之所以带刘毅和诸葛长民北上白石,而不是留在石头城防守,主要还是对其不信赖之故。刘裕此前未接受其阻拦而与叛军交战,导致桑落洲之役的惨败,使叛军得以直逼京师,而诸葛长民则与孟昶一道主张放弃京师逃亡江北。
③ 《宋书》卷一《武帝纪上》,第一册,第20页。
④ 《宋书》卷九一《孝义·卜天与传》,第八册,第2253页。

阻徐赤特，谓"吾众不盈二旅，难以有功。今距守此险，足以自固"。赤特兵败后，"林子率军收赤特散兵，进战，摧破之。徐道覆乃更上锐卒，沿塘数里"。林子"于是乃断塘而斗。久之，会朱龄石救至，与林子并势，贼乃散走。大军至自白石，杀赤特以徇，以林子参中军军事"。① 司马光将沈林子此一事迹收入《资治通鉴》，谓"刘裕留参军沈林子、徐赤特戍南岸，断查浦，戒令坚守勿动"云云②。然《宋书·武帝纪上》及《南史·宋本纪上·武帝纪》均未记载沈林子相关事迹，且刘裕早已不是镇军将军，北伐时为中军将军③，沈林子显然不可能在其时"行参镇军军事"。即便沈林子当时确被任命为刘裕军府行参军，也不可能参与最机密的军事决策，他对刘裕加强白石防务提出反对意见的可能性几乎为零，而后向徐赤特提出正确的意见而未被采纳，可能性似乎也不大。《资治通鉴》列沈林子于徐赤特之前且记其为刘裕参军，显然是不恰当的。不过，沈林子作为低级军官参与了此次石头城防卫战应该并非子虚乌有。

刘裕亲信刘钟时为振武将军、中兵参军，亦随其北伐南燕，"卢循逼京邑，徐赤特军违处分，败于南岸，钟率麾下距栅，身被重创，贼不得入"④。由此可见，叛军虽然在南岸打败京师守军，但是在刘钟等部顽强抵抗下，最终未能攻入石头城，只得沿秦淮南岸向丹阳郡城方向移动。关于当时在石头城附近的战斗情形，《宋书·武帝纪上》：

---

① 《宋书》卷一〇〇《自序》，第八册，第2453、2454页。
② （宋）司马光编著，（元）胡三省音注，"标点资治通鉴小组"校点：《资治通鉴》卷一一五《晋纪三七》安帝义熙六年五月，中华书局1956年版，第八册，第3635页。
③ 据《宋书》卷一《武帝纪上》，义熙四年正月进号为车骑将军，九月以刘敬宣伐蜀失利而降为中军将军。（第一册，第14、15页）
④ 《宋书》卷四九《刘钟传》，第五册，第1439页。

公既去,贼焚查浦步上,赤特军战败,死没有百余人。赤特弃余众,单舸济淮。贼遂率数万屯丹阳郡。公率诸军驰归,众忧贼过,咸谓公当径还拒战。公先分军还石头,众莫之晓。解甲息士,洗浴饮食之,乃出列陈于南塘。以赤特违处分,斩之。命参军褚叔度、朱龄石率劲勇千余人过淮。群贼数千,皆长刀矛鋋,精甲曜日,奋跃争进。龄石所领多鲜卑,善步稍,并结陈以待之。贼短兵弗能抗,死伤者数百人,乃退走。会日莫,众亦归。①

《南史·宋本纪上·武帝纪》云:"帝既北,贼焚查浦而至张侯桥,赤特与战,大败,贼进屯丹阳郡。"②丹阳郡即丹阳尹治所③,其地距石头城不远④。褚叔度时为刘裕中军府中兵参军、建威将军,参与北伐之役,而后"卢循攻查浦,叔度力战有功"。⑤朱龄石亦以参军之职随刘裕北伐,"卢循至石头,领中军。循选敢死之士数千人上南岸,高祖遣龄石领鲜卑步稍过淮击之。率厉将士,皆殊死战,杀

---

① 《宋书》卷一《武帝纪上》,第一册,第20页。
② 《南史》卷一《宋本纪上·武帝纪》,第一册,第11页。
③ 《资治通鉴》卷一一五《晋纪三七》安帝义熙六年五月,"至丹阳郡"下胡三省注,第八册,第3635页。
④ 《宋书》卷四七《孟怀玉传》:"义熙三年,出为宁朔将军、西阳太守、新蔡内史。除中书侍郎,转辅国将军,领丹阳府兵,戍石头。"(第五册,第1407页)卷五一《宗室·刘秉传》:"时齐王(萧道成)辅政,四海属心,秉知鼎命有在,密怀异图。袁粲镇石头,不识天命,沈攸之举兵反,齐王入屯朝堂,粲潜与秉及诸大将黄回等谋欲作乱。本期夜会石头,旦乃举兵。秉素悝怯骚动,扰不自安,再铺后,便自丹阳郡车载妇女,尽室奔石头,部曲数百,赫奕满道。"(第五册,第1469页)《景定建康志》卷二〇《城阙志一·古城郭》"丹杨郡城"条:"案《宫苑记》:在长乐桥东一里,南临大路,城周一顷,开东南北门。汉元封二年置丹杨郡,至晋太康中始筑城。宋、齐、梁、陈因之不改。"(《宋元珍稀地方志丛刊》甲编(二),第936页)
⑤ 《宋书》卷五二《褚叔度传》,第五册,第1504页。

数百人,贼乃退"①。朱龄石能够迅速击溃上岸叛军,主要是因为他所率士兵为善步矟(步槊)之鲜卑劲勇,具有极强的战斗力,在短兵交战中尤其善于对付手持长刀矛铤之叛军。② 如上所述,戍守丹阳郡西的孟怀玉在叛军突破查浦东进时进行了顽强抵抗,史载"贼帅徐道覆屡欲以精锐登岸,畏怀玉不敢上"③。

当时叛军指挥登岸行动的将领应为徐道覆,而卢循当坐镇蔡洲大本营进行指挥。《资治通鉴》记"卢循焚查浦,进至张侯桥"事于义熙六年五月庚辰(廿九,7.16)④。《宋书·天文志三》:义熙六年五月"庚辰,贼攻焚查浦,查浦戍将距战不利,高祖遣军渡淮击,大破之"⑤。结合上引《宋书·武帝纪上》的记载,在叛军焚查浦步上并进屯丹阳郡后,刘裕即从白石"率诸军驰归"并组织反攻赶走叛军。也就是说,叛军应该是在五月二十九日上午"焚查浦,进至张侯桥"并"进屯丹阳郡",然而在当天傍晚即被赶下岸。正因其上岸时间很短,几乎没有造成什么影响。否则,后果不堪设想。

卢循声东击西的战术的确取得了效果,但在兵力相当充足的情况下没有在多个地点对京师守军形成持续压力,未能做到全面

---

① 《宋书》卷四八《朱龄石传》,第五册,第1422页。
② 与慕容后燕同属鲜卑的拓跋魏政权亦有步矟(步槊)兵,北魏初年所设"方陈卤簿","诸王导从在钾骑内,公在幢内,侯在步矟内,子在刀楯内"。(《魏书》卷一〇八之四《礼志四》,第八册,第2813页)北魏孝文帝南侵至寿阳,"军中有黑毡行殿,容二十人坐,辇边皆三郎曷剌真,槊多白真耗,铁骑为群,前后相接。步军皆乌楯槊,缀接以黑虾蟆幡"。(《南齐书》卷五七《魏虏传》,第二册,第994页)刘宋中叶有"仇池步矟"(《宋书》卷七四《沈攸之传》,第七册,第1927页),当由归降或俘虏的仇池氐人组成的步矟兵。高丽"兵器有甲弩、弓箭、戟矟、矛铤"。((唐)令狐德棻等撰:《周书》卷四九《异域上·高丽传》,中华书局1971年版,第三册,第885页)
③ 《宋书》卷四七《孟怀玉传》,第五册,第1407页。
④ 《资治通鉴》卷一一五《晋纪三七》安帝义熙六年五月,第八册,第3635页。
⑤ 《宋书》卷二五《天文志三》,第三册,第732页。

占据绝对优势。如果叛军同时在白石也投入大量兵力加强攻势，则会对刘裕形成有效牵制，使其无法脱身驰援南岸，则当叛军焚查浦登岸后即可马上扩大战果，迅速向宫城方向移动，甚至当天攻入宫城也并非毫无可能。卢循和徐道覆之所以未采取这种战术，最大可能还是因为他们没能真正掌握京师守军的人数和布防情况，而刘裕让索邈率领鲜卑虎班突骑从秦淮北岸到新亭之间布阵，应该说发挥了巨大的威力。卢循"多疑少决，每欲以万全为虑"，缺少勇谋兼备的战略家的眼光，从而在指挥调度上出现了严重的失误。如果按照徐道覆的设想，从新亭到白石间登岸强攻，京师守军势必顾此失彼，顾头不顾尾，迅速溃败自无疑义。孟昶自杀前想象的结局或许也正是这样。

不可忽略的是，鲜卑士兵在这次保卫京师的战斗中发挥了关键的作用。朱龄石所领"鲜卑步稍"为步兵，而刘敬宣所领"鲜卑虎班突骑"及索邈所领"鲜卑具装虎班突骑"均为骑兵。甚至可以说，没有这些从南燕俘获的鲜卑战士参加战斗，刘裕领导的这次抗击卢循、徐道覆叛军进攻京师的战斗很可能将以失败告终。真可谓成也萧何败也萧何！如果刘裕不发动北伐战争，卢循和徐道覆大概就找不到合适的时机发动这次军事行动，京师面临倾覆的巨大威胁也就不会出现。然而也正是有了这次北伐战争，才会有数以千计的鲜卑战士加入刘裕的部队南下建康，成为守卫京师战胜叛军的中坚力量。还有一点也值得一提，《宋书·张邵传》："卢循寇迫京师，使邵守南城，时百姓临水望贼，帝怪而问邵，邵曰：'若节钺未反，奔散之不暇，亦何能观望。今当无复恐耳。'"[1]张邵时为太尉长流贼曹参军，其回答乃是为了博得刘裕的欢心，强作镇定

---

[1] 《宋书》卷四六《张邵传》，第五册，第 1393—1394 页。

而已。而现实或许恰恰相反,百姓之所以"临水望贼",丝毫没有慌张的表现,应该是对京师守军能够成功防守不抱任何希望,如果在必胜的叛军面前表现过激,四处逃亡而不予配合,其后果可想而知。同时也可看出,对于建康百姓而言,无论是做司马氏的臣民,还是桓玄、刘裕抑或卢循当皇帝,在他们看来其实都没有什么不同,并无特别支持谁或反对谁的倾向。当然,"临水望贼"也可以理解成翘首以盼①,若此则建康百姓更希望这支五斗米道徒组成的民间武装力量能够入主建康,建立起一个与没落的东晋王朝完全不同的政权,实现彻底的改朝换代。这次成功登岸,对于叛军而言的确是一个难得的机会,然而由于其总体战略有误,结果仍以失败告终。当然更为关键的是,作为京师守军总指挥的刘裕有着非凡的军事才干,临危不惧,勇谋兼备,在大敌当前的险峻形势下仍能镇定自若,沉着应对,最终克敌制胜。

第二节　师老无功,卢循退兵

叛军屡攻未果,对其士气产生了很大的负面影响。《晋书·卢循传》:"裕惧其侵轶,乃栅石头、断柤浦以距之。循攻栅不利,船舰为暴风所倾,人有死者,列阵南岸,战又败绩。"②由此可见,在

---

① 如前所述,九年前孙恩率领战士十余万抵达丹徒(京口)时,"丹徒守军莫有斗志。恩率众数万,鼓噪登蒜山,居民皆荷担而立"。(《宋书》卷一《武帝纪上》,第一册,第3页)。四十年后"魏太武帝率大众至瓜步,声欲度江。都下震惧,咸荷担而立"。((唐)李延寿撰:《南史》卷二《宋本纪中·文帝纪》,中华书局1975年版,第一册,第52页。参见(北齐)魏收撰《魏书》卷九七《岛夷刘义隆传》,中华书局1974年版,第六册,第2139页)这两次大军压境时,丹徒和建康民众的表现如出一辙,他们是带着恐惧欲逃和同仇敌忾的心态来迎敌的,与此次"临水望贼"的状况形成了鲜明对照。
② 《晋书》卷一〇〇《卢循传》,第八册,第2635页。

卢循进攻京师时发生了暴风倾覆其船舰的意外情况,并且成为其最终失败的重要原因之一。同书《五行志下》:"(义熙)六年五月壬申(廿一,7.8),大风拔北郊树,树几百年也;并吹琅邪、扬州二射堂倒坏。是日,卢循大舰漂没。甲戌(廿三,7.10),又风,发屋折木。"①发生于义熙六年五月二十一日和二十三日的这两次大风暴,对卢循进攻京师的确产生了巨大影响,就在第一次大风中"卢循大舰漂没",应该只是部分舰船倾覆漂没,但无疑削弱了叛军的整体力量和战斗力。上述刘裕北戍白石而叛军焚查浦登岸发生于五月二十九日,其时叛军力量已经因暴风倾覆船舰而遭受重创,其在登岸后又轻易被京师守军击退,与此不无关系。

进攻建康未果,卢循遣军向京口、姑孰等周边重镇发起攻击。《魏书·岛夷刘裕传》载,卢循"遂遣焚京口、金城、姑熟,寇掠涂中及江宁、芜湖"②。按:金城在江乘之蒲洲③,位于京口与建康之间④,属于京师附近的重要军事据点⑤。涂中在扬州江北(江西)⑥,位

---

① 《晋书》卷二九《五行志下》,第三册,第888页。
② 《魏书》卷九七《岛夷刘裕传》,第六册,第2131页。
③ 《宋书》卷三五《州郡志一》南徐州南琅邪太守:"成帝咸康元年(335),桓温领郡,镇江乘之蒲洲金城上,求割丹阳之江乘县境立郡,又分江乘地立临沂县。"(第四册,第1039页)
④ 《晋书》卷一三《天文志下》:"(隆安)五年(401),孙恩攻侵郡县,杀内史,至京口,进军蒲洲,于是内外戒严。"(第二册,第381页)
⑤ 晋元帝永昌元年(322)正月,大将军王敦举兵反叛。三月,"刘隗军于金城,右将军周札守石头,帝亲被甲徇六师于郊外"(《晋书》卷六《元帝纪》,第一册,第155页)。王导遗王含书中谓"导统六军,石头万五千人,宫内后苑二万人,护军屯金城六千人"云云(卷九八《王敦传》,第八册,第2564页)。康帝建元二年(344)八月"丁巳,以卫将军褚裒为特进、都督徐兖二州诸军事、兖州刺史,镇金城"(卷七《康帝纪》,第一册,第187页)。孝武帝太元八年(383)"十一月庚申,诏卫将军谢安劳旋师于金城"(卷九《孝武帝纪》,第232页)。
⑥ 《晋书》卷五八《周札传》:"进号征虏将军、监扬州江北军事、东中郎将,镇涂中,未之职。"(第五册,第1575页)

于建康与豫州治所历阳之间①。江宁与建康相邻②。芜湖为南豫州治所③。《宋书·天文志三》载,卢"循等至蔡洲,遣别将焚京口"④,但具体情形未见其他记载。同书《刘粹传》:"从征广固,战功居多。以建义功,封西安县五等侯。军还,转中军谘议参军。卢循逼京邑,京口任重,太祖时年四岁,高祖使粹奉太祖镇京城。转游击将军。"⑤这是当时有关京口城的唯一记载,看不出京口被焚的任何信息。即便有一支叛军对京口进行攻焚,规模似乎并不很大。叛军对豫州治所姑孰的进攻则有明确记载。《宋书·向靖传》:"卢循屯据蔡洲,以亲党阮赐为豫州刺史,攻逼姑孰。弥率谯国内史赵恢讨之。时辅国将军毛脩之戍姑孰,告急续至,弥兼行进讨,破赐,收其辎重。"⑥《毛脩之传》:"卢循逼京邑,脩之服未除,起为辅国将军,寻加宣城内史,戍姑孰。为循党阮赐所攻,击破之。"⑦叛军对京口和姑孰等地用兵,投入的兵力似乎并不多。

叛军进攻京口和姑孰,既有企图一举拿下这两个重镇,开辟京师外围战场扩大战果的目的,也有可能是为了阻止在进攻京师时有可能来自京口和姑孰的增援。不管怎样,这两个方向小规模军

---

① 《晋书》卷七四《桓彝传附石绥传》:"(桓)玄用事,拜黄门郎、左卫将军。玄败,石绥走江西涂中,聚众攻历阳。"(第六册,第1947页)《资治通鉴》卷一〇二《晋纪二四》海西公太和四年十一月,"丞相昱与大司马温会涂中"下,胡三省注:"涂中,今滁州全椒县、真州六合县地。"(第八册,第3226页)
② 《晋书》卷一五《地理志下》:扬州丹阳郡江宁县,"太康二年(281),分建邺置"。(第二册,第460页)《宋书》卷三五《州郡志一》:扬州丹阳尹江宁令,"晋武帝太康元年,分秣陵立临江县。二年,更名"。(第四册,第1030页)
③ 参见《宋书》卷三六《州郡志二》,第四册,第1071页。
④ 《宋书》卷二五《天文志三》,第三册,第732页。
⑤ 《宋书》卷四五《刘粹传》,第五册,第1379页。
⑥ 《宋书》卷四五《向靖传》,第五册,第1374页。
⑦ 《宋书》卷四八《毛脩之传》,第五册,第1428页。

事行动并未取得预期效果,反而由于分散了一部分兵力,从而对进攻京师建康的行动产生了一定的消极影响。史载卢循在进攻建康失利后"乃进攻京口,寇掠诸县,无所得"。面对这种情况,"循谓道覆曰:'师老矣!弗能复振。可据寻阳,并力取荆州,徐更与都下争衡,犹可以济。'因自蔡洲南走,复据寻阳"。① 就这样,叛军在对建康进行了长时间围攻之后,不得不无功而返,"秋七月庚申(初十,8.25),卢循遁走"②。时距卢循于五月十四日(7.1)抵达蔡洲(淮口)已有近两月之久,距五月二十一日暴风倾覆其舰船也有近五十天的时间。由此看来,暴风倾覆舰船对卢循叛军其后的行动虽有影响,但并非决定性的因素。

从五月二十九日(7.16)叛军攻焚查浦上岸并被守军赶走之后,到其遁走的五十天时间里,双方战事的相关情况几乎不见于史书记载,透过上引《晋书·卢循传》的一条记载可以推断,叛军在继续围困建康城的同时,派出部分军队对周边郡县进行寇掠,除了想攻城略地外,筹集军需应该也是重要目的。这一段时间里,京师守军按兵不动,并未主动反击,估计叛军发动过若干次进攻,均受到强力阻击而未能登岸。由于京师守军人数较少,物资需求有限,一两个月的围城对其供给不会造成困难,对叛军而言十万大军的物资补给却不是一个小数目,坚持长期围城显然并不现实。综合各种因素,尤其是近两个月徒劳无功的围城导致师老兵疲,战斗力锐减,卢循不得不作出撤兵西上的决定。

卢循的设想是,从建康退兵据守寻阳,进而攻占荆州,在上流地区进行扩张,待实力更加强大之后再与建康朝廷争衡,获得成功

---

① 《晋书》卷一〇〇《卢循传》,第八册,第2635—2636页。参见《资治通鉴》卷一一五《晋纪三七》安帝义熙六年六月,第八册,第3636页。

② 《晋书》卷一〇《安帝纪》,第一册,第262页。

的可能性还是很大的。然而,刘裕却不给叛军这种机会。刘裕是在征讨孙恩叛军过程中成长起来的杰出军事家,又有剿灭桓玄及其残余势力以及北伐消灭南燕的丰富的战争经验,对于追剿撤退中的叛军,可以说远比守卫建康城要更为游刃有余。叛军离开第五天,刘裕派遣的追兵便从石头城出发了。七月"甲子(十四,8.29),使辅国将军王仲德、广川太守刘钟、河间内史蒯恩等帅众追之。是月,卢循寇荆州,刺史刘道规、雍州刺史鲁宗之等败之"①。卢循率大军从蔡洲撤退后很快就到达江州并试图攻占荆州,看来他的确是按照撤退前对徐道覆所言来实施其战略的。

卢循统领大军东下时,并非倾巢出动,而是在所占领的江州留下重兵驻守。《宋书·宗室·临川王道规传》:"卢循寇逼京邑,道规遣司马王镇之及扬武将军檀道济、广武将军到彦之等赴援朝廷,至寻阳,为贼党苟林所破。循即以林为南蛮校尉,分兵配之,使乘胜伐江陵,扬声云徐道覆已克京邑。"②《檀道济传》:"卢循寇逆,群盗互起,郭寄生等聚作唐,以道济为扬武将军、天门太守讨平之。又从刘道规讨桓谦、苟林等,率厉文武,身先士卒,所向摧破。"③《南史·到彦之传》:"(义熙)六年,卢循逼都,彦之与檀道济掩循

---

① 《晋书》卷一〇《安帝纪》,第一册,第262页。《宋书》卷一《武帝纪上》:"七月庚申,群贼自蔡洲南走,还屯寻阳。遣辅国将军王仲德、广川太守刘钟、河间太守蒯恩追之。"(第一册,第21页)按:七月庚申是叛军从蔡洲撤军之日,刘裕遣王仲德等追击是在七月甲子,叛军还屯寻阳则应该更晚。《资治通鉴》卷一一五《晋纪三七》安帝义熙六年(410)七月"甲子(十四,8.29),裕使辅国将军王仲德、广川太守刘钟、河间内史兰陵蒯恩、中军谘议参军孟怀玉等帅众追循"。(第八册,第3636页)按:孟怀玉与王仲德、刘钟、蒯恩一起追击卢循的记载仅见于此,司马光当是根据后来孟怀玉斩徐道覆于始兴等记载而作出的推断,并无原始资料相佐证。
② 《宋书》卷五一《宗室·临川王道规传》,第五册,第1472—1473页。
③ 《宋书》卷四三《檀道济传》,第五册,第1341页。

辎重,与循党荀林战,败,免官。"① 很显然,后者记述更为可靠,而前者所记"所向摧破"云云自属夸诞之词。作唐为荆州南平郡辖县②,属于荆州中心区域。从《檀道济传》的记载可以看出,在卢循叛军进攻荆楚之时,当地反叛活动空前活跃,对于官军应对卢循叛军的进攻形成了严重干扰。留守江州的叛军切断了荆州与京师之间的通道,不仅荆州向京师派遣的援军难以通过,而且在叛军进攻京师期间,荆州也处于四面楚歌被动挨打的境地。

第三节 乘胜追击,激战荆楚

其时割据巴蜀的伪蜀(成都)国君谯纵和流亡后秦的桓氏余党亦蠢蠢欲动,联络后秦试图趁火打劫。《晋书·姚兴载记下》:"谯纵遣其侍中谯良、太常杨轨朝于兴,请大举以寇江东。遣其荆州刺史桓谦、梁州刺史谯道福率众二万东寇江陵。兴乃遣前将军苟林率骑会之。谦屯枝江,林屯江津。谦,江左贵族,部曲遍于荆楚,晋之将士皆有叛心。荆州刺史刘道规大惧,婴城固守。"③按:苟林与荀林为同一人,《宋书》《南史》及《太平御览》《册府元龟》《武经总要》皆作"荀林"④,《晋书》及《资治通鉴》

---

① 《南史》卷二五《到彦之传》,第三册,第674页。
② 参见《晋书》卷一五《地理志下》,第二册,第456页;《宋书》卷三七《州郡志三》,第四册,第1118页。
③ 《晋书》卷一一八《姚兴载记下》,第一〇册,第2993—2994页。
④ 参见《宋书》卷一《武帝纪上》(第一册,第21页),卷二五《天文志三》(第三册,第732页),卷四三《檀道济传》(第五册,第1341页),卷五一《宗室·临川王道规传》(第五册,第1472页),卷七四《鲁爽传》(第七册,第1922页);《南史》卷一三《宋宗室及诸王上·临川王道规传》(第二册,第357页),卷二五《到彦之传》(第三册,第674页);《太平御览》卷二七九《兵部十·信义》引《晋书》(第二册,第1301页);《册府元龟》卷三六三《将帅部·机略三》((宋)

作"苟林"①,苟、荀形似,必有一误。氏族有苟氏,推断此作"苟林"为是。苟林本为后秦前将军,在其于寻阳打败刘道规所遣入援京师的檀道济和到彦之部后,即被卢循任命为南蛮校尉,并向其分配了军队以增强其实力,并把攻占江陵的任务交给了他。卢循、徐道覆向京师进发之后,荆州的压力减轻,刘道规随即派出檀道济和到彦之率军入援京师,然而此时后秦和伪蜀军队与桓氏余党分别在上下流对荆州展开围追堵截,不但入援计划受阻,荆州也陷入自身难保的险境。史载"桓谦自长安入蜀,谯纵以谦为荆州刺史,厚加资给,与其大将谯道福俱寇江陵,正与(苟)林会。林屯江津,谦军枝江,二寇交逼,分绝都邑之问。荆楚既桓氏义旧,并怀异心"。"谦至枝江,江陵士庶皆与谦书,言城内虚实,咸欲谋为内应。"诚如刘道规所言,当时"卢循拥隔中流,扇张同异,桓谦、苟林更相首尾,人怀危惧,莫有固心"。②

面对如此严峻的形势,刘道规沉着应对,保持了稳定局面。既而"雍州刺史鲁宗之率众数千自襄阳来赴。或谓宗之未可测,道规乃单马迎之,宗之感悦"。刘道规力排众议,否决了"欲使檀道济、到彦之与宗之共击"的意见,"乃使宗之居守,委以腹心,率诸军攻谦"。于是"解南蛮校尉印以授谘议参军刘遵。驰往攻谦,水

(接上页)王钦若等编:《册府元龟》,中华书局1960年版,第五册,第4314页),卷三七九《将帅部·襃异五》(第4506页),卷三四四《将帅部·佐命五》(第三册,第4069页),卷四二二《将帅部·推诚》(第四册,第5020页),卷四三一《将帅部·器度》(第六册,第5127页);《武经总要·后集》卷三《临阵制宜》、卷七《克敌安众心》、卷八《御士推诚》((宋)曾公亮等撰,《景印文渊阁四库全书》子部三二"兵家类",台湾商务印书馆1986年版,第七二六册,第632、705、706页)。

① 参见《晋书》卷一一八《姚兴载记下》,第一〇册,第2993页;《资治通鉴》卷一一五《晋纪三七》安帝义熙六年八月、九月,第八册,第3637、3638页。
② 《宋书》卷五一《宗室·临川王道规传》,第五册,第1473页。

陆齐进,谦大败,单舸走,欲下就林,追斩之。还至浦口,林又奔散。刘遵率军追林,至巴陵,斩之"。①《宋书·武帝纪上》:"荆州刺史道规斩谦于枝江,破林于江津,追至竹町斩之。"②枝江与荆州首府江陵同属南郡③,江津即江陵之江津戍④,竹町在江津与巴陵之间⑤。据《宋书·天文志三》,临川王讨桓谦及苟林是在义熙六年八月,而刘遵斩苟林于巴陵是在九月。⑥ 同卷又载,八月"鄱阳太守虞丘进破贼别师于上饶"。《宋书·虞丘进传》:"(义熙六年)除鄱阳太守,(龙骧)将军如故。统马步十八队,于东道出鄱阳,至

---

① 《宋书》卷五一《宗室·临川王道规传》,第五册,第1473页。
② 《宋书》卷一《武帝纪上》,第一册,第21页。桓谦被斩于枝江,又见《晋书》卷九九《桓玄传》,第八册,第2603页。
③ 参见《晋书》卷一五《地理志下》,第二册,第455页;《宋书》卷三七《州郡志三》,第四册,第1118页。《水经注》卷三四《江水二》:"江水又东,迳上明城北。晋太元中,苻坚之寇荆州也,刺史桓冲徙渡江南,使刘波筑之,移州治此城。其地夷敞,北据大江。江氾枝分,东入大江,县治洲上,故以枝江为称。"杨守敬按:"《通鉴地理通释》引《元和志》,上明故城,亦谓桓城,在松滋县西一里,居上明之地,而桓冲所筑,故兼二名。在今松滋县西。"((后魏)郦道元注、杨守敬、熊会贞疏,段熙仲点校、陈桥驿复校:《水经注疏》,江苏古籍出版社1989年版,下册,第2852—2853页)
④ 《资治通鉴》卷一一四《晋纪三六》安帝义熙元年正月,"桓振挟帝出屯江津"下胡三省注:"江津戍在江陵,南临江渚。《荆记》曰:江陵县东三里有津乡。《水经注》:江陵城南有马牧城。此洲始自枚回下迄于此,长七十余里,洲上有奉城,江津长所治。"(第八册,第3578页)按胡注所引《水经注》见卷三四《江水二》,其下又云:"旧主度州郡,贡于洛阳,因谓之奉城,亦曰江津戍也。""北对大岸,谓之江津口,故洲亦取名焉。江大自此始也。"((北魏)郦道元著,陈桥驿校证:《水经注校证》,中华书局2007年版,第797页)
⑤ 《水经注》卷三五《江水三》:"江水又东迳竹町南,江中有观详溠,溠东有太洲,洲东分为爵洲,洲南对湘江口也。"杨守敬按:竹町,"在今监利县东南"。观详溠、太洲,"俱在今监利县东南,巴陵县西北"。爵洲,"在今监利县东南,巴陵县北"。湘江口,"即湘水入大江之口也,本湘水而称湘江者,沿后起之名耳。在今巴陵县北"。(《水经注疏》,下册,第2879—2880页)
⑥ 《宋书》卷二五《天文志三》,第三册,第732页。

五亩峤。循遣将英纠为上饶令,千余人守故城,进攻破之。循又遣童敏之为鄱阳太守,据郡,进从余干步道趣鄱阳,敏之退走,追破之,斩首数百。"①当其时,刘裕"进号征西将军",卢循叛军自西而来,这一任命意在表明征讨和防卫卢循叛军的总指挥由刘裕担任。

刘裕在派遣王仲德等将领追击叛军的同时,又采取措施加强水军及其装备设施,以便在同拥有强大水军的卢循叛军的战斗中立于不败之地。"公还东府,大治水军,皆大舰重楼,高者十余丈。"②"八月,孙季高乘海伐广州。"③孙季高即孙处,"籍注季高,故字行于世"。史载"高祖谓季高曰:'此贼行破,应先倾其巢窟,令奔走之日,无所归投,非卿莫能济事。'遣季高率众三千,泛海袭番禺"。④刘裕破贼"应先倾其巢窟"的战略,无疑是颇为高明的,先将叛军的老窝端掉,将会令其无处可退,有利于最终彻底歼灭之。孙季高为会稽永兴人,又曾随刘裕征讨孙恩,熟悉东南沿海地区的地理形势,令其率军"泛海袭番禺"自然是合适的人选。

仅仅派遣手下将领征讨卢循叛军,刘裕对于是否能够获得全胜还没有充分的把握,在做了三个月左右的准备后,刘裕亲自上阵,指挥对叛军的追剿。"十月,高祖以舟师南征。"⑤《资治通鉴》晋安帝义熙六年:"十月,裕帅兖州刺史刘藩、宁朔将军檀韶、冠军将军刘敬宣等南击卢循,以刘毅监太尉留府,后事皆委焉。癸巳(十四,11.26),裕发建康。"⑥当年追剿桓玄时,刘裕刚刚攻占建

---

① 《宋书》卷四九《虞丘进传》,第五册,第1441页。
② 《宋书》卷一《武帝纪上》,第一册,第21页。
③ 《宋书》卷二五《天文志三》,第三册,第732页。
④ 《宋书》卷四九《孙处传》,第五册,第1435页。
⑤ 《宋书》卷二五《天文志三》,第三册,第732页。
⑥ 《资治通鉴》卷一一五《晋纪三七》安帝义熙六年十月,第八册,第3639页。

康,必须亲自坐镇石头城,才能够控制京师局势,进而统筹指挥追剿桓玄及其残余势力的战斗,而今刘裕的权势如日中天,桓玄及其残余势力和南燕政权相继被消灭,刚刚又力挽狂澜,成功抵挡住了卢循叛军对京师的强大攻势,使建康政权又一次起死回生。叛军虽然没能攻克京师,但其实力并未遭受重大损失,只要卢循和徐道覆存在一天,刘裕就难以安心,必欲除之而后快。因此,在叛军从蔡洲撤离后刘裕决定不给其任何喘息的机会,一定要竭尽全力尽快将其彻底干净的消灭。

尽管如此,刘裕本人从建康出发还是比较迟的。《宋书·王诞传》:

> 高祖请为太尉谘议参军,转长史。尽心归奉,日夜不懈,高祖甚委仗之。北伐广固,领齐郡太守。卢循自蔡洲南走,刘毅固求追讨,高祖持疑未决,诞密白曰:"公既平广固,复灭卢循,则功盖终古,勋无与二,如此大威,岂可余人分之。毅与公同起布衣,一时相推耳,今既已丧败,不宜复使立功。"高祖从其说。[①]

前此叛军从寻阳出发东下时,刘毅率军迎击,而刘裕极力劝阻,看来的确存在着防止刘毅实力趁机坐大的意图。刘毅在桑落洲一败涂地,给京师防守带来了异常严峻的危机,但也消除了刘毅与刘裕在军权上有可能平分秋色的危险。卢循围城的最危险时刻已经过去,若此时让刘毅负责指挥追击叛军的军事行动,则意味着他很有可能借机东山再起,恢复其往日的权势甚至进一步扩充实力,从而对刘裕构成威胁的可能性也是很大的。在刘裕对是否派遣刘毅出征迟疑不决之际,王诞的提醒非常及时,让刘裕打消了派遣刘毅出

---

① 《宋书》卷五二《王诞传》,第五册,第1492页。

征的念头,而是决定亲自出马,再立新功,在扩大权力的同时进一步提高声望。

就在刘裕率军南征的同时,屯驻寻阳的徐道覆率领大军对荆州展开攻势。《宋书·宗室·临川王道规传》:

> 徐道覆率众三万,奄至破冢,鲁宗之已还襄阳,追召不及,人情大震。或传循已平京师,遣道覆上为刺史……道规使刘遵为游军,自距道覆于豫章口。前驱失利,道规壮气愈厉,激扬三军,遵自外横击,大破之。斩首万余级,赴水死者殆尽。道覆单舸走还盆口。初使遵为游军,众咸云:"今强敌在前,唯患众少,不应割削见力,置无用之地。"及破道覆,果得游军之力,众乃服焉。①

檀道济时为扬武将军、天门太守,"及徐道覆来逼,道规亲出拒战,道济战功居多。迁安远护军、武陵内史"②。《宋书·天文志三》系其事于十月刘裕南征之后,云:"是时,徐道覆率二万余人攻荆州,烈武王距之。战于江津,大破之,枭歼其十八九。道覆弃战船走。"③按烈武王即刘道规,此所记徐道覆率领部众人数与上引《道规传》有异④,无论如何徐道覆所领至少也有二万多人。《晋书·安帝纪》:义熙六年七月,"是月,卢循寇荆州,刺史刘道规、雍州刺史鲁宗之等败之。又破徐道覆于华容,贼复走寻阳"⑤。据以上所述,刘道规、鲁宗之击败叛军及其盟军是在义熙六年八、九月间,而其"破徐道覆于华容"当即指破冢之战,则应该发生于十月。

---

① 《宋书》卷五一《宗室·临川王道规传》,第五册,第1474页。
② 《宋书》卷四三《檀道济传》,第五册,第1341页。
③ 《宋书》卷二五《天文志三》,第三册,第732页。
④ 《资治通鉴》卷一一五《晋纪三七》安帝义熙六年十月下载,"徐道覆率众三万趣江陵,奄至破冢"。(第八册,第3639页)
⑤ 《晋书》卷一〇《安帝纪》,第一册,第262页。

"破冢在江津之东"①,宋文帝初年谢晦欲讨京师,"晦率众二万发自江陵,舟舰列自江津至于破冢"②。《道规传》的记载显示,即便是在卢循和徐道覆从蔡洲撤离约三个月之后,身在江陵的荆州刺史刘道规及其部众仍然没有得到京师方面准确的信息,表明当时的局势扑朔迷离。此次徐道覆进攻荆州失利,损失相当惨重,可以说是从岭南北上以来所遭遇的首次重大人员伤亡。

紧接着,叛军又在与王仲德(懿)等来自建康的追军交战时遭到大败。如上所述,在叛军围城期间王仲德屯驻在建康城南秦淮河岸的越城进行防守,"及贼自蔡洲南走,遣仲德追之。贼留亲党范崇民五千人,高舰百余,城南陵。仲德攻之,大破崇民,焚其舟舰,收其散卒,功冠诸将"。③ 刘钟在叛军进攻南岸时拒敌受伤,"循南走,钟与辅国将军王仲德追之。循先留别帅范崇民以精兵高舰据南陵,夹屯两岸。钟自行觇贼,天雾,贼钩得其舸,钟因率左右攻舰。贼遽闭户距之,钟乃徐还。与仲德攻崇民,崇民败走,钟追讨百里,烧其船乘"。④ 蒯恩在叛军进攻建康时曾与之"战于查浦","与王仲德等追破循别将范崇民于南陵。"⑤《资治通鉴》晋安帝义熙六年七月:"循自蔡洲南还寻阳,留其党范崇民将五千人据南陵。"胡三省注:"南陵在宣城郡宣城县西,梁置南陵郡及南陵县,盖汉丹阳郡石城县之界也,今为池州贵池县地。循虑兵有利

---

① 《资治通鉴》卷一一五《晋纪三七》安帝义熙六年十月胡三省注,第八册,第3639页。
② 《宋书》卷四四《谢晦传》,第五册,第1353页。
③ 《宋书》卷四六《王懿传》,第五册,第1392页。
④ 《宋书》卷四九《刘钟传》,第五册,第1439页。
⑤ 《宋书》卷四九《蒯恩传》,第五册,第1437页。

钝,欲南归番禺,故使崇民守之以固彭蠡湖口。宋白曰:栅江口对岸即旧南陵县地,今为繁昌县。"①

南陵之战发生于是年十一月,《宋书·天文志三》:"十一月,刘钟破贼军于南陵。"②"循初自蔡洲南走,留其亲党范崇民五千人,高舰百余,戍南陵。王仲德等闻大军且至,乃进攻之。十一月,大破崇民军,焚其舟舰,收其散卒。"③孟怀玉并未参加南陵之战,可以确定他不是同王仲德、刘钟、蒯恩一起追剿卢循和徐道覆叛军的。南陵之战发生的具体日期史无明载,《天文志三》接着又记癸丑(初五,12.16)、庚戌(12.13)事,因时间顺序错乱,无法据此判断大概的时日。南陵大体位于扬州建康与江州寻阳之间,在大约四个月之后建康追军始与叛军南陵守军遭遇,可见叛军的长江防线还是颇为牢固的。徐道覆进攻荆州大败,叛军整体力量遭到严重削弱,无暇增援南陵,王仲德等部因之得以乘虚而入。

第四节　岭南追剿,叛军覆亡

对于官军而言,本月最值得称道的还是攻克叛军老巢广州。"庚戌,孙季高袭广州,克之。"④《宋书·孙处传》:"初,贼不以海道为防,季高至东冲,去城十余里,城内犹未知。循守战士犹有数千人,城池甚固。季高先焚舟舰,悉力登岸,会天大雾,四面陵城,

---

① 《资治通鉴》卷一一五《晋纪三七》安帝义熙六年七月,第八册,第3636页。
② 《宋书》卷二五《天文志三》,第三册,第732页。
③ 《宋书》卷一《武帝纪上》,第一册,第22页。
④ 《宋书》卷二五《天文志三》,第三册,第732页。

即日克拔。循父嘏、长史孙建之、司马虞尪夫等,轻舟奔始兴。"①与孙处一同南下的将领还有沈田子,同书《自序》:"及卢循逼京邑,高祖遣田子与建威将军孙季高由海道袭广州,加振武将军。"沈田子自言"下官与季高同履艰难,泛沧海,于万死之中,克平广州"云云,足见攻占广州之役的艰辛。②

十二月,官军的进展愈加顺利,战争形势更趋明朗。《晋书·安帝纪》:"十二月壬辰(十四,411.1.24),刘裕破卢循于豫章。"③同书《卢循传》:"裕先遣群率追讨,自统大众继进,又败循于雷池。循欲遁还豫章,乃悉力栅断左里。裕命众攻栅,循众虽死战,犹不能抗。裕乘胜击之,循单舸而走,收散卒得千余人,还保广州。"④《宋书·天文志三》:"十二月,高祖在大雷,与贼交战,大破之。贼走左里,进击,又破,死者十八九。"⑤向弥(靖)为建武将军、中军谘议参军,"卢循退走,高祖南征,弥为前锋,于南陵、雷池、左里三战,并大捷"⑥。关于大雷(雷池)、左里之战,《南史·宋本纪上·武帝纪》的记载比较具体:

> 十二月己卯(初一,411.1.11),大军次大雷。庚辰(初二,1.12),贼方江而下,帝躬提幡鼓,命众军齐力击之,军中多万钧神弩,所至莫不摧陷。帝自于中流蓐之,因风水之势,贼舰悉薄西岸,岸上军先备火具,焚之,大败。循还寻阳,遂走豫章,悉力栅左里。丙申(十八,1.28),大军次左里,将战,帝麾

---

① 《宋书》卷四九《孙处传》,第五册,第1435页。
② 《宋书》卷一〇〇《自序》,第八册,第2447页。
③ 《晋书》卷一〇《安帝纪》,第一册,第262页。
④ 《晋书》卷一〇〇《卢循传》,第八册,第2636页。
⑤ 《宋书》卷二五《天文志三》,第三册,第732页。
⑥ 《宋书》卷四五《向靖传》,第五册,第1374页。

之,麾竿折,幡沉于水,众咸惧。帝笑曰:"昔覆舟之役亦如此,今胜必矣。"攻其栅,循单舸走,众皆降。师旋,晋帝遣侍中、黄门劳师于行所。①

大雷即大雷戍,是位于寻阳之东的重要军事据点。《水经注·江水三》:"(青林)湖水西流,谓之青林水。又西南历寻阳,分为二水。一水东流,通大雷。一水西南流注于江,《经》所谓利水也,右对马头岸。"②《太平御览·地部三〇·江南诸水》"雷水"条引《水经》曰:"南经大雷戍,西注大江,谓之大雷口。一派东(南)流入江,谓之小雷口也。"③左里为寻阳宫亭湖旁一聚落。《南齐书·祥瑞志》:"昇明三年,左里村人于宫亭湖得戟戟二枚,傍有古字,文远不可识。"④《续汉书·郡国志四》庐江郡寻阳县下,本注引释慧远《庐山记略》曰:"山在寻阳南,南滨宫亭湖,北对小江,山去小江三十余里。"⑤亦指左里湖,即宫亭湖,又名彭蠡湖。《汉书·郊祀志下》:"明年冬,上巡南郡,至江陵而东。登礼潜之天柱山,号曰南岳。浮江,自浔阳出枞阳,过彭蠡,礼其名山川。"⑥汉武帝浮江所过之彭蠡即为是湖。⑦北宋陈舜俞《庐山记·叙山南篇》:"盖自南康军之东北出寻阳门一里,则有东庵院。院中有重湖阁,南望杨

---

① 《南史》卷一《宋本纪上·武帝纪》,第一册,第12页。《太平御览》卷三二七《兵部五八·班师》引《宋书》,记十二月丙申左里之战(第二册,第1503页),文字与《南史·宋本纪上·武帝纪》所记仅几字之异,似当引自《南史》而非《宋书》。
② 《水经注校证》卷三五《江水三》,第810页。
③ 《太平御览》卷六五《地部三〇·江南诸水》,第一册,第309页。
④ 《南齐书》卷一八《祥瑞志》,第一册,第364页。
⑤ 《后汉书》,第一二册,第3487页。
⑥ (汉)班固撰,(唐)颜师古注:《汉书》卷二五下《郊祀志下》,中华书局1962年版,第四册,第1243页。
⑦ 参见《永乐大典》卷二二六〇《六模·湖》引《南康军志》,中华书局1986年版,第二册,第734页。

栏左里,北临宫亭湖。"①

兵败大雷之后,卢循竭尽全力试图"栅断左里",阻止刘裕大军之追击,确保其能够撤军豫章并继续与官军抗衡。然而兵败如山倒,此时叛军已无力阻挡刘裕大军前进的步伐,撤退到豫章安营扎寨已然成为奢望,即便彻底退回广州老巢也是困难重重。卢循率领十万大军挺进建康,想当初大有气吞山河之势,然而还不到一年时间,却只能带着千余人败退广州。由于刘裕此前已派遣孙处沿海道南下攻占广州城,卢循东山再起的希望也就微乎其微了。不过,上引《晋书·卢循传》所载其"收散卒得千余人,还保广州"的记载可能并不准确,《宋书·孙处传》:"循于左里奔走,而众力犹盛,自岭道还袭广州。季高拒战二十余日,循乃破走,所杀万余人,追奔至郁林,会病,不得穷讨,循遂得走向交州。"②在广州攻城时被杀者就有万余人之众,则卢循南下所带兵众自然不会仅有千余人。

卢循逃亡目的地是其老巢广州,而徐道覆则于此前回到其起兵前任职的始兴郡,"因险自固"③。卢循和徐道覆败退后,刘裕派遣刘藩率军继续追击。《宋书·天文志三》:"贼还广州,刘藩等追之。七年二月,藩拔始兴城,斩徐道覆。卢循还番禺,攻围孙季高,不能克。走交州,交州刺史杜慧度斩之。"④《晋起居注》曰:"徐道霸(覆)蚁聚坚城,因山固守,今董率诸军围堑,四合高橦云梯,三方并攻,即日登城斩徐道霸以衅钲鼓。"⑤《晋书·安帝纪》:义熙

---

① (宋)陈舜俞撰:《庐山记》卷三《叙山南篇》,《景印文渊阁四库全书》史部三四三"地理类",台湾商务印书馆1986年版,第五八五册,第40页。
② 《宋书》卷四九《孙处传》,第五册,第1435—1436页。
③ 《晋书》卷一〇〇《卢循传》,第八册,第2636页。
④ 《宋书》卷二五《天文志三》,第三册,第732页。
⑤ 《太平御览》卷三三六《兵部六七·攻具上》,第二册,第1543页。

"七年春二月壬午(初五,3.15),右将军刘藩斩徐道覆于始兴,传首京师。夏四月,卢循走交州,刺史杜慧度斩之"①。刘藩为南下消灭徐道覆的主帅,与之同行的将领还有:龙骧将军虞丘进,"复随刘藩至始兴,讨斩徐道覆"②。中军谘议参军孟怀玉,"及循南走,怀玉与众军追蹑,直至岭表。徐道覆屯结始兴,怀玉攻围之。身当矢石,旬月乃陷。仍南追循"③。振武将军刘钟,"又随刘藩追徐道覆,于始兴斩之"④。宁远将军蒯恩,"循既走还广州,恩又领千余人随刘藩追徐道覆于始兴,斩之"⑤。

孙处率军攻占广州后,"即分遣振武将军沈田子等讨平始兴、南康、临贺、始安岭表诸郡"⑥。如上所述,沈田子与孙处南下广州,"循党徐道覆还保始兴,田子复与右将军刘藩同共攻讨。循寻还广州围季高,田子虑季高孤危",遂向刘藩请求回军救援。田子随即受刘藩派遣"率军南还",协助孙处守卫广州,改变了"季高单守危迫"的局面。"田子乃背水结陈,身率先士卒,一战破之。"卢循败走,沈田子"推锋追讨,又破循于苍梧、郁林、宁浦"。⑦ 卢循未能攻克广州,"乃袭合浦,克之。进攻交州,至龙编,刺史杜慧度谲而败之。循势屈,知不免,先鸩妻子十余人",又"鸩诸辞死"之妓妾,

---

① 《晋书》卷一〇《安帝纪》,第一册,第262页。据记载,战乱对始兴郡造成了严重破坏,"郡经贼寇,廨宇焚烧,民物凋散,百不存一"。张茂度(裕)由晋安太守转任始兴相,"茂度创立城寺,吊死抚伤,收集离散,民户渐复"。(《宋书》卷五三《张茂度传》,第五册,第1509页)
② 《宋书》卷四九《虞丘进传》,第五册,第1441页。
③ 《宋书》卷四七《孟怀玉传》,第五册,第1407页。本传载"循平"后"复为太尉谘议参军,征虏将军",推断其之前担任低于征虏将军的"宁朔至五威、五武将军"。(《宋书》卷四〇《百官志下》,第四册,第1261页)
④ 《宋书》卷四九《刘钟传》,第五册,第1439页。
⑤ 《宋书》卷四九《蒯恩传》,第五册,第1437页。
⑥ 《宋书》卷四九《孙处传》,第五册,第1435页。
⑦ 《宋书》卷一〇〇《自序》,第八册,第2447—2448页。

"因自投于水。慧度取其尸斩之,及其父嘏;同党尽获,传首京都"。①

就在卢循自杀的当月,孙处也在岭南病亡了。史载"义熙七年四月,季高卒于晋康,时年五十三"②。即便他死在卢循之后,大概也没能得知卢循死亡的消息。沈田子在向刘藩陈述必须南下救援孙处的理由时,言及平定广州的艰辛,谓"下官与季高同履艰难,泛沧海,于万死之中,克平广州"云云③。义熙九年,刘裕"念季高之功",上表追赠其为交州刺史:

> 若令根本未拔,投奔有所,招合余烬,犹能为虞,县师远讨,方勤庙算。而季高泛海万里,投命洪流,波激电迈,指日遄至,遂奄定南海,覆其巢窟,使循进退靡依,轻舟远进。曾不旬月,妖凶歼殄。④

的确如此,如果没有孙处率军泛海万里,排除艰难险阻,攻占叛军巢穴广州,则日后卢循败退广州,重新经营岭南,继续抗拒朝廷,应该具有极大的可能性。刘裕作为杰出政治家的战略眼光,于此得到充分体现。孙处病死,卢循自杀,但岭南局势并不平静,据记载沈田子在稳定局势上发挥了重要作用。"既兵荒之后,山贼竞出,攻没城郭,杀害长吏,田子随宜讨伐,旬日平殄。"⑤

褚叔度(裕)曾为刘裕中军中兵参军、建威将军,"从伐鲜卑,尽其诚力",又在查浦抗击叛军。"循南走,高祖版行广州刺史,仍除都督交广二州诸军事、建威将军、领平越中郎将、广州刺史。"⑥

---

① 《晋书》卷一〇〇《卢循传》,第八册,第2636页。
② 《宋书》卷四九《孙处传》,第五册,第1436页。
③ 《宋书》卷一〇〇《自序》,第八册,第2447页。
④ 《宋书》卷四九《孙处传》,第五册,第1436页。
⑤ 《宋书》卷一〇〇《自序》,第八册,第2448页。
⑥ 《宋书》卷五二《褚叔度传》,第五册,第1504页。

可见卢循从左里兵败南下后不久,刘裕并未向朝廷通报,便委派与其同名的亲信褚叔度前往广州,出任广州军政长官,将岭南地区的军政权力牢牢掌控在手中。到任之初,褚叔度平定了"开山聚众,谋掩广州"的"桓玄族人"。义熙八年,交州刺史杜慧度讨平了"招集亡命,攻破九真,杀太守杜章民"的卢循余党刘敬道,"叔度辄贬慧度号为奋扬将军,恶不先上,为有司所纠,诏原之"。①

除了进行镇压、滥用权力外,褚叔度又对广州的财富进行了无限度的搜括。"在任四年,广营贿货,家财丰积。坐免官,禁锢终身。还至都,凡诸旧及有一面之款,无不厚加赠遗。"尽管贪婪如此,刘裕非但未对他进行惩罚,反而因其"竭尽心力"而"甚嘉之",继续予以重用。在封其番禺县男诏中有云:"叔度南北征讨,常管戎要,西夏不虔,诚著岭表。"②由此看来,只要政治大节不亏,尽心竭力支持和拥护刘裕为最高统治者,即便有违法乱纪行为,也会受到刘裕的善待。不过,褚叔度在刘宋建政后担任雍州刺史,领宁蛮校尉、襄阳义成太守,"在任每以清简致称"。③ 其所以有这样大的改变,或许与刘宋建立后惩贪力度加大有关,也是因为他前此在广州的积累使其对财富的欲望得到了满足。

成功抵御并击退了卢循叛军对京师的强大攻势,刘裕的政治威望进一步高涨,其政治地位当然也就得有相应的提升。义熙"七年(411)正月己未(十二,2.20),振旅于京师,改授大将军、扬州牧,给班剑二十人,本官悉如故,固辞"。二月,"天子又申前命,公固辞。于是改授太尉、中书监,乃受命。奉送黄钺,解冀州"。④

---

① 《宋书》卷五二《褚叔度传》,第五册,第1504—1505页。
② 《宋书》卷五二《褚叔度传》,第五册,第1505页。
③ 《宋书》卷五二《褚叔度传》,第五册,第1505页。
④ 参见《宋书》卷二《武帝纪中》,第一册,第27页。

每一次重大的政治举动获得成功后,刘裕的官位都会有进一步的提升,这次自然也不会例外。

〔附〕剿灭五斗米道残余的反抗活动

卢循被杀,广州平定之初,局面并不稳定,如上引史载,其时"山贼竞出,攻没城郭,杀害长吏"。虽然这种状况很快得到改观,但仍有可能死灰复燃。晋安帝义熙十三年(417)七月,"南海贼徐道期陷广州,始兴相刘谦之讨平之"①。刘谦之"撰《晋纪》二十卷,义熙末,为始兴相。东海人徐道期流寓广州,无士行,为侨旧所陵侮。因刺史谢欣死,合率群不逞之徒作乱,攻没州城,杀士庶素憾者百余,倾府库,招集亡命,出攻始兴。谦之破走之,进平广州,诛其党与,仍行州事"②。按:徐道覆曾任始兴相,徐道期为东海人,而徐道覆为琅邪人③,两地相邻④,疑道期为道覆之兄弟或从兄弟。由此可见,卢循覆灭数年之后,在岭南地区还有卢循、徐道覆的残余势力活动。《宋书·胡藩传》:"高祖还彭城,参相国军事。时卢循余党与苏淫贼大相聚结,以为始兴相。"⑤按《册府元龟》引此,"苏淫贼"作"苏淫等"⑥。"苏淫"仅见于此,详情难明。很显然,"卢循余党与苏淫贼大相聚结"的地点即是徐道覆的老巢广州

---

① 《晋书》卷一〇《安帝纪》,第一册,第266页。
② 《宋书》卷五〇《刘康祖传》,第五册,第1446页。按刘谦之为刘康祖从父。
③ 《魏书》卷九七《岛夷刘裕传》:"卢循破广州,裕仍以循为广州刺史,其党琅邪人徐道覆为始兴相。"(第六册,第2130页)关于徐道覆郡望之记载,似仅见于此,现存南朝文献未见记载。
④ 参见《宋书》卷三五《州郡志一》,第四册,第1049—1050页。
⑤ 《宋书》卷五〇《胡藩传》,第五册,第1445页。
⑥ 《册府元龟》卷三四四《将帅部·佐命》,第五册,第4072页。

始兴郡,而具体时间则是在义熙十四年,即上述"南海贼徐道期陷广州"事件发生后不久。

宋少帝景平元年(423)二月"辛未(初四,3.1),富阳人孙法光反,寇山阴,会稽太守褚淡之遣山阴令陆劭讨败之"①。富阳孙氏为当地大族,《晋书·孙惠传》:"孙惠字德施,吴国富阳人,吴豫章太守贲曾孙也。父祖并仕吴。"②孙惠活跃于西晋末年,曾任彭城内史、广陵相、安丰内史等职,"封临湘县公",死于东晋初年。孙恩为"琅邪人孙秀之族也",虽非富阳孙氏,但其活动地域涵盖了富阳县。富阳时为扬州吴郡辖县,本汉富春县,晋孝武帝避简文郑太后名讳"春"字而"改曰富阳"。③ 唐宋时代属杭州,在州西南七十三里。④ 孙法光造反之时,正当褚"淡之为会稽太守"。关于此次事件,《宋书·褚叔度传》有颇为详细的记载,兹引述于下:

> 景平二年,富阳县孙氏聚合门宗,谋为逆乱,其支党在永兴县,潜相影响。永兴令羊恂觉其奸谋,以告淡之,淡之不信,乃以诬人之罪,收县职局。于是孙法亮号冠军大将军,与孙道庆等攻没县邑,即用富阳令顾粲为令,加辅国将军。遣伪建威将军孙道仲、孙公喜、法杀攻永兴。永兴民漼恭期初与贼同,后反善就羊恂,率吏民拒战,力少退败。贼用县人许祖为令,恂逃伏江唐山中,寻复为贼所得,使还行县事。贼遂盘据,更相树立,遥以鄞令司马文寅为征西大将军,孙道仲为征西长

---

① 《宋书》卷四《少帝纪》,第一册,第64页。按:"褚淡之"原作"褚谈",中华书局点校本加"之",参见本卷"校勘记"[九],第一册,第68页。
② 《晋书》卷七一《孙惠传》,第六册,第1881页。
③ 参见《宋书》卷三五《州郡志一》,第四册,第1032页。
④ 《后汉书》卷八三《逸民·严光传》"乃耕于富春山"下李贤注(第一〇册,第2764页),《资治通鉴》卷二七七《后唐纪六》长兴三年(932)"内牙指挥使富阳刘仁杞"下注(第一九册,第9066页)。

217

史,孙道覆为左司马,与公喜、法杀等建旗鸣鼓,直攻山阴。淡之自假凌江将军,以山阴令陆邵领司马,加振武将军,前员外散骑常侍王茂之为长史,前国子博士孔欣、前员外散骑常侍谢苓之并参军事,召行参军七十余人。前镇西谘议参军孔宁子、左光禄大夫孔季恭子山士在艰中,皆起为将军。遣队主陈愿、郡议曹掾虞道纳二军过浦阳江。愿等战败,贼遂摧锋而前,去城二十余里。淡之遣陆邵督带戟公石𬷼、广武将军陆允,以水军拒之,又别遣行参军濡恭期率步军与邵合力。淡之率所领出次近郊。恭期等与贼战于柯亭,大破之,贼走还永兴。遣伪宁朔将军孙伦领五百人攻钱唐,与县戍军建武将军战于琦(?),伦败走,还富阳。伦因反善,杀法步帅等十余人,送首京都。诏遣殿中员外将军徐卓领千人,右将军彭城王义康遣龙骧将军丘显率众五百东讨,司空徐羡之版扬州主簿沈嗣之为富阳令,领五百人于吴兴道东出,并未至而贼平。吴郡太守江夷轻行之职,停吴一宿,进至富阳,分别善恶,执送愿徒贼余党数百家于彭城、寿阳、青州诸处。①

按"山阴令陆邵"即"陆劭",然邵、劭未知孰是。此次事件看来是有一定规模的,其活动地域与二十年前孙恩叛军的中心区域有重合,也是五斗米道的主要传教区,孙恩叔父泰"师事钱唐杜子恭"②即可为证。西晋"八王之乱"后期,"东海王越举兵下邳,惠乃诡称南岳逸士秦秘之,以书干越"③。其行为颇似道教中人,疑为天师道或五斗米道徒。这次富阳孙氏造反领袖人物孙法亮、孙道庆、孙道仲、孙公喜、孙法杀、孙道覆,其名多带"道"字或"法"字,应该是

---

① 《宋书》卷五二《褚叔度传》,第五册,第1503—1504页。
② 《晋书》卷一〇〇《孙恩传》,第八册,第2631页。
③ 《晋书》卷七一《孙惠传》,第六册,第1881页。

其信奉道教的一个表征,孙道覆与卢循妹夫徐道覆同名亦是有力证据。

这次事件,应该就是吴郡道教徒在孙恩、卢循之乱失败后的又一次反政府运动,造反首领孙法亮自号冠军大将军,又任命了辅国将军、建威将军、征西大将军、征西长史、左司马等官号,可见他们已具有较强的组织意识,若非很快被平定,下一步应该就是称号建国了。值得注意的是,富阳令顾粲与鄮令司马文寅皆被其委以官号,司马文寅之名似乎也有东晋宗室后裔反对刘氏统治的意味。总的来看,这很可能是一次信奉道教的当地地方豪强势力反抗刘宋统治的武装斗争,也可以看作是孙恩、卢循之乱的余波。面对孙氏造反者的进攻,会稽太守"自假凌江将军",迅速建立起平叛体制,组织当地现任和朝廷离任官吏构建指挥中心。参与平叛的官吏多为与朝廷关系紧密的当地大族成员,如山阴孔氏、吴郡陆氏,一定程度上反映了信奉儒教的会稽大族和信奉道教的地方豪强对待刘宋统治的截然相反的态度。

勇谋兼备御强敌,声东击西迷魂阵。
叛军登岸未突破,姑苏京口亦无功。
师老不敢再久留,退兵荆楚图再兴。
争战不利逃岭南,大势已去志图穷。
追剿灭循除祸患,广州全境复归晋。
力挽狂澜解倒悬,以一当十建奇功。

第九章 刘毅诸葛,杀绝除患

刘毅及长民,举义并著勋。
诛杀不手软,残酷清路障。

第一节 刘毅功高,震主遭忌

如前所述,刘毅是与刘裕一道反抗桓玄的举义同志,在其后征讨桓玄的军事行动中,刘毅建立了巨大功绩。桓玄撤退,刘裕入主建康后,即派军追讨桓玄,刘毅则为主将。桓玄被剿灭,刘毅功勋卓著。史载"及玄死,桓振、桓谦复聚众距毅于灵溪。玄将冯该以兵会于振,毅进击,为振所败,退次寻阳,坐免官,寻原之。刘裕命何无忌受毅节度,无忌以督摄为烦,辄便解统。毅疾无忌专擅,免其琅邪内史,以辅国将军摄军事,无忌遂与毅不平。毅唯自引咎,时论韪之"。① 由此可见,其时刘毅虽受刘裕派遣指挥消灭桓氏残余势力的战斗,实际上却拥有不向刘裕请示即可决定旗下将领任免的自主权力。何无忌为刘裕建义亲信,刘裕命其受刘毅节度,表面看来意在显示刘裕对刘毅的信任和尊重,实则何无忌的使命或许就是监视刘毅。如此,何无忌对刘毅的挑衅以及刘毅对其进行

---

① (唐)房玄龄等撰:《晋书》卷八五《刘毅传》,中华书局1974年版,第七册,第2206页。

打压也就不难理解。一山难容二虎。随着军功的不断建立，刘毅开始不甘心受制于刘裕的命运，而刘裕更不能容忍有人挑战自己的权威，双方的冲突在所难免。尽管刘毅颇具实力，但还不具备与刘裕抗衡的条件，所谓"时论"，即是刘裕所掌控的社会资源的折射。

　　刘毅与刘道规率军自寻阳进至夏口，又"进平巴陵"。"以毅为使持节、兖州刺史，将军如故。毅号令严整，所经墟邑，百姓安悦。"刘毅诸军经江陵至马头，"率无忌、道规等诸军破冯该于豫章口，推锋而进，遂入江陵"。桓振、桓谦北逃，"乘舆反正，毅执玄党卞范之、羊僧寿、夏侯崇之、桓道恭等，皆斩之"。① 这是继桓玄被杀后刘裕阵营取得的又一巨大胜利。既而桓振"复与苻宏自郧城袭陷江陵，与刘怀肃相持。毅遣部将击振，杀之，并斩伪辅国将军桓珍。毅又攻拔迁陵，斩玄太守刘叔祖于临嶂。其余拥众假号以十数，皆讨平之。二州既平，以毅为抚军将军"。毅又遣将讨灭湘中"刁预等作乱"。"诏以毅为都督豫州扬州之淮南历阳庐江安丰堂邑五郡诸军事、豫州刺史，持节、将军、常侍如故，本府文武悉令西属。以匡复功，封南平郡开国公，兼都督宣城军事，给鼓吹一部。梁州刺史刘雅反，毅遣将讨擒之。""俄进拜卫将军、开府仪同三司。"② 按刘毅任抚军将军的具体时间不知，推断当在义熙二年十月封南平郡公之前，其为卫将军、开府仪同三司是在义熙五年正月。③ 在攻克江陵、扶持晋安帝反正之时，刘毅已成为地位仅次于刘裕的东晋第二军事强人，而这一地位在其被封为南平郡公时得以确认。

　　刘裕虽为反玄举义的发起人，在攻占建康之役中建立了头功，但在其后追剿桓玄及其残部的战斗中，一直坐镇建康，居中指挥，

---

① 《晋书》卷八五《刘毅传》，第七册，第2206页。
② 《晋书》卷八五《刘毅传》，第七册，第2206—2207页。
③ 参见《晋书》卷一〇《安帝纪》，第一册，第260页。

所起作用自是无人能及。然而,在具体军事行动中取得节节胜利,则全赖刘毅率领大军西征,其卓越的军事指挥才能,应该说发挥了极其关键的作用。甚至可以这样说,若非刘毅,则消灭桓玄及其残余力量的战争未必能够如此顺利。不难想象,当其时刘毅的风头很可能已盖过了刘裕,至少不会比刘裕低。这种局面当然并非刘裕所乐见。论出身和修养,刘毅似乎都要优于刘裕,而以高门士族为主体的东晋统治阶级似乎更容易接受刘毅为其主子。正是在这样的背景下,义熙三年刘敬宣伐蜀失败回师,"刘毅欲以重法绳之,高祖既相任待,又何无忌明言于毅,谓不宜以私憾伤至公,若必文致为戮,已当入朝以廷议决之"。也就是说,刘毅本来坚持要处死刘敬宣,要知道作出伐蜀决策的就是刘裕,言外之意刘裕也得为此承担重大责任。在刘裕和何无忌的坚持下,刘敬宣受到"免官,削封三分之一"的处分。① 不仅如此,刘裕还做了自我贬抑,《宋书·武帝纪上》:"先是,遣冠军刘敬宣伐蜀贼谯纵,无功而返。九月,以敬宣挫退,逊位,不许。乃降为中军将军,开府如故。"② 毫无疑问,刘毅虽然要求"以重法"惩治刘敬宣,但其目标导向却是刘裕,刘裕当然会将这种事牢记在心。

如前述"朝议"反对北伐南燕时刘毅和谢景仁的反正两方面的言辞所显示,刘裕之所以离开建康,率领大军北伐南燕,急于建立战功,提高政治军事声望,从而在与刘毅的竞争中占据主动,不能不说是一大动因。当是时,二刘相争,胜负难料。然而,其后事态的发展却发生了戏剧性的变化。刘裕北伐一举消灭南燕,实现了建功立业以压制刘毅的预期目标。卢循叛军趁刘裕北伐京师守

---

① (梁)沈约撰:《宋书》卷四七《刘敬宣传》,中华书局1974年版,第五册,第1415、1414页。
② 《宋书》卷一《武帝纪上》,第一册,第14—15页。

备空虚之机,突破江州军政长官何无忌防线,直逼建康,而刘毅却未能在此关键时刻再建奇功,失去了与刘裕一决雌雄的大好机会。《晋书·刘毅传》:

> 及何无忌为卢循所败,贼军乘胜而进,朝廷震骇。毅具舟船讨之,将发,而疾笃,内外失色,朝议欲奉乘舆北就中军刘裕。会毅疾瘳,将率军南征,裕与毅书曰:"吾往与妖贼战,晓其变态。今修船垂毕,将居前扑之。克平之日,上流之任皆以相委。"又遣毅从弟藩往止之。毅大怒,谓藩曰:"我以一时之功相推耳,汝便谓我不及刘裕也!"投书于地。遂以舟师二万发姑孰。①

刘毅与刘裕的恶性竞争关系于此可见一斑。刘裕北伐在外之际,大敌当前,何无忌战死,朝廷内外皆寄希望于刘毅率军抗敌,故当其"将发,而疾笃,内外失色"。很显然,若刘毅在此役中能够成功御敌,其取代刘裕而成为江南第一军政强人,便存在着极大的可能性。

刘裕与刘毅都曾投入到东征孙恩之乱的战斗中,但都是与小股叛军作战。② 所不同的是,刘裕曾在京口成功阻击过孙恩所率

---

① 《晋书》卷八五《刘毅传》,第七册,第2207—2208页。
② 关于刘毅早年经历,《晋书》卷八五《刘毅传》仅载"毅少有大志,不修家人产业,仕为州从事,桓弘以为中兵参军属"(第七册,第2205页),其在担任州从事之前的经历则为空白。事实上,刘毅与刘裕一样也参加了东征孙恩之役。《宋书》卷四七《刘敬宣传》:"初,刘毅之少也,为敬宣宁朔参军。时人或以雄杰许之,敬宣曰:'夫非常之才,当别有调度,岂得便谓此君为人豪邪? 其性外宽而内忌,自伐而尚人,若一旦遭逢,亦当以陵上取祸耳。'毅闻之,深以为恨。"(第五册,第1412页)此记载意在通过刘毅早年府主刘敬宣之口以显示其不具备像刘裕那样的"雄杰"之才,但却透露了一个重要信息,即刘毅在政坛崭露头角也是在东征孙恩之乱的战斗中。据《刘敬宣传》上文,其随父刘牢之征讨孙恩时所任军号即为宁朔将军,"为敬宣宁朔参军"的刘毅自然也就参与了东征之役。刘裕在与叛军最初的交锋中遭到围困,正是刘敬宣率部解围才使刘裕得以脱困。御用史家极力美化刘裕早年历史,而刘毅对此有更清楚的了解,当然也是令刘裕颇为不快的。刘毅后来作为刘裕的政治反对派而被杀害,盖与此不无关系。

数万水军,应该更加了解其战略战术。因而对刘毅来说,这次大好时机太难把握,特别是他对刘裕抱有成见,故对刘裕的告诫嗤之以鼻,自然也不会听取其建议。卢循大军船多兵众,力量强大,新灭何无忌后更是士气高涨,可谓气势如虹,自寻阳顺流而下,占据地理优势。不仅如此,对于即将和刘毅的交锋,统帅卢循、徐道覆又给予了高度重视。"徐道覆闻毅将至建邺,报卢循曰:'刘毅兵重,成败系此一战,宜并力距之。'循乃引兵发巴陵,与道覆连旗而下。"相较而言,刘毅所部只有"舟师二万",不但兵力远远少于叛军,而且自姑孰逆流而上,统帅刘毅又是大病初愈,其判断力和决策力有可能都受到影响。敌我力量悬殊,要获得胜利可以说机会渺茫。当是时,最好的战略或许是以逸待劳,在姑孰迎击卢循大军的到来,击其无备,以奇制胜。而刘毅却采取了主动进击的战略,率军西征,结果几乎全军覆没。"循乃引兵发巴陵,与道覆连旗而下。毅次于桑落洲,与贼战,败绩,弃船,以数百人步走,余众皆为贼所虏,辎重盈积,皆弃之。毅走,经涉蛮晋,饥困死亡,至者十二三。参军羊邃竭力营护之,仅而获免。"①

此次大败,使刘毅失去了与刘裕争衡的可能性。不过,对刘裕而言也并非万事大吉,更严峻的考验就在眼前。刘毅并不甘心眼前的处境。在卢循进攻建康失利败退后,刘毅认为建功立业的机会到来了,非常希望抓住这一难得的机会。史载"卢循自蔡洲南走,刘毅固求追讨,高祖持疑未决",而刘裕太尉长史王诞则"密白曰:'公既平广固,复灭卢循,则功盖终古,勋无与二,如此大威,岂可余人分之。毅与公同起布衣,一时相推耳,今既已丧败,不宜复

---

① 《晋书》卷八五《刘毅传》,第七册,第2208页。

使立功.'高祖从其说"。① 王诞道出了刘裕之所以"持疑未决"的真正原因,他担心的是,刘毅率军追击卢循,将使其失落的军事实力重新恢复,同时也会赢得"时论",对刘裕的独断地位再次构成挑战。

不过前此刘毅战败后,在大敌当前的危急时刻,刘裕对于刘毅的失败并未进行谴责和惩罚,史载"刘裕深慰勉之,复其本职。毅乃以(羊)邃为谘议参军。及裕讨循,诏毅知内外留事。毅以丧师,乞解任,降为后将军。寻转卫将军、开府仪同三司、江州都督"。"毅移镇豫章,遣其亲将赵恢领千兵守寻阳。俄进毅为都督荆宁秦雍四州〔司州〕之河东河南广平扬州之义成四郡诸军事、卫将军、开府仪同三司、荆州刺史,持节、公如故。毅表荆州编户不盈十万,器械索然。广州虽凋残,犹出丹漆之用,请依先准。于是加督交、广二州。毅至江陵,乃辄取江州兵及豫州西府文武万余,留而不遣,又告疾困,请藩为副。"②由此可见,刘毅在抵御卢循叛军的军事行动中大败而归,虽然最初应其本人"解任"请求而予以"降号",但紧接着的任命却表明,他不仅未被追究责任,反而得到的权位比战前更重。可以看出,刘毅利用东晋朝廷遭受卢循大军压境的危难之机,成功地将自己的权位一再加码。如上所述,战前刘裕遗刘毅书中云,"克平之日,上流之任皆以相委",虽然刘毅大败于卢循,"克平"无望,但他却早早地被委以"上流之任"。而"及裕讨循,诏毅知内外留事"的情形显示,当时刘毅在东晋政权中的地位已经可与刘裕平分秋色。

---

① 《宋书》卷五二《王诞传》,第五册,第 1492 页。
② 《晋书》卷八五《刘毅传》,第七册,第 2208—2209 页。按"四州"下原无"司州"二字,据中华书局点校本"校勘记"[七]补,第 2220 页。

第二节　平叛树功,裕威无敌

接下来的局势如何发展,则要看东晋政权的实力人物在应对卢循叛军进攻时的表现而定。也就是说,刘裕或刘毅谁能在下一步抵御叛军的军事行动中建立奇功,拯救摇摇欲坠的东晋政权,谁就将会成为局势的主导者和掌控者。不论如何,卢循叛军的大举进攻已将两位刘氏强权人物的竞争和对立推到了前台。一国不容二主,除非一方主动低头让步,否则只能是你死我活,以决出胜负而告终。卢循叛军在桑落洲大败刘毅后即顺流而下,直逼京师建康,形势万分危急。刘裕北伐撤军南下,倍道兼行,赶回建康后立即组织京师保卫战。如前文所述,刘裕精心运筹,严密部署,与叛军在建康外围周旋,化险为夷,成功阻挡住了叛军对建康发动的一系列进攻,最终迫使叛军不得不放弃幻想,落荒而逃。在刘裕指挥建康保卫战时,未见刘毅派兵遣将进行支援,似乎是在上流经营力量,颇有坐山观虎斗的意味。然而刘毅不明白的是,他与刘裕在今后的政治地位将取决于在对抗卢循叛军时的表现。义熙六年(410)"秋七月庚申(初十,8.25),卢循遁走"。卢循从建康撤退,刘裕调兵遣将,乘胜追击。"甲子(十四,8.29),使辅国将军王仲德、广川太守刘钟、河间内史蒯恩等帅众追之。"[1]王仲德、刘钟、蒯恩三将皆刘裕亲信,刘、蒯且曾随刘裕征讨孙恩叛军。"是月,卢循寇荆州,刺史刘道规、雍州刺史鲁宗之等败之。又破徐道覆于华容,贼复走寻阳。"[2]

---

[1]　《晋书》卷一〇《安帝纪》,第一册,第262页。
[2]　《晋书》卷一〇《安帝纪》,第一册,第262页。

刘裕不仅派遣亲信将领追击叛军,接着又从建康出发,率军亲征。"十二月壬辰(十四,410.1.24),刘裕破卢循于豫章。"①八十天后,卢循姐夫、叛军统帅徐道覆被杀。《晋书·安帝纪》:"七年(411)春二月壬午(初五,3.15),右将军刘藩斩徐道覆于始兴,传首京师。"又过了两个多月,"夏四月,卢循走交州,刺史杜慧度斩之"。②《宋书·武帝纪中》:义熙七年二月,"刘藩、孟怀玉斩徐道覆于始兴"③。《晋书·天文志下》:"(义熙)七年十二月,刘蕃枭徐道覆首,杜慧度斩卢循,并传首京都。"④按"十二月"实为"春二月"之讹,然又与六月"杜慧度斩卢循"的事实不符。至此,五斗米道领袖孙恩、卢循发动的反抗东晋政权的军事行动最终以失败告终。在征讨和抵御孙恩叛军的军事行动中,刘裕崭露头角,为其后来发动反对桓玄的军事暴动创造了条件。而此次京师保卫战,在极端困难的状况下,刘裕以其杰出的军事谋略,不仅成功化解了破城危机,而且乘胜追击,很快取得了彻底消灭叛军的决定性胜利。

《魏书·岛夷刘裕传》载:在刘裕众军攻击下,"循单舸径还广州,道覆还始兴"。"徐道覆至始兴,犹据山涧,刘蕃等攻之,道覆先鸩妻子,然后自杀。卢循至番禺,收众攻季高,刘蕃遣沈田子讨之,循奔走。余众从岭道袭合浦,克之。进攻交阯,交州刺史杜惠度屡战克捷,循投水而死。"⑤刘裕征卢循"还,为大将军、扬州牧、班剑二十人,本官如故"。卢循、徐道覆死后,"裕自为太尉、中书

---

① 《晋书》卷一〇《安帝纪》,第一册,第262页。
② 《晋书》卷一〇《安帝纪》,第一册,第262页。
③ 《宋书》卷二《武帝纪中》,第一册,第27页。
④ 《晋书》卷一三《天文志下》,第二册,第385页。
⑤ (北齐)魏收撰:《魏书》卷九七《岛夷刘裕传》,中华书局1974年版,第六册,第2132页。

监"。① 卢循、徐道覆对京师的进攻,可以说是刘裕政治生涯中遭遇的最大危机,然而却又是刘裕实现其政治抱负的一大机遇,故当危机化解之后,刘裕便可毫无顾忌地给自己加官进号,提高政治地位,为篡位积累更雄厚的资本。对刘裕而言,此次巨大危机也成为他确立独尊地位的难得机遇,战前刘毅尚可对其地位构成挑战,而战后这种挑战可以说几乎不复存在。尽管如此,与刘毅结下梁子的刘裕已不再能够容忍刘毅的存在了。

凭借两次挽救东晋政权以及北伐消灭南燕的丰功伟绩,刘裕决定彻底解决他与刘毅的纷争。不过为了稳妥起见,他并未急忙出手,而是进行了充分的准备。义熙七年"秋七月丁卯(廿三,8.27),以荆州刺史刘道规为征西大将军、开府仪同三司"②。荆州刺史本由刘毅所任,刘裕此前即以其弟道规取代,而此时进号意在进一步加强道规掌控上流的权力。然而一年之后,义熙八年七月"庚子(初一,7.25),征西大将军刘道规卒"③,这使刘裕掌控上流的计划大受影响。当时刘裕子侄辈尚未成人,用宗亲控制上流方镇的计划受阻。刘毅追剿桓玄及其后镇抚地方,曾长期在中上流方镇活动和任职,其影响力不容忽视。刘道规之死促使刘裕下决心要解决刘毅的问题。不过,刘裕并未公开和刘毅撕破脸皮,而是先进行安抚,并寻找将之消灭的证据。让出镇江州不久的刘毅继续西上,接替刘道规掌控荆州军政大权,也是因为荆州战略地位特殊。诚如沈约所言,"荆楚四战之地,五达之郊"④,具有十分重要的军事和交通地位。而当时巴蜀尚

---

① 《魏书》卷九七《岛夷刘裕传》,第六册,第2132页。
② 《晋书》卷一〇《安帝纪》,第一册,第262页。
③ 《晋书》卷一〇《安帝纪》,第一册,第263页。
④ 《宋书》卷五四"史臣曰",第五册,第1540页。

在谯纵成都国手中,北面的后秦也是虎视眈眈,荆州防务不可一日而或缺。

《晋书·刘毅传》:"俄进毅为都督荆宁秦雍四州〔司州〕之河东河南广平扬州之义成四郡诸军事、卫将军、开府仪同三司、荆州刺史,持节、公如故。毅表荆州编户不盈十万,器械索然。广州虽凋残,犹出丹漆之用,请依先准。于是加督交、广二州。"①按刘毅所言应该是实情,荆州在近年战事不断,尤其是前一年遭受卢循和徐道覆大军的侵袭,经济实力不足以支撑荆州军政,当然刘毅此举必然也会成为刘裕对其进行镇压的理由。事实上,刘毅被派往荆州之时,刘裕已对其下定杀机,或者说派遣刘毅出任荆州军政长官就是为了更方便除掉他。《宋书·胡藩传》:"毅初当之荆州,表求东道还京辞墓,去都数十里,不过拜阙,高祖出倪塘会之。藩劝于坐杀毅,高祖不从。至是谓藩曰:'昔从卿倪塘之谋,无今举也。'"②刘毅还京不去主动拜见刘裕,而刘裕则主动与之会见,刘裕此举显然意在麻痹刘毅。刘毅之所以不去拜见刘裕,或许是预见到有可能发生瓮中捉鳖而难以脱身的后果。到后来决定出兵征讨刘毅之时,刘裕后悔没有听从胡藩的建议在倪塘会见时杀之,推测当初刘毅如果去拜见刘裕,真的有可能难以脱身。

第三节　杀戮除异,灭毅前奏

义熙八年九月"己卯(十二,11.1),太尉刘裕害右将军·兖州

---

① 《晋书》卷八五《刘毅传》,第七册,第2209页。
② 《宋书》卷五〇《胡藩传》,第五册,第1444页。

刺史刘藩、尚书左仆射谢混"①。刘藩为刘毅从弟②,在平定卢循、徐道覆之乱的战斗中功勋卓著,但为了消灭刘毅势力,刘裕还是对他痛下杀手。谢混出身一流高门陈郡谢氏,是反对刘裕专政的高门士族的代表人物,也是刘毅的有力支持者。对刘裕而言,杀谢混以立威,并震慑高门士族,从而使他们不敢再对刘裕专政指手画脚。谢混之死,与刘裕最亲信的心腹刘穆之颇有关系。《宋书·谢方明传》:

> 从兄景仁举为高祖中兵主簿。……从兄混有重名,唯岁节朝宗而已。丹阳尹刘穆之权重当时,朝野辐辏,不与穆之相识者,唯有混、方明、郗僧施、蔡廓四人而已,穆之甚以为恨。方明、廓后往造之,大悦,白高祖曰:"谢方明可谓名家驹。直置便自是台鼎人,无论复有才用。"顷之,转从事中郎。

史载"方明严恪,善自居遇,虽处暗室,未尝有堕容。无他伎能,自然有雅韵"。③ 对刘裕的专政而言,谢方明之才能或无所补益,然其所具备的高门士族的"雅韵",恰恰是刘裕粉饰统治所需要的,有助于进一步赢得高门大族的好感和支持。

出身寒微的刘裕在取得对东晋朝政的控制权后,非常在意高门士族对他的态度,尤其是对他领导权的认可和拥戴。萧方等《三十国春秋》曰:

> 刘裕为太尉、中书监。裕既拜,朝贤毕至,仆射谢混后来,衣冠倾纵,颇有傲慢之容。裕甚不平,乃谓之曰:"何谓旁若

---

① 《晋书》卷一〇《安帝纪》,第一册,第263页。《宋书》卷二《武帝纪中》:"九月,藩入朝,公命收藩及谢混,并于狱赐死。"(第一册,第28页)
② 按《宋书》卷三三《五行志四》(第三册,第965页)、《晋书》卷二九《五行志下》(第三册,第977页)作"刘蕃"。
③ 《宋书》卷五三《谢方明传》,第五册,第1523页。

无人?"混对曰:"明公将隆伊周之化,方使四海解矜,谢混何人,而敢独异乎!"乃以手板披拨其矜领,悉皆解散,裕大悦。① 对于高门士族出身的谢混在庆贺刘裕拜受太尉、中书监时既迟到又傲慢的表现,刘裕当即表达出不满情绪,尽管谢混的言行当场使刘裕"大悦",似乎消除了误会,但事后思之或不尽然。史载"谢混负地矜才,罕所容好,虽刘穆之不能下也"②。从谢混的一贯表现来看,他未必能够一直对刘裕毕恭毕敬,若此天长日久,刘裕必定对他会越来越不满。当然最主要的还是他在刘裕与刘毅相争时站错了队,惹恼了刘裕,成为最终被清除的主要因素。

此外,出身比刘裕更低的刘穆之,虽然因刘裕的信任而掌握了极大的权力,但他也需要像陈郡谢氏这样的高门士族人物的认可和支持。如上所述,好在谢方明和蔡廓及时放下架子去拜访刘穆之,打开了刘穆之怨恨的心结,刘穆之也投桃报李,马上向刘裕举荐称赞,谢方明随即被升迁为刘裕太尉从事中郎,得到刘裕的充分信任。"仍为左将军道怜长史,高祖命府内众事,皆谘决之。随府转中军长史,寻更加晋陵太守。复为骠骑长史、南郡相,委任如初。"与谢方明和蔡廓不同,谢混和郗僧施始终未向刘穆之低头③,刘穆之心头之"恨"自然不可能化解。成为刘穆之的政治对立面,不但得不到刘穆之的称赞,而且他很可能还会向刘裕上言其"恶"行。未来时局的走向也印证了这一点,谢混与郗僧施均被作为刘

---

① (宋)李昉等撰:《太平御览》卷四六四《人事部一〇五·辩下》,中华书局1960年版,第三册,第2132页。
② (唐)许嵩撰,张忱石点校:《建康实录》卷一一《宋上·高祖武皇帝》,中华书局1986年版,上册,第377页。
③ 按《宋书》卷四七《刘敬宣传》载"时尚书仆射谢混自负才地,少所交纳"云云(第五册,第1414页),可见谢混不与刘穆之结交的确是因为其高门士族的优越感使然。

毅同党而遭到杀害。谢混与郗僧施不向刘穆之低头,的确也是因为他们与刘毅走得更近,认同其政治主张之故。①

刘藩和谢混被杀之次日,即九月庚辰(十三,11.2),刘裕即以晋安帝名义下达讨伐刘毅的诏书:

> 刘毅苞藏祸心,构逆南夏,藩、混助乱,志肆奸宄。赖宰辅玄鉴,抚机挫锐,凶党即戮,社稷义安。夫好生之德,所因者本,肆眚覃仁,实资玄泽。况事兴大憝,祸自元凶。其大赦天下,唯刘毅不在其例。普增文武位一等。孝顺忠义,隐滞遗逸,必令闻达。②

毫无疑问,此诏反映的是刘裕的政治意志,或者说是刘裕授权东晋傀儡朝廷中书省按其意图所起草。关于此诏下达的背景,史载刘"毅至江陵,乃辄取江州兵及豫州西府文武万余,留而不遣,又告疾困,请藩为副。刘裕以毅贰于己,乃奏之"③。诏书文字不多,但却包含着丰富的内容,既有对刘毅及其同党刘藩的严厉谴责,又有对刘裕诛杀刘藩和谢混行动的表彰。大赦天下而唯独刘毅除外,乃是此诏的核心,也就是授权刘裕诛灭刘毅。当然也体现了缓和社会矛盾的意图,同时还下令给所有文武官员"增位一等",以笼络统治集团成员支持刘裕消灭刘毅的行动。可以说刘裕以晋帝名义发布的诏书既授权自己消灭刘毅,又试图占据道义高地,并且最大限度地化解由此带来的消极影响。诏书发布不到十天,本月"己丑(廿二,11.11),刘裕师师讨毅。裕参军王镇恶陷江陵城,毅

---

① 《魏书》卷九七《岛夷刘裕传》:"又以王愉、谢混、郗僧施之徒并皆时望,遂悉害之。"(第六册,第2132页)这种解释也有其道理。
② 《晋书》卷一〇《安帝纪》,第一册,第263页。
③ 《晋书》卷八五《刘毅传》,第七册,第2209页。

自杀"①。按己丑当为刘"毅自杀"之日,而"刘裕帅师讨毅"应该是在诏书发布之时。

刘裕取得对建康朝政的领导权后,便一直将司马氏宗室作为削弱和打击的对象,一有机会便会出手。《魏书·司马楚之传》:"晋宣帝弟太常馗之八世孙。父荣期,司马德宗梁益二州刺史,为其参军杨承祖所杀。楚之时年十七,送父丧还丹杨。值刘裕诛夷司马戚属,叔父宣期、兄贞之并为所杀。楚之乃亡匿诸沙门中济江。自历阳西入义阳、竟陵蛮中。及从祖荆州刺史休之为裕所败,乃亡于汝、颍之间。"②按司马荣期死于义熙二年九月③,关于此次"刘裕诛夷司马戚属"史书未见具体记载。在此之前,义熙元年五月,"游击将军章武王秀、益州刺史司马轨之谋反伏诛";在此之后,义熙三年二月,"诛东阳太守殷仲文、南蛮校尉殷叔文、晋陵太守殷道叔、永嘉太守骆球"。④ 不排除宣期、贞之死于后一次诛夷中的可能性,若此则此次刘裕打击的矛头不仅仅对准所谓桓玄余党。

值得注意的是,在征讨刘毅之前,刘裕还将打击的矛头指向了皇室成员。义熙八年"八月,皇后王氏崩";"九月癸酉(初六,10.26),葬僖皇后于休平陵"。⑤ 王皇后出身于第一流高门琅邪王氏,家族实力强大。对于以篡夺东晋政权作为既定目标的刘裕来说,皇室与外戚力量越衰弱,就越有利于政治目标的达成。王皇后

---

① 《晋书》卷一〇《安帝纪》,第一册,第263页。
② 《魏书》卷三七《司马楚之传》,第三册,第854—855页。
③ 参见《宋书》卷二五《天文志三》,第三册,第731页;《晋书》卷一三《天文志下》,第二册,第383页;(宋)司马光编著,(元)胡三省音注,"标点资治通鉴小组"校点:《资治通鉴》卷一一四《晋纪三六》,中华书局1956年版,第八册,第3592页。
④ 《晋书》卷一〇《安帝纪》,第一册,第258、259页。
⑤ 《晋书》卷一〇《安帝纪》,第一册,第263页。

究竟是自然死亡还是被刘裕所害,史无明载,但死于非命的可能性很大。义熙十一年初司马休之遭到刘裕进攻时上表言其罪行,有云:"皇后寝疾之际,汤药不周,手与家书,多所求告。皆是朝士共所闻见,莫不伤怀愤叹,口不敢言。"①也就是说,皇后的确是生了重病,但刘裕不为其积极治疗,使得皇后迅速丧命。次年"夏四月壬戌(廿八,6.12),罢临沂、湖熟皇后脂泽田四十顷,以赐贫人,弛湖池之禁"②。由此可见,王皇后死后半年多,刘裕便将她生前所拥有的位于京郊临沂、湖熟的脂泽田四十顷赐予贫民,此举意在缓和京师及其周边区域的阶级矛盾,稳定下层民众心理。对刘裕而言,在将来篡位时基层社会的安定也是十分必要的。

就在王皇后死亡前,义熙八年"秋七月甲午(廿六,9.17),武陵王季度薨";十余日后,八月"辛亥(十五,10.4),高密王纯之薨"③。按武陵、高密二王之死,也应该是在刘裕授意之下而死于非命的。武陵王季度为曾经承制的武陵王遵之子④,在宗室中的

---

① 《宋书》卷二《武帝纪中》,第一册,第31页。休之上表又云:"前扬州刺史元显第五息法兴,桓玄之衅,逃远于外,王路既开,始得归本。太傅之胤,绝可复兴,凡在有怀,谁不感庆。裕吞噬之心,不避轻重,以法兴聪敏明慧,必为民望所归,芳兰既茂,内怀憎恶,乃妄扇非言,无罪即戮。"(同上卷,第31—32页)《晋书》卷六四《简文三王·会稽王道子传附元显传》:"义熙中,有称元显子秀熙避难蛮中而至者,太妃请以为嗣,于是脩之归于别第。刘裕意其诈而案验之,果散骑郎滕羡奴勾药也,竟坐弃市。"(第六册,第1740页)按法兴、秀熙名异,但所言殆为一事。
② 《晋书》卷一〇《安帝纪》,第一册,第264页。
③ 《晋书》卷一〇《安帝纪》,第一册,第263页。
④ 参见《晋书》卷六四《元四王·武陵王晞传》,第六册,第1728页。又,《晋书》卷一〇《安帝纪》:义熙九年"冬十二月,安平王球之薨"。(第一册,第264页)按球之祖父乃晋元帝孙武陵王遵,前一年死亡的武陵王季度即为其父。遵"义熙四年薨","子定王季度立,拜散骑侍郎。薨,子球之立。宋兴,国除"。(《晋书》卷六四《元四王·武陵王晞传》,第六册,第1728页)球之作为武陵王遵之孙,其死亡很可能也是刘裕清除司马氏皇室计划的一个环节。

影响力不言而喻。高密王纯之为司马懿弟馗五世孙①,孝武帝太元九年(384)"秋七月戊戌(十七,8.19),遣兼司空高密王纯之修谒洛阳五陵"②,表明其在宗室中也是一位有代表性的人物。刘裕为了达到篡位的目的,连晋安帝那样无行为能力的人都不放过(见后文),那么心智健全的宗室成员的命运便可想而知了。武陵王遵自不待言,只要他存在一天,刘裕心里就不会踏实。武陵王遵之兄梁王瑽之孙珍之,"桓玄篡位,国人孔朴奉珍之奔于寿阳。桓玄败,珍之归朝廷。""累迁游击将军、左卫、太常。刘裕伐姚泓,请为谘议参军。裕将弱王室,诬其罪害之。"③司马珍之被害的时间史无明载,可以确定的是晚于上述诸王两三年的时间。武陵王遵在义熙四年死后,其子"季度立,拜散骑侍郎。薨,子球之立。宋兴,国除"④。史书未载司马季度、球之父子及司马纯之是否因病而亡,想来与司马珍之一样应该是"诬其罪害之",甚至连武陵王遵可能也是死于非命,都是刘裕削弱王室战略的牺牲品。

刘裕削弱乃至彻底消灭东晋司马氏家族的力量,不仅是为其篡位铺平道路,也是为其子孙后代着想的万全之策。无论如何,不到一年半时间,王皇后和三位宗王死亡,对已经衰弱不堪的东晋皇室而言,显然不只是雪上加霜。刘裕为了实现篡位的最终目标,步

---

① 参见《晋书》卷三七《宗室传》,第四册,第1092页。
② 《晋书》卷九《孝武帝纪》,第一册,第233页。按高密王纯之子恢之,"义熙末,以给事中兼太尉,修谒洛阳园陵。宋受禅,国除"。(《晋书》卷三七《宗室·彭城王权传》附传,第四册,第1094页)
③ 《晋书》卷六四《元四王·梁王瑽传附珍之传》,第六册,第1728页。同书卷三八《宣五王·梁王肜传附珍之传》:"桓玄篡位,国臣孔璞奉珍之奔于寿阳,义熙初乃归。累迁左卫将军、太常卿。刘裕伐姚泓,请为谘议参军,为裕所害,国除。"(第四册,第1129页)按此两传重出,不合史法,传文略异,当本于不同之史源。
④ 《晋书》卷六四《元四王·忠敬王遵传》,第六册,第1728页。

步为营,不断削弱异己力量,真可谓老谋深算。与此同时,刘裕又通过加官晋爵提高刘氏子弟宗亲及亲信的地位,以便建立一支完全忠实于自己的官僚集团。王皇后与武陵王季度、高密王纯之死于义熙八年七、八月,而不到一个月后,刘裕便从建康出发开始征讨刘毅,显示王皇后和二王之死与征讨刘毅的军事行动之间存在联系。

刘裕对司马氏皇室的打击,无疑是为了削弱潜在的异己力量,以保证在其出征之际京师局势万无一失。当然,更重要的是在其出征在外时对京师的严密掌控。刘裕以"兖州刺史道怜镇丹徒,豫州刺史诸葛长民监太尉留府事,加太尉司马、丹阳尹刘穆之建威将军,配以实力"①。丹徒即京口,其与建康唇齿相依的关系前已述及。西征前刘裕对建康留台和周边防务进行了周密安排,以保证出征时根基之地的稳固。刘裕之弟道怜本为左将军、北徐州刺史,镇彭城。义熙"八年,高祖伐刘毅,征为都督兖青二州晋陵京口淮南诸郡军事、兖青州刺史,持节、将军、太守如故,还镇京口。九年,甲仗五十人入殿"②。诸葛长民是当时仅次于刘裕和刘毅的实权人物,所镇守之地历阳(今安徽和县)亦具有重要的战略地位。刘裕虽以诸葛长民"监太尉留府事"——执掌建康留台,但又给刘穆之"配以实力",对之形成有力制衡,实际上是把京师留守重任交给了心腹刘穆之。这样,京师建康的稳定在刘裕出征时即可得到保障。

第四节　刘裕亲征,刘毅自缢

《宋书·武帝纪中》载义熙八年九月诛杀刘藩和谢混后,乃

---

① 《宋书》卷二《武帝纪中》,第一册,第28页。
② 《宋书》卷五一《宗室·长沙王道怜传》,第五册,第1462页。

"自表讨毅,又假黄钺,率诸军西征"。"壬午(十五,11.4),发自京师。遣参军王镇恶、龙骧将军蒯恩前袭江陵。十月,镇恶克江陵,毅及党与皆伏诛。十一月己卯(十三,12.31),公至江陵。"①《晋书·安帝纪》载九月"己丑(廿二,11.11),刘裕帅师讨毅。裕参军王镇恶陷江陵城,毅自杀"②。刘裕究竟是在哪一天离开建康的,两书的记载相差很大。《南史·宋本纪上·武帝纪》所载刘裕出发的时间与《宋书》相同③,若按此记载,则刘裕从建康出发到达江陵花费了两个多月,时间似乎太长,不过据《晋书》帝纪的记载,刘裕在路途的时间也不算短。看来刘裕走走停停,主要看前锋部队的行动来确定自己的行程。《宋书·张邵传》:"寻补州(扬州)主簿。邵悉心政事,精力绝人。及诛刘藩,邵时在西州直庐,即夜诫众曹曰:'大军当大讨,可各修舟船仓库,及晓取办。'旦日,帝求诸簿署,应时即至,怪问其速,诸曹答曰:'昨夜受张主簿处分。'"④这一记载反映了刘裕征讨刘毅前夕的准备情况。在诛杀刘藩和谢混后,张邵意识到刘裕即将发动讨毅行动,于是提前做好舟船仓库的修理以备用,同时也可看出刘裕对讨毅行动保密之严,就连主簿张邵也没有提前告知。

关于刘裕消灭刘毅的具体过程,《资治通鉴》晋安帝义熙八年九、十月条综合前代相关文献记载做了如下归纳,兹引述如下:

> 壬午,裕帅诸军发建康,参军王镇恶请给百舸为前驱。丙申(廿九,11.18),至姑孰,以镇恶为振武将军,与龙骧将军蒯

---

① 《宋书》卷二《武帝纪中》,第一册,第28页。
② 《晋书》卷一〇《安帝纪》,第一册,第263页。
③ (唐)李延寿撰:《南史》卷一《宋本纪上·武帝纪》,中华书局1975年版,第一册,第13页。
④ 《宋书》卷四六《张邵传》,第五册,第1394页。

恩将百舸前发,裕戒之曰:"若贼可击,击之;不可者,烧其船舰,留屯水际以待我。"于是镇恶昼夜兼行,扬声言"刘兖州(刘毅弟藩)上。"冬十月己未(廿二,12.11),镇恶至豫章口,去江陵城二十里,舍船步上。蒯恩军居前,镇恶次之。舸留一二人,对舸岸上立六七旗,旗下置鼓,语所留人:"计我将至城,便鼓严,令若后有大军状。"又分遣人烧江津船舰。镇恶径前袭城,语前军士:"有问者,但云'刘兖州至'。"津戍及民间皆晏然不疑。未至城五六里,逢毅要将朱显之欲出江津,问:"刘兖州何在?"军士曰:"在后。"显之至军后不见藩,而见军人担彭排战具,(胡注:彭排,即今之旁排,所以捍锋矢。孙恺曰:橹,彭排。《释名》曰:彭排,军器也。彭,旁也,在旁排敌御攻也。)望江津船舰已被烧,鼓严之声甚盛,知非藩上,便跃马驰去告毅,行令闭诸城门。镇恶亦驰进,门未及下关,军人因得入城。卫军长史谢纯入参承毅,出闻兵至,左右欲引车归。纯叱之曰:"我,人吏也,逃将安之!"驰还入府。纯,安兄据之孙也。镇恶与城内兵斗,且攻其金城,(胡注:凡城内牙城,晋、宋时谓之金城。)自食时至中晡,城内人败散。镇恶穴其金城而入,遣人以诏及赦文并裕手书示毅,毅皆烧不视,与司马毛脩之等督士卒力战。城内人犹未信裕自来,军士从毅自东来者,与台军多中表亲戚,且斗且语,知裕自来,人情离骇。逮夜,听事前兵皆散,斩毅勇将赵蔡,毅左右兵犹闭东西阁拒战。镇恶虑暗中自相伤犯,乃引军出围金城,开其南面。毅虑南有伏兵,夜半,帅左右三百许人开北门突出。毛脩之谓谢纯曰:"君但随仆去。"纯不从,为人所杀。毅夜投牛牧佛寺。(胡注:牛牧寺在江陵城北二十里。)……遂缢而死。明日,居人以告,乃斩首于市,并子侄皆伏诛。毅兄模奔襄阳,鲁宗之斩送之。①

由此可见,司马光亦据《宋书》和《南史》帝纪将刘裕从建康出发的时间定在义熙八年九月壬午。按豫州治所姑孰距建康不远,"去京都水一百六十"②,无论如何也不至于要花费半个月时间才能到达,故九月壬午从建康出发而丙申"至姑孰",至少必有一误,亦可能两者皆误。比较而言,《晋书·安帝纪》所载九月己丑从建康出发应该接近事实,不过一百六十里水路走了一周时间,似乎仍然用时太长。刘裕在出发之际大概用了数天时间进行排兵布阵,加之舰船逆行而上,故于七天后方始到达姑孰。

王镇恶所言"刘兖州"即刘毅从弟刘藩,可见刘裕阵营对诛杀刘藩和谢混之事一直严加保密,以便在征讨刘毅时善加利用。从一两个月时间内刘毅丝毫未做防范来看,刘藩被诛的消息的确没有被泄露。以"诡道"制敌是刘裕惯用的战略,这次也不例外。《资治通鉴》义熙八年九月:"刘毅至江陵,多变易守宰,辄割豫州文武、江州兵力万余人以自随。会毅疾笃,郗僧施等恐毅死,其党危,乃劝毅请从弟兖州刺史藩以自副,太尉裕伪许之。藩自广陵入朝,己卯(十二,11.1),裕以诏书罪状毅,云与藩及谢混共谋不轨,收藩及混赐死。"③按所谓"变易守宰",是说刘毅到江陵上任后对其荆州辖区内的郡县地方长官进行了大规模调整,但也仅仅是调整而已,并不存在罢免某官而重新任命某官的问题。此即所谓其在人事上独断专行,置朝廷(刘裕)于不顾。

刘毅在出掌荆州前曾为豫州刺史,迎击卢循失利后,"毅以丧师,乞解任,降为后将军。寻转卫将军、开府仪同三司、江州都

---

① 《资治通鉴》卷一一六《晋纪三八》安帝义熙八年九月,第八册,第3652—3653页。
② 《宋书》卷三六《州郡志二》,第四册,第1072页。
③ 《资治通鉴》卷一一六《晋纪三八》,第八册,第3651页。

督"。其时庾悦为江州刺史,治所在寻阳,刘毅上表有云:"愚谓宜解军府,移镇豫章,处十郡之中,厉简惠之政,以及数年,可有生气。且属县凋散,示有所存,而役调送迎不得止息,亦谓应随宜并合,以简众费。刺史庾悦,自临莅以来,甚有恤隐之诚,但纲维不革,自非纲目所理。寻阳接蛮,宜示有遏防,可即州府千兵以助郡戍。于是解悦,毅移镇豫章,遣其亲将赵恢领千兵守寻阳。"看来刘毅的建议得到了朝廷批准,不过显然并非刘裕之意,或许迫于当时尚不稳定的局势,刘裕不得不答应了刘毅的要求。这样,江州治所遂由寻阳移至豫章,而又将原江州"州府千兵"归其亲将赵恢统领。通过此举,刘毅成功地将江州军政大权掌控在手中。所谓"割豫州文武、江州兵力",盖即此类。

"庚辰(十三,11.2),诏大赦,以前会稽内史司马休之为都督荆雍梁秦宁益六州诸军事、荆州刺史。"①如前所述,当年四月刘毅刚被任命为荆州刺史,过了还不到半年,刘裕便等不及了,他要拔掉刘毅这颗眼中钉,遂以司马休之取代刘毅担任荆州刺史。司马休之的宗室身份,可使刘裕征讨刘毅的行动打上维护晋室的色彩,消减舆论对其打击异己以权谋私行为的批判。由此来看,刘裕在以刘毅为荆州刺史时就已想好了将其除掉的对策,当然这种对策很可能是由刘穆之等心腹为刘裕谋划的。《晋书·天文志下》:"(义熙)八年六月,刘道规卒,时为豫州刺史。"②据《宋书·宗室·临川王道规传》记载,由"辅国将军、督江州之武昌荆州之江夏随郡义阳绥安豫州之西阳汝南颍川新蔡九郡诸军事、并州刺史、义昌太守","迁使持节、都督荆宁秦梁雍六(?)州司州

---

① 《资治通鉴》卷一一六《晋纪三八》安帝义熙八年九月,第八册,第3652页。
② 《晋书》卷一三《天文志下》,第二册,第385页。

之河南诸军事、领护南蛮校尉、荆州刺史"。① 刘毅当是接替刘道规遗留之官缺。《宋书·武帝纪中》:"征西将军、荆州刺史道规疾患求归。八年四月,改授豫州刺史,以后将军、豫州刺史刘毅代之。"②可知义熙八年四月,刘道规确因身体有恙而改任豫州刺史,而豫州刺史刘毅则转任荆州刺史。不过,刘道规因身患重病,实际并未到豫州上任,《宋书》本传云:"道规进号征西大将军、开府仪同三司,加散骑常侍,固辞。俄而寝疾,改授都督豫江二州扬州之宣城淮南庐江历阳安丰堂邑六郡诸军事、豫州刺史,持节、常侍、将军如故。以疾不拜。八年闰月,薨于京师,时年四十三。"③

《宋书·武帝纪中》对刘裕征讨刘毅的背景有这样的记载:"毅与公俱举大义,兴复晋室,自谓京城、广陵功业,足以相抗。虽权事推公,而心不服也。毅既有雄才大志,厚自矜许,朝士素望者多归之。与尚书仆射谢混、丹阳尹郗僧施并深相结。及西镇江陵,豫州旧府,多割以自随,请僧施为南蛮校尉。既知毅不能居下,终为异端,密图之。"④按:"毅不能居下"乃是问题的核心,在刘裕看来,不管以前有多大的功业,不管是什么样的出身和背景,只要想在江南政权的统治集团中占有一席之地,就必须绝对服从他自己的领袖地位,这样才能在不久的将来确立起顺畅的君臣关系。在刘裕面前"不能居下"者自然也就难以认可与他建立君臣名分,因而也是刘裕篡位的绊脚石,必须选择合适的时机除掉,才不至于

---

① 《宋书》卷五一《宗室·临川王道规传》,第五册,第1472页。按"六州"上只有五州,当脱一州,《册府元龟》卷二七八《宗室部·领镇第一》作"等州"((宋)王钦若等编:《册府元龟》,中华书局1960年版,第二册,第3286页),虽可消除矛盾,但不合史法,可见北宋初年所见《宋书》此处亦仅列举五州之名。
② 《宋书》卷二《武帝纪中》,第一册,第28页。
③ 《宋书》卷五一《宗室·临川王道规传》,第五册,第1474页。
④ 《宋书》卷二《武帝纪中》,第一册,第28页。

影响其迈向帝业的征程。刘裕的所有重大举动,几乎都有其最为信任的心腹刘穆之的密谋,所谓"委以腹心之任,动止咨焉"①。此次讨伐刘毅也不例外,史书明确记载刘裕"与刘穆之谋讨刘毅"②。

关于讨伐刘毅诏,《晋书·刘毅传》所载"安帝下诏"之文差别甚大,其辞曰:

> 刘毅傲很凶戾,履霜日久,中间覆败,宜即显戮。晋法含弘,复蒙宠授。曾不思愆内讼,怨望滋甚。赖宰辅藏疾,特加遵养,遂复推毂陕西,宠荣隆泰,庶能洗心感遇,革音改意。而长恶不悛,志为奸宄,陵上虐下,纵逸无度。既解督任,江州非复所统,而辄徙兵众,略取军资,驱斥旧戍,厚树亲党。西府二局,文武盈万,悉皆割留,曾无片言。肆心恣欲,罔顾天朝。又与从弟藩远相影响,招聚剽狡,缮甲阻兵,外托省疾,实窥伺隙,同恶相济,图会荆郢。尚书左仆射谢混,凭藉世资,超蒙殊遇,而轻佻躁脱,职为乱阶,扇动内外,连谋万里,是而可忍,孰不可怀!③

此诏几乎全都是对刘毅的斥责,意在显示其罪恶昭彰,必须予以坚决彻底粉碎。诏书同时还揭露了刘藩和谢混的帮凶行为,自然也是必须铲除的对象。诏书谓刘毅"肆心恣欲,罔顾天朝",所谓"天朝"的实际统治者当然就是刘裕。也可以说,在刘裕看来刘毅的罪行集中体现在对军权的攫取和对自己领导权的无视上,而后者

---

① 《宋书》卷四二《刘穆之传》,第五册,第1304页。
② 《宋书》卷八五《王景文传》,第八册,第2177页。
③ 《晋书》卷八五《刘毅传》,第七册,第2209—2210页。

最为核心。孔子曰:"天无二日,土无二王。"①刘毅对刘裕的无视,自然也就意味着对刘裕威权的挑战,这当然是绝对不能容忍的。诏书谓谢混"凭藉世资,超蒙殊遇",表明刘裕对高门士族凭借门第攫取高位的制度或者说社会现实不予认同。换言之,获取高位将不再完全依赖于家族门第,而出身较低的刘裕不仅凭借才干和功勋掌握了东晋最高统治权力,并且还将成为南方政权的真正主人。高门士族今后想要获得高位,只有诚心支持和拥戴刘裕这一条路可行。因此,诛杀谢混也可以看作是刘裕对抱有二心的高门士族阶层敲响的警钟,具有杀一儆百的震慑作用。

与此同时还应该注意到,刘裕对于诚心支持和拥戴他的高门士族则是投桃报李,予以充分的信任和重用。如谢混从弟谢裕(景仁)是刘裕最重要的亲信之一,在刘裕幕府任职多年,义熙五年北伐南燕时即以其"为大司马司马,专总府任;右卫将军,加给事中",控制皇弟司马德文,以免后顾之忧。其后历任吏部尚书、领军将军、尚书右仆射和左仆射等朝廷文武要职。"高祖雅相重,申以婚姻,庐陵王义真妃,景仁女也。"义熙十二年卒,"葬日,高祖亲临,哭之甚恸"。与弟骠骑将军道怜书曰:"谢景仁殒逝,悲痛摧割,不能自胜。汝闻问悁愕,亦不可堪。其器体渊中,情寄实重,方欲与之共康时务,一旦至此,痛惜兼深。往矣奈何! 当复奈何!"②真情实意,跃然纸上。可见亲家谢裕的离世,令刘裕深感难过。正

---

① 《礼记·曾子问》《丧服四制》((清)孙希旦撰,沈啸寰、王星贤点校:《礼记集解》,中华书局1989年版,上册,第522页;下册,第1283、1470页)。按《孟子·万章章句上》引作"天无二日,民无二王"((宋)朱熹撰:《四书章句集注》,中华书局1983年版,第306页),北魏孝文帝语作"天无二日,土无两王"(《魏书》卷四三《房法寿传附伯玉传》,第三册,第973页)。
② 《宋书》卷五二《谢景仁传》,第五册,第1494—1495页。

是这种和高门士族人物的惺惺相惜,使得刘裕能够建立起广泛的支持基础,成就他创造新帝国的伟业。另一方面,面对异军突起的低级士族人物刘裕,侨姓和吴姓高门士族中像王谧、谢裕、孔靖这样的有影响力的人物,不再以门第相尚,而是唯刘裕马首是瞻,死心塌地诚心实意地支持刘裕这个新的领导核心,为其家族在今后继续保持高贵门第创造条件。甚至谢裕还与刘裕联姻,进入外戚行列,这在东晋近百年历史中不仅不可能发生,也是难以想象的事。

讨伐诏书所言刘毅种种罪行,虽不排除夸大其词的因素,但亦非空穴来风。《晋书·刘毅传》:

> 毅刚猛沈断,而专肆很愎,与刘裕协成大业,而功居其次,深自矜伐,不相推伏。及居方岳,常怏怏不得志,裕每柔而顺之。毅骄纵滋甚,每览史籍,至蔺相如降屈于廉颇,辄绝叹以为不可能也。尝云:"恨不遇刘、项,与之争中原。"又谓郗僧施曰:"昔刘备之有孔明,犹鱼之有水。今吾与足下虽才非古贤,而事同斯言。"众咸恶其陵傲不逊。及败于桑落,知物情去己,弥复愤激。初,裕征卢循,凯归,帝大宴于西池,有诏赋诗。毅诗云:"六国多雄士,正始出风流。"自知武功不竞,故示文雅有余也。后于东府聚樗蒲大掷,一判应至数百万,余人并黑犊以还,唯刘裕及毅在后。毅次掷得雉,大喜,褰衣绕床,叫谓同坐曰:"非不能卢,不事此耳。"裕恶之,因接五木久之,曰:"老兄试为卿答。"既而四子俱黑,其一子转跃未定,裕厉声喝之,即成卢焉。毅意殊不快,然素黑,其面如铁色焉,而乃和言曰:"亦知公不能以此见借!"既出西藩,虽上流分陕,而顿失内权,又颇自嫌事计,故欲擅其威强,伺隙图裕,以至于败。①

---

① 《晋书》卷八五《刘毅传》,第七册,第2210—2211页。

由此可见,刘毅与刘裕宿怨早结,其后一直未能解开心结,未曾见到刘毅向刘裕明确示弱。当然,有关刘毅和刘裕政治关系的记载,很大程度上是经过了刘宋官方史学的加工改篡,今人所见记载未必能够如实反映历史的真相。如上文所述,最令刘裕难以接受的恐怕还是,数年前王谧死后刘毅与谢混勾结,试图接替王谧所遗留的录尚书事、扬州刺史之任。

史载"诛藩、混"后,"刘裕自率众讨毅,命王弘、王镇恶、蒯恩等率军至豫章口,于江津燔舟而进"。① 可见征讨行动的指挥官还有琅邪王氏在朝廷的代表人物王弘,并非王镇恶等将领先于刘裕出兵,而是刘裕与他们一起率军出征,共讨刘毅。关于平定刘毅的经过,《晋书·刘毅传》云:"毅参军朱显之逢镇恶,以所统千人赴毅。镇恶等攻陷外城,毅守内城,精锐尚数千人,战至日昃,镇恶以裕书示城内,毅怒,不发书而焚之。毅冀有外救,督士卒力战。众知裕至,莫有斗心。既暮,镇恶焚诸门,齐力攻之,毅众乃散。毅自北门单骑而走,去江陵二十里而缢。经宿,居人以告,乃斩于市,子侄皆伏诛。毅兄模奔于襄阳,鲁宗之斩送之。"②刘裕控制东晋政权以来,仅在北伐南燕和追剿卢循时率军亲征,此次亲自征讨刘毅,亦足见其必欲灭之而后快的决心。刘毅深知刘裕决无让自己生还之可能,在走投无路的情况下于江陵城外自杀。

自追剿桓玄及其残余势力以来,刘毅在西部地区征战任职多年,应该说影响力超过了刘裕,这也是刘裕决计消灭刘毅的重要因素。史载"义熙八年,刘毅有疾,求遣从弟兖州刺史藩为副贰,高

---

① 《晋书》卷八五《刘毅传》,第七册,第2210页。
② 《晋书》卷八五《刘毅传》,第七册,第2210页。

祖伪许之"①。刘裕害怕刘毅与从弟联手对付他,当然不会答应刘毅的请求,但却抓住这一大好机会,实施消灭刘毅的计划。先是让刘藩入朝并将其杀害,既而又以刘藩西上为名,亲自率军征讨刘毅。在刘裕"谋讨刘毅"之际,王镇恶主动请缨曰:"公若有事西楚,请赐给百舸为前驱。""九月,大军西讨,转镇恶参军事,加振武将军。高祖至姑孰,遣镇恶率龙骧将军蒯恩百舸前发,其月二十九日也。"刘裕就这次军事行动的战略战术向振武将军王镇恶和龙骧将军蒯恩两位前锋将领做了明确指示,戒之曰:"若贼知吾上,比军至,亦当少日耳。政当岸上作军,未办便下船也。卿至彼,深加筹量,可击,便烧其船舰,且浮舸水侧,以待吾至。慰劳百姓,宣扬诏旨并赦文及吾与卫军府文武书。罪止一人,其余一无所问。若贼都不知消息,未有备防,可袭便袭。今去,但云刘兖州上。"②毫无疑问,刘裕的目标就是其竞争者刘毅一人,而其治下官兵吏民则是应该保全的对象,因为对于巩固统治而言是有益无害的。

遵照刘裕的指示,王镇恶和蒯恩开始了西征行程。史载"高祖西征刘毅,恩与王镇恶轻军袭江陵"③,这样他们才能谎称刘藩西上而不至被怀疑。《宋书·王镇恶传》:

> 镇恶受命,便昼夜兼行,于鹊洲、寻阳、河口、巴陵守风凡四日④,十月二十二日至豫章口,去江陵城二十里。自镇恶进

---

① 《宋书》卷四五《王镇恶传》,第五册,第1366页。按同书卷五二《谢景仁传附弟纯传》:"王镇恶率军袭毅,已至城下,时毅疾病,佐吏皆入参承。"(第五册,第1495页)可见刘裕征讨刘毅的前后,刘毅确有疾病。
② 参见《宋书》卷四五《王镇恶传》,第五册,第1366页。
③ 《宋书》卷四九《蒯恩传》,第五册,第1437页。
④ 按"河口",《册府元龟》卷四二〇《将帅部·掩袭》作"江口",第五册,第5001页。点校本本卷"校勘记"[一]引孙彪《宋书考论》云:"河疑沔讹。"(第五册,第1386页)

路,扬声刘兖州上,毅谓为信然,不知见袭。镇恶自豫章口舍船步上。蒯恩军在前,镇恶次之。舸留一二人,对舸岸上竖六七旗,下辄安一鼓。语所留人:"计我将至城,便长严,令如后有大军状。"又分队在后,令烧江津船舰。镇恶迳前袭城,语前军:"若有问者,但云刘兖州至。"津戍及百姓皆言刘藩实上,晏然不疑。未至城五六里,逢毅要将朱显之,与十许骑,步从者数十,欲出江津。问是何人,答云:"刘兖州至。"显之驰前问藩在所,答云:"在后。"显之既见军不见藩,而见军人担彭排战具,望见江津船舰已被烧,烟焰张天,而鼓严之声甚盛,知非藩上,便跃马驰去告毅:"外有大军,似从下上,垂已至城,江津船悉被火烧矣。"行令闭诸城门。镇恶亦驰进,军人缘城得入,门犹未及下关,因得开大城东门。大城内,毅凡有八队,带甲千余,已得戒严。蒯恩入东门,便北回击射堂,前攻金城东门。镇恶入东门,便直击金城西门。军分攻金城南门。毅金城内东从旧将,犹有六队千余人,西将及能细直吏快手,复有二千余人。食时就斗,至中晡,西人退散及归降略尽。镇恶入城,便因风放火,烧大城南门及东门。又遣人以诏及赦文并高祖手书凡三函示毅,毅皆烧不视。金城内亦未信高祖自来。有王桓者,家在江陵,昔手斩桓谦,为高祖所赏拔,常在左右。求还西迎家,至是率十余人助镇恶战。下晡间,于金城东门北三十步凿城作一穴,桓便先众入穴,镇恶自后继之,随者稍多,因短兵接战。镇恶军人与毅东来将士,或有是父兄子弟中表亲亲者,镇恶令且斗且共语,众并知高祖自来,人情离懈。一更许,听事前阵散溃,斩毅勇将赵蔡。毅左右兵犹闭东西阁拒战,镇恶虑暗夜自相伤犯,乃引军出,绕金城,开其南面以为退路。毅虑南有伏兵,三更中,率左右三百许人开北门突出。

初，毅常所乘马在城外不得入，仓卒无马，毅便就子肃民取马，肃民不与，朱显之谓曰："人取汝父，而惜马不与，汝今自走，欲何之？"夺马以授毅。初出，政值镇恶军，冲之不得去；回冲蒯恩军，军人斗已一日，疲倦，毅得从大城东门出，奔牛牧佛寺，自缢死。镇恶身被五箭，射镇恶手所执矟，于手中破折。①

这一段描写可谓绘声绘色，活灵活现，将前锋部队征讨刘毅行动的全过程完整而又生动地描绘了出来。

战事进行得如此之快，以至"江陵平后二十日，大军方至"。王镇恶与蒯恩于九月二十九日率百舸从姑熟出发，经过鹊洲、寻阳、河口、巴陵守风等军事要塞，十月二十二日就已到达江陵城东二十里的豫章口，行动之神速，的确超乎想象。不管怎样，长江水道上在二十多天时间里百舸争流西进，而刘毅方面却没有丝毫察觉，足见刘裕方面保密工作之严，同时也表明刘毅对刘裕未做任何防范，压根就没想到刘裕这么快就要除掉他这位举义同志。刘毅显然是大错特错了，一山难容二虎，刘裕此时所需要的是追随者和臣服者，而绝对不需要竞争者，刘毅未能放低姿态，及早向刘裕奉献忠心，反而提出令刘裕更加猜疑的请求，即派其从弟刘藩到荆州协助或接替他。刘裕正好利用这一机会，施展计谋，首先让刘藩入京，连同刘毅的支持者谢混一起除掉，然后又封锁刘藩和谢混被杀的消息，并声言刘藩西上而使刘毅完全放松警惕，王镇恶和蒯恩的前锋部队得以一路挺进，不曾遭遇丝毫阻力。即使到了豫章口，战争态势已然明朗，王镇恶仍然让打头阵的军人用"刘兖州至"的诳语稳住刘毅治下军民之心，这种很容易识破的谎言居然就使得"津戍及百姓皆言刘蕃（藩）实上，晏然不疑"。再一次显示了刘裕对

---

① 《宋书》卷四五《王镇恶传》，第五册，第1366—1368页。

"兵者诡道也"这一军事精髓运用之纯熟。

直到离江陵城只有五六里的江津一带,西征行程才被正好出城"欲出江津"的刘毅部将朱显之识破。然而为时已晚,大势已去,很显然此时干什么都已经来不及了!等待刘毅的恐怕只有束手待毙而别无他路。朱显之跃马驰还报告刘毅,即便紧急关闭江陵大城之门也已无法做到,"蒯恩入东门,便北回击射堂",可见东军首先将江陵金城(牙城、外城)内最具杀伤力的射堂击毁,从而使得最具威胁性的弓箭部队失去了效力,对刘毅而言可谓致命一击。城内刘毅所部四五千人的精锐部队几乎未能发挥作用,甚至未能组织起有效反击,任由王镇恶和蒯恩率军纵横驰骋,东攻西击,并纵火焚烧了江陵城大门。刘毅自知无力招架,只得选择趁夜突围,先开内城北门,既而"从大城东门出,奔牛牧佛寺,自缢死"。因为没有丝毫准备,猝不及防,刘毅也就不像其后司马休之那样能够从容脱身,顺利逃亡。万般无奈,只能选择一死了断。一世英雄豪杰,如此下场,亦颇令人唏嘘!"镇恶身被五箭,射镇恶手所执稍,于手中破折。"可以想见,荆楚射手威力之大。刘毅果真有所防备,东军攻占江陵城恐非易事,最不理想的结果恐怕也是和他之前之后的刘裕异己者一样逃亡至后秦境内。刘毅显然对刘裕必欲除之而后快的决心没有充分的认识,或者说对刘裕能够容纳自己还抱有较大幻想。作为政治人物,其与刘裕的高下于此可以立判。

※上引文字所见"能细直吏快手"意颇难解,《册府元龟·将帅部·掩袭》"宋王镇恶"条、《幕府部·武功》"王镇恶"条并同[1],知《宋书》原本如此。"能"者盖即能手、技艺高超之谓。"细直"

---

[1] 《册府元龟》卷四二〇《将帅部·掩袭》、卷七二四《幕府部·武功》,第三、五册,第5001、8618页。

又见于《邺中记》:"于铜爵台上起五层楼阁,去地三百七十尺。周围殿屋一百二十房,房中有女监、女伎。三台相面各有正殿,上安御床,施蜀锦流苏斗帐,四角置金龙头,衔五色流苏。又安金钮屈成屏风床,床上细直女三十人,床下立三十人,凡此众妓,皆宴日所设。"①其意仍不明确,似即细心当值之意。"吏"者盖即服役之吏,或服吏役者。"快手"盖即身手矫捷之吏士。"快手"又见于《宋书·文九王·建平王宏传附子景素传》②。在宋后废帝时建平王景素与萧道成的斗争中,"景素左右勇士数十人,并荆楚快手,自相要结,击水军,应时摧陷"③。刘毅身边的"能细直吏快手"与此"荆楚快手"当即同一类人,则刘毅手下的"能细直吏快手"也是在其左右效力的荆楚勇士。《南史·黄回传》:"回拳捷果劲,勇力兼人,在江西与诸楚子相结,屡为劫盗。会明帝初即位,四方反叛,明宝启帝,使回募江西楚人,得快手八百,隶刘勔西讨。"④黄回所募江西楚人快手亦即荆楚快手,不过此"快手"在《宋书·黄回传》中作"快射手"⑤。若此,则快手当即快射手之省称。

"快手"在明清时期常见,为地方军政衙门吏役之一种。《明会典·刑部七·事例》载,"凡各处有司军卫衙门,主文、书算、快手、皂隶、总甲、门禁、库子人等"云云⑥。明人黄佐所言地方基层

---

① (晋)陆翙撰:《邺中记》,《景印文渊阁四库全书》史部二二一"载记类",台湾商务印书馆1986年版,第四六三册,第308页。又见(元)纳新撰《河朔访古记》卷中《魏郡部》,《景印文渊阁四库全书》史部三五一"地理类",第五九三册,第39页。
② 《宋书》卷七二《文九王·建平王宏传附子景素传》,第六册,第1863页。
③ 《宋书》卷七二《文九王·建平王宏传附子景素传》,第六册,第1863页。
④ 《南史》卷四〇《黄回传》,第四册,第1032页。
⑤ 《宋书》卷八三《黄回传》,第七册,第2122页。
⑥ (明)徐溥撰,(明)李东阳重修:《明会典》卷一三二《刑部七·事例》,《景印文渊阁四库全书》史部三七六"政书类",第六一八册,第346页。

"十害",其中"九曰纵吏下乡。乡村小民畏吏如虎,纵吏下乡犹纵虎出柙也。皂隶、防夫、快手尤当禁戢"①。杨一清上奏有云:"余民壮、机兵、快手、乡导人等,各置备弓矢器械,随处把截防守,如遇官军到彼,指引道路,会合擒剿,务期尽绝,以靖地方。"②又"山东按察司整饬沂州兵备佥事郭天禄呈称:本道额设快手一百八十名,民壮八百八十二名,盖为弹压地方,备御不虞而设"③。又有"官军快手""军人快手"④及"驿传快手"⑤等名目。"崇祯时,中原盗急","御史米寿图又言其害有十,谓不若简练民兵,增民壮快手,备御地方为便"。⑥ 明末叛乱首领"张献忠,号八大王,延安卫柳树涧人,为府快手"⑦。方以智云:"快手,健丁也。黄回募江楚快手八百隶刘劻,乃伉健勇敢之称。今专为郡县所督捕衙役之名。晋太康元年去州郡兵,大郡置武吏百人、小郡五十人,此今日快手之自也。"⑧清代继承了明代包括快手在内的吏役之制,《清史稿·食

---

① (明)黄佐撰:《泰泉乡礼》卷一"十害"条,《景印文渊阁四库全书》经部一三六"礼类",第一四二册,第603页。
② (明)杨一清撰:《关中奏议》卷一五《提督类·一为地方贼情事》,《景印文渊阁四库全书》史部一八六"诏令奏议类",第四二八册,第455页。
③ (明)谭纶撰:《谭襄敏奏议》卷五《恳乞圣明早定庙谟以图安攘疏》(隆庆二年十二月初二日),《景印文渊阁四库全书》史部一八七"诏令奏议类",第四二九册,第700页。
④ (明)王恕撰:《王端毅奏议》卷一《大理寺·查勘失机官员功罪奏状》,《景印文渊阁四库全书》史部一八五"诏令奏议类",第四二七册,第467页。
⑤ (清)张廷玉等撰:《明史》卷二〇一《李充嗣传》,中华书局1974年版,第一七册,第5308页。又可参见(明)王世贞撰:《弇山堂别集》卷九六《中官考七》,《景印文渊阁四库全书》史部一六八"杂史类",第四一〇册,第463页。
⑥ 《明史》卷九一《兵志三·民壮土兵》,第八册,第2251页。
⑦ (清)刘于义监修,(清)沈青崖编纂:《陕西通志》卷一〇〇《拾遗三·鉴戒》,《景印文渊阁四库全书》史部三一四"地理类",第五五六册,第848页。
⑧ (明)方以智撰:《通雅》卷二五《官制武职兵制附·兵政》,《景印文渊阁四库全书》子部一六三"杂家类",第八五七册,第520页。

货志二·赋役》:"吏典由各处佥拨,后改为考取,或由召募投充。役以五年为满,不退者斥革。其府州县额设祗候、禁子、弓兵,免杂派差役。又有快手、皂隶、门卒、库子诸役,皆按额召募。额外滥充者谓之白役,白役有禁。然州县事剧役繁,必藉其力,不能尽革也。"①诸"吏役"之中,"其曰快手者以供奔走驱使,如宋之承符、人力、手力之属。又以马、步别为名目。其主捕逐盗贼者别名健快,亦曰应捕。其役如古游徼求盗,大率不得与士人齿"②。顾炎武《日知录》卷二四"快手"条:"快手之名,起自《宋书·王镇恶传》:'东从旧将犹有六队千余人,西将及能细直吏快手复有二千余人';《建平王景素传》:'左右勇士数十人,并荆楚快手';《黄回传》:'募江西楚人,得快射手八百'。《南史》作'快手'。亦有称'精手'者,沈约《自序》:'收集得二千精手';《南史·齐高帝纪》:'王蕴将数百精手,带甲赴桼。袁粲。'《梁书·武帝纪》:'航南大路,悉配精手利器,尚十余万人。'"③※

如上所述,十月下旬王镇恶等攻克江陵城,刘毅从城内趁夜逃出,走投无路之际选择自缢而死。④ 刘裕则于十一月十三日到达

---

① 赵尔巽等撰:《清史稿》卷一二一《食货志二》,中华书局1977年版,第一三册,第3544页。又可参见《皇朝文献通考》卷二一《职役考一》,《景印文渊阁四库全书》史部三九〇"政书类",第六三二册,第646页。
② 《皇朝文献通考》卷二一《职役考一》,《景印文渊阁四库全书》史部三九〇"政书类",第六三二册,第647页。
③ (清)顾炎武撰,(清)黄汝成集释,栾保群、吕宗力点校:《日知录集释》全校本,上海古籍出版社2013年版,下册,第1380页。
④ 按《宋书》卷五二《谢景仁传附弟纯传》:"初为刘毅豫州别驾。毅镇江陵,以为卫军长史、南平相。王镇恶率军袭毅,已至城下,时毅疾病,佐吏皆入参承。纯参事毕,已出,闻兵至,驰还入府。左右引车欲还外解,纯叱之曰:'我人吏也,逃欲何之!'乃入。及毅兵败众散,时已暗夜,司马毛脩之谓纯曰:'君但随仆。'纯不从,扶两人出,火光中为人所杀。"(第五册,第1495页)谢景仁为刘裕亲信,但其弟谢纯却忠于府主刘毅,并以付出性命为代价。高门士族人物在

江陵,进行后续处置。前锋将领王镇恶和蒯恩是追随刘裕多年的亲信,具有杰出的军事才能,加之刘裕亲征督战,足见其对此役之高度重视。袁豹曾任"刘毅抚军谘议参军,领记室",对刘毅及其军府情况有充分了解。后为丹阳尹、太尉谘议参军,时任刘裕太尉"长史,从讨刘毅"。① 他在此役中的角色应该是协助刘裕进行出谋划策,协调指挥调度。刘裕元从亲信刘钟,本为"太尉行参军、宁朔将军、下邳太守。代孟怀玉领石头戍事。高祖讨刘毅,钟率军继王镇恶"②。随从刘裕征讨刘毅的将领还有不久之后的征蜀统帅朱龄石,史载"龄石既有武干,又练吏职,高祖甚亲委之。卢循平,以为宁远将军、宁蛮护军、西阳太守。义熙八年,高祖西伐刘毅,龄石从至江陵"③。按西阳郡时属豫州④,朱龄石当是从西阳随刘裕西上荆州的。刘裕元从亲信虞丘进,义熙"八年,除宁蛮护军、寻阳太守,领文武二千从征刘毅"⑤。同样,虞丘进则是在寻阳随刘裕西上的。朱超石为宁朔将军、沛郡太守,刘裕"西伐刘毅,使超石率步骑出江陵,未至而毅平"⑥。沛郡距离江陵路途遥远,调动沛郡太守朱超石率军加入征讨刘毅的军事行动,表明刘裕对这次征讨行动所给予的高度重视。胡藩也是这次征讨刘毅之役的将领,史载其由正员郎"转宁远将军、鄱阳太守,从伐刘毅"⑦。沈

(接上页)复杂政局中的价值取向,决定了他本人及其后代的命运。即便是亲兄弟,也可能作出截然不同的选择。

① 《宋书》卷五二《袁湛传附弟豹传》,第五册,第 1500 页。
② 《宋书》卷四九《刘钟传》,第五册,第 1439 页。
③ 《宋书》卷四八《朱龄石传》,第五册,第 1422 页。
④ 《宋书》卷三七《州郡志三》"郢州"条,第四册,第 1124 页。
⑤ 《宋书》卷四九《虞丘进传》,第五册,第 1441 页。
⑥ 《宋书》卷四八《朱龄石传附弟超石传》,第五册,第 1425 页。
⑦ 《宋书》卷五〇《胡藩传》,第五册,第 1444 页。

田子时任振武将军、淮陵内史、世子征虏军事,义熙"八年,从讨刘毅"①。其弟林子时为"参中军军事,从征刘毅"②。褚叔度(裕)时任都督交广二州诸军事、建威将军、领平越中郎将、广州刺史,"高祖征刘毅,叔度遣三千人过岭,荆州平,乃还"③。因路途较远,褚裕所遣兵力并未赶上征讨刘毅的战斗,但他的这种"勤王"举动必定会赢得刘裕对他的进一步信任。

据次年刘裕与韩延之书,谓"往年郗僧施、谢邵、任集之等,交构积岁,专为刘毅谋主"云云④,则被杀者还有任集之。郗僧施为东晋开国重臣郗鉴曾孙,"袭爵南昌公。弱冠,与王绥、桓胤齐名,累居清显,领宣城内史,入补丹杨尹。刘毅镇江陵,请为南蛮校尉、假节。与毅俱诛,国除"⑤。时任卫军司马、辅国将军、南郡太守的毛脩之,"虽为毅将佐,而深自结高祖"。然其在"王镇恶袭江陵"时,"与谘议参军任集之等并力战",但刘裕还是对其予以宽宥,"还都,除黄门侍郎,复为右卫将军"。毛脩之前此在刘毅戍姑孰时"领毅后军司马,坐长置吏僮,免将军、内史官"⑥。他与刘毅相知时间不长,很可能在"免将军、内史官"之后不久又被任命为刘毅卫军司马、辅国将军、南郡太守,为刘裕所笼络,投靠刘裕并被安插到刘毅身边。从刘裕一贯作风来看,与之作对者很少能够保住性命。毛脩之"深自结高祖",乃是其保全性命并受到重用的主要原因。

两年后刘裕出兵征讨荆州刺史司马休之,休之上表罪状刘裕,

---

① 《宋书》卷一〇〇《自序》,第八册,第2448页。
② 《宋书》卷一〇〇《自序》,第八册,第2454—2455页。
③ 《宋书》卷五二《褚叔度传》,第五册,第1505页。
④ 《宋书》卷二《武帝纪中》,第一册,第33页。按《晋书》卷三七《谯刚王逊传附休之传》"谢邵"作"谢劭",第四册,第1110页。
⑤ 《晋书》卷六七《郗鉴传附僧施传》,第六册,第1805页。
⑥ 《宋书》卷四八《毛脩之传》,第五册,第1428页。

有云:"故卫将军刘毅、右将军刘藩、前将军诸葛长民、尚书仆射谢混、南蛮校尉郗僧施,或盛勋德胤,令望在身,皆社稷辅弼,协赞所寄,无罪无辜,一旦夷灭。猜忍之性,终古所希。"①休之虽然意在攻击刘裕,但谓刘毅等人"无罪无辜,一旦夷灭"应该是符合实际的看法。关于刘裕诛杀刘毅及刘藩、谢混,《魏书·岛夷刘裕传》亦有记载,其文云:"裕杀尚书左仆射谢混、兖州刺史刘蕃。裕既权重,便怀异志,以荆州刺史刘毅颇有勇略,又据上流之所,心畏恶之,遂自讨毅,遣参军王镇恶等袭江陵。镇恶至豫章口,焚毅舟舰。毅兵逆战不能抗,镇恶驰入外城。于时毅病,乃阻内城。镇恶焚诸门攻之,其徒乃溃。毅自北门出走,缢于道侧,斩尸于市,诛其子侄。裕至江陵,诛南蛮校尉郗僧施、卫军谘议谢邵等。"②此与上引《宋书》《晋书》所载互有异同,而所言刘裕杀刘毅的原因应该更符合实际。在东晋统治集团中,当时最有可能对刘裕的专政和将来的篡位构成威胁的便是刘毅,无疑这是招致其被杀的根本原因。上引晋安帝后一诏文显示,此诏发布之时,刘藩和谢混尚未被杀,其下接着云"乃诛藩、混",更是明证。而上引《晋书·刘毅传》所载诏文,则是在刘藩、谢混被杀后所发布,文字虽然颇为简略,但所涉及的事项却颇为丰富,看来两者并非同一诏书。对刘毅和刘藩、谢混的诛杀表明,无论何种资历,也无论什么样的出身,若胆敢挑战刘裕的威权,都将会是死路一条。推翻了桓玄,消灭了南燕,打败了卢循,如此显赫的战功,使得刘裕有着十足的底气可以为所欲为,对东晋统治集团成员发号施令而无所顾忌。至此,东晋的江山已是刘裕的天下,他所缺的唯有头顶的皇冠而已。

---

① 《宋书》卷二《武帝纪中》,第一册,第32页。
② 《魏书》卷九七《岛夷刘裕传》,第六册,第2132页。

然而,百足之虫死而不僵,毕竟东晋政权存在了近百年时间,算上西晋司马氏王朝已有近一个半世纪的历史了,要取而代之需慎之又慎,缓步徐行,综合考虑各种因素,方可确保万无一失。作为一位成熟的政治家,刘裕显然明白稳妥行事的必要性,故并不急于戴上那顶早已属于他的皇冠。

东晋一朝的历史显示,荆州对扬州具有很强的制约作用,若不能有力控制荆州局势,则扬州朝廷的权力会遭到很大程度削弱。刘裕对此有充分的认识,消灭刘毅即是为了解决这一问题。荆州权重自然是因其地理位置十分重要,同时还由于荆州政区过于广大。解决了刘毅问题,不等于万事大吉,以后若再出现一个类似的军事强人,历史便有可能重演。因此,在刘毅自杀约三个月后,刘裕便作出了分割荆州的重大决策。义熙八年十二月,"分荆州十郡置湘州"①。《宋书·张邵传》:"武帝受命,以佐命功,封临沮伯。分荆州立湘州,以邵为刺史。将署府,邵以为长沙内地,非用武之国,置署妨人,乖为政要。帝从之。"②按此记载,则分荆置湘是在刘宋建立之后,与义熙八年底置湘州的记载有矛盾,实际情况可能是先有决策,而具体落实则在其后。《宋书·武帝纪中》:"以荆州十郡为湘州,公乃进督。"③《魏书·岛夷刘裕传》:"分荆州为湘州,裕自总督。"④也就是说,荆州分置湘州之后,并未立即任命湘州行政长官,建立政府组织,而是由刘裕兼任都督,以示对湘州军权的掌控。"江东立国,以荆、湘为根本"⑤,尽管分出十郡,荆州

---

① 《晋书》卷一〇《安帝纪》,第一册,第263页。
② 《宋书》卷四六《张邵传》,第五册,第1394—1395页。
③ 《宋书》卷二《武帝纪中》,第一册,第29页。
④ 《魏书》卷九七《岛夷刘裕传》,第六册,第2132页。
⑤ (清)王夫之著,舒士彦点校:《读通鉴论》卷一三《(晋)成帝》,中华书局1998年版,中册,第358页。

仍拥有较广大地域,地理位置依旧十分重要,故在刘宋政权建立后即制定了有别于东晋的皇子刺荆的政策。

《魏书·岛夷刘裕传》:"裕本寒微,不参士伍。及擅时政,便肆意杀戮,以威惧下。初以刁逵缚之之怨,诛其兄弟;又以王愉、谢混、郗僧施之徒并皆时望,遂悉害之。"①将刘裕创立帝业过程中的"肆意杀戮"归结于"寒微"亦即非高门出身,因而需要"以威惧下",确立威权,显然有其一定的道理。由于没有家族资本可以利用,得不到具有深厚根基的门阀士族阶层的真心支持,刘裕必须采取非凡手段以立威,才能使已有权力不断加码,从而更加有利于掌控局势,并在通往帝业的道路上勇往直前。②

第五节 诸葛长民,东府拉杀

消灭刘毅、刘藩和谢混并不能让刘裕完全安心。"有文武干用"、曾为桓玄平西参军事的诸葛长民,"及刘裕建义,与之定谋,为扬武将军"。作为反玄举义集团核心成员,诸葛长民在征讨桓玄及其残余势力、平定卢循的战斗中率军征战,功勋卓著,又曾镇守淮北及丹徒(京口),为京师局势的稳定多有助力。刘裕征讨刘毅之际,诸葛长民"督豫州扬州之六郡诸军事、豫州刺史,领淮南

---

① 《魏书》卷九七《岛夷刘裕传》,第六册,第2132页。
② 《宋书》卷九三《隐逸·宗炳传》:"南阳涅阳人也。祖承,宜都太守。父繇之,湘乡令。""炳居丧过礼,为乡闾所称。刺史殷仲堪、桓玄并辟主簿,举秀才,不就。高祖诛刘毅,领荆州,问毅府诸议参军申永曰:'今日何施而可?'永曰:'除其宿衅,倍其惠泽,贯叙门次,显擢才能,如此而已。'高祖纳之。辟炳为主簿,不起。问其故,答曰:'栖丘饮谷,三十余年。'高祖善其对。"(第八册,第2278页)这一记载反映了刘裕在诛杀刘毅之后欲笼络荆州名望的意图。

太守"。① 按东晋南朝豫州镇守之地在寿阳、姑熟和历阳间经常移动,诸葛长民镇守之地不太明确,但无论何地都是一方重镇,与建康朝政关系密切。《资治通鉴》晋安帝隆安三年十月:"自帝即位以来,内外乖异,石头以南皆为荆、江所据,以西皆豫州所专。"胡三省注:"江水自荆、江二州界入扬州界,皆东北流;历阳在江西,建康在江东。孙权筑石头城,盖据江津之要冲也。"②据此似其时豫州治所在历阳。杜牧《西江怀古》诗云,"上吞巴汉控潇湘"③,对其地战略地位做了形象的概括。不管怎样,诸葛长民乃是当时东晋政权中实力仅次于二刘的人物,故在刘裕亲征刘毅时被委以留台重任。史载"及裕讨毅,以长民监太尉留府事,诏以甲杖五十人入殿"④。刘裕以诸葛长民留台,乃是调虎离山之计,借此将其从根基之地豫州调出,以便于后续的行动,长民对此心知肚明。"时诸葛长民行太尉留府事,心不自安,高祖甚虑之。"⑤对于这样一位人物,刘裕自然也是不大放心的,史言其"亦以才雄见忌也"⑥。正因如此,刘裕在以其负责留台的同时,又采取了防范措施。《宋书·刘穆之传》:"高祖西讨刘毅,以诸葛长民监留府,总摄后事。高祖疑长民难独任,留穆之以辅之,加威将军,置佐吏,配给实力。"⑦按"配给实力",《资治通鉴》晋安帝义熙八年九月条

---

① 《晋书》卷八五《诸葛长民传》,第七册,第2212页。
② 《资治通鉴》卷一一一《晋纪三三》安帝隆安三年十月,第八册,第3498页。
③ 《御定全唐诗》卷五二二《杜牧》,《景印文渊阁四库全书》集部三六七"总集类",第一四二八册,第233页。
④ 《晋书》卷八五《诸葛长民传》,第七册,第2212页。
⑤ 《宋书》卷五二《王诞传》,第五册,第1492页。
⑥ 《魏书》卷九七《岛夷刘裕传》,第六册,第2132页。
⑦ 《宋书》卷四二《刘穆之传》,第五册,第1305页。

作"配给资力以防之",胡三省云:"是时裕已有杀长民之心矣。"①刘裕以最为亲信的心腹刘穆之辅助"诸葛长民监留府",一方面自然是为了防范长民,另一方面则是让其搜集长民"有异谋"的证据。

果不其然,刘穆之毫不费力便得到了诸葛长民居心叵测的"有力"证据。《宋书·刘穆之传》又云:"长民果有异谋,而犹豫不能发,乃屏人谓穆之曰:'悠悠之言,皆云太尉与我不平,何以至此?'穆之曰:'公溯流远伐,而以老母稚子委节下,若一毫不尽,岂容如此邪?'意乃小安。高祖还,长民伏诛。"②而《晋书·诸葛长民传》对其被诛之前因后果有更为具体的记载:

> 长民骄纵贪侈,不恤政事,多聚珍宝美色,营建第宅,不知纪极,所在残虐,为百姓所苦。自以多行无礼,恒惧国宪。及刘毅被诛,长民谓所亲曰:"昔年醢彭越,前年杀韩信,祸其至矣!"谋欲为乱,问刘穆之曰:"人间论者谓太尉与我不平,其故何也?"穆之曰:"相公西征,老母弱弟委之将军,何谓不平?!"长民弟黎民轻狡好利,固劝之曰:"黥、彭异体而势不偏全,刘毅之诛,亦诸葛氏之惧,可因裕未还以图之。"长民犹豫未发,既而叹曰:"贫贱常思富贵,富贵必履机危。今日欲为丹徒布衣,岂可得也!"③

不难想象,刘裕"以诸葛长民监留府,总摄后事",的确意在调虎离山,乘机将其从豫州调至京师,置于刘穆之等心腹的监控之下,并在私下搜集其证据,以便而后置之死地。而诸葛长民受到超常规

---

① 《资治通鉴》卷一一六《晋纪三八》安帝义熙八年九月,第八册,第3652页。
② 《宋书》卷四二《刘穆之传》,第五册,第1305—1306页。
③ 《晋书》卷八五《诸葛长民传》,第七册,第2212—2213页。

的重任，则会放松警惕，出言不慎，自然容易抓住把柄。细绎以上记载，所谓诸葛长民之谋反，显然是莫须有的罪名。诸葛长民仅仅是对刘裕的猜疑发出了异议，也表明其并无谋反之心，就被定性为谋反，真可谓欲加之罪何患无辞。从诸葛长民被杀的过程也可以看到这一点，《晋书·诸葛长民传》又云："裕深疑之，骆驿继遣辎重兼行而下，前克至日，百司于道候之，辄差其期。既而轻舟径进，潜入东府。明旦，长民闻之，惊而至门，裕伏壮士丁旿于幕中，引长民进语，素所未尽皆说焉。长民悦，旿自后拉而杀之，舆尸付廷尉。使收黎民，黎民骁勇绝人，与捕者苦战而死。小弟幼民为大司马参军，逃于山中，追擒戮之。"①

关于诸葛长民之死，《魏书·岛夷刘裕传》的记载是："裕还于东府，召诸葛长民屏人闲语，密令壮士丁旿等出自幔后，于座拉之，长民坠地，死于床侧。"②刘裕以召诸葛长民至东府促膝谈心为幌子，乘机实施杀戮之计，实是其一贯的"诈术"伎俩。《晋书》本传又言"诸葛氏之诛也，士庶咸恨正刑之晚，若释桎梏焉"③。好像刘裕诛灭诸葛长民家族，乃是代表了东晋"士庶"的整体意志，或者说是民心所向，以此掩盖刘裕挟私排除异己的动机。当然，这是刘宋建立后官方史学的立场，并不能够反映历史的真相。唐初官修《晋书》时不加分析而照搬宋修晋史的记载，虽然不符合史家求实的精神，但却保留了刘宋官方史学的真实面貌。不过唐修《晋书》本纪又明确记载了刘裕加害诸葛长民家族的事实：义熙"九年（413）春三月丙寅（初一，4.17），刘裕害前将军诸葛长民及其弟辅

---

① 《晋书》卷八五《诸葛长民传》，第七册，第2213页。
② 《魏书》卷九七《岛夷刘裕传》，第六册，第2132页。
③ 《晋书》卷八五《诸葛长民传》，第七册，第2213页。

国大将军黎民、从弟宁朔将军秀之"①。

十余天后,刘裕便迫不及待地将豫州掌控于己手,三月"戊寅(十五,4.29),加刘裕镇西将军、豫州刺史"②。豫州与建康毗邻,战略地位十分重要,诸葛长民在此镇守多年,刘裕必欲得之。毫无疑问,这才是刘裕杀害诸葛长民的真实动机。刘裕不仅要掌控朝政大权,还要把地方要州的军政大权也都掌握在自己手中。与刘毅之死原因相若,诸葛长民家族被灭也是因为对刘裕的威权及日后的篡位有可能产生威胁,所谓"亦以才雄见忌"是也。刘裕虽然在当时已是权势煊赫无人可与争衡的第一强人,但年过半百的他已然进入老年,不仅需要统治集团内部对将来的篡位行动予以绝对的支持,也必定在思虑万一他自己死后刘氏皇统如何维持的问题。刘裕到四十余岁方才得子,其时诸子幼弱,即便在多年后"初即大位"时"下推恩之诏",仍说"宗室无多"。③ 正因如此,为了确保大位之万无一失,在不到半年时间里,刘毅和诸葛长民这两个位高权重且家族实力强大的昔日举义同志,都被刘裕无情地消灭了。

    刘裕刘毅并豪杰,二虎难容一山中。
    昔年举义共奋斗,今朝争胜见刀兵。
    毅功亚裕不服输,朝望有归尝争衡。
    病中荆州求藩助,将计就计裕亲征。
    刘藩谢混死京师,刘毅穷蹙自缢亡。
    诸葛长民亦才雄,拉杀东府下手狠。

---

① 《晋书》卷一○《安帝纪》,第一册,第263—264页。
② 《晋书》卷一○《安帝纪》,第一册,第264页。
③ 《宋书》卷五一《宗室・营浦侯遵考传附从弟思考传》,第五册,第1481页。

第十章 巴蜀复归，休之亡命

谯纵据益州，兵征复归晋。
宗室仅残存，讨之使亡命。

第一节 谯纵据蜀，首战告败

在消灭桓玄及其残余势力的同时，刘裕就已将平定蜀地作为既定目标，然而受种种条件制约，迄未实现。早在义熙三年"八月，遣冠军将军刘敬宣持节监征蜀诸军事"①。后在分荆置湘的同时，刘裕又派兵以便平定谯纵称王的益州。义熙八年"十二月，以西陵太守朱龄石为建威将军、益州刺史，帅师伐蜀"②。蜀地虽然距建康路途遥远，但其辖区较广，颇为富庶，且自蜀顺流而下，有航运之利，而若其为强敌所有，则会对中下流地区构成巨大威胁。东晋初期数十年间，蜀地为成汉政权国土，因其国弱，并未对东晋构成威胁，后桓温西征灭成汉，蜀地始归东晋。谯纵趁东晋政权内部纷争之机，攫取了益州的控制权，虽然其对刘裕控制的建康东晋政权并不构成什么威胁，但毕竟益州脱离控制对南朝疆土而言属于金瓯有缺，况且益州的人口和物产也是有利于江南政权统治的。

---

① （唐）房玄龄等撰：《晋书》卷一〇《安帝纪》，中华书局1974年版，第一册，第260页。
② 《晋书》卷一〇《安帝纪》，第一册，第263页。

义熙九年"秋七月,朱龄石克成都,斩谯纵,益州平"①。占领益州,刘裕在恢复东晋政权版图上的努力可以说取得了圆满的结果,对下一步最终目标的达成颇有助益。

谯纵为巴西南充人,出身于西土名族,以安西府参军入仕,时当晋安帝初年。义熙元年,谯纵被强推为主,攻陷益州刺史毛璩弟西夷校尉毛瑾所据之涪城,"瑾死之,纵乃自号梁秦二州刺史"。璩遣参军王琼率三千人、弟瑗领四千兵先后讨纵,纵遣弟明子等率军抵御,于绵竹设伏"大败琼众,死者十八九",既而"益州营户李腾开城以纳纵。毛璩既死,纵以从弟洪为益州刺史,明子为镇东将军、巴州刺史,率其众五千人屯白帝,自称成都王"。谯纵所建立的政权国号当为"成都",其文武大臣可见大将军侯晖、尚书令马耽、尚书仆射谯悦,推测谯纵成都国之政权结构即仿东晋建制。次年,谯纵"遣使称藩于姚兴",并以顺流东讨刘裕为名,"乞师于姚兴,且请桓谦为助,兴遣之"。② 在近十年时间里,谯纵称王于蜀地,占据益州及梁秦二州,背靠后秦,接纳桓谦,俨然一独立王国。其得以如此者,乃是由于刘裕及其统治集团为内外时局所困,还无暇顾及西土。当刘裕解决了最重大的政治危机之后,结束蜀地分裂局面的时机已经成熟,遂毫不犹豫地发动了征讨谯纵的战争。

平蜀以实现对江南全境的有效控制,是刘裕由来已久的打算。早在六年前,刘裕就曾派遣刘敬宣率军出征,试图平定巴蜀。刘敬宣为刘裕原府主刘牢之之子,曾与之一道征讨孙恩,又一同举义,二人关系甚为密切,时任冠军将军、宣城内史、襄城太守。在任治理得法,"亡叛多首出,遂得三千余户。高祖方大相宠任,欲先令

---

① 《晋书》卷一〇《安帝纪》,第一册,第 264 页。
② 《晋书》卷一〇〇《谯纵传》,第八册,第 2636—2637 页。

立功。义熙三年,表遣敬宣率众五千伐蜀"。时桓玄及其残余势力刚刚被平定,刘裕欲乘势顺流而上,结束巴蜀地域的割据局面。"国子博士周祗书谏"刘裕,认为"为治者固先定其内而理其外,先安其近而怀其远",然而当时并不具备平蜀的天时、地利、人和,不可劳师远征。但刘裕还是一意孤行,作出征蜀的决定,"假敬宣节,监征蜀诸军事,郡如故"。据周祗谏书,征蜀将领还有毛脩之。[①]

毛脩之"祖虎生、伯父璩,并益州刺史;父瑾,梁秦二州刺史"。刘裕显然是想利用毛氏家族与巴蜀之地的深厚渊源,来吸引当地官兵吏民的归服,以减少军事行动的阻力。毛脩之本为桓玄屯骑校尉,"随玄西奔",玄"议欲西奔汉川,脩之诱令入蜀,冯迁斩玄于枚回洲,脩之力也"。因其"既有斩玄之谋,又伯、父并在蜀土,高祖欲引为外助,故频加荣爵",时任右将军。"及父瑾为谯纵所杀,高祖表为龙骧将军,配给兵力,遣令奔赴。又遣益州刺史司马荣期及文处茂、时延祖等西讨。脩之至宕渠,荣期为参军杨承祖所杀,承祖自称镇军将军、巴州刺史。脩之退还白帝,承祖自下攻之,不拔。脩之使参军严纲等收合兵众,汉嘉太守冯迁率兵来会,讨承祖斩之。时文处茂犹在巴郡,脩之遣振武将军张季仁五百兵系处茂等。荆州刺史道规又遣奋武将军原导之领千人受脩之节度。脩之遣原导之与季仁俱进。"由于"益州刺史鲍陋不肯进讨",毛脩之报仇雪恨之计不得不停止。不过他并未死心,又"下都上表",请求刘裕派兵随他一起征蜀。史称刘裕"哀其情事,乃命冠军将军刘敬宣率文处茂、时延祖诸军伐蜀"。[②]

刘敬宣受命后即率军西征,"既入峡,分遣振武将军、巴东太

---

① (梁)沈约撰:《宋书》卷四七《刘敬宣传》,中华书局1974年版,第五册,第1412—1414页。
② 《宋书》卷四八《毛脩之传》,第五册,第1426—1428页。

守温祚以二千人扬声外水,自率益州刺史鲍陋、辅国将军文处茂、龙骧将军时延祖由垫江而进。敬宣率先士卒,转战而前,达遂宁郡之黄虎,去成都五百里。伪辅国将军谯道福等悉众距险,相持六十余日,大小十余战,贼固守不敢出。敬宣不得进,食粮尽,军中多疾疫,死者太半,引军还。谯纵送毛璩一门诸丧,其妻女、文处茂母何,并诸士人丧柩,浮之中流,敬宣皆拯接致归。为有司所奏,免官,削封三分之一"①。战争结果印证了周祗战前的判断,如其所云:"驱三州三吴之人,投之三巴三蜀之土,其中疾病死亡,岂可称计";"且千里馈粮,士有饥色。况今溯险万里,所在无储。若连兵不解,运漕不继,虽韩、白之将,何以成功"。②毫无疑问,这些都是导致征蜀行动失败的主要因素。

刘敬宣、毛脩之虽是此次征讨行动的主将,但名义上的统帅则是刘裕之弟刘道怜或刘道规。《宋书·宗室·临川王道规传》:"迁使持节、都督荆宁秦梁雍六(?)州司州之河南诸军事、领护南蛮校尉、荆州刺史,将军如故。""刘敬宣征蜀不克,道规以督统降为建威将军。"③可见此前刘裕曾授命其弟刘道规负责征蜀之役,而具体承担者则为刘敬宣,刘道规为此还接受了降号处分的责罚(其军号原为辅国将军)。同卷《长沙王道怜传》云:"加使持节、监征蜀诸军事,率冠军将军刘敬宣等伐谯纵,而文处茂、温祚据险不得进,故不果行。"④据此,则刘道怜确被任命为征蜀统帅,不过此与刘道规为征蜀失利担责的记载相矛盾。道怜虽为道规之兄,但

---

① 《宋书》卷四七《刘敬宣传》,第五册,第1414页。同书卷四八《毛脩之传》:"军次黄虎,无功而退。谯纵由此送脩之父、伯及中表丧,口累并得俱还"。(第五册,第1428页)
② 《宋书》卷四七《刘敬宣传》,第五册,第1413页。
③ 《宋书》卷五一《宗室·临川王道规传》,第五册,第1472页。
④ 《宋书》卷五一《宗室·长沙王道怜传》,第五册,第1462页。

地位较低,论其所任官职,则征蜀统帅担任者当以道规为宜。道怜此前为"龙骧将军,又领堂邑太守,戍石头"①,而道规为荆州军政长官,与蜀地相邻。史载"时遣朱龄石伐蜀,脩之固求行,高祖虑脩之至蜀,必多所诛残,土人既与毛氏有嫌,亦当以死自固,故不许"②。按上次刘敬宣伐蜀,原因之一是毛脩之请求报其父祖被杀之仇,结果无功而返,故刘裕吸取教训,不再以毛脩之参与此役的征讨,以免其私人情绪影响战争进程。

第二节　龄石出征,一举灭蜀

义熙"九年,刘裕以西阳太守朱龄石为益州刺史,宁朔将军臧喜、下邳太守刘钟、兰陵太守蒯恩等,率众二万,自江陵讨纵"③。征讨成都国的东晋将领皆为刘裕部下骁将,或自征讨孙恩时起即追随刘裕,或自刘裕举义反对桓玄时加入其阵营,其中臧喜还是刘裕的妻弟,加之诸人地位并不太高,也就不怕他们权高震主,尾大不掉。由此可见,在征蜀将领的安排上,刘裕及其决策层还是颇费了一番思虑。刘裕的这种安排也还有不得已之处,当时刘裕手下的高层将领似乎都不愿承担此次出征大任。史载"高祖之伐蜀也,将谋元帅而难其人,乃举龄石。众咸谓自古平蜀,皆雄杰重将,龄石资名尚轻,虑不克办,谏者甚众,高祖不从。乃分大军之半,猛将劲卒,悉以配之"④。又载"初谋元率,佥难其人,龄石资名素浅,

---

① 《宋书》卷五一《宗室·长沙王道怜传》,第五册,第1462页。
② 《宋书》卷四八《毛脩之传》,第五册,第1428页。
③ 《晋书》卷一〇〇《谯纵传》,第八册,第2637页。
④ 《宋书》卷四八《朱龄石传》,第五册,第1423—1424页。

裕违众拔之,授以麾下之半。臧喜,裕妻弟也,位出其右,又隶焉"①。这次征蜀之役的主帅朱龄石,此前所任官职是宁远将军、宁蛮护军、西阳太守,的确可以说是"资名素浅"。史载义熙"九年,遣诸军伐蜀,令龄石为元帅,以为建威将军、益州刺史,率宁朔将军臧熹、河间太守蒯恩、下邳太守刘钟、龙骧将军朱林等,凡二万人,发自江陵。寻加节、益州诸军事"②。蒯恩"以本官(龙骧将军、兰陵太守)为太尉长兼行参军,领众二千,随益州刺史朱龄石伐蜀"③。刘钟"随朱龄石伐蜀,为前锋"④。

刘裕选择朱龄石为平蜀元帅,一则因为上次刘敬宣征蜀无功而返,深知此役任务艰巨,需要才具超群者方可胜任。刘裕大概通过对朱龄石在历次战斗中的表现,判断他有能力承担平蜀重任。临行前刘裕与朱龄石进行密议,并对平蜀之役的战略战术做了具体交代。《宋书·朱龄石传》:

> 初,高祖与龄石密谋进取,曰:"刘敬宣往年出黄虎,无功而退。贼谓我今应从外水往,而料我当出其不意,犹从内水来也。如此,必以重兵守涪城,以备内道。若向黄虎,正堕其计。今以大众自外水取成都,疑兵出内水,此制敌之奇也。"而虑此声先驰,贼审虚实,别有函书,全封付龄石,署函边曰:"至白帝乃开。"诸军虽进,未知处分所由。至白帝,发书,曰:"众军悉从外水取成都,臧熹、朱林于中水取广汉,使羸弱乘高舰十余,由内水向黄虎。"⑤

---

① 《晋书》卷一〇〇《谯纵传》,第八册,第 2637 页。
② 《宋书》卷四八《朱龄石传》,第五册,第 1422 页。
③ 《宋书》卷四九《蒯恩传》,第五册,第 1437 页。
④ 《宋书》卷四九《刘钟传》,第五册,第 1439 页。
⑤ 《宋书》卷四八《朱龄石传》,第五册,第 1422—1423 页。

按《资治通鉴》晋安帝义熙元年二月,毛璩"使其弟西夷校尉瑾、蜀郡太守瑗出外水"下胡三省注:"蜀有内水、外水。内水,涪水也;外水,即蜀江发源于岷山者。"同书义熙九年六月,"众军悉从外水取成都,臧憙从中水取广汉"下胡注引《水经注》:"洛水出洛县章山南,迳洛县故城南,广汉郡治也,又南迳新都县与绵水合,又与湔水合,亦谓之郫江,又迳犍为牛鞞水,又东迳资中县,谓之绵水。绵水至江阳县方山下入江,谓之绵水口,曰中水。"①战争进程证明刘裕的决策无比英明,可谓料事如神,体现了一个伟大军事家和政治家的非凡能力和过人之处。刘裕对此役战略战术的制定,既有其从近二十年战争经验中所得到的启示,也有对上次征蜀失败教训的总结,更是其杰出军事才能的反映。刘裕"与龄石密谋进取"的具体时间不明,究竟是在任命朱龄石为元帅之前还是之后不得而知,不管怎样刘裕判断在诸将之中朱龄石是可以忠实执行其战略决策的人,故有此授。

其时,谯纵经营的成都国国力比五年前肯定有所增强,但与刘裕控制的东晋政权军事实力的增长不可同日而语。刘裕在平定南燕和成功抵御并最终消灭了卢循和徐道覆叛军后,可谓气势如虹,灭蜀一统江南的时机已经到来。不过,在当时刘裕部下的高级将领来看,蜀地是一块难啃的骨头,弄不好有可能会身败名裂,甚至葬身疆场亦未可知。朱龄石时为西阳太守,刘裕不次拔擢,升迁为益州刺史,作为平定成都国后全蜀之地的最高军政长官。朱龄石受此重任,当然会加倍努力,力争不辱使命。另一方面,臧憙等

---

① (宋)司马光编著,(元)胡三省音注,"标点资治通鉴小组"校点:《资治通鉴》卷一一四《晋纪三六》、一一六《晋纪三八》,中华书局 1956 年版,第八册,第 3580、3660 页。按引《水经注》语出卷三三《江水一》,(北魏)郦道元著,陈桥驿校证《水经注校证》,中华书局 2007 年版,第 771 页。

人既是在朱龄石麾下指挥征讨行动,又会对其决策提供建议、指导甚至监督。所谓"授以麾下之半",并不是将其所部半数兵力调派给朱龄石,朱龄石直辖兵力无疑是其担任西阳太守时所统队伍,应该以其原有部曲为主。参加此次军事行动的刘裕麾下之众,实际上是由臧喜、刘钟、蒯恩等将领所统率,名义上当然也是归主帅朱龄石所辖。在具体战争指挥上,也可以证实以上的推断。

在明确得知刘裕的指示后,朱龄石率领的东晋征讨军立即展开进攻行动。《宋书·朱龄石传》云:"众军乃倍道兼行,谯纵果备内水,使其大将谯道福以重兵戍涪城,遣其前将军、秦州刺史侯辉、尚书仆射·蜀郡太守谯诜等率众万余屯彭模,夹水为城。"①《晋书·谯纵传》载谯纵在派遣"谯道福重兵守涪"的同时,又在东军到达距成都二百里的平模之际,"遣其大将军侯晖、尚书仆射谯诜屯平模,夹岸连城,层楼重栅"。②按侯晖即侯辉,谯悦即谯诜。"侯辉",《南史》《太平御览》引《晋书》及《册府元龟》《资治通鉴》并作"侯晖"③。"谯悦",《太平御览》引《晋书》同④,《资治通鉴》晋安帝义熙九年六、七月条亦作"谯诜"⑤。义熙"十年六月,龄石至彭模,诸将以贼水北城险阻众多,咸欲先攻其南"。朱龄石曰:

---

① 《宋书》卷四八《朱龄石传》,第五册,第1423页。
② 《晋书》卷一〇〇《谯纵传》,第八册,第2637页。
③ (唐)李延寿撰:《南史》卷一六《朱龄石传》,中华书局1975年版,第二册,第458页;(宋)李昉等撰:《太平御览》卷三一四《兵部四五·乘势》引《晋书》,中华书局1960年版,第二册,第1448页;(宋)王钦若等编:《册府元龟》卷四二一《将帅部·任谋》,中华书局1960年版,第五册,第5014页;《资治通鉴》卷一一四《晋纪三六》安帝义熙元年二月,卷一一六《晋纪三八》义熙九年六、七月,第八册,第3580、3660、3661页。
④ 《太平御览》卷三一四《兵部四五·乘势》引《晋书》,第二册,第1448页。
⑤ 《资治通鉴》卷一一六《晋纪三八》,第八册,第3660、3661页。

"不然。虽寇在北,今屠南城,不足以破北;若尽锐以拔北垒,南城不麾而自散也。"①可见朱龄石确有过人之处,表明刘裕选择其担任主帅是正确的决定。

不过面对成都国军坚城固守,最初朱龄石对立即发动进攻曾有过犹豫,其谓刘钟曰:"天方暑热,贼今固险,攻之难拔,祇困我师。吾欲蓄锐息兵,伺隙而进,卿以为何如?"钟曰:"不然。前扬声言大将由内水,故道福不敢舍涪,今重军逼之,出其不意,侯晖之徒已破胆矣。正可因其凶而攻之,势当必克。克平模之后,自可鼓行而前,成都必不能守。若缓兵相持,虚实相见,涪军复来,难为敌也。进不能战,退无所资,二万余人因为蜀子虏耳。"②刘钟之所以斩钉截铁地否定了朱龄石"蓄锐息兵,伺隙而进"的打算,乃是基于他对战局的准确判断。在近二十年前刘钟就开始追随刘裕征战,战争经验丰富,作为刘裕重要亲信,对于刘裕的战略战术有着更深切的感受。而朱龄石对此心领神会,就下一步作战行动与刘钟相商,刘钟毫不犹豫地提出了反对意见,朱龄石也是不假思索地接受了刘钟的意见。

听取刘钟的意见,朱龄石放弃"蓄锐息兵,伺隙而进"的打算,

---

① 《宋书》卷四八《朱龄石传》,第五册,第1423页。
② 《晋书》卷一〇〇《谯纵传》,第八册,第2637页。按《宋书》卷四九《刘钟传》所载略同而稍详:"随朱龄石伐蜀,为前锋,由外水至于彭模,去成都二百里。伪冠军、征讨督护谯亢等两岸连营,曾楼重栅,众号三万。钟于时脚疾,不能行,龄石乃诣钟谋曰:'今天时盛热。而贼严兵固险,攻之未必可拔,只增疲困。计其人情悁挠,必不久安,且欲养锐息兵,以伺其隙。隙而乘之,乃可捷事。然决机两陈,公本有所委,卿意谓何?'钟曰:'不然。前扬声言大众向内水,谯道福不敢舍涪城。今重军卒至,出其不意,蜀人已破胆矣。贼今阻兵守险,是其惧不敢战,非能持久坚守也。因其凶惧,尽锐攻之,其势必克。鼓行而进,成都必不能守矣。今若缓兵相守,彼将知人虚实,涪军忽并来力距我,人情既安,良将又集,此求战不获,军食无资,当为蜀子虏耳。'龄石从之。"(第五册,第1439页)

并且排除诸将先从南城发动进攻的主张,而是决定将"险阻众多"的水北城垒作为首要目标。关于其后的战争进程,《宋书·朱龄石传》云:

> 七月,龄石率刘钟、蒯恩等攻城,诘朝战,至日昃,焚其楼橹,四面并登,斩侯晖、谯诜,仍回军以麾,南城即时散溃。凡斩大将十五级,诸营守以次土崩,众军乃舍船步进。龙骧将军臧熹至广汉,病卒。朱林至广汉,复破谯道福,别军乘船陷牛脾城,斩其大将谯抚。谯纵闻诸处尽败,奔于涪城,巴西人王志斩送。伪尚书令马耽封府库以待王师。道福闻彭模不守,率精锐五千兼行来赴,闻纵已走,道福众亦散,乃逃于獠中,巴西民杜瑶缚送之,斩于军门。桓谦弟恬随谦入蜀,为宁蜀太守,至是亦斩焉。①

谯纵"投道福于涪"而为其所拒,走投无路,"自缢"而死。谯道福欲决一死战,"乃散金帛以赐其众,众受之而走。道福独奔广汉,广汉人杜瑾执之。朱龄石徙马耽于越巂,追杀之"。马耽自忖难免一死,遂"盥洗而卧,引绳而死"。② 按杜瑾与杜瑶显系同一人,然未知孰名为是。③ 谯纵、马耽等成都国最高统治集团成员在最后关头所表现出来的杀身成仁的精神,是值得尊重和令人感佩的。"尚书令马耽封仓库以待王师"④,理应网开一面,但同历史上大多数胜利者一样,朱龄石也没有表现出应有的宽宏大量。马耽的作为使刘裕平蜀获得了立竿见影的丰厚的经济效益,为其后来的北

---

① 《宋书》卷四八《朱龄石传》,第五册,第 1423 页。
② 《晋书》卷一○○《谯纵传》,第八册,第 2638 页。
③ (宋)王钦若等编《册府元龟》卷三六三《将帅部·机略三》同《宋书·朱龄石传》作"杜瑶",中华书局 1960 年版,第五册,第 4314 页;《资治通鉴》卷一一六《晋纪三八》义熙九年七月同《晋书·谯纵传》作"杜瑾",第八册,第 3662 页。
④ 《晋书》卷一○○《谯纵传》,第八册,第 2637 页。

伐等军事行动应该提供了更加有力的物资保障。史称"及龄石入成都,诛纵同祖之亲,余皆安堵,使复其业"①。然而很快却又因故改变主意,"龄石遣司马沈叔任戍涪,蜀人侯产德作乱,攻涪城,叔任击破之,斩产德。初,龄石平蜀,所戮止纵一祖之后,产德事起,多所连结,乃穷加诛剪,死者甚众"②。

平蜀之后,朱龄石"进号辅国将军,寻进监梁州之巴西梓潼宕渠南汉中秦州之安固怀宁六郡诸军事。以平蜀功,封丰城县侯,食邑千户"③。《晋书·安帝纪》:义熙十一年(415)五月,"论平蜀功,封刘裕子义隆彭城公,朱龄石丰城公"④。按朱龄石所封爵位,一作"丰城县侯"⑤,一作"丰城公"⑥,似以前者为是。平蜀之役的总指挥是朱龄石,然刘义隆却无功受禄,颇不可解。可能的情况是,从名义上说作为平蜀之役的决策者,刘裕本应因此而受封赏,但他借此将受封机会转让给三子刘义隆。这表明,刘裕通过尽快提高诸子的地位,以培植宗室力量,使得篡位后能够迅速形成有力的宗亲集团。早在义熙九年"九月,封刘裕次子义真为桂阳公"⑦。此举与消灭刘毅、诸葛长民后的论功行赏有关。对二子刘义真和三子刘义隆的加封,反映出刘裕在巩固权力的过程中已将提高刘氏子弟地位,以便形成取代司马氏的新的宗室集团,放到了议事日程上。

---

① 《晋书》卷一〇〇《谯纵传》,第八册,第2637页。
② 《宋书》卷四八《朱龄石传》,第五册,第1424页。
③ 《宋书》卷四八《朱龄石传》,第五册,第1424页。
④ 《晋书》卷一〇《安帝纪》,第一册,第265页。
⑤ 《册府元龟》卷三七九《将帅部·襃异五》、卷三四四《将帅部·佐命五》(第五册,第4507、4068页)及《资治通鉴》卷一一六《晋纪三八》安帝义熙九年七月(第八册,第3662页)并同《宋书·朱龄石传》作"丰城县侯"。
⑥ 《册府元龟》卷一二七《帝王部·明赏》(第二册,第1529页)同《晋书·安帝纪》作"丰城公"。
⑦ 《晋书》卷一〇《安帝纪》,第一册,第264页。

第三节　司马休之,兵败逃亡

征讨刘毅之际,宗室司马休之被任命为荆州刺史。义熙八年九月,"以前镇军将军司马休之为平西将军、荆州刺史"①。由宗室出身的司马休之取代刘毅,以使刘裕消灭刘毅的行动在舆论上占据主动。十一月,刘裕"至江陵","以荆州十郡为湘州",并"进督"湘州军事。② 这样,荆州军政权力便被大大削弱。③ 也就是说,司马休之虽然被任命为荆州刺史,但其所拥有的权力已远不及以前的荆州刺史。尽管如此,荆州仍然是东晋全境战略地位仅次于扬州的地区,荆州的经济地位也可作如是观。沈约有云:"江南之为国盛矣,虽南包象浦,西括邛山,至于外奉贡赋,内充府实,止于荆、扬二州。""荆城跨南楚之富,扬部有全吴之沃,鱼盐杞梓之利,充仞八方,丝绵布帛之饶,覆衣天下。"④刘裕不能让刘毅长期掌控荆州,自然也不会给司马休之长久控制荆州的机会。因此,以司马休之为荆州刺史的任命显然只是一个权宜之计,刘裕并非真心要让司马休之掌控上流军政大权。

义熙九年初,刘裕从荆州返回建康。过了不到两年时间,刘裕就对司马休之下手了。义熙"十一年(415)春正月,荆州刺史司马

---

① 《宋书》卷二《武帝纪中》,第一册,第28页;《南史》卷一《宋本纪上·武帝纪》,第一册,第13页。
② 《宋书》卷二《武帝纪中》,第一册,第29页。
③ 按《资治通鉴》卷一一六《晋纪三八》:安帝义熙八年九月庚辰(十三,11.2),"诏大赦,以前会稽内史司马休之为都督荆雍梁秦宁益六州诸军事、荆州刺史"。(第八册,第3652页)则从表面上看,以荆州为中心的上流军政大权交由司马休之掌控。不过司马休之为六州都督仅见于此,难以确考《通鉴》此记载的史源为何。
④ 《宋书》卷五四"史臣曰",第五册,第1540页。

273

休之、雍州刺史鲁宗之并举兵贰于刘裕，裕帅师讨之。庚午（十六，2.10），大赦"①。刘裕以"平西将军、荆州刺史司马休之宗室之重，又得江汉人心"，"疑其有异志"，②必欲除之而后快。刘裕建义亲信孟怀玉，平定卢循后"为太尉谘议参军，征虏将军"，义熙"八年，迁江州刺史，寻督江州豫州之西阳新蔡汝南颍川司州之恒农扬州之松滋六郡诸军事、南中郎将，刺史如故。时荆州刺史司马休之居上流，有异志，故授怀玉此任以防之"。③ 可见刘裕在任命司马休之出刺荆州时便已对其严加防备，最终是要将其置于死地。很显然，并非司马休之和鲁宗之先向刘裕发起挑战而招致讨伐，而是刘裕出兵征讨在前，司马休之和鲁宗之反抗在后。刘穆之时为前将军、中军太尉司马、丹阳尹，义熙"十一年，高祖西伐司马休之，中军将军道怜知留任，而事无大小，一决穆之"④。

《宋书·武帝纪中》："休之兄子谯王文思在京师，招集轻侠，公执文思送还休之，令自为其所。休之表废文思，并与公书陈谢。"⑤按文思乃休之之子，过继给伯父尚之为子。⑥ 司马休之无意也无力与刘裕抗衡，对刘裕的要求也就不敢怠慢，但其处置文思的方案和表态却不能令刘裕满意。因为刘裕意不在此，他希望的是司马休之无条件地对自己领袖地位的认可和服从。"十一年正

---

① 《晋书》卷一〇《安帝纪》，第一册，第264—265页。按同书卷一三《天文志下》：义熙九年"十月，裕讨司马休之，王师不利，休之等奔长安"。（第二册，第385页）按此处所记时间有误。
② 《宋书》卷二《武帝纪中》，第一册，第31页。
③ 《宋书》卷四七《孟怀玉传》，第五册，第1407页。
④ 《宋书》卷四二《刘穆之传》，第五册，第1306页。
⑤ 《宋书》卷二《武帝纪中》，第一册，第31页。
⑥ 《南史》卷一《宋本纪上·武帝纪》作"休之子谯王文思在都，招聚轻侠"云云，第一册，第14页。（北齐）魏收撰：《魏书》卷三七《司马休之传》云，"休之子文思继休之兄尚之"。（中华书局1974年版，第三册，第853页）

月,公收休之子文宝、兄子文祖,并于狱赐死,率众军西讨。复加黄钺,领荆州刺史。辛巳(廿七,2.21),发京师,以中军将军道怜监留府事。"①刘道怜时任中军将军、散骑常侍,"讨司马休之,道怜监留府事,甲仗百人入殿"②。得知即将遭到征讨的消息后,"休之上表自陈",在肯定刘裕功勋的同时,又历数其罪状,并陈述了自己对抗刘裕的战略。休之上表中说:"正以臣王室之干,位居藩岳,时贤既尽,唯臣独存,规以翦灭,成其篡杀。镇北将军臣宗之、青州刺史臣敬宣,并是裕所深忌惮,欲以次除荡,然后倾移天日,于事可易。"③按:休之上表中对刘裕征讨自己原因的判断可谓一语中的,并非其有先见之明,而应该是当时朝野上下已形成共识——刘裕必定要篡位。然其将刘敬宣也纳入自己和鲁宗之一起反抗刘裕的阵营,则是壮大声势,一厢情愿而已。

《晋书·姚兴载记下》:"晋荆州刺史司马休之据江陵,雍州刺史鲁宗之据襄阳,与刘裕相攻,遣使求援。兴遣姚成王、司马国璠率骑八千赴之。"④如前所述,鲁宗之因杀刘毅兄刘模之功而受到加官晋爵的奖赏⑤,但他最终还是走到了刘裕的对立面。刘裕以司马休之为荆州刺史,一方面是为了便于征讨刘毅时在舆论上抢占先机,同时也是为了在日后更方便地除掉他。因为荆州与后秦相邻,也是桓氏曾经的根据地,也就很容易找到其勾结后秦及桓氏残余势力的借口,从而为出兵进行征讨提供了冠冕堂皇的理由。回顾时局,刘裕对司马休之的打击早在数年前就已开始。《宋

---

① 《宋书》卷二《武帝纪中》,第一册,第31页。
② 《宋书》卷五一《宗室·长沙王道怜传》,第五册,第1462页。
③ 《宋书》卷二《武帝纪中》,第一册,第31—33页。
④ 《晋书》卷一一八《姚兴载记下》,第一〇册,第3000页。
⑤ 《晋书》卷八五《刘毅传》,第七册,第2210页。

书·武帝纪中》义熙七年二月下云:

> 晋自中兴以来,治纲大弛,权门并兼,强弱相凌,百姓流离,不得保其产业。桓玄颇欲厘改,竟不能行。公既作辅,大示轨则,豪强肃然,远近知禁。至是,会稽余姚虞亮复藏匿亡命千余人,公诛亮,免会稽内史司马休之。①

会稽为东南重镇,不到十年前孙恩即以会稽为中心发动反政府叛乱,刘裕平定孙恩时曾在会稽征战,对于孙恩叛乱的原因以及当地社会情势当有较为充分的了解。"藏匿亡命千余人"的虞亮,其人于此仅见②,既有可能是当地豪强,亦有可能为孙恩余党。不管怎样,刘裕以打击豪强为名,既清除了会稽郡的离心势力,又改变了司马氏宗室执掌东南重镇会稽的现状,可谓一石二鸟。

即便是敌对者司马休之,在上表中也对刘裕的巨大功业予以肯定,谓其"威武明断,首建义旗,除荡元凶,皇居反正。布衣匹夫,匡复社稷,南剿卢循,北定广固,千载以来,功无与等。由是四海归美,朝野推崇"③。此乃人所共识,是当时无论什么人都不得不承认的事实。正因其"位穷台牧,权倾人主"④,故司马休之和鲁宗之对刘裕征讨的抵抗,必然是力量对比悬殊太大,无异以卵击石。《晋书·安帝纪》:义熙十一年(416)三月"壬午(廿九,4.23),刘裕及休之战于江津,休之败,奔襄阳"。五月"甲午(十二,7.4),休之、宗之出奔于姚泓"。⑤ 按江津为荆州治所江陵城外江边津渡,义熙九年征讨刘毅时先头部队"未至城五六里,逢毅要将朱显

---

① 《宋书》卷二《武帝纪中》,第一册,第27页。
② 按《南史》卷一《宋本纪上·武帝纪》原作"唐亮"(第一册,第12页),点校本据《宋书》径改为"虞亮"。
③ 《宋书》卷二《武帝纪中》,第一册,第31页。
④ 《宋书》卷二《武帝纪中》,第一册,第31页。
⑤ 《晋书》卷一〇《安帝纪》,第一册,第265页。

之,与十许骑,步从者数十,欲出江津"①。《后汉书·光武帝纪上》:建武五年(29)三月,"遣征南大将军岑彭率二将军伐田戎于津乡,大破之"。李贤注:"南郡有津乡,故城在今荆州江陵县东。"②同书《岑彭传》"自引兵还屯津乡,当荆州要会"下李贤注:"津乡,县名,所谓江津也。《东观记》曰:'津乡当荆、杨之咽喉。'"③《资治通鉴》晋安帝义熙元年正月己丑,"桓振挟帝出屯江津"下胡三省注:"江津戍在江陵,南临江浒。《荆州记》曰:江陵县东三里有津乡。《水经注》:江陵城南有马牧城。此洲始自枚回下迄于此,长七十余里,洲上有奉城,江津长所治。"④

司马休之上表有云:"臣今与宗之亲御大众,出据江津,案甲抗威,随宜应赴。"⑤面对刘裕的进攻,司马休之采取的是到江陵城外主动迎战的战略。相反,若闭城自守而避免正面交锋,则一旦困守孤城,敌强我弱,只能是死路一条。到江津迎战,首先冀望奇迹发生,若失利即可北上逃亡。看来司马休之从一开始就做好了战败逃亡的准备,足见其对形势有着正确的预判,也反映出并非其主动挑衅,而是在刘裕大军进攻下不得不采取的自保行动。值得一提的是,刘裕征讨司马休之的消息传出后,张茂度(裕)时任司马休之平西司马、河南太守,"高祖将讨休之,茂度闻知,乘轻船逃下,逢高祖于中路,以为录事参军,太守如故。江陵平,骠骑将军道怜为荆州,茂度仍为谘议参军,太守如故"。⑥ 张茂度与刘裕同名,

---

① 《宋书》卷四五《王镇恶传》,第五册,第1367页。
② (宋)范晔撰,(唐)李贤注:《后汉书》卷一上《光武帝纪上》,中华书局1965年版,第一册,第38页。
③ 《后汉书》卷一七《岑彭传》,第二册,第659页。
④ 《资治通鉴》卷一一四《晋纪三六》安帝义熙元年正月,第八册,第3578页。
⑤ 《宋书》卷二《武帝纪中》,第一册,第33页。
⑥ 《宋书》卷五三《张茂度传》,第五册,第1509—1510页。

二人关系密切,刘裕任命其为司马休之平西将军府司马,很可能就是要让其监控休之的动向,而其得到征讨休之的消息大概也是刘裕派人传达。作为司马休之军府首席僚佐,张茂度的逃奔会给刘裕带来极有价值的军事情报,对即将展开的军事行动颇有助益。

征讨司马休之之役并非一帆风顺,而是付出了一定的代价。《宋书·武帝纪中》:"三月,军次江陵。初,雍州刺史鲁宗之常虑不为公所容,与休之相结,至是率其子竟陵太守轨会于江陵。江夏太守刘虔之邀之,军败见杀。公命彭城内史徐逵之、参军王允之出江夏口,复为轨所败,并没。时公军泊马头,即日率众军济江,躬督诸将登岸,莫不奋踊争先。休之众溃,与轨等奔襄阳。"①蒯恩时为龙骧将军、太尉行参军,"高祖伐司马休之及鲁宗之,恩与建威将军徐逵之前进。逵之败没,恩陈于堤下,宗之子轨乘胜击恩,矢下如雨,呼声震地,恩整厉将士,置阵坚严。轨屡冲之不动,知不可攻,乃退。高祖善其能将军持重。江陵平定,复追鲁轨于石城。轨弃城走,恩追至襄阳,宗之奔羌,恩与诸将追讨至鲁阳关乃还"②。刘荣祖时为参太尉军事,"从讨司马休之,彭城内史徐逵之败没,诸将意沮,荣祖请战愈厉,高祖乃解所著铠以授之。荣祖率所领陷阵,身被数创,会贼破走,加振威将军"③。鲁宗之、鲁轨父子从襄阳和竟陵增援江陵,壮大了司马休之抗击刘裕的声势,给刘裕西征军的进攻造成了一定的困难。

关于江津之役及追讨司马休之的战斗情形,可从以下记载窥见一斑。谢晦由"豫州治中从事""入为太尉主簿,从征司马休之。时徐逵之战败见杀,高祖怒,将自被甲登岸,诸将谏,不从,怒愈甚。

---

① 《宋书》卷二《武帝纪中》,第一册,第34页。
② 《宋书》卷四九《蒯恩传》,第五册,第1437页。
③ 《宋书》卷四五《刘怀慎传附荣祖传》,第五册,第1376页。

晦前抱持高祖,高祖曰:'我斩卿!'晦曰:'天下可无晦,不可无公,晦死何有!'会胡藩已得登岸,贼退走,乃止"。① 沈渊子时"为太尉参军,从征司马休之,与徐逵之同没,时年三十五"②。胡藩在征讨刘毅前就已"转宁远将军、鄱阳太守","又从征司马休之,复为参军,加建武将军,领游军于江津。徐逵之败没,高祖怒甚,即日于马头岸渡江,而江津岸峭,壁立数丈,休之临岸置阵,无由可登。高祖呼藩令上,藩有疑色,高祖奋怒,命左右录来,欲斩之。藩不受命,顾曰:'藩宁前死耳!'以刀头穿岸,劣容脚指,于是径上,随之者稍多。既得登岸,殊死战,贼不能当,引退。因而乘之,一时奔散"。③由此可见,司马休之选择崖岸陡峭的江津阻击刘裕西征军,就是希望借助有利地形挫败敌军。然而刘裕部下有着身经百战的勇士,江津之险虽有一定难度,但仍属小菜一碟,不可能挡住刘裕前进的脚步。④

王镇恶在征讨刘毅之役结束后出为荆州下辖的安远护军、武陵内史,在讨平蛮帅向博抵根之行前,向荆州刺史司马休之"求遣军以为声援,休之遣其将朱襄领众助镇恶"。刘裕"西讨休之",镇恶"乃以竹笼盛石,埋塞水道,襄军下,夹岸击之,斩襄首,杀千余

---

① 《宋书》卷四四《谢晦传》,第五册,第 1347—1348 页。
② 《宋书》卷一〇〇《自序》,第八册,第 2446 页。
③ 《宋书》卷五〇《胡藩传》,第五册,第 1444 页。
④ 按史料屡次提及被杀的徐逵之,为刘裕心腹徐羡之兄钦之之子,其妻"尚武帝长女会稽宣公主"。"武帝诸子并幼,以逵之姻戚,将大任之,欲先令立功。及讨司马休之,使统军为前锋,待克当即授荆州。"(《南史》卷一五《徐羡之传》附传,第二册,第 434—435 页)可见刘裕对其长婿寄予厚望,徐逵之战死对其建国战略产生了消极影响。《宋书》卷一九《乐志一》:"《督护哥》者,彭城内史徐逵之为鲁轨所杀,宋高祖使府内直督护丁旿收敛殡埋。逵之妻,高祖长女也,呼肝至阁下,自问敛送之事,每问,辄叹息曰:'丁督护!'其声哀切,后人因其声,广其曲焉。"(第二册,第 550 页)由此足见,刘裕长女与其夫婿感情之深。

人"。"及至江陵,休之已平","休之及鲁宗之奔襄阳,镇恶统牁恩诸军水路追之,休之等奔羌,镇恶追蹑,尽境而还"。① 江津失守后司马休之和鲁宗之父子先逃奔襄阳,既而又继续北逃到后秦境内。宁朔将军、沛郡太守朱超石,"及讨司马休之,遣冠军将军檀道济及超石步军出大薄,鲁宗之闻超石且至,自率军逆之,未战而江陵平。从至襄阳,领新野太守,追宗之至南阳而还"②。按其时檀道济所任官职为"世子征虏将军司马,加冠军将军",原任"梁国内史"是否依旧兼任难以确知。③ 曾任刘道规辅国参军、宁远将军、魏兴太守的傅弘之,"除太尉行参军,从征司马休之,署后部贼曹"④。刘裕亲信谢景仁(裕)之弟谢述为太尉参军,亦"从征司马休之"⑤。

沈渊子之弟沈田子和沈林子皆参与了征讨司马休之之役。沈林子时为参太尉军事,"十一年,复从讨司马休之。高祖每征讨,林子辄摧锋居前,虽有营部,至于宵夕,辄敕还内侍"⑥。按此言义熙十一年沈林子跟随刘裕征讨时,勇猛善战及受到刘裕特别亲信的情形,多半是沈约为了夸耀其祖父的功业而有意夸大其词,未必完全反映历史的真实。《南史》载沈林子事迹,于此仅云"武帝每征讨,林子辄摧锋居前"⑦。李延寿大概感觉到"虽有营部,至于宵夕,辄敕还内侍"太不靠谱,故加以删除。关于沈林子在此役中的表现,沈约又云:"贼党郭亮之招集蛮众,屯据武陵,武陵太守王镇

---

① 《宋书》卷四五《王镇恶传》,第五册,第1368页。
② 《宋书》卷四八《朱龄石传附弟超石传》,第五册,第1425页。
③ 参见《宋书》卷四三《檀道济传》,第五册,第1342页。
④ 《宋书》卷四八《傅弘之传》,第五册,第1430页。
⑤ 《宋书》卷五二《谢景仁传附弟述传》,第五册,第1496页。
⑥ 《宋书》卷一〇〇《自序》,第八册,第2455页。
⑦ 《南史》卷五七《沈约传》,第五册,第1407页。

恶出奔,林子率军讨之,斩亮之于七里涧,纳镇恶。"①按郭亮之其人仅见于此,据此似为武陵蛮首领,《南史》改"蛮众"为"蛮晋",看来李延寿对郭亮之的蛮首身份也是有疑问的。王镇恶自武陵出奔事,亦不见于其本传。但本传载司马休之被征讨前安远护军、武陵内史王镇恶"讨平"了"据阮头,屡为凶暴"的"蛮帅向博抵根",表明王镇恶对武陵蛮的镇抚是得力的。所谓郭亮之驱逐武陵太守王镇恶,以及沈林子讨平郭亮之而接纳王镇恶,似为子虚乌有,很可能是沈约为两年以后发生的沈田子杀害王镇恶事件张目的一个环节。沈约接着又云:"武陵既平,复讨鲁轨于石城。轨弃众奔襄阳,复追蹑之。襄阳既定,权留守江陵。"②而据上文所引王"镇恶统蒯恩诸军水路追之,休之等奔羌,镇恶追蹑,尽境而还",可知沈林子并非"追蹑"司马休之和鲁宗之的主将,很可能是王镇恶所统诸军之一。正因如此,是役结束后他并未受到特别重用,而是"权留守江陵"。

※又沈田子为振武将军、淮陵内史、世子征虏军事,《宋书·自序》:"八年,从讨刘毅。十一年,复从讨司马休之,领别军,与征虏将军赵伦之参征虏军事、振武将军、扶风太守。十二年,高祖北伐,田子与顺阳太守傅弘之各领别军,从武关入,屯据青泥。"③赵伦之为"武穆皇后之弟",同书卷四六《赵伦之传》:"武帝起兵,以军功封阆中县五等侯。累迁雍州刺史。武帝北伐,伦之遣顺阳太守傅弘之、扶风太守沈田子出峣柳,大破姚泓于蓝田。"④按《自序》载沈田子"领别军,与征虏将军赵伦之,参征虏军事、振武将军、扶

---

① 《宋书》卷一〇〇《自序》,第八册,第2455页。
② 《宋书》卷一〇〇《自序》,第八册,第2455页。
③ 《宋书》卷一〇〇《自序》,第八册,第2448页。
④ 《宋书》卷四六《赵伦之传》,第五册,第1389页。

风太守",文义欠通,似其在征讨司马休之时作为征虏将军赵伦之军府参军与伦之"领别军"西征,然扶风郡在关中,为雍州所辖,不当在征讨荆州司马休之时任之。且本传既云"从讨"亦即跟随刘裕征讨,也就不可能"领别军",且《赵伦之传》的记载丝毫未见其参与征讨司马休之事。《自序》下文又载沈田子于次年北伐之时"领别军"云云,则上一"领别军"为衍文。北伐时沈田子为雍州刺史赵伦之部将,其为参征虏军事、振武将军、扶风太守,颇为符合。《自序》下文载"高祖表言曰:'参征虏军事、振武将军、扶风太守沈田子……'"云云,亦是明证。据此,上引《自序》的记载原本疑作:"八年,从讨刘毅。十一年,复从讨司马休之。十二年,高祖北伐,参征虏军事、振武将军、扶风太守。田子与顺阳太守傅弘之各领别军,与征虏将军赵伦之从武关入,屯据青泥。"按《南史·沈约传》载沈田子事迹云:"义熙八年,从讨刘毅。十一年,从讨司马休之,除振武将军、扶风太守。十二年,武帝北伐,田子与顺阳太守傅弘之各领别军从武关入,屯据青泥。"[1]《通志》所载同《南史》。[2]《南史》所载上下文义无碍,但从记载次序推断其所见《宋书》本传文字与今本无异。若此,则唐初《宋书》此处已有衍文和错简。

由上可见,司马休之于江津战败后逃至鲁宗之镇守的襄阳,在王镇恶、蒯恩等部追讨下继续北逃,朱超石等部又从襄阳追讨至南阳,其后因司马休之和鲁宗之逃至后秦境内而停止了这次军事行动。司马休之和鲁宗之逃亡的目的地为后秦,这是东晋末年荆梁

---

[1] 《南史》卷五七《沈约传》,第五册,第1405—1406页。
[2] (宋)郑樵撰:《通志》卷一三一《宋列传四四·沈田子》,《景印文渊阁四库全书》史部一三六"别史类",台湾商务印书馆1986年版,第三七八册,第22—23页。

地域异己势力在政争失败后逃亡的首选之地。姚泓为后秦高祖文桓皇帝姚兴太子①,不过司马休之和鲁宗之逃亡至后秦时,其国君究竟是姚泓还是其父姚兴,史书有不同记载。《晋书·安帝纪》载本年"二月丁未(?),姚兴死,子泓嗣伪位"②。然同书《姚兴载记下》却有如下记载:

> 姚成王至于南阳,司马休之等为刘裕所败,引归。休之、宗之等遂与谯王文思、新蔡王道赐、宁朔将军·梁州刺史马敬、辅国将军·竟陵太守鲁轨、宁朔将军·南阳太守鲁范奔于兴。……休之等至长安,兴谓之曰:"刘裕崇奉晋帝,岂便有阙乎?"休之曰:"臣前下都,琅邪王德文泣谓臣曰:'刘裕供御主上,克薄奇深。'以事势推之,社稷之忧方未可测。"兴将以休之为荆州刺史,任以东南之事。休之固辞,请与鲁宗之等扰动襄阳、淮、汉。乃以休之为镇南将军、扬州刺史,宗之等并有拜授。休之将行,侍御史唐盛言于兴曰:"符命所记,司马氏应复河洛。休之既得濯鳞南翔,恐非复池中之物,可以崇礼,不宜放之。"兴曰:"司马氏脱如所记,留之适足为患。"遂遣之。③

很显然,当时的后秦国君仍为高祖姚兴,而非末帝姚泓。若按《晋书·安帝纪》的记载,姚兴死于义熙十一年二月,而司马休之与刘裕在江津战败后逃亡并于五月十二日至长安,其时姚兴死亡已有数月时间,则以上与司马休之和鲁宗之对话者显然就不可能是姚兴了。

---

① 参见《晋书》卷一一八《姚兴载记下》,第一〇册,第2998页。
② 《晋书》卷一〇《安帝纪》,第一册,第265页。按是年二月无丁未,或为乙未(十八,3.28)之讹。
③ 《晋书》卷一一八《姚兴载记下》,第一〇册,第3001—3002页。

《魏书·司马休之传》云"休之遂与子文思及宗之等奔于姚兴"①,《岛夷刘裕传》亦云"休之等奔姚兴"②。同书《太宗纪》的记载与传文是统一的,泰常元年(416)末云:"是岁,姚兴卒,子泓立。"③按是年即晋安帝义熙十二年。《资治通鉴》于晋安帝义熙十二年二月条载"(姚)兴卒",其下《考异》曰:

> 《晋·本纪》、《三十国·晋春秋》,皆云义熙十一年二月姚兴卒;《魏·本纪》、《北史·本纪》、《姚兴、姚泓载记》,皆云十二年。按《后魏书·崔鸿传》:太祖天兴二年,姚兴改号,鸿以为元年。故《晋·本纪》、《三十国·晋春秋》凡弘始后事,皆在前一年,由鸿之误也。④

按《魏书·崔鸿传》:"鸿经综既广,多有违谬。至如太祖天兴二年(399),姚兴改号,鸿以为改在元年;太宗永兴二年(410),慕容超擒于广固,鸿又以为事在元年;太常二年(417),姚泓败于长安,而鸿亦以为灭在元年。如此之失,多不考正。"⑤由此可见,《晋书·安帝纪》记姚兴死于义熙十一年乃是蹈袭崔鸿《十六国春秋·后秦录》之误。可以确定,司马休之和鲁宗之逃亡至后秦,接见并与之对话者非姚兴莫属。就后秦政局而论,姚兴末年内部纷争业已爆发,姚泓即位后政局更趋动荡,似乎已无力接纳外来流亡者而与南方政权争衡。

---

① 《魏书》卷三七《司马休之传》,第三册,第854页。
② 《魏书》卷九七《岛夷刘裕传》,第六册,第2133页。
③ 《魏书》卷三《太宗纪》,第一册,第57页。
④ 《资治通鉴》卷一一七《晋纪三九》安帝义熙十二年二月,第八册,第3685页。据北宋刘羲仲所撰《通鉴问疑》记载,司马光曾就此问题质证并采纳了"长编"编撰者刘恕(道原)的意见(《景印文渊阁四库全书》史部四四四"史评类",第六八六册,第7页)。
⑤ 《魏书》卷六七《崔鸿传》,第四册,第1505页。

第四节　宗室孑遗，了无所容

对司马氏宗室的镇压，既是因为刘裕感受到他们对其专权并非心悦诚服，更主要的是为了排除日后篡位时可能出现的任何干扰，故即便司马氏宗室并无二心，也绝对不会放过他们。司马氏宗室采取的是同前此桓氏残余势力一样的战略，在武力抗衡刘裕的同时，做好了逃亡后秦的准备，并希望借助后秦的军事支持与刘裕进行对抗，幻想能够击败刘裕，兴复晋室。然而司马氏气数已尽，回天乏力，何况司马休之等人并非英雄豪杰之辈，远非刘裕的对手。后秦接纳并支持来自南方的亡命者与刘裕抗衡，其结果是为刘裕解决来自后秦方面的骚扰提供了又一借口。同年九月刘裕北伐军到达与北魏交界地带时，北魏明元帝通过叔孙建而与刘裕进行沟通，刘裕答言中提到北伐原因，云："司马休之、鲁宗之父子、司马国璠兄弟、诸桓宗属，皆晋之蠹也，而姚氏收集此等，欲以图晋，是以伐之。"[1]道出了征讨后秦的重要动机。逃亡到后秦的司马氏、桓氏及其支持者人数颇为可观，一年多之后后秦灭亡时他们又投奔北魏。《魏书·太宗纪》：泰常二年（417）"九月癸酉（初四，9.30），司马德宗平西将军·荆州刺史司马休之、息谯王文思、章武王子司马国璠、司马道赐、辅国将军温楷、竟陵内史鲁轨、荆州治中韩延之、殷约、平西参军桓谧、桓璲及桓温孙道子、勃海刁雍、陈郡袁式等数百人来降"[2]。其中司马氏作为东晋皇室而受到重视，被授官封爵，其他人则多数未被任用。

---

[1]　《魏书》卷二九《叔孙建传》，第二册，第703页。
[2]　《魏书》卷三《太宗纪》，第一册，第57—58页。

关于刘裕征讨司马休之，《魏书·岛夷刘裕传》云："荆州刺史司马休之颇得众心，裕内怀忌惮，神麚二年（429），率众讨之，遣龙骧将军蒯恩等为前军。裕进领荆州刺史，加黄钺。雍州刺史鲁宗之率其子轨会休之于江陵。轨等军败，乃与休之俱奔襄阳。裕自领南蛮校尉。"①按北魏太武帝神麚二年当宋文帝元嘉六年，刘裕征讨司马休之的晋安帝义熙十一年当北魏明元帝神瑞二年（415），此当为《魏书》版本在后世传写时致讹，应予订正。不管司马休之是否"颇得众心"，毕竟他是当时司马氏宗室中硕果仅存的可以成为一方诸侯的人物，加之所任职的荆楚之地具有无比重要的战略地位，即便此前刘裕已分荆州十郡为湘州且自领都督，仍然不能使刘裕完全放心。之前为了消灭刘毅的需要，占据舆论高地，出于权宜之计，刘裕令司马休之出镇江陵，执掌荆州军政大权，而镇守襄阳的雍州刺史鲁宗之亦非刘裕亲信，对于二人的勾连刘裕必定有充分的了解，这自然也是他难以容忍的。在征讨司马休之和鲁宗之过程中，刘裕相继"进领荆州刺史"，"自领南蛮校尉"，将上流军政权力掌控在手中，显示了刘裕发动此次军事行动的真实动机。

《宋书·武帝纪中》不载"领荆州刺史"事，而仅载义熙十一年三月"江陵平，加领南蛮校尉"。其后又云："四月，公复率众进讨，至襄阳，休之奔羌。天子复重申前命，授太傅、扬州牧，剑履上殿，入朝不趋，赞拜不名，加前部羽葆鼓吹，置左右长史、司马、从事中郎四人。封公第三子义隆为北彭城县公。以中军将军道怜为荆州刺史。"②不排除刘裕在进军江陵时曾短暂"领荆州刺史"的可能，

---

① 《魏书》卷九七《岛夷刘裕传》，第六册，第2132—2133页。
② 《宋书》卷二《武帝纪中》，第一册，第34、35页。

但毕竟他要迅速回到建康执掌朝政,荆州军政不可暂旷,必须由最可靠的人掌控才行,其弟刘道怜即是合适的人选。在刘裕征讨司马休之时刘道怜原本"监留府事","江陵平,以为都督荆湘益秦宁梁雍七州诸军事、骠骑将军、开府仪同三司、领护南蛮校尉、荆州刺史,持节、常侍如故。北府文武悉配之"。[①] 可见为了强有力控制上流,刘裕遂进一步加强刘道怜的兵力,东晋末年活跃一时的北府兵随着道怜西上荆州而成为西府兵,北府兵从此一去不复返了。也就从这时开始,刘裕应该就已确立了由宗室刺荆的方针。不论如何,征讨司马休之使得刘裕的权威进一步上升,在通往帝业的道路上又向前迈出了坚实的一步。毫无疑问,这些具有象征性的头衔对于以篡位作为最终目标的刘裕而言并非可有可无,而是必不可少的光环。

　　防止司马氏宗室在他篡位后任何可能的复辟行为,是刘裕一直在考虑的问题,因而除宗室近亲外,刘裕连宗室疏属也不放过。司马休之为"晋宣帝(司马懿)季弟谯王逊之后",父恬为司马昌明(晋孝武帝)镇北将军、青兖二州刺史。司马休之与晋安帝的关系,可谓疏之又疏。"天兴五年(402),休之为司马德宗平西将军、荆州刺史。为桓玄逼逐,遂奔慕容德。刘裕诛玄后,还建邺,裕复以休之为荆州刺史。"[②]可见刘裕平定桓玄之初,还想利用司马休之的宗室身份及其在江汉地区的影响力以稳定荆州局势。然而随着江汉局势的稳定,以及篡位提上议事日程,刘裕很快便改变了对司马氏宗室的政策,司马休之的命运也就可想而知了。

　　面对刘裕的专政和日益昭彰的篡位野心,司马休之家族人物

---

① 《宋书》卷五一《宗室·长沙王道怜传》,第五册,第1462页。
② 《魏书》卷三七《司马休之传》,第三册,第853页。

似乎也以维护摇摇欲坠的晋室作为其使命,成为刘裕专政的异己力量。《魏书·司马休之传》:

> 休之颇得江汉人心,刘裕疑其有异志。而休之子文思继休之兄尚之为谯王,谋图裕,裕执送休之,令自为其所。休之表废文思,并与裕书陈谢。神瑞(414—416)中,裕收休之子文宝、兄子文祖,并杀之,乃率众讨休之。休之上表自陈于德宗,与德宗镇北将军鲁宗之、宗之子竟陵太守轨等起兵讨裕。裕军至江陵,休之不能敌,遂与轨奔襄阳。裕复进军讨之。①

与此同时,北魏和后秦两个与东晋为敌的北方政权也在虎视眈眈,试图介入南方政权内部的纷争,坐收渔人之利。北魏明元帝"遣长孙嵩屯河东,将为之援";后秦"姚兴征虏将军姚成王、冠军将军司马国璠亦将兵救之,不及而还"。然而无论北魏还是后秦,都不具备与刘裕控制的东晋政权相抗衡的实力,何况这两个政权之间也存在着矛盾,并无任何迹象表明它们有意联合以对付南方政权。

关中立国的后秦政权,其东南边疆与荆楚之地相邻,成为当时东晋异己势力逃亡的首选之地。走投无路的桓氏人物几乎都被后秦所接纳,并以之为基地不断骚扰荆襄地域。司马氏人物也把后秦作为其败亡之地,如前所述司马"休之遂与子文思及宗之等奔于姚兴"。刘裕在不久之后发动第二次北伐之役,拔掉后秦这枚眼中钉,应该与此有很大关系。"裕灭姚泓,休之与文思及德宗河间王子道赐、辅国将军温楷、竟陵内史鲁轨、荆州治中韩延之、殷约、平西参军桓谧、桓璲及桓温孙道度、道子、勃海刁雍、陈郡袁式等数百人,皆将妻子诣嵩降。"由此可见,后秦政权的确接纳了大量的东晋逃亡者,对刘裕而言,诚可谓是可忍孰不可忍。不将其老

---

① 《魏书》卷三七《司马休之传》,第三册,第853页。

巢端掉，西北边境的动荡局面便难以彻底解决，桓氏和司马氏复辟的可能性同样难以彻底消除。

司马休之归魏仅月余，便死于长孙嵩军中，被"追赠征西大将军、右光禄大夫，谥始平声（郡）公"①。又有"晋宣帝弟太常馗之八世孙"司马楚之，与晋安帝的关系同司马休之一样疏远。楚之父荣期在晋安帝朝任梁益二州刺史时，"为其参军杨承祖所杀"。楚之时"送父丧还丹杨"，"值刘裕诛夷司马戚属，叔父宣期、兄贞之并为所杀。楚之乃亡匿诸沙门中济江。自历阳西入义阳、竟陵蛮中。及从祖荆州刺史休之为裕所败，乃亡于汝、颍之间。楚之少有英气，能折节待士，与司马顺明、道恭等所在聚党。及刘裕自立，楚之规欲报复，收众据长社，归之者常万余人。刘裕深惮之，遣刺客沐谦害楚之"。谦为其所感，"遂委身以事之"②。在刘裕篡位后归魏者还有自称司马元显之子的司马天助。③

第五节　敬宣被害，非关刘裕

义熙十一年"夏四月乙卯（初三，5.26），青冀二州刺史刘敬宣为其参军司马道赐所害"④。按上引休之上表谓自己与鲁宗之、刘敬宣并为"刘裕所深忌惮"⑤，大概是基于其引司马道赐为参军而作出的判断，亦有可能令道赐动员刘敬宣投入反对刘裕的阵营。当然，这完全是误判，因为刘敬宣并非刘裕的竞争者和敌对者。刘

---

① 《魏书》卷三七《司马休之传》，第三册，第854页。按"郡公"原作"声公"，不可解，显系郡公之误。
② 《魏书》卷三七《司马楚之传》，第三册，第854—855页。
③ 《魏书》卷三七《司马天助传》，第三册，第862页。
④ 《晋书》卷一〇《安帝纪》，第一册，第265页。
⑤ 《宋书》卷二《武帝纪中》，第一册，第32页。

敬宣是刘裕最初进入仕途时的府主刘牢之之子,是刘裕阵营有影响力的成员。《晋书·刘牢之传附子敬宣传》:卢"循平,迁左卫将军、散骑常侍。又迁征虏将军、青州刺史。寻改镇冀州,为其参军司马道赐所害"①。据《宋书·刘敬宣传》,其所任官职为"使持节、督北青州军郡事、征虏将军、北青州刺史、领清河太守,寻领冀州刺史"②。司马道赐仅知其为东晋宗室,应该与司马休之等人一样,与当朝皇帝的关系颇为疏远。

关于刘敬宣之死,《宋书》本传有具体记载:

> 司马道赐者,晋宗室之贱属也,为敬宣参军。至高祖西征司马休之,道赐乃阴结同府辟闾道秀及左右小将王猛子等谋反。道赐自号齐王,以道秀为青州刺史,规据广固,举兵应休之。敬宣召道秀有所论,因屏人,左右悉出户,猛子逡巡在后,取敬宣备身刀杀敬宣,时年四十五。文武佐吏即讨道赐、猛子等,皆斩之。……丧至,高祖临哭甚哀。③

按"道赐自号齐王",当与其在青齐地域起事有关,当然也不排除其为西晋齐王攸后裔之可能。上引《晋书·姚兴载记下》载司马休之、鲁宗之等与谯王文思、新蔡王道赐等一起逃亡后秦,此与道赐被刘敬宣文武佐吏所杀相矛盾。然则究竟何者为是? 按司马休之等战败逃亡是在义熙十一年三月底,而司马道赐起事是在四月,休之等与刘裕的战斗发生在长江上游荆州境内,其与休之一起逃亡的可能性几乎为零。由此来看,司马道赐被刘敬宣文武佐吏所斩的记载应该更加可信。《南史·刘敬宣传》亦载"猛子取敬宣刀

---

① 《晋书》卷八四《刘牢之传附子敬宣传》,第七册,第2192页。
② 《宋书》卷四七《刘敬宣传》,第七册,第1415页。
③ 《宋书》卷四七《刘敬宣传》,第五册,第1415—1416页。

杀敬宣,文武佐吏即讨道赐、道秀、猛子斩之"①。司马休之等逃亡后秦时,大概为了壮大声势,以期引起姚兴的重视,遂令人冒充新蔡王司马道赐。

司马道赐谋害刘敬宣,是配合司马休之反抗刘裕行动的一环。刘敬宣"丧至,武帝临哭甚哀"。刘裕早在刘牢之军府任职时就与刘敬宣相识,后又一起征讨孙恩,可以说是多年的战友。《宋书·刘敬宣传》云:"时尚书仆射谢混自负才地,少所交纳,与敬宣相遇,便尽礼著欢。"按谢混死于刘裕之手,而其与刘敬宣关系密切,似敬宣与刘裕本非一心。然本传又载:"敬宣回师于蜀,刘毅欲以重法绳之,高祖既相任待,又何无忌明言于毅,谓不宜以私憾伤至公,若必文致为戮,已当入朝以廷议决之。"②刘毅虽然不再坚持,但还是向刘裕表达了对刘敬宣的负面评价。刘敬宣因征蜀失败而被"免官,削封三分之一",的确不能算作"重法绳之"。后"毅出为荆州",希望敬宣为其"长史、南蛮"以辅佐他掌控上流军政。此与刘毅先前坚持惩处刘敬宣的主张相左,究竟是时局变化使然,还是相关记载可疑,难做明确判断。史称"敬宣惧祸及,以告高祖。高祖笑曰:'但令老兄平安,必无过虑。'"

《宋书·刘敬宣传》又云:

> 时高祖西讨刘毅,豫州刺史诸葛长民监太尉军事,贻敬宣书曰:"盘龙狼戾专恣,自取夷灭,异端将尽,世路方夷,富贵之事,相与共之。"敬宣报曰:"下官自义熙以来,首尾十载,遂忝三州七郡。今此杖节,常惧福过祸生,实思避盈居损,富贵之旨,非所敢当。"遣使呈长民书,高祖谓王诞曰:"阿寿故为

---

① 《南史》卷一七《刘敬宣传》,第二册,第476页。
② 《宋书》卷四七《刘敬宣传》,第五册,第1414、1415页。

不负我也。"①

按刘"毅小字盘龙"②,诸葛长民的书信,首先指出刘毅自取灭亡乃罪有应得,另一方面又对时局持怀疑态度,既然"异端将尽",就应该逐渐安定太平,但在他看来却是"世路方夷",显然对刘裕的专政表现出不满,最后所言则有拉拢刘敬宣共谋富贵之意。换言之,他们在刘裕统治下并未能够真正实现"富贵",则如何"富贵"也就不言而喻。虽然"狼戾专恣"是在说刘毅,但若引申到刘裕身上,似乎更为恰切,则刘裕也会因此而"自取夷灭"。刘敬宣看来很清楚刘裕对诸葛长民的猜忌心理,判断刘裕即将对长民下手,为了免受牵连,遂将此书信转交刘裕,从而成为长民之罪证。这也同时体现出刘敬宣对刘裕的忠诚,刘裕对其做法高度赞赏,故也就不存在猜疑了。由于刘敬宣对刘裕所知甚深,故在复杂的关系中能够与刘毅和诸葛长民两位仅次于刘裕的实权人物保持一定的距离,可谓善于自处,保身有方。本传记载不同时期刘裕与刘敬宣的关系,云:"高祖数引与游宴,恩款周洽,所赐钱帛车马及器服玩好,莫与比焉。""高祖方大相宠任,欲先令立功。"刘裕称刘敬宣为"老兄",而刘敬宣实际年龄却小于刘裕。③ 由此看来,两人关系的确非同一般,故在敬宣死后刘裕"临哭甚哀",乃是发自肺腑的真情流露。史载"刘敬宣女嫁,高祖赐钱三百万,杂彩千匹"④,刘裕对刘敬宣之"宠任"的确非同一般。

西土名族有谯纵,国号成都据巴蜀。

---

① 《宋书》卷四七《刘敬宣传》,第五册,第 1415 页。
② 参见《晋书》卷八五《刘毅传》,第七册,第 2207 页。
③ 《宋书》卷四七《刘敬宣传》,第五册,第 1412、1413 页。
④ 《宋书》卷四八《毛脩之传》,第五册,第 1429 页。

十余年间不俯首,蜀地时非刘裕有。
敬宣征讨铩羽归,心头块垒曾未去。
不次拔擢朱龄石,挥师一举收益州。
东晋高门多擅权,皇权衰微势孤弱。
刘裕专政十余年,司马宗室再遭削。
必欲除之而后尽,确保篡位无遗患。
司马休之遭亲征,败走后秦图苟安。

第十一章 再度北伐,浩荡入洛

羌姚建后秦,关河一大国。
收留裕异己,北伐欲灭之。

第一节 北伐后秦,良机难遇

晋安帝义熙"十二年(416)春正月,姚泓使其将鲁轨寇襄阳,雍州刺史赵伦之击走之"①。鲁轨即前述半年前与司马休之一起投奔后秦的鲁宗之之子。后秦在协助东晋流亡者攻打东晋之时,其后院已经起火。首先也是最重要的一点,后秦皇帝姚兴的死亡及接连发生的统治集团内讧,使后秦国力大受影响,为周边势力的乘机蚕食和鲸吞提供了机会。其次,则是邻国赫连夏的崛起以及对后秦的侵略。义熙十二年"夏六月,赫连勃勃攻姚泓秦州,陷之"②。后秦在国力强大的姚兴时代都没能阻止赫连勃勃的崛起,衰弱的姚泓时代就更加无能为力了。

后秦在东北(北魏)和西南(东晋)两面受敌的同时,赫连夏的崛起使其北部和西部边防也变得严峻起来。秦州为赫连夏攻占,不仅使后秦失去了大片国土,更严重的是首都长安的防守面

---

① (唐)房玄龄等撰:《晋书》卷一〇《安帝纪》,中华书局1974年版,第一册,第265页。
② 《晋书》卷一〇《安帝纪》,第一册,第265页。

临着相当大的危机。《宋书·武帝纪中》:"荆、雍既平,方谋外略。会羌主姚兴死,子泓立,兄弟相杀,关中扰乱,公乃戒严北讨。加领征西将军、司豫二州刺史,以世子为徐兖二州刺史。"①《建康实录·宋·高祖武皇帝》:义熙十二年"三月,伪秦姚兴死,子泓新立,兄弟相杀,关中扰乱,乃言于天子,戒严北伐"②。早在义熙五年北伐南燕前夕,刘裕就已经把洛阳也作为下一步占领的目标,其时谢景仁上议有言,南燕"平定之后,养锐息徒,然后观兵洛汭,修复园寝"③。也就是说,平定南燕后并不是要急于继续向洛阳挺进,而是要在养兵蓄锐一段时间后再采取下一步的行动。

汉人大臣崔浩在为北魏明元帝分析刘裕北伐形势时指出:"司马休之之徒扰其荆州,刘裕切齿来久。今兴死子劣,乘其危亡而伐之,臣观其意,必欲入关。"④刘裕北伐东路军占领滑台后与北魏军队对峙于河上,双方派出代表进行谈判,裕将王仲德所遣司马竺和之,与魏将叔孙建所遣代表公孙表"与言"。又北魏"太宗(明元帝)令建与刘裕相闻,以观其意"。刘裕的答言中有云:"洛是晋之旧京,而羌姚据之。晋欲修复山陵之计久矣,而内难屡兴,不暇经营。"⑤按"修复山陵"以提高政治声望,的确可以看作是刘裕这次北伐的一个动因。此前被刘裕派兵消灭的谯纵成都国政权,曾

---

① (梁)沈约撰:《宋书》卷二《武帝纪中》,中华书局1974年版,第一册,第35—36页。
② (唐)许嵩撰,张忱石点校:《建康实录》卷一一《宋上·高祖武皇帝》,中华书局1986年版,上册,第379页。
③ 《宋书》卷五二《谢景仁传》,第五册,第1494页。
④ (北齐)魏收撰:《魏书》卷三五《崔浩传》,中华书局1974年版,第三册,第809页。
⑤ 《魏书》卷二九《叔孙建传》,第二册,第703页。

以后秦作为宗主国并在其支持下与刘裕抗衡①,后秦还收留了刘裕的政治反对派桓氏和司马氏残余势力,并在其支持下骚扰东晋边境,这也是促成刘裕决定北伐的不可忽视的因素。当然最重要的原因还是,在刘裕及其亲信集团看来,当时后秦内政衰败,危机四伏,有机可乘,进行北伐获胜的把握很大。对后秦与北方局势的整体判断,无疑是刘裕及其亲信集团作出北伐决策的主要依据。还应该注意到,刘裕第二次北伐的时机选择在后秦秦州刚刚被赫连夏侵占之后,据此也可以说促使刘裕最终作出北伐决策的应该就是赫连夏攻占后秦秦州这一最新战报。机不可失,时不再来,若不抓住这一有利时机,等到赫连夏或拓跋魏吞并姚秦,则北伐占领关河的机会将不再出现。

当时的南北形势是:刘裕控制的东晋拥有巴蜀、青齐及江淮以南等南部中国所有地区,北魏拥有代北和华北平原全部地区,后秦占据着关中及关东黄河以南地区,赫连夏占据岭北河西和秦陇地区,北燕占据辽东地区,北凉和西凉、南凉则控制着以河西走廊为中心的西北地区。大体上,诸凉及北燕偏处边隅,没有介入南北纷争。在北魏、东晋和后秦、大夏四国中,刘裕控制的东晋国力无疑

---

① 《晋书》卷一一八《姚兴载记下》:"蜀谯纵遣使称藩,请桓谦,欲令顺流东伐刘裕。兴以问谦,谦请行,遂许之。""时王师伐谯纵,大败之,纵遣使乞师于兴。兴遣平西姚赏、南梁州刺史王敏率众二万救之,王师引还。纵遣使拜师,仍贡其方物。兴遣其兼司徒韦华持节,策拜纵为大都督、相国、蜀王,加九锡,备物典策一如魏晋故事,承制封拜悉如王者之仪。""谯纵遣其侍中谯良、太常杨轨朝于兴,请大举以寇江东。遣其荆州刺史桓谦、梁州刺史谯道福率众二万东寇江陵。兴乃遣前将军苟林率骑会之。谦屯枝江,林屯江津。谦,江左贵族,部曲遍于荆楚,晋之将士皆有叛心。荆州刺史刘道规大惧,婴城固守。雍州刺史鲁宗之率襄阳之众救之,道规乃留宗之守江陵,率军逆战。谦率舟师大盛,兼列步骑以待之。大战枝江,谦败绩,乘轻舸奔就苟林,晋人获斩之。苟林惧而引归。"(第一〇册,第2992—2994页)

是最为强大的,而后秦多年以来接纳刘裕的政敌桓氏和司马氏败亡者以及其他反对刘裕的边地将领,多次骚扰乃至蚕食东晋西北边地,虽然不会动摇刘裕的统治,但桓氏和司马氏无形的政治遗产对刘裕即将实行的篡位而言仍然是一种消极因素。当时后秦新君姚泓继位不久,内政尚且不稳,又处于东晋、北魏和赫连夏的包围和夹击之中,可以说四面楚歌。

对刘裕而言,东晋内政几乎已没有什么后顾之忧,解决后秦问题的最佳时机已经到来。适时发动第二次北伐,既可消除后秦对西北边疆的骚扰,彻底解决桓氏和司马氏残余的消极影响,同时还可将领土扩张到关河地域。光复中原,这是自东晋偏安一个世纪以来以侨姓士族为代表的北方移民及其后裔的长久梦想,东晋时期的流民大帅和侨姓士族领袖,曾多次发动北伐,梦寐以求,但却没能取得实质性建树。若刘裕能够实现此一伟业,自然会使其成为东晋偏安以来最伟大的政治人物,到时篡位称帝便是实至名归,不会再有任何阻力。刘裕及其亲信集团经过充分评估内外形势,作出了发动第二次北伐战役的大胆决策。①

第二节　京师留守,周密安排

关于北伐期间的京师留守,《宋书·武帝纪中》在"率大众发京师"后接着云:"以世子为中军将军,监太尉留府事;尚书右仆射

---

① 《宋书》卷四三《徐羡之传》:"初,高祖议欲北伐,朝士多谏,唯羡之默然。或问何独不言,羡之曰:'吾位至二品,官为二千石,志愿久充。今二方已平,拓地万里,唯有小羌未定,而公寝食不忘。意量乖殊,何可轻豫。'"(第五册,第1329—1330页)由此可见,对于刘裕的这次北伐行动,统治集团内部不赞成者大有其人,但刘穆之等心腹肯定是积极赞同者。

刘穆之为左仆射,领监军、中军二府军司,入居东府,总摄内外。"①《资治通鉴》则于"八月丙午(初一,9.8)大赦"后、"丁巳裕发建康"前有云:"以世子义符为中军将军,监太尉留府事;刘穆之为左仆射,领监军、中军二府军司,入居东府,总摄内外;以太尉左司马东海徐羡之为穆之之副,左将军朱龄石守卫殿省,徐州刺史刘怀慎守卫京师,扬州别驾从事史张裕任留州事。"胡三省注:"监军,谓义符监太尉留府军也。"②《通鉴纪事本末》"刘裕灭后秦""刘裕篡晋"两条并载其事于"秋八月"之后。③ 按刘裕对建康留台的安排,肯定是在其出发之前,则《通鉴》的叙事次序比《宋书》本纪更为符合情理。值得一提的是,与刘裕关系密切的老臣"光禄大夫孔季恭,先告老居家,于是愿从,以为军谋祭酒"④。

负责京师留守的刘穆之和徐羡之是刘裕最为核心的心腹亲信,不仅忠心耿耿,而且能力非凡。刘穆之本为前将军、丹阳尹、尚书右仆射、领选(即掌吏部尚书事),义熙"十二年,高祖北伐,留世子为中军将军,监太尉留府。转穆之左仆射,领监军、中军二府军司,将军、尹、领选如故,甲仗五十人入殿,入居东城"⑤。按"东城"即东府城,为刘裕府邸,"监太尉留府"的世子刘义符自然也是住

---

① 《宋书》卷二《武帝纪中》,第一册,第36页。《晋书》卷一〇《安帝纪》:义熙十一年"八月丁未,尚书左仆射谢裕卒,以尚书右仆射刘穆之为尚书左仆射"。(第一册,第265页)按义熙十一年八月无丁未,当系十二年之错简。《宋书》卷五二《谢景仁传》:"十一年,转右仆射,仍转左仆射。""十二年卒,时年四十七。"(第五册,第1494页)据此,则谢裕(景仁)死于义熙十二年八月丁未(初二,9.9),其所任尚书左仆射随即为刘穆之接任。
② 《资治通鉴》卷一一七《晋纪三九》安帝义熙十二年八月,第八册,第3688页。
③ 参见(宋)袁枢撰《通鉴纪事本末》卷一八"刘裕灭后秦"、卷一九"刘裕篡晋",中华书局1964年版,第五册,第1525、1591页。
④ 《建康实录》卷一一《宋上·高祖武皇帝》,上册,第379页。
⑤ 《宋书》卷四二《刘穆之传》,第五册,第1306页。

在东府城。《宋书·刘穆之传》的记载更为具体:

> 穆之内总朝政,外供军旅,决断如流,事无拥滞。宾客辐辏,求诉百端,内外咨禀,盈阶满室,目览辞讼,手答笺书,耳行听受,口并酬应,不相参涉,皆悉赡举。又数客昵宾,言谈赏笑,引日亘时,未尝倦苦。①

当时世子少不更事,真正执掌留府重任的是刘穆之,所谓"总摄内外"是也。

徐羡之为刘裕又一重要亲信,曾与刘裕同在刘牢之镇北府、桓脩抚军府任职,"与高祖同府,深相亲结"②。徐羡之本为东海郯人,其祖徐宁曾任舆县令,治在广陵浦中岸上,因故与桓彝结交,深得其赏识,任至吏部郎。其父祚之任至上虞令。③ 与刘裕祖先相似,徐氏应该也是从淮北迁居广陵或京口的。比较徐羡之与刘裕父祖之任职,两个家族所处的阶层大致相当,徐氏大概稍高一点,但还到不了士族中层。徐羡之长期在刘裕府中担任僚佐,此次北伐时由"大司马从事中郎""转太尉左司马,掌留任,以副贰刘穆之"④。刘裕还将担任荆州军政长官的弟弟刘道怜征召入朝,以加强京师防卫。"高祖平定三秦,方思外略,征道怜还为侍中、都督徐兖青三州扬州之晋陵诸军事、守尚书令、徐兖二州刺史,持节、将军如故。"⑤这样,就由刘穆之、徐羡之和刘道怜共同组成了留台文

---

① 《宋书》卷四二《刘穆之传》,第五册,第1306页。
② 《宋书》卷四三《徐羡之传》,第五册,第1329页。
③ 参见《晋书》卷七四《桓彝传》,同卷附《徐宁传》,第六册,第1939—1940、1956页;《宋书》卷四三《徐羡之传》,第五册,第1329页。按《晋书·桓彝传附徐宁传》云"迁吏部郎、左将军、江州刺史,卒官",《宋书·徐羡之传》云"祖宁,尚书吏部郎,江州刺史,未拜卒",看来徐宁并未实际担任江州刺史。
④ 《宋书》卷四三《徐羡之传》,第五册,第1329页。
⑤ 《宋书》卷五一《宗室·长沙王道怜传》,第五册,第1463页。

武大臣班子,代表刘裕处理国政。

此外,留守建康的其他官员还有:平蜀后朱龄石留镇益州,"进号辅国将军,寻进监梁州之巴西梓潼宕渠南汉中秦州之安固怀宁六郡诸军事"。义熙"十一年,征为太尉谘议参军,加冠军将军。十二年,北伐,迁左将军,本号如故。配以兵力,守卫殿省。刘穆之甚加信仗,内外诸事,皆与谋焉"。①按朱龄石所任"左将军"当为左卫将军,此脱一"卫"字。首先,朱龄石在"迁左将军"后"本号如故",亦即原任冠军将军未变,左将军与冠军将军是同一序列的将军号,不能同时担任;其次,朱龄石"迁左将军"后"配以兵力,守卫殿省",表明其所任为禁卫军号,其必为左卫将军无疑。另一平蜀主将刘裕亲信刘钟时为龙骧将军,义熙"十二年,高祖北伐,复留镇居守,增其兵力,又命府置佐史"。②蒯恩亦为平蜀主将,时为龙骧将军、兰陵太守、太尉行参军,"高祖世子为征虏将军,恩以大府佐领中兵参军,随府转中兵参军。高祖北伐,留恩侍卫世子,命朝士与之交。恩益自谦损,与人语常呼官位,而自称为鄙人。抚待士卒,甚有纪纲,众咸亲附之"。③张茂度(裕)曾任"扬州治中从事史。高祖西伐刘毅,茂度居守,留州事悉委之"。时为"扬州别驾从事史。高祖北伐关、洛,复任留州事"。④其对扬州行政事务有着丰富的治理经验,可以确保在刘裕北伐时扬州行政机构的正常运转。

对京师留守的安排,体现了刘裕对自己北伐在外时京师政局稳定的高度关注。尽管经过十几年的经营,刘裕在江南朝野的独尊地

---

① 《宋书》卷四八《朱龄石传》,第五册,第1424页。
② 《宋书》卷四九《刘钟传》,第五册,第1440页。
③ 《宋书》卷四九《蒯恩传》,第五册,第1437页。
④ 《宋书》卷五三《张茂度传》,第五册,第1509、1510页。

位已无人可以撼动,但若说可以高枕无忧,则是万万不可的。就在前一年征讨司马休之和鲁宗之时,京师局势就曾发生过危机。时刘钟为领石头戍事,"高祖讨司马休之,前军将军道怜留镇东府,领屯兵。冶亭群盗数百夜袭钟垒,距击破之。时大军外讨,京邑扰惧,钟以不能镇遏,降号建威将军"①。此事教训深刻,不得不严加提防。

第三节 时间路线,将领概略

关于这次北伐的具体日期,《晋书·安帝纪》载义熙十二年"秋八月,刘裕及琅邪王德文帅众伐姚泓",其下接着记"丙午(初一,9.8),大赦"。② 似刘裕出发是在八月初。上引《宋纪》载"关中扰乱,公乃戒严北讨"云云,系于义熙十二年三月至五月之间,但未标明具体日期。而《南史·宋本纪上·武帝纪》"关中扰乱"之后载"四月乙丑(十八,5.30),帝表伐关、洛,乃戒严北讨"③。早在四月十八日就已"戒严北讨",而直到近四个月后才正式出发,这种可能性似乎不大。《宋书·武帝纪中》对北伐时间的记载是:"八月丁巳(十二,9.19),率大众发京师。"④《南史·宋本纪上·武帝纪》关于刘裕从建康出发日期的记载是:"八月乙巳,率大众进发。"⑤《资治通鉴》晋安帝义熙十二年所载同《宋书》,言八月"丁

---

① 《宋书》卷四九《刘钟传》,第五册,第1440页。
② 《晋书》卷一〇《安帝纪》,第一册,第265页。
③ (唐)李延寿撰:《南史》卷一《宋本纪上·武帝纪》,中华书局1975年版,第一册,第16页。
④ 《宋书》卷二《武帝纪中》,第一册,第36页。
⑤ 按(唐)许嵩撰《建康实录》卷一一《宋上·高祖武皇帝》本亦作"秋八月乙巳,大军进发"(孟昭庚等点校,上海古籍出版社1987年版,第285页),张忱石点校本据《宋书》改为"丁巳"(上册,第379页;校勘记〔三〇〕,第400页)。又,(宋)郑樵撰《通志》卷一一《宋纪十一·武帝》作"八月乙巳,率大众进发"

巳,裕发建康"①。按是年八月无乙巳,《南史》当属传写而讹,中华书局点校本《南史》已据《宋书》的记载予以改正。

关于北伐军的进军路线,《宋书·武帝纪中》云:"遣冠军将军檀道济、龙骧将军王镇恶步向许、洛,羌缘道屯守,皆望风降服。伪兖州刺史韦华先据仓垣,亦率众归顺。公又遣北兖州刺史王仲德先以水军入河,仲德破索虏于东郡凉城,进平滑台。"②《魏书·岛夷刘裕传》:"裕率众军至彭城……遣中兵参军沈林子自汴入河,冠军檀道济与王镇恶步出淮、肥,裕将王仲德泛济入河。"③《建康实录·晋·安帝》:"以冠军檀道济、王镇恶等为前锋造许、洛,中兵参军沈林子等以舟师通石门,宁远将军严纲、朱超石等开巨野,秦之屯戍,皆望风奔散。"④《资治通鉴》综合前书而有比较全面的记载:"(裕)遣龙骧将军王镇恶、冠军将军檀道济将步军自淮、泗向许、洛,新野太守朱超石、宁朔将军胡藩趋阳城,振武将军沈田

(接上页)(《景印文渊阁四库全书》史部一三〇"别史类",台湾商务印书馆1986年版,第三七二册,第512页),王应麟撰《玉海》卷一九〇《兵捷·露布二》作"八月乙巳,发建康"(同上子部二五四"类书类",第九四八册,第30页),并当因袭《南史》。由此可见,唐代许嵩和南宋郑樵、王应麟所见《南史》本纪已如此,推测《南史》原本即讹。

① (宋)司马光编著,(元)胡三省音注,"标点资治通鉴小组"校点:《资治通鉴》卷一一七《晋纪三九》安帝义熙十二年,中华书局1956年版,第八册,第3689页。
② 《宋书》卷二《武帝纪中》,第一册,第36页。按韦华出身三辅大族京兆韦氏,曾在前秦苻坚时期任黄门郎(《晋书》卷九四《隐逸·张忠传》,第八册,第2452页;卷一一三《苻坚载记上》,第九册,第2900页;《资治通鉴》卷一〇四《晋纪二六》孝武帝太元三年十二月,第七册,第3287页)、仆射(《魏书》卷四二《寇赞传》,第三册,第946页),曾一度附晋又归降后秦(《晋书》卷一一七《姚兴载记上》,第一〇册,第2980页),在姚兴时期兼司徒(同书卷一一八《姚兴载记下》,第2992页),姚兴、姚泓时期任右仆射(同上卷,第2993页;卷一一九《姚泓载记》,第3008页)。
③ 《魏书》卷九七《岛夷刘裕传》,第六册,第2133页。
④ 《建康实录》卷一〇《晋下·安皇帝》,上册,第344—345页。

子、建威将军傅弘之趋武关,建武将军沈林子、彭城内史刘遵考将水军出石门,自汴入河,以冀州刺史王仲德督前锋诸军,开巨野入河。"①这些记载显示,此次东晋北伐军的主将为檀道济、王镇恶和王仲德。

刘裕北伐军分东、中、西三路向后秦国境进发,其中东路和中路是主力所在,西路规模较小,主要是在战略上配合东路和中路的行动。关于东晋时期的北伐路线,宋人李焘指出:"考其兵之所出,不过二道:一自建康济江,或指梁宋,或向青齐;一自荆襄逾沔,或掠秦雍,或徇许洛。"②就此问题,宋人吕祖谦有这样的评论:"自古东南北伐者有二道:东则水路由淮而泗,由泗而河;西则陆路越汉而洛,由洛而秦。自晋氏南迁,褚裒、殷浩、桓温、谢玄皆独由一道以进,至于武帝则水陆齐举,故能成功。"③之所以采取不同的北伐路线,是受到多种因素的制约,而刘裕在当时所拥有的政治军事权力是前此任何一个北伐统帅所不具备的,不能不说是最重要的因素。东晋全境没有哪个地区不在刘裕的控制之下,他可以倾其所有,举全国全军之力进行北伐,其他人却难以做到。北伐路线的确定,自然也与此相关。

高平檀氏在京口举义领导成员中人数最多,檀道济的军事才能尤其突出,战斗经验丰富,战功卓著,此前数年间担负协助世子的重任。关于其在北伐前期的事迹,《宋书·檀道济传》云:

---

① 《资治通鉴》卷一一七《晋纪三九》安帝义熙十二年八月,第八册,第3689页。
② (宋)李焘撰:《六朝通鉴博议》卷一《总六朝形势论》,《景印文渊阁四库全书》史部四四四"史评类",台湾商务印书馆1986年版,第六八六册,第98页。
③ (宋)周应合修纂:《景定建康志》卷三四《文籍志二·诸国论》"吕祖谦十论"条,见王晓波等点校《宋元珍稀地方志丛刊》甲编(三),四川大学出版社2007年版,第1538页。

> 义熙十二年，高祖北伐，以道济为前锋，出淮、肥，所至诸城戍望风降服。进克许昌，获伪宁朔将军、颍川太守姚坦及大将杨业。至成皋，伪兖州刺史韦华降。迳进洛阳，伪平南将军陈留公姚洸归顺。凡拔城破垒，俘四千余人。议者谓应悉戮以为京观，道济曰："伐罪吊民，正在今日。"皆释而遣之。于是戎夷感悦，相率归之者甚众。进据潼关，与诸军共破姚绍。长安既平，以为征虏将军、琅邪内史。①

由此可见，檀道济部是从淮南渡过肥水向西斜插至汝南许昌，再北上直奔洛阳。这条道路与三十余年前苻坚南下攻打东晋时的主力路线一致，也是南北来往的最主要通道之一。对于后秦中心地域而言，此路更为便捷，自然关隘险阻也较少。

王仲德本名懿，因与晋宣帝司马懿同名而以字行，为晚渡太原王氏成员。"祖宏事石季龙，父苗事苻坚，皆为二千石。""晋太元末，徙居彭城。"王叡（元德）、懿兄弟并与刘裕有旧，举义前受刘裕之命"于都下袭玄"，"事泄，元德为玄所诛，仲德奔窜"。仲德为刘裕中兵参军，北伐南燕时担任前锋将领，战功卓著，又在抗击卢循围攻建康的战斗中"功冠诸将"。关于其在这次北伐之役中的角色，《宋书·王懿传》云：

> 义熙十二年，北伐，进仲德征虏将军，加冀州刺史，为前锋诸军事。冠军将军檀道济、龙骧将军王镇恶向洛阳，宁朔将军刘遵考、建武将军沈林子出石门，宁朔将军朱超石、胡藩向半城，咸受统于仲德。仲德率龙骧将军朱牧、宁远将军竺灵秀、严纲等开巨野入河，乃总众军，进据潼关。②

---

① 《宋书》卷四三《檀道济传》，第五册，第1342页。
② 《宋书》卷四六《王懿传》，第五册，第1392页。

按此记载,则王仲德为这次北伐的前锋统帅,然而由于檀道济、王镇恶及刘遵考、沈林子等部与王仲德不是同道北上,故而王仲德不可能对他们实施节制。在以后的战争进程中,也未见到檀道济等诸将"受统于仲德"的情形。王仲德对刘裕忠心耿耿,加之有着丰富的战斗经验和杰出的指挥才能,特别是在上次北伐时作为前锋统帅的经历,以及其父祖曾在北方胡族政权任高官特别是其父曾在长安立国的前秦政权任职,这些因素都是刘裕决定再次以王仲德作为前锋统帅的原因。

尤其值得关注的是北海剧人王镇恶(372—420),作为晚渡北人,与刘裕的关系并不深厚。直到第一次北伐前夕,担任天门临澧令的王镇恶始被人推荐给刘裕,从而受到赏识,"即以为青州治中从事史,行参中军、太尉军事,署前部贼曹"。后在抗击卢循以及征讨刘毅和司马休之的军事行动中屡担重任,战功卓著,成为刘裕部下名将。刘裕最初任用他参与此次北伐,既是看中其杰出的军事才能,同时也有考虑其家族背景的因素。史称镇恶"祖猛,字景略,苻坚僭号关中,猛为将相,有文武才,北土重之。父休,伪河东太守"。任用王镇恶前刘裕谓诸佐曰:"镇恶,王猛之孙,所谓将门有将也。"① 王猛是辅佐苻坚统一北方的最大功臣,军事才能也非常突出,曾多次统兵出征,具有指挥大规模战役的丰富经验,不仅在北中国有着巨大的影响力,同时也受到南方政治人物的敬重。

刘裕在第一次北伐时就以王镇恶打头阵,应该也是考虑到南燕先世前燕亡于前秦的战役即是由王猛指挥的,故其孙王镇恶为前锋将领可对南燕军队产生震慑作用。此次北伐后秦,亦具有同

---

① 《宋书》卷四五《王镇恶传》,第五册,第 1365—1366 页。

样的目的,后秦与前秦同样立国长安,王猛在关中的影响力自然非同小可。不仅如此,后秦姚氏先世在王猛辅佐苻坚的时代也是服服帖帖归附前秦的,同时镇恶之父王休曾任后秦河东太守,而其本人年轻时也曾在河洛地区生活,熟悉当地地理环境和风土人情,有助于北伐军通过河东时展开行动。"(义熙)十二年,高祖将北伐,转镇恶为谘议参军,行龙骧将军,领前锋。将发,前将军刘穆之见镇恶于积弩堂,谓之曰:'公愍此遗黎,志荡逋逆。昔晋文王委伐蜀于邓艾,今亦委卿以关中,想勉建大功,勿孤此授。'镇恶曰:'不克咸阳,誓不复济江而还也!'"①从刘裕首席亲信刘穆之专门向王镇恶托付北伐大任可见,王镇恶此行可谓肩负重任。王镇恶并未与刘裕一起取道东线,而是和檀道济部自淮、肥趋汝南而径取洛阳。

如上所见,除檀道济、王仲德和王镇恶三员大将外,这次东晋北伐军的将领还有刘遵考、沈林子、朱超石、胡藩、朱牧、竺灵秀、严纲等人。刘遵考为刘裕族弟,其曾祖淳为刘裕曾祖混之弟,即为同一高祖之后。其进入刘裕阵营的时间不长,此前唯一的表现就是曾"预讨卢循"。"自建威将军、彭城内史随高祖北伐。时高祖诸子并弱,宗室唯有遵考。"②刘裕之所以重用同族中关系颇为疏远的刘遵考,就是因为其"诸子并弱",皆未成年,不足以担当重任。沈林子曾参与过上次北伐南燕以及其后抗击卢循和征讨刘毅、司

---

① 《宋书》卷四五《王镇恶传》,第五册,第1368页。按《魏书》卷九七《岛夷刘裕传》:"右仆射刘穆之为左仆射,领军、中军二府军司,入居东府,总摄内外。穆之谓龙骧将军王镇恶曰:'公今委卿以关中,卿其勉之。'镇恶曰:'吾今不克咸阳,誓不济江,而公九锡不至者,亦卿之责矣。'"(第六册,第2133页)此载刘穆之官职比《宋书·王镇恶传》仅言"前将军"更能反映出当时刘穆之的职责所在,所载王镇恶之言亦更全面。

② 参见《宋书》卷五一《宗室·营浦侯遵考传》,第五册,第1480页。

马休之的战斗。义熙"十二年,高祖领平北将军,林子以太尉参军,复参平北军事。其冬,高祖伐羌,复参征西军事,悉署三府中兵,加建武将军,统军为前锋,从汴入河"①。朱超石为朱龄石之弟,出身"将家","果锐、善骑乘",军事才能突出。参与征讨刘毅和司马休之之役,曾任沛郡太守,熟悉淮北河南形势,"义熙十二年,北伐,超石前锋入河"。②胡藩是上次北伐南燕的出征将领,战功卓著,后参与征讨卢循、刘毅、司马休之诸役,战斗经验非常丰富。"高祖伐羌,假藩宁朔将军,参太尉军事,统别军。"③按胡藩时"受统于"王仲德,与宁朔将军朱超石"向半城"。④ 朱牧仅见于《宋书》及《南史》之《王懿传》⑤,从其军号龙骧将军推断,地位不低,所统当为骑兵,很可能在北伐战争初期即已阵亡。十年前(义熙三年)严纲为毛脩之龙骧参军,参与伐蜀之役⑥,此时兼"太尉行参军"⑦,战后事迹于史无考,亦可能在这次北伐战争中阵亡。竺灵秀时为太尉行参军⑧,后在宋文帝初期担任兖州刺史⑨。此外还需一提的是,当时在刘裕幕府任职的士族人物对于这次长途出征存有畏惧心理。庾登之为太尉主簿,"义熙十二年,高祖北伐,登之击节驱驰,退告刘穆之,以母老求郡。于时士庶咸惮远役,而

---

① 《宋书》卷一〇〇《自序·沈林子传》,第八册,第 2455 页。
② 《宋书》卷四八《朱龄石传附超石传》,第五册,第 1425 页。
③ 《宋书》卷五〇《胡藩传》,第五册,第 1445 页。
④ 《宋书》卷四六《王仲德传》,第五册,第 1392 页。
⑤ 参见《宋书》卷四六《王仲德传》,第五册,第 1392 页;《南史》卷二五《王懿传》,第三册,第 673 页。
⑥ 参见《宋书》卷四八《毛脩之传》,第五册,第 1427 页。
⑦ 参见《宋书》卷一〇〇《自序》,第八册,第 2456 页。
⑧ 参见《宋书》卷一〇〇《自序》,第八册,第 2456 页。
⑨ 参见《宋书》卷五《文帝纪》,第一册,第 79 页;卷九五《索虏传》,第八册,第 2331 页。

登之二三其心,高祖大怒,除吏名"。庾登之虽然没有如愿出任郡太守,但却因此避免了"远役"的艰辛。可能由于其与留守总负责人刘穆之关系不错,故在"大军发后,乃以补镇蛮护军、西阳太守"。① 其"求郡"的愿望最终得以实现,并且还是一份不错的差使。

第四节　东路阻河,中路入洛

刘裕与东路北伐军一道北上,"九月,公次于彭城,加领徐州刺史"②。毛脩之时为右卫将军,"及至彭城,又使营立府舍,转相国右司马,将军如故"③。刘裕到达彭城并在当地安顿下来,等待东路北伐军继续挺进,然后再确定下一步的行动。王仲德率领水军进入黄河河道,先后占领北魏东郡凉城及兖州治所滑台城。如前所述,刘裕是于八月从建康出发的,而过了一个月左右王仲德所率北伐军前锋部队就已到达北魏南部边境。《魏书·太宗纪》:泰常元年九月,"司马德宗相刘裕溯河伐姚泓,遣其部将王仲德为前锋,从陆道至梁城。兖州刺史尉建畏懦,弃州北渡,王仲德遂入滑台。诏将军叔孙建等渡河,耀威滑台,斩尉建于城下"④。按此记载系于九月戊午条纪事之后,然是年九月无戊午,很可能为戊子

---

① 《宋书》卷五三《庾登之传》,第五册,第1515页。
② 《宋书》卷二《武帝纪中》,第一册,第36页。
③ 《宋书》卷四八《毛脩之传》,第五册,第1429页。
④ 《魏书》卷三《太宗纪》,第一册,第56页。同书卷一〇五之三《天象志三》:"明年七月,刘裕以舟师溯河。九月,裕陷我滑台,兖州刺史尉建以畏懦斩。时崔浩欲勿战,上难违众议,诏司徒嵩率师迓之,及晋人战于畔城,魏师败绩,语在《崔浩传》。"(第七册,第2396页)此将"刘裕以舟师溯河"系于七月,与上引相关记载皆有矛盾,刘裕大军到达黄河沿岸的时间应该是在九月。

(十六,10.20)之讹。又上引《宋书》记载王仲德是由水路到达东郡凉城及滑台的,此谓"从陆道至梁城"恐不确。

梁城在北魏兖州,《魏书·节义·汲固传》:"东郡梁城人也。为兖州从事,刺史李式坐事被收,吏民皆送至河上。时式子宪生始满月……固乃携宪逃遁,遇赦始归。宪即为固长育至十余岁,恒呼固夫妇为郎婆。后高祐为兖州刺史,嘉固节义,以为主簿。"①同书《地形志上》司州"东郡"下本注:"秦置,治滑台城。晋改为濮阳,后复。天兴中置兖州,太和十八年改。"下辖凉城县"有凉城"。②"梁城"盖即"凉城"之异写,上引《宋书·武帝纪中》作"东郡凉城"较为准确。王仲德先到凉城,则其地当在兖州及东郡治所滑台城之东不远。据《魏书·李顺传附式传》,所任为"平东将军、西兖州刺史"③,与《地形志上》所载"兖州"之名不合。若治滑台城者为西兖州,必另有东兖州或兖州在其东,然滑台城时为北魏之东南边界,故此为兖州无疑。

王仲德进逼滑台时,北魏滑台守将为兖州刺史尉建。《魏书·叔孙建传》:"司马德宗将刘裕伐姚泓,令其部将王仲德为前锋,将逼滑台。兖州刺史尉建率所部弃城济河,仲德遂入滑台。乃宣言曰:'晋本意欲以布帛七万匹假道于魏,不谓魏之守将便尔弃城。'太宗闻之,诏建自河内向枋头,以观其势。仲德入滑台月余,又诏建渡河曜威,斩尉建,投其尸于河。"④尉建其人仅见于与此相关的记载,具体生平不明。孝文帝改尉迟氏为尉氏⑤,尉建即为尉

---

① 《魏书》卷八七《节义·汲固传》,第五册,第1891页。
② 《魏书》卷一〇六上《地形志上》,第七册,第2458、2459页。
③ 《魏书》卷三六《李顺传附式传》,第三册,第834页。
④ 《魏书》卷二九《叔孙建传》,第二册,第703页。
⑤ 《魏书》卷一一三《官氏志》,第八册,第3012页。

迟氏成员,考诸史载推测为尉古真之弟太真的可能性较大①。从王仲德"宣言"可知,东晋北伐军原打算用七万匹布帛向北魏借道,究竟是其占领滑台后为了缓和与北魏的紧张关系而作出的诈言,还是原本确有此计划,难以确知。刘裕北伐的对象非常确定,就是接纳了大量其政敌的后秦政权,沿河西进是必经之路,为了顺利通过北魏东南边境沿河防区,避免与北魏军队缠斗而消耗力量,花钱买路应该是一个不错的选择,故其"宣言"或非虚语。下文载刘裕之言亦谓:"道由于魏,军之初举,将以重币假途。会彼边镇弃守而去,故晋前军得以西进,非敢凭陵魏境。"当其时,叔孙"建与南平公长孙嵩各简精兵二千,观刘裕事势"。②

北魏方面的记载也证实刘裕欲假道北伐并非虚言。《魏书·崔浩传》:

> 泰常元年,司马德宗将刘裕伐姚泓,舟师自淮泗入清,欲溯河西上,假道于国。诏群臣议之。外朝公卿咸曰:"函谷关

---

① 代人尉古真自北魏建国前夕即追随道武帝拓跋珪,太宗(明元帝)"泰常三年(418),除定州刺史。卒。子亿万,袭"。"古真弟太真,太宗初,为平南将军、相州刺史。""太真弟诺,少侍太祖,以忠谨著称""太宗初,为幽州刺史,加东统将军,进爵为侯。"世祖"延和中卒"。"诸长子眷,忠谨有父风。太宗时,执事左右,为太官令。"后"迁司卫监"。高宗"和平四年薨"。"子多侯,袭爵"。"子建,袭爵。"(《魏书》卷二六《尉古真传》及附传,第二册,第655—658页)眷、建祖孙二人名字在鲜卑语中应该相同,叔孙建在《宋书》卷四三《檀道济传》(第五册,第1343页)、卷四八《朱龄石传附弟超石传》(第五册,第1425页)、《南齐书》卷一《高帝纪》((梁)萧子显撰:《南齐书》,中华书局1972年版,第一册,第2页)中作"乙旃眷"可证。可以看出虽然此二人与泰常元年因兖州失守而被叔孙建所杀之尉建并非同一人,但可以确定"建"或"眷"在此家族中可能是一个具有传承性的名字,故推测其即为此家族中人。古真弟太真于明元帝初为平南将军、相州刺史,地位不低,但史书对其"卒"毫无记载,很可能即是因其非正常死亡之故,其为被杀之兖州刺史尉建的可能性很大。

② 《魏书》卷二九《叔孙建传》,第二册,第703—704页。

号曰天险,一人荷戈,万夫不得进。裕舟船步兵,何能西入?脱我乘其后,还路甚难。若北上河岸,其行为易。扬言伐姚,意或难测。假其水道,寇不可纵,宜先发军断河上流,勿令西过。"又议之内朝,咸同外计,太宗将从之。

唯独崔浩有不同看法,谓"此非上策",并且判断刘裕"必欲入关",其目标是后秦而非北魏。他说:

> 今若塞其西路,裕必上岸北侵,如此则姚无事而我受敌。今蠕蠕内寇,民食又乏,不可发军。发军赴南,则北寇进击;若其救北,则东州复危。未若假之水道,纵裕西入,然后兴兵塞其东归之路,所谓卞庄刺虎,两得之势也。使裕胜也,必德我假道之惠;令姚氏胜也,亦不失救邻之名。纵使裕得关中,县远难守,彼不能守,终为我物。今不劳兵马,坐观成败,斗两虎而收长久之利,上策也。

然而崔浩却未能说服北魏明元帝及其他大臣,"议者"仍然坚持认为,刘裕"扬声西行,意在北进",而"太宗遂从群议,遣长孙嵩发兵拒之"。①

东路北伐军占领滑台后与北魏军队对峙于黄河两岸,双方派出代表进行谈判,晋将王仲德所遣司马竺和之与魏将叔孙建所遣公孙表"与言"。"和之曰:'王征虏为刘太尉所遣,入河西行,将取洛城,扫山陵之寇,非敢侵犯魏境。太尉自遣使请魏帝,陈将假道。而魏兖州刺史不相体解,望风捐去,因空城而入,非战攻相逼也。魏、晋和好之义不废于前。'表曰:'尉建失守之罪,自有常刑,将更遣良牧。彼军宜西,不然,将以小致大乖和好之体。'和之曰:'王征虏权住于此,以待众军之集,比当西过,滑台还为魏有,何必建旗

---

① 《魏书》卷三五《崔浩传》,第三册,第 809—810 页。

鼓以耀威武乎?'仲德卑辞,常自言不敢与大魏抗衡,建不能制之。"①

《宋书·武帝纪中》:"十月,众军至洛阳,围金墉。泓弟伪平南将军洸请降,送于京师。修复晋五陵,置守卫。"②《晋书·安帝纪》:"冬十月景寅(廿二,11.27),姚泓将姚光(洸)以洛阳降。己丑(己巳:廿五,11.30),遣兼司空高密王恢之修谒五陵。"③按:占领洛阳的不是此前就已入据滑台的王仲德部,因为北魏大军的南下阻挡了东路军继续前行的步伐。而北渡淮、肥进入汝南的中路北伐军,在檀道济、王镇恶的率领下一路挺进,很快就北上攻占了洛阳。《晋书·姚泓载记》:"寻而晋太尉刘裕总大军伐泓,次于彭城,遣冠军将军檀道济、龙骧将军王镇恶入自淮、肥,攻漆丘、项城,将军沈林子自汴入河,攻仓垣。泓将王苟生以漆丘降镇恶,徐州刺史姚掌以项城降道济,王师遂入颍口,所至多降服。惟新蔡太守董遵固守不降,道济攻破之,缚遵而致诸军门。遵厉色曰:'古之王者伐国,待士以礼。君奈何以不义行师,待国士以非礼乎!'道济怒杀之。"④《宋书·檀道济传》:"复为世子征虏将军司马,加冠军

---

① 《魏书》卷二九《叔孙建传》,第二册,第703页。按《魏书》卷三三《公孙表传》:"及刘裕征姚兴,兖州刺史尉建闻寇至,弃滑台北走,诏表随寿光侯叔孙建屯枋头。"(第三册,第783页)

② 《宋书》卷二《武帝纪中》,第一册,第36页。

③ 《晋书》卷一〇《安帝纪》,第一册,第265页。《太平御览》卷一〇〇《皇王部二五·东晋安皇帝》引《晋书》作"冬十月景寅,姚泓将姚光以洛阳降。己丑,遣兼司空高密王恢之修谒五陵"。((宋)李昉等撰,中华书局1960年版,第一册,第477页)《建康实录》卷一〇《晋下·安皇帝》(上册,第345页)、《通志》卷一〇下《晋纪下·安帝》(《景印文渊阁四库全书》史部一三〇《别史类》,第三七二册,第506页)所载日期皆为"丙寅""己丑"。按是月无己丑,当为己巳之讹。

④ 《晋书》卷一一九《姚泓载记》,第一〇册,第3010页。

将军。义熙十二年,高祖北伐,以道济为前锋,出淮、肥,所至诸城戍望风降服。进克许昌,获伪宁朔将军、颍川太守姚坦及大将杨业。至成皋,伪兖州刺史韦华降。迳进洛阳,伪平南将军陈留公姚洸归顺。凡拔城破垒,俘四千余人。议者谓应悉戮以为京观,道济曰:'伐罪吊民,正在今日。'皆释而遣之。于是戎夷感悦,相率归之者甚众。"①同书《王镇恶传》:"镇恶入贼境,战无不捷,邵陵、许昌望风奔散,破虎牢及柏谷坞,斩贼帅赵玄。军次洛阳,伪陈留公姚洸归顺。进次渑池,造故人李方家,升堂见母,厚加酬赍,即版授方为渑池令。"②

刘裕北伐时,后秦镇守洛阳的是豫州牧姚洸③。史载"王师至成皋,征南姚洸时镇洛阳,驰使请救。泓遣越骑校尉阎生率骑三千以赴之,武卫姚益男将步卒一万助守洛阳,又遣征东、并州牧姚懿南屯陕津为之声援"④。洸部将赵玄建议:"众寡势殊,难以应敌。宜摄诸戍兵士,固守金墉,以待京师之援,不可出战"。"金墉既固,师无损败,吴寇终不敢越金墉而西。困之于坚城之下,可以坐制其弊。"不过他也认为若金墉"不捷,大事去矣"。赵玄的建议并未得到采纳,"时洸司马姚禹潜通于道济,主簿阎恢、杨虔等皆禹之党,嫉玄忠诚,咸共毁之,固劝洸出战。洸从之,乃遣玄率精兵千余南守柏谷坞,广武石无讳东戍巩城,以距王师"。"会阳城及成皋、荥阳、武牢诸城悉降,道济等长驱而至。无讳至石关,奔还。玄与晋将毛德祖战于柏谷,以众寡而败,被疮十余,据地大呼。"玄与

---

① 《宋书》卷四三《檀道济传》,第五册,第1342页。
② 《宋书》卷四五《王镇恶传》,第五册,第1368—1369页。
③ 按《晋书》卷一一九《姚泓载记》载"征南姚洸"(第一〇册,第3011页),卷一一八《姚兴载记下》载其为"镇东、豫州牧"(第一〇册,第2998页)。
④ 《晋书》卷一一九《姚泓载记》,第一〇册,第3011页。

其司马骞鉴"皆死于阵"。"姚禹逾城奔于王师。道济进至洛阳,洸惧,遂降。时阎生至新安,益男至湖城,会洛阳已没,遂留屯不进。"①东晋北伐军"已过许昌、豫州"之际,姚绍从北征赫连勃勃的前线返回长安,就抵御晋军入侵的方略向后秦国君姚泓提出建议,谓"宜迁诸镇户内实京畿,可得精兵十万,足以横行天下"。若不能"速决",则"晋侵豫州,勃勃寇安定者,将若之何!"而左仆射梁喜持反对意见,认为齐公恢带领镇人能够"死守"安定以应对赫连勃勃的威胁,而"今关中兵马足距晋师,岂可未有忧危先自削损也"。姚泓接受了梁喜的意见,未能采取措施以全力应对晋军入侵这一最迫切的危机。②

回顾历史,晋穆帝永和十二年(356)桓温北伐,"秋八月己亥(初六,9.16),桓温及姚襄战于伊水,大败之。襄走平阳,徙其余众三千余家于江汉之间,执周成而归。使扬武将军毛穆之、督护陈午、辅国将军·河南太守戴施镇洛阳"。"十一月,遣兼司空·散骑常侍车灌、龙骧将军袁真等持节如洛阳,修五陵。十二月庚戌(廿五,357.1.25),以有事于五陵,告于太庙,帝及群臣皆服缌,于太极殿临三日。"③《晋书·桓温传》载其事曰:"师次伊水,姚襄屯水北,距水而战。温结阵而前,亲被甲督弟冲及诸将奋击,襄大败,自相杀死者数千人,越北芒而西走,追之不及,遂奔平阳。温屯故太极殿前,徙入金墉城,谒先帝诸陵,陵被侵毁者皆缮复之,兼置陵令。"④

值得注意的是,刘裕北伐占领洛阳与桓温北伐占领洛阳恰好

---

① 《晋书》卷一一九《姚泓载记》,第一〇册,第3011—3012页。
② 参见《晋书》卷一一九《姚泓载记》,第一〇册,第3010—3011页。
③ 《晋书》卷八《穆帝纪》,第一册,第201页。
④ 《晋书》卷九八《桓温传》,第八册,第2572页。

六十年一个甲子,这究竟是一种巧合还是刘裕有意为之,抑或两者兼而有之,史书并无明确记载。桓温北伐后旋即返回,然后派遣车灌、袁真等代表朝廷"如洛阳,修五陵",其具体时间十二月二十五日无疑是在他们自建康北上时就已定好,故东晋君臣同时在建康举行仪式以祭奠先帝。而更为巧合的是,刘裕选定"修谒五陵"的日期也是二十五日,只不过比桓温选定的日期提前了两个月,为十月二十五日。这似乎反映出刘裕的确有与桓温攀比争胜的心理,也就是说桓温当年建立的功业他也一定要达到。刘裕是自桓温之后一百年间到达西晋旧都洛阳的第二位南方政权的强势人物。此后直到南朝消亡的近两个世纪,再也没有类似的情况发生。北伐军出发仅两个多月便占领了关东中心城市洛阳,进展可谓十分顺利。洛阳是西晋王朝的首都,南渡北人后代在其祖先离别此地一百年后踏上这一极具象征性的土地,可谓意义重大。对刘裕而言,政治声望得到极大提升自不待言。后世史家在评述刘裕功过时,这次北伐的功业是非常重要的考量标准。

要达到桓温的功业应该就是刘裕为自己设定的政治目标,但这还不是终点,可以说其志不仅在此。桓温于永和二年(346)平定李势成汉政权,而刘裕于义熙三年(407)派遣刘敬宣伐蜀却无功而返,故而又于义熙八年十二月派遣朱龄石再度伐蜀,并于次年七月攻克成都,将蜀地重新纳入东晋版图之内。桓温曾多次发动北伐之役,虽有一定建树,但大多无功而返,不过桓温最终还是实现了偏安江左以来东晋君臣光复中原的梦想,尽管只是昙花一现,但也是前无古人的巨大功业。因此他有足够的资本说出这样的话:"遂使神州陆沉,百年丘墟,王夷甫诸人不得不任其责!"①史

---

① 《晋书》卷九八《桓温传》,第八册,第2572页。

载:"初,公平齐,仍有定关、洛之意,值卢循侵逼,故其事不谐。"①看来刘裕第一次北伐消灭南燕之后即有顺流而上平定关河之志,然而却因卢循叛军来势汹汹的进攻而不得不改弦易辙。

仅仅平定蜀地、占领青齐,显然还无法超越桓温。桓温功业如此,尚且未能实现篡位野心,桓玄凭借乃父余威篡位建立楚朝,却遭到刘裕及其同志的强烈反对而彻底失败。刘裕专权的时代虽与桓温专权的时代局势大变,与桓玄篡位的时代也有很大不同,但刘裕要顺利实现篡位的政治野心,赢得朝野上下的一致支持,避免社会舆论的指责,还必须建立超迈桓温的功业。占领洛阳不仅可使其功业足以与桓温相抗,更由于此前他已通过北伐而占领了青齐地域,因而也就意味着此时刘裕的功业已然超迈桓温,从而在东晋百年间无人可及。最值得注意的是,刘裕北伐占领洛阳正值东晋建立整整一百年,"修复晋五陵,置守卫"可谓适逢其会。这既是历史的巧合,也不排除是刘裕同刘穆之等心腹亲信精心策划的结果。局势的发展为刘裕提供了创造历史的契机,而刘裕则能够审时度势,适时抓住了这一千载难逢的时机创造了新的历史。时势造英雄,英雄造时势,此之谓也。

第五节　对垒魏军,争夺河道

如上所述,东路北伐军于当年九月抵达黄河岸边并很快攻占北魏兖州治所滑台城,十月中路北伐军自汝南北上攻占西晋故都洛阳城,其后近半年时间战事进展缓慢,直到次年春天战争进程迅速加快。这主要是因为,来自南方的北伐军将士对于北方黄河流

---

① 《宋书》卷二《武帝纪中》,第一册,第35页。

域的冬季未必能够马上适应,战斗力会有所下降,其优势难以发挥。经过数月的长途行军征战,加之要适应环境和气候,因而不是打攻坚战的最佳时机。对于步骑兵而言,冬季行军粮草供应是一大难题①;对于水军而言,黄河和渭河结冰,自然也不利于水路行进。相较之下,在几个占领的城镇驻扎休整,从后方调运或民间征发粮草便足以维持正常的补给,同时还可将环境和气候的不利影响降到最低限度。当然,如果在占领洛阳后能够顺利前行,刘裕也许会选择一路挺进,在年底前拿下长安。然而到达黄河沿岸后北伐军就要直接面对北魏南疆驻军,不仅如此,由于迅速占领了北魏东南边镇东郡凉城及兖州治所滑台,而任何一个国家都不会轻易将国土拱手让人,北魏政府自然也不会对此无动于衷,随即派遣精兵强将南下进行防御。如上所述,东路北伐军在占领滑台后即停步不前,根本原因还是因为遇到了北魏十万大军南下所形成的巨大阻力,一有不慎将会陷入腹背受敌的危险境地。要想继续西进消灭后秦政权,就必须打破黄河沿岸北魏军队的阻击,这是北伐军主力必须跨越的一个难关。

《魏书·叔孙建传》:"裕以官军在河南,恐断其前路,乃命引军北寇,及班师,乃止。"②可见对于魏军的阻挡,刘裕采取了积极主动的以攻为守的战略,派兵跨越北魏黄河防线,以保证北伐军主

---

① 《宋书》卷四八《毛脩之传》:"高祖将伐羌,先遣脩之复芍陂,起田数千顷。"(第五册,第1429页)《水经注》卷三二《肥水》:"(芍陂)陂周百二十许里,在寿春县南八十里。"((北魏)郦道元著,陈桥驿校证:《水经注校证》,中华书局2007年版,第749页)刘裕为了北伐的军粮供应而在芍陂屯田数千顷,主要应该是满足北伐军出征时的粮草供给,也有可能为刘裕在彭城时提供供应。至于北伐军到达黄河沿岸后的供应可能还得通过其他途径,如第一次北伐所占青齐地域以及从新占领的地区征集。

② 《魏书》卷二九《叔孙建传》,第二册,第704页。

力西进时黄河河道的畅通,也可避免陷于腹背受敌的境地而难以自拔。受命承担这一重任的主要将领为朱超石,《宋书·朱龄石传附弟超石传》对此有详细记载:

> 义熙十二年,北伐,超石前锋入河。索虏托跋嗣,姚兴之婿也,遣弟黄门郎鹅青、冀州刺史安平公乙旃眷、襄州刺史托跋道生、青州刺史阿薄干,步骑十万,屯河北,常有数千骑,缘河随大军进止。时军人缘河南岸,牵百丈,河流迅急,有漂渡北岸者,辄为虏所杀略。遣军裁过岸,虏便退走,军还,即复东来。高祖乃遣白直队主丁旿率七百人及车百乘,于河北岸上,去水百余步为却月阵,两头抱河,车置七仗士,事毕,使竖一白毦。虏见数百人步牵车上,不解其意,并未动。高祖先命超石驰往赴之,并赍大弩百张,一车益二十人,设彭排于辕上。虏见营阵既立,乃进围营,超石先以软弓小箭射虏,虏以众少兵弱,四面俱至。嗣又遣南平公托跋嵩三万骑至,遂肉薄攻营。于是百弩俱发,又选善射者丛箭射之,虏众既多,不能制。超石初行,别赍大锤并千余张矟,乃断矟长三四尺,以锤锤之,一矟辄洞贯三四虏。虏众不能当,一时奔溃,临阵斩阿薄干首,虏退还半城。超石率胡藩、刘荣祖等追之,复为虏所围,奋击尽日,杀虏千计,虏乃退走。高祖又遣振武将军徐猗之五千人向越骑城,虏围猗之,以长戟结阵,超石赴之,未至悉奔走。①

胡三省云:"百丈者,所以挽船。今南人用麻绳,北人以竹为之。陆游曰:蜀人百丈,以巨竹四破为之,大如人臂。"又云:"裕选白丁之壮勇者入直左右,使旿领之。杜佑曰:白直无月给之数。"②丁旿

---

① 《宋书》卷四八《朱龄石传附弟超石传》,第五册,第1425—1426页。
② 《资治通鉴》卷一一八《晋纪四〇》,第八册,第3703页。

所率仗士当即"白直",属于刘裕的贴身卫队。北伐军将领徐猗之,其后在从潼关进攻蒲坂时尚与朱超石一起指挥战斗,临阵"遇害"身亡。①

关于此次北魏所遣南下将领及其与刘裕北伐军之间的战斗,兹略作考述如下:"鹅青"即娥清,史载其"少有将略,累著战功。稍迁振威将军。刘裕遣将朱超石寇平原,至畔城遁还。清与长孙道生追之,至河,获其将杨丰。还,拜给事黄门侍郎"②。则娥清在与刘裕北伐军交战时尚未担任"黄门郎",又其出身"代人",但不是宗室,自非北魏太宗明元帝拓跋嗣之弟。《魏书·僭晋司马叡传》:"泰常初,刘裕征姚泓。(神瑞)二年,太宗遣长孙道生、娥清破其将朱超石于石河,擒骑将杨丰,斩首千七百余级。"③《岛夷刘裕传》:"始裕入河西上,太宗遣将军娥清、长孙嵩等屯于河畔。裕遣朱超石、刘荣祖等渡河,长孙道生破之,擒斩其将杨丰等。"④杨丰似未见其他记载,其被魏军俘虏后的下落亦不可知。刘荣祖为刘裕从母兄弟(姨表兄弟)刘怀慎庶长子,"少好骑射","高祖北伐,转镇西中兵参军、宁远将军。水军入河,与朱超石大破索虏于半城,又攻刘度垒,克之"。刘荣祖参与了北伐之役的全过程,刘宋建立后历任越骑校尉、右军将军、辅国将军等职。⑤"乙旃眷"即叔孙建(365—437),史载其"父骨,为昭成母王太后所养,与皇子同列。建少以智勇著称"。叔孙建可视作北魏宗室,但其远比明元帝年长,且论辈分也要比明元帝大一辈。明元帝初年,"以建为

---

① 参见《晋书》卷一一九《姚泓载记》,第一〇册,第3016页。
② 《魏书》卷三〇《娥清传》,第三册,第720页。
③ 《魏书》卷九六《僭晋司马叡传》,第六册,第2109页。
④ 《魏书》卷九七《岛夷刘裕传》,第六册,第2133页。
⑤ 参见《宋书》卷四五《刘怀慎传附荣祖传》,第五册,第1376—1377页。

正直将军、相州刺史。饥胡刘虎等聚党反叛,公孙表等为虎所败。太宗假建前号安平公,督表等以讨虎,斩首万余级。余众奔走,投沁而死,水为不流,虏其众十万余口"。① 其时叔孙建为北魏相州刺史,而非《宋书》所载为冀州刺史,当时担任冀州刺史的是长孙道生,亦即"托跋道生"。《魏书》本传云,"太宗即位,除南统将军、冀州刺史"②。然对其参与这次阻击北魏军队渡河之役却未著一字。《资治通鉴》晋安帝义熙十三年三月条云:"嗣乃以司徒长孙嵩督山东诸军事,又遣振威将军娥清、冀州刺史阿薄干将步骑十万屯河北岸。"胡三省注:"《魏书·官氏志》:内入诸姓,阿伏干氏后为阿氏。"③胡三省将"阿薄干"看作是"阿伏干"之意译,其说可从。《魏书》所载"代人"列传,未见阿氏,鹅氏于《官氏志》中不可考,进一步推测,疑阿、鹅乃同音异译,若此则娥清即出于阿伏干氏,其与《宋书》所载"青州刺史阿薄干"当出同一氏族,为其兄弟之可能性较大。"阿薄干"其人,《晋书·安帝纪》云:义熙十三年"夏,刘裕败魏将鹅青于河曲,斩青裨将阿薄干"④。事载"三月"与"夏五月"之间,则当作"夏四月",下"夏五月"之"夏"为衍文。若《宋书》所载阿薄干为青州刺史可信,则不得谓其为"青裨将"。

长孙道生从父长孙嵩在北魏道武帝时"历侍中、司徒、相州刺史,封南平公",明元帝初年为"坐止车门右,听理万机"的"八公"之一。"晋将刘裕之伐姚泓,太宗假嵩节,督山东诸军事,传诣平原,缘河北岸列军次于畔城。军颇失利。诏假裕道,裕于舟中望嵩麾盖,遗以酃酒及江南食物,嵩皆送京师。诏嵩厚答之。又敕:

---

① 《魏书》卷二九《叔孙建传》,第二册,第702、703页。
② 《魏书》卷二五《长孙道生传》,第二册,第645页。
③ 《资治通鉴》卷一一八《晋纪四〇》义熙十三年三月,第八册,第3702页。
④ 《晋书》卷一〇《安帝纪》,第一册,第266页。

'简精兵为战备,若裕西过者,便率精锐南出彭、沛;如不时过,但引军随之。彼至崤、陕间,必与姚泓相持,一死一伤,众力疲弊。比及秋月,徐乃乘之,则裕首可不战而悬。'于是叔孙建等寻河趣洛,遂入关。嵩与建等自成皋南济,晋诸屯戍皆望尘奔溃。裕克长安,嵩乃班师。"①由此来看,承担这次防御刘裕北伐军北侵的魏军总指挥或者说统帅确为长孙嵩。长孙道生参与此次战役在《魏书》本传中无踪迹可寻,但其他相关记载证实他的确也是这次战役中北魏方面的主要将领。

对于在与东晋北伐军交战时的伤亡情况,北魏方面仅用"军颇失利"四字一笔带过,可谓轻描淡写,而对东晋方面的死伤,却以"斩首千七百余级"予以明确记载,但不排除夸大其词虚报战果的可能。② 东晋方面则以"临阵斩阿薄干首"、"杀虏千计"记述其战果,但对于自身的将士伤亡情况却毫无记载。报道时常常夸大敌方伤亡人数,减少甚至不报道己方伤亡人数,这是中国古代史书有关战争纪事的一大特色,也可以说是一大缺陷。《魏书·崔浩传》载此役中北魏"师人多伤"③,反证东晋方面"杀虏千计"的记载应该与事实相去不远。

刘裕派遣朱超石等将领北渡黄河,以应对北魏军队有可能对北伐军主力构成的威胁,防止阻挡北伐军前进的步伐,将其对战争进程的消极影响降到最低限度,无疑是一个成功的战略。不仅如此,这一行动还牵制了长孙嵩等名将率领的约十万北魏精骑,对中

---

① 《魏书》卷二五《长孙嵩传》,第二册,第643—644页。
② 史称"时诸将破贼,皆多其首级",所谓"增张虚获,以自夸诞"。(《宋书》卷一〇〇《自序》,第八册,第2456页)其目的当然是为了邀功领赏。
③ 《魏书》卷三五《崔浩传》,第三册,第810页。又可参见同书卷一〇五之三《天象志三》,第七册,第2396页。

路北伐军的西进创造了有利时机,这可以说是意想不到的一个结果。由此来看,刘裕以北伐军被"斩首千七百余级"的代价换来其主力部队的顺利西进还是颇为值得的。

从上引记载来看,这次战事发生于北伐军前锋部队进入黄河河道不久,亦即占领兖州治所滑台不久,双方交战的地点是在滑台至洛阳之间的河北沿岸地带。《宋书·武帝纪中》:义熙十三年"三月庚辰(初八,4.10),大军入河,索虏步骑十万营据河津,公命诸军济河击破之"①。由此可见,东路北伐军从义熙十二年九月占领滑台,一直被北魏军队阻挡于黄河沿岸约半年之久而未能向前移动。上引记载显示,东路北伐军与魏军交战的地点是在河津一带。

关于河津的具体位置,胡三省在《资治通鉴注》的多条注文中做过解释。晋穆帝永和八年三月,姚襄"帅户六万""屯于碻磝津"。胡注:"碻磝城,即汉东郡茌平县故城,其西南即河津,谓之碻磝津。"②晋安帝隆安三年三月,南燕"尚书潘聪曰:'滑台四通八达之地,北有魏,南有晋,西有秦,居之未尝一日安也。……'"胡注:"滑台当河津之要,魏自北渡河而南向,晋从清水入河,秦沿渭顺河而下,皆凑于滑台。又其城旁无山陵可依,车骑、舟师皆可以骋,故谓之四通八达之地。"③宋武帝永初三年十一月,"魏主遣中领军代人娥清、期思侯柔然闾大肥将兵七千人会周几、叔孙建南渡河,军于碻磝"。胡注:"碻磝城临河津,后魏为济州治所。《水经注》曰:城即故茌平县也。"④由此可见,南北双方的军队是在碻磝

---

① 《宋书》卷二《武帝纪中》,第一册,第42页。
② 《资治通鉴》卷九九《晋纪二一》,第七册,第3124页。
③ 《资治通鉴》卷一一一《晋纪三三》,第八册,第3490页。
④ 《资治通鉴》卷一一九《宋纪一》,第八册,第3750页。

津北岸发生对峙并交火的。

上引《魏书》的记载显示,双方战斗的地点是在平原附近的畔城一带发生的。《魏书·太宗纪》对此有更为明确的记载:泰常二年(417)二月"辛酉(十九,3.22),司马德宗荥阳守将傅洪遣使诣叔孙建,请以虎牢降,求军赴接;德宗谯王司马文思遣使王良诣阙上书,请军讨刘裕。诏司徒长孙嵩率诸军邀击刘裕,战于畔城,更有负捷。帝诏止诸军,不克"①。同书《崔浩传》亦载太宗"遣长孙嵩发兵拒之,战于畔城,为裕将朱超石所败"②。可知双方交战的地点就在黄河岸边的畔城。《地形志中》平原郡聊城县下本注:"有王城,郡、县治。有畔城。"③平原郡时属冀州。此役的胜利遏制住了北魏军队在黄河沿岸的阻挠,东晋北伐军主力得以顺利向西进发,解除了魏军对洛阳的威胁,刘裕随后将其大本营从彭城移至洛阳,指挥北伐军的西进行动。

代人于栗䃅"能左右驰射,武艺过人",北伐军西进时正在担任北魏镇远将军、河内镇将。"刘裕之伐姚泓也,栗䃅虑其北扰,遂筑垒于河上,亲自守焉。禁防严密,斥候不通。裕甚惮之,不敢前进。裕遗栗䃅书,远引孙权求讨关羽之事,假道西上,题书曰'黑矟公麾下'。栗䃅以状表闻,太宗许之,因授黑矟将军。栗䃅好持黑矟以自标,裕望而异之,故有是语。"④一如前此在滑台一带王仲德对付叔孙建的策略一样,北伐军在通过于栗䃅镇守的河内时也采取了卑辞厚礼的姿态,让北魏守将产生了一种被尊重的感

---

① 《魏书》卷三《太宗纪》,第一册,第57页。
② 《魏书》卷三五《崔浩传》,第三册,第810页。又可参见同书卷一〇五之三《天象志三》,第七册,第2396页。
③ 《魏书》卷一〇六中《地形志中》,第七册,第2528页。
④ 《魏书》卷三一《于栗䃅传》,第三册,第735、736页。

受,从而打消其坚决阻挡的念头,尽可能减少了东晋北伐军西进的阻力。

之所以会出现这种情况,与北魏君臣面对南方政权时的特殊心态有关:一则在当时的南北对峙局面中,由于北方尚处于十六国后期的分裂局面下,北魏作为北方诸胡族政权之一,其绝对优势尚不明显,而东晋作为南方的唯一政权,相对北方诸国而言显然是一家独大,若能得到南方政权最高统治者刘裕的尊重,对北魏君臣而言是一种极大的满足。另一方面,作为入主中原的少数民族统治集团,北魏皇帝及其手下的少数民族将领,面对被统治的广大的汉族民众,在显示军事政治优势的同时,又有文化上的自卑感,而面对南方政权的代表人物刘裕及其手下将领所给予的外交辞令上的尊重,自然也会有极大的满足感,其好感随之油然而生。这是强势族群、国家跟弱势族群、国家的相处之道,时至今日仍可谓不二法门。

总的来看,北魏对于刘裕的北伐采取的还是以防御为主的战略,即派兵驻守黄河北岸,严防死守,以免东晋北伐军跨过黄河北上入侵北魏领土。这是北魏统治者在对刘裕北伐目的经过分析后所采取的战略。晋军消灭后秦,对于已与后秦处于敌对状态的北魏而言,可谓坐收渔人之利,当然是乐观其成的。若北魏以重兵阻击北伐晋军,与之发生缠斗,则有可能消耗大量有生力量,将会影响其在西、北与柔然及后秦、大夏、北燕等国对抗的实力,后果将不堪设想。当然,北魏朝廷对于东晋北伐军的到来还是给予了高度重视,采取了严密防御,以防其越河北上。北伐大军必须通过北魏南部边境地区,就刘裕及其决策集团而言,事前无疑也是对北伐时北魏将会采取的战略进行了充分的预估,判断其不会成为难以逾越的障碍。跨过了北魏南边防线,刘裕率领的北伐军的进攻变得顺畅起来。义熙十三年(417)春,北伐军继续向西推进,力克魏军阻击,同时取得了对后秦守军的节节胜利。仅用半年左右时间,便将关中收入囊中。

第六节 裕入洛阳,百年荣光

《资治通鉴》晋安帝义熙十三年正月:"太尉裕引水军发彭城,留其子彭城公义隆镇彭城。诏以义隆为监徐兖青冀四州诸军事、徐州刺史。"[1]此盖承《宋书》《南史》本纪相关记载而来。《宋书·武帝纪中》:义熙十三年"三月庚辰(初八,4.10),大军入河。索虏步骑十万营据河津,公命诸军济河击破之。公至洛阳"[2]。对"三月庚辰"所对应的事件可有三种理解:一为刘裕率领的东路北伐军或者说北伐军主力进入黄河河道正式向洛阳进发的时间;二为刘裕北伐军与在河津安营扎寨的北魏十万大军交战的时间;三为刘裕突破魏军封锁线后到达洛阳的时间。无论哪种情况,刘裕若在正月就从彭城出发,所费时间似乎都太长,尤其是前两种情况更不可能,推断刘裕从彭城启程的时间比正月还要晚。

从淮北的彭城在没有任何阻挡的情况下行军到黄河沿岸,用时长达一两个月,无论如何都是不可想象的。刘裕进入黄河河道后必定不会久留,否则天长日久,后患无穷,因此河津之役或畔城之战应该就在刘裕率领大军入河之后很快即发生。可能的情形

---

[1] 《资治通鉴》卷一一八《晋纪四〇》安帝义熙十三年正月,第八册,第3699页。按《宋书》卷五《文帝纪》:"高祖伐羌至彭城,将进路,板上行冠军将军留守。晋朝加授使持节、监徐兖青冀四州诸军事、徐州刺史,将军如故。"(第一册,第71页)

[2] 《宋书》卷二《武帝纪中》,第一册,第42页。

是,刘裕在接到中路北伐军檀道济部西抵潼关的战报后,即从彭城启程向洛阳进发,时间当在义熙十三年二月下旬,三月初八刘裕带领大军进入黄河河道,很快便在畔城击溃南下魏军后一路西行来到洛阳。《晋书·安帝纪》及《资治通鉴》并载北伐军与魏军的交战是在四月份发生的,则刘裕入河的时间可能还要晚于三月初八,在三月下旬的可能性较大。果如此,则刘裕离开彭城的时间还要推后,三月初八或许就是刘裕从彭城出发的时间。当然这一推测的矛盾是,相关文献所载刘裕离开彭城的时间皆为正月。

关于北伐战争的进程,《晋书》和《宋书》《南史》本纪的记载并不完全一致。《晋书·安帝纪》:"三月,龙骧将军王镇恶大破姚泓将姚绍于潼关。""夏五月,刘裕克潼关。""秋七月,刘裕克长安,执姚泓,收其彝器,归诸京师。"①《宋书·武帝纪中》:"十三年正月,公以舟师进讨,留彭城公义隆镇彭城。军次留城,经张良庙……二月,冠军将军檀道济等次潼关。三月庚辰,大军入河。索虏步骑十万,营据河津。公命诸军济河击破之。公至洛阳。七月,至陕城。龙骧将军王镇恶伐木为舟,自河浮渭。八月,扶风太守沈田子大破姚泓于蓝田。王镇恶克长安,生擒泓。九月,公至长安。"②《南史·宋本纪上·武帝纪》所载略同于《宋书》,唯"公至洛阳"作"五月,帝至洛阳,谒晋五陵"③。

---

① 《晋书》卷一〇《安帝纪》,第一册,第266页。
② 《宋书》卷二《武帝纪中》,第一册,第41—42页。
③ 《南史》卷一《宋本纪上·武帝纪》,第一册,第20页。按:陈郡袁氏家族代表人物袁湛,与陈郡谢氏有密切的姻亲关系:为谢安从外孙,谢玄(安兄子)女婿,谢绚(谢晦兄)舅父。袁湛为刘裕亲信集团成员,曾任刘裕"镇军谘议参军""太尉长史"等职,及侍中、中书令和三吴地区郡太守等要职。"义熙十二年,转尚书右仆射、本州大中正。时高祖北伐,湛兼太尉,与兼司空、散骑常侍、尚书范泰奉九命礼物,拜授高祖。高祖冲让,湛等随军至洛阳,住柏谷坞。泰议受使未毕,不拜晋帝陵,湛独至五陵致敬,时人美之。"(《宋书》卷五二《袁湛传》,

揆诸情理,上引《南史》所载较为全面,而《宋书》所载疑有脱文。《资治通鉴》载:"五月乙未(廿四,6.24),齐郡太守王懿降于魏,上书言:'刘裕在洛,宜发兵绝其归路,可不战而克。'魏主嗣善之。"①按此乃综合《魏书·太宗纪》及《崔浩传》的相关记载而来。《册府元龟》所载当节引自《宋书》,唯"公"作"帝","索虏"作"后魏"。②《通志》所载同于《南史》③。也就是说,关于北伐军进军的几个关键时间点,《宋书》《南史》均无歧异。《资治通鉴》所载有同有异,异者主要为两点:"三月,(檀)道济、(沈)林子至潼关";八月"辛丑(初二,8.29),太尉裕至潼关"。④据《宋书·自序》记载,是王镇恶先到潼关,而后檀道济与沈林子于三月再到潼关,《资治通鉴》盖本于此。不管怎样,中路北伐军于义熙十三年二、三月已来到关中门户潼关,则是不争的事实。

比较而言,《宋书》《南史》本纪及《资治通鉴》的相关记载比《晋书》本纪的记载可信度更高,但其中细节的差异仍不能判断孰是孰非。《资治通鉴》将刘裕"引军入河"后在黄河北岸的战斗系于义熙十三年三、四月之下,如上引《宋书·朱龄石传附弟超石

(接上页)第五册,第1497—1498页)江夷由太尉长史"入为侍中,大司马。从府公北伐,拜洛阳园陵,进至潼关"。(同书卷五三《江夷传》,第五册,第1525页)可与上述《南史》本纪所载相印证,则刘裕到洛阳后亦曾"谒晋五陵"。故谓"湛独至五陵致敬"并不准确,或者刘裕与范泰等人是在袁湛之后去晋五陵拜谒,当然此次袁湛亦当同行。

① 《资治通鉴》卷一一八《晋纪四〇》安帝义熙十三年,第八册,第3705页。
② (宋)王钦若等编:《册府元龟》卷一八四《闰位部·勋业》,中华书局1960年版,第二册,第2216页。
③ 《通志》卷一一《宋纪·武帝》,《景印文渊阁四库全书》史部一三〇"别史类",第三七二册,第518页。
④ 《资治通鉴》卷一一八《晋纪四〇》安帝义熙十三年,第八册,第3701、3707页。

传》刘裕遣白直队主丁旿率众"于河北岸上""为却月阵"事以及畔城之战即在四月条下记载。① 即便三月初八日为刘裕入河的时间,而在四月间他仍在滑台至碻磝两镇之间滞留,似乎可能性也不大。从黄河下游的滑台、碻磝一带率领大部队仅用一个月左右的时间就要移动到关中的潼关,其间有可能还会遇到诸如魏军于栗礴部这样的阻挠,无论如何都是难以实现的。何况刘裕路过洛阳时必定还要停留和休整,否则于理不通。在洛阳做了一段时间休整后,刘裕率领北伐军主力继续西行向关中进发。到达潼关的时间,应该是在七月或八月初。

北伐军进军途中,在所占领的本属北魏或后秦的州郡镇戍,任命随从亲信将领进行镇守。如史载刘"裕引军入河,以左将军向弥为北青州刺史,留戍碻磝"②。向弥即向靖,与刘裕为同乡好友,也是其建义亲信。参与刘裕创建帝业的一系列战争,功勋卓著,北伐前为冠军将军、吴兴太守。"高祖北伐,弥以本号侍从,留戍碻磝,进屯石门、柏谷,迁督北青州诸军事、北青州刺史,将军如故。"③毛脩之随刘裕"伐羌","时洛阳已平,即本号(辅国?)为河南河内二郡太守,行司州事,戍洛阳,修治城垒"。④ 北魏明元帝泰常二年"五月,汝南民胡讲等万余家相率内属。乙未,司马德宗齐郡太守王懿来降"⑤。汝南为刘裕北伐军刚刚占领之地,万余家是一个庞大的数字,似乎包括了整个汝南地区民户的数量,北伐军占领之后可能并未留下足够的兵力进行镇抚,而当地民众看来也不

---

① 《资治通鉴》卷一一八《晋纪四〇》安帝义熙十三年,第八册,第3703—3704页。
② 《资治通鉴》卷一一八《晋纪四〇》安帝义熙十三年三月,第八册,第3702页。
③ 《宋书》卷四五《向靖传》,第五册,第1374页。
④ 《宋书》卷四八《毛脩之传》,第五册,第1429页。
⑤ 《魏书》卷三《太宗纪》,第一册,第57页。

愿意归于南方政权治下,因而采取了归顺北魏的举措。齐郡是刘裕第一次北伐时占领南燕后设置的青州辖郡,此王懿与北伐军将领王仲德同名,其详情难以确知。这两次事件表明,刘裕北伐之际,前占领地区和新占领地区的统治都不太稳固,这些都是影响后续南北关系走向的不可忽略的因素。史载王懿"上书陈计,称刘裕在洛,劝国家以军绝其后路,则裕军可不战而克"云云①,则义熙十三年五月刘裕的确已在洛阳无疑,与上述相关记载可相互印证。

>姚氏后秦都长安,北方诸胡国最强。
>接纳亡命桓司马,时时骚扰寇北境。
>后秦易主赫连侵,有机可乘是良辰。
>东晋立国恰百年,刘裕北伐再兴兵。
>中路东路是主力,超迈前代占洛阳。
>北伐代代有其人,最是刘裕得称雄。

---

① 《魏书》卷三五《崔浩传》,第三册,第810页。

第十二章　消灭后秦,进占长安

东路发洛阳,中路克潼关。
西路疑兵到,灞上终决战。
姚泓被俘死,刘裕入长安。
北伐恰一载,秦地暂归南。

第一节　中路西进,潼关争战

就在王仲德、朱超石率领的东路北伐军与北魏军队在滑台至洛阳间的黄河沿岸纠缠之际,占领洛阳的中路北伐军已从洛阳出发继续西进,并于义熙十三年(417)春来到了具有重要战略地位的潼关,通往长安城的东大门即将被打开。《宋书·武帝纪中》:义熙十三年"二月,冠军将军檀道济等次潼关"[1]。《晋书·安帝纪》的记载有异:"三月,龙骧将军王镇恶大破姚泓将姚绍于潼关。"[2]史载檀道济"进据潼关,与诸军共破姚绍"[3]。在攻克洛阳

---

[1] (梁)沈约撰:《宋书》卷二《武帝纪中》,中华书局1974年版,第一册,第42页。
[2] (唐)房玄龄等撰:《晋书》卷一〇《安帝纪》,中华书局1974年版,第一册,第266页。按《建康实录》卷一一《宋上·高祖武皇帝》将"王镇恶军次潼关,檀道济逼蒲坂"系于义熙十三年正月纪事之下。((唐)许嵩撰,张忱石点校:《建康实录》,中华书局1986年版,上册,第383页)
[3] 《宋书》卷四三《檀道济传》,第五册,第1342页。

前,刘裕就曾向王镇恶等将领约定:"若克洛阳,须大军至,未可轻前。"然而,王镇恶和檀道济并未完全按照刘裕的指令行事,没等刘裕到达洛阳便先行出发了。如上所述,檀道济和王镇恶率领的中路北伐军在义熙十二年十月攻占洛阳,修复西晋五帝陵墓并设置陵令,安排好洛阳防务后做了一段时间的休整,便从洛阳出发继续西进,于次年二月到达潼关并于三月发起进攻,赶走后秦抗敌总指挥姚绍。而《晋书·安帝纪》下文又有"夏五月,刘裕克潼关"的记载,上下文互相矛盾。

关于王镇恶率部从洛阳到潼关的进军行动,《资治通鉴》晋安帝义熙十三年二月条云:

> 王镇恶进军渑池,遣毛德祖袭尹雅于蠡吾城,禽之;雅杀守者而逃。镇恶引兵径前,抵潼关。檀道济、沈林子自陕北渡河,拔襄邑堡,秦河北太守薛帛奔河东。又攻秦并州刺史尹昭于蒲阪,不克。别将攻匈奴堡,为姚成都所败。①

毛德祖与尹雅交战之蠡吾城,《宋书·王镇恶传》作"蠡城"②,同书《索虏传》作"梨城"③,盖即"蠡城"之讹。胡三省云:"秦以雅为弘农太守,屯蠡吾城。据《载记》,蠡吾城当在宜阳之西。宋白曰:蠡吾城,后魏初犹属弘农,唐以来为渑池县理所。余按蠡吾自是汉清河国界亭名,此乃蠡城,非蠡吾城也。《通鉴》盖承《晋书》之误。"④《水经注·洛水》:"又东北过蠡城邑之南。城西有坞水,出北四里,山上原高二十五丈,故黾池县治。南对金门坞,水南五里,

---

① (宋)司马光编著,(元)胡三省音注,"标点资治通鉴小组"校点:《资治通鉴》卷一一八《晋纪四〇》安帝义熙十三年二月,中华书局1956年版,第八册,第3700页。
② 《宋书》卷四五《王镇恶传》,第五册,第1369页。
③ 《宋书》卷九五《索虏传》,第八册,第2329页。
④ 《资治通鉴》卷一一八《晋纪四〇》安帝义熙十三年二月,第八册,第3700页。

旧宜阳县治也。"①胡三省又云："襄邑堡在河北郡河北县,汉、晋属河东郡,秦分立河北郡。"②《明史·地理志二》:山西解州芮城县,"东有襄邑堡"③。是其地明代亦仍旧名。

东晋中路北伐军从洛阳出发西征之际,后秦姚绍向姚泓提出抵御方略,"遣抚军赞据陕城,臣向潼关为诸军节度"。姚泓"于是遣姚赞及冠军司马国璠、建义蛇玄屯陕津,武卫姚驴屯潼关"。④就在檀道济和王镇恶到达潼关的前后,刘裕也从彭城出发经陈留进入黄河河道,既而力克北魏军队阻截,约在四月底或五月初到达洛阳。⑤刘裕到达洛阳和从洛阳出发西征的时间,现存史料似仅有《建康实录》有明确记载:"五月戊午,帝次洛阳。"⑥按义熙十三年五月无戊午,此疑为戊子(十七,6.17)之讹。其他史料记载显示,五月份刘裕的确就在洛阳。上引《晋书·安帝纪》载刘裕于五月到达潼关,显然是错误的。所言五月"刘裕克潼关",更与实际相去甚远。

---

① (北魏)郦道元著,陈桥驿校证:《水经注校证》卷一五《洛水》,中华书局2007年版,第365页。
② 《资治通鉴》卷一一八《晋纪四〇》安帝义熙十三年二月,第八册,第3700页。
③ (清)张廷玉等撰:《明史》卷四一《地理志二》,中华书局1974年版,第四册,第964页。
④ 《晋书》卷一一九《姚泓载记》,第一〇册,第3012页。
⑤ 《宋书》卷四八《毛脩之传》:"高祖既至,案行善之,赐衣服玩好,当时计值二千万。"(第五册,第1429页)按《南史》《资治通鉴》等载此,并作"二千万",知《宋书》原本当如此。然此颇为可疑,似为二十万之误。(唐)李延寿撰《南史》卷一《宋本纪上·武帝纪》:"制诸主出适,遣送不过二十万,无锦绣金玉。"(中华书局1975年版,第一册,第28页)公主陪嫁亦仅二十万,而给毛脩之赏赐"直二千万"之"衣服玩好",实在不可想象,何况当时还是出征在外。又《毛脩之传》载"刘敬宣女嫁,高祖赐钱三百万,杂彩千匹",虽说"时人并以为厚赐",但所赐为公主陪嫁之十五倍之多,实在匪夷所思。故此"三百万"亦有可能本为三十万。
⑥ 《建康实录》卷一一《宋上·高祖武皇帝》,上册,第383页。

关于进攻潼关的战斗经过,《宋书·王镇恶传》云:

> 遣司马毛德祖攻伪弘农太守尹雅于蠡城,生擒之。仍行弘农太守。方轨长驱,径据潼关。伪大将军姚绍率大众拒崄,深沟高垒以自固。镇恶悬军远入,转输不充,与贼相持久,将士乏食,乃亲到弘农督上民租,百姓竞送义粟,军食复振。初,高祖与镇恶等期:"若克洛阳,须大军至,未可轻前。"既而镇恶等迳向潼关,为绍所拒不得进,而军又乏食,驰告高祖,求遣粮援。时高祖沿河,索虏屯据河岸,军不得前。高祖呼所遣人开舫北户,指河上虏示之曰:"我语令勿进,而轻佻深入。岸上如此,何由得遣军?"镇恶既得义租,绍又病死,伪抚军姚赞代绍守崄,众力犹盛。高祖至湖城,赞引退。大军次潼关,谋进取之计,镇恶请率水军自河入渭。①

按:《资治通鉴》载王镇恶部众"乏食,众心疑惧,或欲弃辎重还赴大军"。②"民以食为天",对于从事高强度征战的军队而言就更是如此,只有充足的食品供给,才能保证将士在战场上不会有后顾之忧,奋力拼搏杀敌。反之,若食不果腹,则毫无战斗力可言。半个世纪前桓温北伐,就是因为"时运道艰难,而关中大饥",不得不抱憾撤军而还。③后来姚绍阻击北伐军的进攻,即是"率骑三千屯于河北之九原,欲绝道济诸县租输"④。诚所谓"兵粮所急"⑤,一定程度上会决定战争进程乃至战争结果。毫无疑问,"乏食"对即将进入潼关的北伐军来说乃是一个相当严峻的考验,所幸王镇恶及

---

① 《宋书》卷四五《王镇恶传》,第五册,第1369页。
② 《资治通鉴》卷一一八《晋纪四〇》安帝义熙十三年三月,第八册,第3702页。
③ (宋)李昉等撰:《太平御览》卷三〇九《兵部四〇·战中》引《晋中兴书》,中华书局1960年版,第二册,第1421页。
④ 《晋书》卷一一九《姚泓载记》,第一〇册,第3016页。
⑤ 《宋书》卷一〇〇《自序》,第八册,第2456页。

时采取措施,得到弘农百姓的大力支持,从而克服了眼前的困难,为下一步行动的展开铺平了道路。

后秦方面据守潼关的大将军姚绍,为后秦皇帝姚泓叔父①。数年前刘裕北伐南燕时,姚绍为后秦豫州牧镇守洛阳②,后又受遣"与姚弼率禁卫诸军镇抚岭北"。姚兴末年,"抚军姚绍及侍中任谦、右仆射梁喜、冠军姚赞、京兆尹尹昭、辅国敛曼嵬并典禁兵,宿卫于内";又"兴命泓录尚书事,使姚绍、胡翼度典兵禁中,防制内外"。③《晋书·姚泓载记》:"泓进绍太宰、大将军、大都督、都督中外诸军事、假黄钺,改封鲁公,侍中、司隶、宗正、节、录并如故,朝之大政皆往决焉。绍固辞,弗许。"④毫无疑问,多年统领禁卫军的姚绍是当时后秦统治集团中举足轻重的人物,东晋北伐军逼近潼关时他已是后秦第一重臣。甚至可以说,姚泓在国难当头的危急时刻,将后秦的实际控制权交给了叔父姚绍。在北伐军一路向西步步紧逼之际,曾经镇守洛阳熟悉关东形势的姚绍受命东出,负责守卫潼关天险。姚绍是当时后秦位极人臣的宗室贵族,阻挡东晋北伐军的重任非他莫属。对姚绍而言,临危受命,第一要务便是抵御来犯之敌,扶大厦于将倾,自是异常艰巨的使命。

王镇恶和檀道济未按照刘裕事先的约定而擅自西行,正所谓将在外君命有所不受。不过,若北伐军真按刘裕战前的指示在占领洛阳之后一直停滞不前,不能继续有所作为,则很可能会贻误战机,陷入与魏军的缠斗而难以自拔,或者长期龟缩在洛阳,也会让虎视眈眈的拓跋魏和赫连夏统治者小觑,况且粮草的供应还必定

---

① 参见《晋书》卷一一九《姚泓载记》,第一〇册,第3012页。
② (北齐)魏收撰:《魏书》卷三八《刁雍传》,中华书局1974年版,第三册,第865页。
③ 《晋书》卷一一八《姚兴载记下》,第一〇册,第2997、2998、3003页。
④ 《晋书》卷一一九《姚泓载记》,第一〇册,第3014页。

成为一个难题。中路北伐军的顺利推进,一定程度上影响到北魏统治者的决策,当看到东晋北伐军长途征战所呈现出的强大的战斗力,必然会削弱魏军的士气,也会对大夏国君赫连勃勃的既定计划施加影响,使其不得不暂时停止对后秦的用兵而采取观望态度,这些必然会对东路北伐军主力的行动产生正面影响。如上引述,军粮补给是中路北伐军在西进途中遇到的最大问题。史载檀道济、王镇恶与姚绍争夺潼关之际,"时悬师深入,粮输艰远,三军疑阻,莫有固志"①。军粮对于战斗力的重大影响,于此可见一斑。王镇恶采取的解决办法有二:一是向远在后方的统帅刘裕求援,请求来自东方基地的粮援,但因东军正在河上受到魏军的阻挡而自顾不暇,遑论向西军运送军粮。二是自筹军粮,王镇恶"亲到弘农督上民租,百姓竞送义粟,军食复振"②。由于得到当地民户的理解和支持,军粮补给问题很快得到解决,从而使得北伐军的战斗力并未受到显著影响,为后续战斗中赢得主动权提供了保障。

沈林子曾参与北伐南燕、抗击卢循、征讨刘毅和司马休之等战役,战斗经验丰富。义熙"十二年,高祖领平北将军,林子以太尉参军复参平北军事。其冬,高祖伐羌,复参征西军事,悉署三府中兵,加建武将军,统军为前锋,从汴入河"。沈林子应该是随檀道济从中路北上进入黄河河道,大概并未参与占领洛阳的战斗,否则其孙沈约必会大书特书。"时襄邑降人董神虎有义兵千余人",被刘裕"板为太尉参军,加扬武将军,领兵从戎。林子率神虎攻仓垣,克之。神虎伐其功,径还襄邑。林子军次襄邑,即杀神虎而抚其众"。③ 按《魏书·地形志中》梁州陈留郡浚仪县,为"州、郡

---

① 《宋书》卷一〇〇《自序》,第八册,第2455页。
② 《宋书》卷四五《王镇恶传》,第五册,第1369页。
③ 《宋书》卷一〇〇《自序》,第八册,第2455页。

治",有"仓垣城"。① 胡三省云:"仓垣城在陈留浚仪县。《水经》:汴水出浚仪县北,东迳仓垣城南,即大梁县之仓垣亭也,城临汴水。"②此役中,吴兴沈氏的两位成员沈林子和沈田子兄弟虽然建立了奇功,但也造成了很大的破坏力,沈林子擅杀为攻克仓垣做出了巨大贡献的董神虎,即是其表现之一。董神虎应该是襄邑有影响的人物,被杀后部众当归于沈林子名下,其实力得到增强。然而,这种滥杀行为将会失去当地民心,不利于北伐成果的巩固,长远来看危害甚大。

其后沈林子率军驰袭后秦建威将军、河北太守薛帛据守的解县,"帛弃军奔关中,林子收其兵粮"③。《晋书·姚泓载记》:"檀道济、沈林子攻拔襄邑堡,建威薛帛奔河东。道济自陕北渡,攻蒲坂,使将军苟卓攻匈奴堡,为泓宁东姚成都所败。泓遣姚驴救蒲坂,胡翼度据潼关。"④得到东晋北伐军即将抵达潼关的消息后,后秦国君姚泓派遣东平公姚绍率军紧急增援潼关。"于是遣绍率武卫姚鸾等步骑五万,距王师于潼关;姚驴与并州刺史尹昭为表里之势,夹攻(檀)道济。"⑤其时后秦"并州刺史、河东太守尹昭据蒲坂,(沈)林子于陕城与冠军檀道济同攻蒲坂,龙骧王镇恶攻潼关"。北伐军进攻蒲坂城的战斗并不顺利,遭到驻守的后秦军队

---

① 《魏书》卷一〇六中《地形志中》,第七册,第2532页。
② 《资治通鉴》卷八七《晋纪九》怀帝永嘉三年十一月"王堪退保仓垣"下注,第六册,第2747页。按《水经注》卷二三《汳水》:"故《经》云汳出阴沟于浚仪县北也。汳水东迳仓垣城南,即浚仪县之仓垣亭也,城临汳水。"(《水经注校证》,第555页)又,《元和郡县图志》卷七《河南道三·汴州·开封县》:"长垣故城,一名仓垣城,在县北二十里。汉陈留太守所理。"((唐)李吉甫撰,贺次君点校,中华书局1983年版,上册,第176页)
③ 《宋书》卷一〇〇《自序·沈林子传》,第八册,第2455页。
④ 《晋书》卷一一九《姚泓载记》,第一〇册,第3014页。
⑤ 《晋书》卷一一九《姚泓载记》,第一〇册,第3014—3015页。

的顽强抵抗,沈林子遂向檀道济建议:"今蒲坂城坚池深,不可旬日而克,攻之则士卒伤,守之则引日久,不如弃之,还援潼关。且潼关天阻,所谓形胜之地,镇恶孤军,势危力屈。若使姚绍据之,则难图也。及其未至,当并力争之。若潼关事捷,尹昭可不战而服。"檀道济接受其建议,于是放弃进攻蒲坂城,回援在潼关战斗的王镇恶部。①

关于秦、晋两军在潼关的战斗情况,《资治通鉴》综采前代文献而做了简明记载,其辞曰:

> 三月,道济、林子至潼关。秦鲁公绍引兵出战,道济、林子奋击,大破之,斩获以千数。绍退屯定城,据险拒守,谓诸将曰:"道济等兵力不多,悬军深入,不过坚壁以待继援。吾分军绝其粮道,可坐禽也。"乃遣姚鸾屯大路,以绝道济粮道。鸾遣尹雅将兵与晋战于关南,为晋兵所获,将杀之。雅曰:"雅前日已当死,幸得脱至今,死固甘心。然夷、夏虽殊,君臣之义一也。晋以大义行师,独不使秦有守节之臣乎!"乃免之。丙子(初四,4.6)夜,沈林子将锐卒袭鸾营,斩鸾,杀其士卒数千人。②

关于檀道济等部在潼关破姚绍的具体日期,《建康实录·宋·高祖武皇帝》云:义熙十三年"二月甲戌,沈林子、檀道济、王敬等大破姚绍于潼关"③。按是年二月无甲戌,当为三月甲戌(初二,4.4)。关于这次战斗的经过,《晋书·姚泓载记》云:"姚绍方阵而前,以距道济。道济固垒不战,绍乃攻其西营,不克,遂以大众逼

---

① 《宋书》卷一○○《自序》,第八册,第2455页。又可参见《晋书》卷一一九《姚泓载记》,第一○册,第3015页。
② 《资治通鉴》卷一一八《晋纪四○》安帝义熙十三年三月,第八册,第3701页。
③ 《建康实录》卷一一《宋上·高祖武皇帝》,上册,第383页。

之。道济率王敬、沈林子等逆冲绍军,将士惊散,引还定城。绍留姚鸾守险,绝道济粮道。"①《宋书·自序》云:"初,绍退走,还保定城,留伪武卫将军姚鸾精兵守崄。林子衔枚夜袭,即屠其城,剸鸾而坑其众。"②崔鸿《后秦录》曰:"永和二年,遣武卫姚鸾营于大路。晋将沈林子简其军中精锐朱远等衔枚夜袭鸾营,鸾死之。"③关于"定城"之方位,胡三省注引郭缘生《述征记》曰:"定城去潼关三十里,夹道各一城,渭水迳其北。"④按《水经注·渭水下》:"渭水又东迳定城北,《西征记》曰:城因原立。《述征记》曰:定城去潼关三十里,夹道各一城。"⑤关于姚绍"遣姚鸾屯大路以绝道济粮道"事,胡三省注云:"自渑池西入关,有两路。南路由回溪阪,自汉以前皆由之。曹公恶南路之险,更开北路,遂以北路为大路。《载记》曰:绍留鸾守险,以绝道济粮道。盖鸾虽屯大路,亦据险而邀绝粮道也。绍初遣胡翼度据东原,盖与大路相为唇齿,所谓据险也。及沈林子袭鸾营,翼度不能救,何也? 人心危骇,面面受敌故也。"⑥

---

① 《晋书》卷一一九《姚泓载记》,第一〇册,第 3015 页。又可参见《宋书》卷一〇〇《自序》,第八册,第 2456 页。
② 《宋书》卷一〇〇《自序》,第八册,第 2456 页。
③ 《太平御览》卷三五七《兵部八八·衔枚》,第二册,第 1643 页。按《晋书》卷一一九《姚泓载记》:"绍分道置诸军为掎角之势,遣辅国朝胡翼度据东原,武卫姚鸾营于大路,与晋军相接。沈林子简精锐衔枚夜袭之,鸾众溃战死,士卒死者九千余人。"(第一〇册,第 3015—3016 页)按此载沈林子与姚鸾战斗中歼敌九千余人,可信度不高。《宋书·自序》不载沈林子率部杀敌人数,《资治通鉴》的记载是"数千人"。
④ 《资治通鉴》卷一一八《晋纪四〇》安帝义熙十三年三月,第八册,第 3701 页。
⑤ 《水经注校证》卷一九《渭水下》,第 467 页。又可参见(宋)乐史撰、王文楚等点校《太平寰宇记》卷二九《关西道五·华州·华阴县》"定城"条,中华书局 2007 年版,第二册,第 622 页。
⑥ 《资治通鉴》卷一一八《晋纪四〇》安帝义熙十三年三月,第八册,第 3701 页。

晋军的猛烈进攻打乱了秦军的阵脚,使其人心惶惶,战斗力大减,也就为晋军提供了可乘之机。人心向背往往是决定战争胜败的决定性因素,若人心涣散,则很难取得胜利。在抵抗檀道济时,姚绍"欲旷日持久,以待继援耳。吾欲分军迳据阌乡,以绝其粮运",其部将胡翼度认为:"军势宜集,不可以分,若偏师不利,人心骇惧,胡可以战!"强调人心的至关重要,自是不易之理。关于后秦将领尹雅被俘事,《晋书·姚泓载记》云:"姚鸾遣将尹雅与道济司马徐琰战于潼关南,为琰所获,送之刘裕。裕以雅前叛,欲杀之。雅曰:'前活本在望外,今死宁不甘心。明公将以大义平天下,岂可使秦无守信之臣乎!'裕嘉而免之。"①按尹雅被俘是在义熙十三年三月初,其时刘裕正在从彭城至河上的行军途中,两地相距千里之遥,与被俘后秦将领尹雅对话者必非刘裕可知。徐琰俘虏尹雅后最有可能送与其府主檀道济,故与尹雅对话并令其免于一死者自非檀道济莫属。接着姚绍"又遣东平公赞屯河上以断水道;沈林子击之,赞败走,还定城。薛帛据河曲来降"。胡三省云:"河水自蒲阪南至潼关,激而东流,蒲阪、河北之间,谓之河曲。"②史载"姚赞率禁兵七千,自渭北而东,进据蒲津"③。关于蒲津之方位,胡三省云:"《水经注》:潼关直北隔河有层阜,巍然独秀,孤峙河阳,世谓之风陵。蒲津,即河东郡蒲阪津也。《唐志》:蒲州河西县有蒲津关,河东县南有风陵关。"④

王敬和沈林子是北伐中路军檀道济手下的两员部将,在其后

---

① 《晋书》卷一一九《姚泓载记》,第一〇册,第3015页。
② 《资治通鉴》卷一一八《晋纪》安帝义熙十三年三月,第八册,第3701页。
③ 《晋书》卷一一九《姚泓载记》,第一〇册,第3015页。
④ 《资治通鉴》卷一五六《梁纪一二》武帝中大通六年九月"大都督库狄温守封陵,筑城于蒲津西岸"下胡注,第一一册,第4854页。

攻克长安之役中王敬与王镇恶一同率军首先渡过渭水①。后赫连勃勃占领潼关时王敬与朱龄石一道被俘②，下落不明，很可能也像朱龄石一样被害身亡。关于沈林子在潼关一带率军战斗的情况，《宋书·自序》有如下记载：

> （沈林子）率麾下数百人犯其西北，绍众小靡，乘其乱而薄之，绍乃大溃，俘虏以千数，悉获绍器械资实。……绍复遣抚军将军姚赞将兵屯河上，绝水道。赞垒堑未立，林子邀击，连破之，赞轻骑得脱，众皆奔散。绍又遣长史领军将军姚伯子、宁朔将军安鸾、护军姚默骡、平远将军河东太守唐小方率众三万，屯据九泉，凭河固险，以绝粮援。高祖以通津阻要，兵粮所急，复遣林子争据河源。林子率太尉行参军严纲、竺灵秀卷甲进讨，累战，大破之，即斩伯子、默骡、小方三级，所俘馘及驴马器械甚多。所虏获三千余人，悉以还绍，使知王师之弘。兵粮兼储，三军鼓行而西矣。……寻绍……忽死……于是赞统后事，鸠集余众，复袭林子。林子率师御之，旗鼓未交，一时披溃，赞轻骑遁走。③

按：沈约对其祖父沈林子北伐战绩的记载颇为详细，有助于了解这次战役的具体过程。然而不可否认，沈约的记载肯定存在夸大失实之处。以上所言沈林子战绩，很可能就是整个中路北伐军的战绩。

又按《晋书·姚泓载记》：" 绍遣左长史姚洽及姚墨蠡等率骑三千屯于河北之九原，欲绝道济诸县租输。""沈林子率众八千，要洽于河上，洽战死，众皆没。"④则姚伯子即姚洽，盖其名洽字伯子。

---

① 参见《晋书》卷一一九《姚泓载记》，第一〇册，第3016页。
② 参见《晋书》卷一三〇《赫连勃勃载记》，第一〇册，第3209页。
③ 《宋书》卷一〇〇《自序》，第八册，第2456—2457页。
④ 《晋书》卷一一九《姚泓载记》，第一〇册，第3016页。

前此为应对赫连勃勃的强势进攻,"姚绍及征虏尹昭、镇军姚洽等率步骑五万讨勃勃,姚恢以精骑一万继之"①。抗击檀道济时姚洽的官职为姚绍大将军府左长史、镇军将军,即《宋书》所载"长史、领军将军",领、镇形似,或有一讹,亦不排除其前后任职有变化或领、镇兼任之可能。安鸾其人仅见于此,详情不知。姚默骡即姚墨蠡,时任安夷护军②,与武卫将军姚驴似为同一个人③。关于姚绍之死,《姚泓载记》云:"绍闻洽等败,忿恚发病,托姚赞以后事,使姚难屯关西,绍呕血而死。"④

※东晋北伐军攻克潼关之役发生约一百年之后,北魏地理学家郦道元对潼关一带的地形地貌做了相当生动的记述,同时征引文献对此次晋、秦两军交战的战场亦有所交代。《水经注·河水四》:

河水自潼关东北流,水侧有长坂,谓之黄巷坂。坂傍绝涧,陟此坂以升潼关,所谓沂黄巷以济潼矣。历北出东崤,通谓之函谷关也。邃岸天高,空谷幽深,涧道之峡,车不方轨,号曰天险。……郭缘生《记》曰:汉末之乱,魏武征韩遂、马超,连兵此地,今际河之西有曹公垒,道东原上云李典营。义熙十三年,王师曾据此垒。《西征记》曰:沿路逶迤,入函道六里有旧城,城周百余步,北临大河,南对高山。姚氏置关以守峡,宋武帝入长安,檀道济、王镇恶或据山为营,或平地结垒,为大小七营,滨带河险。姚氏亦保据山原陵阜之上,尚传故迹矣。关

---

① 《晋书》卷一一九《姚泓载记》,第一〇册,第3010页。
② 参见《晋书》卷一一九《姚泓载记》,第一〇册,第3103页。
③ 参见《晋书》卷一一九《姚泓载记》,第一〇册,第3012页;《资治通鉴》卷一一七《晋纪三九》安帝义熙十二年十二月,第八册,第3696页。
④ 参见《晋书》卷一一九《姚泓载记》,第一〇册,第3016页;《资治通鉴》卷一一八《晋纪四〇》安帝义熙十三年四月,第八册,第3704页。

之直北,隔河有层阜,巍然独秀,孤峙河阳,世谓之风陵。戴延之所谓风堆者也。南则河滨姚氏之营,与晋对岸。①

按:郦道元所引郭缘生《记》即《述征记》,《西征记》为戴祚(延之)所撰。《册府元龟·国史部·采撰》:"郭缘生为天门太守,撰《武昌先贤志》二卷,《述征记》二卷。""戴祚为西戎太守,撰《甄异传》三卷,《西征记》一卷。"又同书《国史部·地理》:"戴祚撰《西征记》一卷。"②此盖本于《隋书·经籍志二》:"《武昌先贤志》二卷,宋天门太守郭缘生撰。""《述征记》二卷,郭缘生撰。""《甄异传》三卷,晋西戎主簿戴祚撰。""《西征记》二卷,戴延之撰。"③后者同时还应参考了《旧唐书·经籍志上》:"《西征记》一卷,戴祚撰。"④又,《新唐书·艺文志二》:"戴祚《西征记》二卷。"⑤按"西戎"非郡名,盖指领护西戎校尉。据《宋书·武三王·庐陵王义真传》记载,"关中平定"后,刘裕决定"东还",以其次子"义真行都督雍凉秦三州司州之河东平阳河北三郡诸军事、安西将军、领护西戎校尉、雍州刺史"。⑥戴祚任西戎主簿(领护西戎校尉府主簿)即在斯时。因其为此次北伐或西征的当事人,故所记西征史事可以看作是有关这一历史事件的第一手资料。郭缘生很可能也参加了这次北伐行动,其所述征伐史事也当具有同样的历史价值。

---

① 《水经注校证》卷四《河水四》,第109页。
② (宋)王钦若等编:《册府元龟》卷五五五《国史部·采撰》、卷五六○《国史部·地理》,中华书局1960年版,第三册,第6671—6672、6670、6730页。
③ (唐)魏徵等撰:《隋书》卷三三《经籍志二》,中华书局1973年版,第四册,第975、982、980、982页。
④ (后晋)刘昫等撰:《旧唐书》卷四六《经籍志上》,中华书局1975年版,第六册,第2015页。
⑤ (宋)欧阳修、宋祁撰:《新唐书》卷五八《艺文志二》,中华书局1975年版,第五册,第1505页。
⑥ 《宋书》卷六一《武三王·庐陵王义真传》,第六册,第1633、1634页。

第二节　西路疑兵，蓝田遇阻

《晋书·姚泓载记》:"刘裕使沈田子及傅弘之率众万余人入上洛,所在多委城镇奔长安,田子等进及青泥。"①沈田子为中路北伐军王镇恶部将沈林子之兄,亦曾参与第一次北伐及追讨卢循、西征刘毅和司马休之等战事。义熙"十二年,高祖北伐,参征虏军事、振武将军、扶风太守。田子与顺阳太守傅弘之各领别军,与征虏将军赵伦之从武关入,屯据青泥"②。傅弘之曾任刘道规辅国参军、刘裕太尉行参军,"仍为建威将军、顺阳太守。高祖北伐,弘之与扶风太守沈田子等七军自武关入,伪上洛太守脱身奔走,进据蓝田,招怀戎、晋。晋人庞斌之、戴养、胡人康横等各率部落归化"③。按:沈田子与傅弘之时为赵伦之部将,赵伦之为刘裕妻弟(武穆皇后之弟),时任雍州刺史,"武帝北伐,伦之遣顺阳太守傅弘之、扶风太守沈田子出峣柳,大破姚泓于蓝田"④。孙严《宋书》曰:"高祖北伐,沈田子入武关,屯青泥。姚泓自率大众数万奄至青泥关。"⑤《长安志·县六·蓝田》:"县城本名峣柳城,以前对峣山,其中多柳,因取为名。《水经注》曰:泥水历峣柳城南,魏置青泥军于城内,俗亦谓之青泥城。《晋中兴书》曰:桓温伐苻健,遣京兆太守薛珍击青泥城,破之。即其处也。城周八里,今县城上东南一隅

---

① 《晋书》卷一一九《姚泓载记》,第一〇册,第3015页。
② 《宋书》卷一〇〇《自序·沈田子传》,第八册,第2448页。按此处原文疑有衍文及错简,据上文考证改。
③ 《宋书》卷四八《傅弘之传》,第五册,第1430—1431页。
④ 《宋书》卷四六《赵伦之传》,第五册,第1389页。
⑤ (唐)徐坚撰:《初学记》卷七《地部下·关》"事对"条引,中华书局1962年版,第一册,第160页。

而已。周三里余八十步,崇一丈六尺,凡三门。""青泥驿在县郭下。"①按《水经注·渭水下》:"埿水又西迳峣关,北历峣柳城。东、西有二城,魏置青埿军于城内,世亦谓之青埿城也。""《土地记》曰:蓝田县南有峣关,地名峣柳道,通荆州。《晋地道记》曰:关当上洛县西北。埿水又西北流入霸。霸水又北历蓝田川,迳蓝田县东。"②

  沈田子、傅弘之为西路北伐军统帅赵伦之旗下的两员主将,外戚赵伦之并非将才,故西路军实际指挥者为沈、傅二人。征虏将军、雍州刺史赵伦之与参征虏军事、振武将军、扶风太守沈田子及建威将军、顺阳太守傅弘之,在刘裕自建康出发北伐之际,率领别军自襄阳(雍州治所)出发向关中挺进,其行军路线与晋穆帝永和十年(354)"太尉、征西将军桓温帅师伐关中"③所走路线一致。《晋中兴书》曰:"桓温步骑四万,自江陵向关中,伐伪立荆州刺史郭敬,进击青泥,皆破之。至于灞上,戎首多降。"④这次赵伦之部的行进路线未见具体记载,《晋书·桓温传》的记载可作参证:

> 温遂统步骑四万发江陵,水军自襄阳入均口,至南乡,步自淅川以征关中,命梁州刺史司马勋出子午道。别军攻上洛,获苻健荆州刺史郭敬,进击青泥,破之。健又遣子生、弟雄众数万屯峣柳、愁思堨以距温,遂大战,生亲自陷阵,杀温将应诞、刘泓,死伤千数。温军力战,生众乃散。雄又与将军桓冲战白鹿原,又为冲所破。雄遂驰袭司马勋,勋退次女娲堡。温

---

① (宋)宋敏求撰:《长安志》卷一六《县六·蓝田》,《景印文渊阁四库全书》史部三四五"地理类",台湾商务印书馆1986年版,第五八七册,第193页。
② 《水经注校证》卷一九《渭水下》,第456页。
③ 《晋书》卷八《穆帝纪》,第一册,第200页。
④ 《太平御览》卷三〇九《兵部四〇·战中》引,第二册,第1421页。

进至霸上,健以五千人深沟自固。①

桓温时任荆州军政长官,经营荆楚已有十年之久,其从西线北上征伐关中前秦政权,自是最便捷的路径。其时西晋灭亡不到四十年时间,距西晋末年的动荡年代也就半个世纪左右,年长的关中汉人曾在西晋政权统治下生活,对这个中原汉人政权仍然深怀感情,故桓温北伐受到当地居民的热烈欢迎。"居人皆安堵复业,持牛酒迎温于路者十八九,耆老感泣曰:'不图今日复见官军。'"②然而由于前秦采取了坚壁清野的战略,桓温北伐军的粮草补给出现了严重短缺,最终无功而返。③

桓温北伐时前秦政权刚刚建立,正处于上升阶段,其国内并无明显的矛盾斗争,周边局势亦比较稳定,关中平原的丰厚供给足以使其做出"芟苗清野"的正确战略而不至于出现粮食危机,危及其统治基础。然而半个多世纪以后,南北局势已然发生了重大变化。就关中后秦政权而言,强有力的国君姚兴死亡不久,统治集团内部的矛盾斗争此起彼伏,而周边局势又异常险恶,赫连夏和拓跋魏的威胁愈益显著,且不久前其秦州被赫连夏所占领。危机四伏的后秦政权,已拿不出有效的举措来阻挡东晋北伐军的脚步。刘裕这次北伐的时间选在秋收之后,足见其已不再把被占领地区的粮草供应作为考量之列。东路主力军,既有淮南大后方作保障,又有农业发达的青齐地域(原南燕国境)为后盾,而中路军和西路军距东晋本土都不太远,秋收后的粮草供应充足。若战事顺利,则新占领地区还能够提供更加有力的物资保障。

---

① 《晋书》卷九八《桓温传》,第八册,第2571页。
② 《晋书》卷九八《桓温传》,第八册,第2571页。
③ 《晋书》卷八《穆帝纪》:永和十年"秋九月辛酉(十七,10.19),桓温粮尽,引还"。(第一册,第200页)

《晋书·姚泓载记》又云："时裕别将姚珍入自子午,窦霸入自洛谷,众各数千人。泓遣姚万距霸,姚强距珍。"①按:晋安帝隆安元年(397)十月,"秦长水校尉姚珍奔西秦,西秦王乾归以女妻之"②。姚珍很可能为后秦国君姚兴之弟。其何时从西秦至东晋,无从得知。刘裕以姚珍为将参与北伐之役,与以王镇恶作为北伐主将有相似的考虑,一则其熟悉后秦都城长安状况,二则有一定的号召力。后在宋武帝永初三年(422)底宋、魏争夺沿河重镇虎牢时,姚珍作为"台遣将"之一率军进行增援③,推测其当在刘宋朝廷担任禁卫武官。虎牢之战时,窦霸为刘宋司州刺史毛德祖部将,史载"德祖又遣讨房将军、弘农太守窦应明领五百人,建武将军窦霸领二百五十人,并以水军相继发"④,可见其地位不高。北魏明元帝泰常八年(423)四月攻克虎牢时,"建威将军窦霸"是与"冠军将军、司州刺史、观阳伯毛德祖"一同被俘的刘宋将领⑤。"镇远姚万"此前曾与"恢武姚难"受命讨伐"聚众千余据五丈原以叛"的平阳氏苟渴⑥。抵御东晋北伐军时姚万所任军号是否仍为镇远将军,难以确知。刘裕北伐南燕时,后燕派遣韩范求援于后秦,"时姚兴乃遣其将姚强率步骑一万随范,就其将姚绍于洛阳,并兵来援"⑦。姚强其时为后秦卫将军⑧。其人在后秦统治集团中地位较

---

① 《晋书》卷一一九《姚泓载记》,第一〇册,第3015页。
② 《资治通鉴》卷一〇九《晋纪三一》安帝隆安元年十月,第八册,第3460页。
③ 参见《宋书》卷九五《索虏传》,第八册,第2324页。
④ 《宋书》卷九五《索虏传》,第八册,第2323页。
⑤ 《魏书》卷三《太宗纪》,第一册,第63页。按同书卷九七《岛夷刘裕传附义符传》:"斤克虎牢,擒德祖及其荥阳太守翟广、广武将军窦霸等。"(第六册,第2135页)
⑥ 参见《晋书》卷一一九《姚泓载记》,第一〇册,第3010页。
⑦ 《晋书》卷一二八《慕容超载记》,第一〇册,第3183页。
⑧ 《资治通鉴》卷一一五《晋纪三七》安帝义熙五年九月,第八册,第3620页。

高自无疑义,表明姚泓对姚珍来犯所给予的重视程度。

在东晋中路北伐军占领潼关,刘裕与东路军抵达潼关之际,西路军也在蓝田与前来阻截的秦军发生战斗。《宋书·武帝纪中》:"八月,扶风太守沈田子大破姚泓于蓝田。"①对此,其他史传还有更具体的记载。《晋书·姚泓载记》云:其时后秦国君姚"泓遣给事黄门侍郎姚和都屯于尧柳,以备田子"。"刘裕次于陕城,遣沈林子率精兵万余,越山开道,会沈田子等于青泥,将攻尧柳。泓使姚裕率步骑八千距之,泓躬将大众继发。裕为田子所败,泓退次于灞上。"②《资治通鉴》晋安帝义熙十三年(417)八月条云:"田子本为疑兵,所领裁千余人,闻泓至,欲击之。傅弘之以众寡不敌止之",田子以为"兵贵用奇,不必在众",宜"乘其始至,营陈未立,先薄之"。田子"遂帅所领先进,弘之继之"。时"秦兵合围数重",田子以"死生一决,封侯之业,于此在矣"而"抚慰士卒"。"士卒皆踊跃鼓噪,执短兵奋击,秦兵大败。斩馘万余级,得其乘舆服御物,秦主泓奔还灞上。"胡三省注:"沈田子以千余人败姚泓数万之众者,置兵死地,人自为战也。"③如上所见,这次战斗是由沈田子和傅弘之共同指挥的,而将功劳全都记在沈田子名下,并不符合事实。

第三节　沈约记事,夸饰先祖

今存有关此事的最为原始和权威的记载,是沈约《宋书·自

---

① 《宋书》卷二《武帝纪中》,第一册,第42页。
② 《晋书》卷一一九《姚泓载记》,第一〇册,第3015、3016页。按本卷在此战之前又载"时泓遣姚谌守尧柳",与前文"姚和都屯于尧柳"自相矛盾。据本卷及同书卷一一八《姚兴载记下》,可知姚谌为后秦宗室重臣,先后为平西、镇西将军。其与姚和都似非一人。
③ 《资治通鉴》卷一一八《晋纪四〇》,第八册,第3707页。

序》对其伯祖沈田子和祖父沈林子事迹的记载,然而遗憾的是,夸张失实之处却所在多有。后代史家因袭沈约的记载无可厚非,而今人则应对此作具体分析。在判断相关记载的可靠性时,最关键的一点就是不能违背常识。"沈田子以千余人败姚泓数万之众",显然有悖常理,绝无可能性。后秦统治者无论如何也不可能抽调数万兵力用于对付非主力的东晋西路北伐军。当时后秦的主要敌人乃是攻占了潼关的中路军和东路军,主战场是在长安之东而非之南。即便是沈田子以千余兵力战胜姚裕所率八千步骑,恐怕也未必是事实。在当时东线战局异常吃紧且有争权者虎视眈眈的情况下,仅仅为了对付沈田子和傅弘之千余兵力对蓝田的进攻,后秦国君姚泓竟然离开京师,亲临南部前线督战,实在是匪夷所思。此外就中路军而言,在即将进攻长安的关键时刻,抽调万余兵力由沈林子率领驰援蓝田,似乎也是有悖常理的。当此危急关头,姚泓居然不去正面迎击来自东方的北伐军主力,而是"扫境内之民,屯兵峣柳",倾巢出动、御驾亲征的目的只是为了对付来自南部数百疑兵的骚扰,如此则置其京师于何地?毫无疑问,这样做只能是敞开大门,令刘裕率领的北伐军在没有任何阻拦的情况下,大摇大摆地跨进长安东大门。事实当然绝非如此。上引记载言沈田子、傅弘之"屯据青泥",而"姚和都屯于峣柳,以备田子",然如前所述,峣柳、青泥实即一地而异称,显然也是自相矛盾的。

关于峣柳之役相关记载的史源,除了《宋书·自序》,还当有沈约所撰《晋书》,惜其书已亡,难窥原豹。在《宋书》中沈约对其祖父沈林子以及伯祖沈田子事迹的记载多有夸张失实之处,乃是不争的事实。从当时沈林子的职位推断,"率精兵万余"完全没有可能。不过,沈林子受遣增援其兄沈田子应该并非杜撰。沈林子南援沈田子,未必就是刚到陕城的刘裕的指示,更可能来自其府主王镇恶的指令。其时,长安就在眼前,占领长安可以说是这次北伐之役的头功,不排除王镇恶为了独占攻克长安之功而将沈林子从前线支走的可能。从"(姚)裕为田子所败"的记载来看,沈林子虽被遣增援沈田子,但并未赶上与秦军交战。的确如此,史载"初裕以田子等众少,遣沈林子将兵自秦岭往助之。至则秦兵已败,乃相与追之"。胡三省云:"秦岭在长安南,班固《西都赋》所谓'前乘秦岭',自此出蓝田关。裕盖遣林子自阳华循山西南至秦岭。"①

击退秦军亦非沈田子一人之功,而是傅弘之率部与之并肩作战的结果。西路北伐军人数很少,且由并无多少军事才能的赵伦之为统帅,表明刘裕一开始即未将其作为北伐主力看待。之所以在西线派遣兵力北上,主要是因为荆楚之地距后秦关中较近,且在此前就曾出现过后秦从此线派兵南下侵扰东晋边境的情况,西路军的主要目的应该是防止北伐时后秦军队采取围魏救赵方略,若其乘机侵犯边境,则东晋因主要兵力北伐,国防承受力相对虚弱,未必能够应付裕如。如下文所述,刘裕在西路派遣少量兵力北上,还有一种考虑,就是在进攻关中时作为"疑兵"以吸引后秦的注意力,使其不敢集中优势兵力全力应对来自东线北伐军的进攻。

关于沈田子和傅弘之在青泥(尧柳)与秦军的交战情况,《宋书·自序》与《南史·沈约传》《资治通鉴》均有记载②。比较来看,《南史》沿袭《宋书》而有所删节,文义没有明显变化,《资治通鉴》对《宋书》的文字有较大修改,最突出的一点是:《宋书》《南史》均载"田子本为疑兵,所领裁数百",《资治通鉴》改"数百"为

---

① 《资治通鉴》卷一一八《晋纪四〇》安帝义熙十三年八月并胡注,第八册,第3707页。
② 参见《南史》卷五七《沈约传》,第五册,第1406页;《资治通鉴》卷一一八《晋纪四〇》安帝义熙十三年八月,第八册,第3707页。

"千余人"。大概在司马光看来数百人实在太少,故以意改之为千余人,未必就是看到了不同于《宋书》和《南史》的其他记载。沈约意图用敌我力量的过度悬殊来凸显其伯祖的战绩,但在稍有常识者看来,要以如此悬殊的力量对比实现以少胜多的战果,无异天方夜谭。即便是将宋军人数改为千余人,在被秦军"合围数重"的状况下以短兵相接,取得杀敌万余的辉煌战果,也只能是夸夸其谈,纸上谈兵,绝非现实。姚泓若面对数百疑兵便"倾国东出","率步骑数万"御驾亲征,无论其怎样昏聩,恐怕还不到这种地步。数百兵力杀得数万敌人溃不成军,甚至姚泓连"乘舆服御"都丢弃不顾,落荒而逃,真可谓滑稽之至。

又前引沈田子之言云:"若使贼围既固,人情丧沮,事便去矣。及其未整,薄之必克,所谓先人有夺人之志也。"(《通鉴》所言"营陈未立")后云"贼合围数重",显然属于"贼围既固",而非"及其未整"。其结果只能是"人情丧沮,事便去矣"。然而呈现在读者面前的却是,数万秦军在数百晋军面前溃不成军,甚至被杀万余人之众。这是怎样的一幅场景!至于这数百晋军在数万秦军合围数重下的伤亡情况,沈约连一个字也没有交代,莫非全都是刀枪不入的钢铁巨人!《宋书》《南史》均载沈田子在向傅弘之说明御敌方略后"便独率所领鼓噪而进",那么在大敌当前时同样统领部众的傅弘之难道就消失了吗?这显然是说不通的。有鉴于此,司马光将此改为"(田子)遂帅所领先进,弘之继之",以弥缝其漏洞。当然这种漏洞是无法弥缝的。即便有这样大的漏洞,沈约仍意犹未尽,引"高祖表言曰"及"天子慰劳高祖曰",以进一步表彰其祖先的功勋。要知道刘裕就是最高统治者,何须向建康的智障天子汇报其手下将领的战绩,这当然也是子虚乌有的事。同样不会有所谓"天子慰劳"刘裕而专门言及这次战斗的鬼话:"姚泓窘逼,弃城送死,蓝田偏师,覆之霸川,甲首成林,俘获蔽野,伪首奔迸,华、戎云集,积纪逋寇,旦夕夷殄。"①此画蛇添足之举,不仅不能为其向壁虚构的战斗经过提供补充证据,反而露出了马脚,前云"所杀万余人",而后引"高祖表言"则云"斩馘千数",相差几何?《通鉴》载战后"秦主泓奔还灞上",当据《宋书》所引"高祖表言"云"泓丧旗弃众,奔还霸西"。②

此外《宋书·自序》载沈林子事迹,谓其率兵"接援"沈田子,"比至,泓已摧破,兄弟复共追讨,泓乃举众奔霸西"。③ 按崔鸿《十六国春秋·后秦录》曰:"(姚泓永和)二年七月,刘裕次于陕城,泓次于灞上。裕至潼关,泓自灞上还军,次于石桥。"④此载姚泓之所以至灞上,并不是为了应对沈田子屯据青泥而出马亲征后败退,而是在刘裕到达陕城后为了激励士气,凝聚人心,离开皇宫出京到灞上督战。而当刘裕到达潼关,长安受到的压力增大,大兵压境在即,姚泓则从灞上撤退至石桥。《魏书·岛夷刘裕传》云:"遣将军王仲德、赵伦之率沈田子等入武关,屯军青泥。沈林子由秦岭会田子于尧柳城。姚泓率众数万,不战而还。"⑤按此误将王仲德作为"入武关,屯军青泥"的北伐军将领,虽然没有否定姚泓曾率军数万出讨确有其事,但显然不认为曾发生过数万秦军败于青泥的事。

又《通鉴》在此役后载"关中郡县多潜送款于田子"⑥,当据《晋书·姚泓载记》所云:"裕为田子所败,泓退次于灞上。关中郡

---

① 《宋书》卷一〇〇《自序》,第八册,第2449页。
② 《宋书》卷一〇〇《自序》,第八册,第2448页。
③ 《宋书》卷一〇〇《自序》,第八册,第2457页。
④ 《太平御览》卷一二三《偏霸部七·后秦姚泓》,第一册,第595页。
⑤ 《魏书》卷九七《岛夷刘裕传》,第六册,第2133页。
⑥ 《资治通鉴》卷一一八《晋纪四〇》安帝义熙十三年八月,第八册,第3707页。

县多潜通于王师。"①按"关中郡县多潜通于王师",意谓当时在晋军对秦军明显占据优势的情况下,后秦关中地区官吏和民众私下与晋军联络,表达背弃后秦归顺东晋之意,其心理和行为取向是指活跃在关中前线的全部东晋北伐军。而"潜送款于田子",则是指关中地区的官吏和民众私下联络表达归顺之意的对象仅仅是晋军沈田子部,然而沈田子远不具备这种能量。司马光误读了《晋书·姚泓载记》的记载所做的文字改动,进一步强化了沈约夸大其伯祖战绩的程度,这恰恰是《通鉴》本条纪事中意图纠正之处。此条记载不见于沈约《宋书·自序》,疑本为他本晋史或宋史文字,亦有可能为唐代官修《晋书》所加,以此强化当时晋军所取得的优势已从战场扩展到社会层面。

《宋书·自序》在记述沈田子事迹时虽然没有记载"关中郡县多潜送款于田子"之类的文字,但却在记述其祖父沈林子事迹时有更令人吃惊的文字:

> 高祖至阌乡。姚泓扫境内之民,屯兵峣柳。时田子自武关北入,屯军蓝田,泓自率大众攻之。高祖虑众寡不敌,遣林子步自秦岭,以相接援。比至,泓已摧破,兄弟复共追讨,泓乃举众奔霸西。田子欲穷追,进取长安,林子止之,曰:"往取长安,如指掌耳。复克贼城,便为独平一国,不赏之功也。"田子乃止。复参相国事,总任如前。林子威声远闻,三辅震动,关中豪右,望风请附。②

按:此条记载显示,沈林子比其兄沈田子有着更为高超的军事谋略。沈田子可以指挥数百晋兵打败数万秦兵,取得杀敌万余的战

---

① 《晋书》卷一一九《姚泓载纪》,第一〇册,第3016页。
② 《宋书》卷一〇〇《自序》,第八册,第2457页。

绩,真可谓以一当百,而军事本领高出一筹的沈林子的能耐如何也就尽在不言中了。前引《通鉴》之言谓"关中郡县多潜送款于田子",而沈约并未在沈田子事迹中记载其事,却在记述沈林子事迹时写道:"林子威声远闻,三辅震动,关中豪右,望风请附。"在沈约看来,虽然其伯祖的战绩那么显赫,但在其祖父面前却又甘拜下风。弟弟的影响力超过了哥哥,原因无他,对记述者沈约而言,只因沈林子比沈田子与自己的关系更为亲近。①

又上引《自序》言"高祖至阌乡",《宋书·武帝纪中》则云"七月,至陕城",《晋书·姚泓载记》亦云"刘裕次于陕城",《宋书·王镇恶传》载"高祖至湖城,赞引退"。按阌乡、陕城并非一地,当作"陕城"为是。《水经注·河水四》:"东则咸阳涧水注之,水出北虞山南,至陕津注河,河南即陕城也。昔周、召分伯,以此城为东、西之别,东城即虢邑之上阳也。""戴延之云:城南倚山原,北临黄河,悬水百余仞,临之者咸悚惕焉。西北带河,水涌起方数十丈。"②陕城为后秦弘农郡治,《魏书·于栗䃅传》:"世祖之征赫连

---

① 沈约对其祖先事迹的夸饰,很难为读者所发现,精研古史如赵翼者亦被其所惑。他认为"宋武开国,武将功臣以檀道济、檀韶、檀祗、王镇恶、朱龄石、朱超石、沈田子、沈林子为最"。在列举《宋书》所载二沈事迹大略后,谓沈田子之"勇烈固在诸将之右也","克关中之功,林子又其最也"。((清)赵翼著,王树民校证:《廿二史札记校证》卷九《宋齐梁陈书·宋书南史俱无沈田子沈林子传》,中华书局1984年版,上册,第187页)毫无疑问,这正是沈约所要达到的目的。只有通观全部晋宋之际的史事,才能够看到历史的真实面相。值得提出的是,宋人晁说之认为沈约对包括沈田子杀害王镇恶在内的其祖先行为的记载,属于"巧自回隐矫诬者(《景迂生集》卷一二《别著·读宋书》,《景印文渊阁四库全书》集部五七"别集类",第一一一八册,第239页)。清人王鸣盛认为沈氏"自警至璞四世之中,可谓世济其恶"。并谓"约自序缺误甚多",对其先祖过恶的记载"欲盖弥彰"。((清)王鸣盛著,黄曙辉点校:《十七史商榷》卷六三"沈氏世济其恶"条,世纪出版集团·上海书店出版社2005年版,第509页)

② 《水经注校证》卷四《河水四》,第114页。

昌,敕栗䃢与宋兵将军交趾侯周几袭陕城,昌弘农太守曹达不战而走。"①其地在崤关之西,同书《崔玄伯传附崔宽传》:"拜陕城镇将。二崤地崄,民多寇劫。"②《元和郡县图志·河南道二·陕州》:"陕县,本汉县也,历代不改。后魏改为陕中县,西魏去'中'字。周明帝于陕城内置崤郡,以陕、崤二县属焉。隋开皇初罢郡,以县属陕州。"③

※《汉书·武五子·戾太子据传》载"太子之亡也,东至湖",颜师古注曰:"湖,县名,今虢州阌乡、湖城二县皆其地也。"又,"以湖阌乡邪里聚为戾园",注引孟康曰:"阌,古闅字。"④《续汉书·郡国志一》,司隶弘农郡湖县"有閿乡"⑤。《水经注·河水四》:"河水又东北,玉涧水注之。水南出玉溪,北流迳皇天原西。《周固记》:开山东首上平博,方可里余,三面壁立,高千许仞。汉世祭天于其上,名之为皇天原。上有汉武帝思子台。又北迳閿乡城西。《郡国志》曰:弘农湖县有閿乡,世谓之閿乡水也。""其水北流注于河。河水又东迳閿乡城北,东与全鸠涧水合,水出南山,北迳皇天原东。《述征记》曰:全节,地名也。其西名桃原,古之桃林,周武王克殷,休牛之地矣。《西征赋》曰:咸征名于桃原者也。《晋太康地记》曰:桃林在閿乡南谷中。其水又北流注于河。"⑥从郦道元的记述中,对阌乡(閿乡)的地理位置及其周边形势可以得到大体的

---

① 《魏书》卷三一《于栗䃢传》,第三册,第736页。
② 《魏书》卷二四《崔玄伯传附崔宽传》,第二册,第625页。
③ 《元和郡县图志》卷六《河南道二·陕州》,上册,第156页。
④ (汉)班固撰,(唐)颜师古注:《汉书》卷六三《武五子·戾太子据传》,中华书局1962年版,第九册,第2747、2748页。
⑤ (宋)范晔撰,(唐)李贤等注:《后汉书》,中华书局1965年版,第一二册,第3401页。
⑥ 《水经注校证》卷四《河水四》,第109页。

认识。宋文帝元嘉二十七年柳元景率军北伐,"时军中食尽,元景回据白杨岭,贼定未至,更下山进弘农,入湖关(函谷关)口,房蒲阪戍主、泰州刺史杜道生率众二万至阌乡水,去湖关一百二十里"①。《元和郡县图志·河南道二·陕州》:阌乡县,"本汉湖县地,属京兆尹。自汉至宋不改。周明帝二年,置阌乡郡"。"隋开皇三年,废阌乡郡。十六年,移湖城县于今所,改名阌乡县,属陕州。贞观八年,改属虢州。"秦岭,"在县南五十里"。"黄巷坂,在县西北三十五里,即潼关路也。""桃源(原),在县东北十里"。"黄河在县北三里。""曹公故垒,在县西二十五里。""又宋武之入长安,檀道济、王镇恶滨河带险,大小七营,皆此处。"②《雍录》卷六:"河南府新安县,西至府界七十里,汉函谷关在县东一里,虢州阌乡桃原在县东南十里。"③《潜邱札记》卷三:"曲洧新闻曰:雒阳西至新安,道路平旷。自新安西至潼关殆四百里,重冈迭阜,连绵不绝。终日走碛中,亡方轨列骑处。其间碛石及灵宝、阌乡间,尤为险要,古之崤、函在此,真所谓百二重关也。周在东,不能西御秦;唐在西,不能东御禄山。悲夫!"④

又《宋书·自序》言"田子本为疑兵,所领裁数百",表明刘裕派遣沈田子和傅弘之协助赵伦之统率数量有限的西路军北上,其目的就是为了吸引和分散后秦军队的注意力,使其在最后关头不

---

① 《宋书》卷七七《柳元景传》,第七册,第1986页。按北魏无沃州,《魏书》卷六一《薛安都传》载"秦州刺史杜道生"(第四册,第1353页),当作"秦州"为是。此秦州实即泰州。
② 《元和郡县图志》卷六《河南道二·陕州》,上册,第163—164页。
③ (宋)程大昌著:《雍录》,《景印文渊阁四库全书》史部三四五"地理类",台湾商务印书馆1986年版,第五八七册,第329页。
④ (清)阎若璩撰:《潜邱札记》,《景印文渊阁四库全书》子部一六五"杂家类",第八五九册,第477页。

能够竭尽全力对付北伐军主力的进攻,最低限度也要以不分散北伐军主力进攻后秦的力度为原则。然而《晋书·姚泓载记》又载刘裕为了救援沈田子所率数百兵力,在即将进入决胜的关键时刻竟然派出"沈林子率精兵万余,越山开道,会沈田子等于青泥"。《宋书·自序》在沈田子事迹中不载此条,而在记述沈林子事迹时则云"高祖虑众寡不敌,遣林子步自秦岭,以相接援",《资治通鉴》载"裕以田子等众少,遣沈林子将兵自秦岭往助之",均未载其所率兵力。《晋书·姚泓载记》所载不可能是唐初史臣的臆补,必有其依据,最大可能是崔鸿《十六国春秋·后秦录》,刘宋史家不可能有意夸大沈约祖先的光辉业绩,因而此条史源最大可能还是出自已佚沈约《晋书》。不管怎样,在即将决战的关键时刻派出万余精兵增援数百疑兵,显然与派遣疑兵的初衷背道而驰,作为杰出的军事谋略家,刘裕绝不可能会有如此愚蠢的举措。

第四节 关河交争,秦军大败

《晋书·姚泓载记》:"刘裕至潼关,遣将军朱超石、徐猗之会薛帛于河北,以攻蒲坂。""镇东姚璞及姚和都击败猗之等于蒲坂,猗之遇害,超石弃其众,奔于潼关。"①《资治通鉴》晋安帝义熙十三年八月条对此次战斗亦有记载:"辛丑(初二,8.29),太尉裕至潼关。以朱超石为河东太守,使与振武将军徐猗之会薛帛于河北,共攻蒲阪。秦平原公璞与姚和都共击之,猗之败死,超石奔还潼关。"史载姚和都前此在青泥败于西路晋军,故胡三省谓"姚和都

---

① 《晋书》卷一一九《姚泓载记》,第一〇册,第3016页。按《宋书》卷四八《朱龄石传附弟超石传》:"大军进克蒲坂,以超石为河东太守,戍守之。贼以超石众少,复还攻城,超石战败退走,数日乃及大军。"(第五册,第1426页)

盖青泥既败而奔蒲阪也"。① 姚和都带着残兵败将从蓝田杀到蒲阪,居然还能够在蒲阪完胜晋军,表明其所部有着较强的战斗力,有两种可能:要么他在青泥并未大败于沈田子和傅弘之,要么他压根就不曾屯于尧柳,即未与晋军赵伦之部交战。或许是注意到这种矛盾,故后人又有"和都当作成都"之说②。蒲坂为河东要津,是山西通往关中的门户,具有重要的战略地位,尤其当时后秦向北魏求援,若北魏派兵增援后秦,蒲坂为必经之地。通过蒲坂可以将三河地区的粮谷运送到潼关一带的前线,对于当时对峙的两军而言,乃是生死攸关的大事。刘裕一到潼关,即欲将蒲坂控于己手,以防接下来进攻关中时腹背受敌。刘裕到达潼关的具体日期,现存史料似唯《建康实录》中有记载:"七月癸未(十三,8.11),步军入关。"③

《资治通鉴》又载"王镇恶请帅水军自河入渭以趋长安,裕许之。秦恢武将军姚难自香城引兵而西,镇恶追之……镇北将军姚强与难合兵屯泾上以拒镇恶。镇恶使毛德祖进击,破之,强死,难奔长安"。胡三省云:"香城在渭水之北,蒲津之口。""泾水出安定泾阳县开头山,东南至阳陵入渭。此泾上在汉京兆阳陵界。"④据《晋书·姚泓载记》记载,后秦恢武将军姚难是受"屯于河上"的姚赞派遣,"运蒲坂谷以给其军"的途中在香城败于北伐军王镇恶部的阻击。其时屯守尧柳的秦将姚谌与"讨薛帛于河东"的姚和都,

---

① 《资治通鉴》卷一一八《晋纪四〇》,第八册,第3707—3708页。
② 《资治通鉴》卷一一八《晋纪四〇》安帝义熙十三年八月胡三省注,第八册,第3707页。
③ 《建康实录》卷一一《宋上·高祖武皇帝》,上册,第383页。
④ 《资治通鉴》卷一一八《晋纪四〇》安帝义熙十三年八月,"秦恢武将军姚难自香城引兵而西"下胡注,第八册,第3708页。

"兼道赴救"姚难,"未至而难败,因破裕裨将于河曲,遂屯蒲坂"。"姚赞距裕于关西,姚难屯于香城。裕遣王镇恶、王敬自秋社西渡渭,以逼难军。""姚难既为镇恶所逼,引师而西。时大霖雨,渭水泛溢,赞等不得北渡。镇恶水陆兼进,追及姚难。""赞退屯郑城。镇北姚强率郡人数千,与姚难阵于泾上,以距镇恶。镇恶遣毛德祖击强,大败,强战死,难遁还长安。"①荥阳南武阳人毛德祖为晚渡北人,"晋末自乡里南归",曾任刘裕太尉参军。此次北伐时"以为王镇恶龙骧司马,加建武将军,为镇恶前锋",建立了一系列战功:"斩贼宁朔将军赵玄石于柏谷,破弘农太守尹雅于梨城,又破贼大帅姚难于泾水,斩其镇北将军姚强。镇恶克立大功,盖德祖之力也。"②毛德祖作为龙骧将军王镇恶军府司马并统领前锋部队冲锋陷阵,战绩卓著,但将王镇恶的北伐之功全都归诸毛德祖,显非持平之论。无论如何,作为北伐主将的王镇恶的战功是无人可以取代的。沈约之所以有此结论性判断,其实是在为不久之后其伯祖沈田子杀害王镇恶事件张目,为沈田子的罪恶行为提供开脱的依据。

刘裕北伐军到来之际,后秦国君姚泓在姚绍协助下组织抵抗的同时,又向与后秦有联姻关系的邻国北魏请求援助。北魏对于刘裕北伐更多地采取的是观望态度,虽然也派遣长孙嵩等名将统率十万大军南下,不过其目的主要是为了防备东晋北伐军渡河北上侵略北魏领土,当明确刘裕北伐的矛头指向确为后秦而非北魏时,魏军对晋军的阻截力度随之下降。北魏与后秦虽有联姻关系,

---

① 《晋书》卷一一九《姚泓载记》,第一〇册,第3016、3017页。按《宋书》卷四五《王镇恶传》:"伪镇北将军姚强屯兵泾上,镇恶遣毛德祖击破之,直至渭桥。"(第五册,第1369页)

② 《宋书》卷九五《索虏传》,第八册,第2329页。

但两国关系并不密切,甚至可以说处于敌对状态。虽然还未到兵戎相见的程度,但毕竟并非彼此不离不弃的友好国家。若后秦被灭,则意味着刘裕替北魏消除了一个强大对手,北魏统治者对于刘裕北伐的真实想法,用乐观其成来表达似乎更为恰当。尽管如此,对于后秦的求援,北魏统治者还是给予了象征性的表示。当刘裕从洛阳向关中进军抵达陕城之前,"魏遣司徒南平公拔拔嵩、正直将军安平公乙旃眷进据河内,游击将军王洛生屯于河东,为泓声援"①。就在刘裕从潼关继续西进之时,后秦东平公"姚赞遣司马休之及司马国璠自轵关向河内,引魏军以蹑裕后"②。魏军的主要目的还是防范晋军渡河北上,对姚"泓以晋师之逼,遣使乞师于魏"③,只是顺道以示回应而已。

关于姚赞在黄河沿岸与晋军的战斗,《宋书·自序》记载了沈林子前后两次与姚赞的交锋:"绍复遣抚军将军姚赞将兵屯河上,绝水道。赞垒堑未立,林子邀击,连破之,赞轻骑得脱,众皆奔散。""寻绍(疽发背死,高祖以林子言验,乃赐书曰:'姚绍)忽死,可谓天诛。'于是赞统后事,鸠集余众,复袭林子。林子率师御之,旗鼓未交,一时披溃,赞轻骑遁走。既连战皆捷,士马旌旗甚盛,高祖赐书劝勉,并致缣帛肴浆。"④姚赞在黄河沿岸阻截晋军以失败告终,沈林子参与了相关的战斗当无疑义,但绝不可能像沈约所记述的那样,好像全都是沈林子一人的功劳。从"旗鼓未交,一时披溃"之类神乎其神的言辞即可看出,其可信性有多小。在第一次

---

① 《晋书》卷一一九《姚泓载记》,第一〇册,第3016页。
② 《晋书》卷一一九《姚泓载记》,第一〇册,第3016—3017页。
③ 《晋书》卷一一九《姚泓载记》,第一〇册,第3016页。
④ 《宋书》卷一〇〇《自序·沈林子传》,第八册,第2456、2457页。按( )内文字为点校本据《册府元龟》卷四二八所补。

战斗之前载"高祖赐书曰"云云,在两次战斗之间载"高祖以通津阻要,兵粮所急,复遣林子争据河源",以及"林子白高祖曰"云云,第二次战斗之后又载"高祖赐书劝勉,并致缣帛肴浆",好像刘裕就在沈林子跟前亲自向他发号施令似的,并且对他每次战斗的胜利都予以及时的褒奖。然而,这种情况是万万不可能发生的。首先,沈林子当时的官职是王镇恶龙骧府司马,向其发布命令者自然非龙骧将军王镇恶莫属。其次,更主要的是当时刘裕压根还没有到达前述战斗的地方,《自序》下文接着载"高祖至阌乡"云云即为强证。尽管如此,沈约也不愿记载后来被其伯祖沈田子杀害的王镇恶向其祖父沈林子发号施令的事实,而将王镇恶换成刘裕,不仅可以免除这种尴尬,更可以收到夸饰沈林子战绩的作用,可谓一举两得,何乐而不为?

守河失败,后秦"东平公赞退屯郑城,太尉裕进军逼之"①。秦、晋之间的战争已到了最后关头,后秦国君姚泓不得不进行保卫长安的最后部署。据唐人李吉甫记载,郑城在唐代华州郑县"县理西北三里"②。《水经注·渭水下》:"渭水又东与东石桥水会,故沈水也,水南出马岭山,北流迳武平城东。""石桥水又迳郑城东,水有故石梁,《述征记》曰'郑城东西十四里各有石梁'者也。"③清人顾祖禹云:"刘裕伐秦,王镇恶自河入渭,秦将姚难自香

---

① 《资治通鉴》卷一一八《晋纪四〇》义熙十三年八月,第八册,第3708页。按《水经注》卷一九《渭水下》:"渭水又东,西石桥水南出马岭山,积石据其东,丽山距其西,源泉上通,悬流数十,与华岳同体。其水北迳郑城西,水上有桥,桥虽崩褫,旧迹犹存。东去郑城十里,故世以桥名水也。而北流注于渭。阚骃谓之新郑水。"(《水经注校证》,第464页)

② 《元和郡县图志》卷二《关内道二·京兆府·华州》"郑县"条:"古郑城,在县理西北三里。兴元元年(783),新筑罗城,及古郑城并在罗城内。"(上册,第34页)

③ 《水经注校证》卷一九《渭水下》,第465页。

城引兵而西,镇恶追之,秦主泓自霸上还屯石桥以为之援,此西石桥也。"①清除了秦军在河上的阻力后,王镇恶即率水军"自河入渭"向长安挺进,北伐之役的收尾阶段已经到来。

第五节　最终决战,长安易手

面对晋军来势汹汹的进攻,姚泓进行了最后的军事部署以图保住长安城。《晋书·姚泓载记》:"刘裕进据郑城。泓使姚裕、尚书庞统屯兵宫中,姚洸屯于沣西,尚书姚白瓜徙四军杂户入长安,姚丕守渭桥,胡翼度屯石积,姚赞屯霸东。泓军于逍遥园。"按:"石积"仅见于此,其具体位置不详。《水经注·渭水下》:"渭水又东,西石桥水南出马岭山,积石据其东,丽山距其西,源泉上通,悬流数十,与华岳同体。"②胡翼度所屯之"石积",疑与此"积石"为同一地点。③沣西即长安附近沣水西岸,灞东即灞水东岸。渭桥、逍遥园均于史有征。

《水经注·渭水》又云:

又东过长安县北。渭水东分为二水……又东迳阳侯祠北……后人以为邓艾祠……此水又东注渭水,水上有梁,谓之渭桥,秦制也。亦曰便门桥。秦始皇作离宫于渭水南北……欲通二宫之间,故造此桥。广六丈,南北三百八十步,六十八

---

① （清）顾祖禹撰,贺次君、施和金点校:《读史方舆纪要》卷五四《陕西三·西安府下·华州》,中华书局2005年版,第五册,第2585页。
② 《水经注校证》卷一九《渭水下》,第464页。
③ 《读史方舆纪要》卷五四《陕西三·西安府下·华州》:"马岭山,在州西南百里。其相接者为石积山,《水经注》'石桥水南出马岭山,积石据其东,骊山距其西'是也。或曰积石山亦名石积山。刘裕伐秦,王镇恶自河入渭趋长安,姚弘使其将胡翼度分兵屯石积,疑即此。"(第五册,第2584页)

间,七百五十柱,百二十二梁。桥之南北有堤,激立石柱。柱南,京兆主之;柱北,冯翊主之。有令、丞,各领徒千五百人。桥之北首,垒石水中,故谓之石柱桥也。"①

据《三辅黄图》记载:"长安城南出第三门曰西安门,北对未央宫,一曰便门,即平门也。""武帝建元二年,初作便门桥,跨渡渭水上以趋茂陵,其道易直。《三辅决录》曰:长安城西门曰便门,桥北与门对,因号便桥。"②便门桥是汉武帝为方便通达茂陵而造,其在长安城西门外,与秦制渭桥自非一桥。《元和郡县图志》"咸阳县"下载有中渭桥和便桥。"中渭桥,在县东南二十二里,本名横桥,驾渭水上。始皇都咸阳……渭水南有长乐宫,渭水北有咸阳宫,欲通二宫之间,故造此桥。汉末董卓烧之,魏文帝更造,刘裕入关又毁之,后魏重造,贞观十年移于今所。""便桥,在县西南十里,驾渭水上。武帝建元三年,初作便门桥,在长安北茂陵东,去长安二十里。长安城西门曰便门,此桥与门相对,因号便桥。"③唐代长安有三渭桥④,宋人程大昌曰:"秦、汉、唐架渭者凡三桥:在咸阳西十里者名

---

① 《水经注校证》卷一九《渭水下》,第452页。
② 何清谷校注:《三辅黄图校注》卷一,三秦出版社1995年版,第76页。按《雍录》卷六"便桥"条:"武帝自作茂陵,在渭北兴平县西南十里。《帝纪》曰:建元三年,初作便门桥。苏林曰:去长安四十里。服虔曰:在长安西北茂陵东。盖秦世已有中桥,亦自可趋兴平,而迂回难达,故于城之西南来第一门外,对门刱桥,以便西往。故此门一名便门,而此桥遂名便桥,亦曰便门桥也。"(《景印文渊阁四库全书》史部三四五"地理类",第五八七册,第338页)
③ 《元和郡县图志》卷一《关内道一·京兆府》,上册,第14页。
④ 《旧唐书》卷三七《五行志》:元和八年六月"辛卯,渭水暴涨,毁三渭桥,南北绝济者一月"。(第四册,第1360页)《史记》卷一〇二《张释之传》"上行出中渭桥"下,(唐)司马贞"索隐":"案:今渭桥有三所。一所在城西北咸阳路,曰西渭桥;一所在东北高陵道,曰东渭桥;其中渭桥,在古城之北也。"((西汉)司马迁撰,(南朝宋)裴骃集解,(唐)司马贞索隐,(唐)张守节正义:《史记》,中华书局1982年版,第九册,第2755页)

便桥,汉武帝造;在咸阳东南二十二里者为中渭桥,秦始皇造;在万年县东四十里者为东渭桥,东渭桥也者,不知始于何世矣。"①姚丕所守之渭桥似即秦始皇时所造渭桥,亦即唐之中渭桥,非长安城西门相对之便门桥(便桥)。《晋书·姚兴载记上》:"兴如逍遥园,引诸沙门,于澄玄堂听鸠摩罗什演说佛经。"②姚泓所屯之逍遥园即此。《水经注·渭水下》:"沈水又北迳长安城西,与昆明池水合。""渭水又东与沈水枝津合,水上承沈水,东北流迳邓艾祠南。又东分为二水,一水东入逍遥园,注藕池。池中有台观,莲荷被浦,秀实可玩。"③

对后秦政权而言,此时已是穷途末路,进入了最后的时光。其邻国北魏虽有增援的表示,但并未真正付诸行动,而与后秦敌对多年并不断发动侵袭的赫连夏则完全停止了军事行动,在坐山观虎斗的同时养精蓄锐,等待关中易主之后渔翁得利时机的到来。关于刘裕北伐军对后秦国都长安城的进攻过程,《宋书·王镇恶传》有具体记载:

> 镇恶所乘皆蒙冲小舰,行船者悉在舰内,羌见舰泝渭而进,舰外不见有乘行船人,北土素无舟楫,莫不惊惋,咸谓为神。镇恶既至,令将士食毕,便弃船登岸。渭水流急,倏忽间,诸舰悉逐流去。时姚泓屯军在长安城下,犹数万人。镇恶抚

---

① 《雍录》卷六"三渭桥"条,《景印文渊阁四库全书》史部三四五"地理类",第五八七册,第 358 页。
② 《晋书》卷一一七《姚兴载记上》,第一○册,第 2984 页。(清)毕沅撰《关中胜迹图志》卷七《古迹·祠宇》"栖禅寺"条本注:"《一统志》:在鄠县东南四十里圭峰下。即姚秦逍遥园遗址。"(《景印文渊阁四库全书》史部三四六"地理类",第五八八册,第 590 页)按《大清一统志》卷一八○《西安府三·祠庙》"栖禅寺"条本注:"在鄠县东南,即姚秦之逍遥园。"(同上第四七八册,第 82 页)
③ 《水经注校证》卷一九《渭水下》,第 450、453 页。

慰士卒曰："卿诸人并家在江南，此是长安城北门外，去家万里，而舫乘衣粮，并已逐流去，岂复有求生之计邪！唯宜死战，可以立大功，不然，则无遗类矣。"乃身先士卒，众亦知无复退路，莫不腾踊争先，泓众一时奔溃，即陷长安城。泓挺身逃走，明日，率妻子归降。城内夷、晋六万余户，镇恶宣扬国恩，抚慰初附，号令严肃，百姓安堵。①

《晋书·姚泓载记》的相关记载是：

> 镇恶夹渭进兵，破姚丕于渭桥。泓自逍遥园赴之，逼水地狭，因丕之败，遂相践而退。姚谌及前军姚烈、左卫姚宝安、散骑王帛、建武姚进、扬威姚蚝、尚书右丞孙玄等皆死于阵，泓单马还宫。镇恶入自平朔门，泓与姚裕等数百骑出奔于石桥。赞闻泓之败也，召将士告之，众皆以刀击地，攘袂大泣。胡翼度先与刘裕阴通，是日弃众奔裕。赞夜率诸军，将会泓于石桥，王师已固诸门，赞军不得入，众皆惊散。②

《资治通鉴》晋安帝义熙十三年八月所载略同于《宋书·王镇恶传》，又当参照《晋书·姚泓载记》做了若干补充，如："壬戌（廿三，9.19）旦，镇恶至渭桥"；"癸亥（廿四，9.20），泓将妻子群臣诣镇恶垒门请降"。③ 按《宋书》所载"城内夷、晋六万余户"，《资治通鉴》作"镇恶以属吏城中夷、晋六万余户"，"以属吏"义不通；《建康实录》作"王镇恶执泓属诸吏，长安六万余户"④，则大致可通。王镇恶从平朔门进入长安城，胡三省判断其为"长安城北门"，可从。

---

① 《宋书》卷四五《王镇恶传》，第五册，第1369—1370页。
② 《晋书》卷一一九《姚泓载记》，第一〇册，第3017页。
③ 参见《资治通鉴》卷一一八《晋纪四〇》，第八册，第3708—3709页。
④ 《建康实录》卷一一《宋上·高祖武皇帝》，上册，第384页。

按：东汉洛阳城有平朔门或朔平门，乃北宫北门。① 前秦长安城即有平朔门②，赫连勃勃名其国都"北门曰平朔门"③。《三辅黄图》"汉长安故城"条："城下有池周绕，广三丈，深二丈，石桥各六丈，与街相直。"④《魏书·岛夷刘裕传》："裕至关头，镇恶至渭桥，破泓军于横门。"⑤《建康实录》晋安帝义熙十三年七月纪事下，本注引《三十国春秋》："王镇恶既破秦军于横门，泓奔石桥门。"⑥《建康实录》又载：八月"辛丑（初二，8.29），大军次关头。丁未（初八，9.4），王镇恶舟师泝河入渭。食毕登岸，斥舟誓众，大破姚平等于横门。王敬自平朔门入，泓与数百骑奔石桥"⑦。按：关头具体位置不明，渭桥、石桥已见前述，横门为"长安城北出西头第一门"，"门外有桥曰横桥"。⑧

姚泓投降前夕，"其子佛念，年十一"，谓其父若投降"终必不

---

① 《资治通鉴》卷五一《汉纪四三》安帝延光四年十一月：程遂等谋反，"小黄门樊登劝显，以太后诏召越骑校尉冯诗、虎贲中郎将阎崇将兵屯平朔门以御程等"。《考异》曰："《宦者传》作'朔平门'。今从《袁纪》。余按《百官志》，朔平门，北宫北门也。恐当以《宦者传》为是。"（第四册，第1637页）
② 《晋书》卷一一二《苻健载记》："西房乞没军邪遣子入侍，健于是置来宾馆于平朔门，以怀远人。"（第九册，第2871页）又（明）王祎撰《大事记续编》卷三五晋安帝义熙十三年"镇恶入自平朔门"下本注："《周地图记》：北面第四平朔门，苻氏所开。"（《景印文渊阁四库全书》史部九一"编年类"，第三三三册，第494页）按《隋书》卷三三《经籍志二》："《周地图记》一百九卷。"（第四册，第986页）是书当为北周地理总志。王祎所引此条，未考见其出处。
③ 《晋书》卷一三○《赫连勃勃载记》，第一○册，第3213页。
④ 《三辅黄图校注》卷一，第62页。
⑤ 《魏书》卷九七《岛夷刘裕传》，第六册，第2133页。
⑥ 《建康实录》卷一○《晋下·安皇帝》，上册，第345页。
⑦ 《建康实录》卷一一《宋上·高祖武皇帝》，上册，第383页。
⑧ 《三辅黄图校注》卷一"都城十二门"条，第62页。《关中胜迹图志》卷八《古迹》："中桥渡，即古中渭桥。《长安志》：在县西北二十五里。《括地志》：本名横桥，架渭水上，桥对横门，故名。"（《景印文渊阁四库全书》史部三四六"地理类"，第五八八册，第601页）

全,愿自裁决"。姚泓未接受以死了断的建议,"佛念遂登宫墙,自投而死"。果如佛念所料,姚泓投降后即被送"至建康,斩于市"。就在姚泓投降的同时,后秦"平原公璞、并州刺史尹昭以蒲阪降,东平公赞帅宗族百余人诣裕降,裕皆杀之"。① 又东路北伐军将领刘荣祖,"为太尉中兵参军,加建威将军。既破长安,姚泓女婿徐众率其余众连营叛走,荣祖与檀道济等攻营破之,斩首擒馘,不可称计"②。处死投降的后秦国君姚泓及其宗亲,无疑是刘裕为了向建康吏民展示北伐的巨大功业,为即将采取的篡位行动提供更加充分的理由。刘裕当然不会怜惜一亡国之君及其宗亲的性命,从而放过这一大好机会。刘裕所采取的这种斩草除根式的手法,可以说是他对敌人的惯用伎俩。杀敌立威,这是一步步提升其威权到至高无上的不二法门。史家对刘裕的这一做法虽然并未明确予以评论,但在记载姚泓被杀后,又云"建康百里之内,草木皆燋死焉"③,显然是借自然异象而对刘裕的滥杀行为予以谴责。

《建康实录·宋·高祖武皇帝》:"九月甲子,大军次灞上。""是日。帝入长安。"④这是关于刘裕进入长安城日期的唯一明确记载,然义熙十三年九月无甲子,疑此本当作甲午(廿五,10.21)为是。其时,王镇恶攻克长安城已逾一个半月,刘裕为何迟迟未进长安城,主要应该是等待王镇恶等将领对城内状况进行充分的摸底

---

① 参见《晋书》卷一一九《姚泓载记》,第一〇册,第3017页;《太平御览》卷一二三《偏霸部七·后秦姚泓》引崔鸿《十六国春秋·后秦录》,第一册,第595—596页;《资治通鉴》卷一一八《晋纪四〇》安帝义熙十三年九月,第八册,第3711、3710—3711页。

② 《宋书》卷四五《刘怀慎传附荣祖传》,第五册,第1377页。

③ 《晋书》卷一一九《姚泓载记》,第一〇册,第3017页。按《建康实录》卷一〇《晋下·安皇帝》所载有异:"裕送泓于建康斩之。建康百里内,草木燋死。"(上册,第345页)

④ 《建康实录》卷一一《宋上·高祖武皇帝》,上册,第384页。

和清理,以防贸然进入而发生不测。另外还要等待城外局势的完全稳定,以免匆匆入城而可能成为瓮中之鳖。是否还有其他考量,不得而知。至此,刘裕发动的第二次北伐战争历时整整一年,以后秦的灭亡而完胜。姚泓投降,后秦亡国,其统治部族并非心甘情愿臣服于刘裕,遂选择向其根基之地陇上逃亡。为防其日后东山再起,影响在关中的统治,刘裕派兵进行征讨,"羌众十余万口西奔陇上,沈林子追击至槐里,俘虏万计"①。

刘裕北伐消灭后秦,对当时的时局影响很大,也引起了北方地区各少数民族政权的震动和不安。远在河西走廊的北凉国君甚至还动怒杀害了奏事的官员,史载"河西王蒙逊闻太尉裕灭秦,怒甚。门下校郎刘祥入言事,蒙逊曰:'汝闻刘裕入关,敢研研然也!'遂斩之"②。蒙逊此举,颇有同病相怜、唇亡齿寒之意。

在这次北伐战争中,中路北伐军主将王镇恶功勋最为卓著,洛阳和长安两大都市都是由其率先攻占的。"高祖将至,镇恶于灞上奉迎。高祖劳之曰:'成吾霸业者,真卿也。'镇恶再拜谢曰:'此明公之威,诸将之力,镇恶何功之有焉!'"③刘裕对王镇恶在此役中无与伦比的战功的称赞,显然出自肺腑之言,而王镇恶的回复也是相当高明,自谦之语可不论,对刘裕的赞扬和对诸将作用的肯定,应该说也是符合实际的。毫无疑问,北伐战争的顺利进行和取得决定性胜利,乃是统帅刘裕与其部下将士通力协作的结果。不

---

① 《资治通鉴》卷一一八《晋纪四〇》义熙十三年九月,第八册,第3711页。《宋书》卷一〇〇《自序》:"长安既平,残羌十余万口西奔陇上,林子追讨至寡妇水,转斗达于槐里,克之,俘获万计。"(第八册,第2457页)
② 《资治通鉴》卷一一八《晋纪四〇》安帝义熙十三年,第八册,第3711页。参见《魏书》卷九九《卢水胡沮渠蒙逊传》,第六册,第2204页。
③ 《宋书》卷四五《王镇恶传》,第五册,第1370页。

过论具体战功,谓王镇恶为这次北伐战争的元勋当不为过。[①] 王镇恶后被害,刘裕表中称其"志节亮直,机略明举","诚著艰难,勋参前烈"。"及王师西伐,有事中原,长驱洛阳,肃清湖、陕。入渭之捷,指麾无前,遂廓定咸阳,俘执伪后。克成之效,莫与为畴,实捍城所寄,国之方、邵也。"[②]回顾战争进程,应该说当初王镇恶未按照刘裕事先与诸将的约定,在占领洛阳后没有长时间滞留以便等待刘裕暨东路军的到来,而是与中路军另一主将檀道济先行从洛阳出发向长安进军,无疑是一个明智的决定,对整个北伐战争的顺利推进产生了颇为积极的影响。

第六节　姚氏内讧,外敌得逞

刘裕北伐之时,原本一直在对后秦进行侵略的赫连勃勃却出乎意料地暂停了军事行动,当然并不意味着他对关中不再抱有侵吞之心。在赫连勃勃看来,刘裕灭亡后秦已无疑问,若在此时仍不停手,就等于在帮刘裕的忙,而他自己还要劳心耗神,弄不好还可能损兵折将。赫连勃勃当时尚无独吞后秦的能力,即便侥幸消灭后秦,马上就要面对东晋北伐军的进攻,到时鹿死谁手亦未可知。

[①] 《宋书》卷一〇〇《自序·沈田子传》:"长安既平,高祖燕于文昌殿,举酒赐田子曰:'咸阳之平,卿之功也。'即以咸阳相赏。田子谢曰:'咸阳之平,此实圣略所振,武臣效节,田子何力之有。'即授咸阳始平二郡太守。"(第八册,第2449页)此与《王镇恶传》所载刘裕与王镇恶的对话几乎相同,所言"咸阳"实即长安。不排除刘裕在酒宴上曾与沈田子有过对话的可能,但将平定长安的头功既归于王镇恶又归于沈田子,恐怕没有这种可能。何况沈田子远不配攻克长安的头功这种荣誉,从下文看沈田子也并未被任命为咸阳太守。沈约所设计的这一情节,无非是要给其伯祖沈田子头顶戴上光环,因而也可以减轻后来他杀害王镇恶的罪恶。
[②] 《宋书》卷四五《王镇恶传》,第五册,第1370—1371页。

与其冒险一搏,还不如坐山观虎斗,同时又可养精蓄锐,为下一步行动做好准备。北魏是后秦的姻亲国,两国的纷争已成过往,双边关系处于和平安宁的阶段。也就是说,当刘裕北伐之际后秦的外患开始变成了东晋北伐军一家,若其内部能够团结一致,集中优势兵力对付来犯之敌,创造历史并非天方夜谭。而一旦抵抗刘裕北伐的行动获得成功,则其国势必然高涨,后秦政权的国际地位自然也会水涨船高,赫连勃勃恐怕也得三思而行,改变其一贯奉行的与后秦敌对的政策并非完全没有可能。果如此,则后秦不仅不会灭国,甚至还可以强国。然而,所有这一切的前提是,后秦内部在大敌当前的险恶局势下,统治集团能够放下分歧,一致对外,形成强大的凝聚力。遗憾的是,后秦国内的局势恰恰与此背道而驰,面对弱君姚泓[①],宗室中的野心家权欲无限膨胀,接连起兵向长安发起进攻,试图以武力夺取君位,成为后秦新主,从而敲响了后秦政权的丧钟。

对于后秦建立者姚兴的功过,史家有这样的评论:

> 子略克摧勍敌,荷成先构。虚襟访道,侧席求贤。敦友弟以睦其亲,明赏罚以临其下。英髦尽节,爪牙毕命。取汾、绛,陷许、洛。款僭燕而藩伪蜀,夷陇右而静河西。俗阜年丰,远安迩辑。虽楚庄、秦穆,何以加焉!既而逞志矜功,弗虞后患。委凉都于秃发,授朔方于赫连。专己生灾,边城继陷。距谏招祸,萧墙屡发。战无宁岁,人有危心。……当有为之时,肆无

---

① 《晋书》卷一一九《姚泓载记》:"姚泓字元子,兴之长子也。孝友宽和,而无经世之用,又多疾病,兴将以为嗣而疑焉。久之,乃立为太子。兴每征伐巡游,常留总后事。博学善谈论,尤好诗咏。尚书王尚、黄门郎段章、尚书郎富允文以儒术侍讲,胡义周、夏侯稚以文章游集。"(第一〇册,第3007页)在和平年代,颇具儒士气质的姚泓必会成为一位明君,怎奈他是在乱局中即位,注定要成为悲剧性人物。

  为之业。丽衣腴食,殆将万数。析实谈空,靡然成俗。①

  姚兴末年的内忧外患,已使后秦政权的统治基础开始倾颓。姚泓后秦政权的灭亡,可以说是意料中的事,如前所述,其时北魏大臣崔浩和夏君赫连勃勃都作出了后秦必将亡于刘裕北伐的明确判断。退一步说,即便没有刘裕的北伐,面对国力不断强大的拓跋魏和赫连夏政权,姚泓也找不到自保良方,只是其亡国的时间可能会晚几年而已。

  姚兴末年,后秦已是内忧外患,危机四伏,赫连勃勃的进攻不曾间断,统治集团内部矛盾重重,宗室子弟之间互相倾轧,斗得不可开交,治下各族离心离德,叛乱时有发生。史家认为后秦灭亡的大门在姚兴末年就已开启,当时的统治局面是"储用殚竭,山林有税,政荒威挫。职是之由,坐致沦胥,非天丧也"②。姚泓继承了姚兴的这种不良政治遗产,其本人在统治集团内部的威望自无法与姚兴可比,故其上台后内不能服众,外不能靖乱。姚泓"以庸愞之质,属倾扰之余,内难方殷,外御斯辍"③。亡国之兆,已在眼前。姚兴在世时,姚泓的储君之位就已为其弟姚弼所觊觎,引发了统治集团内部激烈的政治斗争。姚泓即位后,其皇位再次受到公然挑战,各族叛乱接连发生,赫连夏的进攻力度进一步加大,丧师失地,损失惨重。史载"泓以内外离叛,王师渐逼,岁旦朝群臣于其前殿,凄然流涕,群臣皆泣"④。这样悲凄的局面,如何能够应对大敌当前的严峻危机。如此精神状态,真是一派亡国之象。国将不国,自是指日可待。

---

① 《晋书》卷一一九《姚泓载记》"史臣曰",第一〇册,第3018页。
② 《晋书》卷一一九《姚泓载记》"史臣曰",第一〇册,第3018页。
③ 《晋书》卷一一九《姚泓载记》"史臣曰",第一〇册,第3019页。
④ 《晋书》卷一一九《姚泓载记》"史臣曰",第一〇册,第3013页。

※姚弼"为雍州刺史,镇安定",后还朝,"兴以弼为尚书令、侍中、大将军。既居将相,虚襟引纳,收结朝士,势倾东宫,遂有夺嫡之谋矣。""姚文宗有宠于姚泓,姚弼深疾之",为弼所诬陷。"兴怒,赐文宗死。是后,群臣累足,莫敢言弼之短。""弼宠爱方隆,所欲施行,无不信纳。乃以嬖人尹冲为给事黄门侍郎,唐盛为治书侍御史,左右机要,皆其党人,渐欲广树爪牙,弥缝其阙。"右仆射梁喜、侍中任谦、京兆尹尹昭"承间"进言于兴曰:"广平公弼奸凶无状,潜有陵夺之志,陛下宠之不道,假其威权,倾险无赖之徒,莫不鳞凑其侧。市巷讽议,皆言陛下欲有废立之志。"①

在姚兴能够控制局势之时,拥护太子姚泓和支持姚弼的两派虽有龃龉,但还能够相安无事,而当姚兴病重乃至病危之时,他们便摩拳擦掌乃至兵戎相见。"兴疾笃,其太子泓屯兵于东华门,侍疾于谘议堂。姚弼潜谋为乱,招集数千人,被甲伏于其第。抚军姚绍及侍中任谦、右仆射梁喜、冠军姚赞、京兆尹尹昭、辅国敛曼嵬并典禁兵,宿卫于内。姚裕遣使告姚懿于蒲坂,并密信诸藩,论弼逆状。懿流涕以告将士曰:'上今寝疾,臣子所宜冠履不整。而广平公弼拥兵私第,不以忠于储宫,正是孤徇义亡身之日。诸君皆忠烈之士,亦当同孤徇斯举也。'将士无不奋怒攘袂曰:'惟殿下所为,死生不敢贰。'于是尽赦囚徒,散布帛数万匹以赐其将士,建牙誓众,将赴长安。镇东、豫州牧姚洸起兵洛阳,平西姚谌起兵于雍,将以赴泓之难。"②

当姚"兴疾瘳,朝其群臣"时,尹昭提议对姚弼进行惩处,"可削夺威权,使散居藩国",梁喜亦赞成尹昭之言。而姚兴并未完全采纳他们的建议,只是对姚弼做了象征性处罚,导致宗室集团进一

---

① 《晋书》卷一一八《姚兴载记下》,第一〇册,第2995、2997—2998页。
② 《晋书》卷一一八《姚兴载记下》,第一〇册,第2998—2999页。

步分裂。"兴以弼才兼文武,未忍致法,免其尚书令,以将军、公就第。懿等闻兴疾瘳,各罢兵还镇。懿、恢及弟谌等皆抗表罪弼,请致之刑法,兴弗许。"姚懿、姚洸、姚宣、姚谌借来朝之机,"使姚裕言于兴","欲道弼事",为姚兴所拒。"兴如华阴,以泓监国,入居西宫。因疾笃,还长安。"尹昭的建议是罢免姚弼的官位,仅留封爵且赶出京师长安,放逐到藩国没有任何职位,自然不会再对太子构成威胁。而姚兴的决定只是免除了姚弼的行政权力,使得他仍然具有一定的实力挑起事端。① 相较而言,宗室内部姚弼的反对者的要求更为严厉,不仅要求削除官爵,还要处之以刑法。姚兴更是不可能答应,其后果则是进一步加剧宗室集团的分裂。

姚弼及其支持者并不甘心失败,继续进行斗争。欲借姚泓"出迎"姚兴之机发难,为姚泓"宫臣"所识破,泓"乃拜迎于黄龙门樽下"。"弼党见兴升舆,咸怀危惧。"尹冲等"欲随兴入殿中作乱,复未知兴之存亡,疑而不发。兴命泓录尚书事,使姚绍、胡翼度典兵禁中,防制内外,遣敛曼嵬收弼第中甲杖,内之武库。兴疾转笃,兴妹伪南安长公主问疾,不应。兴少子耕儿出告其兄愔曰:'上已崩矣,宜速决计。'于是愔与其属率甲士攻端门,殿中上将军敛曼嵬勒兵距战,右卫胡翼度率禁兵闭四门。愔等遣壮士登门,缘屋而入,及于马道。泓时侍疾于谘议堂,遣敛曼嵬率殿中兵登武库距战,太子右卫率姚和都率东宫兵入屯马道南。愔等既不得进,遂烧端门。兴力疾临前殿,赐弼死。禁兵见兴,喜跃,贯甲赴贼,贼众骇扰。和都勒东宫兵自后击之,愔等奔溃,逃于骊山,愔党吕隆奔雍,尹冲等奔于京师。兴引绍及赞、梁喜、尹昭、敛曼嵬入内寝,受遗

---

① 《晋书》卷一一八《姚兴载记下》,第一〇册,第2999—3003页。

辅政。"①

姚弼被杀并不意味着斗争的停止。在姚兴死后及姚泓在位时期,后秦统治集团内部争夺皇位的斗争越发激烈,主要是镇守地方的宗室率部发动叛乱,试图推翻姚泓及其支持者的统治。史载姚"兴既死,秘不发丧。南阳公姚愔及大将军尹元等谋为乱,泓皆诛之。命其齐公姚恢杀安定太守吕超,恢久乃诛之。泓疑恢有阴谋,恢自是怀贰,阴聚兵甲焉"。"北地太守毛雍据赵氏坞以叛于泓,姚绍讨擒之。姚宣时镇李闰,未知雍败,遣部将姚佛生等来卫长安。"其参军韦宗说宣,谓"邢望地形险固,总三方之要,若能据之,虚心抚御,非但克固维城,亦霸王之业也","宣乃率户三万八千,弃李闰,南保邢望"。"宣诣绍归罪,绍怒杀之。初,宣在邢望,泓遣姚佛生谕宣,佛生遂赞成宣计。绍数其罪,又戮之。"②

当时后秦统治集团内部争夺皇位的斗争,以姚恢和姚懿的叛乱影响最大。"时征北姚恢率安定镇户三万八千,焚烧室宇,以车为方阵,自北雍州趣长安,自称大都督、建义大将军,移檄州郡,欲除君侧之恶。扬威姜纪率众奔之。建节彭完都闻恢将至,弃阴密,奔还长安。"到达新支后姜纪建议,乘"国家重将在东,京师空虚"之机,"轻兵径袭,事必克矣"。其建议未为姚恢所接受,而是"南攻郿城"。"镇西姚谌为恢所败,恢军势弥盛,长安大震。"在巨大的压力面前,姚"泓驰使征绍,遣姚裕及辅国胡翼度屯于沣西"。后秦防备东晋北伐军入侵的军事部署因此被打乱。不仅如此,"扶风太守姚儁、安夷护军姚墨蠡、建威姚娥都、扬威彭蚝皆惧而降恢"。姚恢的反叛行动并无深厚的支持基础,就连时为立节将

---

① 《晋书》卷一一八《姚兴载记下》,第一〇册,第3003页。
② 《晋书》卷一一九《姚泓载记》,第一〇册,第3008—3009页。

军的其舅父苟和也不愿追随他,而是继续效忠于姚泓。

在东部镇守防备晋军的姚绍在接到姚泓的指令后,立即回防长安。"姚绍率轻骑先赴难,使姚洽、司马国璠将步卒三万赴长安。"遂与"从曲牢进屯杜成"的姚"恢相持于灵台"。"姚赞闻恢渐逼,留宁朔尹雅为弘农太守,守潼关,率诸军还长安。"后秦军队的这次异动导致潼关无要将镇守,守军人数锐减,后来虽然进行了补防,但阵脚已被打乱,总体力量下降毫无疑问,这就为东晋北伐军叩开长安东大门提供了良机。"恢众见诸军悉集,咸惧而思善,其将齐黄等弃恢而降。恢进军逼绍,赞自后要击,大破之,杀恢及其三弟。泓哭之悲恸,葬以公礼。"①姚恢兵败被杀之际,王镇恶已至宜阳,毛德祖于蠡吾城(蠡城)攻破后秦弘农太守尹雅。如果没有姚恢之乱,东晋北伐军的顺利推进必定会遭遇到巨大阻力,即便不能完全阻挡其前进的步伐,也会令其遇到重重困难。

又姚泓即位之初,其弟姚懿时为征东将军镇守蒲坂②,府司马孙畅"劝懿袭长安,诛姚绍,废泓自立。懿纳之,乃引兵至陕津,散谷以赐河北夷、夏,欲虚损国储,招引和戎、诸羌,树己私惠"③。此举遭到左常侍张敞和侍郎左雅的强烈反对,他们认为:"今吴寇内侵,四州倾没,西虏扰边,秦、凉覆败,朝廷之危,有同累卵,正是诸侯勤王之日。谷者,国之本也,而今散之。若朝廷问殿下者,将何辞以报?""懿怒,笞而杀之。""懿遂举兵僭号,传檄州郡,欲运匈奴堡谷以给镇人。宁东姚成都距之,懿乃卑辞招诱,深自结托,送佩

---

① 《晋书》卷一一九《姚泓载记》,第一〇册,第3013—3014页。
② 参见《晋书》卷一一九《姚泓载记》,第一〇册,第3009页;《资治通鉴》卷一一七《晋纪三九》安帝义熙十二年六月,第八册,第3687页。
③ 《晋书》卷一一九《姚泓载记》,第一〇册,第3012页。

刀为誓,成都送以呈泓。懿又遣骁骑王国率甲士数百攻成都,成都擒国,囚之,遣让懿曰……乃宣告诸城,勉以忠义,厉兵秣马,征发义租。河东之兵无诣懿者,懿深患之。临晋数千户叛应懿。……绍入于蒲坂,执懿囚之,诛孙畅等。"①

姚兴时期,"徙李闰羌三千家于安定,寻徙新支"。姚泓即位后,"羌酋党容率所部叛还"。抚军将军姚赞受命征讨,"容降,徙其豪右数百户于长安,余遣还李闰"。不久镇守李闰的姚宣因政治斗争的需要,"乃率户三万八千弃李闰,南保邢望。宣既南移,诸羌据李闰以叛,绍进讨破之"。又有"并州、定阳、贰城胡数万落叛泓,入于平阳,攻立义姚成都于匈奴堡,推匈奴曹弘为大单于,所在残掠。征东姚懿自蒲坂讨弘,战于平阳,大破之,执弘,送于长安,徙其豪右万五千落于雍州"。②此外,"仇池公杨盛攻陷祁山,执建节王总,遂逼秦州。泓遣后将军姚平救之,盛引退。姚嵩与平追盛及于竹岭,姚赞率陇西太守姚秦都、略阳太守王焕以禁兵赴之。赞至清水,嵩为盛所败,嵩及秦都、王焕皆战死。赞至秦州,(盛)退还仇池"。其后不久,"杨盛遣兄子倦入寇长蛇。平阳氐苟渴聚众千余,据五丈原以叛。遣镇远姚万、恢武姚难讨之,为渴所败。姚谌讨渴,擒之。泓使辅国敛曼嵬、前将军姚光儿讨杨倦于陈仓,倦奔于散关"。③

其时,"秦州地震者三十二,殷殷有声者八,山崩舍坏,咸以为不祥"④。按秦州辖区是中国境内地震多发地带,除了后秦姚泓时(416—417)的这次秦州大地震之外,此前"姚兴四年(397),所在地震,前后一百五十六",亦当包括秦州在内。又"前秦苻坚时

---

① 《晋书》卷一一九《姚泓载记》,第一〇册,第3012—3013页。
② 《晋书》卷一一九《姚泓载记》,第一〇册,第3008—3009页。
③ 《晋书》卷一一九《姚泓载记》,第一〇册,第3009—3010页。
④ 《晋书》卷一一九《姚泓载记》,第一〇册,第3009页。

（357—385），秦、雍二州地震裂，泉涌"。① 看来公元四、五世纪之交，秦州正处于地震活跃期。姚泓时期的这次秦州地震，可能对赫连勃勃攻占秦州起到了助推作用。仇池距秦州州治不远，后秦所封氐族首领仇池公杨盛的反叛入寇，很可能亦与这次大地震带来的饥荒有关。

第七节　建功立业，并世无双

刘裕进行了又一次成功的北伐，使其威望空前高涨自不待言。毋庸置疑，这是东晋偏安一百年来无人可及的功业，而在整个魏晋南北朝历史上也没有人做到这一点。更进一步，纵观整个中国历史，也还没有第二人能够建立这样的伟业，因此可以说刘裕的北伐是前无古人后无来者的业绩，称得上是创造了历史。当然，要守住这一来之不易的业绩却并非易事。对刘裕而言，当务之急还是要赶紧回到南方根基之地，为即将进行的篡位做最后的准备。

当年十月，以晋安帝的名义下达了建康朝廷表彰刘裕功业的诏令："自永嘉丧师，绵逾十纪"，"公命世抚运，阐曜威灵"，"遂长驱灞、浐，悬旌龙门，逆虏姚泓，系颈就擒。百稔梗秽，涤于崇朝；祖宗遗愤，雪于一旦"。"其进宋公爵为王，以徐州之海陵、东安、北琅邪、北东莞、北东海、北谯、北梁、豫州之汝南、北颍川、北南顿凡十郡，益宋国。其相国、扬州牧、领征西将军、司豫北徐雍四州刺史如故。"②诏书应该是留守建康的刘裕心腹亲信刘穆之起草的，毫

---

① 《太平御览》卷八八〇《咎征部七・地震》引崔鸿《十六国春秋》，第四册，第3910页。
② 《宋书》卷二《武帝纪中》，第一册，第42—43页。

无疑问乃是刘裕政治意志的体现,也可以看作是刘裕的自我表彰和奖赏。从东汉末年到东晋末年的二百年间,异姓权臣称王者也就只有曹氏父子和司马氏父子。魏王曹操未及称帝而死,其子曹丕袭魏王位不久即称帝;晋王司马昭未及称帝而死,其子司马炎袭晋王位不久即称帝。刘裕身份由宋公到宋王的转变,也就意味着他距皇位仅咫尺之遥。正是有了北伐成功的盖世功业,刘裕才可以放心大胆地将王位桂冠戴在自己头上,大踏步地走向皇帝宝座。

刘裕进入长安后,"收其彝器、浑仪、土圭、记里鼓、指南车及秦始皇玉玺,送之都"①。这些象征皇权威仪的器物,在不久之后将会派上用场,在新政权的皇家天文机构中发挥作用。"长安丰全,帑藏盈积","珍宝珠玉,以班赐将帅"。② 刘裕用后秦丰富的库藏,使辛苦了整整一年的将帅们得到了收获的喜悦,感受到了效忠刘裕的成就感。当然,仅仅物质层面的奖赏还不够,等待他们的还有加官晋爵等更高层次的回报。刘裕还举行了"谒汉高帝陵,大会文武于未央殿"的活动,提前感受一下做皇帝的威仪。刘裕"谒汉高帝陵",暴露了他欲做开国皇帝的真实心理。作为彭城刘氏,汉高帝刘邦也可以说是刘裕的远祖,故刘裕的这一举动颇有认祖归宗的意味。不久刘裕离开长安,临行前"三秦父老诣门流涕诉",有云:"长安十陵,是公家坟墓,咸阳宫殿数千间,是公家屋宅,舍此欲何之?"③即是把刘裕作为汉朝皇室的后代看待的,而此

---

① 《南史》卷一《宋本纪上·武帝纪》,第一册,第 20 页。按《建康实录》卷一一《宋上·高祖武皇帝》:"收其彝器、浑天仪、土圭、指南车、记里鼓、秦汉大钟、魏铜蟠螭等,献于天子。"(上册,第 384 页)《资治通鉴》卷一一八《晋纪四〇》安帝义熙十三年:"裕收秦彝器、浑仪、土圭、记里鼓、指南车,送诣建康。"(第八册,第 3709 页)
② 《宋书》卷二《武帝纪中》,第一册,第 42 页。
③ 《宋书》卷六一《武三王·庐陵王义真传》,第六册,第 1634 页。

377

说未必出自三秦父老的自觉认识,更可能是北伐军进行宣传的结果。

傅亮为"太尉从事中郎,掌记室","亮从征关、洛,还至彭城"。① 谢晦时为太尉主簿,"从征关、洛,内外要任悉委之"②。傅亮和谢晦是此次刘裕北伐时所带最重要的文职僚佐,应该是刘裕进行指挥决策的重要谋士。关于傅亮在北伐战争中的表现了无记载,但从其职任可以断定,他仍然像往常一样负责北伐期间刘裕幕府表策文诰的起草。谢晦参与北伐决策事务的记载比较具体:

> 刘穆之遣使陈事,晦往往措异同,穆之怒曰:"公复有还时不?"高祖欲以为从事中郎,以访穆之,坚执不与。终穆之世不迁。穆之丧问至,高祖哭之甚恸。晦时正直,喜甚,自入阁内参审穆之死问。其日教出,转晦从事中郎。③

此记载显示,北伐期间执掌建康留守大任的刘穆之与北伐在外的刘裕之间通过文书往还进行决策,刘穆之的提议须得到刘裕的批准方能草诏颁行,而刘裕的有关决定,如欲以太尉主簿谢晦为从事中郎,则要通过朝廷留守大臣认可并颁布诏令落实。未能得到刘穆之的同意,即便是刘裕的决定也不能实现。由此可见,灵活性和制度原则并不总是协调一致。值得注意的是,北伐将领和随从人员中有不少原籍关中地域的晚渡北人或其子弟,傅亮即为其中之一。刘裕这样做的目的和意义至少有三:一是他们对故土存有怀念心理,北伐的积极性高;二是熟悉北方尤其是关中形势,有助于北伐战争的推进;三是出身关中大族的将领和官吏,可起到吸引和笼络当地民众的作用。

---

① 《宋书》卷四三《傅亮传》,第五册,第1336页。
② 《宋书》卷四四《谢晦传》,第五册,第1348页。
③ 《宋书》卷四四《谢晦传》,第五册,第1348页。

刘裕北伐之际,北方少数民族政权特别是与后秦有广阔的领土交集和严重的利害冲突的拓跋魏和赫连夏都给予了充分的关注,对即将到来的战争结果作出了各自的预估。北魏方面具有代表性的是,汉人大臣崔浩在回答明元帝提问时所提出的观点。《魏书·崔浩传》:"太宗问浩曰:'刘裕西伐,前军已至潼关。其事如何?以卿观之,事得济不?'浩对曰:'昔姚兴好养虚名,而无实用。子泓又病,众叛亲离,裕乘其危,兵精将勇,以臣观之,克之必矣。'"①赫连夏方面,则是其国君赫连勃勃的认识。《晋书·赫连勃勃载记》:"勃勃引归杏城,笑谓群臣曰:'刘裕伐秦,水陆兼进,且裕有高世之略,姚泓岂能自固!吾验以天时人事,必当克之。又其兄弟内叛,安可以距人!'"②由此可见,无论是北魏还是赫连夏的统治者,当东晋北伐军攻占潼关后都作出了刘裕即将消灭后秦的预判,可谓不谋而合,英雄所见略同。

攻占长安、消灭后秦,刘裕北伐的使命大体完成。对迫于异族压力而偏安江左的东晋政权而言,回到北方是数代人梦寐以求的夙愿,最终却由这位即将颠覆司马氏政权且其先世与北方并无什么关系的军事强人实现了,不能不说是一大奇迹,也是颇具讽刺性的一件事。刘裕的成功在于抓住了最有利的时机,这就是后秦易代之初内部纷争不断,其国力遭到严重削弱的时候。而赫连夏乘势崛起并侵占了后秦秦州,又从北方对后秦发起进攻,攻占岭北重镇安定,进一步瓦解了后秦的统治基础,然其羽翼尚未完全丰满,不足以对东晋北伐军构成重大威胁。北魏虽然国力已经比较强

---

① (北齐)魏收撰:《魏书》卷三五《崔浩传》,中华书局1974年版,第三册,第810页。
② (唐)房玄龄等撰:《晋书》卷一三〇《赫连勃勃载记》,中华书局1974年版,第一〇册,第3207页。

大,但由于四面受敌,还不敢竭尽全力对付东晋北伐军,只要了解到刘裕北伐并非针对平城拓跋政权而来,也会坐山观虎斗,乐观其成。可以说,北伐消灭后秦,前此没有机会,后此亦难实现。谢灵运评价这次刘裕北伐的功业,谓其"云撤周京,席卷秦郊,复礼前茔,雪愧旧朝";"业盛曩代,惠侔大造,泽及四海,功格八表"。①

另一方面,就东晋内部而言,可谓形势一片大好。刘裕推翻了桓楚并消灭了桓氏残余势力,使得已经灭亡的东晋王朝起死回生,成为匡复晋室第一功臣。又通过第一次北伐消灭南燕,占领了青齐地域,扩大了东北疆界,为南方政权赢得了更大的生存空间。在敌我力量十分悬殊的危急关头,刘裕沉着应对,组织了有效的抵御,赢得了建康保卫战的胜利,接着乘胜追击,一举消灭了卢循叛军,可谓力挽狂澜,再一次从灭亡的边缘拯救了东晋政权。既而又消灭了与他有竞争关系的刘毅、诸葛长民两个家族及其追随者,以及司马休之等带有司马氏宗室印记的挑战者,使得统治集团内部不再存在任何不同的声音,统治集团意志得到了空前高度的统一。此外,刘裕又派遣将领率军西征,消灭了割据十余年的谯纵成都国政权,使南方版图得以恢复统一局面,奠定了此后南方政权生存的又一重要基础。而东晋建立后面对类似的局面,消灭成汉政权并将蜀地纳入版图却用了将近四十年的时间。总之,此时发动北伐战争可以说是最佳时机,天时、地利、人和一应俱备。机不可失,时不再来,若错过当下则绝无占领关河的其他机会,以后局势的发展也证实了这一点。

不仅如此,在以后南北分立的场合,再也没有出现过南方政权

---

① (唐)欧阳询撰,汪绍楹校:《艺文类聚》卷一三《帝王部三·宋武帝》引宋谢灵运《武帝诔》,上海古籍出版社1965年版,上册,第257页。

的君主或权臣以胜利者的姿态踏上北方政治中心地区的情形。也可以这样说,刘裕第二次北伐是中国历史上一个分水岭,此前南北分裂时代还曾有过政治和军事上的南北均势甚至南强北弱的局面,此后就再也没有出现过这种情况。而刘裕这次北伐的成功正是南强于北的标志,或者说是历史上唯一的实例,其重大意义于此亦得以凸显。后世史家在评论刘裕功过时大多都会关注这一条,尤其秉持儒家纲常和华夷之辨的正统思想家,对此尤为重视,甚至认为刘裕北伐之功可减轻其篡位之过,因而也就成为魏晋以来篡位之君中最具肯定价值的一位。

> 拓跋鲜卑北魏国,平城为都据河北。
> 北伐须过魏南境,北魏大军正阻击。
> 河上对峙路难行,奇兵北袭始通畅。
> 刘裕入洛谒五陵,镇恶道济抵潼关。
> 后秦内讧力削弱,南军突击节节进。
> 姚泓出降死建康,关中百年复归晋。

第十三章　凯旋而归，长安失据

长安席未暖，刘裕速凯旋。
诸将相残害，赫连据长安。

第一节　审时度势，刘裕凯旋

占领洛阳和长安两大重镇后，刘裕打算将都城从建康迁至洛阳。这究竟是他的真实想法还是一时兴起，抑或仅为故作姿态，不得而知。《宋书·王懿传》："长安平，以仲德为太尉谘议参军。武帝欲迁都洛阳，众议咸以为宜。仲德曰：'非常之事，常人所骇。今暴师日久，士有归心，固当以建业为王基，俟文轨大同，然后议之可也。'帝深纳之。使卫送姚泓先还彭城。"①刘裕此举或许只是一个姿态，意图试探随驾群臣的真实想法，并不是真的想要迁都洛阳，否则以其意志坚定的性格，王仲德的一席话未必真能打动他。

其时洛阳位于北魏南部边境，若以洛阳为都，必定就要面对已经强大起来的北魏政权的军事压力，而在政治中心北移后对于江南全境局势的控制能否做到万无一失，刘裕心里似乎没有充分的把握，毕竟卢循、刘毅等异己者和巴蜀平定也才过去很短的时间，

---

① （梁）沈约撰：《宋书》卷四六《王懿传》，中华书局1974年版，第五册，第1392页。

难保不会出现死灰复燃的情况。更重要的是,若迁都洛阳,就必须要有足够的兵力驻守河洛和关中地区,加上皇室和官贵等寄生阶层,刚刚平定的关河地区难以完全满足大量的物资需求,这就要源源不断地从江南地区进行补给,然而路途遥远,花费自然不菲。一时或许尚可为之,而长年累月,难免激化矛盾。若后院起火,北魏进攻加剧,则内外交困,悔之晚矣。

此外,南方将士若长期在北方镇守或征战,自然会出现严重的心理波动,必定会对士气造成很大的消极影响,这是政治中心北移后的一大现实问题。即就这次北伐战争而论,也才一年多的时间,已然出现了这种情况。史载"诸将行役既久,咸有归愿"①;又载"大军还至彭城,(沈)林子以行役既久,士有归心,深陈事宜"②。此与王仲德所言"今暴师日久,士有归心",可以互相印证。《元和郡县图志·关内道一·京兆府》"蓝田县"条:"(霸水)又西北流,合浐水入渭。思乡城在县东南三十三里,宋武帝征关中,筑城于此。南人思乡,因以为名。"③因此可以说,若在当时将都城从建康迁至洛阳绝非明智之举,以刘裕之大智慧自不会不明白这一点。刘裕在听到王仲德的反对意见后随即放弃了迁都打算,则以洛阳为都即便不是故作姿态也只是一时念想,并非深思熟虑的长远考虑。刘裕北伐的真实目的,恐怕还是如北朝史家魏收所言:"裕志倾僭晋。若不外立功名,恐人望不许,乃西伐姚泓。"④

宋人吕祖谦认为仅仅倚靠南兵是难以固守关中的,而刘裕也

---

① 《宋书》卷六一《武三王·庐陵王义真传》,第六册,第 1633—1634 页。
② 《宋书》卷一〇〇《自序》,第八册,第 2457—2458 页。
③ (唐)李吉甫撰,贺次君点校:《元和郡县图志》卷一《关内道一·京兆府》,中华书局 1983 年版,上册,第 16 页。
④ (北齐)魏收撰:《魏书》卷九七《岛夷刘裕传》,中华书局 1974 年版,第六册,第 2133 页。

正是由于认识到这一点,也就不敢滞留北方,而急于挥师南归。
"裕既无中原之众,欲以南兵守关中,人无智愚皆知不可也。裕之东归,世以谓刘穆之死急于篡取,愚以谓正以南兵不能守关耳。裕见已所行事已失中原之情,欲全军共归,则惜关中不忍弃之;欲不归而守,则南人思归既甚;将溃而归矣,裕之首领未可保也。"①不过,对刘裕未能致力于守住关中并进而实现南北统一的大业,吕祖谦是持否定态度的。他认为刘裕"有智勇而无仁义"(此为司马光之说②),故而"不得中原之心"、"不能快中原之愤"、"不能用中原之人",也就不具备完成统一大业的品质。说易行难,要在刘裕生前实现南北统一,无论就主客观条件而论都是不现实的。若鲁莽行事而逞一时之快,难免会造成吕氏所言"裕之首领未可保"这样满盘皆输的后果。

北伐军占领长安后,刘裕便面临着和被灭后秦政权同样的对手,即与关中毗邻的赫连勃勃夏国政权。对刘裕来说,所占后秦之地面积广大,尤其关中地区距统治中心江南路途遥远,一旦有事则鞭长莫及,而他本人和北伐大军又不能悉数留在关中。为了避免赫连勃勃的进攻,刘裕采取了与之交好的战略。史载"刘裕灭泓,入于长安,遣使遗勃勃书,请通和好,约为兄弟"。从年龄推断,赫连勃勃亦"命其中书侍郎皇甫徽为文""以答裕",意味着他同意了刘裕与自己"约为兄弟"的提议。③ 究竟孰兄孰弟,不得而知。从年龄推断,似刘裕为兄、勃勃为弟。赫连勃勃从杏城返回国都统

---

① (宋)周应合修纂:《景定建康志》卷三四《文籍志二·诸国论》"吕祖谦十论"条,见王晓波等点校《宋元珍稀地方志丛刊》甲编(三),四川大学出版社2007年版,第1537—1538页。
② 《资治通鉴》卷一一五《晋纪三七》,第八册,第3627页。
③ 参见《晋书》卷一三〇《赫连勃勃载记》,第一〇册,第3208页。

万,表明刘裕北伐进入关中之际,赫连勃勃就在关中边缘窥伺动静。刘裕北伐进军关中之际,赫连勃勃就时局走向作出判断,笑谓群臣曰:"刘裕伐秦,水陆兼进,且裕有高世之略,姚泓岂能自固!吾验以天时人事,必当克之。又其兄弟内叛,安可以距人!裕既克长安,利在速返,正可留子弟及诸将守关中。待裕发轫,吾取之若拾芥耳,不足复劳吾士马。"①其对刘裕即将消灭后秦所作的预测可谓十分准确,而对下一步夺取关中也是信心满满。可以说,刘裕实际上替赫连勃勃消灭了后秦,也就省得他为夺取长安再大动干戈。而刘裕返回后留下的长安,将远比作为后秦国都的长安更容易得手,赫连勃勃当然会满怀喜悦地期待长安主人的易手。

虽然出征前刘裕对朝政做了充分安排,可以确保其在外时万无一失,但长时间离开东晋本土并非万全之策,刘裕在对关中守备进行安排后随即返回南方。② 促成刘裕必须南下的更直接因素,当是其首席心腹亲信刘穆之的病故。义熙十三年(417)"冬十一月辛未(初三,11.27),左仆射、前将军刘穆之卒"③。刘穆之是刘裕北伐时在朝协助其长子刘义符留守的第一重臣,有刘穆之在朝留守,刘裕大可高枕无忧,其去世使得刘裕不敢再继续待在北方。

---

① 《晋书》卷一三〇《赫连勃勃载记》,第一〇册,第 3207—3208 页。
② 虽然司马氏宗室已是日落西山,没有丝毫能力与刘裕周旋,但刘裕心里似乎仍不十分踏实,故在其出征北伐时将晋安帝之弟司马德文也带在身边。《晋书》卷一〇《安帝纪》:义熙十二年"秋八月,刘裕及琅邪王德文帅众伐姚泓"。(第一册,第 265 页)刘裕北伐时就在离京师不远的地方发生了变乱,《宋书》卷四六《张邵传》:"十二年,武帝北伐……青州刺史檀祗镇广陵,时滁州结聚亡命,祗率众掩之。刘穆之恐以为变,将发军。邵曰:'檀韶据中流,道济为军首,若疑状发露,恐生大变。宜且遣慰劳,以观其意。'既而祗果不动。"(第五册,第 1394 页)值得注意的是,刘穆之还担心镇守广陵的檀祗乘机叛乱,当然这显然是过虑,幸好有张邵的劝阻,而未采取发兵以防备檀祗的举措。
③ 《晋书》卷一〇《安帝纪》,第一册,第 266 页。

义熙十三年"十一月,前将军刘穆之卒"。"公欲息驾长安,经略赵、魏,会穆之卒,乃归。"①《宋书·张邵传》:"及穆之卒,朝廷惶惧,便欲发诏以司马徐羡之代之。邵对曰:'今诚急病,任终在徐,且世子无专命,宜须北咨。'信反,方使世子出命曰:'朝廷及大府事,悉咨徐司马,其余启还。'"②这一记载表明,刘穆之卒后建康朝廷失去了主心骨,处于慌张恐惧的境地。同时也可以看出,北伐进行时建康朝廷与刘裕之间沟通的情形。

刘穆之死后,原以太尉左司马"副贰刘穆之""掌留任"的徐羡之,即被刘裕任命"为吏部尚书、建威将军、丹阳尹,总知留任,甲仗二十人出入"。③刘裕离开关中东还时,以随行北伐的次子刘义真留守长安,又以攻克长安的头号功臣王镇恶为首的多名将领护卫其镇守长安,承担关中防务。然而遗憾的是,留守将领之间随即却发生了严重的矛盾冲突。义熙十四年(418)正月,沈田子杀害王镇恶,既而沈田子也被处死。④刘义真尚为一黄毛小子,关中防守大任自然由其他将领承担,而沈田子和王镇恶之间的内讧,使得两员猛将丧生,极大地削弱了东晋守军的实力,埋下了关中失守的祸根。不到一年时间,其恶果便显现出来。"十一月,赫连勃勃大败王师于青泥北。雍州刺史朱龄石焚长安宫殿,奔于潼关。寻又大溃,龄石死之。"⑤对此,下文将予详述。这样,关中为晋军占领还不到一年半时间,便又完璧归赵,只是此赵已非彼

---

① 《宋书》卷二《武帝纪中》,第一册,第43、44页。
② 《宋书》卷四六《张邵传》,第五册,第1394页。
③ 《宋书》卷四三《徐羡之传》,第五册,第1329、1330页。
④ 参见《宋书》卷一〇〇《自序》,第八册,第2449页;《魏书》卷九七《岛夷刘裕传》,第六册,第2134页;《晋书》卷一〇《安帝纪》,第一册,第266页。《资治通鉴》卷一一八《晋纪四〇》系其事于安帝义熙十四年正月,第八册,第3716页。
⑤ 《晋书》卷一〇《安帝纪》,第一册,第267页。

赵也。

刘裕于义熙十三年十二月庚子从长安出发东归南还,"闰月,公自洛入河,开汴渠以归。十四年正月壬戌(廿六,3.18),公至彭城,解严息甲"①。《水经注·济水二》:"又北与济渎合。自渚迄于北口百二十里,名曰洪水。桓温以太和四年率众北入,掘渠通济。至义熙十三年,刘武帝西入长安,又广其功。自洪口已上又谓之桓公渎,济自是北注也。"②按:东晋海西公太和四年(369),桓温北伐前燕,经湖陆"进次金乡。时亢旱,水道不通,乃凿巨野三百余里以通舟运,自清水入河"③。又《晋书·毛穆之传》:"(桓)温伐慕容暐,使穆之监凿巨野百余里,引汶会于济川。"④《元和郡县图志·河南道六·兖州》"任城县"条:"桓公沟,源出县理西四十里萌山之下。《宋武帝北征记》曰:'桓公宣武以太和四年率众平赵、魏时,遣冠军将军毛彪生凿此沟,号曰桓公沟。于今四十九年矣,沟已填塞,公遣宁朔将军朱超更凿石通之。'"⑤由此可见,刘裕南还彭城时所开汴渠,实即近半个世纪前桓温北伐所凿运河桓公沟。

檀道济、朱超石、胡藩等北伐主将随刘裕一起东归,南下彭城。"高祖自长安东还,(朱)超石常令人水道至彭城。"⑥胡藩"又与超

---

① 《宋书》卷二《武帝纪中》,第一册,第44页。
② (北魏)郦道元著,陈桥驿校证:《水经注校证》卷八《济水二》,中华书局2007年版,第205页。
③ 《晋书》卷九八《桓温传》,第八册,第2576页。又可参见《魏书》卷九六《僭晋司马叡传附弈传》,第六册,第2101页。
④ 《晋书》卷八一《毛穆之传》,第七册,第2125页。
⑤ 《元和郡县图志》卷一〇《河南道六·兖州》,上册,第270—271页。按:"朱超更凿石通之",当为"朱超石更凿通之"之倒讹。
⑥ 《宋书》卷四八《朱龄石传附弟超石传》,第五册,第1420页。按此处文义欠安,当有脱文。

石等击姚业于蒲坂,超石失利退还,藩收超石所舍资实,徐行而反,业不敢追。高祖还彭城,参相国军事"①。"大军东归,(沈)林子领水军于石门,以为声援。"②按《长安志·县六·蓝田》:"石门谷,在县西南四十里。"③《水经注·渭水下》:"埋水出蓝田山之东谷,俗谓之刘谷,西北与石门谷水合。石门谷水东即铜谷水也。"熊会贞云:"埋水出蓝田之东谷,则在霸水之东。此石门水在埋水之东,铜谷水之西,是在今蓝田县东。"④按"刘谷"之得名,或与此次刘裕北伐有关。

第二节 义真留守,将佐辅弼

刘裕离开长安东归之前,对以长安为中心的秦地的镇守事宜进行了安排。刘裕次子桂阳县公刘义真,"年十二,从北征大军进长安,留守柏谷坞,除员外散骑常侍,不拜。及关中平定,高祖议欲东还,而诸将行役既久,咸有归愿,止留偏将,不足镇固人心,乃以义真行都督雍凉秦三州司州之河东平阳河北三郡诸军事、安西将军、领护西戎校尉、雍州刺史。太尉谘议参军京兆王脩为长史,委以关中之任"⑤。《宋书·武帝纪中》:义熙十三年"十二月庚子(初三,12.26),发自长安,以桂阳公义真为安西将军、雍州刺史,留

---

① 《宋书》卷五〇《胡藩传》,第五册,第 1445 页。
② 《宋书》卷一〇〇《自序》,第八册,第 2457 页。
③ (宋)宋敏求撰:《长安志》卷一六《县六·蓝田》,《景印文渊阁四库全书》史部三四五"地理类",台湾商务印书馆 1986 年版,第五八七册,第 195 页。
④ (后魏)郦道元注,杨守敬、熊会贞疏,段熙仲点校,陈桥驿复校:《水经注疏》卷一九《渭水下》,江苏古籍出版社 1989 年版,中册,第 1604 页。
⑤ 《宋书》卷六一《武三王·庐陵王义真传》,第六册,第 1633—1634 页。按同书卷四五《王镇恶传》:"留第二子桂阳公义真为安西将军、雍秦二州刺史,镇长安。"(第五册,第 1370 页)

腹心将佐以辅之"①。刘义真当时只有十二岁，不具备执政能力，不过留其镇守长安即意味着作为刘裕的政治代表驻守关中，也就表明刘裕对关中镇守的高度重视。"太尉谘议参军京兆王脩为长史，委以关中之任。"②在这次北伐战争中建立了头功的龙骧将军王镇恶，"以本号领安西司马、冯翊太守，委以捍御之任"③。沈田子本为参赵伦之征虏军事、振武将军、扶风太守，攻克长安后，"授咸阳始平二郡太守"。"大军既还，桂阳公义真留镇长安，以田子为安西中兵参军、龙骧将军、始平太守。"④

有关桂阳公义真府首席僚佐安西长史王脩的文献信息极为有限。史载"脩字叔治，京兆灞城人也。初南渡，见桓玄，玄知之，谓曰：'君平世吏部郎才。'"⑤王脩南渡的时间大概与王镇恶差不多，其在北方的情况以及南渡后的任职经历一概不知。刘裕任命王脩为安西长史以辅佐刘义真执掌留守大权，想来之前在南方时就已是刘裕集团的重要成员，此次北伐时应该就在刘裕幕府担任高级僚佐。以之为长史，刘裕应该还有其他考虑，因其本为长安土著，熟悉当地形势及风土民情，同时其家族在当地也应该有较大影响力，对统治刚刚占领的长安和关中地区而言，无疑具有较强的凝聚力。这从后来王脩被杀后"人情离骇，无相统一"的情形也可得到印证。

琅邪王智，"少简贵，有高名，高祖甚重之"。"为太尉谘议参

---

① 《宋书》卷二《武帝纪中》，第一册，第44页。
② 《宋书》卷六一《武三王·庐陵王义真传》，第六册，第1634页。
③ 《宋书》卷四五《王镇恶传》，第五册，第1370页。
④ 《宋书》卷一〇〇《自序》，第八册，第2449页。
⑤ 《宋书》卷六一《武三王·庐陵王义真传》，第六册，第1634页。

军,从征长安,留为桂阳公义真安西将军司马、天水太守"。①王智祖穆,为已故司徒、扬州刺史王谧长兄②,史书虽然对其事迹记载甚为简略,但可以看出他是当时琅邪王氏家族的代表人物。王智似乎并非将才,未见其有统兵打仗的任何经历,此次也是在刘裕身边承担出谋划策的角色。若其为"安西将军司马"是在刘裕南还前所任命,则当时刘义真安西将军府便有两位司马,不合常规制度。不排除在当时特殊状况下刘裕为其子义真安排两员司马的可能性,从后来王镇恶被杀之际"义真率王智、王脩被甲登横门以察其变"的情形来看,王智在当时安西军府中的确应该居于上佐地位。王智所任安西司马有无可能是在王镇恶被沈田子杀害之后补位的?答案是否定的,因为当时补位者另有其人。史载"王镇恶死,(毛)脩之代为安西司马"③。可能的情形是,由于关中刚刚平定,安西军府的首要职责是加强军事镇抚,故刘裕南还前很可能为其子义真安排了两员司马进行辅佐,大概王智负责军府本部的军事方略,王镇恶则负责具体的指挥调度,在有战事时率军征讨。

如前所述,毛德祖在北伐时担任王镇恶龙骧司马、建武将军,冲锋陷阵,建立了巨大功勋。《宋书·索虏传》:"长安平定,以为龙骧将军、扶风太守。仍迁秦州刺史,将军如故。时佛佛虏为寇,复以德祖为王镇恶征虏司马,寻复为桂阳公义真安西参军、南安太守,将军如故。复徙冯翊太守。高祖东还,以德祖督司州之河东平阳二郡诸军、辅国将军、河东太守,代并州刺史刘遵考戍蒲坂。长

---

① 《宋书》卷八五《王景文传》,第八册,第2177、2178页。
② 参见(唐)李延寿撰《南史》卷二三《王景文传》,中华书局1975年版,第二册,第632页。
③ 《宋书》卷四八《毛脩之传》,第五册,第1429页。

安不守,合部曲还彭城。"①按:《索虏传》关于毛德祖在长安及蒲坂任职的记载有可疑之处。首先,从其职位的频繁变动来看,在后秦灭亡之初刘裕对于长安及关中戍守的决策一再调整,摇摆不定,表明镇守关中存在很多困难。其次,关于毛德祖任职时间点的记载可能并不完全准确。据上引记载,王镇恶担任征虏将军是在刘裕即将东(南)还前夕,而"佛佛虏为寇"是在刘裕离开长安之后。

又据《宋书·营浦侯遵考传》记载,随刘裕北伐,"长安平定,以督并州司州之北河东北平阳北雍州之新平安定五郡诸军事、辅国将军、并州刺史,领河东太守,镇蒲坂。关中失守,南还"②。则刘遵考在"关中失守"前一直在蒲坂镇守。而据《宋书·武帝纪中》,义熙"十四年正月壬戌,公至彭城,解严息甲。以辅国将军刘遵考为并州刺史,领河东太守,镇蒲坂"③。则刘遵考"镇蒲坂"是在刘裕南还之时,究竟是命令下达的时间还是上任的时间,难作判断。若此,则毛德祖代刘遵考"戍蒲坂"要在"高祖东还"一段时间之后。比较可能的情形是,北伐军占领长安到刘裕东还前,毛德祖先由龙骧司马、建武将军迁任龙骧将军、扶风太守,负责控制新占领的扶风郡,接着又以之为秦州刺史,控制新占领的秦州相关地区。待到刘裕东还前夕,又以毛德祖为王镇恶征虏司马,辅佐王镇恶承担关中镇抚重任。在王镇恶被杀后,刘义真和王脩、王智任命毛德祖为安西参军、南安太守,进入决策班子。毛德祖被任命为辅国将军、河东太守代刘遵考戍守蒲坂,则应是在刘遵考因关中动乱南还之后。据《晋书·赫连勃勃载记》的记载,赫连勃勃攻占长

---

① 《宋书》卷九五《索虏传》,第八册,第2329页。
② 参见《宋书》卷五一《宗室·营浦侯遵考传》,第五册,第1480—1481页。
③ 《宋书》卷二《武帝纪中》,第一册,第44页。

安、东晋守军被逐之后,又"遣其将叱奴侯提率步骑二万,攻晋并州刺史毛德祖于蒲坂,德祖奔于洛阳。以侯提为并州刺史,镇蒲坂"①。则毛德祖是在长安不守过了一段时间之后方从蒲坂逃奔洛阳的。

此外,刘裕还任用了个别当地名门望族子弟作为义真府僚佐,最典型的是京兆杜陵人杜骥。杜骥为西晋名臣杜预玄孙,是这次北伐时投降的后秦兖州刺史同郡韦华女婿,"桂阳公义真镇长安,辟为州主簿"②。包括大族子弟在内的部分关中人则在刘裕南还时被带到南方,如杜骥之兄杜坦,"颇涉史传。高祖征长安,席卷随从南还"。杜坦于宋文帝元嘉年间任至龙骧将军、青冀二州刺史。杜骥"曾祖耽,避难河西,因仕张氏。苻坚平凉州,父祖始还关中"。故杜坦自言"臣本中华高族,亡曾祖晋氏丧乱,播迁凉土,世叶相承,不殒其旧"③。这些"晚渡北人,朝廷常以伧荒遇之"④,虽受到不公正待遇,但毕竟还是有机会进入仕途并有可能任至较高职位,成为南朝统治集团的一分子。

第三节　父老失望,关中难保

在匈奴、氐、羌等异族统治下长达一百年以上的关中汉人,对于刘裕的北伐原本寄予厚望,从前述王镇恶和檀道济入关时弘农民众纳义租以支援北伐军即有充分的体现。刘裕南还前发生的一幕更为生动地反映了这一点,《宋书·武三王·庐陵王义真传》:

---

① 《晋书》卷一三〇《赫连勃勃载记》,第一〇册,第3209页。
② 《宋书》卷六五《杜骥传》,第六册,第1721页。
③ 《宋书》卷六五《杜骥传》,第六册,第1720—1721页。
④ 《宋书》卷六五《杜骥传》,第六册,第1720页。

  高祖将还,三秦父老诣门流涕诉曰:"残民不沾王化,于今百年矣。始觏衣冠,方仰圣泽。长安十陵,是公家坟墓,咸阳宫殿数千间,是公家屋宅,舍此欲何之?"高祖为之愍然,慰譬曰:"受命朝廷,不得擅留。感诸君恋本之意,今留第二儿,令文武贤才共镇此境。"①

将十二岁的次子刘义真独自留在关中,并不符合刘裕的真实意愿。因为当时"诸将行役既久,咸有归愿,止留偏将,不足镇固人心"②。为了使留守关中的将领能够安心镇守,不得已才将黄毛小子留在了遥远的长安,承受巨大的身心压力。留义真作为名义上的军政长官镇守关中,除了安抚留守诸将外,也是为了抚慰以"三秦父老"为代表的关中人心。当然,刘裕不得已而作出了这种决策,却十分担心义真的安危,史载其"临还,自执义真手以授王脩,令脩执其子孝孙手以授高祖"③。刘裕的这一举动意味深长,显示其对王脩的信任和重托,要求他要像保护好自己的儿子孝孙一样务必保护好义真,同时也表明刘裕内心深处对守住长安并无多大把握,其基本判断应该是凶多吉少。

  上引《宋书》的记载还表明,在"胡人"暴虐统治下的关中汉人,在心理上更愿意接受一个继承了西晋衣钵的南方汉人政权成为其新的统治者。但对于家在南方的大多数北伐军将士而言,却完全没有所谓收复故土的思想意识和喜悦之情,他们所认同的家就在南方,留在关中镇守对他们来说是一件苦差事,不仅离乡背井,弄不好还会将性命丢在异乡。对于原本曾在关中生活的王镇恶而言,这种矛盾心理则要小得多,刘裕留其镇守关中大概亦有这

---

① 《宋书》卷六一《武三王·庐陵王义真传》,第六册,第 1634 页。
② 《宋书》卷六一《武三王·庐陵王义真传》,第六册,第 1633—1634 页。
③ 《宋书》卷六一《武三王·庐陵王义真传》,第六册,第 1634 页。

一层考虑。也就是说,百年以后刘裕的光复中原更多的是现实政治的需要,而与民族情感和民族意识没有多少干系。"三秦父老诣门流涕诉",主要还是因为他们对"胡人"暴虐统治的不满,想象中的汉人政权的统治会比较文明和平和,当然也不排除对汉族统治者有更多的心理认同。①

至于三秦父老所言"长安十陵,是公家坟墓;咸阳宫殿数千间,是公家屋宅",主要是从刘裕作为汉皇室后裔而言。其实完全与刘裕无关,欲以此感动刘裕自然也是缘木求鱼。即便是洛阳西晋五陵,对即将篡位的刘裕而言也没有多大的吸引力,更何况久远的西汉长安十陵和咸阳宫殿。刘裕北伐最大的目的就是为了加强政治军事影响力,以便为即将进行的篡位做最后的准备,只要北伐成功,这个目的就已经达到。与此同时,边界和疆域的扩展,心腹之患桓氏、司马氏余孽和后秦对边境骚扰的消除,都是北伐所带来的立竿见影的成效。下一步能不能守住关中,刘裕当然希望能够守住,但却不是当时头等大事,与眼下即将实施的篡位行动相比,自当居于次要地位。刘裕带着次子义真北伐,而以长子义符作为京师留台首脑,即表明在其心中建康是不可取代的首要政治中心。

"义真寻除正,加节,又进督并东秦二州司州之东安定新平二郡诸军事,领东秦州刺史。"②对于刘义真的这一任命应该来自建

---

① 南宋王质云:"西晋凡五十二年,武帝麤安者二十余年,而惠帝、怀、愍极乱者三十余年。至元帝中兴,而中原已无情于司马氏矣。何者?相恩之日少,相毒之日多也。故晋人恢复为难。然桓温至灞上,刘裕入长安,中原犹有恋恋之情,所谓'长安十陵是公家坟墓,咸阳宫殿是公家室宅,舍此何之'?是时关中相继为苻、姚割据,将八十年,与刘裕初漠然也。而苦邀其留,痛恨其返,盖虑北有拓跋、西有赫连也。"(《雪山集》卷一《奏议·上皇帝书》,《景印文渊阁四库全书》集部八八"别集类",台湾商务印书馆1986年版,第一一四九册,第354页)

② 《宋书》卷六一《武三王·庐陵王义真传》,第六册,第1634页。

康朝廷,是当时主持朝政的徐羡之根据此前刘裕的决定而作出的。因为当时秦州已为赫连夏实际占领,故又新设东秦州令义真领之,不过流落长安的秦州人则从这一任命中感受到,占领了关中的南方政权已无意收复陇右之地。"时陇上流人,多在关中,望因大威,复得归本。及置东秦州,父老知无复经略陇右、固关中之意,咸共叹息。"①不保陇右,则关中失去屏障,长安终将为他人所有。其恶果是,关陇人心尽失,则大敌当前,只有落荒而逃一途可供选择。刘裕的问题是,在占领关中后没能更全面地思考关中镇守的方略,而是采取了折中乃至保守的方案,即通过与赫连勃勃媾和以免发生冲突,维持占领长安暨关中的现状。然而,长安乃是赫连勃勃眼中的大餐,早就垂涎三尺,不可能眼睁睁地让刘裕据为己有而无动于衷。一旦刘裕离开长安,双方力量对比发生变化,赫连勃勃自然就要迫不及待地下手了。

若在占领长安之初,刘裕能够采取措施充分调动关中汉族居民向往汉人政权统治的向心力,利用当地集聚的陇右流人的归乡情结而调动其战斗力,以积极进取的姿态向赫连勃勃展示实力,即便不能进一步开疆拓土,也会令其畏惧三分,不敢轻易发动挑衅。然而,刘裕似乎没有做好与赫连勃勃对阵的思想准备,只求能够保住从后秦手中夺得的现有领土。然而,赫连勃勃并不是一纸兄弟协议就能够加以约束的诚信之人,为了追求自己的政治目的,他可以除掉恩公和岳父,对他有收留济困之恩的后秦政权,在力量强大后便成了鲸吞的目标。当然,若刘裕采取进取方略,无疑具有很大的冒险性,可能会带来意想不到的后果。而刘裕当时所考虑的中心问题恐怕还是平安返回南方,尽快称帝建国,这是他多年以来梦

---

① 《宋书》卷六一《武三王·庐陵王义真传》,第六册,第1634页。

寐以求的目标。因此,即便是关中将会得而复失,他也不能甘冒风险,与赫连勃勃缠斗于关陇地区。

不出赫连勃勃所料,"裕留子义真镇长安而还,勃勃闻之大悦",马上与王买德商讨"进图长安"之略。买德以为:"关中形胜之地,而以弱才小儿守之,非经远之规也。狼狈而返者,欲速成篡事耳,无暇有意于中原。"①刘裕不敢久留长安,就是因为要急着回去"速成篡事",王买德的分析还是很有道理的。然而在以军事实力说话的时代,军事力量乃是决定高下的终极手段。赫连勃勃看到关中有机可乘,则刘裕与其约定的所谓兄弟关系也就成为具文,对他而言自然没有任何约束力,于是长安暨关中便成了待宰的羔羊。

北伐军尚未攻克长安之际,崔浩在回答北魏明元帝有关时局的问题时明确指出,后秦姚泓政权将亡于刘裕之手,但刘裕亦无法守住所得之地,且最终必将成为北魏囊中之物。他说:"秦地戎夷混并,虎狼之国,裕亦不能守之。风俗不同,人情难变,欲行荆、扬之化于三秦之地,譬无翼而欲飞,无足而欲走,不可得也。若留众守之,必资于寇。孔子曰:善人为邦百年,可以胜残去杀。今以秦之难制,一二年间岂裕所能哉?且可治戎束甲,息民备境,以待其归,秦地亦当终为国有,可坐而守也。"②崔浩的判断无疑属于高瞻远瞩的先见之明,未来局势的走向正是如此。当然崔浩无法预料的是,刘裕北伐成果的丧失首先是由他所安排的留守将领之间的内讧开其端的,正所谓堡垒是从内部开始瓦解的。这就是沈田子杀害王镇恶所带来的连锁反应。

---

① 《晋书》卷一三〇《赫连勃勃载记》,第一〇册,第3208页。
② 《魏书》卷三五《崔浩传》,第三册,第810—811页。

第四节　田子狂悖,杀害镇恶

刘裕东归后,关中局势迅疾恶化。赫连勃勃的侵犯如期而至,而在关中留守的东晋统帅王镇恶却被沈田子所杀害,此可谓雪上加霜,使得局势更趋严峻。《魏书·岛夷刘裕传》:"赫连屈丐掠渭阳,义真遣沈田子率军讨之。田子退军陇上,镇恶往就田子议之,田子斩镇恶于幕下,又杀其兄弟群从七人。田子驰还,云'镇恶有异志',义真长史王脩执而斩之。"①刘裕离开长安后,赫连勃勃与王买德对话,谓"朕将进图长安,卿试言取之方略"。王买德本为"姚兴镇北参军",投奔赫连夏后,"勃勃善之,拜军师中郎将"。他向勃勃分析形势,并提出了夺取长安的具体方略:"青泥、上洛,南师之冲要,宜置游兵,断其去来之路。然后杜潼关,塞崤陕,绝其水陆之道。陛下声檄长安,申布恩泽,三辅父老皆壶浆以迎王师矣。义真独坐空城,逃窜无所,一旬之间,必面缚麾下。所谓兵不血刃,不战而自定也。"对王买德提出的方略,赫连勃勃深表赞同,"以子璝都督前锋诸军事、领抚军大将军,率骑二万南伐长安,前将军赫连昌屯兵潼关,以买德为抚军右长史,南断青泥,勃勃率大军继发。璝至渭阳,降者属路。义真遣龙骧将军沈田子率众逆战,不利而退,屯刘回堡"。②

由于留镇关中的南军兵力有限,主要当用在镇守长安及潼关、蒲坂等重镇及关隘,对于与赫连夏接壤的周边区域难以投入足够的兵力,这就使得赫连勃勃可以轻易达到目标。王买德基于关中

---

① 《魏书》卷九七《岛夷刘裕传》,第六册,第2134页。
② 《晋书》卷一三〇《赫连勃勃载记》,第一〇册,第3208、3205、3208页。

盆地的具体地形，提出了扎口袋式的打围战术。关中的北、西两面均为赫连夏国土，不是南军将来突围的路径，自可不用理会。正如南军进入长安是通过潼关和蓝田两路而来，其在赫连夏进攻下的撤退路径必然也是如此，于是王买德提出了阻断青泥、上洛和杜塞潼关、崤陕以绝其退路的作战方略，正所谓瓮中捉鳖，关门打狗。诚如占领长安后赫连勃勃所称赞，此"可谓算无遗策矣"。这一方略的提出，是基于我强敌弱、胜负已定的基本判断。深明制胜之道的赫连勃勃自然非常赞同这种方略，他在具体遣兵布阵时也就完全按照这一方略进行。可以这样认为，赫连勃勃所希望的不仅仅是夺取长安，而是要全歼南军，令其彻底覆灭。

《资治通鉴》载晋安帝义熙十四年正月，"镇恶与田子俱出北地以拒夏兵"。胡三省注："赫连璝已至渭阳，王、沈乌能出北地乎？此言北地者，谓长安以北之地耳。"[1]按胡氏的这一解释大体方位无误，但并不准确。"北地"并非"长安以北之地"之谓。此"北地"既非泛指，亦非汉代北地郡，乃是魏文帝设置于关中的北地郡而为后世所沿袭。《魏书·地形志下》："北地郡，魏文帝分冯翊之役袥置。"领富平、泥阳等七县。[2]《宋书·傅弘之传》："北地泥阳人。傅氏旧属灵州，汉末郡境为虏所侵，失土寄寓冯翊，置泥阳、富平二县。灵州废不立，故傅氏悉属泥阳。晋武帝太康三年，复立灵州县，傅氏还属灵州。"[3]《符瑞志下》："太康四年十一月癸

---

[1] (宋)司马光编著，(元)胡三省音注，"标点资治通鉴小组"校点：《资治通鉴》卷一一八《晋纪四〇》安帝义熙十四年正月，中华书局1956年版，第八册，第3716页。
[2] 《魏书》卷一〇六下《地形志下》，第七册，第2609页。
[3] 《宋书》卷四八《傅弘之传》，第五册，第1430页。

未,白兔见北地富平。"①《五行志四》:"晋愍帝建兴四年六月","去岁胡寇频攻北地、冯翊"。②沈田子与王镇恶出拒夏兵之北地即是位居长安以北的北地郡辖境,刘回堡当在北地境内,然具体地点不明。

大敌当前,承担御敌任务的沈田子不仅未能做到奋力抗敌,反而把矛头指向了总指挥王镇恶。关于沈田子杀害王镇恶事件,现存最原始和全面的记载见于沈约所撰《宋书》。然而,沈田子为沈约伯祖,故有关此事的记载即便真实无误,其思想倾向也要打上问号。关于沈田子杀害王镇恶一事的具体情况,《宋书·自序》有如下记载:

> 大军既还,桂阳公义真留镇长安,以田子为安西中兵参军、龙骧将军、始平太守。时佛佛来寇,田子与安西司马王镇恶俱出北地御之。初,高祖将还,田子及傅弘之等并以镇恶家在关中,不可保信,屡言之高祖。高祖曰:"今留卿文武将士精兵万人。彼若欲为不善,正足自灭耳。勿复多言。"及俱出北地,论者谓镇恶欲尽杀诸南人,以数千人送义真南还,因据关中反叛。田子与弘之谋,矫高祖令诛之,并力破佛佛,安关中,然后南还谢罪。田子宗人沈敬仁骁果有勇力,田子于弘之营内请镇恶计事,使敬仁于坐杀之,率左右数十人自归义真。长史王修收杀田子于长安橐仓门外。是岁,义熙十四年正月十五日也。③

如前所述,沈约先是用刘裕于文昌殿宴请北伐将领时的言语以显

---

① 《宋书》卷二九《符瑞志下》,第三册,第837页。
② 《宋书》卷三三《五行志四》,第三册,第971页。
③ 《宋书》卷一〇〇《自序》,第八册,第2449页。

示沈田子战功之巨大，既而又载沈田子向刘裕进言，怀疑王镇恶对刘裕之忠心不纯，当然也就反证其本人之忠心耿耿。通过与刘裕的对话以表明刘裕认同其怀疑，且将"文武将士精兵万人"留给他统率，以便王镇恶出现异动时有条件进行制衡和镇压。这样，沈田子后来杀害王镇恶也就有了尚方宝剑。此外，沈约又在《王镇恶传》中记载其如何贪婪，甚至还可能有着巨大野心（见下）。凡此，都在为沈田子杀害王镇恶的行为进行辩解。当然，所有这些都是捕风捉影之说，是经不起推敲的，也就很难自圆其说。若刘裕真将留守长安的兵权交给沈田子，那就直接将安西司马授予沈田子即可，何必以王镇恶为之呢？从刘裕以"勿复多言"回敬沈田子，表明他一方面对王镇恶的行为尽在掌握之中，另一方面也显示他对沈田子的进言并不欢迎。《自序》又言"田子初以功应封，因此事寝"，这表明刘裕对沈田子杀害王镇恶的行为持完全否定的态度。

又，《南史·王镇恶传》云："武帝将归，留田子与镇恶，私谓田子曰：'钟会不得遂其乱者，为有卫瓘等也。语曰：猛兽不如群狐。卿等十余人，何惧王镇恶。'故二人常有猜心。"①此记载比《宋书·自序》有过之而无不及，原本是沈田子和傅弘之等向刘裕状告王镇恶时刘裕的答言，在此却变成了刘裕南还前私下向沈田子主动交代任务，令其防范王镇恶，谓王镇恶为"猛兽"（虎），留守诸将为"群狐"，从而将王镇恶与其他留守将领放在了对立面。刘裕果真有此想法，肯定要带王镇恶回到南方，而不会留其为义真军府司马，担负镇守长安暨关中的重任。谓刘裕以卫瓘杀钟会事相比附，自然也是捕风捉影的无稽之谈。若刘裕有这样的先见之明，必会

---

① 《南史》卷一六《王镇恶传》，第二册，第456页。

作出另外的安排,何必冒此巨大风险。从王镇恶被杀后傅弘之的举措来看,他也不会与沈田子一起向刘裕状告王镇恶。①

年仅十二岁的桂阳公义真自然难以实际执掌留守大任,其安西军府的行政权和军事权分别由长史王脩和司马王镇恶执掌。当时关中新平,后秦残余力量并未彻底肃清,赫连勃勃虎视眈眈伺机寇略,长安留守最核心的权力自然是军事权,由此也可以说王镇恶是当时留守长安的最高负责人。诚如沈约在《宋书·王镇恶传》中所言,"镇恶以本号领安西司马、冯翊太守,委以捍御之任"。其后赫连勃勃"寇逼北地","义真遣中兵参军沈田子距之"。② 这表明王镇恶的确是以最高军事首长的身份指挥抵御赫连勃勃进攻的

---

① 《资治通鉴》承袭《南史》所载刘裕离开长安前与沈田子的对话,司马光对此还进行了评论:"古人有言:'疑则勿任,任则勿疑。'裕既委镇恶以关中,而复与田子有后言,是斗之使为乱也。惜乎,百年之寇,千里之土,得之艰难,失之造次,使丰、鄗之都,复输寇手。荀子曰:'兼并易能也,坚凝之难。'信哉!"(《资治通鉴》卷一一八《晋纪四〇》安帝义熙十三年十一月,第八册,第3714页)温公之见亦属胶注于史文,而未能参透事件的本质。明人朱明镐更以此为据做了进一步申说,认为:"王镇恶横死,非沈田子杀之,宋武帝杀之也。英雄方得天下,日夜所焦心劳思者,无非蓟除异己及胜己者耳。刘毅、诸葛长民、司马休之,所谓异己者也;王镇恶,所谓胜己者也。镇恶平江陵,平关中,疾于风雨,犎骜天功。武帝身收其功,而心畏其材,为日已久。及大军东归,私语田子曰:'钟会不得遂其乱者,以有卫瓘等也。'又曰:'卿等十余人,何惧王镇恶。'是则明教田子杀之矣。田子持刀,武帝推刃,曲罪端杀,不过掩天下听闻,使狱有所归尔。关中大事,付之十岁儿子,辅以狼如羊贪如狼之数将军,而复诲之以相残相灭。所谓为天下者,不顾家乎! 帝意以为得杀镇恶,即失关中,屠儿子,不可悔也。《宋书》削其语不载,武帝奸雄之略,无由得章。"(《史纠》卷一"宋书·王镇恶传"条,《景印文渊阁四库全书》史部四四六"史评类",第六八八册,第464页)按朱氏谓刘毅、诸葛长民、司马休之为宋武帝"异己"而被杀,得其实也。然谓王镇恶因"胜己"而被宋武帝所谋杀,则是毫无根据的揣测。甚至于谓宋武帝为了谋杀王镇恶而不惜"失关中,屠儿子",则更是荒谬绝伦。

② 《宋书》卷四五《王镇恶传》,第五册,第1370页。

军事行动。接着发生的事也证实了这一点:"虏甚盛,田子屯刘回堡①,遣使还报镇恶。镇恶对田子使谓长史王脩曰:'公以十岁儿付吾等,当各思竭力,而拥兵不进,寇虏何由得平?'"②王镇恶对王脩之言也体现出他作为留守统帅的身份。王镇恶虽然当着使者的面抱怨沈田子出兵不力,但并不是多么难听的话,仅此理由就要谋杀王镇恶及其群从兄弟,自然是毫无道理的。《南史·王镇恶传》这样记载王镇恶与沈田子二人的矛盾:"王猛之相苻坚也,北人以方诸葛亮。入关之功,又镇恶为首,时论者深惮之。田子峣柳之捷,威震三辅,而与镇恶争功。"③刘裕以王镇恶作为北伐主将以及留其镇守长安暨关中,其为曾经威震一时的前秦名相王猛之孙,乃是一个重要的考量,目的是借助王猛曾经的威望,以便更好地加强对当地的镇抚。而按照以上记载,则其为王猛之孙的身份反而成为累赘,因此会被怀疑王镇恶有可能借助其祖父的名声以达到不可告人的目的。至于沈田子因"峣柳之捷,威震三辅,而与镇恶争功",恐怕也不是事实。如前所述,沈田子"峣柳之捷"很可能是沈约的夸大其词,而所谓"威震三辅"更是不着边际,这样其"与镇恶争功"的缘由也就不复存在。

  退一步说,即便确实存在争功的情况,也不能用如此残忍的谋杀手段来了断。"使还,具说镇恶言,田子素与镇恶不协,至是益激怒。二人常有相图志,彼此每相防疑。镇恶率军出北地,为田子

---

① 按"刘回堡",《南史》卷一六《王镇恶传》作"刘因堡",第二册,第456页。《晋书》卷一三〇《赫连勃勃载记》(第一〇册,第3208页)、《资治通鉴》卷一一八《晋纪四〇》安帝义熙十四年正月(第八册,第2116页)、《通志》卷一九三《载记八·夏赫连勃勃》((宋)郑樵撰:《通志》,《景印文渊阁四库全书》史部一三〇"别史类",第三八一册,第388页)并作"刘回堡",当作"刘回堡"为是。
② 《宋书》卷四五《王镇恶传》,第五册,第1370页。
③ 《南史》卷一六《王镇恶传》,第二册,第456页。

所杀……田子又于镇恶营内,杀镇恶兄基、弟鸿、遵、渊及从弟昭、朗、弘凡七人。"若确实存在"田子素与镇恶不协"及"二人常有相图忌,彼此每相防疑"的情况,王镇恶必定也会提高警惕,不至于在毫无防备的情况下就被沈田子轻易谋杀。① 无论如何,沈约有关这一事件的相关记载存在太多的疑点,难以令人信服。

需要一提的是,王镇恶兄弟中还是有人逃脱了沈田子的毒手。"镇恶弟康,留关中,及高祖北伐,镇恶为前锋,康逃匿田舍。镇恶次潼关,康将家奔之,高祖板为彭城公前将军行参军。镇恶被害,康逃藏得免,携家出洛阳,到彭城,归高祖,即以康为相国行参军。"② 刘裕对于沈田子杀害王镇恶事件的态度,从对王镇恶的追赠加谥及其后人在刘宋的境遇亦可得到明确认识。王镇恶死后,刘裕下令褒扬其功业,同时"追赠左将军、青州刺史。及帝受命,追封龙阳县侯,谥曰壮。传国至曾孙叡,齐受禅,国除"③。

如上所述,关于王镇恶被杀的原因,沈约的记载存在着明显的偏袒其伯祖的倾向,这在其对王镇恶事迹的记载中用两件事埋下了伏笔。"是时关中丰全,仓库殷积,镇恶极意收敛,子女玉帛,不可胜计。高祖以其功大,不问也。进号征虏将军。时有白高祖以

---

① 以上参见《宋书》卷四五《王镇恶传》,第五册,第1370页。关于沈田子杀害王镇恶的日期,《晋书》卷一〇《安帝纪》云:"(义熙)十四年春正月辛巳,大赦。青州刺史沈田子害龙骧将军王镇恶于长安。"(第一册,第266页)(唐)许嵩撰《建康实录》卷一〇《晋上·安皇帝》所载亦同(张忱石点校,中华书局1986年版,上册,第347页)。按本年正月无辛巳,正月十五日为辛亥。《资治通鉴》卷一一八《晋纪四〇》系其事于安帝义熙十四年正月辛亥条。难以确知司马光是否看到了今已不传的其他相关记载,亦不排除《宋书》或《南史》原本有此记载而今本脱漏的可能性。不过,最大的可能还是温公据《宋书·王镇恶传》所载其死于"义熙十四年正月十五日"而加以订正。
② 《宋书》卷四五《王镇恶传》,第五册,第1371页。
③ 《宋书》卷四五《王镇恶传》,第五册,第456页。

镇恶既克长安,藏姚泓伪辇,为有异志。高祖密遣人觇辇所在,泓辇饰以金银,镇恶悉剔取,而弃辇于垣侧。高祖闻之,乃安。"①第二件事其实意在说明王镇恶有潜在的图谋称帝的政治野心,但事实上却是子虚乌有,也就只能归结到贪婪上。至于本传所言其"性贪"的诸种表现,也未必属实。就当时的形势而言,与王镇恶一同或稍后进入长安的将士还有不少,刘裕就在长安城外,得不到刘裕的指令就把长安城内后秦国库的宝物据为己有,王镇恶不会不知道其中的利害。从刘裕的一贯行事作为来看,即便其部将或幕僚功劳再大,胆敢做出刘裕不满意的事,后果都是不堪设想的。刘毅、诸葛长民功不为不大,仍然性命难保。至于谓其贪婪到要剔取姚泓辇饰上的金银,似乎更是不大可能发生的事。正如史书所载,后秦国库的财宝,刘裕都用来"班赐将帅",在北伐战争中建立了头功的王镇恶自会得到超出其他将领的赏赐,不必非得亲自动手。何况不仅仅是普通财宝,而是"子女玉帛,不可胜计"。若真是如此,后秦国库即便不被其搜刮殆尽,也会所剩无几。其所搜刮的除财物外,还有人口,就更加匪夷所思了。如果说攻入长安后王镇恶令将士进行"收敛",则是确定无疑的,但那只不过是代表刘裕为之,并不是要据为己有。

沈田子杀害王镇恶,严格来说可称之为谋反行为。如前所述,王镇恶时为刘义真安西将军府司马,其实就是当时刘裕留镇关中的最高军事首长,也是当时抵御夏军进攻的总指挥。而沈田子为安西中兵参军,位在王镇恶之下,战时听从王镇恶的指挥调度自是其本分。大敌当前,沈田子不是与王镇恶同心协力,一致对敌,而是计较个人恩怨,争权夺利,以阴险的手段谋害了王镇恶。沈田子

---

① 《宋书》卷四五《王镇恶传》,第五册,第1370页。

的行为无疑极大地削弱了南军的战斗力,使得力量对比本已颇为悬殊的敌强我弱局面更趋严峻,给南军抗敌造成了极大的困扰。可恨的是,沈田子不仅仅杀害了王镇恶一个人,而且还残忍地将其兄弟和从弟七人杀害,试图斩草除根,以绝后患。

沈田子这种背离常理的行为,实在难以用正常人的思维来理解,因为即便是王镇恶在背后对他说过不中听的话,也不至于让他仇恨到要对其所有兄弟都要斩尽杀绝的程度。何况他不是预料不到,在杀害王镇恶后将会有什么样的后果等待着他。在当时的情况下,沈田子要想在犯罪之后活命,唯一出路就是投奔赫连夏,但种种迹象显示,他完全没有这种打算。从其后的所作所为来看,他试图蒙混过关,寄希望于刘义真及代替义真掌权的长史王脩能够网开一面。事实证明,这只能是一种幻想。沈约谓事后"高祖表天子,以田子卒发狂易,不深罪也"[1]。刘裕表中有言:"故龙骧将军沈田子,忽发狂易,奄加刃害。忠勋未究,受祸不图。痛惜兼至,惋悼无已。伏惟圣怀,为之伤恻。田子狂悖,即已备宪。"[2] 王镇恶被害,刘裕的悲愤可想而知,只是沈田子已经死亡,只能既往不咎了。用"卒(忽)发狂易"来言说沈田子的行为,是因为实在找不到更合理的解释。

毫无疑问,王镇恶被杀害后刘裕政权在关中的镇守能力将会大打折扣,面对赫连勃勃的强有力的进攻,将难有招架之力,关中拱手让人自是不可避免。可以说,沈田子的目的就是要毁灭刘裕北伐的成果。史载"安西中兵参军沈田子杀安西司马王镇恶,诸将军复杀安西长史王脩,关中乱"。沈田子杀害王镇恶的恶果于

---

[1] 《宋书》卷一〇〇《自序》,第八册,第2449页。
[2] 《宋书》卷四五《王镇恶传》,第五册,第1371页。

此即可看出。回顾历史,近二十年前沈田子家族作为五斗米道信徒参与孙恩之乱而遭到残酷镇压,其父祖辈无一例外惨遭杀害,其诸兄弟则不得不投靠刘裕而得以苟活,后来在赢得刘裕信任后又返回故土将告密的同族仇人举家杀戮。其复仇心理之强,于此可见一斑。近十年前卢循、徐道覆进攻京师建康时,就曾与包括沈田子在内的沈氏遗族进行联络,当时身在北伐前线的沈田子或许没有找到出手的机会,遂通过向刘裕主动汇报而赢得了再一次的信任。全家父祖悉数被杀害,在年轻的沈田子心里无疑投下了巨大的阴影,会成为其永不磨灭的记忆,诸兄弟对仇家无比残酷的报仇行为,也是这种心理的反映。五斗米道的宗教信仰,很可能一直深藏在沈田子内心之中。果如此,则杀害王镇恶而扰乱南方政权的关中镇守,就是一个曾经遭到巨大心理创伤的宗教徒为了向刘裕实施报复而采取的极端行为。这种理解虽无直接的证据,但似乎是比"卒(忽)发狂易"更接近真相的解释。

第五节 关中失守,损兵折将

王镇恶被杀后,傅"弘之奔告义真,义真率王智、王脩被甲登横门以察其变。俄而田子至,言镇恶反。脩执田子,以专戮斩焉"①。沈田子企图以平定王镇恶反叛的诡辞蒙混过关,但因傅弘之提前赶到长安报告实情,安西长史王脩遂下令将沈田子处死。这样,留镇长安的两员得力干将王镇恶和沈田子相继非正常死亡,南军的整体实力因之大大削弱,使得原本就已捉襟见肘的防守力量要面对赫连勃勃的猛烈进攻,几乎没有获胜的任何可能性了。

---

① 《南史》卷一六《王镇恶传》,第二册,第 456 页。

事实上,沈田子杀害王镇恶的恶果并未到此为止。

诚如王买德回答赫连勃勃时所言:"刘裕灭秦,所谓以乱平乱,未有德政以济苍生。关中形胜之地,而以弱才小儿守之,非经远之规也。"①一方面,关中民众并未从刘裕消灭后秦的行动中实际感受到"德政"——现实的政治经济利益,新的汉人统治者与以往的胡人统治者并无高下优劣立判的表现,"陇右流人"所希冀的收复故土的愿望也成了泡影。随着刘裕带领大部分北伐军将士从长安撤退,以"三秦父老"为代表的当地汉族居民的热情也在迅速减退。在这种情况下,以现实利益为最大取舍的民心向背随时都有可能发生反转。想来刘裕对此也是心中有数,对于长安暨关中终将失守似乎早有心理准备,也就并不感到十分惊讶。然而,长安暨关中如此迅速地为赫连勃勃所攻占,还是令其有猝不及防之感,有点出乎意料。出现这一意外的主要原因就是沈田子谋杀王镇恶这一恶性事件的发生,这是刘裕事前绝对没有料到的。

让刘裕更意想不到的是,他亲手托付保护次子刘义真的安西长史王脩也被诸将杀害。《宋书·武三王·庐陵王义真传》:

> 而佛佛虏寇逼交至。沈田子既杀王镇恶,王脩又杀田子。义真年少,赐与左右不节,脩常裁减之,左右并怨,因是白义真曰:"镇恶欲反,故田子杀之。脩今杀田子,是又欲反也。"义真乃使左右刘乞等杀脩。脩字叔治,京兆灞城人也。初南渡,见桓玄,玄知之……脩既死,人情离骇,无相统一。②

王脩也是晚渡北人,其与王镇恶原本均家居长安,一方面他在南人将领中威望不高,难以真正约束他们,另一方面他们又可以利用王

---

① 《晋书》卷一三〇《赫连勃勃载记》,第一〇册,第3208页。
② 《宋书》卷六一《武三王·庐陵王义真传》,第六册,第1634页。

脩与王镇恶的这种同源性因素蛊惑年少的刘义真,使其作出诛杀王脩的错误决定。即便刘义真不愿杀王脩,按当时的情形恐怕也没有别的选择,毕竟王脩并非行伍出身,不是诸将的对手。

那么,当时在义真军府中与王脩地位相当的安西司马王智扮演了什么角色呢? 至少他没有去向诸将解释说王脩并无反意,以其琅邪王氏家族代表人物的身份,应该能够说服诸将同心同德一致抗敌,而不是将矛头对准内部。最大的可能是,王智即为这一阴谋的始作俑者,也许是他借助诸将之手而将王脩杀害,亦不排除他带领诸将向刘义真提出处死王脩的要求,这样他就变成了安西军府的最高军政领导者。

傅弘之北伐时为建威将军、顺阳太守,"与扶风太守沈田子等七军自武关入"关中,"进据蓝田",随大军进入长安。刘裕南还前,"进为桂阳公义真雍州治中从事史,除西戎司马、宁朔将军"。① 毫无疑问,身兼刘义真雍州府治中和领护西戎校尉府司马的傅弘之,也是当时长安留守将领中举足轻重的人物,刘义真作出杀害王脩的决定不排除其参与了谋划。此前王镇恶就是在傅弘之营帐中被沈田子杀害的,尽管他提前驰归向刘义真和王脩等报告其事,导致沈田子没有辩解的余地而被处死。但事后想来还是有点担心,若以沈田子谋反论处,则傅弘之就难以排除同谋的可能性,若以两王谋反论处,则他完全可以脱身。当然,这些都没有明确证据,纯属推测而已。《宋书·傅弘之传》:"高祖归后,佛佛伪太子赫连璝率众三万袭长安,弘之又领步骑五千,于池阳大破之,杀伤甚众。璝又抄掠渭南,弘之又于寡妇人渡破璝,获贼三百,掠七千余

---

① 《宋书》卷四八《傅弘之传》,第五册,第 1430—1431 页。

口。"①由此来看,王脩被杀时傅弘之很可能率兵在外抗敌,不一定在长安军府,若此则王脩之死或与其无关。

史载"安西中兵参军沈田子杀安西司马王镇恶,诸将军复杀安西长史王脩,关中乱"②。将关中动乱的原因归结于王镇恶和王脩被杀,是合理的解释。得知王脩也已被杀身亡,刘裕这才慌了手脚,关中拱手送人已是其次,最担心的当然还是次子刘义真能否全身而退,安全地回到他的身边。义熙十四年"十月,公遣右将军朱龄石代安西将军桂阳公义真为雍州刺史"③。如前所述,刘裕北伐前夕,任命朱龄石为左卫将军领兵"守卫殿省",协助刘穆之执掌留台军政大权。"高祖还彭城,以龄石为相国右司马。十四年,安西将军桂阳公义真被征,以龄石持节、督关中诸军事、右将军、雍州刺史。"④史谓"高祖遣将军朱龄石替义真镇关中,使义真轻兵疾归"⑤。刘裕的设想大概是,曾经承担平蜀重任的朱龄石一定也能在危急关头胜任关中防守的大任,即便关中不守,也能保证安全地将刘义真带回建康。刘裕在行前"敕龄石:'若关右必不可守,可与义真俱归。'"⑥

朱龄石受命后即率军赶赴关中,然而为时已晚,不得不"举城奔走"。"龙骧将军王敬先戍曹公垒,龄石自潼关率余众就敬先。虏断其水道,众渴不能战,城陷。虏执龄石及敬先还长安,见杀,时年四十。"⑦另一平蜀主将蒯恩时为辅国将军、淮陵太守、世子府司

---

① 《宋书》卷四八《傅弘之传》,第五册,第1431页。
② 《宋书》卷二《武帝纪中》,第一册,第44页。
③ 《宋书》卷二《武帝纪中》,第一册,第44页。
④ 《宋书》卷四八《朱龄石传》,第五册,第1424页。
⑤ 《宋书》卷六一《武三王·庐陵王义真传》,第六册,第1634页。
⑥ 《宋书》卷四八《朱龄石传》,第五册,第1424页。
⑦ 《宋书》卷四八《朱龄石传》,第五册,第1424页。

马,"入关迎桂阳公义真。义真还至青埿,为佛佛虏所追,恩断后,力战连日。义真前军奔散,恩军人亦尽,为虏所执,死于虏中"①。朱龄石弟超石,北伐返回后"除中书侍郎"。"关中扰乱,高祖遣超石慰劳河、洛。始至蒲坂,值龄石自长安东走至曹公垒,超石济河就之,与龄石俱没,为佛佛所杀,时年三十七。"②傅弘之"为桂阳公义真雍州治中从事史,除西戎司马、宁朔将军"。"及义真东归,佛佛倾国追蹑,于青泥大战,弘之身贯甲胄,气冠三军。军败陷没,佛佛逼令降,弘之不为屈,时天寒,裸弘之,弘之叫骂见杀。时年四十二。"③毛脩之随刘裕"伐羌",在王镇恶死后"代为安西司马"。"值桂阳公义真已发长安,为佛佛虏所邀,军败。脩之与义真相失,走将免矣。始登一岅,岅甚高峻,右卫军人叛走,已上岅,尝为脩之所罚者,以戟掷之,伤额,因坠岅,遂为佛佛所擒。"④

沈田子杀害王镇恶,王脩又杀沈田子,两员大将的死亡使本已处于下风的南军战斗力进一步削弱,已然丧失了主动进攻或积极防御的能力。面对夏军强大的攻势,与之争胜已无可能,只得采取保守战略,以求尽可能保证长安城的安全。"于是悉召外军入于城中,闭门距守。"在两军对垒形势立判的情况下,原本已对南军就已不抱信心的当地官吏和民众,只有归顺新的更强大的统治者,才能保证生命和财产的安全,其时"关中郡县悉降"。这样,驻扎在长安城内的南军将士也就失去了支持基础。紧接着,赫连"瓌夜袭长安,不克"。其时赫连"勃勃进据咸阳,长安樵采路绝",意味着长安物资供应通道已经被切断。此后城内的南军将士只能困

---

① 《宋书》卷四九《蒯恩传》,第五册,第1437—1438页。
② 《宋书》卷四八《朱龄石传附弟超石传》,第五册,第1426页。
③ 《宋书》卷四八《傅弘之传》,第五册,第1431页。
④ 《宋书》卷四八《毛脩之传》,第五册,第1429页。

守孤城,即便长安城不能被马上攻克,但双方的胜负已无悬念。"刘裕闻之,大惧,乃召义真东镇洛阳,以朱龄石为雍州刺史,守长安。义真大掠而东,至于灞上,百姓遂逐龄石,而迎勃勃入于长安。璝率众三万追击义真,王师败绩,义真单马而遁。买德获晋宁朔将军傅弘之、辅国将军蒯恩、义真司马毛脩之于青泥,积人头以为京观。"占领长安后,赫连勃勃"为坛于灞上,僭即皇帝位,赦其境内,改元为昌武"。之后,"赫连昌攻龄石及龙骧将军王敬于潼关之曹公故垒,克之,执龄石及敬送于长安"。又"遣其将叱奴侯提率步骑二万,攻晋并州刺史毛德祖于蒲坂,德祖奔于洛阳。以侯提为并州刺史,镇蒲坂"。①

留守长安的南军仓惶而逃,溃不成军,狼狈之状,无以复加。这固然与双方力量对比悬殊有关,与赫连勃勃实施了正确的战略决策有关,同时也是南军将领的贪婪所导致。"诸将竞敛财货,多载子女,方轨徐行。虏追骑且至,建威将军傅弘之曰:'公处分亟进,恐虏追击人也。今多将辎重,一日行不过十里,虏骑追至,何以待之?宜弃车轻行,乃可以免。'不从。贼追兵果至,骑数万匹。辅国将军蒯恩断后,不能禁,至青泥,后军大败,诸将及府功曹王赐悉被俘虏。"②就在南军从长安撤离之际,"雍州别驾韦华奔夏"③。如前所述,韦华本为后秦兖州刺史,一年多前中路北伐军北上时在仓垣"率众归顺",尔后当随从入关,刘裕离开长安前以之为刘义真雍州刺史府上佐别驾从事史。如前所述,其时出身北地傅氏的北伐军将领傅弘之为治中从事史,韦华与傅弘之二人共同负责雍

---

① 以上参见《晋书》卷一三〇《赫连勃勃载记》,第一〇册,第3208—3209页。
② 以上参见《宋书》卷六一《武三王·庐陵王义真传》,第六册,第1634—1635页。
③ 《资治通鉴》卷一一八《晋纪四〇》义熙十四年十一月,第八册,第3720页。

州行政事务。

义熙十四年南军离开长安,撤离之际"朱龄石焚长安宫殿"①。不过从赫连勃勃进入长安后的情形来看,或者因为南军撤得太匆忙火势没有蔓延开来,或者夏军及时赶到后进行扑救,这次人为火灾对长安宫殿建筑似乎没有造成太大的破坏。中国古代战争中,对于所占领或要放弃的敌国政治中心城市,往往予以纵火焚烧。占领后付之一炬,是为了避免敌国残余统治者以之为号召进行复辟活动;放弃时付之一炬,则是一种我不能拥有敌人也不该拥有的心态在起作用。宫殿祠庙等体现工程技术和物质文化的实体构造被毁灭自不待言,而建筑物上的绘画、书迹和其他装饰图案以及所收藏的各种档案、图书等显示艺术成就和精神文化的更为宝贵的文化财富亦随之灰飞烟灭,造成了难以挽回的巨大损失和空前破坏。明清以前中国历朝历代浩如烟海的档案文献,在曾经的首都几乎荡然无存,在大城市遗址中也绝少见到相关遗存,虽不排除自然因素所导致的磨灭,但主要还是人为破坏使然。至于书籍文献,在印刷术发明前也是十不存一,同样主要也是由人为破坏所造成的。战乱对文化的摧残和毁灭,于此可见一斑。

如前所述,大敌当前,南军留守将领和官吏非但未能同仇敌忾,团结一致共同御敌,反而自相残杀,内讧不已,极大地削弱了战斗力,给赫连夏军的进犯创造了大好机会。在从长安突围撤离之际,他们又不能以保全有生力量作为第一要务,而是贪财重利,企图将搜刮来的财货子女悉数带走,必欲席卷一空而后快。然而,兵败如山倒,不可能既贪财又保命。当是时,能保命已大不易,认识

---

① 《晋书》卷一〇《安帝纪》,第一册,第267页;《建康实录》卷一〇《晋下·安皇帝》,上册,第348页。

不到这一点就意味着图财害命,只不过是图他人之财而害自己之命。看来傅弘之是唯一一位头脑清醒的将领,但他的意见却未能得到采纳。当时具有决定权的应该是两位安西司马王智和毛脩之,无法得知两人真实想法和做法,何况在当时混乱不堪的局面下他们还能不能驾驭其他将领,恐怕也是未知数。

对刘裕而言,万幸的是在如此乱局中黄毛小子刘义真居然还能够保住性命。"义真在前,故得与数百人奔散,日暮,虏不复穷追。义真与左右相失,独逃草中。"兵荒马乱之中,一个遭受了严重惊吓的年仅十二三岁的落单小儿,即便不被敌兵发现,在关中严寒的冬季,生存下来的概率都不会很大。然而幸运的是,的确出现了奇迹。"中兵参军段宏单骑追寻,缘道叫唤,义真识其声,出就之,曰:'君非段中兵邪?身在此。'宏大喜,负之而归。"在没有得到刘义真音讯的情况下,刘裕毅然决定再次出兵北伐,"及得宏启事,知义真已免,乃止"。出身鲜卑段部的段宏,本为南燕高官,为"尚书左仆射、徐州刺史,高祖伐广固,归降"。留守长安时段宏为刘义真安西中兵参军,其后在宋文帝时任至征虏将军、青冀二州刺史。① 回顾历史,在卢循进逼建康的危机关头,鲜卑虎斑突骑耀武扬威,起到了震慑敌人的作用,为最终获得胜利作出了贡献。此次鲜卑人段宏又成为保全刘义真性命的关键人物。这可以说是刘裕第一次北伐意想不到的收获。

第六节　宋国建制,准拟天朝

与以往任何一次重大事件中刘裕的权力和地位得到进一步巩

---

① 以上参见《宋书》卷六一《武三王·庐陵王义真传》,第六册,第1635页。

固和扩充一样,这次北伐也不例外。北伐之际,"裕又领平北将军、徐兖二州刺史,增督南秦州,寻督中外诸军事";"自领征西将军、司豫二州刺史,寻领北雍州刺史,加前后部羽葆鼓吹,增班剑为四十人"。"裕率众军至彭城,加镇北将军、徐州刺史。"既而"德宗封裕十郡为宋公,加相国、九锡,僭拟魏晋故事"。占领长安后又"进裕为宋王,增十郡,置百官,一拟旧制"。① 刘裕第二次北伐成功,最大的收获便是,他可以无所顾忌名正言顺地实施篡位行动了。义熙十四年(418)"夏六月,刘裕为相国,进封宋公"②。按:此为刘裕正式接受相国、宋公官爵的时间,其实早在义熙十二年十月北伐到达彭城后不久,刘裕就已收到来自建康朝廷加官晋爵的诏策,当然这是由刘裕心腹亲信刘穆之和徐羡之等人主导起草传达的,自然也就反映了刘裕的政治意志。《宋书·武帝纪中》晋安帝义熙十二年十月下云:

>天子诏曰:……其进位相国、总百揆、扬州牧,封十郡为宋公,备九锡之礼,加玺绂、远游冠,位在诸侯王上,加相国绿綟绶。策曰:……今进授相国,以徐州之彭城、沛、兰陵、下邳、淮阳、山阳、广陵、兖州之高平、鲁、泰山十郡,封公为宋公。锡兹玄土,苴以白茅,爰定尔居,用建冢社。昔晋、郑启藩,入作卿士,周、邵保傅,出总二南,内外之重,公实兼之。今命使持节、兼太尉、尚书左仆射、晋宁县五等男湛授相国印绶、宋公玺绂;使持节、兼司空、散骑常侍、尚书、阳遂乡侯泰授宋公茅土,金虎符第一至第五左,竹使符第一至第十左。相国位无不总,礼绝朝班,居常之名,宜与事革。其相国总百揆,去录尚书之号。

---

① 《魏书》卷九七《岛夷刘裕传》,第六册,第2133—2134页。
② 《晋书》卷一〇《安帝纪》,第一册,第266页。

上送所假节、侍中貂蝉,中外都督、太傅、太尉印绶,豫章公印策。进扬州牧,领征西将军、司豫北徐雍四州刺史如故。接着又"置宋国侍中、黄门侍郎、尚书左丞、郎,随大使奉迎"。①

《宋书·袁湛传》:"时高祖北伐,湛兼太尉,与兼司空、散骑常侍、尚书范泰奉九命礼物,拜授高祖。高祖冲让,湛等随军至洛阳,住柏谷坞。泰议受使未毕,不拜晋帝陵。"②由此看来,刘裕当时并未正式接受相国、宋公、九锡之命,以显示他的"冲让",意即自己的功业还达不到这一境界。当然让归让,实际上宋国体制就此确立起来。按《宋书·毛脩之传》:"高祖将伐羌,先遣脩之复芍陂,起田数千顷。及至彭城,又使营立府舍,转相国右司马,将军如故。"③由此可见,虽然刘裕是在北伐返回彭城以后才接受相国之命,但在其北伐到达彭城后不久便建立了相府机构。也就是说,在义熙十二年十月朝廷发布策、命之后刘裕的相府机构就已正式建立。

义熙十四年正月刘裕返回彭城,"公解司州,领徐、冀二州刺史,固让进爵"。此所让者实即前一年所进之王爵。义熙十三年九月刘裕进入长安,十月由刘穆之和徐羡之主导的朝廷便以晋安帝的名义下达了表彰刘裕功业的诏令:"自永嘉丧师,绵逾十纪","公命世抚运,阐曜威灵","遂长驱灞、浐,悬旌龙门,逆房姚泓,系颈就擒。百稔梗秽,涤于崇朝;祖宗遗愤,雪于一旦"。"其进宋公爵为王,以徐州之海陵、东安、北琅邪、北东莞、北东海、北谯、北梁、

---

① 《宋书》卷二《武帝纪中》,第一册,第 36—40、41 页。按"金虎符第一至第五左",原作"第十左",点校本据《南史》改(本卷校勘记〔一〇〕,第 49 页)。按《建康实录》卷一一《宋上·高祖武皇帝》亦作"第五左"。(上册,第 382 页)
② 《宋书》卷五二《袁湛传》,第五册,第 1498 页。
③ 《宋书》卷四八《毛脩之传》,第五册,第 1429 页。

豫州之汝南、北颍川、北南顿凡十郡,益宋国。其相国、扬州牧、领征西将军、司豫北徐雍四州刺史如故。"① 也就是说,从朝廷角度而言不管此前刘裕是否接受宋公的爵位,他已是名副其实的宋公,故当后秦被灭、北伐大业圆满完成之时,自然要对刘裕进一步地封赏。进封宋王半年多之后,刘裕才接受宋公封号,其"冲让"可以说达到了很高的境界。刘裕有意要给世人留下这种印象,以表明他对皇位的企图心并非十分迫切。就留守朝廷的刘穆之和徐羡之等刘裕的心腹亲信来说,稳定建康局势自是分内之事,同时还要完成诸如加封刘裕宋公、宋王等名号的任务,通过九锡文等诏令文书阐扬刘裕的历史功绩,为即将到来的篡位做好组织上和舆论上的准备工作。

刘裕被封为"宋公",可以说是篡位前最为关键的一环,意味着刘裕已明确将其未来的国号确定为"宋"。彭城为东北重镇,既是刘裕的故乡,同时也是其北伐和前此经营权力的政治中心。刘裕以"宋"为国号,是因为其祖籍彭城,而彭城又是春秋宋国的地界。前此,司马氏以"晋"为国号,是因其本河内温人,为春秋战国晋国的地界。后此,萧道成以"齐"为国号,则是因其本兰陵人,其地为春秋战国齐国的地界。刘裕的做法即是承袭司马氏而为。因为"齐"国号已被萧道成所用,同样出身兰陵萧氏的萧衍便不能仿此而行。萧衍以"梁"为国号,则是因为其起义之地雍州属于古梁州境内。

刘裕北伐消灭南燕和后秦,使南方政权的版图空前扩张,在被迫南迁一个世纪之后实现了与北方"胡"人守河分治的局面。也正因如此,后人认为那是一个最有可能实现由南方政权结束南北分裂的机会,从前引吕祖谦之语即可看出。宋人李焘有更为明确的看法:

---

① 《宋书》卷二《武帝纪中》,第一册,第44、42—43页。

迨宋武之起,得蜀、得齐、得洛,继而得秦,此天之所以福中国而成其混一之会。武帝若能安守关中,镇抚余民,出其豪杰,与之共守,中保洛阳,内藩朝廷,外连氐、羌,以固巴蜀,使吴得生养休息,于其内以供军用。荆、兖、豫亦得以借秦之重,而固守其所。首臂肘足,迭相为用,则虽关东、陇北之版图,未尽归于司空,而天下大势亦已定矣。奈何席不暇暖,举千里之秦,付之乳褓之儿,兵未释甲,秦地已为它人有。秦亡而洛次之,秦、洛既去,吴、蜀之藩篱遂寒矣。

宋武灭慕容三齐,克谯纵于庸蜀,殄卢循于交广,西执姚泓而定关中,兵声一振,天下慴服。当此之时,中国之势几定矣。五胡余种,惟关东之拓跋,陇北之赫连尔。晋师之入关,缩颈却立,不敢出气。君臣聚议,惟伺其转足而图之。此机也,固当审处而徐图之耳。奈何武帝举金城之地,付之无知之孩,引兵遽还,不复顾虑。使赫连氏之接踵而取之,失地亡将,不能复出,重消中国之气,益成夷狄之势。百年为之,一旦败之,不亦惜夫。①

如此之论,看似颇有理据,但与现实未必相符。刘裕北伐军虽然占领了长安,名义上已将原后秦版图归于南国,但要巩固在关中和关东的统治并非易事。拥有强大军事实力的赫连夏和拓跋魏近在眼前,没有了长江天堑的阻隔,刘裕率领的南军要有效抵挡"胡人"铁骑的进攻,具有极大的困难。而长江天堑对于增派援军及保障军需反而成了障碍,更何况南方国境也还需要守卫,维稳镇压更是不可须臾有缺。至于吕祖谦所说"得中原之心","用中原之人",

---

① (宋)李焘撰:《六朝通鉴博议》卷一《总六朝形势论》,《景印文渊阁四库全书》史部四四四"史评类",第六八六册,第140、142页。

也并非能够一蹴而就。

尽管刘裕第二次北伐的成果大半丧失,但毕竟南方侨姓政权在百余年之后第一次也是最后一次踏上关河土地,并且还做了一年多的关中主人,可以称得上报仇雪恨扬眉吐气了。不仅如此,纵观整个中国历史,分裂时代在南方立国的政权也只有这一次成功地占领了北方两大政治和文化中心。正因如此,刘裕的这一功业可用前无古人后无来者加以形容。由于刘裕最主要的心思还在于首先成为江南政权的君主,篡夺东晋皇位是其首要的政治目标,故而他在未能确保关中不失手的情况下便离开了长安。若要继续逐鹿中原,还得在北方与赫连夏和拓跋魏一决雌雄,很可能要与之展开持久战。对刘裕而言,根基之地是在江南,不具备在北方长期征战的有利条件。尤其是北魏及赫连夏的统治民族皆由游牧部落转化而来不久,拥有精良的骑兵部队,而南方军队以步兵和水军为主,攻城略地的能力自不能同日而语。基于此,刘裕宁可放弃新占领的关中地区,也不愿冒险介入北方地区特别是西北地区的军事纷争。

刘裕北伐之际,北魏明元帝与崔浩讨论时局,在得到崔浩关于刘裕必克长安灭亡后秦的答复后,又令其比较刘裕与后燕皇帝慕容垂之间的优劣。崔浩认为刘裕胜过慕容垂,理由是:"慕容垂乘父祖世君之资,生便尊贵,同类归之。若夜蛾之赴火,少加倚仗,便足立功。刘裕挺出寒微,不阶尺土之资,不因一卒之用,奋臂大呼而夷灭桓玄,北擒慕容超,南摧卢循等,僭晋陵迟,遂执国命。裕若平姚而还,必篡其主,其势然也。"[①]又曰:"臣尝私论近世人物,不敢不上闻。若王猛之治国,苻坚之管仲也;慕容玄恭之辅少主,慕

---

① 《魏书》卷三五《崔浩传》,第三册,第810页。

容暐之霍光也;刘裕之平逆乱,司马德宗之曹操也。"①作为邻国大臣,智者崔浩对刘裕的观察,可谓洞若观火。当然,刘裕的用心明眼人一看便知,但像崔浩一样看得透彻,则非常人所及。

关中得而复失,并未影响刘裕篡位行动的实施。刘裕的篡位行动到义熙十四年(418)六月进入最后阶段,至元熙二年(420)六月完成,前后持续了整整两年时间。义熙十四年正月壬戌(廿六,3.18),刘裕北伐返回彭城,"解严息甲"。"公解司州,领徐冀二州刺史,固让进爵。"经过近半年时间的休整和准备,同年"六月,受相国、宋公、九锡之命",下令"赦国内殊死以下,今月二十三日昧爽以前,悉皆原宥。鳏寡孤独不能自存者,人赐粟五斛"。刘裕宋国还确立起一套与"天朝之制"完全相同的职官体系。"诏崇豫章公太夫人为宋公太妃,世子为中军将军,副贰相国府。以太尉军谘祭酒孔季恭为宋国尚书令,青州刺史檀祗为领军将军,相国左长史王弘为尚书仆射。其余百官悉依天朝之制。又诏宋国所封十郡之外,悉得除用。"②虽然刘裕尚未称帝,但已完全建立起准拟天朝的完备的政治制度,建康朝廷包括用人权在内的内外军政大权皆由刘裕支配,宋国俨然成为实际执掌南中国军政大权的中央政府。尽管如此,刘裕并不急于称帝,而是按照其所认为的可行方案一步步实施其取代东晋政权的禅代程序。

从此开始到刘裕称帝的两年时间里,南方地区有两个政府并存:一个是由东晋皇帝为首脑的朝廷,名义上为南方地区的最高政权机关,实际上却没有丝毫权力可言;一个是以"宋公"→"宋王"

---

① 《魏书》卷三五《崔浩传》,第三册,第811页。
② 《宋书》卷二《武帝纪中》,第一册,第44页。

刘裕为首脑的宋国政府,名义上仅仅是东晋天子册封的一个公国→王国,实际上却掌控着东晋全境的所有军政权力。对于刘裕而言,早已成为事实上的最高统治者,而宋国政府的建立,使其对南方的统治更加名正言顺,所缺的只不过是一顶皇冠而已。

> 刘裕得入长安宫,三秦父老寄厚望。
> 急欲禅代速回程,次子义真留守镇。
> 父老失望民心散,赫连勃勃强兵侵。
> 安西司马王镇恶,指挥抗击欲保境。
> 中兵参军沈田子,谋害镇恶逞其凶。
> 长史王脩杀田子,诸将杀脩更内讧。
> 刘裕急遣朱龄石,回天无力大溃败。
> 长安失守诸将没,义真奔窜仅免死。

第十四章　建立刘宋，开启南朝

北伐回程后，称帝新局开。
顾命徐傅谢，废弑迎文帝。

第一节　废杀晋帝，篡位建宋

就在关中守军大败的次月，即义熙十四年"十二月戊寅（十七，419.1.28），帝崩于东堂，时年三十七"①。晋安帝并非正常死亡，而是被刘裕加害而死。晋安帝死后，刘裕又立其弟琅邪王德文为帝。做了二十余年傀儡皇帝的晋安帝，是一个完全没有自主行为能力的智障者。即便如此，刘裕为了实现篡位图谋，还是未能放他一马。"帝不惠，自少及长，口不能言，虽寒暑之变，无以辩也。凡所动止，皆非己出。故桓玄之篡，因此获全。初谶云'昌明之后有二帝'，刘裕将为禅代，故密使王韶之缢帝而立恭帝，以应二帝云。"②按晋安帝之父孝武帝名曜

---

① （唐）房玄龄等撰：《晋书》卷一〇《安帝纪》，中华书局1974年版，第一册，第267页。
② 《晋书》卷一〇《安帝纪》，第一册，第267页。同书卷九九《桓玄传》：篡位前夕，桓"玄恐帝不肯为手诏，又虑玺不可得，逼临川王宝请帝自为手诏，因夺取玺"。（第八册，第2594页）《资治通鉴》卷一一三《晋纪三五》：元兴二年十一月"丁丑，卞范之为禅诏，使临川王宝逼帝书之"。（（宋）司马光编著，（元）胡三省音注，"标点资治通鉴小组"校点，中华书局1956年版，第八册，第3554页）由此可见，晋安帝应该具备书写的能力，此与《晋书·安帝纪》不完全吻合。

字昌明①。由此来看,刘裕本来决定在义熙十四年底就进行禅代,登基称帝,只是顾虑到"昌明之后有二帝"的谶语而推迟了时间,晋安帝司马德宗母弟琅邪王德文遂被刘裕扶上皇位。

桓玄篡位前,司马德文已任侍中、领司徒、录尚书六条事,后进位太宰,又拜大司马、领司徒。虽位极人臣,但可以确定的是他并不掌握任何实际权力。刘裕北征后秦时,德文"上疏,请帅所莅,启行戎路,修敬山陵。朝廷从之,乃与裕俱发","及姚泓灭,归于京都"。② 根据当时形势推断,刘裕带着司马德文一起北伐,当然不是德文上疏请求的结果,而完全是由刘裕自行决定的,是为了防止出现德文留在建康而被潜在的反对者拥立以抗衡刘裕的意外情况。

刘裕杀害无行为能力的智障君主晋安帝,又立才能突出的晋恭帝,并非是要给东晋政权换一个有能力的君主,而是为了便于找到借口将司马德文杀害,从而将东晋皇室诛戮殆尽,不给自己和子孙后代留下任何可能的隐患。杀晋安帝、立晋恭帝,朝廷换了天子,"昌明之后有二帝"的谶语已然应验,刘裕便可毫无顾忌地入主朝政了。"元熙元年正月,诏遣大使征公入辅。"③刘裕为了此次入朝,特地派遣亲信傅亮到建康,授意朝臣发出征召他入朝的指令。④ 刘裕回到建康的具体时间是元熙元年(419)正月甲午(初三,2.13)⑤。《宋书·武帝纪中》:"又申前命,进公爵为王。以徐

---

① 《晋书》卷九《孝武帝纪》,第一册,第224页。
② 《晋书》卷一〇《恭帝纪》,第一册,第268页。
③ (梁)沈约撰:《宋书》卷二《武帝纪中》,中华书局1974年版,第一册,第45页。
④ 《魏书》卷九七《岛夷刘裕传》:"裕遣司马傅亮赴建业,令征己入辅。"((北齐)魏收撰,中华书局1974年版,第六册,第2134页)
⑤ 《晋书》卷一〇《恭帝纪》,第一册,第268—269页。

州之海陵东海北谯北梁、豫州之新蔡、兖州之北陈留、司州之陈郡汝南颍川荥阳十郡,增宋国。七月,乃受命,赦国内五岁刑以下。"①

刘裕此次入朝的主要目的有二,一是控制新立的晋恭帝,一是实现由宋公到宋王的身份转变。完成这两大使命后,刘裕随即"迁都寿阳"②。《晋书·恭帝纪》:"秋八月,刘裕移镇寿阳。以刘怀慎为前将军、北徐州刺史,镇彭城。九月,刘裕自解扬州。冬十月乙酉(廿八,12.1),裕以其子桂阳公义真为扬州刺史。"③建康、彭城、寿阳是当时南方政权的三个政治中心。建康作为东晋京师,其地位之尊自不待言。是年正月刘裕中弟道怜已为东晋司空,加上皇子义真为扬州刺史,刘裕便可放心地离开建康,而无任何后顾之忧。

刘裕迁都寿阳意在显示其宋王国所具有的独立地位——与东晋并立而非附属的国家政权。寿阳为淮南重镇,密迩京畿,汉末以来常为南北兵家必争之地,战略地位十分重要。东晋大司马桓温参军伏滔所著《正淮论》上篇有云:"彼寿阳者,南引荆、汝之利,东连三吴之富;北接梁、宋,平涂不过七日;西援陈、许,水陆不出千里;外有江湖之阻,内保淮、肥之固。"不仅如此,寿阳还有着优越的经济条件,拥有得天独厚的"地利"优势:"龙泉之陂,良畴万顷;舒、六之贡,利尽蛮越。金石皮革之具萃焉,苞木箭竹之族生焉。山湖薮泽之隈,水旱之所不害;土产草滋之实,荒年之所取给。"④刘裕迁都寿阳可保进退自如,若建康有事便能迅速出兵控制局面,

---

① 《宋书》卷二《武帝纪中》,第一册,第45页。
② 《宋书》卷二《武帝纪中》,第一册,第45页。
③ 《晋书》卷一〇《恭帝纪》,第一册,第269页。
④ 《晋书》卷九二《文苑·伏滔传》,第八册,第2399—2400页。

也可避免日后禅代时的舆论是非。

同年底,刘裕享有的"君主"礼仪再一次提高:"十二月,天子命王冕十有二旒,建天子旌旗,出警入跸,乘金根车,驾六马,备五时副车,置旄头云罕,乐舞八佾,设钟虡宫县。进王太妃为太后,王妃为王后,世子为太子,王子、王孙爵命之号,一如旧仪。"①这些已经不是"王"的礼仪,完全是天子——皇帝才能享有的。元熙"二年夏六月壬戌(初九,7.5),刘裕至于京师。傅亮承裕密旨,讽帝禅位,草诏,请帝书之。帝欣然谓左右曰:'晋氏久已失之,今复何恨!'乃书赤纸为诏。甲子(十一,7.7),遂逊于琅邪第"②。晋恭帝退位后,刘裕继续对他严加控制。宗室疏属刘遵考时为冠军将军、游击将军,"晋帝逊位,居秣陵宫,遵考领兵防卫"③。有名无实的东晋政权至此寿终正寝,从历史上彻底消失了。

不过,刘裕并没有在晋恭帝逊位当天即位,而是在数天之后才举行登基仪式:"永初元年(420)夏六月丁卯(十四,7.10),设坛于南郊,即皇帝位,柴燎告天。"同时下诏"大赦天下",改元永初,显示其希冀刘宋王朝能传之永远的心理。同时规定:"赐民爵二级。鳏寡孤独不能自存者,人谷五斛。逋租宿债勿复收。其有犯乡论清议、赃污淫盗,一皆荡涤洗除,与之更始。长徒之身,特皆原遣。亡官失爵,禁锢夺劳,一依旧准。"④此外,又"封晋帝为零陵王,全

---

① 《宋书》卷二《武帝纪中》,第一册,第45页。《晋书》卷一〇《恭帝纪》:元熙元年"十二月辛卯,裕加殊礼"。(第一册,第269页)然本年十二月无辛卯,具体时日难以确定。
② 《晋书》卷一〇《恭帝纪》,第一册,第269页。《宋书》卷二《武帝纪中》:"诏草既成,送呈天子使书之,天子即便操笔,谓左右曰:'桓玄之时,天命已改,重为刘公所延,将二十载。今日之事,本所甘心。'"(第一册,第46页)
③ 《宋书》卷五一《宗室·营浦侯遵考传》,第五册,第1481页。
④ 《宋书》卷三《武帝纪下》,第一册,第51、52页。

食一郡"①,"居于秣陵,行晋正朔,车旗服色一如其旧,有其文而不备其礼"②。

本来刘裕可以直接把毫无行为能力的晋安帝废黜而称帝,但为了符应"昌明之后有二帝"的谶语,却采取了先废杀晋安帝而后又扶持晋恭帝即位的两步走战略。当然,为了巩固新生的刘宋政权,宋武帝自然也不会放过已无多大号召力的晋恭帝,在即位一年多之后又将其杀害③。所谓"昌明之后有二帝"的谶语,无疑就是宋武帝及其心腹为了更加方便地除掉司马德文而制造的舆论。④

大族河南阳翟褚氏家族成员既是晋恭帝的姻亲,又为刘裕心腹,在刘裕消灭晋恭帝的阴谋中效尽犬马之劳。褚秀之"历大司马琅邪王从事中郎、黄门侍郎、高祖镇西长史"。"迁侍中,出补大

---

① 《宋书》卷三《武帝纪下》,第一册,第52页。
② 《晋书》卷一〇《恭帝纪》,第一册,第269页。
③ 《晋书》卷一〇《恭帝纪》:"帝自是之后,深虑祸机,褚后常在帝侧,饮食所资,皆出褚后,故宋人莫得伺其隙。宋永初二年九月丁丑,裕使后兄叔度请后;有间,兵人逾垣而入,弑帝于内房。时年三十六。"(第一册,第269页)《宋书》卷三《武帝纪下》:永初二年"九月己丑,零陵王薨。车驾三朝率百僚举哀于朝堂,一依魏明帝服山阳公(汉献帝)故事,太尉持节监护,葬以晋礼"。(第一册,第57页)《南史》卷一《宋本纪上·武帝纪》亦作"九月己丑,零陵王殂"。(第一册,第26页)按《资治通鉴》卷一一九《宋纪一》武帝永初二年《考异》:"《宋·本纪》,'九月己丑,零陵王薨';《晋·本纪》,'九月丁丑'。据《长历》,九月丙午朔,无己丑、丁丑,今不书日。"(第八册,第3740页)《建康实录》卷一一《宋·高祖武皇帝》载其事,亦只记"九月,晋零陵王殂"。((唐)许嵩撰,张忱石点校:《建康实录》,中华书局1986年版,上册,第389页)据此推测,梁代裴子野所著《宋略》一书可能已对晋恭帝被害时日难以确定。此疑为九月乙丑(二十,10.31)之讹。在杀害晋恭帝后,宋武帝大发慈悲,施以虚情假意,目的是向朝野显示,晋恭帝乃是自然死亡,而非被他下令杀害。
④ 关于宋武帝杀害晋恭帝的原因,参见祝总斌《晋恭帝之死与宋初政争》,载《材不材斋史学丛稿》,中华书局2009年版,第283—295页。

司马右司马。恭帝即位,为祠部尚书、本州大中正。""秀之妹,恭帝后也,虽晋氏姻戚,而尽心于高祖。"秀之弟淡之"亦历显官,为高祖车骑从事中郎、尚书吏部郎、廷尉卿、左卫将军"。"淡之兄弟并尽忠事高祖,恭帝每生男,辄令方便杀焉,或诱赂内人,或密加毒害,前后非一。及恭帝逊位,居秣陵宫,常惧见祸,与褚后共止一室,虑有酖毒,自煮食于床前。高祖将杀之,不欲遣人入内,令淡之兄弟视褚后。褚后出别室相见,兵人乃逾垣而入,进药于恭帝。帝不肯饮,曰:'佛教自杀者不得复人身。'乃以被掩杀之。"褚秀之在刘宋建立后"徙为太常",淡之"为侍中",后"以淡之为会稽太守"。"秀之弟湛之,字休玄,尚高祖第七女始安哀公主,拜驸马都尉、著作郎。哀公主薨,复尚高祖第五女吴郡宣公主。诸尚公主者,并用世胄,不必皆有才能。"①褚秀之兄弟的确没有什么才能,刘裕通过官位及联姻而使他们死心塌地为自己效力,从而将晋恭帝司马德文牢牢地控制在手中。褚湛之先后两妻皆为刘裕之女,而晋恭帝皇后又为其姊妹,这样刘裕就成了晋恭帝的父辈。刘裕嫁女于褚湛之,也就与东晋皇室建立了姻亲关系,以此巩固褚氏兄弟的忠心,从而更加有力地控制晋恭帝,使其成为他手中的傀儡,而不致发生任何可能的不测。

刘裕杀害晋恭帝,清人赵翼认为"其悖逆凶毒为自古所未有"②。刘裕之所以要做出如此有悖常理的事,究其原因,应该与吸取历史的经验教训有关。对于没有多少文化素养的刘裕来说,两百年前曹氏代汉和一百五十多年前司马氏代魏都是太过遥远的事,不一定在其主要考虑之列,而桓玄代晋后却又瞬即覆灭,刘裕

---

① 《宋书》卷五二《褚叔度传》,第五册,第1502—1503、1505页。
② (清)赵翼著,王树民校证:《廿二史札记校证》卷九《宋齐梁陈书·宋书书晋宋革易之际》,中华书局1984年版,上册,第180页。

是主要的当事人,印象自然十分深刻。桓玄篡位后,"迁(安)帝居寻阳,即陈留王处邺宫故事。降永安皇后为零陵君,琅邪王为石阳县公,武陵王遵为彭泽县侯"①。如上所述,琅邪王即晋安帝之弟司马德文——晋恭帝,"玄篡位,以帝为石阳县公,与安帝俱居寻阳"②。武陵王遵(374—408)为晋元帝之孙,在当时东晋宗室中辈分最高,桓玄入朝前为中领军,是掌握东晋朝廷核心权力的人物。"玄篡,贬为彭泽侯,遣之国。行次石头,夜,涛水入淮,船破,未得发。"③正因桓玄未能对东晋皇帝和宗室狠下杀手,才使得刘裕以匡复晋室为名打起反玄旗号并获得了成功。

桓玄的主要目标对准了专制朝政的司马道子、元显父子及其党羽,对于年纪尚轻且毫无行为能力的晋安帝,却完全忽略了其潜在的危险性。元兴三年(404)三月,桓玄在抵御刘裕对京师的进攻中大败之后,"辛未(十四,4.9),桓玄逼帝西上。丙戌(廿九,4.24),密诏以幽逼于玄,万机虚旷,令武陵王遵依旧典,承制总百官行事,加侍中,余如故"④。"刘裕以武陵王遵摄万机,立行台,总百官。遣刘毅、刘道规蹑玄,诛玄诸兄子及石康兄权、振兄洪等。"⑤桓玄没有除掉武陵王遵,又因涛水破船而未能坚持将其送

---

① 《晋书》卷九九《桓玄传》,第八册,第2595—2596页。
② 《晋书》卷一〇《恭帝纪》,第一册,第267页。
③ 《晋书》卷六四《元四王·武陵王晞传附忠敬王遵传》,第六册,第1728页。同书卷二七《五行志上》:"元兴二年十二月,桓玄篡位。其明年二月庚寅(初二,2.28)夜,涛水入石头。商旅方舟万计,漂败流断,骸胔相望。江左虽频有涛变,未有若斯之甚。"(第三册,第817页)武陵王遵所遇到的正是这次涛变。
④ 《晋书》卷一〇《安帝纪》,第一册,第256页。同书卷六四《元四王·武陵王晞传附忠敬王遵传》:"会义旗兴,复还国第。朝廷称受密诏,使遵总摄万机,加侍中、大将军,移入东宫,内外毕敬。迁百官,称制书,又教称令书。安帝反正,更拜太保,加班剑二十人。义熙四年薨,时年三十五。"(第六册,第728页)
⑤ 《晋书》卷九九《桓玄传》,第八册,第2599页。

往被贬封地彭城,使得桓玄挟持晋安帝西上后刘裕可以利用武陵王遵"承制",迅速复辟东晋王朝,组成战时政府,指挥消灭桓玄及其残余势力的战争,以实现其政治意志。

武陵王遵"承制"使得刘裕反对桓玄的斗争师出有名,成为复辟东晋王朝的"正义"战争,有利于争取统治阶级更为广泛的拥护和支持,对战争的顺利进行和局势的较快稳定,可以说发挥了重要作用。然而当晋安帝正式复位后,武陵王遵的历史使命也就结束了。不仅如此,"承制"经历还成为其沉重的政治包袱,刘裕不但不会再重用他,并且还要对他严加防范。史载"安帝反正,(遵)更拜太保,加班剑二十人。义熙四年薨,时年三十五"①。武陵王遵之死,不排除刘裕加害的可能性,若确为自然死亡,恐怕也是在巨大的精神压力之下郁郁而终。

严重智障的晋安帝都可作为东晋王朝存在的象征,桓玄没有下狠手把他处死,使得他成为刘裕反玄的招牌。虽然经过十几年军事上和政治上的经营,取代东晋的条件完全具备,但刘裕仍然还会有所担心,如若篡位,会不会再出现一个像他一样的野心家以复辟东晋为旗号来反对自己②。基于这种考虑,晋安帝的存在也就成了刘裕的心头之患,必欲除之而后快。

处死晋安帝还难以达到最终目的,皇弟琅邪王德文具有较强的政治能力,在刘裕看来是有更大危险性的人物。史载"安帝既不惠,(恭)帝每侍左右,消息温凉寝食之节,以恭谨闻,时人称焉"。"历中军将军、散骑常侍,卫将军、开府仪同三司,加侍中,领司徒、录尚书六条事。元兴初,迁车骑大将军。桓玄执政,进位太

---

① 《晋书》卷六四《元四王·武陵王晞传附忠敬王遵传》,第六册,第1728页。
② 这个人既有可能出身于高门士族,但更有可能是像刘裕一样出身于统治阶级下层的人物。

宰,加衮冕之服,绿綟绶。"桓玄败灭,司马德文"领徐州刺史。寻拜大司马,领司徒,加殊礼。义熙五年,置左右长史、司马、从事中郎四人,加羽葆鼓吹"。①

从能力、经历和位望来看,司马德文都是刘裕不可等闲视之的人物。《宋书·谢景仁传》:"及北伐,大司马琅邪王,天子母弟,属当储副,高祖深以根本为忧,转景仁为大司马左司马,专总府任。"②谢景仁(裕)此前担任刘裕车骑司马,是刘裕举兵灭桓玄之前的故交,两人关系非同寻常,后又为其次子义真娶景仁女为妻。这是刘裕第一次北伐灭南燕时的情形,而到第二次北伐灭后秦时干脆将琅邪王德文带在身边,以防自己离开建康时发生不测。《晋书·恭帝纪》:"刘裕之北征也,帝上疏,请帅所莅,启行戎路,修敬山陵。朝廷从之,乃与裕俱发。""及姚泓灭,归于京都。"③事实显然并非如此,司马德文随刘裕北伐并非他本人请求的结果,应该是不得已而从之。

刘裕北伐前虽然对京师留守做了周密安排,但若要保证万无一失,则必须排除任何可能的不利因素,将皇弟司马德文带在自己身边监控起来,无疑要比让他留在京师稳妥得多。在北伐途中,刘裕对司马德文应该有更为直观深入的观察和了解,估计在当时就已下定决心要除掉他。在并无过错的情况下将其杀害,显然有损刘裕的声望,而制造"昌明之后有二帝"的谶语,在废杀晋安帝后扶持司马德文即位并最终杀害他,就不失为一个可行的方案。

刘宋王朝的建立,使南方汉人政权在经历了二十年的动荡纷争之后终于稳定下来。相对而言,北方地区则是在鲜卑拓跋氏的

---

① 《晋书》卷一〇《恭帝纪》,第一册,第270、267页。
② 《宋书》卷五二《谢景仁传》,第五册,第1494页。
③ 《晋书》卷一〇《恭帝纪》,第一册,第268页。

北魏政权和铁弗赫连氏的夏政权统治之下，刘宋加强在江淮地域的统治还具有吸引边地官民归附的意图，具有很强的竞争意味。事实上，当时确有北方流民进入刘宋境内，而刘宋王朝也采取了相应的安抚赈济措施。永初三年三月，"时秦、雍流户悉南入梁州。庚申（十八，4.24），送纻绢万匹，荆、雍州运米，委州刺史随宜赋给"。① 就在刘宋建立前几年，刘裕北伐后秦，关中地域的广大汉族百姓曾给予积极支持，而今面对比后秦更为残暴的赫连勃勃的统治，不少人选择了南下进入南方汉人政权境内的做法。事实上，在东晋十六国一个世纪时间里，不断有北方流民南下，秦、雍流民即是其中的大宗。在刘裕创建帝业的过程中，有为数不少的北方流民上层加入其阵营，有的甚至成为杰出的将领，驰骋疆场，战功卓著。刘宋政权的建立，对于在赫连氏暴政之下的秦、雍百姓产生了巨大的吸引力，一时间有大量流民举家南下进入梁州境内，很显然处于边地的梁州并不能解决这些涌入的外来人口的生计问题。宋武帝所采取的令经济条件更好的荆、雍州进行赈济的措施，无疑可使北来流民的困苦得到缓解，有利于他们在刘宋境内较快地安家落户。

第二节　封赏功臣，徐傅谢最

《宋书·徐羡之传》载"上初即位，思佐命之功"，下诏对协助其即位的佐命功臣晋爵增邑，其词曰：

> 散骑常侍、尚书仆射、镇军将军、丹阳尹徐羡之，监江州豫州之西阳新蔡诸军事、抚军将军、江州刺史、华容侯王弘，散骑

---

① 《宋书》卷三《武帝纪下》，第一册，第59页。

> 常侍、护军将军、作唐男檀道济，中书令、领太子詹事傅亮，侍中、中领军谢晦，前左将军、江州刺史、宜阳侯檀韶，使持节、雍梁南北秦四州荆州之河北诸军事、后将军、雍州刺史、关中侯赵伦之，使持节、督北徐兖青三州诸军事、征虏将军、北徐州刺史、南城男刘怀慎，散骑常侍、领太子左卫率、新淦侯王仲德，前冠军将军、北青州刺史、安南男向弥，左卫将军、濮阳男刘粹，使持节、南蛮校尉、佷山子到彦之，西中郎司马、南郡相、宜阳侯张邵，参西中郎将军事、建威将军、河东太守、资中侯沈林子等，或忠规远谋，扶赞洪业；或肆勤树绩，弘济艰难。经始图终，勋烈惟茂，并宜与国同休，飨兹大赉。羡之可封南昌县公，弘可华容县公，道济可改封永修县公，亮可建城县公，晦可武昌县公，食邑各二千户；韶可更增邑二千五百户，仲德可增邑二千二百户；怀慎、彦之各进爵为侯，粹改封建安县侯，并增邑为千户；伦之可封霄城县侯，食邑千户；邵可封临沮县伯，林子可封汉寿县伯，食邑六百户。①

需要指出的是，宋武帝进封爵位食邑的名单当远多于此数，尤其是像张邵和沈林子这一级别的官员应该还有不少。地位不高的沈林子之所以被列入经过选择后的名单，并非因其功绩过人，而是由于他是《宋书》修撰者沈约的祖父。与徐羡之等开国元勋并举，沈林子显然是不够格的。

按上引进封佐命功臣诏有脱误，如"西中郎司马、南郡相、宜阳侯张邵"原作"西中郎司马、南郡、宜阳侯张邵"，中华书局点校本据《张邵传》并参考孙彪《宋书考论》的意见补之②。除此之外，

---

① 《宋书》卷四三《徐羡之传》，第五册，第1330—1331页。
② 《宋书》卷四三"校勘记"〔三〕，第五册，第1345页。按同书卷四六《张邵传》："文帝为中郎将、荆州刺史，以邵为司马，领南郡相，众事悉决于邵。"（第1394页）

还有其他问题:

向弥的爵位和食邑在诏书中均无体现,显系脱漏。据《宋书·向靖传》,"小字弥","名与高祖祖讳同,改称小字"。"高祖受命,以佐命功,封曲江县侯,食邑千户"。① 徐羡之、傅亮、谢晦三人进封前的爵位在诏书中均未体现,应该与三人后来被宋文帝所杀的结局有关,而参照王弘的事例,三人进封前均已为侯爵。诏书载檀韶和王仲德(懿)分别增邑二千五百户、二千二百户,似乎应该是在原有食邑的基础上再增加二千五百户、二千二百户,但这是不可能的。若分别增邑至二千五百户、二千二百户,则二人进封后的爵位至少也是县公,这与他们在诏书中的位次及其政治地位不符。据《宋书·檀韶传》,其原本爵位为宜阳县侯,"高祖受命,以佐命功,增八百户,并前千五百户"。② 可知《徐羡之传》所载诏书中的相关内容有误。同书《王懿传》未载其在宋武帝初进爵增邑事,具体情形难以考知,不过从他当时的地位推测,食邑不可能超过徐羡之等人,参照檀韶的事例,有可能是一千二百户,而从他在诏书中的位次推断,似可确定增加后的食邑应为千户。

兹据上引诏书及所作考证,将刘宋初年宋武帝进封佐命功臣封爵食邑的相关情况列表如下:

姓名	官职	原爵	新爵	食邑
徐羡之	散骑常侍、尚书仆射、镇军将军、丹杨尹	南昌侯	南昌县公	二千户

---

① 《宋书》卷四五《向靖传》,第五册,第 1373—1374 页。
② 《宋书》卷四五《檀韶传》,第五册,第 1373 页。

续表

姓名	官 职	原爵	新爵	食邑
王弘	监江州豫州之西阳新蔡诸军事、抚军将军、江州刺史	华容侯	华容县公	二千户
檀道济	散骑常侍、护军将军	作唐男	永修县公	二千户
傅亮	中书令、领太子詹事	建城侯	建城县公	二千户
谢晦	侍中、中领军	武昌侯	武昌县公	二千户
檀韶	前左将军、江州刺史	宜阳侯	宜阳侯？	千五百户
赵伦之	使持节、雍梁南北秦四州荆州之河北诸军事、后将军、雍州刺史	关中侯	霄城县侯	千户
刘怀慎	使持节、督北徐兖青三州诸军事、征虏将军、北徐州刺史	南城男	南城侯	千户
王仲德	散骑常侍、领太子左卫率	新淦侯？	新淦侯	千户
向弥	前冠军将军、北青州刺史	安南男	安南侯	千户
刘粹	左卫将军	滠阳男	建安县侯	千户
到彦之	使持节、南蛮校尉	佷山子	佷山侯	千户
张邵	西中郎司马、南郡相	宜阳侯？	临沮县伯	六百户
沈林子	参西中郎将军事、建威将军、河东太守	资中侯？	汉寿县伯	六百户

毫无疑问,徐羡之、王弘、檀道济、傅亮、谢晦五人是刘宋建立之初官僚集团最上层的成员,王弘时任江州军政长官,与朝政决策无涉,徐羡之等四人所任官职涵盖了尚书、中书、门下三省以及禁卫军和东宫等职官系统,包罗了刘宋朝廷最为核心的军政权力。高平檀氏有多位成员参与刘裕京口举义,然而经过近二十年的时间,檀道济成为檀氏人物中硕果仅存的一位。刘裕建立宋国后即以檀氏成员执掌禁卫军权,宋国第一任领军将军为檀祗,义熙十四年十月"领军檀祗卒,以中军司马檀道济为中领军"①。檀祗、檀道

---

① 《宋书》卷二《武帝纪中》,第一册,第44页。

济兄弟二人都是身经百战的名将,在刘裕帝业创建过程中立下了汗马功劳。刘宋建立后第一次人事调整是在宋武帝即位第四天,永初元年六月庚午(十七,7.13),"尚书仆射徐羡之加镇军将军,右卫将军谢晦为中领军,宋国领军檀道济为护军将军,中领军刘义欣为青州刺史"①。除了宗室刘义欣是离开朝廷机要之职外②,徐羡之、谢晦、檀道济三人都是加官升职,并且他们正是上引进封功臣诏中所举第一序列的大臣,这就更加明确地显示出此三人和傅亮在刘宋初年官僚集团中的核心地位。关于协助宋武帝创业的人才,齐梁时代的史学家裴子野有云:"辅相总持,则穆之、徐羡。镇恶、道济经其武,傅亮、谢晦纬其文。"③刘穆之和王镇恶在刘宋建立之前已经离世,而徐羡之、檀道济、傅亮和谢晦则成为宋武帝一朝最重要的文武大臣。

刘裕打起反对桓玄篡位的旗号是在元兴三年二月,此后刘裕与徐羡之的关系即由同府共事的同僚朋友关系转变为府主与僚佐间的主佐(君臣)关系,这种关系一直延续到刘宋建立之时。刘穆之在世时,徐羡之是刘裕幕府众多亲信僚佐中地位仅次于刘穆之的一位,而当刘穆之病故后④,徐羡之便成为刘裕幕府第一僚佐。义熙十三年(417)"十一月,前将军刘穆之卒,以左司马徐羡之代掌留任。大事昔所决于穆之者,皆悉以谘"⑤。"刘穆之卒,高祖命以羡之为吏部尚书、建威将军、丹阳尹,总知留任,甲仗二十人出

---

① 《宋书》卷三《武帝纪下》,第一册,第53页。
② 刘义欣为宋武帝中弟道怜之子,参见《宋书》卷五一《宗室·长沙王道怜传》及附《义欣传》,第五册,第1464页。
③ (梁)裴子野撰:《宋略总论》,载(宋)李昉等编《文苑英华》卷七五四《论·史论一》,中华书局1982年版,第五册,第3947页。
④ 参见《晋书》卷一〇《安帝纪》,第一册,第266页。
⑤ 《宋书》卷二《武帝纪中》,第一册,第43—44页。

入。转尚书仆射,将军、尹如故。"①这样,徐羡之继刘穆之而成为刘裕政权的行政总管。刘宋建立前夕,徐羡之为尚书仆射、建威将军、丹阳尹,位居在朝文臣之首。"高祖践阼,进号镇军将军,加散骑常侍。"后又"迁尚书令、扬州刺史,加散骑常侍。进位司空、录尚书事,常侍、刺史如故"。② 毫无疑问,徐羡之乃是宋武帝一朝地位最为显赫的大臣。

徐羡之官职的升迁是宋武帝朝人事调整最值得关注之处。宋武帝时期,徐羡之为其最重要的心腹亲信。徐羡之早年自"刘牢之镇北功曹"转任"桓脩抚军中兵曹参军","与高祖同府,深相亲结"。③ 刘裕自晋安帝隆安三年(399)十一月起参前将军刘牢之府军事④,一年后刘牢之进号镇北将军⑤,则徐羡之入刘牢之镇北府为功曹当在隆安四年十一月或稍后。《宋书·武帝纪上》载"桓玄从兄脩以抚军镇丹徒,以高祖为中兵参军"⑥。《晋书·桓脩传》:"玄执政,以脩都督六州、右将军、徐兖二州刺史、假节。寻进抚军将军,加散骑常侍。玄篡,以为抚军大将军,封安成王。"⑦桓玄执政是在晋安帝元兴元年(402)三月⑧,刘裕与徐羡之在其后不久即进入桓脩抚军府共事。《宋书·徐羡之传》:"义旗建,高祖版为镇军参军、尚书库部郎,领军司马。与谢混共事,混甚知之。补琅邪

---

① 《宋书》卷四三《徐羡之传》,第五册,第1330页。
② 《宋书》卷四三《徐羡之传》,第五册,第1330、1331页。
③ 《宋书》卷四三《徐羡之传》,第五册,第1329页。
④ 参见《宋书》卷一《武帝纪上》,第一册,第1—2页。
⑤ 参见《晋书》卷一○《安帝纪》,第一册,第253页。
⑥ 《宋书》卷一《武帝纪上》,第一册,第4页。
⑦ 《晋书》卷七四《桓脩传》,第六册,第1955页。
⑧ 《晋书》卷一○《安帝纪》:元兴元年三月"壬申(初四,4.21),桓玄自为侍中、丞相、录尚书事,以桓谦为尚书仆射,迁太傅、会稽王道子于安城。玄俄又自称太尉、扬州牧、总百揆,以琅邪王德文为太宰"。(第一册,第255页)

王大司马参军,司徒左西属,徐州别驾从事史,太尉谘议参军。义熙十一年,除鹰扬将军、琅邪内史,仍为大司马从事中郎,将军如故。高祖北伐,转太尉左司马,掌留任,以副贰刘穆之。"①

宋武帝对徐羡之的信任可以说达到了极致,《宋书·武帝纪下》:"性尤简易,常著连齿木履,好出神虎门逍遥,左右从者不过十余人。时徐羡之住西州,尝幸羡之,便步出西掖门,羽仪络驿追随,已出西明门矣。"②按:"尝幸羡之"不符合上下语境,《南史·宋本纪上·武帝纪》作"尝思羡之"③,当是。宋武帝朝臣中,能享有这种殊荣者恐怕除了徐羡之别无他人。宋武帝即位第四天,永初元年六月庚午(十七,7.13),以"尚书仆射徐羡之加镇军将军"④,而《宋书》本传载"高祖践阼,进号镇军将军,加散骑常侍",同时还被封为南昌县公,食邑二千户。此后徐羡之官位两次升迁,一直兼任散骑常侍。徐羡之所加镇军将军,乃是宋武帝举义之初就曾担任过的将军号。宋武帝即位半年后,永初二年正月丙寅(十七,3.6),"以扬州刺史庐陵王义真为司徒,以尚书仆射、镇军将军徐羡之为尚书令、扬州刺史"⑤。扬州刺史也是宋武帝即位前所任官职,徐羡之以宰相身份兼任"根本所寄"之地扬州的行政长官,故这次任命意味着他成为刘宋朝廷第一重臣。想当初,刘裕为了担任扬州刺史,还是颇费了一番周折,徐羡之受重视的程度盖可想见。

《宋书·宗室·长沙王道怜传》:

---

① 《宋书》卷四三《徐羡之传》,第五册,第1329页。
② 《宋书》卷三《武帝纪下》,第一册,第60页。
③ (唐)李延寿撰:《南史》卷一《宋本纪上·武帝纪》,中华书局1975年版,第一册,第28页。
④ 《宋书》卷三《武帝纪下》,第一册,第53页。
⑤ 《宋书》卷三《武帝纪下》,第一册,第56页。

> 永初二年,朝正,入住殿省。先是,庐陵王义真为扬州刺史,太后谓上曰:"道怜汝布衣兄弟,故宜为扬州。"上曰:"寄奴于道怜岂有所惜。扬州根本所寄,事务至多,非道怜所了。"太后曰:"道怜年出五十,岂当不如汝十岁儿邪?"上曰:"车士虽为刺史,事无大小,悉由寄奴。道怜年长,不亲其事,于听望不足。"太后乃无言。车士,义真小字也。①

太后为其子长沙王道怜讨要扬州刺史之职,却遭到宋武帝的拒绝,理由是其能力和声望均不足以胜任扬州刺史这样重要的官职,而皇子义真担任扬州刺史时主事者实为宋武帝本人。即便被任命为尚书令、扬州刺史,宋武帝仍然觉得徐羡之的地位尚不够要重,一年之后又对其官位进行了升迁。永初三年正月"癸丑(初十,2.16),以尚书令、扬州刺史徐羡之为司空、录尚书事,刺史如故"②。此时,无论就名分还是实职而论,徐羡之已达到位极人臣的地步。史载"羡之起自布衣,又无术学,直以志力局度,一旦居廊庙,朝野推服,咸谓有宰臣之望。沈密寡言,不以忧喜见色"③。徐羡之的"志力局度"和"沈密寡言,不以忧喜见色",应该就是他得到宋武帝赏识和重用的主要原因。④ 过了还不到半年时间,宋武帝刘裕驾崩,遗诏即安排徐羡之为首席顾命大臣。

傅亮出身北地傅氏,为西晋名臣傅咸之孙,其兄傅迪于宋初卒于五兵尚书任上,应该也是刘裕亲信集团成员。史载傅"亮博涉经史,尤善文词",曾任"桓谦中军行参军",桓玄篡位后因其"博学

---

① 《宋书》卷五一《宗室·长沙王道怜传》,第五册,第1463页。
② 《宋书》卷三《武帝纪下》,第一册,第58页。
③ 《宋书》卷四三《徐羡之传》,第五册,第1331页。
④ 据《宋书》卷七一《徐湛之传》(第六册,第1843页)及《南史》卷一五《徐羡之传》附传(第二册,第434—435页),徐羡之兄子逵之娶刘裕长女会稽公主为妻,足见刘裕对徐羡之及其家族的看重。

有文采"欲任为秘书郎而未果。傅亮加入刘裕阵营后,先为丹杨尹孟昶建威参军。"义熙元年,除员外散骑侍郎,直西省,典掌诏命。"后历任领军长史、刘毅抚军记室参军、领军司马、散骑侍郎、中书侍郎、黄门侍郎,且"直西省"多年。"会西讨司马休之,以为太尉从事中郎,掌记室。"①此后傅亮即长期执掌刘裕幕府文秘之职,是颇能体会刘裕心思的心腹亲信,尤其是在刘裕篡位之际发挥了穿针引线的关键作用。《宋书·傅亮传》:

> 宋国初建,令书除侍中、领世子中庶子。徙中书令,领中庶子如故。从还寿阳。高祖有受禅意,而难于发言,乃集朝臣宴饮,从容言曰:"桓玄暴篡,鼎命已移,我首唱大义,复兴皇室,南征北伐,平定四海,功成业著,遂荷九锡。今年将衰暮,崇极如此,物戒盛满,非可久安。今欲奉还爵位,归老京师。"群臣唯盛称功德,莫晓此意。日晚坐散,亮还外,乃悟旨,而宫门已闭,亮于是叩扉请见,高祖即开门见之。亮入便曰:"臣暂宜还都。"高祖达解此意,无复他言,直云:"须几人自送?"亮曰:"须数十人便足。"于是即便奉辞。亮既出,已夜,见长星竟天。亮拊髀曰:"我常不信天文,今始验矣!"至都,即征高祖入辅。②

刘裕的"从容"之言可谓夫子自道,以最简明的言辞总结了自己的丰功伟绩。建立了如此伟业,却要功成身退,颐养天年,自然是匪夷所思。然其最后一句"奉还爵位,归老京师"可谓画龙点睛、神来之笔,曲折地表达了他此时此地的真实心声。"奉还爵位"意谓不再为"臣",以刘裕的功业当然也不可能为民,只能是再上层楼,

---

① 《宋书》卷四三《傅亮传》,第五册,第1336页。
② 《宋书》卷四三《傅亮传》,第五册,第1336—1337页。

戴上皇帝冠冕,黄袍加身,以使其掌握的最高权力名正言顺。为臣年老要致仕回乡(府),而"归老京师"表明其不愿继续待在寿阳,当然也不是回到京口老屋,唯有身在御座才能保证终老京师。不过,若无傅亮的心领神会,刘裕的篡位也还会如期举行,只不过可能需要再用更加直白的方式表达意旨,对其所精心营造的"光辉"形象会产生负面影响,取得不了这种欲擒故纵的方式所达致的最佳效果。刘裕的这种做法可以说是历史上专权者和独裁者所惯用的伎俩,部属若不能领会其真实意图,被骗人的鬼话所蒙混,则要大上其当,甚至付出惨重的代价。如果当时真有不明就里的不知趣者,果真以为刘裕真的想要功成身退而推波助澜,等待他的将会是死路一条。当然,刘裕已将有可能危及其权威的实权人物诛戮殆尽,即便心腹亲信不能马上领会真实意图,也不至于节外生枝。

遵照刘裕旨意长期负责起草诏令文书等最高政令的傅亮,颇善于揣摩刘裕的心思,对其旨意的理解较之其他亲信更为迅速准确,故当刘裕迫不及待地想要进行篡位而又不便直言时,傅亮能够最先领会旨意。在进见刘裕确认其意图后,傅亮即受命从寿阳回到建康,向在朝理政的徐羡之说明真意,马上以晋帝名义征召刘裕入朝。无论如何,傅亮和徐羡之齐心协力,助推刘裕实现禅代之举,可谓忠心耿耿。刘宋建立后,傅亮仍然负责诏令起草。"永初元年,迁太子詹事,中书令如故","入直中书省,专典诏命"。史载"高祖登庸之始,文笔皆是记室参军滕演;北征广固,悉委长史王诞;自此后至于受命,表策文诰,皆亮辞也"。[①] 也就是说,从义熙六年(410)五月刘裕北伐南燕返回建康组织抵御卢循开始,一直

---

① 《宋书》卷四三《傅亮传》,第五册,第1337页。

到刘裕篡位的整整十年时间里,以刘裕名义发布的"表策文诰"皆出自傅亮之手。然而,此仅就刘裕幕府"文笔"而言,而其从义熙元年(405)开始就"直西省,典掌诏命",负责东晋朝廷诏令的起草。毫无疑问,傅亮在刘裕当政的绝大多数时间里是其代言人。在刘裕称帝以后傅亮所承担的职司依然如故,永初"二年,亮转尚书仆射,中书令、詹事如故"。① 直到元嘉三年(426)被宋文帝所杀,傅亮始终都是刘宋中书省的掌门人。从义熙元年"直西省,典掌诏命"开始,傅亮执掌东晋、刘裕幕府及刘宋王朝政令文书的起草长达二十年以上,为刘裕帝业的创建以及宋初皇权的巩固,发挥了无与伦比的作用。了解了傅亮的经历,便能够理解宋武帝何以在临终之际安排他进入顾命大臣班子。

谢晦出身一流高门陈郡谢氏,其曾祖谢据为东晋名臣谢安之兄②。其兄谢绚是刘裕的重要亲信,为"高祖镇军长史,蚤卒"。谢晦"初为孟昶建威府中兵参军",孟昶死后经刘穆之推荐而被"命为太尉参军"。代太尉府刑狱参军断案,"于车中一览讯牒,催促便下。相府多事,狱系殷积,晦随问酬辩,曾无违谬。高祖奇之,即日署刑狱贼曹,转豫州治中从事"。其吏能颇得刘裕赞赏。"入为太尉主簿,从征司马休之。"其在此役中所表现出的以死效忠的决心必定让刘裕颇为感动。"晦美风姿,善言笑,眉目分明,鬓发如点漆。涉猎文义,朗赡多通。高祖深加爱赏,群僚莫及。从征关、洛,内外要任悉委之。"第二次北伐结束后,谢晦转任太尉从事中郎。"宋台初建,为右卫将军,寻加侍中。高祖受命,于石头登坛,备法驾入宫。晦领游军为警备,迁中领军,侍中如故。""寻转领军

---

① 《宋书》卷四三《傅亮传》,第五册,第1337页。
② 参见《南史》卷一九《谢晦传》,第二册,第521页。

将军、散骑常侍,依晋中军羊祜故事,入直殿省,总统宿卫。""少帝即位,加领中书令,与羡之、亮共辅朝政。"①在宋武帝所确定的三位顾命大臣中,谢晦是唯一一位执掌军权者。尽管他在刘宋建国前夕就已担任宋台右卫将军,后又相继担任刘宋王朝的中领军和领军将军,与禁卫军关系相当密切,但他曾长期在刘裕幕府担任文职僚佐,虽然参与诸如征讨司马休之和北伐后秦的决策事宜,但却并无任何统兵打仗的实际经验。其所以得到刘裕的赏识和器重,主要就在于吏能突出,并且还是对刘裕忠心耿耿的一流高门人物。

第三节　厉行俭约,巩固统治

刘宋建立后,"开国之制,率遵旧章"②。就总体来看,这种说法无疑反映了实际情况,刘宋制度仍然是以继承东晋制度为主。出于巩固统治的需要,宋武帝在位近两年间,对旧制还是做了若干调整和改革。

到刘裕篡位之时,东晋复辟的可能性已微乎其微,在杀害晋恭帝后大可高枕无忧了。然而年近花甲的宋武帝,面对依然非常强大的高门士族势力③,对局势并不十分乐观,而是谨小慎微,勤勉为政,以期最大限度地实现新王朝建立之初的社会稳定。宋武帝在即位之初下诏,"遣大使分行四方,旌贤举善,问所疾苦",取消"政刑烦苛,民不堪命"的旧规。此外又下诏增加官吏俸禄,释放

---

① 《宋书》卷四四《谢晦传》,第五册,第1347—1348页。
② 《宋书》卷四三《徐羡之传》,第五册,第1330—1331页。
③ 参见祝总斌《晋恭帝之死与宋初政争》,载《材不材斋史学丛稿》,中华书局2009年版,第287—294页。

奴婢,减轻地方力役征发,降低市税,抚恤北伐战死将士家属。诸如此类举措,不一而足。① 史称其"清简寡欲,严整有法度,未尝视珠玉舆马之饰,后庭无纨绮丝竹之音"。"财帛皆在外府,内无私藏。""内外奉禁,莫不节俭。"②他还下诏实施诸如"断金银涂"和"禁丧事用铜钉"以及罢除"淫祠"的禁令。③

停止"冬使"的措施尤其值得一提。永初元年闰八月辛丑(二十,10.12),诏曰:"诸处冬使,或遣或不,事役宜省,今可悉停。唯元正大庆,不在其例。郡县遣冬使诣州及都督府,亦停之。"④《宋书·礼志一》:"魏、晋则冬至日受万国及百僚称贺,因小会,其仪亚于岁旦,晋有其注。宋永初元年八月,诏曰:'庆冬使或遣不,事役宜省,今可悉停。唯元正大庆,不得废耳。郡县遣冬使诣州及都督府者,亦宜同停。'"⑤由此可见,所谓"冬使"即"庆冬使",分为两个层次:一是地方军政长官(州及都督府)派遣到中央称贺冬至日的使团;一是地方郡县派遣到州及都督府称贺冬至日的使团。冬使称贺时大概要带去大量的贺礼(贡品),实际上是一种朝廷和地方州府变相的征敛行为。按照宋武帝的诏令,无论是诸州及都督府派往中央还是郡县派往本州及都督府的庆冬使,从永初元年的冬至开始都要停止,而在元正大庆节日,诸州及都督府仍须像往常一样派遣使团到中央朝贺。对于地方州郡县而言,庆冬使的废罢减免了不少花费和烦扰,是一项有利于地方社会稳定和经济恢复的积极举措。

---

① 参见《宋书》卷三《武帝纪下》,第一册,第52—55页。
② 《宋书》卷三《武帝纪下》,第一册,第60页。
③ 参见《宋书》卷三《武帝纪下》,第一册,第56、57页。
④ 《宋书》卷三《武帝纪下》,第一册,第56页。
⑤ 《宋书》卷一四《礼志一》,第二册,第345—346页。

宋武帝对司法刑狱问题尤为关注,从永初元年底到次年十月不足一年时间里,宋武帝曾六次到延贤堂或华林园听讼[1],其频率之高,历史上罕有其匹。他还多次颁布诏令减免刑罚,如:永初元年七月丁亥(初五,7.30),"原放劫贼余口没在台府者,诸流徙家并听还本土";壬子(三十,8.24),诏废除战时"施之一时"的"峻重""劫科",又强调"反叛淫盗三犯补冶士,本谓一事三犯",禁止"并数众事,合而为三"。八月戊午(初六,8.30),废除"无故自残伤者补冶士"的苛法;"辛酉(初九,9.2),开亡叛赦,限内首出,蠲租布二年";乙亥(廿三,9.16)诏规定,"其见刑罪无轻重,可悉原赦"。二年十月丁酉(廿二,12.2),诏革"役身死叛,辄考傍亲"的"峻重""兵制",规定"自今犯罪充兵合举户从役者,便付营押领。其有户统及谪止一身者,不得复侵滥服亲,以相连染"。三年"正月甲辰朔(初一,2.7),诏刑罚无轻重,悉皆原降"。此外,宋武帝永初元年九月"壬申(廿一,11.12),置都官尚书"。[2] 按"都官尚书领都官、水部、库部、功论四曹"[3],为后世刑部尚书的前身。其主要职掌即为司法刑狱,如谢庄"大明元年,起为都官尚书,奏改定刑狱"[4]。在尚书省设置专门负责司法刑狱的分部尚书,这在历史上还是第一次。

在即位不到一年的时间里,宋武帝还对禁卫武官制度进行了数次改革:永初元年七月"辛卯(初九,8.3),复置五校三将官,增殿中将军员二十人,余在员外";甲辰(廿二,8.16),"置东宫冗从仆射、旅贲中郎将官";"九月壬子朔(初一,10.23),置东宫殿中将

---

[1] 参见《宋书》卷三《武帝纪下》,第一册,第56—58页。
[2] 《宋书》卷三《武帝纪下》,第一册,第54、55、57—58、56页。
[3] 《宋书》卷三九《百官志上》,第四册,第1235页。
[4] 《宋书》卷八五《谢庄传》,第八册,第2172页。

军十人,员外二十人";二年"五月己酉(初二,6.17),置东宫屯骑、步兵、翊军三校尉官"。① 在这四条措施中,第一条是加强朝廷禁卫特别是殿内禁卫之举,其余三条都是为了加强东宫禁卫力量。很显然,这几次改革的主要意图是为了更好地保卫皇太子。东晋皇权衰微,与西晋相比禁卫武官制度也多有削弱。刘宋王朝建立后出于巩固皇权的需要,宋武帝不仅以其心腹亲信担任禁卫长官以控制禁卫军权,同时还进一步从制度上加强禁卫权力,恢复了一些被废弃的旧制度并做了适当的改革。刘宋建国时宋武帝年事已高,皇位继承问题显得尤为迫切,而太子年纪尚轻,故改革的主要着眼点是加强东宫禁卫军权,以确保后世皇位的正常传承及稳固。

如前所述,在宋武帝一朝不到两年时间里,最高决策集团全都由其亲信构成,政局可以说相当稳固。在扩充东宫禁卫兵力的同时,宋武帝还特别关注地方局势,比较突出的表现就是对若干州郡进行了省并分合,又对地方州府的将吏人数予以明确规定。永初元年八月辛酉(初九,9.2),"罢青州并兖州"②。青、兖二州原为南燕辖区,此举意在集中河淮下游滨海地域的管理权,使得政出一门,更有利于对这一进入南朝版图不久的东北边疆进行治理。永初二年正月己卯(三十,3.19),"罢会稽郡府"③。宋武帝"罢会稽郡府"的前因后果已难明了,不过史书记载显示,宋武帝时期会稽郡依然存在。如前所述,褚淡之兄弟受刘裕之命杀害晋恭帝,"后会稽郡缺","乃以淡之为会稽太守",于宋少帝景平二年(424)死

---

① 《宋书》卷三《武帝纪下》,第一册,第54、56、57页。
② 《宋书》卷三《武帝纪下》,第一册,第55页。
③ 《宋书》卷三《武帝纪下》,第一册,第56页。

于会稽太守任上。① 由此可见,宋武帝时期并未真正废罢会稽郡。会稽郡辖山阴、永兴、上虞、余姚、剡、诸暨、始宁、句章、鄞、鄮十县②,为扬州最大郡,宋武帝"罢会稽郡府"自有其深意,只是据现存文献记载已难窥其实情。宋武帝何以要"罢会稽郡府",原因不得而知,推测可能与会稽郡为孙恩、卢循叛乱的策源地有关。仅仅一两年后,宋少帝景平元年二月"辛未(初四,3.1),富阳人孙法光反,寇山阴,会稽太守褚淡之遣山阴令陆劭讨败之"③。按吴郡辖县富阳与会稽接壤,孙法光为五斗米道孙恩残余当无疑义,其进攻的目标仍是五斗米道的策源地会稽郡治山阴县。这一事件也可反证宋武帝关注会稽郡当与肃清五斗米道残余有关。

附表:《宋书·州郡志》刘宋扬州郡县户口数据及分析

领郡 10	领县 80	户数 143296	县均户数 1791.2	口数 1455685	县均口数 18196.0625	户均口数 ≤10.1586?
丹阳尹	8	41010	5126.25(+)	237341	29667.625(+)	≤5.79(−)
会稽太守	10	52228	5222.8(+)	348014	34801.4(+)	≥6.66(+)
吴郡太守	12	54088	5408.8(+)	424812	35401(+)	≥7.85(+)
吴兴太守	10	49609	4960.9(+)	316173	31617.3(+)	≥6.37(+)
淮南太守	6	5362	893.67(−)	25840	4306.67(−)	≤4.82(−)
宣城太守	10	10120	1012(−)	47992	4799.2(−)	≥4.74(−)
东阳太守	9	16022	1780.22(−)	107965	11996.11(−)	≤6.74(+)
临海太守	5	3661	732.2(−)	24226	4845.2(−)	≤6.62(−)
永嘉太守	5	6250	1250(−)	36680	7336(−)	≤5.87(−)

---

① 《宋书》卷五二《褚叔度传》,第五册,第1503、1504页。
② 《宋书》卷三五《州郡志一》,第四册,第1030—1031页。
③ 《宋书》卷四《少帝纪》,第一册,第64页。按:"褚淡之"原作"褚谈",据中华书局点校本改之,参见本卷校勘记〔九〕,第一册,第68页。

续表

领郡 10	领县 80	户数 143296	县均户数 1791.2	口数 1455685	县均口数 18196.0625	户均口数 ≤10.1586?
新安太守	5	12058	2411.6(-)	36651	7330.2(-)	≤3.04(-)
合计	80	250408	3130.1	1605694	20071.175	≥6.41

说明:(+)(-)表示相对平均值之盈缩。①

在宋武帝的地方政策中,最值得关注的还是对豫州和荆州的举措:

> (永初三年)二月丁丑(初四,3.12),诏曰:"豫州南临江浒,北接河洛,民荒境旷,转输艰远,抚荅之宜,各有其便。淮西诸郡,可立为豫州;自淮以东,为南豫州。"以豫州刺史彭城王义康为南豫州刺史,征虏将军刘粹为豫州刺史。又分荆州十郡还立湘州,左卫将军张邵为湘州刺史。戊寅(初五,3.13),以徐州之梁还属豫州。②

东晋时期豫州的疆域范围大体是在淮河中上游以南至长江以北的江淮地域,其辖区在东晋时期随着南北力量的消长而时盈时缩,治所亦因之而不断变更,先后有谯城(2)、寿春(4)、芜湖(3)、邾城(1)、牛渚(1)、历阳(3)、马头(2)、姑孰(2)作为豫州刺史镇戍之地。"宋武帝欲开拓河南,绥定豫土,(义熙)九年,割扬州大江以

---

① 按上表所示:扬州总户数为143296户,而各郡户数合计则为250408户,相差107112户之多;扬州总口数为1455685口,各郡口数合计为1605694口,相差150009口之多。之所以相差如此之巨,应该不是统计失误,而是州户、口数与郡户、口数所依据的统计数据不出于同一时间点。又按《宋书》卷三六《州郡志二》:豫州13郡61县,领户37602、口219500。则户均口数≤5.84,郡均户数≥2892.46、口数≤16884.62,县均户数≤616.43、口数≥3598.36。扬州、豫州之比则为:郡均户数≤8.66、口数≤5.08,县均户数≤9.5、口数≤5.58。

② 《宋书》卷三《武帝纪下》,第一册,第58—59页。

西、大雷以北,悉属豫州。豫基址因此而立。十三年,刺史刘义庆镇寿阳。永初三年,分淮东为南豫州,治历阳;淮西为豫州。"①史载永初三年(422)三月"丁未(初五,4.11),以司徒庐陵王义真为车骑将军、开府仪同三司、南豫州刺史"②。第一任南豫州刺史刘义真为宋武帝次子,足见宋武帝对南豫州的重视程度。加强对江淮地域的掌控,既是为了日后进一步开拓河南地域,同时也有防范正在崛起的北魏王朝南下侵扰的意图,更现实的因素则是巩固江防以保障京师的安全。

兹据《宋书·州郡志二》"南豫州刺史"条记载③,将东晋一代百年间豫州镇戍地变更情况列表如下:

时　间	刺史	镇戍地	备　注
	祖约	谯城	
元帝永昌元年(322)	祖约	寿春	祖约始自谯城退还寿春
成帝咸和四年(329)	庾亮	芜湖	侨立豫州
咸康四年(338)	毛宝	邾城	
咸康六年(340)			荆州刺史庾翼镇武昌,领
咸康八年(342)	庾怿	芜湖	
穆帝永和元年(345)	赵胤	牛渚	
永和二年(346)	谢尚	芜湖	
永和四年(348)	谢尚	寿春	
永和九年(353)	谢尚	历阳	
永和十一年(355)	谢尚	马头	

---

① 《宋书》卷三六《州郡志二》,第四册,第1071—1072页。
② 《宋书》卷三《武帝纪下》,第一册,第59页。
③ 《宋书》卷三六《州郡志二》,第四册,第1071—1080页。

续表

时　　间	刺史	镇戍地	备　　注
穆帝升平元年(357)	谢弈、袁真	谯	
哀帝隆和元年(362)	袁真	寿春	自谯退守寿春
简文帝咸安元年(371)	桓熙	历阳	
孝武帝宁康元年(373)	桓冲	姑孰	
太元十年(385)	朱序	马头	
太元十二年(387)	桓石虔	历阳	
安帝义熙二年(406)	刘毅	姑孰	
义熙十三年(417)	刘义庆	寿阳	

永初二年二月"戊申(廿九,4.17),制中二千石加公田一顷"①。按:"中二千石"当指地方州府长官,"中二千石加公田一顷"的规定,使地方政府有相对宽裕的经济条件进行治理,有助于调动地方长官的积极性,同时在一定程度上可避免或减少贪腐行为的发生。这一规定可以看作是后世公廨田制度的先声,是一大创举。

同年"三月乙丑(十七,5.4),初限荆州府置将不得过二千人,吏不得过一万人;州置将不得过五百人,吏不得过五千人。兵士不在此限"②。这一规定显示,荆州府和其他州府的将、吏人数原本应该超过此数,之所以将荆州单列且其定员远远高于其他州府,显示了荆州所具有的独特性。东晋时期荆州与扬州是全国最大的两个州,有"荆扬二州户口半天下"之谓③。扬州的地域面积最为广大,且位于自然条件较好的东部沿海,成为东晋境内经济最为发达

---

① 《宋书》卷三《武帝纪下》,第一册,第56页。
② 《宋书》卷三《武帝纪下》,第一册,第57页。
③ 《宋书》卷六六《何尚之传》,第六册,第1738页。

的区域,加之京师建康就在扬州管内,在政治、军事和文化诸方面自是他州所难以匹敌的。荆州的重要性仅次于扬州,其辖区亦颇为广大,而且荆州北境与北方少数民族政权接壤,处于边防前线,若少数民族军队突破荆州防线,则沿江顺流而下,对建康朝廷的威胁可想而知。因此,在南北对立形势严峻的局面下,荆州在军事上的地位更加突出。离开了荆州的藩屏,建康朝廷即面临着巨大的危险。

如前所述,刘裕在消灭刘毅后即从荆州分置湘州,以削弱荆州的实力,打破荆扬二州的平衡局面,这是刘裕加强中央集权和君主专制体制的重要举措。尽管如此,荆州仍然是扬州以外最大一州,在军事上尤为显著。宋武帝对州府将、吏人数作出具体规定,一方面对东晋以来州府将、吏人数众多的状况进行限制,改变因地方军事实力过大而出现分权和离心的倾向,在限制的同时也对荆州的特殊性予以认可。定员后的荆州将、吏人数分别为其他州府的四倍和两倍,其地位之重可见一斑。荆州府将、吏之比为1∶5,其他州府则为1∶10。将、吏各自的地位和执掌如何,有无统属关系,其人数多寡与比例关系,究竟体现了怎样的内涵?因史料所限,是一个很难究明的棘手问题。从宋武帝对将、吏人数的规限以及"兵士不在此限"的规定来看,吏的人数虽然十分可观,但可以肯定的是"吏"与"兵士"是并不等同的两类人。将与兵士之间必定存在统属关系,但将的等级以及各自统兵多少却不能得到明确答案。吏与兵士之间是否存在统属关系,就如同将与吏之间是否存在统属关系一样,也是一个难以回答的问题。经过规限之后,荆州州府将、吏人数为一万二千人,其他州府则为五千五百人。兵士人数无限制,意味着没有具体员额,虽然难知某一时段的实际人数,推测必定远大于将、吏额度。吏在平时可能主要用于州府相关事务的具体管理,应该与明清时期的幕府吏员相类似,但在战时则可以组织起来成为临时武装力量。

"自永初元年以前,相国府入斋、传教、给使,免军户,属南彭城薛县。"①由此可见,刘裕篡位之前在其相国府服役的"入斋、传教、给使"即属"军户"之列。沈林子兄弟投降刘裕后的角色当与此类似,更像是其中的"入斋"。《宋书·黄回传》:"黄回,竟陵郡军人也。出身充郡府杂役,稍至传教。臧质为郡,转斋帅。及去职,将回自随。质为雍州,回复为斋帅。质讨元凶,回随从有功,免军户。"②按"传教"为"军户"于此可得实证。"杂役",《南史·黄回传》作"杂使"③,"充郡府杂役(使)"即属"给使"。"斋帅"则为统领"入斋"之军吏。黄回在其"军户"身份下经历了从给使→传教→入斋(斋帅)的身份转换,表明给使、传教、入斋(斋帅)为军户所充吏役的不同等级,其地位依次提高。

此外,宋武帝时期在地方又发生了两次小规模反叛活动。永初二年正月"丙子(廿七,3.16),南康揭阳蛮反,郡县讨破之"④。按揭阳属五岭山区,《资治通鉴》秦始皇三十三年"以谪徙民五十万人戍五岭,与越杂处"下,胡三省注引裴氏《广州记》曰:"大庾、始安、临贺、桂阳、揭阳为五岭。"⑤南康为江州十郡之一,《宋书·州郡志二》:南康公相,领县七,其中"陂阳男相,吴立曰揭阳,晋武

---

① 《宋书》卷九九《元凶传》,第八册,第2428页。
② 《宋书》卷八三《黄回传》,第七册,第2122页。按同书卷三七《州郡志三》雍州"建昌太守"条:"孝建元年(454),刺史朱脩之免军户为永兴、安宁二县,立建昌郡,又立永宁为昌国郡,并寄治襄阳。"(第四册,第1142页)
③ 《南史》卷四〇《黄回传》,第三册,第1052页。
④ 《宋书》卷三《武帝纪下》,第一册,第56页。
⑤ 《资治通鉴》卷七《秦纪二》始皇三十三年,第一册,第242页。

帝太康五年,以西康揭阳移治故陂阳县,改曰陂县"。① 刘宋末年,齐武帝萧赜为赣令②。《南齐书·武帝纪》:"江州刺史晋安王子勋反,上不从命,南康相沈肃之絷上于郡狱。族人萧欣祖、门客桓康等破郡迎出上。肃之率将吏数百人追击,上与左右拒战,生获肃之,斩首百余级,遂率部曲百余人举义兵。始兴相殷孚将万兵赴子勋于寻阳,或劝上击之,上以众寡不敌,避屯揭阳山中,聚众至三千人。子勋遣其将戴凯之为南康相,及军主张宗之千余人助之。上引兵向郡,击凯之别军主程超数百人于南康口,又进击宗之,破斩之,遂围郡城。"③

永初三年三月"辛酉(十九,4.25),亡命刁弥攻京城,得入,太尉留府司马陆仲元讨斩之"④。京城即京口,《宋书·宗室·长沙王道怜传》:为徐兖二州刺史,镇京口。"(永初)三年春,高祖不豫,加班剑三十人。时道怜入朝,留司马陆仲元居守,刁逵子弥为亡命,率数十人入京城,仲元击斩之。先是,府史陈狝告弥有异谋,至是赐钱二十万,除县令。"⑤按陆仲元为东晋太尉陆玩曾孙,"以事用见知,历清资,吏部郎,右卫将军,侍中,吴郡太守"⑥。刁逵为桓玄亲信,桓玄建立楚朝时"刁逵为中领军",之前为广州刺史⑦,还曾担任过豫州刺史⑧。其被杀当在桓玄楚朝被推

---

① 《宋书》卷三六《州郡志二》,第四册,第1091页。
② 据《宋书》卷三六《州郡志二》,赣侯相为南康公相之首县。
③ (南朝梁)萧子显撰:《南齐书》卷三《武帝纪》,中华书局1972年版,第一册,第43页。又可参见《宋书》卷八四《邓琬传》,第七册,第2140页。
④ 《宋书》卷三《武帝纪下》,第一册,第59页。
⑤ 《宋书》卷五一《宗室·长沙王道怜传》,第五册,第1463页。
⑥ 《宋书》卷五三《张茂度传》,第五册,第1510页。
⑦ 《晋书》卷九九《桓玄传》,第八册,第2593、2590页。
⑧ 《宋书》卷一《武帝纪上》,第一册,第5页。

翻之时。

第四节　享年六十,临终顾命

永初三年五月癸亥(廿一,6.26),宋武帝刘裕驾崩于建康宫之西殿。① 西殿为宋武帝在建康宫城之居室,史载"高祖受命,无所改作,所居唯称西殿,不制嘉名。太祖因之,亦有合殿之称"②。死后一个半月,七月己酉(初八,8.11),宋武帝的灵柩被安葬于"丹阳建康县蒋山初宁陵"③。初宁陵"在县东北二十里,周围三十五步,高一丈四尺"④。作为开国皇帝的陵墓,其规模相当之小,可以说充分体现了宋武帝一贯奉行的节俭精神。

※史书涉及刘裕年龄的几条记载存在矛盾。《宋书·武帝纪下》:永初三年(422)五月"癸亥(廿一,6.26),上崩于西殿,时年六十七"⑤。据此则刘裕生于东晋穆帝永和十二年(356),而同书《武帝纪上》载其生于兴宁元年⑥,两者显然存在矛盾。《太平御览》引徐爰《宋书》,载宋武帝崩时"年六十"⑦。库本《太平御览》所引,作"年六十七"⑧。《南史·宋本纪上·武帝纪》载其"崩于西殿,时

---

① 《宋书》卷三《武帝纪下》,第一册,第59页。
② 《宋书》卷九二《良吏传序》,第八册,第2262页。
③ 《宋书》卷三《武帝纪下》,第一册,第59页。
④ 《建康实录》卷一一《宋上·高祖武皇帝》,上册,第389页。
⑤ 《宋书》卷三《武帝纪下》,第一册,第59页。
⑥ 《宋书》卷一《武帝纪上》,第一册,第1页。
⑦ (宋)李昉等撰:《太平御览》卷一二八《偏霸部十二·宋刘裕》,中华书局1960年版,第一册,第618页。
⑧ 《景印文渊阁四库全书》子部二〇〇"类书类",台湾商务印书馆1986年版,第八九四册,第307页。

年六十"①。点校本《宋书》亦将"时年六十七"之"七"字删除②。《资治通鉴》宋武帝永初三年五月"癸亥帝殂于西殿"下,胡三省注:"年六十。"③后世文献,袭沈约《宋书》者并作"六十七",如《元经》④《建康实录》⑤《六朝事迹编类》⑥;袭《南史》者如《通志》则作"六十"⑦。按"年六十七"疑涉下"七月"而衍"七"字。清人洪颐煊云:"案高祖以晋哀帝兴宁元年岁癸亥三月壬寅夜生,下距永初三年止六十岁。'七'字当衍。"⑧又,《宋书·刘怀肃传》:"高祖从母兄也。"义熙"三年(407),卒,时年四十一"。⑨可知其生于晋穆帝升平元年(367),则刘裕生年最早也是在367年。同上卷附次弟《怀敬传》:"初,高祖产而皇妣殂,孝皇帝贫薄,无由得乳人,议欲不举高祖。高祖从母生怀敬,未朞,乃断怀敬乳,而自养高祖。"⑩则其与刘裕同岁无疑,可证刘怀肃确为刘裕从兄。按刘裕

---

① 《南史》卷一《宋本纪上·武帝纪》,第一册,第27页。
② 《宋书》卷一《武帝纪上》,"校勘记"〔一四〕,第一册,第62页。
③ 《资治通鉴》卷一一九《宋纪一》,第八册,第3744页。
④ (隋)王通撰,(唐)薛收传,(宋)阮逸注:《元经》卷八,《景印文渊阁四库全书》史部六一"编年类",第三〇三册,第934页。
⑤ (唐)许嵩撰:《建康实录》卷一一《宋上·高祖武皇帝》,《景印文渊阁四库全书》史部一二八"别史类",第三七〇册,第421页。按张忱石点校本删改为"六十",中华书局1986年版,上册,第389页及第403页校勘记〔六一〕。
⑥ (宋)张敦颐撰:《六朝事迹编类》卷上《南朝宋·宋武帝》,《景印文渊阁四库全书》史部三四七"地理类",第五八九册,第181页。
⑦ 《通志》卷一一《宋纪十一·武帝》,《景印文渊阁四库全书》史部一三〇"别史类",第三七二册,第522页。
⑧ (清)洪颐煊撰:《诸史考异》卷四《宋书上》"崩年六十七"条:"案高祖以晋哀帝兴宁元年岁癸亥三月壬寅夜生,下距永初三年止六十岁。'七'字当衍。"(《续修四库全书》史部"史评类"上海古籍出版社2002年版,第四五五册,第177页)
⑨ 《宋书》卷四七《刘怀肃传》,第五册,1403、1404页。
⑩ 《宋书》卷四七《刘怀肃传附怀敬传》,第五册,第1404页。

生年不大可能晚至升平三年或更晚,此处关于刘怀肃卒年的记载肯定有误,最有可能"四十一"为四十七之讹。若此则当生于461年,长于刘裕二岁,符合刘裕与其弟怀敬同岁的记载。

宋武帝临终"疾甚"之时,召太子刘义符并对身后大政进行了嘱咐,告诫之曰:"檀道济虽有干略,而无远志,非如兄韶有难御之气也。徐羡之、傅亮当无异图。谢晦数从征伐,颇识机变,若有同异,必此人也。小却,可以会稽、江州处之。"又为手诏曰:"朝廷不须复有别府,宰相带扬州,可置甲士千人。若大臣中任要,宜有爪牙以备不祥人者,可以台见队给之。有征讨悉配以台见军队,行还复旧。后世若有幼主,朝事一委宰相,母后不烦临朝。仗既不许入台殿门,要重人可详给班剑。"①檀、徐、傅、谢四人是当时刘宋朝廷内部最有权势的人物,上文所述已有充分的展示。

不可思议的是,宋武帝对谢晦的猜疑难以理解。从他们一贯的关系来看,谢晦没有丝毫的不忠,刘裕也对他信任不二。唯一可以解释的理由是,在四人中只有谢晦出身于一流高门士族,如果宋武帝的临终交代确定无误,则表明他一直到死都没有放松对高门士族的防范。也可以说,在彻底消灭东晋司马氏宗室、桓楚宗室及其亲信和举义阵营的异己者等有可能影响其权势的力量之后,宋武帝对于在当时政治社会上还具有强大影响力的高门士族阶层抱有相当的戒心。对高门士族的打压和拉拢,是刘裕获得成功的重要因素,对于高门士族中的支持者自然没有理由进行打击,而从刘宋社稷大计着想,强大的高门士族仍然有可能成为离心力量。对谢晦忠心的猜疑,或许正反映了宋武帝

---

① 《宋书》卷三《武帝纪下》,第一册,第59页。

晚年的焦虑。

宋武帝帝业的确立,武力和军权无疑是第一位的要素,政治与军权可以说如影随形,其依存关系就如事物之正反两面,须臾不可分离。刘裕对此有着最为深切的感受,他对太子的临终告诫,可以说这是重中之重,是核心之核心,也表明他对自己身后太子即位后能否有效地掌控军权特别是禁卫军权怀有深深的疑虑,进而也就对他历经千辛万苦打下的江山能否长治久安颇为担心。此外宋武帝还明确指示,后世不能允许母后临朝,比较而言在幼主继位时要由宰相当政,这也是他为年纪尚轻的太子安排顾命大臣的思想基础。可以看出,身患重病即将走到生命尽头的宋武帝刘裕,其内心充满焦虑,念兹在兹者全都是新生的刘宋王朝的图存之道。刘宋一代半个多世纪,没有出现母后干政的局面,应该与宋武帝所确立的这一方针有关。然而由于幼主屡屡出现,其皇位的巩固的确成为影响刘宋王朝前途命运的一大环节。与任何朝代一样,军权对政治的影响也是决定刘宋政治走向的晴雨表,只是在不同时期的表现不尽相同。值得注意的是,宋武帝并未就宗室和外戚问题进行交代,是因为当时没有可以影响政治的这种因素。因为未曾出现母后临朝的情况,同样刘宋一代也没有出现外戚专权的局面。在幼主即位之时无一例外都要安排顾命大臣,不管是异姓还是宗室,也都具有宰相或近乎宰相的职位,其行使权力的依据和方式也都与此有关。由于宋文帝以后宗室人数的增长和力量的膨胀,刘宋政治与宗室的关系更为密切,这一点是宋武帝未曾想到也没有交代的。

刘裕北伐行程中,准拟天朝建国宋。
宋公宋王紧相连,晋朝名实早不存。

孙恩卢循相继灭,刘毅长民俱门清。
司马两帝皆被杀,杜绝后患不留根。
平蜀北伐扩疆土,偏安以来功最著。
黄袍加身登帝位,史入南朝开新局。
杀害晋帝防未然,巩固统治勤措置。
宋武最重三大臣,傅亮谢晦徐羡之。
羡之为首晦亮次,临终顾命辅少帝。
少帝轻狂难为辅,顾命定计行废弑。
文帝即位固皇权,诛灭旧辅开治世。

第十五章　盖棺论定,史家评说

举义复晋室,北伐建奇功。
平蜀灭卢循,称帝南朝兴。
雄才堪盖世,匹夫成伟业。
功不输曹操,行诛魏晋别。

第一节　诛内清外,功格区宇

永初元年(420)六月丁卯(十四,7.10),建立了盖世功勋的刘裕"即皇帝位"①,维持了一个世纪的东晋政权正式被刘宋王朝所取代。刘宋王朝的建立,改变了"朝权国命,递归台辅。君道虽存,主威久谢"的政治格局,东晋君弱臣强的局面一去不复返了,至高无上的君权得以重新确立。时人颜延之论宋武帝功业,谓其"教思无穷,树之长世;取高上代,顾邈前王矣"②。南朝中叶,史学家沈约比较汉魏、魏晋及晋宋易代,指出其不同所在,认为:"魏武直以兵威服众,故能坐移天历,鼎运虽改,而民未忘汉。""晋藉宰辅之柄,因皇族之微,世擅重权,用基王业。至于宋祖受命,义越前

---

① (梁)沈约撰:《宋书》卷三《武帝纪下》,中华书局1974年版,第一册,第51页。
② (唐)欧阳询撰,汪绍楹校:《艺文类聚》卷一三《帝王部三·宋武帝》引宋颜延之《武帝谥议》,上海古籍出版社1965年版,上册,第258页。

模。"具体而言,宋武帝刘裕"夷凶翦暴","诛内清外,功格区宇",至其建立刘宋王朝之时,"民已去晋,异于延康之初,功实静乱,又殊咸熙之末"。"若夫乐推所归,讴歌所集,魏、晋采其名,高祖收其实矣。"①

虽然汉魏、魏晋和晋宋革命有如此之大的差别,但其共同点也颇为明显,即三次易代都是以武力和军权作为后盾,没有高人一等的军事才能和盖世功勋绝难成就其大业。曹操统一了北方,结束了汉末以来三十余年的动荡局面,奠定了曹魏政权的基业;司马氏在控制曹魏朝政后,又出兵灭蜀,为全国重新统一打下了坚实基础;刘裕消灭桓玄和卢循,掌控了江南局势,通过两次北伐先后使南燕和后秦亡国,据有青齐和关河之地,这是南迁汉人政权在百年之后第一次将原北方政治中心区域长安和洛阳纳入领土版图。如上所述,南方政权对关河地区的占领虽然为时短暂,但意义重大。沈约的祖辈参与了刘宋王朝的创立过程,这是沈约讴歌刘裕开创南朝历史的一大原因。总的来看,沈约对汉魏、魏晋及晋宋易代历史的评论还是比较中肯的,大体符合历史的实际。

刘裕出身于低级士族,属于统治阶级下层。具体就经济状况而言,其家族以卖履为生,更接近被统治阶层,在整个社会中也是位列中下层,称之为寒门亦无不可。艰苦的生活环境陶冶并铸就了他"敦俭务素"②的性格,史称其"清简寡欲,严整有法度,未尝视珠玉舆马之饰,后庭无纨绮丝竹之音"。"财帛皆在外府,内无私藏。宋台既建,有司奏东西堂施局脚床、银涂钉,上不许,使用直脚床,钉用铁。诸主出适,遣送不过二十万,无锦绣金玉。内外奉禁,

---

① 《宋书》卷三《武帝纪下》"史臣曰",第一册,第60—61页。
② 《艺文类聚》卷一三《帝王部三·宋武帝》引宋谢灵运《武帝诔》,上册,第257页。

莫不节俭。""孝武大明中,坏上所居阴室,于其处起玉烛殿,与群臣观之。床头有土鄣,壁上挂葛灯笼、麻绳拂。"史书还举出了几件宋武帝节俭的典型事例:"宁州尝献虎魄枕,光色甚丽。时将北征,以虎魄治金创,上大悦,命捣碎分付诸将。平关中,得姚兴从女,有盛宠,以之废事,谢晦谏,即时遣出。""性尤简易,常著连齿木履,好出神虎门逍遥,左右从者不过十余人。时徐羡之住西州,尝幸羡之,便步出西掖门,羽仪络驿追随,已出西明门矣。诸子旦问起居,入阁脱公服,止著裙帽,如家人之礼。"史谓"侍中袁顗盛称上俭素之德。孝武不答,独曰:'田舍公得此,以为过矣。'"①由此可见,在宋孝武帝看来,其祖父原本就是一介老农,而宋武帝本人也是以此来看待自己所得到的物质待遇,意谓对一个老农而言,即便如此节俭,其享受也是远超预期的。

《南史》又载:"微时躬耕于丹徒,及受命,耨耜之具颇有存者,皆命藏之,以留于后。及文帝幸旧宫,见而问焉,左右以实对,文帝色惭。有近侍进曰:'大舜躬耕历山,伯禹亲事土木,陛下不睹列圣之遗物,何以知稼穑之艰难?何以知先帝之至德乎?'""广州尝献入筒细布,一端八丈,帝恶其精丽劳人,即付有司弹太守,以布还之,并制岭南禁作此布。"②按这两条记载均不见于《宋书》,李延寿当另有所据。可以想象,刘裕在进入行伍之前应该主要以农耕为生,"微时躬耕于丹徒"的记载符合其早年的生活状态。"广州尝献入筒细布"大概是在他即位之后的事,可信度也是很高的。

《宋书·良吏传序》:"高祖起自匹庶,知民事艰难,及登庸作宰,留心吏职。而王略外举,未遑内务,奉师之费,日耗千金。播兹

---

① 《宋书》卷三《武帝纪下》,第一册,第60页。
② (唐)李延寿撰:《南史》卷一《宋本纪上·武帝纪》,中华书局1975年版,第一册,第28页。

宽简,虽所未暇,而绌华屏欲,以俭抑身,左右无幸谒之私,闺房无文绮之饰,故能戎车岁驾,邦甸不扰。"①史家认为宋武帝的"俭素之德"是其能够获得成功的重要原因,谓其"故能光有天下,克成大业者焉"。②"俭素之德"应该并非宋武帝成功的最主要原因,但也是不可或缺的原因。对于宋武帝刘裕之篡位,沈约比较汉魏、魏晋与晋宋之更替,指出:

> 汉氏载祀四百,比祚隆周,虽复四海横溃,而民系刘氏,慄慄黔首,未有迁奉之心。魏武直以兵威服众,故能坐移天历,鼎运虽改,而民未忘汉。及魏室衰孤,怨非结下。晋藉宰辅之柄,因皇族之微,世擅重权,用基王业。至于宋祖受命,义越前模。晋自社庙南迁,禄去王室,朝权国命,递归台辅。君道虽存,主威久谢。桓温雄才盖世,勋高一时,移鼎之业已成,天人之望将改。自斯以后,晋道弥昏,道子开其祸端,元显成其末衅,桓玄藉运乘时,加以先父之业,因基革命,人无异心。高祖地非桓、文,众无一旅,曾不浃旬,夷凶翦暴,祀晋配天,不失旧物,诛内清外,功格区宇。至于钟石变声,柴天改物,民已去晋,异于延康之初,功实静乱,又殊咸熙之末。所以恭皇高逊,殆均释负。若夫乐推所归,讴歌所集,魏、晋采其名,高祖收其实矣。盛哉!③

遗憾的是,沈约并未就曹氏、司马氏和刘裕对待前主的做法进行评论,回避了刘裕评价中一个颇为关键的问题。其所以如此,可能是基于现实的顾虑,因为梁武帝篡位后即采取了与宋武帝相同的诛杀前代末帝的举措,若对此进行直接评论,很可能就会产生影射的

---

① 《宋书》卷九二《良吏传序》,第八册,第2261页。
② 《宋书》卷三《武帝纪下》,第一册,第60页。
③ 《宋书》卷三《武帝纪下》"史臣曰",第一册,第60—61页。

嫌疑,是是非非都会不利于他当下的荣位。不过《宋书》成书一般认为是在南齐时代,同样也有相似的顾虑,刘宋末帝也是死于齐高帝萧道成之手。当然不排除另外的可能,即沈约对此未做具体思考,只是简单地承袭了前史或刘宋国史的说法,若此则这种情况实际上反映的是刘宋官方史学的看法。对刘宋统治集团来说,杀害晋安帝和晋恭帝无疑属于禁止评论的话题。如上所述,初唐史家李延寿大体承袭了沈约的相关记载,但又记载了另外两条未见于《宋书》的记载,以加深对宋武帝勤俭之德的认识。

第二节　盖世雄才,匹夫盛德

　　南齐末年,出身于史学世家的裴子野撰成《宋略》二十卷,"剪裁繁文,删撮事要","黜恶彰善,臧否与夺,则质以先达格言,不有私也"。裴子野曰:"余齐末无事,聊撰此书,近史易行,颇见传写。比更寻读,繁秽犹多,微重刊削,尚未为详定。"[1]其当代学人对是书给予了充分肯定的评价。《梁书·裴子野传》:"及齐永明末,沈约所撰《宋书》既行,子野更删撰为《宋略》二十卷。其叙事评论多善,约见而叹曰:'吾弗逮也。'兰陵萧琛、北地傅昭、汝南周舍咸称重之。"范缜于梁初上表,称"《宋略》二十卷,弥纶首尾,勒成一代,属辞比事,有足观者。且章句洽悉,训故可传"[2]。唐代史学家刘知幾云:"由是世之言宋史者,以裴《略》为上,沈《书》次之。"[3]《宋

---

[1] (唐)许嵩撰,张忱石点校:《建康实录》卷一四《宋下》,中华书局1986年版,下册,第558页。

[2] (唐)姚思廉撰:《梁书》卷三〇《裴子野传》,中华书局1973年版,第二册,第442—443页。

[3] (唐)刘知幾撰,(清)浦起龙释:《史通通释》卷一二《外篇·古今正史第二》,上海古籍出版社1978年版,下册,第353页。

略》颇为符合刘知幾的撰史原则,但从遗篇来看,其史学价值是无法与沈约《宋书》相比的。是书北宋时尚有完帙,是司马光修撰《资治通鉴》时的重要取材来源。今所见者虽为残篇断简,但据认为唐人许嵩所撰《建康实录》有关刘宋前期的内容即是抄自《宋略》一书。是书刘宋部分的结尾有大段总结性文字,与北宋《文苑英华》所收《宋略总论》几乎完全相同①,仅个别文字略有差异。与沈约类似,裴子野生活于宋武帝之后约一个世纪,仍然还是在其所开拓的南朝时代,两个朝代的基本面貌没有本质的变化。出身于史学世家的裴子野,对宋武帝刘裕的一生给予了极高的评价。

《宋略总论》开篇即云:"宋高祖武皇帝以盖世雄才,起匹夫而并六合。克国得隽,奇略多于魏武;功施天下,盛德厚于晋宣。"②首先明确了宋武帝刘裕的历史地位,即与魏、晋开国者曹操和司马懿相比,刘裕在不同的层面都有一定程度的超越,也就是说刘裕在魏晋南朝历史上是属于最杰出的政治人物。关于刘裕的功业,裴子野做了进一步的明确:

> 怀荒伐叛之劳,夷边荡险之力,百战百胜,有可得而论者矣。拔足行间,却孙恩蚁聚之众;一朝奋臂,扫桓玄盘石之宗。方轨长驱,则三齐无坚垒;回戈内赴,则五岭靡余妖。命孙季高于巨海之上,而番禺席卷;擢朱龄石于百夫之下,而庸蜀来王。羌胡畏威,交为表里。董率虎旅,以事中原。石门巨野之

---

① 《建康实录》卷一四《宋下》,下册,第554—558页。(宋)李昉等编:《文苑英华》卷七五四《史论一》,中华书局1982年版,第五册,第3947—3949页。
② 《建康实录》卷一四《宋下》,下册,第554页。按"盖世""奇略",《文苑英华》作"盖代""寄迹"。"代"本当作"世",《建康实录》原本当避唐太宗名讳作"代"。"寄"当为"奇"之形讹。

隘,指麾开辟;关头灞上之阻,曾莫藩篱。虏其酋豪,迁其重器,登未央而洒洒,过长陵而下拜。①

裴子野所列举的刘裕的盖世功勋,内则消灭孙恩、桓玄和卢循,平定谯蜀,外则消灭慕容南燕和羌姚后秦,诚可谓百战百胜,无一不是其杰出军事指挥才能的体现,谓其功盖曹操和司马懿,并非言过其实。而就东晋偏安以来的历史言之,更是无人可及,裴子野为此由衷地发出感叹:"盛矣哉! 悠悠百年未之有也。"要知道,东晋时期的那些权臣们都是有强大的家族实力可以倚恃的,而刘裕只是出身孤微的一介匹夫,家族门第对他的发展没有任何助益。刘裕的成功,完全是他过人的军事政治才能发挥作用的结果,这一点历史上恐怕只有汉高祖和明太祖可以相比,唐人朱敬则在评价宋武帝事功时即把汉高祖作为主要的比较对象(见下),应该就是基于类似的认识。正是因为刘裕建立了如此盖世之功,对于其篡位行为,裴子野不但未予谴责,反而给予了相当肯定的评价:"古之所谓义取天下者,斯之谓乎!"

此外,通过《建康实录》所载"裴子野曰"还可以看到其对宋武帝刘裕事功的若干具体评价。起兵反对桓玄,以武力推翻楚朝政权,消灭桓氏残余势力,恢复东晋政权,乃是刘裕政治生涯的最大转折,也是其创建帝业的起点。此一壮举,打破了东晋高门士族

---

① 《建康实录》卷一四《宋下》,下册,第554页;《文苑英华》卷七五四《史论一》,第五册,第3947页。按:(1)"夷边""百战百胜有""拔足行间",《文苑英华》作"而夷边""百胜""政疑足行阵之间"。"政"当为"拔"之讹,《文苑英华》所载文义虽可通,但从上下文来看《建康实录》这几处文字似更恰切。(2)"方轨""内赴""五岭""孙季高""关头""以事中原",《建康实录》作"万轨"、"五兵内起"、"丘岭"、"孙秀高"、"鹊头"、"以俟中原",皆误。(3)"余妖",《建康实录》作"余妖残孽",文义虽可通,但不符合上下文对仗的规则,"残孽"当为许嵩臆补。

的百年迷梦,使他们对帝位的垂涎戛然而止,失去了最后的也是唯一一次机会。裴子野就此评论道:"高祖是时,殊方一匹夫也,无千百之众。纠合同盟,雷击三州,曾未及旬,荡清京邑,号令群后,长驱江汉。推亡楚于已拔,拯衰晋于已颠。自羲轩已来,用兵之速,未始有也。自非雄略盖世,天命至止,焉能若此者乎?"①刘裕不仅有匹夫之勇,更有过人的胆识和谋略,是一位气吞山河的英雄豪杰。勇敢果决,用兵神速,这是刘裕制胜和成功的法宝。纵观其创建帝业的全过程,时时处处都体现出这种独特的精神气质。

裴子野还对宋武帝的制胜之道进行了评论:"善乎!宋高之能法也。不先峥嵘之赏,遽议灵溪之罚,使扰攘之时,无苟免之志。恩不及私党,法不屈勋民,使知攸宪,示之以整,不亦可乎?故能使功著而费不烦,威申而将不拔,终静四方,用此道也。"②按:"峥嵘"是指峥嵘洲之战,刘裕派遣刘毅等将领追讨桓玄并在峥嵘洲大败玄军,奠定了剿灭桓玄、光复晋室的基础。"灵溪"是指灵溪之败,桓玄死后,桓氏残余势力在桓振、桓谦率领下继续进行抵抗,于灵溪大败刘毅。在峥嵘洲之战大胜后刘裕并未立即封赏,使其能够继续保持进一步建功立业的斗志。而在灵溪之败后则马上予以处罚,史载刘毅"为振所败,退次寻阳,坐免官,寻原之"。对刘毅的处罚尽管仅具象征性,但也反映了刘裕执法之严,而这种做法可"使扰攘之时",人"无苟免之志",既有利于刘裕威权的加强,也能够督促将士竭尽全力。当然,这种战时之法并不具有普适性,只适合于那个特殊的年代。

---

① 《建康实录》卷一一《宋上·高祖武皇帝》,上册,第365页。
② 《建康实录》卷一一《宋上·高祖武皇帝》,上册,第367页。

第三节　天锡神勇,雄略命世

曾在武则天时期担任过宰相之职的朱敬则,"尝采魏、晋已来君臣成败之事,著《十代兴亡论》十卷"①,"为当代所重"②。《宋武帝论》即是《十代兴亡论》中的一篇。本篇篇首即曰:"盖圣人不能为时,亦不能失时。"在他看来,圣人无法创造时代,但必能顺应时代。也就是说,能够适应时代发展要求,站在时代前列,解决最突出最迫切的现实问题的杰出人物便可以看作是"圣人"。具体就宋武帝刘裕而言,他认为:

> 况刘裕天锡神勇,雄略命世……会同盟二十七、愿从一百人,雷动朱方,风发竹里。龙骧虎步,独决神襟,长剑一呼,义声四合。荡亡楚已成之业,复遗晋久绝之基,祀夏配天,不失旧物。虽古人用兵,不足加也。至乃网罗俊异,待物知人,动必应时,役无再举。西尽庸蜀,北划大河,自汉末三分,东晋拓境,未能至也。③

本篇主要以"问曰"和"君子曰"一对一答的方式,就其所认为的有关宋武帝评价的几个重大问题展开讨论。提问者和作答者自然都是朱敬则本人,采取一问一答的方式可以使问题更加突出和醒目。

对于"前史"(按即裴子野《宋略总论》)所言刘裕"克敌得隽,奇迹多于魏武"之说,朱敬则提出了异议,认为:"得隽虽多,前非

---

① (后晋)刘昫等撰:《旧唐书》卷九〇《朱敬则传》,中华书局1975年版,第九册,第2915页。
② (宋)王钦若等编:《册府元龟》卷八四〇《总录部·文章四》,中华书局1960年版,第一一册,第9970页。
③ 《文苑英华》卷七五二《兴亡中·宋武帝论(朱敬则)》,第五册,第3935页。

大敌。若乃黄帝斩蚩尤,高祖制项籍,光武抗寻邑,曹公挫本初,此是奇迹也。至若慕容超政不在躬,奴仆下品,姚泓宗枝猜贰,借手于人,卢循袄寇之余,谯纵新造之国,因衅取乱,何足可称!"①在朱氏看来,刘裕在军事上的功业,与历史上黄帝斩杀蚩尤、刘邦制衡项羽、刘秀抗击王莽、曹操挫败袁绍相比,算不上什么奇迹,因为他所消灭的敌人如南燕、后秦及卢循、谯纵之流都算不上特别强大。诚然,朱敬则所举诸例自是历史上伟大人物在军事上所建立的盖世奇功,但谓刘裕消灭诸敌只是"因衅取乱,何足可称",却非持平之论。

如前所述,无论是灭南燕和后秦,还是灭卢循和谯纵,都不是轻而易举就能成功的。不管刘裕本人是否曾经亲征,这几次重大战役最终都是通过长途行军抵达敌方境内作战,并最终取得了决定性胜利。只有灭卢循之役有所例外,刘裕在成功击退了卢循大军对建康的进攻后,又乘胜追击,派兵直捣其岭南老巢,予以彻底歼灭。刘裕的审时度势和出奇制胜,与刘邦、刘秀、曹操相比,应该说一点都不逊色,谓之几近伯仲之间,绝非虚誉。不过,朱氏对刘裕的料事如神,则予以充分肯定和高度评价,谓其"潜算樽俎之间,明见千里之外,揣机料日,不爽锱铢,亦古之智士,何以加焉?"刘裕的"潜算""明见"和料事如神,的确是其过人之处,也是他能够取得成功的最重要因素。正因其具有对时局的非凡把握和预见能力,故而能够做到运筹帷幄之中,决胜千里之外,获得巨大的成功,从而创造了辉煌的历史功业。朱氏进而指出:"但礼乐文明,日不暇给,垂风迈德,盛所未能。人望不逮于建安,天命乃光于魏

---

① 《文苑英华》卷七五二《兴亡中·宋武帝论(朱敬则)》,第五册,第3935—3936页。

武。"①在他看来,刘裕的声望比不上曹操,但却比之更为幸运,因为刘裕生前得以称帝,而曹操却未及称帝而死。如所周知,曹操死后次年,其子曹丕即篡位称帝,曹操只是未赶上称帝而已,至于"天命",实已归于曹氏。

关于刘裕诛杀功臣,朱敬则亦提出了自己的看法,他首先设问:"弃德非道,舍旧无亲,有宋功臣,多不及嗣,岂理须然乎?"同样以"君子曰"作答:"且夫奸雄者,非淳德之称;谋勇者,乃果决之辞。故昔之同盟,拟覆前敌,故无材不露,无心不披,譬若同舟遇风,宁有隐哉?及高鸟尽,狡兔死,其材能我之俦也,我非积行累能,彼之知也。思巳(己)之所行,恐彼之巳(己)叛,是以雄猜内发,衅兆易萌,韩、彭以之菹(菹)醢,刘、葛由之覆亡。"②朱氏对汉高祖和宋武帝残杀功臣原因的分析,看来是合乎实际的。朱氏以"桀纣之行""汉、宋之不仁"概括汉高祖和宋武帝对待创业功臣的做法,表明他对此种行为在道义上的根本否定。在本论的最后,朱敬则同样以问答的形式,就刘裕北伐消灭后秦之后,何以"失于父老"即有违三秦父老心愿而未能留在关中的原因进行了阐释,认为:"刘裕家本江南,全军远克,未能制命夏、魏,施号秦、凉。虽曰关中,寔是边地。虽鞭之长,不及马腹;强弩之末,不穿缟缯;长驱远驾,势实未能。王买德曰:'贪归受禅,所留不过爱子。待归,一举而可取。'卒如其策,智士哉!"③朱氏的这一认识显然也是到位

---

① 《文苑英华》卷七五二《兴亡中·宋武帝论(朱敬则)》,第五册,第3936页。
② 《文苑英华》卷七五二《兴亡中·宋武帝论(朱敬则)》,第五册,第3936页。
③ (明)冯琦、冯瑷等编:《经济类编》卷五《帝王类五》朱敬则《宋武帝论》,《景印文渊阁四库全书》子部二六六"类书类",台湾商务印书馆1986年版,第九六〇册,第160页。按"虽鞭之长"至"势实未能",《文苑英华》原有阙文,仅作"鞭长不及马腹风末不"。

的,表明其对当时的形势有着正确的把握。

总的来看,朱敬则在《宋武帝论》中提出了有关刘裕评价的几个关键问题并一一进行回答,除个别问题的认识比较偏颇外,大多都是符合历史实际的,反映了他对宋武帝及其所处历史时代有着充分的把握,是一篇颇有见地的史论。武则天"长安中",刘知幾与"正谏大夫朱敬则、司封郎中徐坚、左拾遗吴兢奉诏更撰《唐书》,勒成八十卷"。① 由此可见,朱氏是唐朝前中叶最重要的史学家之一,这是其撰著《十代兴亡论》并能够提出真知灼见的基本前提。

附带一提,宋人李焘和吕祖谦对宋武帝事功亦有所论。李焘《宋论》有云:

> 臣尝谓宋武帝以英特之资,锐意征伐之事,先定巴蜀,乃鸣金击鼓,驱江南之众,以与夷狄从事于中原。义旗东举,则慕容出降;天戈西指,则姚泓就缚。中国之气,至是亦以振矣。故臣论六朝之君,惟吴善守,而武帝善攻。……善攻故能因五胡之衰而扑灭之。……使刘穆之不死,武帝无后顾之患,得少留于中原,震之以威名,压之以重势,狥三秦悦附之意,因诸将战胜之锋,以平殄北方之余寇,则拓跋之魏、赫连之夏,无复有遗种矣。天下其有不混一乎?……裔夷不能陵中夏,左衽不能蔑衣冠,虽江南人谋之善,抑亦彼苍之陟鉴在焉。故元魏方强,而武帝震扬兵威,以逆折其锋,上天佑华之意,昭昭如此。②

李焘虽然对宋武帝未能抓住大好时机实现混一南北的伟业深感惋

---

① 《史通通释》卷一二《外篇·古今正史》,下册,第374页。
② (宋)李焘撰:《六朝通鉴博议》卷六,《景印文渊阁四库全书》史部四四四"史评类",第六八六册,第143页。

惜，但对他的北伐成果还是给予了很高的评价。汉人政权在南方的延续，中华文化的传承，都有赖于东晋末年刘裕稳定南方政局和开疆拓土的巨大推动。基于现实中南宋受到北方金朝政权的军事压力，李焘在评述时难免带有一定的民族情绪，但总体来看不失为持平之论。

吕祖谦《十论·晋论下》有云："宋武起于布衣，身经百战，战胜攻取，仿佛曹操，司马懿而下，不可比也。举东南至弱之兵，练而用之，践西北至强之国，前无横阵，旁无坚敌，逆河而上，开关而入之，用之如建瓴破竹之易，可谓奇矣。"基于对自身所处时代的关切，吕氏也专门就关中得而复失的问题展开论述，谓其"得关中而不守，翻然东归，失百二之地于反掌"。他认为"宋武之失关中，其罪有三：一则好杀伐，而不得中原之心；二则急窥神器，而不能快中原之愤；三则倚南兵，而不能用中原之人"。在占领关中后无心固守，"急为篡夺，大业不终"，与曹操相比，"宋武识虑不及操远矣"。①

第四节　闲世英杰，神智不测

明清之际的大思想家王夫之，在所撰《读通鉴论》中对刘裕及其事功有较多评论。他说："刘裕之篡，馘桓玄，夷卢循，东灭慕容超，西俘姚泓，收复中国五十余年已覆之土宇，而修晋已墟之陵庙，安帝愚暗，不能自存也。"②与历史上的多位篡位者相比较，王夫之

---

① （宋）周应合修纂：《景定建康志》卷三四《文籍志二·诸国论》"吕祖谦十论"条，见王晓波等点校《宋元珍稀地方志丛刊》甲编（三），四川大学出版社2007年版，第1536页。
② （清）王夫之著，舒士彦点校：《读通鉴论》卷九《三国》，中华书局1998年版，上册，第289页。

认为刘裕有超越他们的地方,其辞云:

> 萧道成、萧衍、杨坚、朱温、石敬瑭、郭威之篡也,皆石勒所谓狐媚以取天下者也,刘裕其愈矣。裕之为功于天下也不一,而自力战以讨孙恩始,破之于海塩,破之于丹徒,破之于郁洲,蹙之穷而赴海以死。当其时,桓玄操逆志于上流,道子、元显乱国政于中朝,王凝之、谢琰以庸劣当巨寇,若鸿毛之试于烈焰。微刘裕,晋不亡于桓玄而亡于妖寇;即不亡,而三吴全盛之势,士民所集,死亡且无遗也。裕全力以破贼,而不恤其他,可不谓大功乎?①

也就是说,面对东晋朝政混乱不堪、国无贤臣良将的危机局面,刘裕在与孙恩叛军的多次交战中取得胜利,挽救了东晋政权,建立了卓著功勋。这是他的卓越之处。王夫之进而指出:"天子者,天所命也,非一有功而可只承者也。"以此为标准,"则立大功于天下者,为天之所不弃,必矣。故道成、衍、坚、温、敬瑭、威皆不永其世,而刘宋之祚长,至于今,彭城之族尤盛"。在他看来,萧道成、萧衍、苻坚、朱温、石敬瑭、郭威等分裂时期的帝王,都是未"立大功于天下者",故为天之所弃,其国祚短促,乃天意使然。

曹操通过长期征战,结束了东汉末年的北方乱局,刘裕亦通过东征西讨、北伐扩疆,结束了东晋末年的南方乱局,自属"立大功

---

① (清)王夫之著,舒士彦点校:《读通鉴论》卷一四《(晋)安帝》,中册,第392—393页。王夫之又云:"自曹魏以迄于宋,皆名为禅而篡者也。盖尝论之,本以征诛取天下,狃于习而假迹于篡者,唐高祖也,其名逆,其情未诈,君子恶其名而已。以雄桀之才起而图功,其图功也,以觊得天下为心,功既立而遂攘之,曹魏、刘宋也,而刘宋之功伟于曹魏矣。受推诚托孤之命,遂启逆心,非不立功,而功不在天下,以威福动人而因窃者,司马氏也。无固获之心,天下乱而无纪,一旦起而攘之者,宋太祖也。无功于天下,天下已乱,见为可夺而夺之者,梁武帝也。既无功矣,蓄奸谋以从人于弒逆,因而夺之者,萧齐也。本贼也,而名为禅者,朱梁也。"(《读通鉴论》卷一八《陈高祖》,中册,第517页)

于天下者",其国祚虽非短促,但亦难言有多么久长。而若按王夫之提出的标准,司马氏自不得看作是"立大功于天下者",但两晋却持续了一个半世纪之久,仍可谓之国祚久长,尽管西晋末年局势急剧动荡,东晋时更是实权握于高门权臣之手。因此,王夫之所定标准只能说与历史实际有部分吻合之处,绝不是具有确定性的论断。关于刘裕灭桓玄,王夫之认为"刘裕亦北府之杰",其征讨并大败孙恩、卢循、徐道覆,"未尝一日弛其军旅之事也"。其"威伸于贼,兵习于战","三破妖贼,所行者正,所守者坚,人不得而疑,虽疑亦无名以制之也。裕居不可胜之地,而制玄有余矣"。① 也就是说,作为北府兵杰出将领,刘裕在征讨叛军的战斗中积累了丰富的军事经验,通过持续的战争得到了充分的锻炼和考验,从而拥有战胜桓玄的强大的军事能力,尚未交手刘裕已处于不败之地。

总的来看,王夫之对刘裕给予了较高的评价,一则谓其属于"立大功于天下者",亦即天命有归者,再则谓其"于争乱之世而有取焉",属于"闲世之英杰能见几者"。他说:"裕,不学者也。裕之时,僭窃相乘之时也。裕之所事者,无信之刘牢之;事裕者,怀逆徼功之刘穆之、傅亮、谢晦也。是以终于篡而几与道成等伍。当其奋不顾身以与逆贼争生死之日,岂尝早畜觊觎之情,谓晋祚之终归己哉?于争乱之世而有取焉,舍裕其谁也?"②"夫几亦易审矣,事后而反观之,粲然无可疑者。""所谓闲世之英杰能见几者,如此而已矣,岂有不可测之神智乎?"③他认为"几者,事之徵,吉凶之先见者也"④。"见几"或"知几"即是具有先见之明,能够把握局势发展

---

① 《读通鉴论》卷一四《(晋)安帝》,中册,第395—396页。
② 《读通鉴论》卷一四《(晋)安帝》,中册,第393页。
③ 《读通鉴论》卷一四《(晋)安帝》,中册,第394页。
④ 《读通鉴论》卷八《(汉)灵帝》,上册,第230页。按点校者改"徵"为"微",不当。

变化的最佳时机。刘裕对时局的把握诚可谓审时度势,神机妙算,即王夫之所言"不可测之神智"。若将历史上任何一个英雄豪杰放到刘裕的时代,要取得像他一样的成就,亦绝非轻而易举。可以确定地说,刘裕在其活动的时代,交出了一份最佳答案。即便是历史上最杰出的政治人物,若生活在刘裕的时代恐怕也是很难出其右的。

王夫之指出:"刘裕之篡,刘穆之导之也;其杀刘毅,胡藩激之也。不逞之士,游于帷幕,而干戈起于几席,亦可畏矣哉!"①然而他又认为刘裕与曹操一样都属于"奸雄",亦即其必篡无疑。这样来看,认为刘裕的篡位是在刘穆之蛊惑下所为,显然是自相矛盾的。诚然,刘穆之是刘裕的第一谋士,对其决策产生过很大的影响,但刘裕若无篡位企图,刘穆之也不可能撼动其心。刘裕的篡位野心恐怕在其于京口起兵反对桓玄时就已萌生,之后的所作所为便是朝着这一目标而不断努力,刘穆之只不过是在这一目标的实现过程中出谋划策添砖加瓦而已。王夫之认为,篡位需要充分的"名义"。而刘裕到其篡位时已积累了足够的"名义",若再迟疑,年事已高的刘裕很可能将要重蹈曹操的覆辙,未及篡位而死。与曹操不同的是,刘裕当时没有已经成年的儿子,若果真在篡位前去世,则其长子要像魏文帝曹丕那样顺利实现篡位,还存在着很大的变数。

毫无疑问,像刘裕那样的英雄豪杰,其创建帝业的过程少不了像刘穆之一样的有识之士的谋划和协助,但在诸如实施篡位这样重大的决策问题上,谋士们自然会有强力推动,但不可能由他们来主导。事实是,刘裕迫不及待地要入朝进行篡位,但建康朝臣却未

---

① 《读通鉴论》卷一四《(晋)安帝》,中册,第403页。

能及时掌握这一信息,于是不得不以讽喻的形式向其幕僚传达意图。傅亮领会其真实想法后又受遣到建康,令朝臣下旨召刘裕入朝并开始实施篡位。其时,刘穆之已去世多日,无关刘裕的篡位行动。退一步说,刘穆之此前对刘裕的篡位想法给予支持,其实也都是希旨行事,是揣摩并落实刘裕的意愿,绝非擅自主张。

至于王夫之所说刘裕"杀刘毅"是"胡藩激之",恐怕也不是符合实际的论断。刘毅虽然是刘裕的举义同志,但又是最强有力的竞争对手,这在二刘争夺扬州刺史的斗争中即有充分体现。也就是从那时起,结下梁子的二刘实已不共戴天,刘裕在寻找适当的时机以除掉刘毅。刘裕杀刘毅,也就绝非什么"胡藩激之"的结果。纵观刘裕的一生,知恩图报、有仇必报是其基本的做人原则。在刘裕微时给予过善待和帮助的士族高门人物,在他发达后都会予以重用,反之则会遭到无情打击。刘毅是刘裕的举义同志,是举义集团中影响力仅次于刘裕的人物,尤其是在平定桓玄及其残余势力的战斗中建立了重大功勋,甚至可以说没有刘毅的协助和支持,刘裕不可能那么顺利地实现掌控江南局势的目标。然而当刘毅成为其竞争对手,亦即转化为刘裕潜在的对立面时,作为政敌的刘毅也就成了刘裕的仇人,对刘毅知恩图报已经过时,有仇必报正当其时。

对于成功的政治人物而言,世间并无一成不变之理,随机应变是其基本的行事准则,他们的所作所为都以追求政治利益最大化为根本旨归。对他们而言,正义和道德并非优先考虑的因素,"恩"与"仇"当然也并非一成不变,往往会随着时间的推移和局势的发展而发生变化,一切以是否有利于最高政治目标的达成为转移。胸无大志的草莽英雄往往快意恩仇,行事不计后果,而以天下为己任的英雄豪杰则不会率性而为。即便是曾经的恩人,若成为实现最高政治目标的障碍时,自然也就转化为了仇人。反之亦然。知人善任、求言纳谏是伟大政治人物的共同特征,有才干的幕僚和谋臣的协助无疑是他们取得成功的重要因素。然而,这并不意味着他们就没有自己的主张,更不会唯臣僚之意是从。就刘裕而言,作出诛杀刘毅和实施篡位这样重大的决策,绝非仅仅是胡藩和刘穆之所激、所导的结果。观其一生行事,只要与刘裕有仇隙或有竞争、妨碍称帝野心实现者,一律都在清除之列,绝无宽贷可言。按此原则,不管以何种理由,刘毅都是刘裕确定要清除的对象。

在王夫之看来,晋宋之际属于"逆乱垂亡忧危沓至"的时代,也是一个"天纲裂、地维坏"的时代①。刘裕篡位也可以说典型地反映了"天纲裂、地维坏"的时代特征。对刘裕的评价自然也就不能离开这一大的时代背景。篡晋立宋无疑是刘裕一生最重大的政治决策,王夫之云:

> 刘裕篡晋……微独晦也,宋君臣皆夷然听广之异己而无忌之者。嗣是而刘彧、萧道成、萧鸾、萧衍,相袭以怙为故常。君臣义绝,廉耻道丧,置忠孝于不论不议之科,为其所为,而是非相忘于无迹。不知者以为其宽厚,而孰知其天良灭绝之已极哉!曹操之杀孔北海,司马昭之杀嵇中散,耻心存焉。至于晋、宋之际,而荡尽已无余,"八表同昏,平路伊阻",陶元亮之悲,岂徒为晋室之存亡哉?②

也就是说,刘裕篡夺东晋政权的行为得到了当时所有臣僚的一致拥护,体现了整个统治集团的集体意识。而王夫之对此予以强烈谴责,以正统儒家的标准来看这是整个统治集团的堕落,"君臣义

---

① 《读通鉴论》卷一四《(晋)安帝》,中册,第396页。
② 《读通鉴论》卷一四《(晋)安帝》,中册,第410—411页。

绝,廉耻道丧","天良灭绝之已极",措辞可谓严厉之极。殊不知一个政权若为整个统治集团所抛弃,不管基于何种理由,其存在的合理性实已荡然无存。对于这样一个政权的取代,只不过是顺势而为,是适应历史发展要求的必要举措,非但不应该严加指责,反而应该予以肯定。当然也必须看到,统治集团一致赞成篡位,乃是因为他们都是经过清洗以后形成的清一色的刘裕的拥护者,其核心成员即是刘裕的心腹亲信。

第五节　功著天下,恶在弑逆

不过,王夫之对刘裕篡位的看法其实存在着矛盾。站在东晋或者说现有王朝的立场上,当然要否定刘裕的篡位行为,而站在刘裕的立场,则又当予以理解之同情。在另外的场合,可以看到王夫之对刘裕篡位又有不同的看法,并不是一味地加以指责,而是分析原因以说明其有着一定的合理性。他认为刘裕所篡夺的对象司马氏晋朝的皇统也是得之不正,并且到刘裕篡位之时,东晋政权早已不具备存在的合理性了。他说:"晋之必亡也久矣。谢太傅薨,司马道子父子昏愚以播恶,而继以饥饱不知之安帝,虽积功累仁之天下,人且去之,况晋以不道而得之,延及百年而亡已晚乎!"也就是说,无论就道统而言,还是就现实统治来看,东晋王朝被取代并非多大过错。他又说:"裕乘其间以收人望,人胥冀其为天子而为之效死。其篡也,时且利其篡焉。所恶于裕者,弑也。篡犹非其大恶也。"①由此来看,刘裕的篡位实际上是符合时代要求的,甚至可以说是值得肯定的行为。按照王夫之的说法,刘裕的篡位并非什么过错,而其最

---

① 《读通鉴论》卷一四《(晋)安帝》,中册,第407页。

应该受到谴责的则是他杀害晋安帝和晋恭帝兄弟的可耻行为。此说诚然。因为无论是智障之晋安帝还是贤能的晋恭帝,都不具备抗衡刘裕的能力,刘裕篡位后司马氏复辟的可能性也是不存在的。如此残忍地杀害前朝末代君主,前此曹氏和司马氏都不曾干过,刘裕开了一个恶劣的先例。不管有什么样的理由,必须受到严厉谴责,这便是历史的无情之处。

关于刘裕篡位及其杀害晋帝之事,王夫之还有更进一步的阐述。他说:

> 宋得天下与晋奚若?曰:视晋为愈矣,未见其劣也。魏、晋皆不义而得者也,不义而得之,不义者又起而夺之,情相若、理相报也。虽然,曹氏有国,虽非一统天下,而亦汔可小康矣。芳与髦,中主也,皆可席业以安。而司马氏生其攘心以迫夺之,视晋之桓玄内篡、卢循中起、鲜卑羌虏攘臂相加,而安帝以行尸视肉离天下之心,则固不侔矣。宋乃以功力服人而移其宗社,非司马氏之徒幸人弱而掇拾之也。论者升晋于正统,黜宋于分争,将无崇势而抑道乎?①

得天下是否有道或者说符合程序正义,是王夫之历史评价的一个重要旨归。若得天下有道、正义,则其政权具备正统性、合法性,而如果对这样的政权进行篡夺,则篡夺者的行为会被给予否定的评价。若得天下无道或不义,这样的政权被篡夺,则篡夺者的行为会视具体情节而得到不同程度的理解,不会一概予以否定的评价。魏篡汉、晋篡魏、宋篡晋均属于后者,因此他在对这几次篡位进行批判的同时又都予以一定程度的理解和肯定。理解和肯定之有无或程度之高低,则取决于篡位者是否建立了独特的功业,是否以平

---

① 《读通鉴论》卷一五《宋武帝》,中册,第412页。

和的方式实现了政权的更替。

独特的功业,主要看其在中国的统一上是否作出贡献。"唐臣隋矣,宋臣周矣,其乐推以为正者,一天下尔。"①李渊为杨隋之臣,赵匡胤为后周之臣,其篡位自属不义,之所以能够获得正统性并为史家所称道,关键就在于其"一天下"的功业。在这一点上,魏、晋、宋三个政权都是有贡献的。三家之中,只有西晋曾统一南北,是真正实现过全国统一的政权,按理说在统一上贡献最著,因而最应该得到肯定的评价,然而王夫之却不以为然。他说:"魏、吴皆僭也,而魏篡,则平吴不可以为晋功;若蜀汉之灭,固殄绝刘氏二十余世之庙食,古今所肃然而伤心者。混一不再传而已裂,土宇之广,又奚足以雄哉?中原之失,晋失之,非宋失之也。"②也就是说,南北的统一自曹魏就已奠定,不能看作是司马氏的功劳,并且司马氏还将继承了两汉正统的蜀汉消灭,更主要的是造成南北大分裂的罪魁祸首即是西晋政权,故在统一这一点上司马氏不仅不能得分,反而还成为其负资产。王夫之的这一独特看法自属偏见。基于此,他认为宋武帝刘裕在统一上的功业超越了司马氏。"宋武兴,东灭慕容超,西灭姚泓,拓拔嗣、赫连勃勃敛迹而穴处。自刘渊称乱以来,祖逖、庾翼、桓温、谢安经营百年而无能及此。后乎此者,二萧、陈氏无尺土之展,而浸以削亡。然则永嘉以降,仅延中国生人之气者,唯刘氏耳。举晋人坐失之中原,责宋以不荡平,没其挞伐之功而黜之,亦大不平矣。"③其说可谓持平之论。

王夫之指出:"君天下者,道也,非势也。"④即合乎道统者才可

---

① 《读通鉴论》卷一五《宋武帝》,中册,第413页。
② 《读通鉴论》卷一五《宋武帝》,中册,第412页。
③ 《读通鉴论》卷一五《宋武帝》,中册,第412—413页。
④ 《读通鉴论》卷一五《宋武帝》,中册,第413页。

以君临天下,有资格成为最高统治者。这是其历史评价的最高原则。如果仅从"势"的角度而论,"嬴政统一六寓,贤于五帝、三王也远矣"①。作为儒家道统论的坚定维护者,王夫之自然不会认同这种主张。从严格的华夷之辨立场出发,比较同时代的南北政权,王夫之毫不含糊地指出:"拓拔氏安得抗宋而与并肩哉?"唐、宋"以义则假禅之名,以篡而与刘宋奚择焉?中原丧于司马氏之手,且爱其如线之绪以存之;徒不念中华冠带之区,而忍割南北为华夷之界乎?半以委匪类而使为君,顾抑挞伐有功之主以不与唐、宋等伦哉?汉之后,唐之前,唯宋氏犹可以为中国主也"。②在王夫之眼里,刘宋是汉—唐之间唯一一个可以有资格作为"中国主"的政权,或者说是庶几可与汉、唐两个大一统王朝比肩而立的政权。原因无他,就是因为其时"处夷狄争乱之世","中夏无主,索虏、羌胡迭为雄长"③,而刘裕竭力欲改变这种局面,且在魏晋南北朝政治人物中取得了最大的成功。西晋晚期以来中原沦丧,北方少数民族政权割据北方长达一个多世纪,而刘裕是第一个通过北伐成功地从少数民族手中夺回中原领土的领袖人物,也就使得他具备了和唐、宋开国君主相当的正统地位。王夫之生活在满族侵占华夏土地、故国明朝因之覆亡的时代,基于强烈的民族意识,他在历史认识上严守华夷之辨,不问青红皂白而是华非夷,对于刘裕消灭北方胡族政权的功业充满了同情之理解,因而给予了高度肯定。正因如此,他对刘裕篡位的批判声调也就降低了许多。在他看来,刘裕的功业足以使其有资格从司马氏手中接过皇帝宝座。

然而,作为正统儒家思想的坚定信奉者,王夫之对于刘裕杀害

---

① 《读通鉴论》卷一五《宋武帝》,中册,第413页。
② 《读通鉴论》卷一五《宋武帝》,中册,第413页。
③ 《读通鉴论》卷一四《(晋)恭帝》,中册,第409、410页。

东晋末代二帝的恶劣行径,也明确而坚决地表达了彻底谴责的态度。他说:"宋可以有天下者也,而其为神人之所愤怒者,恶莫烈于弑君。篡之相仍,自曹氏而已然,宋因之耳。弑则自宋倡之。其后相习,而受夺之主必死于兵与酖。夫安帝之无能为也,恭帝则欣欣然授之宋而无异心,宋抑可以安之矣。而决于弑焉,何其忍也!宋之邪心,固有自以萌而不可戢矣。"①如上所述,在王夫之眼里,刘宋是汉—唐之间唯一一个可以有资格作为"中国主"的政权,自然也是有着一定正统性合法性的政权。然而刘裕弑害东晋末帝的可恶行为却是不能得到原谅的,而且这种做法在历史上开了一个恶劣而危险的先例。那么,究竟是什么原因促使刘裕如此残忍地杀害手无寸铁的两位晋帝?王夫之结合具体历史背景进行分析,试图找出这种有违常理行为背后的原因。他说:"宋武之篡也,年已耄,不三载而殂。自顾其子皆庸劣之才,谢晦、傅亮之流,抑诡险而无定情,司马楚之兄弟方挟拓拔氏以临淮甸。前此者桓玄不忍于安帝,而二刘、何、孟挟之以兴。故欲为子孙计,巩固而弭天下之谋以决出于此。"②也就是说,刘裕建立刘宋王朝之时,形势很不乐观,促使他做出了与前代曹氏和司马氏不同的更为苛酷的举措,对前朝末帝和皇室予以斩草除根。那么,这些理由是否成立?

首先是刘裕年事已高,而其诸子才能庸劣的问题。刘裕年事已高确是事实,其担心后继者是否有能力保住刘宋江山,也应该是其内心真实而迫切的想法,但并不是因为"其子皆庸劣之才",而是诸子年纪尚幼,担心万一发生其不久于人世的突发状况,他们尚不具备稳定大局的能力。事实是,刘裕诸子多有才干,至于品行则

---

① 《读通鉴论》卷一五《宋武帝》,中册,第413页。
② 《读通鉴论》卷一五《宋武帝》,中册,第413页。

另当别论,只是当时年幼未必真正显露出来。王夫之对宋武帝所安排的顾命大臣的废弑行为持彻底否定的看法,对其人品更是不屑一顾,谓"谢晦、傅亮之流,抑诡险而无定情",也就是说宋武帝早就看出他们是狡诈危险品行不端需要防范之人。抛开他们对宋武帝创建帝业作出的巨大贡献不说,如果刘裕当时真有这样的看法,那为什么一直要重用他们,并且还将顾命大任这种关系刘宋王朝生死存亡的重大国政委托给他们?王夫之的这一看法显然匪夷所思。若摈弃正统儒家的道统观念,不预设立场客观地来看,顾命大臣的废弑行动其实是有利于刘宋王朝的长远利益,否则也未必会迎来像元嘉之治一样的局面,甚至不排除刘宋像南齐一样成为一个超短命王朝的可能。还应该指出,王夫之所言"司马楚之兄弟方挟拓拔氏以临淮甸",乃是后来发生的事①,与刘裕篡位之际的决策毫无关联。而所言"前此者桓玄不忍于安帝,而二刘、何、孟挟之以兴",意即桓玄因为没有对晋安帝痛下杀手,使刘裕、刘毅、何无忌、孟昶得以挟晋安帝而复兴晋室。王夫之并不是批评桓玄的做法错失了良机,应该是说桓玄失败的教训给刘裕以启示,使其作出避免重蹈桓玄覆辙的决定。

王夫之对刘裕的弑杀行为持完全否定的态度,予以强烈的批判。他说:"呜呼!躬行弑而欲子孙之得免于弑,躬行弑而欲其臣之弗弑,其可得乎?徐羡之、傅亮、谢晦之刃,已拟其子之胫而俟时以逞耳。萧道成继起而殄刘氏之血胤,又何怪乎?"②很显然,在王

---

① 司马楚之投降北魏是在明元帝泰常四年(419)三月((北齐)魏收撰:《魏书》卷三《太宗纪》,中华书局1974年版,第一册,第59页),太武帝神䴥三年(430)六月"以司马楚之为安南大将军、琅邪王,屯颍川"(《魏书》卷四《世祖纪上》,第一册,第76页)。王夫之所言"以临淮甸"即指此,显然与刘裕诛杀晋帝没有任何关系。
② 《读通鉴论》卷一五《宋武帝》,中册,第413页。

夫之看来,无论有什么样的理由,刘裕杀害晋帝的行为必须予以坚决斥责,并且这种行为开了一个恶劣的先例,给后来者提供了糟糕的榜样。若忽略因果报应之说,从历史发展的真实状况而论,毕竟没有不灭的王朝,刘裕的做法实际上也就将自己的子孙后代置于同样危险的境地,任人宰割而无所顾忌。王夫之进一步申论道:

> 夫人孰有不欲其子孙之安存者也,试之危,乃以安之;忘其亡,乃以存之;日暮智衰,彷徨顾虑,而生其惨毒,皆柔苶不自振之情为之也,而身已陷乎大恶以弗赦。"日昃之离,不鼓缶而歌,则大耋之嗟,凶。"嗟叹兴而妄虑起,妄虑无聊而残害生,恶不戢矣。君子之老也,戒之在得;得之勿戒,躬亲大恶,不容于天地鬼神,可弗畏哉?①

王夫之再次重申,刘裕杀害晋帝的行为属于"大恶",是不计子孙安危的"惨毒"之行。这种做法极不明智,是其年老昏聩情况下因"妄虑"而作出的错误决定。

不过,王夫之又将宋篡晋同魏篡汉、晋篡魏进行比较,从中也可以感觉到他在对刘裕篡位时的弑杀行为进行严厉谴责的同时,还体现出了理解之同情。他说:"丕之篡,刘氏之族全。炎之篡,曹氏之族全,山阳、陈留令终而不逢刀锯。刘裕篡而恭帝弑,司马氏几无噍类。岂操、懿、丕、炎之凶愿浅于刘裕哉? 司马氏投夷狄以亟病中夏,刘裕之穷凶以推刃也,亦有辞矣,曰'彼将引封豕长蛇以蔑我冠裳者也'。而中夏之士,亦不为之抱愤以兴矣。"②王夫之对历史上所谓"夷狄"及其所建立政权的敌视态度,就像现实中他对清廷持坚决排斥和抗拒的态度一样,决定了他的历史观的一

---

① 《读通鉴论》卷一五《宋武帝》,中册,第414页。
② 《读通鉴论》卷一四《(晋)安帝》,中册,第402页。

个基本方面——凡是投降"夷狄"政权或与"夷狄"政权合作者即一概予以否定。正因为司马氏残余势力逃亡到羌人姚氏的后秦政权,有可能对刘裕即将建立的汉人政权构成威胁,于是在对刘裕弑杀晋帝行为进行谴责的同时又多了一份理解,认为一定程度上还是情有可原的。

第六节　经武纬文,群才效智

裴子野论刘裕创建帝业,指出:"其提挈草创,则魏、孟、何、刘;辅相总持,则穆之、徐羡。镇恶、道济经其武,傅亮、谢晦纬其文。长沙以家弟共艰难,武烈以清贞定南楚。其他胥附奔走,云合雾集,若榱椽之构大厦,众星之仰河汉。或取之于民誉,或得之于未名,群才必逞,智能咸效。爵不妄加,官无私谒。"①在裴子野看来,刘裕的成功,除了他本人所具有的杰出的政治军事才干,还因为他身边聚集了众多各方面的优秀人才,能够把时代所提供的人才尽可能为己所用。这种认识是符合政治学原理的。无论是在历史上还是在现实中,也不论是在中国还是在外国,任何一位政治家建立的伟业,除了其本人的聪明才智和坚毅不拔的性格、强大的行动力,还必须有大量杰出人才的鼎力相助,自然也只有他的知人善任,才能做到这一点,这正是领袖人物有别于普罗大众的最突出之点。然而,王夫之对此却有着不同的看法。原因就在于他对刘裕

---

① 《文苑英华》卷七五四《史论一》,第五册,第3947页(《景印文渊阁四库全书》集部二七九"总集类",第一三四〇册,第343页);《建康实录》卷一四《宋下》,下册,第555页。按:"草创""官无私谒",《建康实录》作"创业""官不私谒",皆可通;"家弟""民誉",《文苑英华》作"冢第""民举",误;"清贞""云合",《建康实录》作"清贫""云霏",误。

最器重的心腹亲信同时也是刘裕创建帝业的最大功臣刘穆之和徐羡之、傅亮、谢晦等人的评价不高,主要是从儒家道统论出发,对他们的人品持否定态度。

问题是,若对刘裕的事功予以理解和肯定,而对帮助其实现事功的功臣却予以否定,显然难以自圆其说。也许是为了调和这一矛盾,王夫之一方面认为刘裕的时代无人可用且其用人不淑,另一方面又说他还是善于"用人之死力",即能够让追随者为其卖命的。他说:"刘裕初自广固归,卢循直逼建康,势甚危,而裕方要太尉黄钺之命;朱龄石方伐蜀,破贼与否未可知也,而裕方要太傅扬州牧之命;督诸军始发建康以伐秦,灭秦与否未可知也,而裕方要相国宋公九锡之命;则胡不待卢循已诛、谯纵已斩、姚泓已俘之日,始挟大功以逼主而服人乎?此裕之狡于持天下之权而用人之死力也。"①按照王夫之的三层次"用人"观——用人以德、以信、以权,刘裕的用人可归于最低层次的用人以权,所谓"裕有以揣人心而固持之",自然也就不能被充分肯定。

刘裕之所以采取这种用人主张,是与时代特点特别是他所要实现的政治目标紧密关联的。王夫之对此又有明确的申说:"人好逸而不惮劳,人好生而不畏死,自非有道之世,民视其君如父母,则权之所归,冀依附之以取利名而已。裕若揭其怀来以告众曰:吾且为天子矣,可以荣人富人,而操其生死者也。于是北归之疲卒、西征之孤军,皆倚之以效尺寸,而分利禄。如其不然,则劳为谁劳,死为谁死,则严刑以驱之而不奋。"②诚如其所言,刘裕政治野心的一步步实现,让他的追随者看到了光明的前程,愿意竭忠尽智效力

---

① 《读通鉴论》卷一四《(晋)安帝》,中册,第407页。
② 《读通鉴论》卷一四《(晋)安帝》,中册,第407页。

于他。换言之,主子地位愈高,亲信和仆从所能获得的权利也会越高越多,主子将要成为开国皇帝,其亲信和仆从则会成为新王朝的开国功臣,自然也就会更加卖力地为之效命。王夫之所揭示的这种用人之道和主从关系,可以说道出了中国历史上一条政治法则,甚至也可以看成一则具有普适性的政治学原理。

王夫之在谈论刘裕时常以曹操与之相比,可见在他心目中这是两个功业相近可以进行比较的英雄豪杰。他说:"裕之为功于天下,烈于曹操,而其植人才以赞成其大计,不如操远矣。操方举事据兖州,他务未遑,而亟于用人;逮其后而丕与叡犹多得刚直明敏之才,以匡其阙失。裕起自寒微,以敢战立功名,而雄侠自喜,与士大夫之臭味不亲,故胡藩言:一谈一咏,搢绅之士辐凑归之,不如刘毅。"①在他看来,刘裕的功业不仅不亚于曹操,甚且还在曹操之上,这是一个极高的评价,也是符合历史实际的评价。王夫之所提及的东晋末年的所谓"士大夫",实指士族高门人物而言,而高门士族阶层当时正处于没落和腐朽的阶段,并非人才济济的时代,要协助刘裕解决棘手而艰巨的重大问题的人物,自然并不出于这个阶层。尽管如此,刘裕还是对支持和认同他威权的士族高门人物尽可能予以重用和笼络,算得上是人尽其用。

就此议题,王夫之又进一步申述道:"当时在廷之士,无有为裕心腹者,孤恃一机巧汰纵之刘穆之,而又死矣;傅亮、徐羡之、谢晦,皆轻躁而无定情者也。"②其论断显然是错误的。所谓"当时",亦即刘穆之死后至刘裕篡位的一两年间,事实上此时"在廷之士"全都是刘裕的心腹和支持者,刘裕篡位时未见到任何一个持异议

---

① 《读通鉴论》卷一四《(晋)安帝》,中册,第408页。
② 《读通鉴论》卷一四《(晋)安帝》,中册,第408页。

者即是明证。若当时"在廷之士"没有一个刘裕的心腹,则其何以能够篡位,篡位之后又何以能够稳定政局并继续维持统治?即便是在刘穆之死前,除了刘穆之以外,朝里朝外也都是由刘裕的心腹和支持者所把持。刘穆之再有能力,"孤恃"一人显然也是无济于事的。何况在王夫之看来,刘穆之并非什么杰出人才,而是"机巧汰纵"之徒。他亦用"狡""智不逮"等词语形容刘穆之,也就是说刘穆之只是一个奸巧之人,既无德性,并且智力也不突出。问题是,刘裕重用这样一个人作为其第一心腹,怎么能够成就超越曹操的伟大功业呢?

徐羡之、傅亮、谢晦三人,既是刘裕建立帝业的重要心腹,又是宋武帝一朝地位最高的执政大臣,且在其临终前被委以顾命大臣之任。然而,他们却未能遵照宋武帝遗命辅佐宋少帝,而是将其废弑,并且还杀害了宋武帝次子庐陵王义真,既而拥戴宋武帝第三子宜都王义隆即位(宋文帝),接着在宋文帝掌控权力的过程中他们又相继被杀。王夫之以"皆轻躁而无定情者"来评价三人,纵观他们的一生行事,应该说并非持平之论。对于用人的水准优劣,王夫之指出:"夫能用人者,太上以德,其次以信,又其次则惟其权耳。"[①]按此标准,刘裕的用人顶多只能算作"惟其权"而已。事实上,曹操的"惟才是举"既非用人"以德",甚至也不是用人"以信",也就只能归入用人"以权",即在非常时期重用解决重大现实问题的特殊人才,而不管其经历是否光鲜,或是否有道德操行方面的缺陷。尤可言者,王夫之对刘穆之的评价实充满偏见。处于明清易代之际乱局中的王夫之,秉持儒家道统理念,对于历史上的篡位一概持否定态度,尽管他对刘裕篡位的批判并非十分强烈,但毕

---

① 《读通鉴论》卷一四《(晋)安帝》,中册,第407页。

竟不是给予肯定评价,而刘穆之作为刘裕创建帝业的第一功臣,对刘裕篡位发挥了无与伦比的作用,因而也就成为其重点批判的对象。就正统儒家士大夫的标准来看,刘穆之自然也是格格不入的劣等人物。

在王夫之看来,"江东自谢安薨"后即进入政治混乱政局败坏的时代,主昏臣恶是其表征,所谓"暗主尸位,寇攘相仍,王谧之流,党同幸免,廉耻斁,志趋下,国之无人久矣"。①"国之无人"即是乱政的重要表现。此处所谓"人"是指杰出人物,其标准显然是以儒家道德评判为原则的,礼义廉耻、志节高尚是王夫之判断是否为"人"之指标,至于实际政治经济军事等方面的具体才能则不在其充分考量之列,至少是居于相当次要的位置。何以会出现"国之无人"的局面?王夫之指出:"非天地之不生才也,风俗之陵夷坏之也。苟非机变,则庸沓而已。"②也就是说,具备杰出人才素质的人物本来是存在的,只是受败坏了的风俗的恶劣影响而未能成为具有较高道德水准的人才。

在王夫之看来,刘裕大展宏图的时代,最杰出的人物就是拥有"机变"之能者,其余则是"庸沓"之人。刘裕即是他眼中"机变"者的最高代表。刘裕的亲信,非"机变"则"庸沓"。"迨乎机变之术已穷,庸沓之人已老,然后华、昙首、殷景仁、谢弘微脱颖以见。"③按王华、王昙首、殷景仁、谢弘微是宋文帝初年所重用的几位亲信大臣。然而观其行事,他们若在东晋末年发达,所作所为绝对不输刘裕所重用的刘穆之、徐羡之、傅亮、谢晦等亲信,自然也还是属于王夫之所言"机变"或"庸沓"者之列,而不会是与刘、徐等

---

① 《读通鉴论》卷一五《(宋)营阳王》,中册,第417页。
② 《读通鉴论》卷一五《(宋)营阳王》,中册,第417页。
③ 《读通鉴论》卷一五《(宋)营阳王》,中册,第417页。

人截然有别的一类超越时代的特殊人物。

在历史评判中,若持有先入为主的态度,或被某种意识形态所左右,即便像王夫之那样精通历史的正人君子,也会得出不符合历史实际的错误结论。王夫之认为:"当代无才,而裕又无驭才之道也。""曹操之所以得志于天下,而待其子始篡者,得人故也。""圣人以仁义取天下,亦视其人而已矣。"①若刘裕的时代果真如王夫之所言,不仅"无才"且"裕又无驭才之道",则刘裕无论如何孤军奋战,若要取得超越曹操的盖世奇功自是绝无可能,故其说当然也是不能令人信服的。只能有一个答案,王夫之的看法是不符合历史实际的。

即就曹操而言,世所公认其所以取得成功与其重用人才有着十分密切的关系,然而不可忽视的是,后来曹魏统治权却是被曹操所重用的司马懿所攘夺,并且经过司马氏三代经营,最终成功实现了政权更替。诚然,曹操不可能预料到他死后数十年的事,司马氏的专权乃至篡位也是后来政局演变的结果,但不能不说曹操对司马懿是看走眼了。曹操用人不太看重个人操守,当然政治上的忠诚意识亦即政治大节是没有商量余地的,他对司马懿的重用恰恰还在于对其忠诚度的判断未能完全到位。相比之下,刘裕所用徐羡之、傅亮、谢晦等人虽然最后死于所谓谋反之罪,但其实无一存在对刘宋王朝不忠的问题。

第七节 初心未伸,顾命有失

在王夫之看来,刘裕的北伐不单单是为了积累篡位的政治资

---

① 《读通鉴论》卷一四《(晋)安帝》,中册,第408页。

本,而是其有志于中原的"初心"的体现,或者说北定中原是其发自内心的强烈愿望。他说:"盖裕之北伐,非徒示威以逼主攘夺,而无志于中原者,青泥既败,长安失守,登高北望,慨然流涕,志欲再举,止之者谢晦、郑鲜之也。盖当日之贪佐命以弋利禄者,既无远志,抑无定情,裕欲孤行其志而不得,则急遽以行篡弑,裕之初心亦绌矣。"①所言史事是长安已被赫连勃勃所占领、关中守军大败之后刘裕的表现。

对刘裕而言,无论初衷如何,北伐占领关中毕竟是他一生中最光鲜的成就,保住长安自是其衷心愿望,对长安失守必然也会痛心疾首,何况又有多位名将被俘牺牲。至于说他要再次北伐以从赫连勃勃手中夺回长安,则是情急之下的一时冲动,深谋远虑的刘裕不可能再次冒险亲征北伐,而将眼前唾手可得的皇位弃之不顾。谢晦、郑鲜之无非是打个圆场,使刘裕有台阶可下而已。再度北伐这样的重大决策绝非幕僚所可左右,从刘裕一生行事来看,虽然是有仇必报,但他绝对不是一个鲁莽冲动之人,老谋深算是其特点,不可能不计后果去打毫无把握之仗。刘裕的成功,举义同志的襄助,心腹之人的谋划,无疑发挥了巨大作用,但都不可能左右他在重大决策上的独断专行,若是他执意为之,别人的劝阻绝对不会奏效。

王夫之谓刘裕在北伐成功后"欲孤行其志而不得",意谓在北伐队伍中只有刘裕一人愿意留在北方,以关中作为政治中心,实现一统南北的大业。对此他还有比较具体的阐释:

> 刘裕灭姚秦,欲留长安经略西北,不果而归,而中原遂终于沦没。史称将佐思归,裕之饰说也。王、沈、毛、傅之独留,

---

① 《读通鉴论》卷一四《(晋)安帝》,中册,第408页。

> 岂繄不有思归之念乎？西征之士，一岁而已，非久役也。新破人国，子女玉帛足系其心，枭雄者岂必故土之安乎？固知欲留经略者，裕之初志，而造次东归者，裕之转念也。夫裕欲归而急于篡，固其情已。然使裕据关中，抚雒阳，捍拓拔嗣而营河北，拒屈丐而固秦雍，平沮渠蒙逊而收陇右，勋愈大，威愈张，晋之天下其将安往？……奚必反建康以面受之于晋廷乎？①

刘裕能够消灭后秦，应该说是抓住了历史所提供的唯一一次机会，时机恰到好处。至于在此基础上还能够更进一步，在抗拒拓跋魏和赫连夏的同时，又可将立国陇右的北凉沮渠蒙逊政权降伏，实乃天方夜谭，可能性微乎其微。

不仅如此，若刘裕留在关中，在南方境内兵力虚弱的情况下能不能保证一定就平安无事，恐怕也是一个未知数。如果真有异动，则不排除因挥师不及而出现难以挽回的险情。作为风土民情迥异的关中和三吴两个南北地域，以南人为主力的刘宋军队，能否抛开思乡之情，长期适应关陇地域的生活环境，显然是一个很大的问题，甚至是不可克服的难题。南方军队以步兵和水军为主，要应对周边胡人政权的铁骑，自然也是捉襟见肘的。何况他们还要适应迥然有别的生存环境和无尽的思乡之情，即便有充足的物资供应，战斗力的下降也是难以避免的。即便不遇到最坏的情况，也不会出现什么奇迹，从而令刘裕能够成为南北共主。事实上，说刘裕一点都没动过固守关中河洛的念头也未必符合实际，但他绝对是一个实际之人，当幕僚向他阐明利弊得失之后自会作出合适的判断和选择，不可能不计后果贸然行事。也就是说，表面看来刘裕放弃关中南下是幕僚劝阻的结果，实际却是刘裕斟酌形势后的自觉认

---

① 《读通鉴论》卷一四《(晋)安帝》，中册，第408页。

知,体现了他内心真实的想法。

如前所述,关于刘裕所安排的顾命大臣徐羡之等人,王夫之予以强烈批判。他认为:"举宗社子孙之大计而与人谋之,必其人之可托,而后可征之色而见之辞。不然,则祸自此而生。"①列举汉高帝、晋武帝、隋高祖(文帝)、唐太宗等帝王在信用谋臣和遗命顾托问题上的得失,再说到宋武帝就储君问题与谢晦的密谋之失。其主张是"有天下者,崇儒者以任师保","诗书以调其刚戾之气,名义以防其邪僻之欲"。② 王夫之的理想是,希望通过儒家学者的诗书教育,使具有"刚戾之气""邪僻之欲"的太子或年少君主能够去恶向善,成为一个拥有良好道德修养的明君。由此推知,王夫之实际上接受的是荀子的性恶论,而非孟子的性善论,即人性本恶,但可以通过后天教育而使之向善。

刘裕重用并与谢晦商议储君废立之事,自然是与其所提出的原则背道而驰的。他说:"若宋武之于谢晦,知其机变而有同异矣;太子不足为君,乃密与晦谋,而使觇庐陵之能否,是以营阳、庐陵之腰领授之于晦,而唯其生死之,不亦惑乎?"③"若谢晦者,又居高位、拥兵柄,足以恣其所为;吾即可否不见于辞,喜怒不形于色,尚恐其窥测浅深而乘隙以逞,况以苞桑之至计进与密谋乎?至慎者几也,至密者节也;衡鉴定于一心,折衷待之君子。"相较而言,"唐德宗谋于李泌,宋英宗决于韩琦,而祸乱允戢","拓拔嗣询崔浩而国本定",则是比较成功的事例。刘裕"知谢晦之险而信之,国不亡,幸也"。④"知人之难也,非不知而犹姑试之,诎于时而弗

---

① 《读通鉴论》卷一五《宋武帝》,中册,第414页。
② 《读通鉴论》卷一五《宋武帝》,中册,第414页。
③ 《读通鉴论》卷一五《宋武帝》,中册,第414页。
④ 《读通鉴论》卷一五《宋武帝》,中册,第414—415页。

能,为变计则乱矣。武帝于谢晦,知其心挟异同,而犹委以六尺之孤,使二子骈首以受刃,其失较然也。"①王夫之一而再再而三地就宋武帝与谢晦商议储君废立之事提出严厉批评,其根本就在于谢晦与其心中儒者的标准相背离,没有丝毫契合之点。他对谢晦的评价是完全否定的,主要还是基于谢晦作为顾命大臣参与了废弑宋少帝的行为。而作为宋武帝刘裕的主要谋臣,谢晦在废弑晋帝时无疑也是重要帮凶,自应承担被历史谴责的责任。

对于顾命大臣废弑宋少帝一事,王夫之持完全否定的态度。他说:"乱臣贼子敢推刃于君父,有欲篡而弑者,有欲有所援立而弑者,有祸将及身迫而弑者;又其下则女子小人狎侮而激其忿戾,憨不畏死,遂成乎弑者。若夫身为顾命之大臣,以谋国自任,既无篡夺之势,抑无攀立之主,身极尊荣,君无猜忌,而背憎翕訾,晨揣夕谋,相与协比而行弥天之巨恶,此则不可以意测,不可以情求者矣。而徐羡之、傅亮、谢晦以之。"②也就是说,杀死君主的行为无论有什么样的理由都必须予以否定,而主其事者则全都被看作是"乱臣贼子"。他还对历史上杀害当朝君主的行为进行了分类,主要根据行弑目的而分为四类。至于徐羡之等顾命大臣的废弑行为,则属于最恶劣的行径,他们做了最不该做的事情,所作所为乃是"弥天之巨恶"。首先,宋少帝并未坏到必须被废黜的程度;其次,顾命大臣没有尽到辅佐规正宋少帝的责任;再次,即便废黜也没任何理由而非要将其杀害,连带将其弟庐陵王义真杀害就更属极端可恶的行为。

对此,他还做了更为具体的阐释:

---

① 《读通鉴论》卷一五《(宋)营阳王》,中册,第416页。
② 《读通鉴论》卷一五《(宋)营阳王》,中册,第415页。

营阳王狎群小而耽嬉游,诚不可以君天下,然其立逾年耳,淫昵之党未固,狂荡之恶未宣,武帝托大臣以辅弼之任,夫岂不望其捡柙而规正之?乃范泰谏而羡之、亮、晦寂无一言。王诚终不可诲矣,顾命大臣苟尽忠夹辅以不底于大恶,亦未遽有必亡之势也。恶有甫受遗诏以辅之,旋相与密谋而遽欲弑之,抑取无过之庐陵而先凌蔑之。至于弑逆已成,乃左顾右眄,迎立宜都。处心如此,诚不可以人理测者。视枭獍之行如儿戏,视先君之子如孤豚,呜呼!至此极矣。是举也,羡之以位而为之首,而谋之夙、行之坚、挟险恶以干大恶者,实谢晦也。①

基于此,王夫之对谢晦作出了这样的总体评价:"人至于机变以为心术而不可测矣,佹而彼焉,佹而此焉,目数动,心数移,殚其聪明才力以驰骋于事物之间隙,蹈险以为乐,而游刃于其肯綮;则天理不足顾,人情不足恤,祸福不足虑,而唯得逞其密谋隐毒之为愉;国有斯人,祸不中于宗社者鲜矣。"②

王夫之之所以对谢晦持完全否定的评价,更在于他将废弑晋帝的最主要的责任归之于谢晦。毫无疑问,这是完全不符合历史实际的。废弑晋帝的决定者除了刘裕别无他人,以刘裕之自信刚毅,这样重大的决策只能是自出心裁,即便是心腹亲信也不可能左右他的思想和行动。

盖世雄才有刘裕,门卑未敢忘国忧。
年近不惑方入仕,平叛杀敌功勋著。

---

① 《读通鉴论》卷一五《(宋)营阳王》,中册,第415页。
② 《读通鉴论》卷一五《(宋)营阳王》,中册,第415—416页。

二十年间逞英豪,南征北战显奇谋。
运筹帷幄成大业,百战百胜如神助。
孙恩卢循俱投海,远征燕秦拓疆土。
西蜀克复内政厘,废弑禅代启皇途。
下位开国史上罕,北伐功成更瞩目。
高门大族俱俯首,数千年来所独有。

结　束　语

门寒有大志,军功每称奇。
南征又北战,实至名乃归。
羌胡献疆土,高门俯首低。
残酷除异己,大道未尽义。

（一）

　　刘裕为南朝第一代皇帝,既是南朝历史的开创者,也是东晋门阀政治的掘墓人。刘裕生活的时代属于中国历史上最为纷乱动荡的年代之一。他的青年时代经历了淝水之战,东晋政权在谢安的领导下成功抵御前秦苻坚的大举进攻,得以浴火重生。然而好景不长,因克敌制胜而赢得巨大声望的谢安在数年之后病亡,东晋政权重又陷入群龙无首的纷争局面。朝廷内部太原王国宝以及宗室司马道子和元显父子的弄权,使得朝政日渐衰弱败坏,上流军政在桓温死后也陷入不相统摄的纷乱局面。十余年之后,在东南吴会地区爆发了五斗米道孙恩领导的武装斗争,严重威胁到东晋政权的统治。与此同时,随着桓温嫡子(幼子)桓玄的成长,最后一次荆扬之争登场。刘裕就是在这样的历史背景下登上了政治舞台。
　　在北中国地区,先是前秦政权在苻坚和王猛的领导下,消灭了北方诸割据政权,既而又发动了以征服东晋为目标的南伐战争。

淝水之战的惨败,前秦的统治基础轰然坍塌,治下各部族纷纷复国或建国,数年间北方重又陷入分崩离析的混乱局面。到四世纪末,正是南方荆扬之争和孙恩之乱如火如荼之际,北方地区经过兼并战争,局部统一局面有所扩展,最主要的是崛起于代北的拓跋鲜卑北魏政权将慕容鲜卑后燕政权逐出河北平原而成为北方强国,与东晋之间出现了共同的边界线。与东晋交界的还有由后燕慕容氏残余建立的南燕政权,统治关陇河洛地区的羌族后秦政权,以及介于东晋和后秦之间的仇池氐族杨氏政权。与东晋没有边境交集的北方政权,包括与被灭亡的后燕政权有继承关系、立国于辽西的鲜卑化汉人冯氏所建立的北燕政权,河西走廊及其周边地区则有秃发鲜卑的南凉,氐族吕氏的后凉,乞伏鲜卑的西秦,以及稍后出现的取代后凉的卢水胡沮渠氏的北凉,汉人李氏的西凉。也就是说,在四、五世纪之交,中国南北方地区先后存在着近十个分别由不同民族或部族建立的政权,并且为了各自的生存和实力的壮大而征战不已。

这就是刘裕时代的中国大局。刘裕在这样的政治舞台上叱咤风云二十余年,创造了个人辉煌的历史,也改变了中国历史的走向,成为东晋南朝也是整个魏晋南北朝时期数一数二的杰出政治人物。在士族高门当政的东晋晚期,刘裕以出身低级士族的一介中下级军官,因时际会,建立了不朽功业。在高门士族成员桓玄篡夺东晋皇位后,迅速发起匡复晋室的斗争并在极短时间里取得了决定性胜利。

(二)

入主建康之后,刘裕在掌控朝政的同时,丝毫未作犹豫,以武陵王遵承制的名义发布命令,立即对桓玄展开追击,很快便取得了重大胜利。举义还不到半年时间,桓玄被杀,被其劫持的晋安帝回到建康刘裕手中,完成了匡复晋室的使命。其后继续清剿桓玄残余势力,对朝中和地方潜在的异己力量进行处置,其中既有桓氏姻亲,又有曾对刘裕态度恶劣的官僚士族人物。当然,曾经善待刘裕并给予其资助的高门士族人物则受到重用,在反桓玄斗争中支持刘裕者自然也是其极力拉拢的对象。刘裕虽然在推翻桓玄、匡复晋室的战争中建立了奇功,但毕竟其出身的阶层在东晋时期没法跟强大的高门士族相比。东晋晚期高门士族虽然已是日薄西山,但百足之虫死而不僵,仍然有着不可忽视的影响力,刘裕对之进行打压的同时,还进行了必要的笼络,以扩大其统治基础。

追剿桓玄及其残余势力时,刘裕坐镇建康石头城居中指挥,而在前线统兵征战的是与他一道发起反玄举义的刘毅等将领,晋安帝最初便是被刘毅解救的。桓玄被平定后,刘毅声望大增,成为当时东晋政权中权位接近于刘裕的实权人物。晋安帝反政后,为避免舆论对其操纵朝政的指责,刘裕选择离开建康到京口赴职,并对朝政进行遥控。然而,京口毕竟不像建康那样可以随时过问朝廷决策。尽管原则上重大决策仍由刘裕决断,但建康执政者还是有可能在控制智障晋安帝的基础上,作出与刘裕旨意相悖的决策。

从名义上说当时担任司徒、录尚书事、扬州刺史的王谧为朝廷首席大臣,或者说王谧在朝执掌行政事务,而刘裕在京口掌控军政大权。王谧之死使得刘裕与其潜在的反对者的矛盾凸显出来,主要表现就是由何人来接任扬州刺史的问题。当时刘毅等人提出了刘裕之外的另一人选——高门陈郡谢氏出身的中领军谢混。与王谧仅有社会政治声望而无政治野心不同,谢混看来是有较强的政治野心,又得到颇具实力的刘毅的支持,则下一步建康朝政有可能为刘毅所控制。还有一种方案,即由另一位有影响力的举义同志孟昶提出,刘裕可接任扬州刺史,但不入朝任职,意味着他仍不能完全控制朝政。若谢混、刘毅和孟昶在朝把持朝政,设法排挤刘裕,在朝大臣互通声气,而在京口的刘裕将要面对更加复杂的局面,甚至有可能因此丧失掌控朝政的权力。这是刘裕举义入主建康以来遇到的第一次严峻挑战,自然不可等闲视之。

好在刘裕身边有刘穆之这样洞见精微的谋士出谋划策,使其在关键时刻能够作出明智而果断的决策。刘裕及时从京口回到建康,将扬州刺史之位加于己身,同时又将体现最高行政权力的录尚书事也据为己有,不仅渡过了这次有可能影响其政治前途的危机,而且其权位有了更进一步的提升,将东晋最高政治军事权力归于一身。至此,刘裕已成为东晋名副其实的第一权臣。这次事件充分显示了刘裕及其心腹集团的风险意识和危机处置能力。一个伟大政治家的成功,其雄才大略固然最为根本,但拥有若干忠心耿耿的杰出谋士为之划策亦不可或缺。刘裕的成功自然也不例外。这次事件让刘裕还有另外的重要收获:一则他了解到统治集团中与他有离心倾向的具体人物,以便在日后做好防范,时机合适时予以清除;再则他深知自己在统治集团中尚未完全达到众望所归的程度,必须建立新的功业,以进一步提高政治声望。因此,回到建康之后,刘裕并未高枕无忧,而是继续为建立新的功业而奋斗。

(三)

当时内政已趋稳定,暂时还不能有所作为,而如果从东晋一朝未能取得明显进展的北伐问题上入手,应该是一条合适的途径。刘裕选择先以距离较近的南燕作为首先北伐的对象。在河北立国的慕容鲜卑后燕政权亡于北魏后,其余部则分别向东北和东南逃窜,向南者则渡过黄河在青州建立了南燕政权。南燕疆域之南、北、西面分别与东晋、北魏、后秦三个比自己强大的政权相邻,尤以与东晋政治中心距离最近。黄河以北在北魏政权控制下,且慕容氏刚刚败于北魏,自不可能再向北发展,出于生存之需,南燕对东晋东北部边境地区进行蚕食,这正好为刘裕发动北伐之役提供了借口。

刘裕在安排好建康留守事宜后即挥师北上,开始灭燕之役。大敌当前,南燕统治集团经过讨论,并未采取刘裕最不愿看到的坚壁清野的抵御方略,可谓正中刘裕下怀。虽然这次北伐也遇到了一定的困难,但总的来说还是较为顺利地结束了消灭南燕的战斗,从而为南方政权赢得了位于河淮之间的青齐这块宝地。刘裕的一贯做法是,对于敌对者绝不手软,而是予以彻底消灭,慕容鲜卑皇族自然也是被一网打尽。不过,对于主动归降的南燕官宦却被其予以宽贷,成为后来南方政权统治集团的来源之一。尤其是劲锐的鲜卑铁骑加入刘裕部下,极大地充实了刘裕的军事力量,其后不久便初见成效。不过这次北伐也险些酿成大祸,刘裕在北伐前虽然对京师留守和本土安全进行了妥善安排,但还是出现了出乎意料的巨大危机,几乎令刘裕创建帝业的进程就此打住。

这次危机的制造者对刘裕来说并不陌生,就是他在仕宦之初便遇到的劲敌孙恩的余部。孙恩跳海死亡后,余部由其妹夫卢循统领,在东晋政府军追剿下从会稽沿海向南逃窜,最后落脚于政府军控制力较弱的广州沿海地区。由于接着发生了桓玄篡位以及刘裕反对桓玄的战争,位于东晋中心地带的荆扬地区数年间兵争不断,恰好为卢循及其五斗米道势力在广州地区提供了休养生息的机会,力量得以恢复并逐渐壮大起来。刘裕控制建康朝政后的一段时间无暇他顾,卢循也无力反扑,双方相安无事。当是时,卢循接受东晋政府招安,被任命为广州刺史,其姊夫徐道覆被任命为始兴相。

不过,卢循和徐道覆的政治野心并未因此消弭,而是在寻找恰当的时机以实现其建立五斗米道国家的目标。当得到刘裕北伐南燕的消息后,卢循与徐道覆断定良机已至,于是率领十万水军自广州度岭北上,沿水路由两江进入赣江,再进入长江。就在刘裕灭燕的战斗结束之际,卢循和徐道覆已经与江州刺史何无忌在寻阳展开了激烈战斗。面对卢循和徐道覆大军的强大兵力和猛烈进攻,何无忌毫无招架之力,很快便葬身于兵刃之下。何无忌是刘裕最重要的举义同志之一,其阵亡无疑是刘裕阵营巨大的损失。卢循和徐道覆占领江州后,即做顺流而下的准备。其时镇守姑孰的豫州刺史刘毅可谓首当其冲,他欲采取以攻为守的战略阻挡叛军的东进行动。

刘裕与刘毅本为双雄并峙,随着刘裕北伐的成功,刘毅已被抛在后头。如果此时能够力挽狂澜,成功抵御卢循和徐道覆的进攻,则可扳回一局,重现二刘并驾齐驱的局面。然而当时的现实是,叛军人数远大于毅军,敌强我弱的矛盾非常明显,战胜叛军的可能性微乎其微。得知刘毅计划后刘裕即派遣毅从弟刘藩赶赴毅所,传达刘裕的指令,要其改变主动御敌之策。然而此时刘毅立功心切,对刘裕的忠告置若罔闻,遂一意孤行,结果一败涂地,但他比何无忌幸运的是保住了性命。突破刘毅防线后的卢循大军可谓势如破竹,高歌猛进,建康似乎已经入其囊中。

当是时,结束北伐之役的刘裕正在归途之中,形势的剧变已完全冲淡了北伐成功的喜悦,为了挽救处在危亡边缘的建康局势,刘裕不得不抛开大部队而与少量亲信轻装急行,以最快的速度赶回建康。刘裕到达建康之际,卢循大军的战舰几乎也在同时抵达建康城外,形势之危急真可谓无以复加。当时北伐大军尚未回到建康,东晋本土主力军江州何无忌部和豫州刘毅部已遭到毁灭性打击,建康守军和城外叛军力量之对比非常悬殊。虽说防守者占据地利会比攻城者有一定的优势,但毕竟由于双方兵力悬殊太大,也使得守城极度困难,何况建康并非易守难攻之地。

建康周边有多处关津,没有足够兵力很难做到全面防守,此时唯有采取重点防御的战略,在叛军有可能重兵突破之地投入较多兵力,而对其他区域的防守则只能投入少量兵力甚或暂时弃守。兵力有限,刘裕只能采取局部防守的战略,若卢循不能识破其计谋,守城就可能成功,反之则将一败涂地。幸运的是,卢循的确未能识破刘裕采取的战略,其攻城套路完全在刘裕掌控之中。当然,在决出胜负前刘裕不敢有丝毫马虎懈怠之意,而是使出浑身解数,化解敌强我弱的被动局面,尤其是以疑兵干扰和迷惑叛军,给卢循传递错误信息,从而作出有利于建康防守的决定。其中利用刚刚从南燕带回来的千余匹鲜卑虎班突骑在叛军能够看到的地带布阵,以使叛军误认为城内精兵数量不少,因而不敢在围城之初就迅速展开强攻,以致错失良机。在鲜卑突骑迷惑敌人之际,刘裕则趁机进行布防调动,以便找到化解围城困局的良策。叛军曾一度登岸,但却未能一鼓作气突破城内守军防线,以致功亏一篑。

想当初,面对卢循大军的汹汹来势,朝臣多主张挟晋安帝渡江北上,以免全军覆没,实际上等于将建康拱手相让。若叛军在不费一兵一卒的情况下大摇大摆进入建康城,卢循必然会马上在建康登基称帝,成为江南政权的新主人,宣布刘裕为非法势力,江南全境地方长官可能很快便转投卢循,而不再效忠刘裕,当然刘裕宗亲和死忠势力也会被迅速清洗。即便当时刘裕还占有江北河淮地区,要重新攻占建康还是有相当的困难。

在敌我力量存在巨大悬殊的情况下,刘裕却断然否决了渡江北逃的主张,为成功守城提供了可能。如能够赶走叛军,取得建康保卫战的胜利,则刘裕的声望将会无人可及,追剿叛军的战斗也就比较容易掌控。退一步说,即便守城不成功,刘裕也还有机会逃出建康,利用其前此北伐未归的兵力在江淮地带集结力量,徐图东山再起,后果不会比一开始就逃亡差多少。然而如果真的主动放弃建康,刘裕成功的机会实际上微乎其微。首先要重新夺回建康,然后要追击清剿叛军,难度非同小可,弄不好其创建帝业的进程就此搁浅亦未可知。与十年前刘裕举义反对桓玄大获成功相比,时移世异,可谓此一时彼一时也。事实证明,刘裕的决定无比正确,形势的发展也正如其所料,叛军强大的气势没能转化为战场上的优势,加之暴风倾覆战舰所带来的消极影响,卢循最终不得不放弃对建康的围攻,撤军西上。对于撤退中的叛军,刘裕调兵遣将,穷追猛打,用了不长时间,便将逃至岭南的叛军彻底剿灭。

(四)

此次抗击并消灭卢循叛军,刘裕力挽狂澜,扶大厦于将倾,可谓居功至伟。至此,刘裕在江南的声威自是无人可比,其权威已不容任何挑战。尽管如此,对刘裕而言还有心头未去之患。曾经或有可能挑战其权威,或有可能在将来对其子孙构成威胁的人,诸如东晋司马氏宗室成员,以及像刘毅之流有竞争力的举义同志,刘裕要借此时如日中天的气势一并予以解决。另外伐蜀失败亦是其心头之病,巴蜀的独立状态再也不能允许其继续下去了。

刘裕选择先向刘毅下手。在北伐南燕前,刘毅尚有挑战刘裕地位的实力和影响力,然而经过灭亡南燕和消灭卢循两大战役,刘裕的权势已远非此前败于卢循的刘毅可及,刘毅其实已不具备挑战刘裕的能力了。即便这样,刘裕还是不愿放过刘毅,当年争夺扬州刺史的阴影仍在他心头挥之不去,前此追剿卢循时刘毅曾主动请缨而未能实现,亦反映出刘裕及其心腹成员对刘毅的防范意识。遭到征讨时刘毅正在担任荆州军政长官,这是刘毅所任最重要的官职,之所以有此任命,是因为前任刘裕之弟道规因病无法履职而不得不换人,当时统治集团中还找不到更为合适的人选。不过,在以刘毅出掌荆州时刘裕就没有打算让其久于其任。刘毅以患病为由请求派遣其从弟刘藩到荆州协助自己理政,殊不知却为刘裕诛灭刘毅提供了难得的借口。既可以作为其兄弟欲互相勾结的证据,又能够在出兵时用刘藩西上作为幌子。在征讨刘毅前,刘裕先将其从弟刘藩及曾经支持刘毅的尚书左仆射谢混诛杀,又对外保密其事,以方便下一步征讨刘毅。对于刘裕的突然来袭,刘毅没有任何防备,自然毫无招架之力,仓惶之中抱病逃出江陵城,自缢身亡。消灭刘毅后,刘裕又设计在东府城将有较强家族实力的诸葛长民兄弟杀害,彻底清除了有可能危及其权威的潜在的竞争者,可谓一统江湖。

消灭刘毅后,刘裕分荆州十郡设置湘州,自任湘州都督,荆州再也没有了抗衡扬州的实力,持续百年之久的荆扬之争走向终结。刘裕消灭桓玄及其残余势力之后即派遣刘敬宣率兵伐蜀,结果铩羽而归。多年之后形势大变,刘裕认为灭蜀时机已经到来,遂又发动征蜀之役,派遣资历较浅和地位不高的西阳太守朱龄石作为主帅,以地位相当的外戚臧喜及亲信刘钟、蒯恩等配合朱龄石出征,刘裕还就具体的战略战术做了明确交代。朱龄石果然不负刘裕所望,一举成功灭蜀。巴蜀再次回到江南政权怀抱,可谓意义重大。

一方面东晋的固有版图得以恢复,这一财富之地的回归大大增强了刘裕控制的东晋政权的国力,财源和兵员进一步扩充自不待言。另一方面增强了刘裕的政治声望,东晋建国后三十年桓温才平定了李氏成汉,而今刘裕当政不到十年便消灭了谯纵成都国,实现了蜀地的回归。桓温曾数次大张旗鼓进行北伐,均无功而返,而刘裕出兵一次便有青齐地域入手,其功业在东晋百年间已是无人能出其右。

在出兵征讨刘毅时,刘裕以宗室司马休之为荆州刺史,虽然具有占领舆论阵地的意味,但在当时应该就像当初任命刘毅时一样,必定有着除掉司马休之的打算,毕竟只有荆州似乎才有抗衡朝廷的实力。与征讨刘毅时的保密不同,这次刘裕是大张旗鼓地对司马休之进行征讨,司马休之与其同盟雍州刺史鲁宗之在江陵城外的江津进行布阵,摆出了抵抗刘裕军队的架势,江津险要的地形最初还是给前锋征讨部队带来了一定的困扰,不过很快便得以化解,司马休之和鲁宗之失败后向雍州治所襄阳逃亡,在刘裕军队的追击下又继续向北逃亡到后秦境内,接着抵达后秦京师长安。

(五)

羌族姚氏建立的后秦政权与刘裕控制的东晋政权有很长的边界线,但两国一直处于敌对状态,尤其是后秦一直支持刘裕的异己力量,如谯纵成都(蜀)国即为后秦藩属,桓氏残余势力和司马氏残余势力都将后秦作为逃亡目的地,且在后秦支持下骚扰东晋边境。司马休之逃亡后,东晋境内已没有任何刘裕的异己者,解决后秦问题的时机已经到来。若能通过北伐消灭后秦,则可使那些逃亡的异己者失去庇护场所,亦可扩展国土面积,大大增强南方政权国力,为即将建立的新王朝奠定更强大的基础,最重要的当然还是刘裕的声望会因此得到进一步提升,从而为下一步的篡位行动提供更加有利的条件。

与上次北伐南燕相比,此次北伐时本土局势已完全在刘裕集团掌控之中,故更少后顾之忧,但就北伐的困难程度而言,则远远超过了上一次。一是后秦国都距离建康要比南燕远得多,二是要穿越长达上千里的北魏边境线。路途遥远,战线更长,对兵力和军需物资的要求会更多。当时的北魏已是北方最强国,如何以最小代价和万全之策越过北魏边境线,自是要中之要。此次北伐军兵分三路:刘裕在东路,自建康北上渡过淮河先到淮北重镇彭城,王仲德、朱超石等将领随左右。檀道济、王镇恶等将领在中路,从淮南渡过肥水,再由汝南北上向洛阳进发。赵伦之在西路,率傅弘之、沈田子等将领从襄阳北上度秦岭到达蓝田。东路和中路为北伐主力军,西路充当"疑兵"的角色,主要是为了分散后秦决策者的注意力,为主力军的顺利进攻开辟道路。中路军的进展最为顺利,迅速攻占洛阳并继续向西挺进。东路军虽然很快便攻占了北魏沿河重镇滑台城,但在河上却遇到了北魏大军的阻击,进展迟缓,直到中路军抵达潼关两个月之后,刘裕才来到洛阳。

刘裕本欲花钱买路,以穿过北魏南部边境线,但滑台城顺利到手使其打消了这种念头,最终通过武力较量的方式开通了前进的道路。好在中路北伐军进展顺利,没有贻误战机,也给拓跋魏和赫连夏等观望者以强大威慑。如果像东路北伐军那样很长时间都不能前进,将会大大影响北伐军的气势,自然也会让旁观者小瞧,有可能协助后秦甚或出手对付北伐军,则北伐成功的可能性会大大降低。尽管刘裕曾与诸将约定,待诸军到达洛阳后一并出发西进,中路军失约先行反倒有利于战争的顺利进行,故而也就不会受到刘裕的追责。与北魏在河上的有力干预不同,与后秦为敌的赫连夏对于刘裕的北伐采取了完全观望的态度,同时也暂停了对后秦的进攻。可以说,刘裕的北伐相当于替赫连夏消灭了后秦,赫连勃勃自然是乐观其成的。

当是时,后秦统治集团内部矛盾重重,刘裕也正是看中了这一点,才确定了北伐时机。大敌当前,后秦统治集团不能同仇敌忾,全力御敌,而是争权夺利,内耗不断,真可谓灭自家威风,长敌人志气。后秦在赫连夏攻击下,原本就已丧师失地,此时内部争斗不断,境内或周边附属部族的反抗也日渐活跃,更进一步削弱了后秦的国力。凡此,均为后秦的灭亡创造了条件。就在北伐军从建康出发整一年之际,后秦被灭,刘裕进入了长安城。这是东晋偏安一百年来第一位进入北方政权首都的南方实权人物,而在此之前刘裕已进入洛阳并拜谒了西晋帝陵。半个多世纪前桓温曾数次北伐,以图攻占洛阳和长安,均无功而返。渡江北人及其后裔的百年梦想,在刘裕这里得到了实现,此乃东晋一百年中无人可及的丰功伟业,自然为他带来了无上荣光。

(六)

击败并覆灭孙恩、卢循,推翻桓玄并剿灭其残余势力,灭亡南燕占领青齐,消灭谯蜀平定巴蜀,灭亡后秦占领关、河,这一系列的巨大军功,东晋一朝那些高门士族的巨子们,若能完成其中的一件,如桓温之平蜀,都已令同侪望尘莫及。由此,刘裕与东晋一朝高门士族可谓高下立判,而挟如此大功,其权势自是如日中天,也就只等黄袍加身了。不仅如此,刘裕还对有可能威胁自己或其子孙权位的举义同志中的实力人物如刘毅和诸葛长民及其家族,采取了决绝的态度,将其诛杀以永绝后患。对于高门士族中的异己者,刘裕也是毫不留情地进行了坚决打击,从肉体上予以消灭。反过来,对于曾给予他同情、帮助和支持的士族人物,刘裕则是有恩必报,委以重任。

  刘裕的成功,离不开一批才干突出而又忠心耿耿的心腹的协助,其中最有代表性的就是刘穆之。出身寒门的刘穆之为刘裕同乡旧识,但并非元从亲信,刘裕占领建康后经何无忌推荐而进入裕府任职。其后刘裕每一次重大决策和行动都与刘穆之的出谋划策密不可分,这种状况一直持续到刘裕第二次北伐获胜后留守建康的刘穆之因病而死之时。可以说,刘裕在刘穆之生前完成了创建帝业的所有重要步骤,只等最后临门一脚。若刘穆之不死,则刘宋王朝的第一大臣(宰相)自然非他莫属。看来刘穆之就是为了协助刘裕打天下而生,命中注定他无法享用付出全部心血而得来的胜利果实。刘裕的皇位已然唾手可得,刘穆之在人间的使命也就完成了。

  刘穆之死后,徐羡之接替他的位子成为刘裕最为看重的心腹。徐羡之曾与刘裕同在刘牢之镇北府、桓脩抚军府任职,后又长期担任刘裕幕府僚佐,两人关系非同一般。及至刘裕篡位之际,地位仅次于徐羡之的心腹之臣还有傅亮和谢晦。傅亮为西晋名臣北地傅玄—傅咸之后,就其在东晋的社会阶层而言,大约相当于中级士族。谢晦出身于一流高门陈郡谢氏,其兄谢绚为刘裕重要亲信,惜较早病故。陈郡谢氏家族中既有像谢混那样支持刘毅的异己者,更有像谢晦兄弟和谢裕(景仁)那样坚定支持刘裕的心腹。刘裕篡位前当政的近二十年中,高门士族虽然不是决定历史走向的阶层,但仍然还是有重大影响的阶层,刘裕的专政和篡位自然也就离不开对这一阶层的拉拢和打压。

东晋时期显赫一时的高门大族,在晋宋之际的大致情形是:颍川庾氏和太原王氏经过东晋时期的政治斗争已不再有较大影响力的家族成员活跃,可谓日薄西山。谯国桓氏经过刘裕对桓玄及其残余势力的坚决打击,几乎全族覆灭,其巨大的影响力已成为过眼云烟。琅邪王氏在东晋一代风流相尚,保身有方,家族人物众多,在晋宋之际风云激荡的变局中善于自处,仍然保持着重要的影响力。论与刘裕关系的密切程度,似乎陈郡谢氏为最。由于以谢安为首的谢氏家族在淝水之战中力挽狂澜,拯救了东晋政权,其在东晋晚期的政治影响力和社会声望都是其他家族所难达到的,刘裕最需要这样的家族成员的支持和配合。而陈郡谢氏虽然影响力巨大,但在孙恩之乱中遭到重创后已不再存在掌握军事实力的人物,为了家族的前途和命运,也愿意配合和支持刘裕,依傍其权力而为家族谋取利益。当然,这种基于相互利益的合作关系持续了仅仅二十年,便在宋文帝初年因谢晦被诛而戛然终止。最终只剩下琅邪王氏一个来自东晋的高门士族家族,在南朝一两百年时间里得以维持其社会政治影响力,赓续着门阀士族的传统。

刘裕在完成对外开疆拓土和对内清除异己双重使命后,便于第二次北伐返回本土不久实施了篡位行动。当其时,原本就很衰弱的东晋宗室已被打杀殆尽,所剩者仅有智障晋安帝司马德宗及其弟琅邪王司马德文。在前此北伐关、河时,刘裕就将司马德文带在身边,以防万一,足见其疑心之重。事实上,当时晋安帝兄弟对刘裕丝毫不构成威胁。即便如此,刘裕还是不留活口,先是将晋安帝杀害,既而又扶持司马德文即位(晋恭帝),很快又将他杀害,以应所造"昌明之后有二帝"的谶语。晋安帝被害,就是由出身于琅邪王氏的中书侍郎王韶之等人执行刘裕之命的,乃是高门士族匐匍于强权的典型事例。及至刘裕篡位,再也见不到司马氏成员的踪影,唯有先逃亡后秦再逃亡北魏的司马氏成员,才为司马氏家族保存了血脉。历史上持续了一个半世纪的司马氏皇族,几乎招致灭族的悲惨命运,真可谓造化弄人,无如之何。

在古代专制社会,历史是由强权者书写的,要改变或创造历史就必须成为强权人物。不管出身哪个阶层,只要掌控了最高权力,就能够令显赫一时的高贵阶层匍匐脚下,为其效力和卖命。东晋一代影响力巨大的高门士族琅邪王氏和陈郡谢氏,乖乖拜伏于刘裕的权力之剑下即是最好的说明。如其不然,不管出身于什么阶层,曾经与刘裕有过什么样的关系,对其帝业的创建作出过多大贡献,都会血祭轩辕,被其所开动的历史巨轮碾得粉碎,刘毅和诸葛长民及其家族的命运可谓典型例证。

刘裕之所以残忍地对待晋安帝、晋恭帝兄弟,彻底果决地将司马氏消灭干净,又将昔日举义同志中战功卓著的猛将刘毅、刘藩及诸葛长民等人杀害,除巩固自身权力这一现实因素外,还有一个重要的考量就是,在他百年之后,打下的江山能否保证在嫡系子孙中顺利传承的问题。当时刘裕年事已高,又无强大的宗室力量所依恃,仅有的两位弟弟只剩下了一个,而其得子又晚,诸子均未成年。若刘裕正当年,则会只考虑眼前局面的掌控问题,而不会忧虑百年之后嫡系子孙可否掌控局面的问题。若宗室人多势众,则对异姓的防范或压制、打击就不会那么迫切,甚至还会将宗室列为防范对象。若诸子年长,至少作为继承人的长子或嫡子已经成年,则亦不会过多地考虑百年之后皇位有可能会被他人所攘夺的问题。然而不管怎样,刘裕在建立帝业的后期,多疑猜忍,无情地对待建立了卓著功勋的昔日同志,并对毫无二心的衰弱的司马氏宗室进行残酷打击,又对孤家寡人晋安帝兄弟斩尽杀绝,凡此皆非人道,有悖常理,自当予以谴责。从当时的具体情形来看,无论是刘毅、诸葛长民还是司马休之、晋安帝兄弟,都不大可能对刘裕的权力构成实质性威胁,对其子孙后代的威胁就更是杞人忧天了。

刘裕篡位的前后,相继杀害晋安帝和晋恭帝兄弟,主要还是为了在他将来死后继位的子孙后代不再受到任何可能的威胁,这既是其一贯的行事风格的体现,更是由于刘氏宗室力量还相当微弱,担心很难起到藩屏作用。仅有的两个同父异母弟弟,道规死亡多年,道怜也已病入膏肓①。其诸子年幼,无一成年,年近花甲的刘裕显然对此颇为忧虑。若留下晋安帝或晋恭帝,担心会出现晋室复辟的可能,犹如当年他自己推翻桓玄匡复晋室一样。刘裕推翻桓玄时,桓玄及其家族势力还相当强大,其支持者也颇具广泛性,即便如此,也是兵败如山倒,终究还是被刘裕及其举义集团打得落花流水。尽管刘裕建立了盖世功勋,并为篡位进行了充分准备,大概还是会担心有像他自己一样的野心家再现,到时年幼的诸子显然没有能力从容应对。对于刘裕而言,任何有可能危及刘氏江山的苗头都要打掉。当然,专制体制下最高权力的争夺必定会伴随着腥风血雨,刘裕的皇位即是践踏着敌人和竞争者的鲜血而得来的,同样也就不能避免后来者也会模仿他并以类似的方式将刘氏皇位踩在脚下,从而建立起新的皇权统治。

(七)

尽管刘裕也像历朝的开国者那样企图建立一个永续不绝传之万代的江山社稷,但却难以逃脱与其他王朝一样的宿命,只不过是

---

① 《宋书》卷五一《宗室·长沙王道怜传》:永初三年"五月,宫车晏驾,道怜疾患不堪临丧。六月,薨"。((梁)沈约撰,中华书局1974年版,第五册,第1463页)

时间长短的差别而已。没有了司马氏的复辟,也还会有其他的竞争者崛起或脱颖而出。对刘裕而言,篡位时宗室微弱,仅有一位同辈的异母兄弟,应该说还是利大于弊的,也就省得像其他朝代大多数开国之君那样,在给宗室以特权的同时,还得想方设法加以防范,以免在其百年后太子的皇位被篡夺。正因如此,在刘裕的亲信决策集团中便见不到宗室的身影。同样,由于刘裕出身寒微,且其生母早亡,没有强大的外戚家族,也就不担心会出现外戚干政的情况。只要能够保证亲信集团的忠心耿耿,刘裕及其子孙后代的皇位就可保证万无一失。然而理论上虽说如此,但现实政治往往却更加复杂,即使考虑得再周密,也未必能够跟上形势的变化。

刘裕称帝建立刘宋后,采取了一系列巩固统治和缓和矛盾的措施,包括健全东宫禁卫武官制度以强化太子安保。然而刘裕在登上皇位后仅仅两年多的时间便撒手人寰,太子刘义符继位时尚未成年,难以独立执掌国政,按照传统要为其安排顾命大臣进行辅佐。由于当时既无成年宗室诸王,亦无有能力的外戚可以依靠,刘裕自然只能从异姓大臣中确定顾命人选,临终遗诏以三位心腹亲信——同时也是当时权位最重的朝廷大臣徐羡之、傅亮、谢晦担当重任。顾命大臣虽然位超人臣,实际行使君主职权,但历史的经验显示,这是一份责任重大且极具风险的差使,一不小心就可能人仰马翻,声名狼藉,甚至家破人亡。

刘裕死后,三位顾命大臣即辅佐太子刘义符继位。然而宋少帝未能处理好与辅佐大臣之间的关系,徐羡之等人认为其不可辅佐,为了刘宋江山长远之计,他们决定"废昏立明",另立可以辅佐的贤君。这也是历史上顾命大臣常见的做法,处理得当的话便有可能长期执政。就这样,刘裕打来的江山最终并未在其长子系统传承,而是在其第三子刘义隆(宋文帝)系统传承下去。如果说刘裕创建帝业的行动改变了五世纪以后南中国的历史走向,徐羡之等人的废立行动则改变了刘宋历史的走向,进而也影响到此后南中国历史的走向。若他们支持并维护宋少帝的统治,后来的历史发展必然与此不同,甚至大相径庭也未可知。历史不能假设,刘裕选择了徐羡之等人,其实就已决定了其后的历史走向。事实上,中国自秦汉以来虽然实行皇位嫡长子继承制,但是这一制度因种种现实原因而在很大程度上并未得到严格遵守,甚至大多数情况下第一代太子未能顺利继承皇位,即便继承后也常常发生或被废黜或未能传之久远的情况。刘义符被废杀即是其中的一种类型。

在中国历史上,出身下层打下并坐上江山的开国皇帝,二千年间其实只有寥寥数位——汉高祖刘邦、光武帝刘秀、宋武帝刘裕、陈武帝陈霸先和明太祖朱元璋。刘邦、刘秀和朱元璋都是作为反政府农民起义军的参加者和领导者,经过千百次浴血奋战,在众多的起义领导人中脱颖而出,后来成为最主要的甚至是唯一的领袖人物。旧的统治秩序在持续数年的反政府战争中被摧毁,建立的新王朝是一个与旧政权毫无瓜葛的政权,新王朝的统治集团也是全新的,几乎没有与旧政权存在联系的成员,可以说是打江山者坐江山。他们的出发点很明确,就是要用武力推翻现有反动统治,建立一个全新的代表人民意志的政权。

刘裕的情况有所不同,他是在镇压孙恩五斗米道起义的过程中建立军功而崭露头角,后来又以匡复晋室的旗号举义消灭了篡夺东晋皇位的桓玄及其势力,其政治生涯的起点即是作为东晋政权维护者的角色而开始的。纵观刘裕的政治生涯,他是在维护东晋统治的过程中不断瓦解东晋政权,最终在确保万无一失的情况下以篡位的方式完成了政权更迭。这也是由魏晋南北朝时期改朝换代的基本特点所决定的。陈霸先的情形与刘裕既有相似之处,又有极大差别,此不具论。

就各人的身份而言,刘邦、刘秀、刘裕及陈霸先可以看作是统治阶级的下层,也是被统治阶级的上层,朱元璋是被统治阶级的下层。在东晋高门士族一统天下的时代,出身低级士族的刘裕要想脱颖而出,其难度不亚于其他时代的被统治阶级人物。不管怎样,如果没有社会动荡亟需英雄豪杰力挽狂澜的大的时代背景,三刘一朱这样的历史人物绝难有上升的机会,更不要说走向最高层,成为新王朝的建立者,正所谓时势造英雄、英雄造时势也。

汉楚王裔彭城刘,两晋之际徙丹徒。
低级士族裕所出,寒微生计家卖履。
年近不惑入仕途,平定孙恩战功著。
举义反玄京口发,势如破竹石头据。
桓玄亡命窜如鼠,乘胜追剿凯旋奏。
安帝反政晋室复,暂避锋芒镇京口。
王谧病故相位虚,力排异己居端右。
扬州刺史录尚书,军政大权俱归裕。
穆之入幕刘裕府,尽心竭力献策谋。
南燕慕容时扰寇,北伐灭国青齐入。
河淮之间成南土,奠定南朝大版图。
卢循乘机反广州,逾岭北上大位逐。
无忌阵亡陷江州,大败刘毅临石头。
倍道兼程返京速,北逃之计裕坚拒。
孟昶惭愧自尽死,刘裕全力来抵御。
建康围城形势促,前所未有大困局。
临危不乱形自若,妙招奇谋如神助。

鲜卑突骑正驰驱,迷惑卢循徐道覆。
声东击西诱敌误,调虎离山险招出。
卢循中计大势去,大队人马仓惶走。
分兵追击断生路,斩草除根不遗留。
谯纵趁乱据益州,成都国境占巴蜀。
不次起用朱龄石,率军一举克成都。
刘毅西上镇荆州,刘裕亲征疑人除。
刘藩谢混京师诛,诸葛长民东府戮。
司马宗室势衰孤,刘裕狐疑欲尽除。
鲁宗休之镇荆楚,亲征驱其走北土。
北方时局势不明,胡虏诸国乱哄哄。
河北已为拓跋占,关河正当羌姚领。
司马桓氏前逃亡,后秦接纳时寇侵。
姚兴死后国渐乱,姚泓继位难服众。
赫连侵逼秦州占,国势衰弱败相呈。
适时北伐欲灭秦,宏伟功业上一层。
历次北伐均无功,青齐南入超桓温。
战前准备颇充分,三路大军齐北上。
刘裕东路到彭城,中路已入洛阳城。
洛阳陷落恰百年,桓温入洛甲子整。
北魏滑台速占领,河上魏军正阻挡。
裕停彭城近半年,中路大军抵临潼。
奇兵北袭河道清,刘裕船行到洛阳。
百年仇耻一朝雪,只是今人非昔人。
北伐三路将会战,裕临潼关待决胜。
镇恶前锋入长安,姚泓授首死建康。

晋失长安逾百年,三秦父老遥相望。
长安宫殿待故人,刘裕无心做帝皇。
东还禅代是其愿,善守长安亦称心。
匆匆离别去长安,留子义真守关中。
赫连勃勃乘虚侵,形势严峻陷困窘。
安西诸将起内讧,衰败之局雪加霜。
龄石受命急北上,回天无力速败亡。
赫连勃勃入长安,围追堵截破南军。
诸将贪婪多被俘,引领就戮何悲怆。
义真逃窜仅身免,关中一年换新君。
幸赖河洛仍在手,北伐成果未尽丧。
经营廿年终禅代,士族高门俯首臣。
北伐拓境灭胡羌,千载而下此一人。

附录　宋武帝生平大事年表

东晋哀帝兴宁元年（363年）　一岁

前秦苻坚（338—385）甘露五年。前燕慕容暐（350—384）建熙四年。前凉张天锡（346—406）元年。

桓温（312—373）五十二岁，谢安（320—385）四十四岁。

刘穆之（360—417）四岁，刘怀慎（361—423）三岁，向靖（363—421）一岁。

三月十七日（4.16）①，宋武帝刘裕（363—422）出生于东晋南徐州治所竟陵郡丹徒县京口里（今江苏镇江市）。其母赵安宗（343—363）于同日因产疾而死，葬于丹徒县东乡练璧里雩山（位于镇江谏壁镇月湖街）。

四月十九日（5.18），"扬州地震，湖渎溢"。是月，前燕军队进攻荥阳，东晋太守刘远南逃鲁阳。

五月，东晋征西大将军桓温加任侍中、大司马、都督中外诸军事、录尚书事，假黄钺，抚军司马王坦之为长史，征西掾郗超为参军，王珣为主簿。西中郎将袁真为司冀并三州都督，北中郎将庾希为青州都督。十九日（6.16），前燕攻占密城。

七月，前凉张天锡杀凉州刺史、西平公张玄靓，自称大都

---

① 一说宋武帝生于是年四月二日（5.1），见《宋书》卷四一《后妃·孝穆赵皇后传》，第四册，第1280页。

督、大将军、护羌校尉、凉州牧、西平公,遣使东晋。

九月十日(11.2),东晋大司马桓温率军北伐。十一日(11.3),大赦。

十月,前燕镇南将军慕容尘攻打东晋陈留太守袁披,东晋汝南太守朱斌乘机占领许昌。代王拓跋什翼犍(320—376)大破高车,俘获部民万余口,马、牛、羊百余万头。

兴宁二年(364年)　二岁

徐羡之(364—426)一岁。

毛德祖(364—429)一岁。

二月十日(3.29),江陵地震。

二月,前燕太傅慕容评、龙骧将军李洪率军进攻东晋河南地区,东晋颍川太守李福战死。

三月一日(4.18),大阅户口,实行"庚戌土断"。

四月五日(5.22),前燕李洪进攻许昌、汝南,在汝南郡治悬瓠击败晋军,汝南太守朱斌南逃寿春,陈郡太守朱辅退保彭城。前燕占领许昌、汝南、陈郡,徙民万余户于幽、冀二州,遣慕容尘屯驻许昌。

五月二十日(7.5),桓温为扬州牧、录尚书事,扬州刺史王述为尚书令、卫将军。

八月,桓温筑赭圻城并驻扎于此。前秦入侵河南,前燕进攻洛阳。

兴宁三年(365年)　三岁

正月十六日(2.22),晋哀帝皇后王氏死。桓温移镇姑孰。

二月二十一日(3.29),东晋桓豁(320—377)为荆州刺史,桓冲(328—384)为江州刺史,并领南蛮校尉。二十二日(3.30),晋哀帝司马丕(341—365)死于建康太极殿西堂。二十三日(3.31),皇太后褚氏临朝,诏以哀帝母弟琅邪王司马奕(342—386)继位(废帝海西公),大赦。

三月二十九日(5.5),葬晋哀帝于安平陵。

四月三日(5.9),前燕攻占洛阳,慕容筑为洛州刺史,镇金墉。前燕又以吴王慕容垂为荆扬洛徐等十州都督、征南大将军、荆州牧,配兵一万,镇鲁阳。

六月十六日(7.20),东晋益宁二州都督、益州刺史、建城公周抚死。抚镇守蜀地近二十年,甚有威惠。

七月十日(8.13),东晋立皇妃庾氏为皇后。

十月,东晋梁州刺史司马勋谋反,自称梁益二州牧、成都王。

十一月,司马勋率众进入剑阁,攻占涪城。十五日(12.14),司马勋包围益州刺史周楚于成都,桓温遣江夏相朱序救援。

十二月二十九日(366.1.26),东晋尚书王彪之为尚书仆射。

东晋废帝太和元年(366年) 四岁

檀韶(366—421)一岁。

二月二十八日(3.25),东晋桓秘为持节、监梁益二州征讨诸军事。

五月十二日(7.5),晋废帝庾皇后死。朱序、周楚进攻成都,司马勋被俘送桓温,斩首并传首建康。

七月八日(8.29),葬庾皇后于敬平陵。前秦辅国将军王猛(325—375)等率军二万进攻东晋荆州南乡郡。

八月,东晋荆州刺史桓豁驻军新野防御前秦进攻,秦军掠汉阳万余民户而归。

九月二十九日(11.18),东晋曲赦梁、益二州。

十月七日(11.25),东晋司徒会稽王司马昱(简文帝)为丞相、录尚书事。

十二月,前燕攻占东晋鲁郡、高平、宛城等地。

太和二年(367年)　五岁

王懿(仲德,367—438)一岁。

正月,东晋徐兖二州刺史庾希被免。

四月,前燕慕容尘进攻竟陵,东晋太守罗崇奋力抵抗。

五月,东晋荆州刺史桓豁、竟陵太守罗崇攻占宛城,留兵屯戍。

九月,东晋会稽内史郗愔(313—384)为徐兖青幽四州扬州之晋陵都督、徐兖二州刺史,镇京口。

太和三年(368年)　六岁

刘裕弟刘道怜(368—422)一岁。

三月一日(4.4),日蚀。七日(4.10),大赦。

八月十八日(9.16),东晋尚书令王述(303—368)死。

十二月,东晋朝廷加大司马桓温殊礼,位在诸侯王之上。

太和四年(369年)　七岁

四月一日(5.22),东晋大司马桓温率军五万自姑孰出发北伐前燕。

六月,桓温到达金乡,使冠军将军毛虎生凿巨野三百里,引汶水会于清水。东晋北伐军相继占领湖陆、高平等地,击败前燕征讨大都督下邳王慕容厉二万大军的抵御。

七月,桓温到达枋头。前燕派兵五万南下抵御桓温进攻。

九月,燕军截断桓温粮道。十九日(11.4),因粮运不继,桓温焚舟南撤。二十四日(11.9),桓温后部在襄邑被慕容垂

(326—396)追军打败。

十月二十二日(12.7),桓温收集散卒,屯驻山阳。豫州刺史袁真据寿阳城北叛,前燕拜袁真使持节、淮南都督、征南大将军、扬州刺史,封宣城公。

十二月,桓温筑广陵城并驻扎于此。

太和五年(370年)　八岁

刘裕弟刘道规(370—412)一岁,谢裕(景仁,370—416)一岁。

正月二十四日(3.7),东晋梁国内史朱宪、汝南内史朱斌因阴通桓温而被袁真子双之、爱之杀害。

二月二十八日(4.10),袁真死,陈郡太守朱辅立其子袁瑾为建威将军、豫州刺史,求救于前燕。前燕以袁瑾为扬州刺史,朱辅为荆州刺史。前秦王猛统率十将六万步骑东伐前燕。

四月二十七日(6.7),桓温部将竺瑶在武丘击败袁瑾。

七月一日(8.8),日蚀。

八月十一日(9.17),桓温在寿阳击败袁瑾。

九月,前秦王猛大军攻占前燕上党。广汉"妖贼"李弘聚众万余人,自称圣王,年号凤凰,攻陷涪城,驱逐东晋梁州刺史杨亮,遭到梓潼太守周虓镇压。

十月,前秦王猛大军在潞川大破前燕慕容评军。

十一月,前秦王猛大军攻占邺城,俘房燕帝慕容暐,前燕灭亡。

太和六年/东晋简文帝咸安元年(371年)　九岁

刘敬宣(371—415)一岁。

正月,袁瑾、朱辅求救于前秦,苻坚以瑾为扬州刺史,辅为交州刺史,派兵二万救援。十七日(2.18),桓温攻克寿阳,袁瑾、朱辅被俘送建康斩首。

三月二十三日(4.24),东晋益州刺史、建成公周楚死。

四月二十日(5.20),东晋大赦,赐穷独者每人米五斛。

六月,东晋京都建康及周边诸郡发生严重水灾。①

八月,东晋前宁州刺史周仕孙为益州刺史。

十一月九日(12.31),桓温自广陵屯驻白石。十三日(372.1.4),桓温入宫。十五日(1.6),桓温集百官于朝堂废帝,立琅邪王司马昱为帝——简文帝(320—372)。十六日(1.7),使兼太尉周颐告于太庙。十七日(1.8),桓温遣弟桓秘逼新蔡王司马晃自陈与太宰武陵王司马晞等谋反,皆收付廷尉。十九日(1.10),杀东海王(废帝)二子及其母。二十一日(1.12),废司马晞及其三子,徙于新安。诏魏郡太守毛安之率兵宿卫殿内,改元咸安。二十二日(1.13),新蔡王司马晃被流放于衡阳。二十五日(1.16),赐桓温军三万人各布一匹、米一斛。二十六日(1.17),加大司马桓温为丞相,不受。二十七日(1.18),桓温自白石徙镇姑孰。冠军将军毛武生为都督荆州之沔中扬州之义城诸军事。

十二月十八日(2.8),涛水上涨漫入石头城。二十四日(2.14),下诏暂停京都一年储运。二十六日(2.16),东晋废东海王司马奕为海西公。

咸安二年(372年)　十岁

正月七日(2.27),百济、林邑王各遣使向东晋贡方物。东晋降封废帝司马奕为海西县公。

---

① "晋海西太和六年六月,京都大水,平地数尺,侵及太庙。朱雀大航缆断,三艘流入大江。丹阳、晋陵、吴国、吴兴、临海五郡又大水,稻稼荡没,黎庶饥馑。"(《宋书》卷三三《五行志四》,第三册,第955页;《晋书》卷二七《五行志上》,第三册,第816页)

四月,东晋徙海西公于吴县西柴里,敕吴国内史刁彝防卫,又遣御史顾允进行监察。东晋追贬庾皇后曰夫人。

六月,东晋遣使拜百济王余句为镇东将军、领乐浪太守。二十七日(8.12),东晋前护军将军庾希起兵叛乱,自海陵入京口,晋陵太守卞眈逃奔曲阿。

七月一日(8.16),桓温遣东海内史周少孙讨庾希,擒斩于建康市。二十八日(9.12),立会稽王司马昌明(363—396)为皇太子,皇子司马道子(364—403)为琅邪王、领会稽内史。同日,晋简文帝死于东堂,时年五十三岁。会稽王司马昌明继位(孝武帝),大赦天下,桓温依诸葛亮、王导故事辅政。

九月二十四日(11.6),追尊晋孝武帝之母会稽王妃曰顺皇后。

十月八日(11.19),葬晋简文帝于高平陵。十二日(11.23),安成地震。

十一月五日(12.16),"妖贼"卢悚攻入殿庭,被游击将军毛安之等俘获。

是年,三吴大旱,饿死甚众,诏所在赈济。前秦攻陷仇池,氐酋秦州刺史杨世被俘。

东晋孝武帝宁康元年(373年)　十一岁

王镇恶(373—418)一岁。

正月一日(2.9),改元。

二月,东晋大司马桓温来朝。

三月二十六日(5.4),东晋诏除丹杨(阳)、竹格等四桁税。

七月十四日(8.18),东晋使持节、侍中、都督中外诸军事、丞相、录尚书、大司马、扬州牧、平北将军、徐兖二州刺史、南郡公桓温死。二十五日(8.29),东晋右将军桓豁进为征西将军,江州刺史桓冲为中军将军、扬豫江三州都督、扬州刺史,镇姑孰。

八月二十七日(9.30),东晋崇德太后褚氏临朝摄政。

九月,前秦杨安进攻成都。十二日(10.14),尚书仆射王彪之为尚书令,吏部尚书谢安为尚书仆射,吴国内史刁彝为北中郎将、徐兖二州刺史,镇广陵。

十月,前凉西平公张天锡向东晋贡方物。十七日(11.18),地震。

十一月,前秦杨安攻占东晋梓潼及梁益二州,刺史周仲孙率领五千骑南逃。

宁康二年(374年)　十二岁

傅亮(374—426)一岁。

正月一日(1.29),大赦。二十七日(2.24),东晋北中郎将、徐兖二州刺史刁彝死。

二月一日(2.28),东晋丹阳尹王坦之为北中郎将、徐兖二州刺史。五日(3.4),地震。

四月十一日(5.8),东晋褚太后下诏减免东南水灾严重郡县一年或半年租布。

五月,蜀人张育自称蜀王,率众包围成都,遣使向东晋称藩。

七月十五日(8.8),凉州地震山崩。前秦邓羌消灭张育。

十一月二日(12.21),东晋天门蛮贼进攻郡治,太守王匪被杀,征西将军桓豁派兵镇压。长城人钱步射、钱弘等作乱,遭到吴兴太守朱序镇压。二十六日(375.1.14),东晋镇远将军桓石虔在垫江打败前秦姚苌(329—393)。

宁康三年(375年)　十三岁

刘粹(375—427)一岁。

正月五日(2.21),大赦。

五月二日(6.16),东晋北中郎将、徐兖二州刺史王坦之死。十日(6.24),东晋中军将军、扬州刺史桓冲为镇北将军、徐州刺史,镇丹徒,尚书仆射谢安领扬州刺史。

八月二十日(10.1),东晋立皇后王氏。大赦,加文武位一等。

十月一日(11.10),日蚀。

十二月十二日(376.1.19),建康神虎门火灾。十三日(1.20),东晋皇太后下诏赐百姓穷者米各五斛。二十二日(1.29),晋孝武帝释奠于中堂,祠孔子,以颜回配。

太元元年(376年) 十四岁

正月一日(2.7),晋孝武帝加元服,见于太庙,皇太后归政。三日,大赦,改元。五日(2.11),孝武帝开始临朝亲政。征西将军桓豁为征西大将军,领军将军郗愔为镇军大将军,中军将军桓冲为车骑将军,加尚书仆射谢安中书监、录尚书事。二十三日(2.29),孝武帝拜谒建平等四陵。

五月十四日(6.17),地震。东晋大赦,增文武位各一等。

八月二十七日(9.26),前秦苟苌、梁熙等将领率军攻占姑臧,张天锡被俘,前凉灭亡。

九月八日(10.7),东晋废除度田收租之制,王公以下口税米三斛,蠲免在役之身。

十月,东晋迁淮北流民于淮南。

十一月一日(11.28),日蚀。

十二月,前秦苻洛率军消灭拓跋鲜卑代国。

太元二年(377年) 十五岁

三月,东晋兖州刺史朱序为南中郎将、梁州刺史、监沔中诸军,镇襄阳。

闰三月十九日(5.12),地震。

五月十四日(7.6),地震。

六月,林邑向东晋贡方物。

八月一日(9.19),东晋车骑将军桓冲入朝建康。十六日(10.4),尚书仆射谢安为司徒。二十五日(10.13),使持节、荆梁宁益交广六州都督、荆州刺史、征西大将军桓豁死。

十月十一日(11.27),东晋车骑将军桓冲为荆江梁益宁交广七州都督、领护南蛮校尉、荆州刺史,尚书王蕴为徐州刺史、督江南晋陵诸军,征西司马谢玄为兖州刺史、广陵相、监江北诸军。十二日(11.28),东晋尚书令王彪之死。

十二月一日(378.1.15),东晋尚书王劭为尚书仆射。

太元三年(378年)　十六岁

二月十七日(3.31),东晋建造新宫,孝武帝移居会稽王府邸。

六月,水灾。

七月二十五日(9.3),晋孝武帝搬入新宫。

太元四年(379年)　十七岁

王弘(379—432)一岁。

朱龄石(379—418)一岁。

正月八日(2.10),东晋大赦,减水旱灾郡县租税。二十三日(2.25),晋孝武帝拜谒建平等七陵。

二月五日(3.9),前秦苻丕攻占襄阳,东晋南中郎将朱序被俘。前秦又占领顺阳。

三月,大疫。十日(4.12),东晋下诏节省开支,以解荒年之困。

四月一日(5.3)，东晋遣右将军毛武生率军伐蜀。前秦韦钟攻占魏兴，东晋太守吉挹战死。

五月，前秦句难、彭超攻占盱眙，东晋高密内史毛璪之被俘。

六月，大旱。七日(7.7)，东晋征虏将军谢玄在君川大破句难、彭超。

八月七日(9.4)，东晋左将军王蕴为尚书仆射。

九月，盗杀东晋建安太守傅湛。

闰十二月一日(380.1.24)，日蚀。

太元五年(380年) 十八岁

谢方明(380—426)一岁。

正月二十八日(3.20)，晋孝武帝拜谒崇平陵。

四月，旱灾。二十七日(6.16)，大赦五年徒刑以下。

五月，水灾。东晋司徒谢安为卫将军，仪同三司。

六月十九日(8.6)，因近年饥荒，实施大赦，蠲除太元三年以前所欠租债。二十二日(8.9)，东晋骠骑将军、琅邪王司马道子为司徒。

九月十日(10.24)，晋孝武帝王皇后死。

十月，东晋九真太守李逊在交州发动叛乱。

十一月十三日(12.25)，东晋葬定皇后于隆平陵。

太元六年(381年) 十九岁

正月，晋孝武帝初奉佛法，于殿内立精舍，引诸沙门以居之。二十六日(3.7)，东晋尚书谢石为尚书仆射。

六月一日(7.8)，日蚀。扬、荆、江三州大水。三十日(8.6)，东晋改制度，减烦费，裁减吏士员七百人。

七月七日(8.13)，东晋赦五年徒刑已下。二十五日

(8.31),东晋交趾太守杜瑗斩李逊,平定交州。大饥。

十一月八日(12.10),东晋镇军大将军郗愔为司空。会稽人檀元之发动叛乱,自称安东将军,被镇军参军谢邈之平定。

十二月八日(382.1.8),前秦襄阳太守阎震进攻竟陵,被东晋襄阳太守桓石虔俘获。

太元七年(382年)　二十岁

三月,林邑范熊遣使献方物。

八月十一日(9.4),东晋大赦。

九月,东夷五国遣使向东晋贡方物。前秦都贵焚烧沔北田谷,虏掠襄阳百姓而去。

太元八年(383年)　二十一岁

三月,始兴、南康、庐陵发生严重水灾。二十八日(5.6),大赦。

五月,东晋辅国将军杨亮伐蜀,攻占五城,俘虏前秦将领魏光。

七月,东晋鹰扬将军郭铨在武当大败前秦将领张崇。

八月,前秦国君苻坚率领大军渡过淮河,东晋派遣征讨都督谢石、冠军将军谢玄、辅国将军谢琰、西中郎将桓伊等将领率军进行抵御。

九月,东晋诏司徒琅邪王司马道子录尚书六条事。

十月,前秦苻坚弟苻融攻占寿春。二十日(11.30),东晋诸将于肥水大破苻坚所率前秦大军,俘杀数万计,缴获苻坚舆辇及云母车。

十二月二十一日(1.24),东晋以寇难初平,大赦。中军将军谢石为尚书令。开酒禁。始增百姓税米,口五石。前句町王翟辽于河南举兵背叛苻坚,慕容垂自邺城南下与辽会合,进攻苻坚子苻晖据守的洛阳城。仇池公杨世逃回陇右,遣使向东晋称藩。

太元九年(384年)　二十二岁

正月二十七日(3.5),晋孝武帝拜谒建平等四陵。东晋龙骧将军刘牢之攻克谯城。车骑将军桓冲部将郭宝征服新城、魏兴、上庸三郡。

二月二十七日(4.4),东晋使持节、荆江梁宁益交广七州都督、车骑将军、荆州刺史桓冲死。慕容垂自洛阳与翟辽合攻苻丕据守的邺城。

三月,东晋卫将军谢安为太保。前秦北地长史慕容泓、平阳太守慕容冲(359—386)起兵背叛苻坚。

四月二十六日(6.1),东晋增置太学生百人。竟陵太守赵统攻克襄阳。羌族首领姚苌在北地起兵背叛苻坚,自立为王,年号白雀,后秦建立。

六月一日(7.5),东晋崇德皇太后褚氏死。慕容泓为其弟冲所杀,慕容冲自称皇太弟。

七月十七日(8.19),东晋遣兼司空高密王司马纯之修谒洛阳五陵。二十八日(8.30),东晋葬康献皇后于崇平陵。百济遣使向东晋贡方物。苻坚在郑西被慕容冲打败。

八月二十八日(9.28),东晋司空郗愔死。

九月十一日(10.11),东晋前锋都督谢玄在鄄城打败前秦兖州刺史张崇。十四日(10.14),东晋加太保谢安扬江荆司豫徐兖青冀幽并梁益雍凉十五州大都督。

十月一日(10.31),日蚀。十五日(11.14),大赦。二十日(11.19),前秦青州刺史苻朗率众投降东晋。

十二月,前秦将领吕光(338—399)称制于河右,自称酒泉公,后凉建立。慕容冲即帝位于阿房,西燕建立。

太元十年(385年) 二十三岁

正月十六日(2.11),晋孝武帝拜谒诸陵。

二月,东晋设立国学。东晋蜀郡太守任权斩前秦益州刺史李平,平定益州。

三月,荥阳人郑燮以郡降晋。东晋龙骧将军刘牢之在黎阳被后燕慕容垂打败。

四月九日(5.4),刘牢之与沛郡太守周次在五桥泽被慕容垂打败。十五日(5.10),东晋太保谢安率军救援苻坚。

五月,水灾。苻坚留太子苻宏据守长安,逃至五将山。

六月,苻宏降晋,慕容冲占领长安。

七月,苻丕自枋头西逃,东晋龙骧将军檀玄追击,为丕所败。旱灾,饥荒。

八月十九日(10.9),大赦。二十二日(10.12),东晋使持节、侍中、中书监、十五州大都督、卫将军、太保谢安死。二十五日(10.15),东晋琅邪王司马道子为都督中外诸军事。姚苌杀苻坚而称帝,年号大安。

九月,吕光占据姑臧,自称凉州刺史,年号太安。苻丕在晋阳称帝。

十月十三日(12.1),东晋论淮肥战功,追封谢安为庐陵郡公,谢石为南康公,谢玄为康乐公,谢琰为望蔡公,桓伊为永修公。

是年,乞伏国仁自称大单于、秦河二州牧,年号建义,西秦建立。

太元十一年(386年) 二十四岁

正月二十九日(3.15),慕容垂在中山称帝,年号建兴,后燕建立。

二月十日(3.26),翟辽进攻黎阳,东晋太守滕恬之被俘。十三日(3.29),晋孝武帝拜谒诸陵。慕容冲在长安被其部将许木末所杀。

三月,东晋大赦。东晋太山太守张愿以郡叛降翟辽。

四月,东晋以百济王世子余晖为使持节、都督、镇东将军、百济王。代王拓跋珪(371—409)改国号为魏,年号登国,北魏建立。二十二日(6.5),东晋尚书仆射陆纳为尚书左仆射,谯王司马恬为尚书右仆射。

六月九日(7.21),地震。二十日(8.1),东晋以前辅国将军杨亮为西戎校尉、雍州刺史,镇卫山陵。

八月一日(9.10),东晋封孔靖之为奉圣亭侯,奉宣尼(孔子)祀。十八日(9.27),翟辽进攻谯郡,被东晋龙骧将军朱序击退。

十月,苻丕在河东被慕容垂打败,逃往东垣,东晋扬威将军冯该杀丕,传首建康。

十一月,前秦苻登在陇东即帝位。

太元十二年(387年)　二十五岁

正月八日(2.12),东晋豫州刺史朱序为青兖二州刺史,镇淮阴。十日(2.14),东晋大赦。二十一日(2.25),慕容垂进攻河东,东晋济北太守温详逃往彭城。翟辽遣子翟钊进攻陈、颍,被朱序击退。

四月三日(5.6),东晋尊孝武帝母夫人李氏为皇太妃。二十四日(5.27),高平人翟畅执太守徐含远降于翟辽。

八月十八日(9.16),晋孝武帝立皇子司马德宗(382—419)为皇太子,大赦,增文武位二等。

十一月,松滋太守王遐之在洛口击败翟辽。

太元十三年(388年) 二十六岁

四月二十九日(6.19),东晋青兖二州刺史朱序为持节、都督雍梁河中九郡诸军事、雍州刺史,谯王恬之为镇北将军、青兖二州刺史。

六月,旱灾。西秦乞伏国仁死,弟乞伏乾归继位,号河南王。

七月,翟辽部将翟发进攻洛阳,东晋河南太守郭给予以击退。

十二月三日(389.1.15),涛水上涨漫入石头城,冲毁大桁,有人淹死。十日(1.22),大风,昼晦,延贤堂火灾。十一日(1.23),螽斯则百堂、客馆、骠骑库火灾。十四日(1.25),东晋加尚书令谢石卫将军、开府仪同三司。十五日(1.27),东晋尚书令、卫将军、开府仪同三司谢石死。

太元十四年(389年) 二十七岁

谢晦(390—426)一岁。

正月二十八日(3.11),晋孝武帝下诏将淮南所获俘虏付诸作部者全部予以遣散,男女自相匹配,赐百日口粮;沿线为军赏者全都赎出,以襄阳、淮南饶沃之地各立一县进行安置。彭城"刘黎"在皇丘称帝,遭到东晋龙骧将军刘牢之镇压。

二月,扶南向东晋献方物。吕光自称三河王。

四月二十日(5.31),翟辽进攻荥阳,俘虏东晋太守张卓。

六月十九日(7.28),东晋使持节、荆益宁三州都督、荆州刺史桓石虔死。

八月,后秦姚苌袭破前秦苻登,获其皇后毛氏。

九月十九日(10.24),东晋尚书左仆射陆纳为尚书令。

太元十五年(390年) 二十八岁

正月二十六日(2.26),翟辽、张愿在太山打败东晋龙骧将军刘牢之,征虏将军朱序在太行击退西燕慕容永。

二月二日(3.4),东晋中书令王恭为青兖幽并冀五州都督、前将军、青兖二州刺史。

三月一日(4.1)夜,地震。二十日(4.20),东晋大赦。

七月,兖州水灾。

八月,永嘉人李耽叛乱,遭到东晋太守刘怀之镇压。十三日(9.8),建康地震。泗中诸郡及兖州水灾。东晋龙骧将军朱序在滑台打败翟辽,张愿投降。

九月一日(9.26),东晋吴郡太守王珣为尚书仆射。

十二月十五日(391.2.5),地震。

太元十六年(391年) 二十九岁

正月,东晋改建太庙。

六月,西燕慕容永进攻河南,被东晋太守杨佺期击退。

九月十四日(10.27),东晋尚书右仆射王珣为尚书左仆射,太子詹事谢琰为尚书右仆射。新庙落成。

十一月,后秦姚苌在安定打败前秦苻登。

太元十七年(392年) 三十岁

正月一日(2.10),东晋大赦,免除长期拖欠的租税债务。

四月,东晋齐国内史蒋喆杀乐安太守辟闾浚,据青州反叛,为北平原太守辟闾浑所灭。

五月一日(6.7),日蚀。

六月八日(7.13),建康地震。十九日(7.24),涛水上涨漫入石头城,冲毁大航,漂流船舫,有人淹死。涛水漫入京口西浦,亦有人被淹死。永嘉郡潮水涌起,近海四县人民淹死甚多。二十三日(7.28),后燕慕容垂在黎阳击败翟钊,钊投奔西燕。

八月,东晋新建东宫。

十月十八日(11.18),东晋荆益宁三州都督、荆州刺史王忱死。

十一月十日(12.10),东晋黄门郎殷仲堪为荆益梁三州都督、荆州刺史。

十二月二十七日(393.1.25),地震。

是年,东晋自秋至冬干旱不雨。

太元十八年(393年)　三十一岁

正月一日(1.29),地震。

二月四日(3.2)夜,地震。

三月,丁零翟钊进攻河南。

六月九日(7.4),始兴、南康、庐陵水灾严重。

七月,旱灾。

闰七月,"妖贼"司马徽聚党于马头山,刘牢之遣部将平定。

九月二十八日(11.18),东晋龙骧将军杨佺期在潼谷击败氐帅杨佛嵩。

十月,后秦国君姚苌死,子姚兴(366—416)继位。

太元十九年(394年)　三十二岁

七月,荆、徐二州水灾,秋稼受损,晋孝武帝遣使赈恤。

八月十六日(9.27),东晋尊皇太妃李氏为皇太后。后燕慕容垂在长子击杀西燕慕容永。

十月,慕容垂遣其子恶奴进攻廪丘,垂将尹国在平陆击杀东晋东平太守韦简。

是年,后秦姚兴杀前秦苻登,登太子苻崇逃至湟中称帝。

太元二十年(395年)　三十三岁

二月,东晋修建宣太后庙。四日(3.11),东晋散骑常侍、光禄大夫、开府仪同三司、尚书令陆纳死。

三月一日(4.6),日蚀。

六月,荆、徐二州水灾。

十一月,魏王拓拔珪击败后燕慕容宝(355—398)。

太元二十一年(396年)　三十四岁

正月,东晋建造清暑殿。

四月,东晋新修永安宫。十四日(6.6),后燕慕容垂死,子慕容宝继位。

五月一日(6.22),水灾。二十二日(7.13),东晋望蔡公谢琰为尚书左仆射。水灾。

六月,后凉吕光即天王位。

九月二十日(11.6),晋孝武帝死于清暑殿,时年三十五岁。二十一日(11.7),太子司马德宗继位,大赦。二十三日(11.9),司徒会稽王道子为太傅,摄政。

十月十四日(11.30),葬晋孝武帝于隆平陵。

东晋安帝隆安元年(397年)　三十五岁

正月一日(2.13),晋安帝加元服,改元,增文武位一等。东晋太傅会稽王司马道子归政。尚书右仆射王珣为尚书令,领军将军王国宝为尚书左仆射。

二月,后凉吕光部将秃发乌孤自称大都督、大单于,南凉建立。秃发乌孤在金昌打败后凉将领窦苟。

三月十六日(4.29),东晋尊皇太后李氏为太皇太后。二十日(5.3),立皇后王氏。

三月,西秦乞伏乾归击败后凉吕光子吕纂。后凉建康太守段业自号凉州牧。后燕慕容宝在蓟城打败魏军。

四月七日(5.19),东晋兖州刺史王恭、豫州刺史庾楷举兵,讨伐尚书左仆射王国宝、建威将军王绪。十七日(5.29),朝廷杀王国宝及王绪以取悦王恭,恭遂罢兵。二十一日(6.3),东晋大赦。

五月,前司徒长史王廞反于吴郡,被王恭平定。后燕慕容详在中山即帝位,慕容宝逃往黄龙。

九月,后燕慕容麟杀慕容详,在中山即帝位。

十月,拓跋珪打败后燕慕容麟,河北平原归于北魏。

隆安二年(398年) 三十六岁

五月,后燕兰汗杀慕容宝,自称大将军、昌黎王。

七月,慕容宝子慕容盛杀兰汗,自称长乐王,摄天子位。东晋兖州刺史王恭、豫州刺史庾楷、荆州刺史殷仲堪、广州刺史桓玄(369—404)、南蛮校尉杨佺期等举兵反叛。

八月,东晋江州刺史王愉逃往临川。十六日(9.13),东晋宁朔将军邓启方在管城被南燕慕容法打败。二十六日(9.23),慕容盛在黄龙称帝。桓玄在白石大败东晋官军。

九月二日(9.28),东晋加太傅会稽王司马道子黄钺。遣征虏将军司马元显、前将军王珣、右将军谢琰讨伐桓玄等。十日(10.6),在牛渚击败庾楷。十七日(10.13),司马道子屯守中堂,司马元显守卫石头城。二十日(10.16),前将军王珣戍守北郊,右将军谢琰备御宣阳门。辅国将军刘牢之至新亭,其子刘敬宣击败王恭,恭逃至曲阿长塘湖,被湖尉俘虏,送建康斩首。遣太常殷茂晓谕殷仲堪及桓玄,玄等败逃寻阳。

十月十七日(11.12),大赦。二十三日(11.18),殷仲堪等在寻阳盟誓,推桓玄为盟主。

十一月,东晋琅邪王司马德文(386—421)为卫将军、开府仪同三司,领军将军王雅为尚书左仆射。

十二月二日(399.1.24),魏王拓跋珪称帝,年号天兴。京兆人韦礼率襄阳流民叛降后秦。二十二日(2.13),前新安太守杜炯在京口反叛,被司马元显消灭。南凉秃发乌孤自称武威王。

隆安三年(399年) 三十七岁

二月,林邑范胡达占领日南、九真,进攻交趾,为太守杜瑗所破。段业自称凉王。仇池公杨盛遣使向东晋称藩贡献。

三月二十三日(5.14),晋安帝生母陈夫人被尊为皇太后。

四月十日(5.30),东晋尚书令王珣加卫将军,司马元显为扬州刺史。

五月,荆州水灾。

六月四日(7.22),东晋琅邪王司马德文为司徒。慕容德占领青州,称帝于广固,建立南燕。

八月,南凉秃发乌孤死,其弟秃发利鹿孤继位。

十月,后秦姚兴占领洛阳,东晋河南太守辛恭靖被俘。

十一月二日(12.15),东晋五斗米道领袖孙恩率众反叛并占领会稽,内史王凝之战死。吴国内史桓谦、临海太守新蔡王司马崇、义兴太守魏隐皆弃官逃窜,吴兴太守谢邈、永嘉太守司马逸被杀。卫将军谢琰、辅国将军刘牢之进行反击,孙恩退走。

宋武帝刘裕时为刘牢之军府参军事,随刘牢之东讨孙恩。进入刘牢之军府任职前,刘裕已担任孙无终冠军将军府司马。

十二月,桓玄进攻江陵,荆州刺史殷仲堪、南蛮校尉杨佺期被杀。后凉吕光立太子吕绍为天王,自称太上皇。同日,吕光死,吕纂杀吕绍自立。

是年,荆州水灾严重。

隆安四年(400年) 三十八岁

正月二十四日(3.5),东晋大赦。

四月十五日(5.24),地震。孙恩进攻浃口。

五月六日(6.3),东晋会稽内史谢琰为孙恩所杀。孙恩进攻临海。

六月一日(7.8),日蚀。旱灾。东晋辅国司马刘裕在南山打败孙恩。孙恩妹夫卢循攻陷广陵,三千余人死亡。东晋何澄为尚书左仆射。

七月四日(8.9),东晋太皇太后李氏死。二十九日(8.24),东晋大赦。是月,后秦姚兴征伐西秦乞伏乾归,乾归战败投降。

八月九日(9.13),东晋尚书右仆射王雅死。二十四日(9.28),东晋葬文太后于修平陵。

九月六日(10.9),地震。

十一月,孙恩在余姚击败东晋宁朔将军高雅之。东晋扬州刺史司马元显为后将军、开府仪同三司、扬豫徐兖青幽冀并荆江司雍梁益交广十六州都督,前将军刘牢之为镇北将军,元显子司马彦璋封东海王。

是年,李暠(351—417)为秦凉二州牧、凉公,年号庚子,西凉建立。

隆安五年(401年)　三十九岁

二月一日(3.1),孙恩再次进攻浃口。后凉吕超杀吕纂,其兄吕隆即位。

五月,水灾。孙恩进攻吴国,内史袁山松战死。北凉沮渠蒙逊(368—433)杀段业,自称大都督、北凉州牧,年号永安。

六月一日(6.29),孙恩率军进抵丹徒。二日(6.30),东晋建康朝廷实施戒严,百官入居禁省躲避。冠军将军高素、右卫将军张崇之守卫石头城,辅国将军刘袭栅断淮口,丹阳尹司马恢之戍守秦淮南岸,冠军将军桓谦、辅国将军司马允之、游击将军毛邃备御白石,左卫将军王嘏、领军将军孔安国屯守中皇堂。征召豫州刺史谯王司马尚之入卫京师。宁朔将军高雅之在广陵郁洲抵御孙恩,战败被俘。刘裕在京口阻击孙恩,遏制其对建康的进攻。

七月,后燕段玑杀慕容盛,盛叔父慕容熙尽诛段氏,即位称帝。

九月,后凉吕隆降于后秦姚兴。

十月,后秦姚兴率军入侵北魏,大败而还。

是年,东晋饥荒,禁酒。

元兴元年(402年)　四十岁

正月一日(2.18),大赦,改元。东晋朝廷讨伐桓玄,司马元显为骠骑大将军、征讨大都督,镇北将军刘牢之为前锋,前将军谯王司马尚之为后部。

二月七日(3.26),晋安帝戎服为司马元显等出征将领送行。二十八日(4.16),桓玄在姑孰击败东晋朝廷大军,谯王司马尚之、齐王司马柔之战死。右将军吴隐之为交广二州都督、广州刺史。

三月一日(4.18),刘牢之投降桓玄。三日(4.20),桓玄在新亭战胜朝廷大军,司马元显及东海王司马彦璋、冠军将军毛泰、游击将军毛邃战死。四日(4.21),桓玄自任侍中、丞相、录尚书事,桓谦为尚书仆射,太傅会稽王司马道子被流放至安城。桓玄又自称太尉、扬州牧,总掌朝政,以琅邪王司马德文为太宰。东晋临海太守辛景打败孙恩,恩投海自尽。是月,南凉秃发利鹿孤死,弟秃发傉檀(365—415)继位,年号宏昌。

八月四日(9.16),建康尚书下舍发生火灾。

十月,东晋冀州刺史刘轨叛逃到南燕。

十二月二十六日(2.3),桓玄杀害东晋会稽王司马道子。曲赦广陵、彭城大逆以下。

元兴二年(403年) 四十一岁

刘裕弟子刘义庆(403—444)、刘义欣(403—439)兄弟一岁。

二月八日(3.16),东晋建威将军刘裕在东阳打败孙恩部将徐道覆。二十二日(3.30),桓玄自称大将军。二十四日(4.1),刘牢之部将吴兴太守高素、辅国将军竺谦之、谦之从兄高平相朗之、辅国将军刘袭、袭弟彭城内史季武、冠军将军·冀州刺史孙无终等被桓玄杀害,东晋北府军解体。

四月一日(5.7),日蚀。

八月,桓玄自称相国、楚王。

九月,南阳太守庾仄起兵反对桓玄,失败被杀。

十一月二十三日(12.22),晋安帝被桓玄放逐至永安宫。二十四日,东晋太庙神主被迁移至琅邪国。

十二月三日(404.1.1),桓玄篡位称帝,国号"楚"。晋安帝被贬为平固王。二十二日(1.20),晋安帝被放逐至寻阳。

刘裕担任桓玄从兄桓脩抚军将军府参军。

元兴三年（404年） 四十二岁

二月二日（2.28）夜，长江涛水上涨涌入石头城，冲毁秦淮大航，有人被淹死。① 二十七日（3.24），刘裕率领刘毅、何无忌等人举兵反对桓玄。二十八日（3.25），义军在京口谋杀桓玄所署徐州刺史桓脩，在广陵谋杀青州刺史桓弘。二十九日（3.26），义军渡过长江。

三月一日（3.27），桓玄守将吴甫之、皇甫敷分别在建康城郊之江乘、罗落被义军击杀。二日（3.28），桓玄乘船从建康出逃，刘裕率军占领建康。三日（3.29），刘裕设置留台，署置百官。四日（3.30），尚书左仆射王愉及其子荆州刺史王绥、司州刺史温详被刘裕处死。五日（3.31），桓玄司徒王谧推举刘裕行镇军将军、徐州刺史、扬徐兖豫青冀幽并八州都督，刘裕以王谧领扬州刺史、录尚书事。十四日（3.9），桓玄逼迫已在寻阳的晋安帝一同西上。二十九日（4.24），刘裕以晋安帝名义诏武陵王司马遵加侍中，"承制总百官行事"，下令大赦，惟桓玄一祖之后例外。

四月二日（4.27），大将军武陵王司马遵称制，名义上总理国政。三日（4.28），晋安帝随桓玄到达江陵。二十三日（5.18），辅国将军何无忌、振武将军刘道规在湓口打败桓玄将庾稚、何澹。桓玄又挟持晋安帝东下。

---

① 按《宋书》卷三三《五行志四》、《晋书》卷二七《五行志上》均载此发生于元兴"三年二月己丑朔（初一，2.27）夜"。又二《志》并载：晋安帝元兴三年"二月庚寅（初二，2.28）夜，涛水入石头。是时贡使商旅，方舟万计，漂败流断，骸胔相望。江左虽有涛变，未有若斯之甚"。按所载实即一事。《晋书》卷一〇《安帝纪》：元兴三年二月"庚寅夜，涛水入石头，漂杀人户"。综合来看，应该还是初二日夜发生涛变的可能性较大。

五月十七日(6.10),冠军将军刘毅在峥嵘洲大胜桓玄。二十二日(6.15),东晋神主被重新安置到太庙。二十三日(6.16),晋安帝再次被挟持到江陵。二十五日(6.18),荆州别驾王康产、南郡太守王腾之带晋安帝到南郡。二十六日(6.19),桓玄在貊盘洲被督护冯迁击杀。晋安帝回到义军手中。二十八日(6.21),晋安帝下诏褒奖镇军将军刘裕、冠军将军刘毅。

闰五月三日(6.26),桓玄故将扬武将军桓振攻陷江陵,晋安帝被俘,刘毅、何无忌退守寻阳。

六月,益州刺史毛璩讨斩桓玄余部梁州刺史桓希。

七月二十三日(9.13),永安皇后(晋穆帝章皇后)何法倪(339—404)死。

八月十九日(10.8),葬何皇后于永平陵。

九月,前给事中刁骋、秘书丞王迈之因"谋反"被杀。

十月,卢循进攻并打败广州刺史吴隐之,俘虏始兴相阮腆之。

义熙元年(405年)　四十三岁

正月,晋安帝与其弟琅邪王司马德文获得解救。

二月五日(3.21),建康留台备齐乘舆法驾,到江陵迎接晋安帝。平西参军谯纵杀害平西将军、益州刺史毛璩,在蜀地建立割据政权。

三月,建威将军刘怀肃在江陵消灭桓振。晋安帝从江陵返回建康。十四日(4.28),百官拜见安帝并表达请罪之意。十九日(5.3),琅邪王司马德文为大司马,武陵王司马遵为太保,镇军将军刘裕为侍中、车骑将军、都督中外诸军事。

四月,刘裕出镇京口。十七日(5.31),晋安帝在东堂为刘裕送行。

五月三日(6.15),禁绢扇及挎蒲。游击将军章武王司马秀、益州刺史司马轨之"谋反"被杀。

十二月十二日(406.1.17),涛水上涨漫入石头城。

是年,西凉李暠遣使奉表向东晋称藩。南燕慕容德(336—405)死,兄子慕容超(385—410)继位。

义熙二年(406年)　四十四岁

刘裕长子刘义符(宋少帝,406—424)生于京口。

正月,东晋益州刺史司马荣期在白帝打败谯纵将谯子明。

七月,东晋梁州刺史杨孜敬被杀。

十月,论匡复晋室之功,封车骑将军刘裕为豫章郡公,抚军将军刘毅为南平郡公,右将军何无忌为安成郡公,其余有功之人均得到封赏。

十一月三日(11.29),左将军孔安国为尚书左仆射。

十二月十八日(407.1.12)夜,涛水上涨漫入石头城。是月,零陵太守阮野为贼盗所杀。

义熙三年(407年)　四十五岁

刘裕次子刘义真(407—424)、三子刘义隆(宋文帝,407—453)生于京口。

二月九日(3.3),车骑将军刘裕入朝。以"谋反"罪名诛杀东阳太守殷仲文、南蛮校尉殷叔文、晋陵太守殷道叔、永嘉太守骆球。二十五日(3.19),东晋大赦,解除酒禁。

五月八日(6.28),水灾。

六月,后秦将领赫连勃勃(381—425)在朔方自称天王,国号大夏,年号龙升。

七月一日(8.19),日蚀。东晋汝南王司马遵之被杀。

八月,刘裕派遣冠军将军刘敬宣为持节、征蜀监军征讨谯纵。

十一月,大夏赫连勃勃打败南凉秃发傉檀。

是年,北燕高云、冯跋杀慕容熙,云即帝位。

义熙四年(408年)　四十六岁

刘裕妻臧爱亲(361—408)死。①

正月九日(2.21),东晋琅邪王司马德文领司徒,刘裕为扬州刺史、录尚书事。十七日(2.29)夜,地震有声。二十五日(3.8),侍中、太保、武陵王司马遵死。

四月,东晋散骑常侍、尚书左仆射孔安国死。一日(5.11),吏部尚书孟昶为尚书左仆射。

十月三日(11.6),地震。

十一月二十三日(12.26),大风拔树。是月,南凉秃发傉檀自称凉王。

十二月十九日(409.1.20),涛水上涨漫入石头城。

义熙五年(409年)　四十七岁

刘裕第四子刘义康(409—451)一岁。

正月二日(2.2),大赦。九日(2.9)夜,寻阳地震,有声如雷。二十一日(2.21),东晋抚军将军刘毅为卫将军、开府仪同三司,辅国将军何无忌加镇南将军。同日,寻阳地震。

二月,南燕将领慕容兴宗入侵宿豫,俘虏东晋阳平太守刘千载、南阳太守赵元。

三月十一日(4.11),大雪,平地数尺。刘裕率领大军北伐南燕。

---

① 追赠豫章公夫人,武敬臧皇后,东莞人,葬丹徒,后祔葬初宁陵。生会稽宣长公主兴弟。祖汪(山甫),尚书郎。父俊(宣义),郡功曹。

六月九日(7.7),刘裕在临朐大破南燕慕容超。

七月,后秦姚兴将乞伏乾归在苑川自称西秦王。

九月十三日(10.7),北燕冯跋即天王位,年号太平。

十月,北魏道武帝拓跋珪被其子清河王绍所杀。

义熙六年(410年) 四十八岁

刘裕妾胡道女(369—410,宋文帝母)被赐死。

正月五日(3.25),刘裕率领东晋北伐军攻克南燕都城广固,南燕王公以下三千人被杀,青齐地域成为南方政权领土。广州刺史卢循发动叛乱,北上进攻江州。

三月,北凉沮渠蒙逊打败南凉秃发傉檀。二十日(5.9),东晋镇南将军、江州刺史何无忌与卢循叛军激战于豫章,大败而死。

四月,东晋青州刺史诸葛长民、兖州刺史刘藩、并州刺史刘道怜入卫建康。

五月六日(6.23),水灾。七日(6.24),刘毅在桑落洲为卢循所败,尚书左仆射孟昶在建康自杀。八日(6.25),大赦。十四日(7.1),卢循大军舰船抵达淮口,建康朝廷内外戒严。大司马琅邪王司马德文都督宫城诸军事,镇守中皇堂,太尉刘裕镇守石头城,梁王司马珍之守南掖门,冠军将军刘敬宣屯守北郊,辅国将军孟怀玉屯守秦淮南岸,建武将军王仲德屯守越城,广武将军刘怀默屯守建阳门,淮口筑柤浦、药园、廷尉三垒,防御叛军进攻。二十五日(7.12),大风拔木。

七月十日(8.25),卢循率领大军撤离。十四日(8.29),刘裕派遣辅国将军王仲德、广川太守刘钟、河间内史蒯恩等率军追击叛军。是月,卢循进攻荆州,遭到荆州刺史刘道规及雍州刺史鲁宗之等抵抗。徐道覆战败于华容,叛军退至寻阳。

八月,后秦将领桓谦进攻江陵,被刘道规击败。

十一月,谯纵攻占巴东,守将温祚、时延祖战死。

十二月十四日(411.1.24),卢循战败于豫章。

义熙七年(**411**年) 四十九岁

二月五日(3.15),东晋右将军刘藩在始兴击杀徐道覆,传首建康。

四月,卢循逃亡至交州,为交州刺史杜慧度所杀。

七月二十三日(8.27),东晋荆州刺史刘道规为征西大将军、开府仪同三司。

十月,北凉沮渠蒙逊征伐西凉,被李暠打败。

义熙八年(**412**年) 五十岁

正月至四月,南康、庐陵四次地震。

二月五日(3.3),吴兴太守孔靖为尚书右仆射。

五月,西秦王室内讧,乞伏公府杀乞伏乾归,乾归子炽磐杀公府即位。

六月,水灾。

八月二日(9.23),刘裕弟刘道规死。是月,晋安帝王皇后死。

九月六日(10.26),葬王皇后于休平陵。十二日(11.1),刘裕杀害兖州刺史刘藩、尚书左仆射谢混。十三日(11.2),刘裕矫诏指陈刘毅和刘藩、谢混罪行,谓"刘毅苞藏祸心,构逆南夏,藩、混助乱,志肆奸究"。并宣布"大赦天下,唯刘毅不在其例。普增文武位一等"。二十二日(11.11),刘裕率军讨伐刘毅。刘裕参军王镇恶攻占江陵,刘毅自杀。

十一月,北凉沮渠蒙逊自称河西王。

十二月,刘裕以西陵太守朱龄石为建威将军、益州刺史,率军伐蜀。分荆州十郡置湘州。

义熙九年（413年）　五十一岁

三月一日（4.17），刘裕杀害诸葛长民、黎民兄弟及从弟秀之。加刘裕镇西将军、豫州刺史。林邑范胡达侵略九真，被交州刺史杜慧度击杀。是月，刘裕奏请实施土断。

四月二十八日（6.12），罢临沂、湖熟皇后脂泽田四十顷，赐予贫民，解除湖池之禁。

五月十七日（7.1），水灾。

七月，朱龄石攻克成都，谯纵被杀，益州平定。

九月，封刘裕次子刘义真为桂阳公。

是年，高句丽、倭国及西南夷铜头大师到建康朝献。

义熙十年（414年）　五十二岁

三月十九日（4.24），地震。

五月十九日（6.22），水灾。

六月，西秦乞伏炽磐率军消灭南凉秃发傉檀。

七月八日（8.9），淮北大风水灾杀人。

九月一日（9.30），日蚀。林邑遣使到建康朝献。

是年，筑东府城。

义熙十一年（415年）　五十三岁

正月，刘裕亲征荆州刺史司马休之、雍州刺史鲁宗之。二十三日（2.17），东晋吏部尚书谢裕为尚书左仆射。

二月二十三日（3.19），后秦皇帝姚兴死，太子姚泓继位。

三月二十九日（4.23），刘裕在江陵城外之江津击败司马休之，休之逃往襄阳。

四月三日（5.26），东晋青冀二州刺史刘敬宣被其参军司马道赐杀害。

五月十二日(7.4),司马休之、鲁宗之逃往后秦。论平蜀之功,封刘裕第三子刘义隆(宋文帝)为彭城公,朱龄石为丰城公。二十七日(7.19),霍山崩,出铜钟六枚。

七月五日(8.25),水灾,东晋太庙被淹,百官赴救。三十日(9.19),日蚀。

九月十九日(11.6),大赦。

义熙十二年(**416年**)　五十四岁

后秦姚泓永和元年,北魏明元帝泰常元年。

正月,后秦将领鲁轨进攻襄阳,被东晋雍州刺史赵伦之击退。

二月,东晋加刘裕中外大都督。

六月,赫连勃勃攻占后秦秦州。

八月二日(9.9),东晋尚书左仆射谢裕死,尚书右仆射刘穆之为尚书左仆射。刘裕率军北伐后秦,皇弟大司马琅邪王司马德文随行。

十月二十二日(11.27),后秦将领姚光打开洛阳城门投降东晋北伐军。

义熙十三年(**417年**)　五十五岁

正月一日(2.3),日蚀。

二月,西凉国君李暠死,世子李歆继位为凉州牧、凉公,年号嘉兴。

三月,东晋龙骧将军王镇恶在潼关打败后秦将领姚绍。

六月二十三日(7.22),林邑遣使到建康献驯象、白鹦鹉。

七月,东晋始兴相刘谦之消灭攻占广州的南海叛乱者徐道期。

八月,刘裕北伐军消灭后秦。后秦末帝姚泓投降,俘送建康斩首。

十一月三日(11.27),东晋尚书左仆射、前将军刘穆之死。

义熙十四年(418年)　五十六岁

正月,东晋安西中兵参军沈田子在长安杀害安西司马王镇恶。

六月,东晋刘裕为相国,进封宋公。

十月,东晋以西凉国君李歆为镇西将军、酒泉公。

十一月,大夏天王赫连勃勃在青泥之北大胜东晋关中守军,持节、督关中诸军事、右将军、雍州刺史朱龄石焚长安宫殿出奔潼关,被俘遇害。雍州治中从事史、西戎司马、宁朔将军傅弘之(377—418)为赫连勃勃所俘,亦遇害。

十二月十七日(419.1.28),晋安帝被缢杀于建康东堂,时年三十七岁。其弟司马德文即帝位(晋恭帝)。

宋国领军将军、散骑常侍、督江北淮南军郡事、右将军、青州刺史、广陵相檀祗(368—418)死。

东晋恭帝元熙元年(419年)　五十七岁

正月一日(2.11),立晋恭帝皇后褚氏。三日(2.13),刘裕入朝。二十九日(3.11),葬晋安帝于休平陵。刘裕弟刘道怜为司空。

八月,刘裕移镇寿阳。刘怀慎为北徐州刺史,镇彭城。

九月,刘裕自解扬州刺史。

十月二十八日(12.1),刘裕次子桂阳公义真为扬州刺史。

十一月一日(12.3),日蚀。

元熙二年/宋武帝永初元年(420年)　五十八岁

拜刘裕妾张氏(?—426)为夫人。张氏生宋少帝刘义符、义兴长公主刘惠媛,少帝即位后被尊为皇太后。

六月九日(7.5),刘裕回到建康。十一日(7.7),逼晋恭帝退位,封其为零陵王,迁居秣陵。十四日(7.10),刘裕即皇帝位,南朝宋政权建立。十七日(7.13),皇弟司空刘道怜为太尉并封长沙王,已故司徒皇弟刘道规追封临川王,道规子南郡公刘义庆封临川王;尚书仆射徐羡之加镇军将军,右卫将军谢晦为中领军,宋国领军檀道济为护军将军,中领军刘义欣为青州刺史。二十五日(7.21),宋武帝下诏给百官增加俸禄。二十六日(7.22),改晋《泰始历》为宋《永初历》。

七月五日(7.30),宋武帝下诏放免罪入台府之人,减少朝廷和官府的征敛,减轻民众负担,适当降低市场税收,抚恤北伐关、洛阵亡及失散者的家人。九日(8.3),复置五校三将官,殿中将军定员为二十人,其余皆在员外。十六日(8.10),后将军、雍州刺史赵伦之进号安北将军,征虏将军、北徐州刺史刘怀慎进号平北将军,征西大将军、开府仪同三司杨盛进号车骑大将军(仇池)。二十二日(8.16),镇西将军李歆进号征西将军(西凉),平西将军乞伏炽磐进号安西大将军(西秦),征东将军高句骊王高琏进号征东大将军,镇东将军百济王扶余映进号镇东大将军。置东宫冗从仆射、旅贲中郎将官。二十六日(8.20),宋武帝亲自奉送刘氏皇家神主安放于太庙。三十日(8.24),以"王道惟新,政和法简"为由,下诏废除"劫科峻重"的战时法规。

八月六日(8.30),西中郎将、荆州刺史宜都王刘义隆进号镇西将军。九日(9.2),"开亡叛赦",规定叛逃者若在限期内返回自首,即可蠲免租布二年,若原来有户籍者则予以恢复。废除以"北"为名的所有旧郡旧县,在南朝境内侨立者,允许以"南"为号。又废除"无故自残伤者补冶士"的律条,认为这是"由政刑烦苛,民不堪命"所致。废罢青州,其地并入兖州。十六日(9.9),宋武帝下诏减免彭城、沛、下邳三郡民户租布三十年,因其为皇族刘氏祖籍地,也是刘裕最初担任郡太守的地方。十九日(9.12),追谥宋武帝故妻臧氏为敬皇后。二十一日(9.14),立宋王太子刘义符为皇太子。二十三日(9.16),宋武帝下诏赦免所有现刑罪犯百日之刑,先前因军事所需而征发的奴僮回到本主,若有死亡及勋劳被免的,则给予相应补偿。

闰八月一日(9.23),宋武帝下诏要求对晋朝帝、后及藩王诸陵的守卫订立条规,对名贤先哲等各类立德著节有功之人的坟茔应进行洒扫祭祀。十六日(10.8),特进、左光禄大夫孔季恭(347—422)加开府仪同三司。二十日(10.12),宋武帝下诏要求有司对"众官命议"的文案"皆当指名其人"。又下达诏令,除元正大庆之外的各处冬使以及郡县向州及都督府所遣冬使一律停罢。

九月一日(10.23),设置东宫殿中将军十人,员外殿中将军二十人。二十一日(11.12),设置都官尚书。

十月十一日(12.1),改革丧服之制,废除晋所用王肃祥禫二十六月仪,依郑玄二十七月而后除服。

十二月一日(421.1.20),宋武帝亲临延贤堂听讼。

永初二年(421年)　五十九岁

前左将军、江州刺史檀韶死。

散骑常侍、太子左卫率向靖死。

正月十二日(3.1),宋武帝礼祠南郊,大赦天下。十七日(3.6),禁止以金银为涂饰。扬州刺史庐陵王刘义真为司徒,尚书仆射、镇军将军徐羡之为尚书令、扬州刺史。二十七日

(3.16)，南康揭阳蛮叛乱，被当地郡县平定。三十日(3.19)，禁止丧事使用铜钉。废罢会稽郡府。

二月十日(3.29)，宋武帝亲临延贤堂，策试诸州郡所举秀才、孝廉。扬州秀才顾练、豫州秀才殷朗所对称旨，被任命为著作佐郎。二十九日(4.17)，规定中二千石可加公田一顷。

三月十七日(5.4)，初限荆州府置将不得超过二千人、吏不得超过一万人，其他各州置将不得超过五百人、吏不得超过五千人，兵士员额不在此限度内。

四月一日(5.18)，以"惑民费财"为由下诏废除淫祠房庙，先贤及以勋德立祠者仍可保留。二十一日(6.7)，左卫将军王仲德为冀州刺史。

五月一日(6.16)，宋武帝在华林园听讼。二日(6.17)，设置东宫屯骑、步兵、翊军三校尉官。二十七日(7.12)，宋武帝再次驾临华林园听讼。

六月二十五日(8.9)，宋武帝下诏要求有司规范杖罚相关规定。宋武帝又到华林园听讼。二十七日(8.11)，规定诸官府敕吏四品以下，以及府署自行处罚者，交由统府寺行四十杖。

七月二十三日(9.5)，地震。

八月十六日(9.28)，宋武帝又在华林园听讼。

九月二十日(10.31)，宋武帝授意杀害零陵王(晋恭帝)，时年三十六岁，葬于冲平陵。①

十月二十二日(12.2)，下诏规范"役身死叛"之制，规定：

---

① 按《晋书》卷一〇《恭帝纪》载其被弑于永初二年九月丁丑，是月无丁丑，当为乙丑之误。

"自今犯罪充兵合举户从役者,便付营押领。其有户统及谪止一身者,不得复侵滥服亲,以相连染。"二十四日(12.4),以北凉沮渠蒙逊为镇军大将军、开府仪同三司、凉州刺史。二十八日(12.8),宋武帝在延贤堂听讼。员外散骑常侍应袭为宁州刺史。

永初三年(422年)　六十岁

正月一日(2.7),下诏减刑免罪。九日(2.15),前冀州刺史王仲德为徐州刺史。十日(2.16),尚书令、扬州刺史徐羡之为司空、录尚书事,刺史如故,抚军将军、江州刺史王弘进号卫将军、开府仪同三司,太子詹事傅亮为尚书仆射,中领军谢晦为领军将军。十二日(2.18),辅国将军毛德祖为司州刺史。二十二日(2.28),下诏"选备儒官,弘振国学",令相关部门"考详旧典,以时施行"。

二月四日(3.12),宋武帝下诏将豫州一分为二,以淮西诸郡为豫州,淮东为南豫州,豫州刺史彭城王刘义康为南豫州刺史,征虏将军刘粹为豫州刺史。又分荆州十郡立湘州,左卫将军张邵为湘州刺史。五日(3.13),徐州梁郡还属豫州。

三月,宋武帝生病,太尉长沙王道怜、司空徐羡之、尚书仆射傅亮、领军将军谢晦、护军将军檀道济入侍医药,使侍中谢方明告疾于太庙。四日(4.10),司徒庐陵王刘义真为车骑将军、开府仪同三司、南豫州刺史。宋武帝病情好转。十七日(4.23),大赦天下。十八日(4.24),送纻绢万匹并令荆、雍州运米至梁州,令梁州刺史赈济南来秦雍流民。十九日(4.25),亡命刁弥攻入京口城,被太尉留府司马陆仲元消灭。

四月三日(5.9),封仇池公杨威为武都王,平南将军杨抚进号安南将军。十五日(5.21),车骑司马徐琰为兖州刺史。

十八日(5.24),左光禄大夫、开府仪同三司孔季恭死。

五月,宋武帝病危,召太子刘义符近前安排后事,对如何驾驭檀道济、徐羡之、傅亮、谢晦等军政要臣做了重点交代,又以手诏亲自对军权掌控作出专门指示。临终任命徐羡之、傅亮、谢晦为顾命大臣,在其身后辅佐宋少帝执政。二十一日(6.26),宋武帝在建康宫西殿病逝,终年六十岁。宋少帝即位。

七月八日(8.11),葬宋武帝于丹阳建康县蒋山初宁陵。

后 记

本书与笔者大多数著作一样，并非一开始就有明确的写作计划，而是基于某种因缘，顺水推舟而成。在撰写《治乱兴亡——军权与南朝政权演进》一书时，笔者曾打算以晋宋之际的历史转变作为首章论述对象，但最终因诸事纷扰而未果。不过前书交稿后，思忖再三，还是决定趁热打铁，遂一鼓作气，完成了本书的写作。

魏晋南北朝时期英雄豪杰辈出，众多杰出人物为这个风云激荡的历史时代书写了浓墨重彩。就东晋南朝近三个世纪的历史而论，谓刘裕为政坛第一人当不为过。若论整个魏晋南北朝时期最杰出的政治人物，笔者的回答是魏武帝曹操、宋武帝刘裕和北魏孝文帝元宏。曹操和孝文帝学界均有较多研究，曹操传记已有多种出版，孝文帝及其时代笔者曾做过全面考察，对于刘裕及其时代学界虽有所述及，但和他的历史地位比却极不相称，这也是笔者下决心撰写本书的一个动因。希望通过本书，将那个时代重大的历史事件和众多人物的活动熔铸一炉，尽可能全面地呈现出宋武帝刘裕及其时代的整体面相。

是耶非耶？静待读者批评指正。

2016 年初冬　张金龙记于京西寓所
学棣谢翀协助核对了全部史料，人民出版社邵永忠主任对本书的出版给予了大力支持，特致谢意。2018 年 9 月 9 日改定补记。

责任编辑:邵永忠　刘志江
封面设计:汪　莹

图书在版编目(CIP)数据

宋武帝传/张金龙 著. —北京:人民出版社,2021.9(2023.2 重印)
ISBN 978-7-01-022644-6

Ⅰ.①宋… Ⅱ.①张… Ⅲ.①刘裕(363-422)-传记
Ⅳ.①K827=391

中国版本图书馆 CIP 数据核字(2020)第 223206 号

宋武帝传
SONGWUDI ZHUAN

张金龙　著

人民出版社 出版发行
(100706　北京市东城区隆福寺街 99 号)

北京新华印刷有限公司印刷　新华书店经销

2021 年 9 月第 1 版　2023 年 2 月北京第 2 次印刷
开本:850 毫米×1168 毫米 1/32　印张:17.5
字数:420 千字

ISBN 978-7-01-022644-6　定价:70.00 元

邮购地址 100706　北京市东城区隆福寺街 99 号
人民东方图书销售中心　电话 (010)65250042　65289539

版权所有·侵权必究
凡购买本社图书,如有印制质量问题,我社负责调换。
服务电话:(010)65250042